安徽省"十四五"普通高等教育本科省级规划教材
普通高等教育土木工程系列教材
一流本科专业一流本科课程建设系列教材

土木工程材料

第 2 版

主　编　陈德鹏　吕　忠　荣　辉
副主编　杨新磊　巴明芳　项腾飞
参　编　陈　登　邓初首　刘纯林
　　　　武　萍　吴　旻
主　审　张云升

机械工业出版社

本书以材料在当代土木工程中的应用为背景，结合土木工程领域技术发展和人才培养要求，根据全国高等学校土木工程学科专业指导委员会制定的《高等学校土木工程本科指导性专业规范》编写而成。本书共13章，主要内容包括：绪论、土木工程材料的基本性质、无机气硬性胶凝材料、无机水硬性胶凝材料、混凝土、建筑砂浆、建筑金属材料、木材、沥青与沥青混合料、墙体材料和屋面材料、土工合成材料、建筑功能材料、土木工程材料试验。

本书配有免费教学课件、教学大纲、习题答案、二维码授课视频等教学资源，任课教师可登录机械工业出版社教育服务网，注册后下载。

本书可作为土木工程、工程管理、工程造价、建筑学等专业及相近专业的教学用书，也可供从事设计、施工和管理等工作的技术人员学习参考。

图书在版编目（CIP）数据

土木工程材料/陈德鹏，吕忠，荣辉主编. —2版. —北京：机械工业出版社，2024.4（2025.7重印）

普通高等教育土木工程系列教材　一流本科专业一流本科课程建设系列教材

ISBN 978-7-111-75458-9

Ⅰ.①土… Ⅱ.①陈… ②吕… ③荣… Ⅲ.①土木工程-建筑材料-高等学校-教材 Ⅳ.①TU5

中国国家版本馆 CIP 数据核字（2024）第 061396 号

机械工业出版社（北京市百万庄大街 22 号　邮政编码 100037）
策划编辑：林　辉　　　　　　责任编辑：林　辉
责任校对：高凯月　王　延　　封面设计：严娅萍
责任印制：张　博
北京机工印刷厂有限公司印刷
2025 年 7 月第 2 版第 2 次印刷
184mm×260mm・21.75 印张・534 千字
标准书号：ISBN 978-7-111-75458-9
定价：68.00 元

电话服务	网络服务
客服电话：010-88361066	机　工　官　网：www.cmpbook.com
010-88379833	机　工　官　博：weibo.com/cmp1952
010-68326294	金　　书　　网：www.golden-book.com
封底无防伪标均为盗版	机工教育服务网：www.cmpedu.com

前　言

本书注重贯彻落实党的二十大精神，体现绿色、低碳、环保、可持续发展理念，以及工程教育"学生中心""产出导向（OBE）""持续改进"等理念，根据《高等学校土木工程本科指导性专业规范》要求的"土木工程材料"课程基础知识领域、核心知识单元和知识点编写而成，力图全面反映土木工程材料及其应用技术的发展现状与趋势，现行标准、规范和规程，并充分考虑土木工程材料课程与先修课程和后续课程的衔接，以满足土建类相关专业对土木工程材料课程的教学要求。

本书内容全面，系统介绍了土木工程建设中常用的混凝土、建筑钢材、水泥、沥青及沥青混合料、建筑砂浆、墙体与屋面材料、土工合成材料、建筑功能材料、木材等材料的基本知识、工程应用及工程质量检验等，可作为高等学校土木工程、工程管理、工程造价、建筑学及其他相近专业的教学用书，也可供从事设计、施工和管理等工作的技术人员学习参考。本书配有PPT课件、教学大纲等资源，任课教师可登录机械工业出版社教育服务网下载，为便于读者学习，本书配有二维码授课视频，读者可扫描书中二维码观看。

本书由陈德鹏、吕忠和荣辉担任主编，杨新磊、巴明芳和项腾飞担任副主编。参与本书编写的还有陈登、邓初首、刘纯林、武萍、吴旻。本书编写分工如下：陈德鹏编写第1~2章、第5.5节，吕忠编写第10章、第5.1~5.4节，荣辉编写第5.6~5.8节，杨新磊编写第7章，巴明芳编写第3章、第4.2、4.3节，项腾飞编写第4.1节，陈登编写第6章、第4.4~4.6节，邓初首编写第13章，刘纯林编写第8章、第11章，武萍编写第12章，吴旻编写第9章。全书由陈德鹏和项腾飞共同统稿。

本书由东南大学张云升教授主审，张云升教授对本书提出了许多宝贵的意见和建议，在此表示衷心的感谢。在本书编写过程中，编者们参考了许多国内外土木工程材料领域的相关文献，在此对文献的作者表示感谢。由于编者水平有限，书中难免有不当之处，敬请广大读者批评指正。

编　者

目 录

前言
第1章 绪论 ……………………… 1
本章提要 …………………………… 1
1.1 土木工程材料的重要作用 ……… 1
1.2 土木工程材料的分类 …………… 2
1.3 土木工程材料的发展趋势 ……… 3
1.4 土木工程材料的技术标准 ……… 4
1.5 土木工程材料课程的性质与任务 … 6
思考题与习题 ……………………… 7

第2章 土木工程材料的基本性质 … 8
本章提要 …………………………… 8
2.1 材料的物理性质 ………………… 8
2.2 材料的力学性质 ………………… 17
2.3 材料的耐久性与环境协调性 …… 21
2.4 材料的组成、结构与构造 ……… 22
思考题与习题 ……………………… 24

第3章 无机气硬性胶凝材料 ……… 26
本章提要 …………………………… 26
3.1 石灰 ……………………………… 26
3.2 石膏 ……………………………… 31
3.3 水玻璃 …………………………… 35
3.4 镁质胶凝材料 …………………… 37
思考题与习题 ……………………… 39

第4章 无机水硬性胶凝材料 ……… 40
本章提要 …………………………… 40
4.1 通用硅酸盐水泥 ………………… 41
4.2 其他品种的硅酸盐水泥 ………… 58
4.3 铝酸盐水泥 ……………………… 62

4.4 硫铝酸盐水泥 …………………… 65
4.5 其他品种水泥 …………………… 66
4.6 新型胶凝材料及其在土木工程中的应用 …………………… 66
思考题与习题 ……………………… 71

第5章 混凝土 ……………………… 74
本章提要 …………………………… 74
5.1 概述 ……………………………… 75
5.2 普通混凝土的基本组成材料 …… 76
5.3 外加剂与掺合料 ………………… 84
5.4 普通混凝土拌合物的性能 ……… 92
5.5 普通混凝土硬化后的性能 ……… 97
5.6 普通混凝土配合比设计 ………… 111
5.7 普通混凝土的质量控制与强度评定 … 123
5.8 其他种类混凝土及现代混凝土技术进展 …………………… 135
思考题与习题 ……………………… 150

第6章 建筑砂浆 …………………… 154
本章提要 …………………………… 154
6.1 建筑砂浆的组成材料 …………… 154
6.2 砂浆的技术要求 ………………… 156
6.3 砌筑砂浆的配合比设计 ………… 157
6.4 其他砂浆 ………………………… 160
思考题与习题 ……………………… 165

第7章 建筑金属材料 ……………… 166
本章提要 …………………………… 166
7.1 钢材的冶炼和分类 ……………… 166
7.2 建筑钢材的主要技术性能 ……… 168

7.3　钢材的组织和化学成分对性能的
　　　影响 …………………………………… 174
7.4　钢材的冷加工与热处理 ……………… 176
7.5　土木工程用钢材的技术标准及选用 … 178
7.6　钢材的锈蚀与防护 …………………… 188
7.7　其他建筑金属材料 …………………… 191
思考题与习题 ………………………………… 193

第8章　木材 …………………………… 195
本章提要 ……………………………………… 195
8.1　木材的分类和构造 …………………… 195
8.2　木材的主要性质 ……………………… 197
8.3　木材的防护 …………………………… 200
8.4　木材的应用 …………………………… 201
思考题与习题 ………………………………… 203

第9章　沥青与沥青混合料 …………… 204
本章提要 ……………………………………… 204
9.1　沥青材料 ……………………………… 204
9.2　沥青基防水材料 ……………………… 212
9.3　沥青混合料 …………………………… 216
思考题与习题 ………………………………… 228

第10章　墙体材料和屋面材料 ………… 229
本章提要 ……………………………………… 229
10.1　砌筑石材 …………………………… 229
10.2　墙用块材、板材及新型墙体材料 …… 233
10.3　屋面材料 …………………………… 247

思考题与习题 ………………………………… 249

第11章　土工合成材料 ………………… 251
本章提要 ……………………………………… 251
11.1　土工合成材料发展简史 …………… 251
11.2　土工合成材料的种类 ……………… 253
11.3　土工合成材料的性能 ……………… 255
11.4　土工合成材料的功能及工程选用 … 260
思考题与习题 ………………………………… 263

第12章　建筑功能材料 ………………… 264
本章提要 ……………………………………… 264
12.1　建筑防水材料 ……………………… 264
12.2　建筑绝热材料 ……………………… 271
12.3　建筑吸声隔声材料 ………………… 276
12.4　建筑防火材料 ……………………… 279
12.5　建筑装饰材料 ……………………… 285
思考题与习题 ………………………………… 292

第13章　土木工程材料试验 …………… 296
本章提要 ……………………………………… 296
13.1　土木工程材料的基本性质试验 …… 296
13.2　水泥试验 …………………………… 301
13.3　建筑钢筋试验 ……………………… 310
13.4　混凝土用集料试验 ………………… 314
13.5　普通混凝土试验 …………………… 322
13.6　沥青及沥青混合料试验 …………… 327

参考文献 ………………………………………… 339

第1章 绪 论

本章提要

本章主要介绍土木工程材料在工程建设中的重要地位、分类、发展趋势及技术标准等。

本章教学重点是土木工程材料的分类及发展趋势、技术标准及表示方法;难点是如何使学生充分认识到本课程重要性,并理解土木工程材料在土木工程建设及科技发展中的重要作用。

通过本章学习,应掌握土木工程材料的分类,了解土木工程材料在工程建设中的重要作用及发展趋势。

各行业、各类建设项目无一例外都是从土木工程基本建设开始的,任何一种建(构)筑物,包括房屋、道路、桥梁、隧道、大坝、港口和矿井等,都是用各种材料按照一定要求建成的。通常把土木工程建设中所使用的各种材料及其制品统称为土木工程材料,它既是土木工程建设的物质基础,也是土木工程建设的质量基础与保证,在土木工程建设中具有重要作用。

1.1 土木工程材料的重要作用

土木工程建设过程就是通过建筑、结构、建造和经济工程师的努力和智慧,将土木工程材料进行有机结合而形成各类建(构)筑物的过程。在工程建设中,土木工程材料的生产、选择使用、检验评定及储存等任何环节的失误都可能造成工程的质量缺陷,甚至导致重大质量事故。因此,合格的土木工程技术人员必须熟练掌握土木工程材料的有关知识。

土木工程材料由于用量大,成为土木工程造价诸多构成因素中的主要因素,材料费用通常在工程总造价占50%~60%的较大比例,直接关系到工程建设的造价与成本,影响工程建设的经济性。工程建设时需要在满足材料各项性能的基础上最大限度地节约和合理使用材料,降低工程造价和建设投资,这需要合理选择和正确使用土木工程材料,充分利用材料的各种功能,并结合运输、储存及管理过程统筹考虑加以实现。因此,为实现工程建设的技术经济性,也需要掌握土木工程材料的有关知识。

土木工程技术的发展进步，很大程度上取决于新型土木工程材料的研发与应用，以及传统土木工程材料的性能改进与完善。土木工程材料是决定土木工程结构设计形式和施工技术的主要因素。土木工程中许多技术问题的突破，往往依赖于土木工程材料问题的解决，新材料的出现将促使建筑设计、结构设计和施工技术发生革命性的变化。例如，水泥和钢筋的出现，产生了钢筋混凝土结构；轻质高强材料的出现，推动了现代建筑向高层和大跨度方向发展；轻质材料和保温材料的出现，对减轻建（构）筑物的自重、提高建（构）筑物的抗震能力、改善工作与居住环境条件等起到了十分有益的作用，并推动了节能建筑的发展；新型装饰材料的出现，使得建（构）筑物的造型及其内外装饰焕然一新，生气勃勃。新材料的出现远比通过结构设计和采用先进施工技术对土木工程的影响大，土木工程归根到底是围绕着土木工程材料来开展的生产活动，是以土木工程材料为基础和核心的。

1.2　土木工程材料的分类

广义范畴的土木工程材料是指用于土木工程的所有材料，包括以下三部分：

1）构成建（构）筑物实体的材料，如水泥、石灰、混凝土、钢材、砖、砌块、石材、沥青、瓷砖及其他装饰材料、功能材料等。

2）辅助发挥作用的建筑器材，如给水排水设备、消防设备、网络通信设备材料等。

3）施工过程中的辅助材料及临时设施，如脚手架、模板、围墙、板桩等。

狭义范畴的土木工程材料是指直接构成土木工程实体的材料，本书内容主要关注狭义范畴的土木工程材料。

土木工程材料种类繁多，依据不同，分类方法也不同。按照工程性质，土木工程材料可分为建筑工程材料、道路桥梁工程材料、岩土工程材料等；按照材料来源，可分为天然材料和人工材料。最为常用的分类方法是根据材料的化学成分和物质组成进行分类，可分为无机材料、有机材料和复合材料三大类，详见表1-1。此外，按照使用功能和工程部位，土木工程材料可分为结构材料、墙体材料和功能材料三类，见表1-2。

表 1-1　土木工程材料分类（按化学成分和物质组成）

分类			材料举例
无机材料	金属材料	黑色金属	钢、铁、不锈钢、合金钢等
		有色金属	铜、铝及其合金等
	非金属材料	天然石材	砂、石及石材制品等
		烧土制品	砖、瓦、陶瓷制品等
		胶凝材料及其制品	石灰、石膏及其制品，水泥及混凝土制品
		玻璃	普通平板玻璃、特种玻璃等
		无机纤维	玻璃纤维、玄武岩纤维、矿物棉等
有机材料	植物材料		木材、竹材、植物纤维及制品等
	沥青材料		石油沥青、煤沥青及沥青制品等
	合成高分子材料		塑料、涂料、胶黏剂、合成橡胶等
复合材料	无机非金属与有机材料复合		聚合物混凝土、沥青混合料、玻璃钢等
	金属材料与无机非金属材料复合		钢筋混凝土、钢纤维混凝土、钢管混凝土等
	金属材料与有机材料复合		PVC钢板、有机涂层铝合金板、轻质金属夹芯板等

表 1-2　土木工程材料分类（按使用功能和工程部位）

分类	材料举例
结构材料（建筑物受力构件和结构所用的材料）	水泥、砂、石、普通混凝土、钢筋混凝土、预应力混凝土、钢管混凝土、钢、轻钢、铝合金
墙体材料（建筑物内外及隔墙墙体所用的材料）	砌墙砖、各类砌块、轻质墙板、复合墙体
功能材料（发挥某些建筑功能的非承重材料）	防水材料、保温隔热材料、吸声隔声材料、装饰装修材料

1.3　土木工程材料的发展趋势

土木工程材料是随着社会生产力和科学技术水平的发展而发展的，根据建（构）筑物所用的结构材料，大致经历了天然材料、烧土制品和钢筋混凝土的三个发展阶段。随着科学技术的进步和土木工程的发展，一大批新型土木工程材料应运而生，如塑料、涂料、新型建筑陶瓷与玻璃、新型复合材料（纤维增强材料、夹层材料等）等。

有限的地球物质资源和人类可持续发展的需求，对土木工程材料提出了更高、更多的要求。为适应建筑工业化、环境保护和多功能化等的要求，土木工程材料将向以下五个方向发展：

（1）轻质高强　发展轻质高强材料，以减轻建（构）筑物自重，可解除自重对结构高度和宽度的限制；也可降低材料用量、运费和劳动强度，提高经济效益。当前世界各国都在大力发展高强混凝土、加气混凝土、轻骨料混凝土、空心砖、石膏板等材料，以满足土木工程发展的需要。

（2）多功能化　发展多功能材料，使材料具有两种或两种以上的更多功能，可以在节约材料的同时实现多种功能；也可减少材料用量，简化构造层次和施工工艺。当前可以利用现代材料复合加工与生产技术生产多功能材料、特殊性能材料及高性能材料，增强建（构）筑物的使用功能并提高其经济性。

（3）智能化　智能材料是指采用多功能复合和仿生设计使材料本身具有自感知、自反馈、自调节、自诊断或自修复能力的新型材料。智能材料具有传统材料无法比拟的优越性，逐渐成为全球研究和开发的热点。当前已有的自调光玻璃、自愈合混凝土、相变储能建筑材料等都已具备智能化的特点。智能建筑材料、智能建筑、智能建造逐渐成为现代建筑发展的主要趋势。

（4）绿色化　土木工程材料的绿色化，又可称为生态化，是为了降低环境污染、节约资源、维护生态平衡而生产的节能型、环保型和保健型的土木工程材料，即绿色建筑材料。绿色建筑材料是指采用清洁生产技术，不用或少用天然资源和能源，大量使用工农业或城市固态废物生产的无毒害、无污染、无放射性，达到使用周期后可回收利用，有利于环境保护和人体健康的建筑材料。绿色建筑材料的界定不能仅限于某个阶段，而必须采用涉及多因素、多属性和多维的系统方法，综合考虑建筑材料的生命周期全过程的各个阶段。

（5）工业化和规模化　为适应社会经济现代化和土木工程建设的发展，土木工程材料的生产要实现工业化和规模化，这样便于降低成本、控制质量和机械化施工。土木工程材料的工业化和规模化可通过生产标准化、大型化、商品化等途径实现。

1.4 土木工程材料的技术标准

土木工程材料的技术标准是土木材料的研究、生产、使用和管理等过程中应该共同遵循的工作依据。目前我国绝大多数土木工程材料都有相应的技术标准（有产品标准和实验标准之分），对其产品规格、分类、技术要求、检验方法、验收规则、运输与储存等进行了明确规定。目前我国的技术标准分为四级，即国家标准、行业标准、地方标准和企业标准。

国家标准是国家标准局发布的全国性指导技术文件，包括强制性标准（代号 GB）和推荐性标准（代号 GB/T）；强制性标准是全国必须执行的技术文件，产品的技术指标不得低于标准的规定，推荐性标准执行时也可采用其他标准的规定。

行业标准是为了规范本行业产品质量而制定的技术标准，也是全国性的指导技术文件，一般由各行业主管部门发布，技术要求或指标应该高于国家标准，如建工行业标准（JG、JGJ）、建材行业标准（JC）、交通行业标准（JT、JTJ、JTG）、水利行业标准（SL）等。

地方标准（DB）是地方主管部门发布的地方性技术指导文件，仅适用于本地区，所制定的技术要求应高于国家标准。

企业标准（QB）是由企业制定发布的指导本企业生产的技术文件，仅适用于本企业。企业标准的技术要求要高于地方标准。没有制定国家标准和行业标准的产品，均应制定企业标准，且技术要求要高于类似或相关产品的国家标准。

必须指出，工程中使用的土木工程材料除了必须满足产品标准，还必须满足有关的设计规范、施工及验收规范或规程等的规定。这些规范或规程对土木工程材料的选用、使用、质量要求及验收等有专门规定（其中有些规范或规程的规定与土木工程材料产品标准的要求相同）。无论是国家标准还是部门行业标准，都是全国通用标准，属国家指令性技术文件，均必须严格遵照执行，尤其是强制性标准。在学习有关标准时应注意到黑体字标志的条文为强制性条文。

世界各国政府及非政府组织非常重视土木工程材料的标准化，制定了各自的标准。随着涉外土建工程及国际合作项目的逐渐增多，工程技术人员和土建类大学生也应对国内外的有关技术标准有所了解，如国际标准化组织制定的国际通用标准（ISO）、美国材料试验协会标准（ASTM）、德国工业标准（DIN）、英国标准（BS）、日本工业标准（JIS）和法国标准（NF）等。

技术标准的表示方法由标准名称、部门代号、编号和批准年份四部分组成。例如，GB 175—2007《通用硅酸盐水泥》，部门代号为 GB（表明是国家标准），编号为 175，批准年份为 2007 年，属于强制性标准。本书内容涉及的我国常用的土木工程材料标准和检验标准见表 1-3，书中再次提及相应标准时，只列出标准名称。

表 1-3 常用土木工程材料标准和检验标准

标准名称	标准号	标准名称	标准号
《建筑生石灰》	JC/T 479—2013	《建筑石膏》	GB/T 9776—2022
《建筑消石灰》	JC/T 481—2013	《通用硅酸盐水泥》	GB 175—2023
《天然石膏》	GB/T 5483—2008	《道路硅酸盐水泥》	GB/T 13693—2017

(续)

标准名称	标准号	标准名称	标准号
《抗硫酸盐硅酸盐水泥》	GB/T 748—2023	《预应力混凝土用钢丝》	GB/T 5223—2014
《水泥标准稠度用水量、凝结时间、安定性检验方法》	GB/T 1346—2011	《海砂混凝土应用技术规范》	JGJ 206—2010
		《混凝土试验用搅拌机》	JG 244—2009
《水泥压蒸安定性试验方法》	GB/T 750—1992	《普通混凝土长期性能和耐久性能试验方法标准》	GB/T 50082—2009
《水泥胶砂强度检验方法(ISO法)》	GB/T 17671—2021		
《水泥胶砂流动度测定方法》	GB/T 2419—2005	《普通混凝土拌合物性能试验方法标准》	GB/T 50080—2016
《中热硅酸盐水泥、低热硅酸盐水泥》	GB/T 200—2017		
《铝酸盐水泥》	GB/T 201—2015	《普通混凝土配合比设计规程》	JGJ 55—2011
《硫铝酸盐水泥》	GB/T 20472—2006	《混凝土外加剂》	GB 8076—2008
《混凝土用水标准》	JGJ 63—2006	《混凝土外加剂应用技术规范》	GB 50119—2013
《用于水泥和混凝土中的粉煤灰》	GB/T 1596—2017	《建设用卵石、碎石》	GB/T 14685—2022
《用于水泥、砂浆和混凝土中的粒化高炉矿渣粉》	GB/T 18046—2017	《普通混凝土用砂、石质量及检验方法标准》	JGJ 52—2006
《混凝土物理力学性能试验方法标准》	GB/T 50081—2019	《混凝土结构通用规范》	GB 55008—2021
《建设用砂》	GB/T 14684—2022	《混凝土质量控制标准》	GB 50164—2011
《塑性体改性沥青防水卷材》	GB 18243—2008	《砌体结构工程施工质量验收规范》	GB 50203—2011
《铝箔面石油沥青防水卷材》	JC/T 504—2007	《混凝土结构工程施工质量验收规范》	GB 50204—2015
《弹性体改性沥青防水卷材》	GB 18242—2008	《自密实混凝土应用技术规程》	JGJ/T 283—2012
《聚氯乙烯(PVC)防水卷材》	GB 12952—2011	《混凝土泵送施工技术规程》	JGJ/T 10—2011
《石油沥青玻璃纤维胎防水卷材》	GB 14686—2008	《轻骨料混凝土应用技术标准》	JGJ/T 12—2019
《硅酮和改性硅酮建筑密封胶》	GB/T 14683—2017	《砌筑砂浆配合比设计规程》	JGJ 98—2010
《建筑设计防火规范》	GB 50016—2014	《预拌砂浆》	GB/T 25181—2019
《建筑材料及制品燃烧性能分级》	GB 8624—2012	《建筑砂浆基本性能试验方法标准》	JGJ/T 70—2009
《碳素结构钢》	GB/T 700—2006	《防水沥青与防水卷材术语》	GB/T 18378—2008
《低合金高强度结构钢》	GB/T 1591—2018	《建筑石油沥青》	GB/T 494—2010
《优质碳素结构钢》	GB/T 699—2015	《煤沥青》	GB/T 2290—2012
《金属材料洛氏硬度试验 第1部分:试验方法》	GB/T 230.1—2018	《公路沥青路面设计规范》	JTG D50—2017
		《公路工程沥青及沥青混合料试验规程》	JTG E20—2011
《钢筋混凝土用钢筋 第1部分:热轧光圆钢筋》	GB/T 1499.1—2017	《公路沥青路面施工技术规范》	JTG F40—2004
《钢筋混凝土用钢筋 第2部分:热轧带肋钢筋》	GB/T 1499.2—2018	《石油沥青纸胎油毡》	GB 326—2007
		《建筑石灰试验方法 第1部分:物理试验方法》	JC/T 478.1—2013
《冷轧带肋钢筋》	GB/T 13788—2017		
《钢筋混凝土用余热处理钢筋》	GB/T 13014—2013	《用于水泥中的火山灰质混合材料》	GB/T 2847—2022
《预应力混凝土用钢棒》	GB/T 5223.3—2017	《掺入水泥中的回转窑窑灰》	JC/T 742—2009
《预应力混凝土用螺纹钢筋》	GB/T 20065—2016	《水泥化学分析方法》	GB/T 176—2017

(续)

标准名称	标准号	标准名称	标准号
《水泥比表面积测定方法 勃氏法》	GB/T 8074—2008	《蒸压加气混凝土砌块》	GB/T 11968—2020
《白色硅酸盐水泥》	GB/T 2015—2017	《混凝土路面砖》	GB/T 28635—2012
《干混砂浆散装移动筒仓》	SB/T 10461—2008	《土工合成材料应用技术规范》	GB/T 50290—2014
		《公路土工合成材料应用技术规范》	JTG/T D32—2012
《混凝土结构设计规范》	GB 50010—2010	《公路路基设计规范》	JTG D30—2015
《水运工程混凝土结构设计规范》	JTS 151—2011	《陶瓷砖》	GB/T 4100—2015
《用于水泥和混凝土中的钢渣粉》	GB/T 20491—2017	《卫生陶瓷》	GB/T 6952—2015
《混凝土防冻剂》	JC/T 475—2004	《烧结保温砖和保温砌块》	GB/T 26538—2011
《建筑施工机械与设备 混凝土搅拌站（楼）》	GB/T 10171—2016	《墙体保温系统用钢丝网架复合保温板》	GB/T 26540—2022
《混凝土强度检验评定标准》	GB/T 50107—2010	《用于水泥中的粒化高炉矿渣》	GB/T 203—2008
《砌筑砂浆增塑剂》	JG/T 164—2004	《用于水泥混合材的工业废渣活性试验方法》	GB/T 12957—2005
《水工混凝土试验规程》	SL/T 352—2020		
《沥青延度测定法》	GB/T 4508—2010	《水泥助磨剂》	GB/T 26748—2011
《石油沥青玻璃纤维胎防水卷材》	GB/T 14686—2008	《水泥细度检验方法筛析法》	GB/T 1345—2005
《陶瓷马赛克》	JC/T 456—2015	《水泥包装袋》	GB 9774—2020
《沥青针入度测定法》	GB/T 4509—2010	《彩色硅酸盐水泥》	JC/T 870—2012
《预应力钢丝及钢绞线用热轧盘条》	GB/T 24238—2017	《生活饮用水卫生标准》	GB 5749—2022
《耐候结构钢》	GB/T 4171—2008	《民用建筑热工设计规范》	GB 50176—2016
《砌体结构设计规范》	GB 50003—2011	《水泥密度测定方法》	GB/T 208—2014
《墙体材料术语》	GB/T 18968—2019	《建筑材料放射性核素限量》	GB 6566—2010
《烧结普通砖》	GB/T 5101—2017	《混凝土膨胀剂》	GB/T 23439—2017
《承重混凝土多孔砖》	GB/T 25779—2010	《建筑施工机械与设备 混凝土搅拌机》	GB/T 9142—2021
《烧结多孔砖和多孔砌块》	GB/T 13544—2011		
《蒸压灰砂实心砖和实心砌块》	GB/T 11945—2019	《混凝土耐久性检验评定标准》	JGJ/T 193—2009
《蒸压粉煤灰砖》	JC/T 239—2014	《铁路桥梁钢结构设计规范》	TB 10091—2017
《蒸压粉煤灰多孔砖》	GB/T 26541—2011	《烧结空心砖和空心砌块》	GB/T 13545—2014
《炉渣砖》	JC/T 525—2007	《沥青软化点测定法 环球法》	GB/T 4507—2014
《普通混凝土小型砌块》	GB/T 8239—2014	《纸面石膏板》	GB/T 9775—2008
《轻集料混凝土小型空心砌块》	GB/T 15229—2011	《建筑琉璃制品》	JC/T 765—2015

1.5　土木工程材料课程的性质与任务

　　土木工程材料课程是土木工程、建筑学、道路桥梁与渡河工程和工程管理等土建类专业的一门重要的技术基础课，其本身既是一门应用技术，又是学习建筑构造、房屋建筑学、建筑结构、土木工程施工等课程的基础。

本课程的教学任务主要是使学生获得有关土木工程材料的基本知识、基本理论和基本技能，掌握土木工程材料的技术性能、用途和选用原则，熟悉土木工程材料的生产过程、试验测试方法和质量控制方法，了解土木工程材料的发展趋势、工程材料性质与结构的关系，构建与土建类学科专业相适应的土木工程材料知识体系，培养严谨认真的科学态度和综合分析解决问题的能力，并为后续课程的学习打下坚实基础。

本课程内容涉及土木工程材料的基本性质、天然石材、无机气硬性胶凝材料、水泥、水泥混凝土、建筑砂浆、建筑金属材料、木材、沥青及沥青混合料、合成高分子材料等。土木工程材料是一门实践性很强的课程，学习时应注意理论联系实际，并应利用一切机会观察周围建成的或正在施工的土木工程，在实践中理解和掌握相关知识。

思考题与习题

1-1 简述土木工程材料与土木工程建设的关系。
1-2 土木工程材料可以分为哪些种类？
1-3 简述土木工程材料的发展趋势。
1-4 结合自己的专业，谈谈本课程的重点内容。

第2章　土木工程材料的基本性质

本章提要

本章主要介绍材料在土木工程及其建设过程中所表现的物理性质、力学性质和耐久性的概念、指标及相关计算等。

本章教学重点是材料密度、孔隙率、材料热工性质、材料性能的影响因素等；难点是开口孔隙在表观密度、孔隙率计算过程中的影响，与水有关的各项性能指标，表征材料各项技术性质的技术指标、测试方法及其原理。

通过本章学习，应掌握土木工程材料的基本物理性质、力学性质和耐久性，了解土木工程材料的分类、基本组成、结构和构造及其与材料基本性质的关系。

材料作为工程性质的载体，在一定程度上决定了工程结构的可靠性、耐久性和使用功能。因此，在工程建设中选择、应用、分析和评价材料，通常以其基本性质为依据。

土木工程材料的基本性质是材料在使用过程中所表现出来的性质，通常也是必须考虑的最基本和共有的性质。不同性质的材料在土木工程中发挥着不同的作用，如结构材料应具有所需要的力学性能，屋面材料应具有保温隔热、防水抗渗性能，长期暴露于大气环境中的材料要能够经受风吹、日晒、雨淋、冰冻等各种不利因素的影响。通常，材料的基本性质可分为物理性质，力学性质，耐久性与环境协调性，以及材料的组成、结构与构造等。

土木工程材料的基本性质是科学设计和施工的基础，为在工程中科学合理地利用材料，必须掌握有关材料的基本性质，以及决定或影响这些基本性质的因素与规律，以便在实际使用中基于对这些基本性质的正确理解，以及对不同性质之间的相互关联的科学推理，掌握这些基本性质的影响因素与改进方法，并在土木工程中充分利用材料的各项潜在功能。

2.1　材料的物理性质

2.1.1　材料的密度、表观密度与堆积密度

1. 密度

密度是绝对密实状态下单位体积材料所具有的质量，即材料质量（m）

土木工程材料的基本物理性质

与其绝对密实体积（V）之比，通常以 ρ 表示，其计算公式为

$$\rho = \frac{m}{V} \tag{2-1}$$

式中，ρ 为材料的密度（g/cm^3）；m 为材料的质量（干燥至恒重，g）；V 为材料的绝对密实体积，即实体体积（cm^3）。

绝对密实体积（V）是指不包括材料内部孔隙的固体物质实体的体积（见图 2-1a）。在自然界和现实工程中，绝对密实状态的材料是不存在的，除钢材、玻璃等部分材料可视为接近绝对密实，绝大多数材料内部都含有一定量的孔隙。

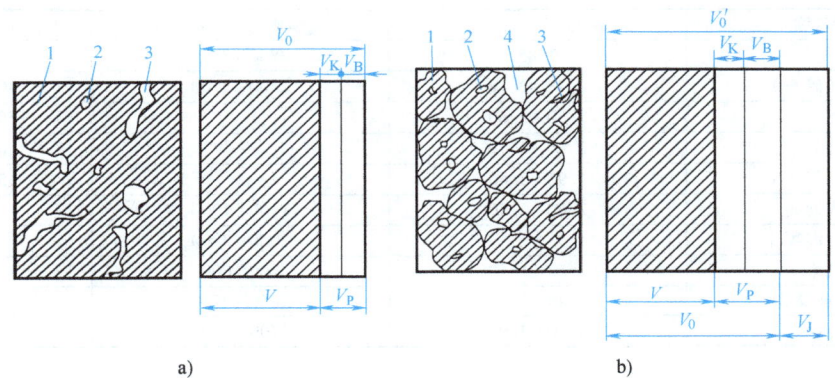

图 2-1　材料的孔（空）隙结构及体积组成
a）整体材料　b）颗粒堆积材料
1—实体（V）　2—闭口孔（V_B）　3—开口孔（V_K）　4—颗粒间空隙（V_J）

测定有孔隙材料的密度时，通常将材料磨成一定细度的粉末，干燥后用李氏比重瓶（见图 13-1）测定其体积。

2. 表观密度

表观密度是材料在自然状态下单位体积的质量，即材料质量（m）与其表观体积（V_0）之比，通常以 ρ_0 表示，其计算公式为

$$\rho_0 = \frac{m}{V_0} \tag{2-2}$$

式中，ρ_0 为材料的表观密度（kg/m^3）；m 为材料的质量（干燥至恒重，kg）；V_0 为材料的表观体积（m^3）。

表观体积是指整体材料的外观体积，由于表观体积中包含了材料内部孔隙（开口孔和闭口孔）的体积，因此材料的表观密度通常小于其密度。显然，在用排水法或排油法测定材料表观体积用以确定表观密度时，应将材料表面封蜡后再测量。

3. 堆积密度

堆积密度是指粉状或散粒材料在自然堆积状态下单位堆积体积的质量，即材料质量（m）与其堆积体积（V'）之比，通常以 ρ' 表示，其计算公式为

$$\rho' = \frac{m}{V'} \tag{2-3}$$

式中，ρ' 为材料的堆积密度（kg/m³）；m 为材料的质量（kg）；V' 为材料的堆积体积（m³）。

颗粒材料的堆积体积中既包含颗粒固体实体、颗粒内部的开口孔隙、闭口孔隙，也包含颗粒间的空隙体积（见图 2-1b）。材料的堆积密度不仅与其颗粒的宏观结构、含水状态等有关，还与其颗粒间空隙或颗粒间被挤压实的程度等因素有关。因此，堆积密度有干堆积密度及湿堆积密度之分，也有紧密堆积密度和松散堆积密度之别。堆积体积的大小可用其所占有容器中的容积大小来测量，或通过测量其规则堆积形状的几何尺寸计算求得。常用土木工程材料的密度、表观密度、堆积密度见表 2-1。

表 2-1 常用土木工程材料的密度、表观密度、堆积密度

材料名称	密度/(g/cm³)	表观密度/(kg/m³)	堆积密度/(kg/m³)
钢材	7.85	7800~7850	—
石灰石(碎石)	2.48~2.76	2300~2700	1400~1700
砂	2.50~2.60	—	1500~1700
水泥	2.80~3.10	—	1600~1800
粉煤灰(气干)	1.95~2.40	—	550~800
烧结普通砖	2.60~2.70	1600~1900	—
普通水泥混凝土	—	2000~2800	—
红松木	1.55~1.60	400~600	—
普通玻璃	2.45~2.55	2450~2550	—
铝合金	2.70~2.90	2700~2900	—

2.1.2 材料的孔隙率与空隙率

1. 孔隙率与密实度

材料中所含孔隙的多少常以孔隙率表示，它是指材料所含孔隙的体积（V_P）占材料自然状态下总体积即表观体积（V_0）的百分率，以 P 表示，其计算公式为

$$P = \frac{V_P}{V_0} = \frac{V_0 - V}{V_0} \times 100\% = \left(1 - \frac{\rho_0}{\rho}\right) \times 100\% \tag{2-4}$$

密实度是与孔隙率相对应的概念，是指材料的体积内被固体物质充实的程度，用 D 表示，可用式（2-5）计算，显然 $P+D=1$。

$$D = \frac{V}{V_0} \times 100\% = \frac{\rho_0}{\rho} \times 100\% \tag{2-5}$$

材料的许多性质都与其孔隙率有关，如强度、热工性质、声学性质、吸水性、吸湿性、抗冻性及抗渗性等。除了孔隙率，材料中孔隙的种类、孔径大小、孔的分布状态也是影响其性质的重要因素之一，通常称之为孔特征。

2. 空隙率、填充率与压实度

散粒材料在堆积状态下颗粒间空隙体积（V_J）占总堆积体积（V'）的百分率称为空隙率，以 P' 表示，其计算公式为

$$P' = \frac{V' - V_0}{V'} \times 100\% = \left(1 - \frac{\rho'}{\rho_0}\right) \times 100\% \tag{2-6}$$

填充率是与空隙率对应的概念，是指散粒材料在堆积状态下颗粒的填充程度，即颗粒体积占总堆积体积（V'）的百分率，以 D' 表示，可用式（2-7）计算，显然 $P'+D'=1$。

$$D' = \frac{V_0}{V'} \times 100\% = \frac{\rho'}{\rho_0} \times 100\% \qquad (2\text{-}7)$$

空隙率反映了堆积材料中颗粒间空隙的多少，它对于研究堆积材料的结构稳定性、填充程度及颗粒间相互接触连接的状态具有实际意义。

工程实践表明，堆积材料的空隙率较小时，说明其颗粒间相互填充的程度较高或接触连接的状态较好，其堆积体的结构稳定性也较好。通常采用压实或振实的方法促使堆积材料形成更为稳定的状态，工程实际中常以压实度作为评定堆积材料结构稳定性的指标之一。

压实度是指颗粒堆积材料被压实的程度，并以经压实后材料实际堆积干密度 ρ' 与在标准条件下经充分压实所得的最大干密度 ρ'_m 之比表示，其计算公式为

$$K_y = \frac{\rho'}{\rho'_m} \times 100\% \qquad (2\text{-}8)$$

式中，K_y 为材料的压实度（%）；ρ' 为施工现场的材料，经压实后的实测干堆积密度（kg/m³）；ρ'_m 为在实验室内，以标准方法将试样充分压实后所测得的最大干堆积密度（kg/m³）。

【例 2-1】 现有某干燥状态卵石 3360kg，堆积体积为 2m³。从中称取 10.6g 测得体积为 4.06cm³，用李氏瓶法测得排出水的体积为 4mL，求卵石的密度、表观密度、堆积密度、孔隙率和空隙率。

解： 根据材料密度定义，该卵石的密度为

$$\rho = \frac{m}{V} = \frac{10.6g}{4cm^3} = 2.65 g/cm^3 = 2650 kg/m^3$$

同理，该卵石的表观密度为

$$\rho_0 = \frac{m}{V_0} = \frac{10.6g}{4.06cm^3} = 2.61 g/cm^3 = 2610 kg/m^3$$

堆积密度

$$\rho'_0 = \frac{m}{V'_0} = \frac{3360kg}{2m^3} = 1680 kg/m^3$$

卵石的孔隙率

$$P = \left(1 - \frac{\rho_0}{\rho}\right) \times 100\% = \left(1 - \frac{2610}{2650}\right) \times 100\% = 1.5\%$$

空隙率

$$P' = \left(1 - \frac{\rho'_0}{\rho_0}\right) \times 100\% = \left(1 - \frac{1680}{2610}\right) \times 100\% = 35.6\%$$

2.1.3 材料与水有关的性质

1. 亲水性与憎水性

与水接触时，有些材料能被水润湿，有些材料则不能被水润湿，前者表明材料具有亲水性，后者则为憎水性。工程实际中，通常以润湿角的大小来划分材料的亲水性或憎水性。润湿角是水与材料接触时，在材料、水和空气三相交点处，沿水表面的切线与水和固体接触面所成的夹角 θ，其值越小，材料浸润性越好，越易被水润湿。当材料的润湿角 $\theta \leq 90°$ 时，为亲水性材料；当材料的润湿角 $\theta > 90°$ 时，为憎水性材料，如图 2-2 所示。

材料具有亲水性或憎水性的根本原因在于材料的分子结构（极性分子或非极性分子），

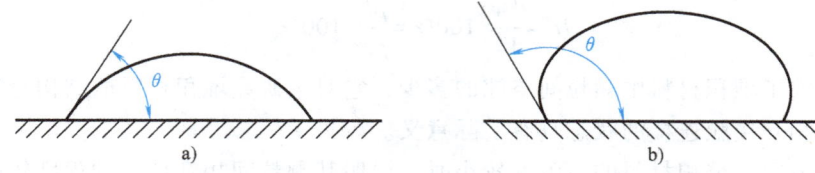

图 2-2 材料的润湿角
a) 亲水性材料（$\theta \leq 90°$） b) 憎水性材料（$\theta > 90°$）

亲水性材料与水分子之间的分子亲和力大于水分子之间的内聚力；反之，憎水性材料与水分子之间的亲和力小于水分子之间的内聚力。常见土木工程材料中，水泥制品、玻璃、陶瓷、金属材料、石材等无机材料和部分木材为亲水性材料；塑料、沥青、油漆、防水油膏、石蜡等为憎水性材料。

2. 吸水性与吸湿性

（1）吸水性 材料在水中吸收水分的性质，称为材料的吸水性，用吸水率表示，可分为质量吸水率和体积吸水率。

1）质量吸水率（W_m）是指材料在吸水饱和时所吸水量占材料干燥质量的百分比，计算公式为

$$W_m = \frac{m_b - m}{m} \times 100\% \tag{2-9}$$

式中，W_m 为材料的质量吸水率（%）；m_b 为材料吸水饱和状态下的质量（g）；m 为材料在干燥状态下的质量（g）。

2）体积吸水率（W_V）是指材料在吸水饱和时所吸水的体积占材料表观体积的百分率，计算公式为

$$W_V = \frac{m_b - m}{V_0 \rho_w} \times 100\% \tag{2-10}$$

式中，W_V 为材料的体积吸水率（%）；V_0 为材料的表观体积（cm³）；ρ_w 为水的密度（g/cm³），常温下取 $\rho_w = 1.0 \text{g/cm}^3$。

常温下，材料的质量吸水率与体积吸水率之间的关系为

$$W_V = W_m \cdot (\rho_0 / \rho_w) \tag{2-11}$$

式中，ρ_0 为材料在干燥状态下的表观密度（g/cm³）。

材料的吸水率与其孔隙率有关，更与其孔特征有关。水分是通过材料的开口孔吸入，并经过连通孔渗入材料的内部，所以材料内部与外界连通的孔隙越多，其吸水率就越大。对于孔特征相近的材料，一般孔隙率越大，吸水性越强。

（2）吸湿性 材料的吸湿性是指材料吸收潮湿空气中水分的性质，用含水率表示。当较干燥的材料处于较潮湿的空气中时，便会吸收空气中的水分；而当较潮湿的材料处在较干燥的空气中时，便会向空气中释放水分。材料在任一条件下材料内部所含水的质量占干燥材料质量的百分率称为材料的含水率（W_h），其计算公式为

$$W_h = \frac{m_s - m}{m} \times 100\% \tag{2-12}$$

式中，W_h 为材料的含水率（%）；m_s 为材料吸湿后的质量（g）；m 为材料在干燥状态下的质量（g）。

显然，材料的含水率受所处环境中空气湿度的影响。当空气湿度在较长时间内稳定时，材料的吸湿和干燥过程处于平衡状态，此时材料的含水率则保持不变，其含水率称为材料的平衡含水率。当材料处于某一湿度稳定的环境中时，材料的平衡含水率只与其本身的性质有关。一般亲水性较强的材料，或含有开口孔隙较多的材料，其平衡含水率就较高，它在空气中的质量变化也较大。

材料吸水或吸湿后，除了本身的质量增加外，还会降低其绝热性、强度及耐久性，造成体积的增减和变形，这些多会对工程带来不利的影响。

3. 耐水性

材料的耐水性是指材料长期在水的作用下不破坏，强度也不显著降低的性质。衡量材料耐水性的指标是材料的软化系数（K_R），通常用下式计算

$$K_R = \frac{f_b}{f_g} \tag{2-13}$$

式中，K_R 为材料的软化系数；f_b 为材料吸水饱和状态下的强度（MPa）；f_g 为材料干燥状态下的强度（MPa）。

软化系数可以反映材料吸水饱和后强度降低的程度，它是材料吸水后性质变化的重要特征之一。其实，许多材料吸水（或吸湿）后，即使未达到饱和状态，其强度也会下降，原因在于材料吸水后，水分会分散在材料内微粒的表面，削弱了内部微粒间的结合力。当材料内含有可溶性物质时（石膏、石灰等），吸入的水还可能使其内部的部分物质被溶解，造成内部结构的解体及强度的严重降低。耐水性与材料的亲水性、可溶性、孔隙率、孔特征等均有关，工程中常从这几个方面改善材料的耐水性。

工程中通常将 $K_R > 0.85$ 的材料作为耐水性材料，可用于水中或潮湿环境中的重要结构。用于受潮较轻或次要结构时，材料的 K_R 值也不得小于 0.75。

【例 2-2】 已知一块烧结普通砖的外观尺寸为 240mm×115mm×53mm，孔隙率为 37%。干燥时该砖质量为 2485g，抗压强度为 17.7MPa；浸水饱和后的质量为 2981g，抗压强度为 15.4MPa。试求该烧结普通砖的质量吸水率、体积吸水率，并判断是否能用于水下工程？

解：根据定义，该砖的质量吸水率为

$$W_m = \frac{m_b - m}{m} \times 100\% = \frac{2981g - 2485g}{2485g} \times 100\% = 20.0\%$$

体积吸水率 $\quad W_V = \frac{m_b - m}{V_0 \rho_w} \times 100\% = \frac{2981g - 2485g}{240mm \times 115mm \times 53mm \times 1g/cm^3} \times 100\% = 33.9\%$

如果该砖的软化系数大于 0.85，则可以用于水下工程，本题中有 $K_R = \frac{f_b}{f_g} = \frac{15.4}{17.7} = 87\% > 85\%$，故该烧结普通砖可以用于水下工程。

4. 抗渗性

材料的抗渗性通常是指材料抵抗压力水渗透的能力。工程长期处于有压水中时，材料的抗渗

性成为决定其使用寿命的重要因素。评价材料抗渗性的指标有两个，即渗透系数和抗渗等级。

（1）渗透系数　按照达西定律，在一定的时间（t）内透过的水量（W），与材料垂直于渗水方向的渗水面积（A）、材料两侧的水压差（H）成正比，与渗透距离（材料的厚度d）成反比，以下式表示为

$$K_s = \frac{Wd}{AtH} \quad (2\text{-}14)$$

式中，K_s 为材料的渗透系数（cm/h）；W 为时间 t 内的渗水总量（cm³）；A 为材料垂直于渗水方向的渗水面积（cm²）；H 为材料两侧的水压差（cm）；t 为渗水时间（h）；d 为材料的厚度（cm）。

材料的 K_s 值越小，则说明其抗渗能力越强。工程中一些材料的防水能力可以用渗透系数表示。

（2）抗渗等级　土木工程中，对一些常用材料（如混凝土、砂浆等）的抗渗（防水）能力常以抗渗等级表示。材料的抗渗等级是指材料用标准方法进行透水试验时，规定试件在透水前所能承受的最大水压力，并以符号"P"及可承受的水压力值（以 0.1MPa 为单位）表示抗渗等级。防水混凝土的抗渗等级为 P6、P8、P12、P16、P20，表示其分别能够承受 0.6MPa、0.8MPa、1.2MPa、1.6MPa、2.0MPa 的水压而不渗水。因此，材料的抗渗等级越高，其抗渗性越强。

材料的抗渗性与其亲水性、孔隙率、孔特征、裂缝等有关，在其内部孔隙中，开口孔、连通孔是材料渗水的主要通道。工程中一般采用降低孔隙率、改善孔特征（减少开口孔和连通孔）、减少裂缝及其他缺陷或对材料进行憎水处理等方法来提高其抗渗性。

5. 抗冻性

材料的抗冻性是指材料在吸水饱和状态下，能经受多次冻融循环作用而不破坏，强度也不严重降低的性质。材料的抗冻性用抗冻等级来表示。土木工程中通常按规定的方法对材料的试件进行冻融循环试验，如以试件强度下降不超过 25%、质量损失不超过 5% 时所能承受的最大冻融循环次数来确定混凝土的抗冻等级。以字符"F"及材料可承受的最大冻融循环次数表示，如 F25、F50、F100 等，分别表示此材料可承受 25 次、50 次、100 次的冻融循环。通常根据工程的使用环境和要求，确定对材料抗冻等级的要求。

就材料本身来说，材料的抗冻性主要与其孔隙率、孔特征、吸水性、抵抗胀裂的强度及内部对局部变形的缓冲能力等有关，工程中常从这些方面改善材料的抗冻性。

2.1.4　材料与热有关的性质

1. 导热性

导热性是指材料两侧有温差时材料将热量由温度高的一侧向温度低的一侧传递的能力。材料的导热性以导热系数 λ 表示，其含义是当材料两侧的温差为 1K 时，在单位时间（1s）内，通过单位面积（1m²），并透过单位厚度（1m）的材料所传导的热量，以下式表示

$$\lambda = \frac{Qa}{(T_1 - T_2)AZ} \quad (2\text{-}15)$$

式中，λ 为材料的导热系数 [W/(m·K)]；Q 为传导的热量（J）；a 为材料的厚度（m）；A 为材料的传热面积（m²）；Z 为传热时间（s）；$(T_1 - T_2)$ 为材料两侧的温度差（K），取正值。

材料的导热系数是建（构）筑物围护结构（墙体、屋盖）热工计算时的重要参数，是评价材料保温隔热性能的参数。材料的导热系数越大，则其导热性越强，绝热性越差；土木工程材料的导热性差别很大，通常把 $\lambda<0.23\text{W}/(\text{m}\cdot\text{K})$ 的材料称为绝热材料。

材料的导热性与其结构和组成、含水率、孔隙率及孔特征等有关，且与材料的表观密度有很好的相关性。一般非金属材料的绝热性优于金属材料；材料的表现密度小，孔隙率大，闭口孔多，孔分布均匀、孔尺寸小，含水率小时，其绝热性好。通常所说的材料导热系数是指干燥状态下的导热系数，当材料一旦吸水或受潮时，导热系数会显著增大，绝热性变差。

2. 热容量和比热容

热容量是指材料受热时吸收热量或冷却时放出热量的能力，可用下式表示

$$Q = mc(T_1 - T_2) \tag{2-16}$$

式中，Q 为材料的热容量（kJ）；m 为材料的质量（kg）；(T_1-T_2) 为材料受热或冷却前后的温度差（K）；c 为材料的比热容，也称质量热容 $[\text{kJ}/(\text{kg}\cdot\text{K})]$。

其中比热容 c 是真正反映不同材料间热容性差别的参数，其物理意义是指质量为 1kg 的材料，在温度改变 1K 时所吸收或放出热量的大小。它可由式（2-16）导出

$$c = \frac{Q}{m(T_1 - T_2)} \tag{2-17}$$

材料的比热容的大小与其组成和结构有关，比热容大的材料对缓冲建（构）筑物的温度变化有利，工程中常优先选择比热容大的材料。通常所说材料的比热容是指其干燥状态下的比热容，因为水的比热容最大，当材料含水率高时，比热容较大。

材料的热容量是建（构）筑物围护结构（墙体、屋盖）热工计算的另一重要参数，设计计算时应选用热容量较大而导热系数较小的建筑材料，以使建（构）筑物保持室内温度的稳定性。

3. 热扩散率

在进行工程结构温度变形及温度场研究时，还会用到另外一个材料热物理参数——热扩散率，表示材料被加热或冷却时，其内部温度趋于一致的能力，是材料传播温度变化能力大小的指标。热扩散率的定义式为

$$\alpha = \frac{\lambda}{\rho c} \tag{2-18}$$

式中，α 为材料的热扩散率（m²/s）；λ 为材料的导热系数 $[\text{W}/(\text{m}\cdot\text{K})]$；$c$ 为材料的比热容 $[\text{kJ}/(\text{kg}\cdot\text{K})]$；$\rho$ 为材料的密度（kg/m³）。

热扩散率越大，表明材料内部的温度分布趋于均匀越快。热扩散率也可作为选用保温隔热材料的指标，热扩散率越小，绝热性能越好，越易保持室内温度的稳定性。

4. 材料的温度变形性

材料的温度变形性是指温度升高或降低时材料体积变化的特性。除了个别材料（如 277K 以下的水），多数材料在温度升高时体积膨胀，温度下降时体积收缩。这种变化表现在单向尺寸时，称为线膨胀或线收缩，相应的表征参数为线膨胀系数（α_l），可用下式计算

$$\Delta L = (T_2 - T_1)\alpha_l \cdot L \tag{2-19}$$

式中，ΔL 为线膨胀或线收缩量（mm）；(T_2-T_1) 为材料升（降）温前后的温度差（K）；α_l 为材料在常温下的平均线膨胀系数（1/K）；L 为材料原来的长度（mm）。

土木工程中,大多情况下都希望材料具有热的不变形性或较小的热变形,以保持材料及工程的尺寸稳定。材料的线膨胀系数与其组成和结构有关,常通过选择合适的材料来满足工程对温度变形的要求。几种常见土木工程材料的热工参数见表2-2。

表2-2 几种常见土木工程材料的热工参数

材料名称	导热系数/[W/(m·K)]	比热容/[kJ/(kg·K)]	线膨胀系数/(10^{-6}/K)
钢材	55	0.63	10~12
普通混凝土	1.28~1.51	0.48~1.0	5.8~15
烧结普通砖	0.4~0.7	0.84	5~7
木材(横纹)	0.17	2.51	—
水	0.6	4.187	—
花岗岩	2.91~3.08	0.716~0.787	5.5~8.5
玄武岩	1.71	0.766~0.854	5~75
石灰石	2.66~3.23	0.749~0.846	3.64~6.0
大理石	2.45	0.875	4.41
沥青混凝土	1.05	—	(负温下)20

5. 耐燃性

建(构)筑物着火时,材料能经受高温与火的作用而不破坏,强度也不严重下降的性能,称为材料的耐燃性。它是影响建(构)筑物防火、建(构)筑物结构耐火等级的重要因素。

按照《建筑材料及制品燃烧性能分级》,根据材料耐燃性,建筑材料及制品可分为4类:

1)不燃材料(制品),是指在空气中受到火烧或高温作用时,遇火或遇高温时不起火、不碳化、不微燃的材料,燃烧性能等级为A级,如普通石材、混凝土、砖、金属等。

2)难燃材料(制品),是指在空气中受到火烧或高温作用时,遇火或遇高温时难起火、难碳化、难微燃,火源移走后已有的燃烧或微燃立即停止的材料,燃烧性能等级为B_1级,如沥青混凝土、经防火处理的木材、部分塑料等有机-无机复合材料。

3)可燃材料(制品),是指在空气中受到火烧或高温作用时立即起火或微燃,火源移走后仍继续燃烧的材料,燃烧性能等级为B_2级,如木材、沥青、油漆及部分合成高分子胶黏剂等有机类材料。

4)易燃材料(制品),是指在空气中受到火烧或高温作用时立即起火并迅速燃烧,火源移走后仍继续迅速燃烧的材料,燃烧性能等级为B_3级,如地毯、布艺、部分未经阻燃处理的塑料、纤维织物等装修材料。

6. 耐火性

材料在长期高温作用下,保持其结构和工作性能的基本稳定而不损坏的性质称为材料的耐火性,用其耐受时间(h)来表示,称为耐火极限。某些工程部位的材料通常要求其耐火性,如砌筑窑炉、锅炉炉衬、烟道等所用的材料。根据不同材料的耐火度(耐火能力),通常可将其划分为以下3类:

1)耐火材料,耐火度不低于1580℃的材料,如硅砖、镁砖、铝砖、铬砖等耐火砖。

2)难熔材料,耐火度为1350~1580℃的材料,如难熔黏土砖、耐火混凝土等。

3)易熔材料,耐火度低于1350℃,如普通黏土砖等。

工程中应注意耐燃性和耐火性概念的区别,耐燃的材料不一定耐火,耐火的一般都耐燃。例如,钢材是不燃材料,但其耐火极限仅有0.25h,故钢材虽为重要的建筑结构材料,但其耐火性却较差,使用时须进行特殊的耐火处理。

2.1.5 材料的吸声性能

当声波遇到材料表面时,一部分被反射,另一部分穿透材料,其余的声能转化为热能而被吸收。声能穿透材料和被材料消耗的性质称为材料的吸声性,评定材料的吸声性能好坏的主要指标称为吸声系数(α_s)。吸声系数是指声波遇到材料表面时,被吸收的声能与入射能之比,即

$$\alpha_s = \frac{E}{E_0} \tag{2-20}$$

式中,E 为材料吸收的声能;E_0 为入射到材料表面的全部声能。

假如入射声能的 70% 被吸收,30% 被反射,则该材料的吸声系数就等于 0.7。一般材料的吸声系数为 0~1,当入射声能 100% 被吸收而无反射时,吸声系数等于 1。

任何材料都具有一定的吸声能力,只是吸收的程度有异,材料的吸声特性与声波的方向、频率,以及材料的表观密度、孔隙构造、厚度等有关。通常取 125Hz、250Hz、500Hz、1000Hz、2000Hz、4000Hz 6 个频率的吸声系数来表示材料的吸声性能。6 个频率的平均吸声系数大于 0.2 的材料,称为吸声材料。

吸声材料的基本特征是多孔、疏松、透气。对于多孔材料,由于声波能进入材料内相互连通的孔隙中,受到空气分子的摩擦阻滞,把声能转变为热能,从而把声能吸收掉。对于纤维材料,由于声波会引起细小纤维的机械振动而把声能转变为热能,从而把声能吸收掉。

2.2 材料的力学性质

材料的力学性质是指材料抵抗外力破坏的能力及其在外力作用下的表现,通常以材料在外力作用下所表现的强度和变形特性来描述。

2.2.1 材料的强度与比强度

1. 强度

强度是指材料在外力作用下抵抗破坏的能力,并以单位面积上所能承受荷载的大小来表示。材料在受外力作用时,便产生内部应力,且应力随外力的增大而增大,当应力增大到材料内部质点间结合力所能承受的极限时,便会导致内部质点间的断开或错位,此极限应力值通常称为材料的强度。

根据不同的外力作用形式,材料的强度可分为抗压强度、抗拉强度、抗弯(抗折)强度、抗剪强度等,各种不同受力形式的强度计算公式见表 2-3。土木工程材料常按其强度值的大小划分为若干强度等级。

结构类型与状态不同的材料,对不同受力形式的抵抗能力可能不同,特别是材料的宏观构造不同时,其强度差别可能很大。通常,材料内质点间的结合力越强、孔隙率越小、孔隙分布得越均匀或内部缺陷越少时,材料的强度可能越高。对于内部构造非匀质的材料,其不同方向的强度,或不同外力作用形式下的强度表现会有明显的差别。例如,水泥混凝土、砂浆、砖、石材等非匀质材料的抗压强度较高,而抗拉、抗折强度却很低。土木工程常用结构材料的强度值范围见表 2-4。

表 2-3　材料在不同作用力形式下的强度计算公式

作用形式	强度计算公式	参数说明
抗压 抗拉 抗剪	$f = \dfrac{F}{A}$	f 为材料的抗压、抗拉或抗剪强度（MPa） F 为材料能承受的最大荷载（N） A 为材料的受力面积（mm^2）
抗弯 （抗折）	$f_{tm} = \dfrac{3FL}{2bh^2}$ （两支点中央一点受集中荷载）	f_{tm} 为材料的抗弯（抗折）强度（MPa） F 为最大荷载（N） L 为两支点间距（mm） b、h 为材料截面的宽度和高度（mm）

表 2-4　土木工程常用结构材料的强度值范围　　　　　　　　　　（单位：MPa）

材料	抗压强度	抗拉强度	抗弯（抗折）强度	抗剪强度
钢材	215~1600	215~1600	—	200~355
普通混凝土	10~60	1~4	1~10	2.0~4.0
烧结普通砖	7.5~30	—	1.8~4.0	1.8~4.0
花岗岩	100~250	7~25	10~40	13~19
石灰岩	30~250	5~25	2~20	7~14
玄武岩	150~300	10~30	—	20~60
松木（顺纹）	30~50	80~120	60~100	6.3~6.9

2. 比强度

比强度是指按单位体积质量计算的材料强度，即材料强度与其表观密度之比（f/ρ_0），它是衡量材料轻质高强特性的参数。

结构材料在土木工程中的主要作用就是承受结构荷载。对多数结构物来说，相当一部分的承载能力用于抵抗本身或其上部结构材料的自重荷载，只有剩余部分的承载能力才能用于抵抗外荷载。材料具有较高的比强度值，才能满足高层建筑及大跨度结构工程的要求。几种结构材料的参考比强度值见表 2-5。

表 2-5　几种结构材料的参考比强度值

材料（受力状态）	强度/MPa	表观密度/（kg/m^3）	比强度
玻璃钢（抗弯）	450	2000	0.225
低碳钢	420	7850	0.054
铝材	170	2700	0.063
铝合金	450	2800	0.160
花岗岩（抗压）	175	2550	0.069
石灰岩（抗压）	140	2500	0.056
松木（顺纹抗拉）	100	500	0.200
普通混凝土（抗压）	40	2400	0.017
烧结普通砖（抗压）	10	1700	0.006

2.2.2　材料的弹性与塑性

在土木工程中，外力作用下材料的断裂就意味着工程结构的破坏，此时材料的极限强度就是确定工程结构承载能力的依据。但是，有些工程中即使材料本身并未断开，但在外力作用下质点间的相对位移或滑动过大，也可能使工程结构无法正常使用，这种在非极限应力作用下材料质点间相对位移或滑动的宏观表现就是材料的变形。弹性变形和塑性变形通常是材料两种最基本的力学变形，反映了材料在非极限应力作用下两种不同的变形特征。

1. 弹性与弹性变形

材料在外力作用下产生变形，外力去除后能恢复为原来形状和大小的性质称为弹性，这种可恢复的变形称为弹性变形。弹性变形的大小与其所受外力的大小成正比，其比例系数在一定范围内为一常数，如图 2-3 所示，这个常数被称为该材料的弹性模量 E，其计算公式为

$$E = \frac{\sigma}{\varepsilon} \qquad (2\text{-}21)$$

式中，σ 为材料所承受的应力（MPa）；ε 为材料在应力 σ 作用下的应变。

弹性模量是反映材料抵抗变形能力的指标，其值越大，材料在荷载作用下越不易变形。材料的弹性模量是土木工程结构设计和变形验算所依据的主要参数之一，几种常用土木工程材料的弹性模量见表 2-6。

表 2-6　几种常用土木工程材料的弹性模量

材　料	低碳钢	普通混凝土	烧结普通砖	木材	花岗岩	石灰岩	玄武岩
弹性模量/10^4MPa	21	1.45~3.60	0.3~0.5	0.6~1.2	200~600	60~100	100~800

2. 塑性与塑性变形

材料在外力作用下产生变形，外力去除后仍保持变形后形状和大小且不产生裂纹的性质称为塑性，这种不可恢复的变形称为塑性变形，或称永久变形，如图 2-4 所示。

许多材料的塑性往往受温度的影响较明显，通常较高温度下更容易产生塑性变形。有时，工程实际中也可利用材料的这一特性来获得某种塑性变形。例如，在土木工程材料的加工或施工过程中，经常利用塑性变形而使材料获得所需要的形状或使用性能。

3. 弹塑性变形

完全弹性和完全塑性的材料是不存在的，大多数材料受力变形时既有弹性变形，又有塑性变形，在不同的受力阶段表现为不同的变形特征。例如，低碳钢在受力不大的情况下（小于弹性极限）表现为弹性变形，而在受力较大后（超过弹性极限）出现塑性变形。

混凝土材料在受力后弹性变形和塑性变形同时产生，撤去外力后，弹性变形可以恢复，塑性变形则不能恢复，此类变形称为弹塑性变形，如图 2-5 所示。

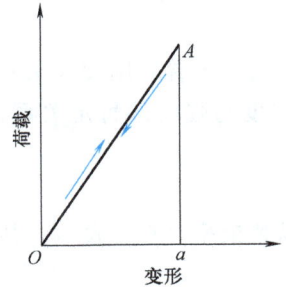

图 2-3　材料的弹性变形曲线

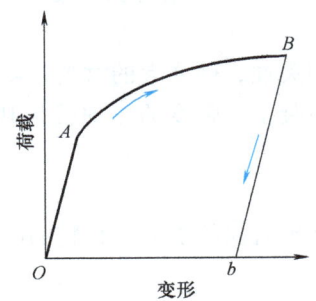

图 2-4　材料的塑性变形曲线

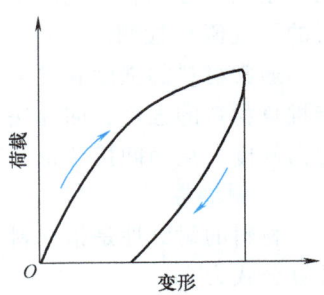

图 2-5　材料的弹塑性变形曲线

2.2.3 材料的脆性与韧性

1. 脆性

外力作用下,材料未产生明显的变形而发生突然破坏的性质称为脆性,具有这种性质的材料称为脆性材料。一般脆性材料的抗静压强度较高,但抗冲击能力、抗振动能力、抗拉及抗折(弯)强度很差。土木工程中常用的无机非金属材料多为脆性材料,如天然石材、普通混凝土、砂浆、普通砖、玻璃及陶瓷等。

2. 韧性

材料在振动或冲击等荷载作用下,能吸收较多的能量,并产生较大的变形而不突然破坏的性质称为韧性。材料韧性的主要特征表现就是在荷载作用下能产生较明显的变形,破坏过程中能够吸收较多的能量。衡量材料韧性的指标是材料的冲击韧度值(a_K),即破坏时单位断面所吸收的能量,其计算公式为

$$a_K = \frac{A_K}{A} \tag{2-22}$$

式中,a_K 为材料的冲击韧度值(J/mm^2);A_K 为材料破坏时所吸收的能量(J);A 为材料受力截面面积(mm^2)。

桥梁、路面、工业厂房等土木工程的受振结构部位,应选用韧性较好的材料。常用的韧性材料有低碳钢、低合金钢、铝材、橡胶、塑料、木材、竹材等,玻璃钢等复合材料也具有优良的韧性。

2.2.4 材料的硬度与耐磨性

1. 硬度

硬度是指材料表面抵抗硬物压入或刻划的能力。土木工程中为保持建(构)筑物的使用性能或外观,常要求材料具有一定的硬度,如部分装饰材料、预应力混凝土锚具等。

工程中用于表示材料硬度的指标有多种,对金属、木材等材料常以压入法检测其硬度,其方法分别有:洛氏硬度(HR,它是以金刚石圆锥或圆球的压痕深度计算求得的硬度值)、布氏硬度(HB,它是以压痕直径计算求得的硬度值)等。天然矿物材料的硬度可用刻划法,即以两种矿物相互对刻的方法确定矿物的相对硬度(莫氏硬度),其硬度的对比标准分为10级,由软到硬依次分别为:滑石、石膏、方解石、萤石、磷灰石、正长石、石英、黄玉、刚玉、金刚石。混凝土等材料的硬度常用肖氏硬度(HS,以重锤下落回弹高度计算求得的硬度值)检测。

通常材料的强度和硬度具有相关性,硬度大的材料强度也较高。工程中有时用硬度来间接推算材料的强度,回弹法测定混凝土的强度的原理就是利用表面硬度与强度的特定关系,测出硬度,从而间接评价其强度。

2. 耐磨性

材料的耐磨性是指材料表面抵抗磨损的能力。材料的耐磨性常以磨损率(G)表示,其计算公式为

$$G = \frac{m_1 - m_2}{A} \tag{2-23}$$

式中，G 为材料的磨损率（g/cm^2）；m_1，m_2 为材料磨损前后的质量（g）；A 为材料试件受磨面积（cm^2）。

材料的磨损率 G 值越低，表明该材料的耐磨性越好。一般硬度较高的材料，耐磨性也较好。土木工程中有些部位经常受到磨损，如路面、地面等，用于这些部位材料的耐磨性应满足工程使用寿命要求。

材料的硬度和耐磨性均与其内部结构、组成、孔隙率、孔特征、表面缺陷等有关。

2.3 材料的耐久性与环境协调性

材料在使用过程中，除了受到各种外力作用，还要受到环境中各种自然因素的破坏作用。在土木工程材料生产过程中，不仅消耗大量的天然资源和能源，还向环境排放大量的有害气体、固体废弃物和污水等；某些材料在使用过程中也会释放对人体有害的物质；土木工程拆解后的废弃土木工程材料也会成为环境污染源。据统计，当代工程建设所消耗的能源约占全世界总能源的 50%，所消耗的资源约占自然资源总量的 40%，同时也是最主要的污染源，约有一半的温室效应气体来自土木工程材料的生产、运输、工程的建造及运行管理有关的能源消耗，造成的垃圾约占人类活动垃圾总量的 40%。

随着社会发展中人们对经济与环境协调发展重要性的充分认识、绿色建筑理念的深入人心，土木工程材料除了具有良好的使用性能，还要具有良好的环境协调性，以增强材料耐久性、降低环境负荷、提高材料的循环再生利用率。

2.3.1 材料的耐久性

材料在使用过程中抵抗各种环境因素的长期作用，并保持其原有性能而不破坏、不变质的能力称为耐久性。耐久性是材料的一种综合性质，包括材料的抗冻性、耐热性、大气稳定性和耐蚀性等。环境因素的破坏作用可分为：

1) 物理作用，主要有干湿交替、温度变化、冻融循环等，这些变化会使材料体积产生膨胀或收缩，或导致内部裂缝的扩展，长期作用将使材料产生破坏，如混凝土的开裂。

2) 化学作用，主要是指酸、碱、盐等物质的水溶液或有害气体对材料产生的侵蚀作用，化学作用可使材料的组成成分发生质的变化，从而引起材料的破坏，如钢材的锈蚀等。

3) 生物作用，主要是指材料受到虫蛀或菌类的腐朽作用而产生的破坏，如木材、植物纤维材料的腐烂等。

耐久性是土木工程材料的一项重要技术性质，随着社会的发展，人们对耐久性更加重视。耐久性好的材料可以延长工程结构的使用寿命，减少维持和维修的费用。对于水工、海洋、地下等比较苛刻条件下的工程，材料的耐久性甚至比强度更加重要。

工程实践中，要根据材料所处的结构部位和使用环境等因素综合考虑其耐久性，进行合理选用。土木工程中材料的耐久性与破坏因素的关系见表 2-7。

环境的破坏作用是影响材料耐久性的外部因素，是影响耐久性的主要因素。材料的组成与结构、强度、孔隙率、孔特征、表面状态等是影响材料耐久性的内部因素和根本原因。当材料的组成和结构特点不能适应环境要求时便容易过早地产生破坏。

表 2-7　土木工程材料的耐久性与破坏因素的关系

破坏因素分类	破坏原理	破坏因素	评定指标
渗透	物理	压力水、静水	渗透系数、抗渗等级
冻融	物理、化学	水、冻融作用	抗冻等级、耐久性系数
冲磨气蚀	物理	流水、泥沙	磨蚀率
碳化	化学	CO_2、H_2O	碳化深度
化学侵蚀	化学	酸、碱、盐及其溶液	*
老化	化学	阳光、空气、水、温度交替	*
钢筋锈蚀	物理、化学	H_2O、O_2、氯离子、电流	电位锈蚀率
碱-集料反应	物理、化学	R_2O、H_2O、活性集料	膨胀率
腐朽	生物	H_2O、O_2、菌	*
虫蛀	生物	昆虫	*
热环境	物理、化学	冷热交替、晶型转变	*
火焰	物理	高温、火焰	*

注：*表示可参考强度变化率、开裂情况、变形情况、破坏情况等进行评定。

工程中改善材料耐久性的主要措施：根据使用环境选择材料的品种；采取各种方法控制材料的孔隙率与孔特征，提高材料密实度、降低材料渗透性；改善材料的表面状态，增强抵抗环境作用的能力。

2.3.2　材料的环境协调性

材料的环境协调性是指材料在制造、使用、废弃及再生利用的整个寿命周期中，对资源和能源消耗少、对生态和环境污染小和循环再生利用率高，能够与环境协调共存的性能。

目前，保护生态环境、节约能源资源、发展循环经济已经成为全人类的共同目标，土木工程材料的生产、使用和废弃等都必须考虑与生态环境的关系，生态环境材料、绿色建筑材料等概念应运而生。生态环境材料可以是赋予传统结构材料、功能材料以特别优异的环境协调性的材料，也可以是新开发的新型环保材料，还包括那些直接具有净化和修复环境等功能的材料。绿色建筑材料可定义为具有健康、安全、环保的基本特征，满足优良性能及多功能的技术性质要求，符合资源、能源消耗少和循环再生利用率高的可持续发展目标的土木工程材料。

2.4　材料的组成、结构与构造

材料是由原子、分子或分子团以不同结合形式构成的物质，材料的组成与结构是材料技术性质形成与变化的内在决定因素。材料的组成或构成方式不同，其性质可能有很大的差别；组成或构成方式相近的材料，其性质也具有相近之处；即使属于相同类别的材料，由于其中原子或分子之间的结合方式及缺陷状态不同，其性质也可能有显著差别。

2.4.1　材料的组成

材料的组成是决定材料性质的最基本因素。材料的组成包括材料的化学组成、矿物组成和相组成。

1. 化学组成

化学组成是指构成材料的化学元素及化合物的种类与数量。金属材料的化学组成常以主要元素的含量来表示，无机非金属材料则常以各种氧化物的含量来表示。当材料在使用过程中与周围环境及各类物质接触时，物质间必然要按化学变化规律发生作用，如混凝土受到酸、盐类物质的侵蚀作用，木材遇到火焰时的燃烧，钢材和其他金属材料的锈蚀等都属于化学作用。材料在各种化学作用下表现出的性质都是由其化学组成所决定的。

2. 矿物组成

通常将无机非金属材料中具有特定的晶体结构、特定的物理力学性能的组织结构称为矿物，矿物组成是指构成材料的矿物种类和数量。某些材料如天然石材、无机胶凝材料，其矿物组成是决定其性质的主要因素。例如，硅酸盐水泥中，熟料矿物硅酸三钙含量高，则其硬化速度较快，强度较高。

从宏观组成层次讲，人工复合的材料（如混凝土、建筑涂料等）是由各种原材料配合而成的，因此影响这类材料性质的主要因素是其原材料的品质及其配合比例。

3. 相组成

材料中结构相近、性质相同的均匀部分称为相，相组成是指构成材料的各种相种类与分布。自然界中的物质可分为气相、液相、固相三种形态。土木工程材料中，同种化学物质由于加工工艺的不同，温度、压力等环境条件的不同，可形成不同的相。例如，在铁碳合金中就有铁素体、渗碳体、珠光体。

土木工程材料大多是多相固体材料，这种由两相或两相以上的物质组成的材料称为复合材料。例如，混凝土可认为是由集料颗粒（集料相）分散在水泥浆体（基相）中所组成的两相复合材料。复合材料的性质与其构成材料的相组成和界面特性有密切关系。所谓界面是指多相材料中相与相之间的分界面。对于土木工程材料，可通过改变和控制其相组成和界面特性来改善和提高材料的技术性能。

2.4.2 材料的结构与构造

材料的性质除了与材料组成有关，还与其结构和构造有密切关系。材料的结构和构造泛指材料各组成部分之间的结合方式及其在空间排列分布的规律。不同层次的材料结构决定着材料的不同性质。按材料的结构和构造的尺度范围，材料结构可分为宏观结构（宏观构造）、细观结构和微观结构（见表2-8）。

表2-8 材料结构

材料结构分类与特征			材料举例
宏观结构 （尺寸10^{-3}m 及以上）	按孔隙特征	致密结构	无宏观尺度的孔隙	钢铁、玻璃、塑料、沥青等
		微孔结构	主要具有微细孔隙	石膏制品、烧土制品等
		多孔结构	具有较多粗大孔隙	加气混凝土、泡沫玻璃、泡沫塑料等
	按构造特征	纤维结构	主要由纤维状材料构成	木材、玻璃钢、岩棉、玻璃纤维增强混凝土（GRC）等
		层状结构	由多层材料叠合构成	复合墙板、胶合板、纸面石膏板等
		散粒结构	由松散颗粒状材料构成	砂石材料、膨胀蛭石、膨胀珍珠岩等
		堆积结构	由集料和胶结材料构成	各种混凝土、砂浆、陶瓷等
细观结构 （10^{-9}~10^{-3}m）	按尺度范围	显微结构	光学显微镜可观察	金相组织、晶界、晶粒尺寸,混凝土内部微裂缝等
		纳米结构	扫描投射电子显微镜可观察	

（续）

材料结构分类与特征			材料举例
微观结构 (10^{-10} ~ 10^{-6} m)	晶体	原子晶体：强度、硬度、熔点高,密度小	金刚石、石英、刚玉
		离子晶体：强度、硬度、熔点较高,波动大,部分可溶,密度中等	氯化钙、石膏、石灰岩
		分子晶体：强度、硬度、熔点较低,大部分可溶,密度小	蜡及有机化合物晶体
		金属晶体：强度、硬度变化大,密度大	铁、钢、铜、铝及其合金
	玻璃体	熔融物急冷时,质点来不及规则排列就形成的无序结构,具有化学不稳定性与潜能	火山灰、粒化高炉矿渣、粉煤灰
	胶体	细小的固体粒子(直径 1~100μm)分散在连续介质中所形成的结构,具有很大的吸附力和黏结力	石油沥青、胶黏剂、水化硅酸钙

材料的构造是指具有特定性质的材料结构单元的相互搭配情况，更强调相同材料或不同材料间的搭配组合关系，对材料的性质具有重要的影响。同一种类的材料，其构造越均匀、密实，强度越高；构造呈层状、纤维状的，具有各向异性的性质；构造疏松、多孔的，通常强度较低、表观密度较小，而且会影响材料导热性、渗透性、抗冻性等。

材料的组成相同，结构、构造不同，可有不同的用途，如平板玻璃可用于采光，玻璃纤维可用于增强混凝土，泡沫玻璃则可用于保温隔热；材料的组成不同，结构、构造相同，则可具有相同的用途，如泡沫塑料、泡沫玻璃和泡沫混凝土，均可用作保温隔热材料。

思考题与习题

2-1　何谓材料的密实度、孔隙率？两者之间有何关系？如何计算？
2-2　材料中的孔隙特征有哪些？材料表观密度与密度的差别是什么？
2-3　哪些参数或因素可影响颗粒堆积材料的堆积密度？如何提高其堆积密度？
2-4　材料的吸水性和吸湿性有何区别与联系？材料含水后对材料性能有何影响？
2-5　材料的弹性和塑性有何异同？
2-6　脆性材料和韧性材料有何区别？使用中应注意哪些问题？
2-7　当某一建筑材料的孔隙率增大时，表 2-9 内的其他性质将如何变化？（用符号填写：↑增大，↓下降，—不变，？不确定）

表 2-9　习题 2-7 表

孔隙率	密度	表观密度	强度	吸水率	抗冻性	导热性
↑						

2-8　什么是材料的耐久性？在工程结构设计时应如何考虑材料的耐久性？
2-9　憎水材料的润湿角为（　　）。（2010 年一级注册结构工程师试题）

A. >90° B. ≤90° C. >45° D. ≤180°

2-10 含水率5%的砂220g，其中所含的水量为（   ）。（2010年一级注册结构工程师试题）

A. 10g B. 10.48g C. 11g D. 11.5g

2-11 集料的所有孔隙充满水但表面没有水膜，该含水状态被称为集料的（   ）。（2010年一级注册结构工程师试题）

A. 气干状态 B. 绝干状态 C. 潮湿状态 D. 饱和面干状态

2-12 某岩石的密度为 $2.75g/cm^3$，孔隙率为1.5%；今将该岩石破碎为碎石，测得碎石的堆积密度为 $1560kg/m^3$。试求此岩石的表观密度和碎石的空隙率。

2-13 现有某石材干燥试样，称其质量为253g，将其浸水饱和，测得排出水的体积为 $114cm^3$；将其取出擦干表面并再次放入水中，排出水体积为 $117cm^3$。若试样体积无膨胀，求此石材的密度、表观密度、质量吸水率和体积吸水率。

2-14 烧结普通砖进行抗压试验，测得浸水饱和后的破坏荷载为185kN，干燥状态的破坏荷载为207kN（受压面积为115mm×120mm），问此砖的饱水抗压强度和干燥抗压强度各为多少？是否适宜用于常与水接触的工程结构物？

第3章　无机气硬性胶凝材料

本章提要

本章主要介绍胶凝材料的分类及特性，常用无机气硬性胶凝材料（石灰、石膏、水玻璃和镁质胶凝材料）的生产、水化硬化机理、特性、技术要求及应用。

本章教学重点是石灰、石膏的生产、水化（熟化）硬化机理、特性和技术要求；难点是无机气硬性胶凝材料的水化、凝结及硬化机理。

通过本章学习，应熟练掌握石灰、石膏的技术性质及主要用途，熟悉无机气硬性胶凝材料的种类、硬化机理，了解无机气硬性胶凝材料的原材料及生产工艺。

胶凝材料是指经过自身的一系列物理作用、化学作用，能够将散粒状材料（如砂、石子等）或块状材料（如砖、石块、砌块等）黏结成整体，并具有一定强度的材料。

根据胶凝材料的化学组成，可将其分为两大类，一类是有机胶凝材料，一类是无机胶凝材料。有机胶凝材料是指以天然或人工合成高分子化合物为基本组成的一类胶凝材料，常用的有沥青、树脂、橡胶等。无机胶凝材料是以无机化合物为基本成分的胶凝材料，根据其硬化条件的不同，又分为气硬性胶凝材料和水硬性胶凝材料。

气硬性胶凝材料是指只能在空气中凝结硬化，也只能在空气中保持或继续发展其强度的胶凝材料，常用的气硬性胶凝材料有石灰、石膏、水玻璃等。气硬性胶凝材料一般只适用于干燥环境中，而不宜用于潮湿环境，更不宜用于水中。

水硬性胶凝材料是指不仅能在空气中硬化，而且能更好地在水中硬化，并保持和继续发展其强度的胶凝材料，如各种水泥。水硬性胶凝材料既适用于干燥环境，又适用于潮湿环境或水下工程。

3.1　石灰

石灰一般是包含不同化学组成和物理形态的生石灰、熟（消）石灰、水硬性石灰的统称，是最早应用于土木工程中的胶凝材料之一。因其原料分布广泛，生产工艺简单，成本低廉，使用方便，至今仍被广泛应用于土木工程中。

水硬性石灰是用黏土含量[○]较高或是二氧化硅含量较高的石灰石烧制的。石灰中除含有氧化钙（CaO）外，还含有硅酸二钙（2CaO·SiO₂）水硬性成分。本节主要讨论气硬性石灰。

3.1.1 石灰的生产

石灰是用石灰石、白云石、白垩等碳酸钙（$CaCO_3$）含量较高的原料，在适当温度下煅烧，碳酸钙分解为生石灰（CaO），反应式如下

$$CaCO_3 \xrightarrow{>900℃} CaO + CO_2 \uparrow \tag{3-1}$$

煅烧温度一般控制在 900~1000℃，在煅烧过程中，若温度过低或煅烧时间过短，会使生石灰中残留有未分解 $CaCO_3$，称为欠火石灰，欠火石灰中有效成分 CaO 含量较低，降低了其质量等级和石灰利用率；若煅烧温度过高或煅烧时间过长，将生成过火石灰，过火石灰内部结构致密，水化反应速度极慢。如果石灰膏（浆）中含有过火石灰，它将在石灰膏（浆）硬化后才开始慢慢水化，会因其水化过程中产生膨胀而引起墙面隆起、开裂等现象。

3.1.2 石灰的熟化与硬化

石灰的熟化与硬化

1. 石灰的熟化

工程上使用生石灰前要进行熟化，熟化是指生石灰（CaO）与水作用生成氢氧化钙 [$Ca(OH)_2$] 的过程，又称石灰的消化或消解。

$$CaO + H_2O = Ca(OH)_2 + 64.9 kJ \tag{3-2}$$

经熟化后所得的 $Ca(OH)_2$ 称为熟石灰（又称消石灰），生石灰熟化过程发出大量的热（1kg 生石灰熟化放热 1160kJ），反应速度快，同时体积增大 1~2.5 倍。

欠火石灰不能熟化，过火石灰熟化极其缓慢，当石灰中含有过火石灰时，它在石灰浆体硬化后才开始发生水化反应，熟化产生膨胀而引起已经硬化的石灰体发生隆起、开裂等破坏。为了消除过火石灰的危害，常常将熟化后的石灰膏（浆）在消化池里放置 14d 以上才使用，此过程称为"陈伏"。陈伏期间，石灰膏（浆）表面应保有一层水分，隔绝空气，防止石灰膏和空气中的 CO_2 发生碳化反应。

2. 石灰的硬化

石灰浆体的硬化过程主要包括以下两个部分：

（1）干燥硬化（结晶作用） 石灰浆体在干燥过程中，游离水蒸发，形成孔隙网，留在孔隙内的自由水由于表面张力的作用，在孔隙最窄处形成弯液面而产生毛细管压力，使石灰颗粒更加紧密而获得强度。同时由于水分蒸发，使 $Ca(OH)_2$ 因过饱和而逐渐结晶析出。

（2）碳化硬化 $Ca(OH)_2$ 与空气中的 CO_2 和水反应，生成难溶于水的 $CaCO_3$ 晶体，释放出水分的过程称为碳化，其反应如下

$$Ca(OH)_2 + CO_2 + nH_2O = CaCO_3 + (n+1)H_2O \tag{3-3}$$

由于碳化生成的碳酸钙较为致密，尤其在材料表面形成的碳酸钙达到一定厚度之后，阻碍了空气中 CO_2 的渗入，因此碳化过程极为缓慢，并且阻止了内部水分向外蒸发，使氢氧

○ 含量，若文中无特殊说明，均指质量分数。

化钙的结晶速度减慢，进而造成石灰硬化的过程很缓慢。

3.1.3 石灰的品种、特性及技术要求

1. 石灰的品种

（1）根据化学成分分类

1）建筑生石灰的分类。由于生产生石灰原料中常含有碳酸镁（$MgCO_3$），因此煅烧后生成的生石灰中也常含有氧化镁（MgO）成分。根据我国建材行业标准《建筑生石灰》规定，按化学成分，将建筑生石灰分为钙质石灰和镁质石灰两类，根据化学成分的含量，每类又分成若干等级，见表3-1和表3-2。

2）建筑消石灰分类。根据我国建材行业标准《建筑消石灰》规定，建筑消石灰分类按扣除游离水和结合水后（$CaO+MgO$）的百分含量分为钙质消石灰和镁质消石灰两类，见表3-3和表3-4。

表 3-1 建筑生石灰的分类

类别	名称	代号
钙质石灰	钙质石灰 90	CL90
	钙质石灰 85	CL85
	钙质石灰 75	CL75
镁质石灰	镁质石灰 85	ML85
	镁质石灰 80	ML80

表 3-2 建筑生石灰化学成分的含量

类别	名称	（$CaO+MgO$）（%）	MgO（%）	CO_2（%）	SO_3（%）
钙质石灰	CL90-Q① CL90-QP②	≥90	≤5	≤4	≤2
	CL85-Q CL85-QP	≥85	≤5	≤7	≤2
	CL75-Q CL75-QP	≥75	≤5	≤12	≤2
镁质石灰	ML85-Q ML85-QP	≥85	>5	≤7	≤2
	ML80-Q ML80-QP	≥80	>5	≤7	≤2

① 生石灰块在代号后面加 Q。
② 生石灰粉在代号后面加 QP。

表 3-3 建筑消石灰的分类

类别	名称	代号
钙质消石灰	钙质消石灰 90	HCL90
	钙质消石灰 85	HCL85
	钙质消石灰 75	HCL75
镁质消石灰	镁质消石灰 85	HML85
	镁质消石灰 80	HML80

（2）根据加工方法分类 根据加工方法的不同，石灰又可分为以下几个品种：

1）生石灰块：直接由石灰石煅烧而成的块状物。

2）生石灰粉：由生石灰块磨细而成。

表 3-4 建筑消石灰化学成分的含量

类别	名称	(CaO+MgO)(%)	MgO(%)	SO_3(%)
钙质消石灰	HCL90	≥90	≤5	≤2
	HCL85	≥85		
	HCL75	≥75		
镁质消石灰	HML85	≥85	>5	≤2
	HML80	≥80		

注：表中数值以试样扣除游离水和化学结合水后的干基为基准。

3）熟石灰粉：由生石灰用适量水熟化并干燥而成的粉末，主要成分为 $Ca(OH)_2$。

4）石灰膏：将生石灰块用过量水（生石灰体积的3~4倍）熟化，或将熟石灰粉加水拌和，所得的一定稠度的膏状物，主要成分为 $Ca(OH)_2$ 和水。

5）石灰乳：将石灰膏或熟石灰粉用大量水稀释而成的乳状液体，主要成分为 $Ca(OH)_2$ 和水。

2. 石灰的特性

（1）保水性和可塑性好　生石灰消化为石灰浆时，能自动形成极微细的呈胶体状态的氢氧化钙颗粒，表面吸附一层厚的水膜，因而保持水分不泌出，即保水性好。水膜使氢氧化钙颗粒间的摩擦力减小，故可塑性也好。在水泥砂浆中掺入石灰膏，配制成混合砂浆，能使其可塑性和保水性显著提高。

（2）硬化慢，强度低　从石灰浆体硬化过程可以看出，其碳化硬化极为缓慢，碳化后形成致密的 $CaCO_3$ 硬壳，不仅不利于 CO_2 向内部扩散，也阻止了水分向外蒸发，导致 $Ca(OH)_2$ 和 $CaCO_3$ 结晶体生成量减少且生成缓慢。另外，石灰熟化时需水量较大（为保证石灰浆的可塑性），多余的水分在硬化后蒸发，这样便在硬化后的石灰体内留下大量的孔隙，使其密实度小，强度低。通常按1:3配合比的石灰砂浆，其28d的抗压强度只有0.2~0.5MPa。

（3）硬化时体积收缩大　石灰浆在硬化过程中，蒸发大量游离水，引起体积显著收缩，使其变形开裂，因此石灰膏（浆）不宜单独使用（作薄层涂刷用的石灰乳除外）。工程上应用时，常在其中掺入砂、麻刀、纸筋等，以抵抗收缩引起的开裂和增加抗拉强度。

（4）耐水性差　在石灰硬化体中，绝大部分仍是未碳化的 $Ca(OH)_2$，$Ca(OH)_2$ 易溶于水，所以已硬化的石灰体受潮时，耐水性较差，甚至遇水或受潮后会产生结构溃散。故石灰不宜用于潮湿环境。

（5）吸湿性强　生石灰会吸收空气中的水分，可作为干燥剂。由于生石灰吸湿熟化成熟石灰，再发生碳化反应生成 $CaCO_3$，失去胶凝能力。所以，生石灰不宜储存过久，储存期间要防止受潮。最好将生石灰运到工地（或熟化场地）后立即熟化成石灰膏，将储存期变为陈伏期。

3. 石灰的技术要求

（1）建筑生石灰的技术要求　根据我国建材行业标准《建筑生石灰》规定，建筑生石灰的化学成分应符合表3-2的要求，其物理性质应符合表3-5的要求。

（2）建筑消石灰的技术要求　根据我国建材行业标准《建筑消石灰》规定，建筑消石灰的化学成分应符合表3-4的要求，其物理性质应符合表3-6的要求。

表 3-5　建筑生石灰的物理性质

类别	名称	产浆量 /(dm³/10kg)	细度	
			0.2mm 筛余量(%)	90μm 筛余量(%)
钙质石灰	CL90-Q	≥26	—	—
	CL90-QP	—	≤2	≤7
	CL85-Q	≥26	—	—
	CL85-QP	—	≤2	≤7
	CL75-Q	≥26	—	—
	CL75-QP	—	≤2	≤7
镁质石灰	ML85-Q	—	—	—
	ML85-QP	—	≤2	≤7
	ML80-Q	—	—	—
	ML80-QP	—	≤7	≤2

注：其他物理特性，根据用户要求，可按《建筑石灰试验方法　第1部分：物理试验方法》。

表 3-6　建筑消石灰的物理性质

类别	名称	游离水(%)	细度		安定性
			0.2mm 筛余量(%)	90μm 筛余量(%)	
钙质消石灰	HCL90	≤2	≤2	≤7	合格
	HCL85				
	HCL75				
镁质消石灰	HML85				
	HML80				

3.1.4　石灰的应用

1. 配制石灰乳涂料

将消石灰粉或消石灰浆掺大量水拌和，可调制成稠度合适的石灰乳。石灰乳是一种廉价涂料，施工方便，可用于建筑物室内墙面和顶棚粉刷。掺入少量佛青颜料，可使其呈纯白色，增加室内的亮度；掺入107胶或少量磨细的粒化高炉矿渣（或粉煤灰），可提高粉刷层的防水性；掺入各种色彩的耐碱颜料，可获得更好的装饰效果。

2. 拌制砂浆

石灰膏和熟石灰粉可以单独或与水泥一起配制成砂浆，前者称石灰砂浆，后者称水泥混合砂浆，用于墙体的砌筑和抹面。为了克服石灰膏硬化收缩性大的缺点，配制时常要加入纸筋、麻刀等纤维质材料。由于石灰膏具有很好的保水性和可塑性，用其配制的混合砂浆的和易性较好。

3. 配制石灰土和三合土

消石灰粉与黏土按一定比例（一般是按体积比3∶7，即三七灰土）拌和，即得石灰土，简称灰土，若再加入砂（或碎石、炉渣等）即成三合土。灰土和三合土在夯实或压实下，密实度大大提高，而且在潮湿环境中，黏土颗粒表面的少量活性二氧化硅（SiO_2）和氢化铝（AlH_3）与石灰水化产物 $Ca(OH)_2$ 发生反应，生成水硬性的水化硅酸钙（$xCaO \cdot ySiO_2 \cdot nH_2O$）和水化铝酸钙（$xCaO \cdot yAl_2O_3 \cdot nH_2O$），具有较高的抗渗能力和一定的抗压强度与耐水性，所以灰土和三合土可以用于潮湿的环境，一般用于建（构）筑物基础和道路工程的基层、垫层。

4. 制作硅酸盐制品

磨细生石灰粉（或消石灰粉）和砂（或粉煤灰、火山灰、粒化高炉矿渣、煤矸石）等硅质材料加水拌和，经成型、蒸养或蒸压等工序而成的制品，统称为硅酸盐制品，常用的有灰砂砖、粉煤灰砖、粉煤灰砌块、硅酸盐砌块等。

5. 制作碳化石灰板

碳化石灰板是指将磨细的生石灰、纤维状填料（如玻璃纤维）或轻质集料（如矿渣）搅拌、成型，然后用 CO_2 进行人工碳化（12～24h）而成的一种轻质板材。为减轻自重，提高碳化效果，多制为薄壁或空心板。碳化板能锯、刨、钉，适合做非承重内墙隔板、顶棚等。

3.1.5 石灰的验收、储运及保管

建筑生石灰粉、建筑消石灰粉一般采用袋装，可以采用符合标准规定的牛皮纸袋、复合纸袋或塑料编织袋包装，袋上应标明厂名、产品名称、商标、净重、批量编号。运输、储存时不得受潮和混入杂物。

保管时应分类存放在干燥的仓库内，不宜长期储存。运输过程中要采取防水措施。由于生石灰遇水发生反应放出大量的热，所以生石灰不宜与易燃、易爆物品共同储存、运输，以免酿成火灾。

存放时，可制成石灰膏密封或在上面覆盖砂土等方式与空气隔绝，防止碳化。

3.2 石膏

石膏的应用有着悠久的历史，其主要成分为二水硫酸钙（也称二水石膏，$CaSO_4 \cdot 2H_2O$）。石膏与石灰、水泥并称为三大胶凝材料。我国石膏资源丰富且分布较广，由于其原料来源丰富，建筑性能优良，制作工艺简单，因而在建筑工程中得到广泛应用。

3.2.1 建筑石膏的制备与品种

1. 制备建筑石膏的原料

制备建筑石膏的原料有天然石膏和工业副产石膏（化学石膏）。天然石膏和工业副产石膏经一定温度煅烧脱水处理制得以 β 型半水硫酸钙（$\beta\text{-}CaSO_4 \cdot \frac{1}{2}H_2O$）为主要成分，不预加任何外加剂或添加物，用于建筑材料的粉状胶凝材料，即建筑石膏。

（1）天然石膏　天然石膏产品按矿物组成分为：石膏（代号 G）、硬石膏（代号 A）、混合石膏（代号 M）三类。

1）石膏是由含有两个结晶水的硫酸钙（$CaSO_4 \cdot 2H_2O$）复合组成的沉积岩。根据《天然石膏》规定，按其 $CaSO_4 \cdot 2H_2O$ 含量分为五个等级（表 3-7）。$CaSO_4 \cdot 2H_2O$ 含量高的石膏颜色白，质量好。

表 3-7　石膏（G）的等级

等级	特级	一级	二级	三级	四级
$CaSO_4 \cdot 2H_2O$ 含量(%)	≥95	≥85	≥75	≥65	≥55

2）硬石膏又称无水石膏，主要是由无水 $CaSO_4$ 组成的沉积岩，多呈现白色或无色透明体。根据《天然石膏》规定，按其 $CaSO_4$ 含量分为四个等级（表3-8）。硬石膏掺入水泥作为调凝剂比石膏效果好。

表 3-8 硬石膏（A）的等级

等级	一级	二级	三级	四级
$CaSO_4$ 含量（%）	≥85	≥75	≥65	≥55

3）混合石膏。在形式上主要以二水硫酸钙和无水硫酸钙存在的，且无水硫酸钙的质量分数与二水硫酸钙和无水硫酸钙的质量分数之和的比小于80%，即混合石膏。

（2）工业副产石膏　工业副产石膏是指工业生产中因化学反应生成的以二水硫酸钙为主要成分的副产品或废渣，也称化学石膏或工业废石膏，主要包括脱硫建筑石膏、磷建筑石膏、柠檬酸石膏、氟石膏、盐石膏、味精石膏、铜石膏、钛石膏等，其中脱硫建筑石膏和磷建筑石膏的产生量约占全部工业副产石膏总量的85%。工业副产石膏经过适当处理，完全可以替代天然石膏。当前，工业副产石膏综合利用主要有两个途径：一是用作水泥缓（调）凝剂，约占工业副产石膏综合利用量的70%；二是生产石膏建材制品，包括纸面石膏板、石膏砌块、石膏空心条板、干混砂浆、石膏砖等。

2. 石膏的品种

石膏的生产工序主要是破碎、加热与磨细。将天然石膏在不同温度、压力下煅烧，可得到不同品种的石膏。

（1）建筑石膏　在常压，温度为107~170℃的条件，天然石膏脱去部分水分，即得 β 型半水石膏，即建筑石膏，也称熟石膏，其反应式如下

$$CaSO_4 \cdot 2H_2O \xrightarrow{107\sim170℃} \beta\text{-}CaSO_4 \cdot \frac{1}{2}H_2O + \frac{3}{2}H_2O \tag{3-4}$$

建筑石膏按原材料分天然建筑石膏（代号 N）、脱硫建筑石膏（代号 S）、磷建筑石膏（代号 P）三类。

（2）高强石膏　将天然石膏在压蒸条件下（压力为0.13MPa，温度为124℃）加热，则生成 α 型半水石膏，即高强石膏，其反应式如下

$$CaSO_4 \cdot 2H_2O \xrightarrow{0.13MPa,124℃} \alpha\text{-}CaSO_4 \cdot \frac{1}{2}H_2O + \frac{3}{2}H_2O \tag{3-5}$$

α 型半水石膏与 β 型半水石膏虽然成分相同，但内部结构和宏观性能差别很大，与 β 型半水石膏相比，α 型半水石膏晶粒粗大且结构紧密，比表面积小，水化反应速度很慢，需水量少，硬化后结构密实，强度较高。由于生产成本较高，因此主要用于室内高级抹灰、装饰制品和石膏板等。

（3）可溶性硬石膏　当加热温度达到170~200℃时，半水石膏继续脱水，生成可溶性硬石膏，与水调和后仍能很快凝结硬化。当温度升至200~250℃时，石膏中仅残留很少的水，凝结硬化非常缓慢，但遇水后还能继续生成半水石膏直至二水石膏。

（4）不溶性硬石膏　当加热温度为400~750℃时，天然石膏完全脱水，成为不溶性硬石膏，又称无水石膏，此时石膏失去凝结硬化能力，成为死烧石膏。但加入某些激发剂

（如各种硫酸盐、石灰、煅烧白云石、粒化高炉矿渣等）混合磨细后，又重新具有水化硬化能力，成为无水石膏水泥，也称硬石膏水泥。

(5) 高温煅烧石膏　当温度高于800℃时，部分石膏分解为氧化钙，经磨细后的产品称为高温煅烧石膏。此时由于氧化钙的激发催化作用，高温煅烧石膏又重新具有凝结硬化能力，硬化后有较高的强度和耐磨性，抗水性也较好，所以也称为地板石膏。

3.2.2　建筑石膏的凝结硬化

建筑石膏与水拌和后，最初是具有可塑性的石膏浆体，然后逐渐变稠失去可塑性，但尚无强度，这一过程称为凝结。浆体逐渐产生强度而变成坚硬固体的过程称为硬化。

建筑石膏的凝结硬化过程实为 β 型半水石膏与水发生化学反应，生成二水硫酸钙的过程。该反应称为石膏的水化反应，其反应式如下

$$CaSO_4 \cdot \frac{1}{2}H_2O + \frac{3}{2}H_2O \Longleftrightarrow CaSO_4 \cdot 2H_2O + 15.4kJ \tag{3-6}$$

建筑石膏加水，首先是溶解于水，然后发生上述反应，生成二水硫酸钙。由于二水硫酸钙的溶解度较半水硫酸钙的溶解度小，因此半水硫酸钙的水化产物（二水硫酸钙）在过饱和溶液中沉淀并析出，并促使上述反应不断向右进行，直至全部转变为二水硫酸钙。

随着水化的不断进行，生成的二水硫酸钙胶体微粒不断增多，这些微粒较原来的半水硫酸钙更加细小，表面积很大，并吸附着很多水分；同时浆体中自由水分由于水化和蒸发而不断减少，浆体的稠度不断增加，胶体微粒间的搭接、黏结逐步增强，颗粒间产生摩擦力和黏结力，使得浆体逐渐失去可塑性，即浆体逐渐凝结。随着水化的不断进行，二水硫酸钙胶体微粒凝聚并转变为晶体，彼此互相联结，使石膏具有强度，即浆体产生了硬化。

3.2.3　建筑石膏的特性与技术要求

1. 建筑石膏的特性

与石灰、水泥等无机胶凝材料相比，石膏具有以下性质：

(1) 凝结硬化快　建筑石膏的初凝时间和终凝时间都很短，加水拌和后，3~5min 内便开始失去塑性，不到30min 便可完全凝结，一周左右完全硬化。由于凝结快使施工成型困难，为满足施工操作的需要，可加入缓凝剂，常用的缓凝剂有硼砂、亚硫酸盐、动物胶、酒精废液等。

建筑石膏特性与应用

(2) 硬化时体积微膨胀　石膏在凝结硬化时不像石灰和水泥那样出现体积收缩，反而略有膨胀（膨胀率为0.05%~0.15%），这一特性使石膏在硬化过程中不会产生裂缝，可以单独使用。利用其微膨胀性塑造的各种建筑装饰制品，表面光滑细腻，造型棱角清晰，形体饱满，干燥时也不开裂，适宜制作建筑艺术配件及建筑装饰件等。

(3) 孔隙率高、表观密度小、强度低　为使石膏满足施工要求的可塑性，通常加水量比理论需水量多得多（石膏水化理论需水量约为18.6%，实际加水量60%~80%），硬化后由于多余水分的蒸发，在内部形成大量的孔隙（孔隙率可达50%~60%），所以其表观密度小，强度较低。

(4) 有较好的功能性　由于石膏制品孔隙率高，因此导热系数小，隔热保温性好，吸湿性大，吸声性强，使其具有一定的调温调湿功能。当空气湿度过大时，石膏制品能通过毛

细孔隙吸收水分；当空气湿度减小时，又能将孔隙中吸收的水分释放出来，以维持室内小气候的均衡。

（5）防火性好　由于石膏硬化后的主要成分是二水硫酸钙，遇火时，这些结晶水吸收热量蒸发，在石膏制品表面形成水蒸气幕，阻止了火势蔓延，同时脱水后生成的无水硫酸钙又为良好的绝热体，也起到防火作用。

（6）耐水性和抗冻性差　建筑石膏硬化后有很强的吸水性和吸湿性，在潮湿条件下，晶粒间的结合力减弱，导致强度下降，其软化系数仅为 0.2~0.3。另外，若浸泡在水中，由于二水硫酸钙微溶于水，导致强度下降。若石膏制品吸水后受冻，会因孔隙中的水分结冰膨胀而破坏。

2. 建筑石膏的技术要求

建筑石膏为白色粉末，密度为 2.60~2.75g/cm^3，堆积密度为 800~1000kg/m^3，其主要技术指标有强度、细度和凝结时间。根据《建筑石膏》规定，按 2h 抗折强度将石膏分为 4.0、3.0、2.0 三个等级，具体技术指标见表3-9。

表 3-9　建筑石膏的技术要求

等级	细度(0.2mm方孔筛筛余)(%)	凝结时间/min		2h 强度/MPa	
		初凝	终凝	抗折	抗压
4.0	≤10	≥3	≤30	≥4.0	≥8.0
3.0				≥3.0	≥6.0
2.0				≥2.0	≥4.0

建筑石膏产品按产品名称、代号、等级及标准编号的顺序标记，如等级为 2.0 的天然建筑石膏（以天然石膏为原料制取）标记为：建筑石膏 N 2.0。

3.2.4　建筑石膏的应用

建筑石膏常用于室内抹灰、粉刷、油漆打底层，也可制作各种建筑装饰物和石膏板等。

1. 配制粉刷石膏

将建筑石膏加水调成石膏浆体可用作室内粉刷涂料，也可在建筑石膏中掺入外加剂、细集料等配制成粉刷石膏，按用途分为：面层粉刷石膏、底层粉刷石膏和保温层粉刷石膏。石膏粉刷层表面坚硬、光滑细腻、不起灰，便于进行再装饰，不仅建筑功能性好，施工功效也高。

2. 制作石膏板

石膏板具有轻质、隔热保温、吸声、不燃及施工方便等性能，以建筑石膏为主要原料可制作各种石膏板。

（1）纸面石膏板　纸面石膏板以建筑石膏为主要原料，掺加纤维和外加剂（发泡剂、缓凝剂等）构成芯材，加水搅拌、浇注、辊压成型，两面用纸做护面，经切断、烘干制成。

纸面石膏板具有质轻、保温、防火、吸声、抗冲击、调节室内温度湿度等性能，可锯、可钉、可钻，并可用钉子、螺栓和以石膏为基材的胶黏剂黏结。纸面石膏板主要用于内墙、隔墙和顶棚等，要求环境干燥，不适用于厨房、卫生间及空气相对湿度大于 70% 的潮湿环境。

（2）装饰石膏板　装饰石膏板是以建筑石膏为主要原料，掺入适量纤维增强材料和外加剂，加水搅拌成均匀的浆料，浇注、干燥而成的不带护面纸的板材。装饰石膏板不需做饰面处理，主要用于公共建筑的墙面和顶棚装饰。

（3）纤维石膏板　纤维石膏板是以建筑石膏为主要原料，掺入适量纤维增强材料（如玻璃纤维、纸筋等）制成，这种板的抗弯强度和弹性模量高，主要用于内墙和隔墙，也可用来代替木材制作家具。

（4）石膏空心条板　石膏空心条板是以建筑石膏为主要原料，掺加适量纤维材料（如无碱玻璃纤维）和轻质填料（以提高板的抗折强度、减轻重量），加水搅拌、振动、成型、抽芯、脱模烘干而成。这种板不用纸和胶黏剂，也可不用龙骨，工艺简单，施工方便，主要用于隔墙板，并且对室内温度和湿度起一定的调节作用。

（5）吸声用穿孔石膏板　吸声用穿孔石膏板是以穿孔的装饰石膏板或纸面石膏板为基板，与吸声材料或背覆透气性材料组合而成的石膏板。吸声用穿孔石膏板主要用于音乐厅、会议室，以及对音质要求高的或对噪声限制较严的场所，作为顶棚、墙面等的吸声装饰材料。使用时可根据建筑物的用途或功能及室内湿度的大小，选择不同的基板，如干燥环境可选用普通基板，潮湿环境应选用防潮基板或耐水基板，防火等级要求高的应选用耐火基板。饰面不需处理的，其基板应选装饰石膏板，需进一步处理的，其基板可选用纸面石膏板。

3. 制作石膏砌块

石膏砌块是以建筑石膏为主要原料，经加水搅拌、浇注成型和干燥制成的轻质建筑石膏制品。生产中允许加入纤维增强材料或轻集料，也可加入发泡剂。它具有隔声防火、施工便捷等多项优点，与砖相比，石膏砌块质量轻；与石膏板相比，它不需要用龙骨，是一种良好的隔墙材料。

3.2.5　建筑石膏的储存

建筑石膏在运输和储存时应注意防水防湿，储存期一般不超过三个月，超过三个月的石膏强度下降30%左右，应重新复检，以确定其是否符合相关技术要求。

3.3　水玻璃

水玻璃俗称泡花碱，是由碱金属氧化物和二氧化硅组成的一种水溶性硅酸盐，其化学式为 $R_2O \cdot nSiO_2$。建筑上常用的水玻璃是硅酸钠水玻璃（$Na_2O \cdot nSiO_2$），因所含杂质的不同，液体水玻璃常呈青灰色或淡黄色，无色透明的液体水玻璃最好。

3.3.1　水玻璃的制备

水玻璃的制备方法有湿法和干法两种。湿法制备时，将石英砂和苛性钠溶液在压蒸锅（0.2~0.3MPa）内用蒸汽加热，使其直接反应而成液体水玻璃。干法是将石英砂和碳酸钠磨细，按比例拌匀，在熔炉内于1300~1400℃温度下熔融而成。冷却后得固态水玻璃，然后在水中加热溶解而成液体水玻璃。其化学反应式为

$$nSiO_2 + Na_2CO_3 \xrightarrow{1300 \sim 1400℃} Na_2O \cdot nSiO_2 + CO_2 \uparrow \tag{3-7}$$

水玻璃分子式中 SiO_2 与 Na_2O 的物质的量之比 n 为水玻璃的模数。水玻璃的模数越大，

黏结力越大,但越难溶于水。模数为1时,水玻璃在常温下即可溶解,模数增大,只能在热水中溶解,当模数大于3时,要在4个大气压(0.4MPa)以上的蒸汽中才能溶解。水玻璃模数一般为1.5~3.5。模数相同的水玻璃溶液,密度越大,则越稠,黏性越大,黏结力越好。在液体水玻璃中加入尿素,不改变黏度的情况下可提高黏结力25%左右。

3.3.2 水玻璃的硬化

液体水玻璃与空气中二氧化碳作用,析出无定形的硅酸凝胶,凝胶因干燥而逐渐硬化,其硬化过程可用下面两个反应式表示

$$Na_2O \cdot nSiO_2 + CO_2 + mH_2O = Na_2CO_3 + nSiO_2 \cdot mH_2O \tag{3-8}$$

$$nSiO_2 \cdot mH_2O \xrightarrow{\text{干燥脱水}} nSiO_2 + mH_2O \tag{3-9}$$

由于空气中二氧化碳含量低,上述硬化过程很慢,为加速硬化,常在水玻璃中掺入适量的促硬剂氟硅酸钠(Na_2SiF_6),促使二氧化硅凝胶快速析出。氟硅酸钠的适宜掺量为水玻璃质量的12%~15%。如果掺量太少,不但硬化速度缓慢,强度低,而且未经反应的水玻璃易溶于水,使耐水性变差。但如掺量过多,则凝结硬化过快,使施工困难,而且渗透性大,强度也低。加入氟硅酸钠后,水玻璃的初凝时间可缩短为30~60min,终凝时间可缩短为240~360min,7d可基本达到最高强度。

3.3.3 水玻璃的性质及其应用

1. 水玻璃的性质

(1)黏结力强 水玻璃具有良好的黏结力,硬化后也具有较高的强度。硬化析出的硅酸凝胶还可堵塞毛细孔隙而防止水渗透。

(2)耐酸性好 硬化后的水玻璃主要成分是硅酸凝胶和二氧化硅,因而能抵抗大多数无机酸和有机酸的作用。

(3)耐热性好 水玻璃硬化后在高温下脱水、干燥并形成二氧化硅空间网状骨架,具有良好的耐热性。水玻璃可用于配制水玻璃耐热混凝土、耐热砂浆、耐热胶泥等。

(4)耐碱性和耐水性差 无论是水玻璃本身,还是其硬化干燥产物硅酸凝胶和二氧化硅均可溶于碱,所以水玻璃硬化后不耐碱。水玻璃在加入氟硅酸钠后仍不能完全硬化,仍有一定量的水玻璃。由于水玻璃可溶于水,所以水玻璃硬化后也不耐水。

2. 水玻璃的应用

(1)涂刷或浸渍材料 直接将液体水玻璃涂刷在建筑材料表面,可提高材料的抗渗和抗风化能力。用水玻璃浸渍多孔材料时,可使其密实度、强度、抗渗性均得到提高,对黏土砖、硅酸盐制品、水泥混凝土等均有良好的效果,这是因为水玻璃硬化后产生硅酸凝胶,同时水玻璃也与材料中的氢氧化钙反应生成硅酸钙凝胶,两者封堵和填充材料表面及内部孔隙,使材料致密。水玻璃不能用于涂刷或浸渍石膏制品,因为硅酸钠与硫酸钙会发生化学反应生成硫酸钠,在制品孔隙中结晶,体积显著膨胀,从而导致制品的破坏。

(2)加固土壤(地基) 将模数为2.5~3.0的液体水玻璃和氯化钙溶液交替注入土壤,两者溶液反应生成的硅酸凝胶将土壤颗粒包裹并填实其空隙。硅酸胶体为一种吸水膨胀的冻状凝胶,因吸收地下水而经常处于膨胀状态,从而阻止水分的渗透和使土壤固结,提高了地

基的承载力。

（3）配制防水剂　以水玻璃为基料，加入二种、三种或四种矾，可配制成二矾、三矾或四矾快凝防水剂，如四矾防水剂是以蓝矾（胆矾，$CuSO_4 \cdot 5H_2O$）、白矾［明矾，$KAl(SO_4)_2 \cdot 12H_2O$］、绿矾（$FeSO_4 \cdot 7H_2O$）、红矾（$K_2Cr_2O_7$）各取一份溶于60份的沸水中，再降温至50℃，加入400份水玻璃，搅拌均匀即成。这类防水剂凝结速度非常快，一般为几分钟（四矾防水剂凝结时间不超过1min），所以工地上使用时必须做到即配即用。工程上利用它的速凝作用，掺入到水泥浆、砂浆或混凝土中，作修补、堵漏、抢修表面用。

（4）配制耐酸砂浆和耐酸混凝土　水玻璃有很高的耐酸性，用水玻璃作胶结材料，加入促硬剂和耐酸集料，可配制耐酸砂浆或耐酸混凝土，用于有酸侵蚀的工程，如水玻璃耐酸混凝土可用于储酸槽、酸洗槽、耐酸地坪及耐酸器材等。

（5）配制耐热砂浆和混凝土　水玻璃耐热性好，能长期承受一定的高温作用，用它与促硬剂和耐热集料等可配制耐热砂浆或耐热混凝土，用于高温环境中的非承重结构和构件。

水玻璃应在密闭条件下存放，以免水玻璃和空气中的二氧化碳反应而分解，并避免落进灰尘和杂质。长时间存放后，水玻璃会产生一定的沉淀，使用时应搅拌均匀。

3.4　镁质胶凝材料

镁质胶凝材料是由磨细的菱苦土［主要成分为氧化镁（MgO）］或苛性白云石［主要成分为氧化镁（MgO）和碳酸钙（$CaCO_3$）］为主要组成的一种气硬性胶凝材料。

与其他胶凝材料不同，镁质胶凝材料在使用时不用水调和，必须用一定浓度的镁盐溶液来调和。

3.4.1　轻烧氧化镁的制备

生产轻烧氧化镁的原材料有天然菱镁矿（主要成分为碳酸镁）、天然白云石（主要成分为碳酸镁和碳酸钙）等矿物质，经煅烧再磨细而得，反应方程式如下

$$MgCO_3 \xrightarrow{750\sim850℃} MgO + CO_2 \uparrow \tag{3-10}$$

碳酸镁一般在400℃开始分解，到600~650℃时分解反应剧烈进行，实际生产中煅烧温度为750~850℃。煅烧温度对轻烧氧化镁的结构及其水化活性有重要影响，煅烧温度过低，碳酸镁分解不完全，降低了轻烧氧化镁的胶凝性能；温度过高，轻烧氧化镁因过火而烧结收缩，颗粒坚硬，胶凝性能降低。煅烧所得的轻烧氧化镁磨得越细，强度越高，相同细度时，氧化镁含量越高，质量越好。

3.4.2　镁质胶凝材料的凝结硬化

常温下轻烧氧化镁如果加水拌和，水化生成物氢氧化镁［$Mg(OH)_2$］的最大浓度为0.8~1.0g/L，而氢氧化镁［$Mg(OH)_2$］在常温下的平衡溶解度为0.01g/L，所以溶液中的氢氧化镁［$Mg(OH)_2$］的相对饱和度很大，过大的饱和度产生结晶压力，使硬化过程中形成的结晶结构网破坏。因此与其他胶凝材料不同，轻烧氧化镁粉不能用水调和，而是需用一

定浓度的氯化镁（$MgCl_2 \cdot 6H_2O$）溶液或硫酸镁（$MgSO_4 \cdot 7H_2O$）溶液来调和，不仅凝结硬化快，强度也高。实际使用中，采用氯化镁（$MgCl_2$）溶液作为调和剂，氯化镁（$MgCl_2$）适宜掺入量为菱苦土的50%～60%。硬化后的主要水化产物是氯氧化镁（$xMgO \cdot yMgCl_2 \cdot zH_2O$）和氢氧化镁[$Mg(OH)_2$]，强度可达40～60MPa，称为氯氧镁水泥或索瑞尔水泥，其缺点是吸湿性强，溶解度高，容易返潮和翘曲变形。所以菱苦土硬化后的产物耐水性差，菱苦土仅适合用于干燥部位，是气硬性胶凝材料。近几年来，改用硫酸镁溶液作为调和剂，并掺加少量的磷酸或柠檬酸改性剂配制的硫氧镁胶凝材料，强度不仅可达40～80MPa，还可以克服氯氧镁水泥易返氯和翘曲的缺陷。

3.4.3 镁质胶凝材料的性质及其应用

1. 镁质胶凝材料的性质

（1）轻质低密度　镁质胶凝材料的制品密度一般为1600～1800kg/m³，而普通硅酸盐水泥制品的密度一般为2400～2500kg/m³。

（2）低碱度、低腐蚀性　镁质胶凝材料的碱度远低于普通硅酸水泥。它的浆体滤液pH值为7.0～9.0，呈微碱性，对玻璃纤维和木质纤维的腐蚀性很小。

（3）高强度　经过改性之后一般的氯氧镁和硫氧镁胶凝材料的抗压强度均可达到62.5MPa以上，尤其是其抗折强度也远高于同水胶比的普通硅酸水泥。

（4）高耐磨　镁质胶凝材料的耐磨性是普通硅酸水泥的三倍，因此镁质胶凝材料特别适合生产地面砖等高耐磨制品。

（5）耐高温和低温　镁质胶凝材料同时具备既耐高温又耐低温的特性。镁质胶凝材料的主要成分是氧化镁，其熔点高达2800℃，居所有耐火材料之首。因此，镁质胶凝材料制品一般具有耐高温的特性，即使复合使用了玻璃纤维，也可以耐火300℃以上。镁质胶凝材料大多是以氯化镁为调和剂，而氯化镁属于抗冻剂，因此镁质胶凝材料具有了自然的抗低温性能，所以在低温下镁质胶凝材料产品也可以照常生成，不需要添加防冻剂。一般情况下，可耐-30℃的低温。

（6）耐水性差　由于镁质胶凝材料水化产物在水中的溶解度大，在水的作用下可造成其硬化体结构网的破坏和解体。未经改性的镁质胶凝材料制品的软化系数随着浸水时间的延长而降低；而经过改性后的镁质胶凝材料，其耐水性可以得到很好地改善。

（7）易返氯、翘曲　氯氧镁作为调和剂的镁质胶凝材料因为氯镁盐吸湿性大，水化相的稳定性差而导致其具有易返氯和翘曲的特点。改用七水硫酸镁作为调和剂，再加入少量改性剂之后配制的镁质胶凝材料可以很好地克服该缺陷。

2. 镁质胶凝材料的应用

（1）制作地板　用轻烧氧化镁与木屑及氯化镁溶液可制作镁质胶凝材料地板，它具有保温、隔热、防火、防爆（碰撞时不发火星）等性能，且具有一定的弹性，但不适用于经常受潮、遇水和遭受酸侵蚀的地方。

（2）制作波瓦、平瓦　以玻璃纤维为增强材料，可制作抗折强度高和抗冲击能力好的菱苦土波瓦；可用于非受冻地区，一般仓库及临时建筑的屋面防水；掺加适量的粉煤灰、沸石粉等改性材料，并经防水处理，可制成氯氧镁水泥平瓦。

（3）压制刨花板　将刨花、木丝、亚麻或其他植物纤维掺入用轻烧氧化镁所制成的氯氧镁水泥中，经拌和、压制、硬化等工序可制成刨花板、木丝板等，主要用作内墙、隔墙、顶棚等。

思考题与习题

3-1　何谓气硬性胶凝材料？常用的气硬性胶凝材料有哪些？

3-2　石灰是气硬性胶凝材料，但为什么灰土能用于建（构）筑物基础和道路的基层、垫层等潮湿环境？

3-3　欠火石灰和过火石灰各有何特点？石灰膏为什么要经过"陈伏"后才能使用？

3-4　为什么建筑石膏及其制品适用于室内，而不适用于室外？

3-5　简述建筑石膏的功能性。

3-6　水玻璃的模数对其性能有何影响？

3-7　水玻璃可用于哪些方面？

3-8　为什么轻烧氧化镁土不能用水拌和？

3-9　何谓氯氧镁水泥和硫氧镁水泥？

3-10　煅烧石灰石可作为无机胶凝材料，其具有气硬性的原因是能够反应生成（　　）。（2010年一级注册结构工程师试题）

　　A. 氢氧化钙　　　　B. 水化硅酸钙　　　　C. 二水硫酸钙　　　　D. 水化硫铝酸钙

3-11　关于建筑石膏技术性质的说法，错误的是（　　）。（2011年二级建造师试题）

　　A. 凝结硬化快　　　B. 硬化时体积微膨胀　　C. 硬化后空隙率高　　D. 防火性能差

3-12　下列关于石灰技术性质的说法，正确的有（　　）。（2012年一级建造师试题）

　　A. 保水性好　　　　B. 硬化较快、强度高　　C. 耐水性好　　　　　D. 硬化时体积收缩大

　　E. 生石灰吸湿性强

第4章 无机水硬性胶凝材料

本章提要

本章主要介绍通用硅酸盐水泥的分类，硅酸盐水泥熟料的矿物组成及其特性，水泥的水化和凝结硬化、性能及选用。同时对其他品种硅酸盐水泥、非硅酸盐系水泥等水硬性胶凝材料的主要性能及其应用进行简要介绍。

本章教学重点是通用硅酸盐水泥的矿物组成、性能及选用原则，水泥性能指标及检测方法，水泥石的腐蚀及预防。教学难点是硅酸盐类水泥熟料矿物的水化及凝结硬化、性能及其选用。

通过本章学习，应熟练掌握通用硅酸盐水泥的特性及选用原则，熟悉硅酸盐水泥的矿物组成、性能测试方法，水泥石的腐蚀与预防，了解其他品种水泥及其性质和使用。

无机水硬性胶凝材料是能与水发生物理化学作用，使其由可塑性浆体硬化成坚硬的人造石材的一种粉末状无机胶凝材料。水泥属于典型的无机水硬性胶凝材料，粉末状的水泥与水混合后，经过一系列物理化学过程，能够在空气中或水中凝结硬化，而由可塑性浆体逐渐变成坚硬的石状体，并可将砂石等散状材料胶结成整体。

水泥是目前土木工程建设中最重要的材料之一，它在各种工业与民用建筑、道路与桥梁、水利与水电、海洋与港口、矿山及国防等工程中广泛应用。水泥在这些工程中可用于制作各种混凝土与钢筋混凝土建（构）筑物，并可用于配制各种砂浆及其他各种胶结材料等。

土木工程中应用的水泥品种有上百个，按其化学成分可分为通用硅酸盐水泥、铝酸盐系水泥、硫铝酸盐系水泥、铁铝酸盐系水泥等，其中以通用硅酸盐水泥的应用最为广泛。

水泥按用途与性能也可划分为通用水泥、专用水泥及特性水泥三类。通用水泥是指一般土木工程大量用的若干水泥，如硅酸盐水泥、普通硅酸盐水泥、矿渣硅酸盐水泥、火山灰质硅酸盐水泥、粉煤灰硅酸盐水泥和复合硅酸盐水泥等。专用水泥是指专门用途的水泥，如砌筑水泥、道路硅酸盐水泥等。特性水泥是指某种性能比较突出的水泥，如白色硅酸盐水泥、抗硫酸盐硅酸盐水泥、低热硅酸盐水泥、硅酸盐膨胀水泥等。通常又把专用水泥和特性水泥合称为特种水泥。

4.1 通用硅酸盐水泥

通用硅酸盐水泥（Common Portland Cement）是以硅酸盐水泥熟料、适量的石膏及规定的混合材料制成的水硬性胶凝材料。

通用硅酸盐水泥的生产种类与组成材料

4.1.1 通用硅酸盐水泥的种类及其生产

1. 通用硅酸盐水泥的种类

根据《通用硅酸盐水泥》的规定，按照混合材料的品种和掺量的不同可分为硅酸盐水泥、普通硅酸盐水泥、矿渣硅酸盐水泥、火山灰质硅酸盐水泥、粉煤灰硅酸盐水泥和复合硅酸盐水泥六大品种。通用硅酸盐水泥的各品种水泥代号和组分应符合表 4-1 的规定。

表 4-1 通用硅酸盐水泥各品种代号及组分

品种	代号	组分（质量分数）（%）				
		熟料+石膏	混合材料			替代混合材料
			主要混合材料			
			粒化高炉矿渣/矿渣粉	粉煤灰	火山灰质混合材料	
普通硅酸盐水泥	P·O	≥80 且 <94	≥6 且 <20①			≥0 且 <5②
矿渣硅酸盐水泥	P·S·A	≥50 且 <79	≥21 且 <50			≥0 且 <8③
	P·S·B	≥30 且 <49	≥51 且 <70			
粉煤灰硅酸盐水泥	P·F	≥60 且 <79		≥21 且 <40		≥0 且 <5④
火山灰质硅酸盐水泥	P·P	≥60 且 <79			≥21 且 <40	

① 主要混合材料由符合现行规范《通用硅酸盐水泥》规定的粒化高炉矿渣/矿渣粉、粉煤灰、火山灰质混合材料组成。
② 替代混合材料为符合现行规范《通用硅酸盐水泥》规定的石灰石。
③ 替代混合材料为符合现行规范《通用硅酸盐水泥》规定的粉煤灰或火山灰、石灰石。替代后 P·S·A 矿渣硅酸盐水泥中粒化高炉矿渣/矿渣粉含量（质量分数）不小于水泥质量的 21%，P·S·B 矿渣硅酸盐水泥中粒化高炉矿渣/矿渣粉含量（质量分数）不小于水泥质量的 51%。
④ 替代混合材料为符合现行规范《通用硅酸盐水泥》规定的石灰石。替代后粉煤灰硅酸盐水泥中粉煤灰含量（质量分数）不小于水泥质量的 21%，火山灰质硅酸盐水泥中火山灰质混合材料含量（质量分数）不小于水泥质量的 21%。

2. 通用硅酸盐水泥生产

通用硅酸盐水泥的生产有三大步骤：水泥生料的制备、水泥熟料的烧成和水泥成品的磨制，如图 4-1 所示。其生产过程可简称为"两磨一烧"：

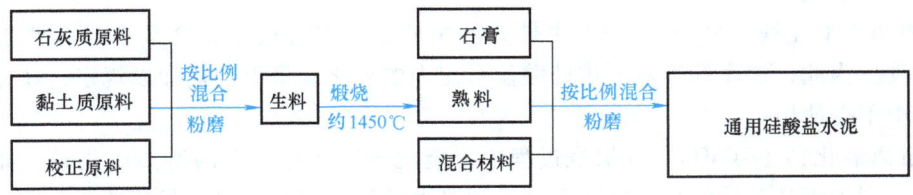

图 4-1 通用硅酸盐水泥生产工艺过程

1）将石灰质原料、黏土质原料和少量铁质校正材料以适当比例混合，经粉磨得到水泥生料。

2）将生料水泥熟料烧成窑进行约1450℃高温煅烧，得到水泥熟料。

3）熟料中加入石膏和不同种类、不同比例的混合材料粉磨，可得到不同品种的通用硅酸盐水泥。

水泥的生料成分在煅烧窑（主要有回转窑、立窑）中经过干燥、预热、分解、烧成和冷却五个阶段，并产生一系列物理化学变化而形成所需要的熟料矿物成分，其中烧成阶段是水泥熟料矿物形成的关键，其煅烧温度（常控制在1300~1450℃）、煅烧时间、煅烧过程中的混合均匀性等对于熟料的质量具有重要的影响。为了调节水泥的凝结时间，水泥中必须掺有适量石膏。

水泥熟料各成分的大致比例为氧化钙（CaO）占62%~67%，二氧化硅（SiO_2）占20%~24%，氧化铝（Al_2O_3）占4%~7%，四氧化三铁（Fe_3O_4）占2.5%~5.0%。在生产水泥的各种原料中，石灰石主要提供形成水泥熟料主要矿物成分所需的氧化钙、黏土主要提供二氧化硅、氧化铝、氧化铁（Fe_2O_3）等，不足的四氧化三铁成分由校正原料如铁矿粉来补充。此外，为改善水泥的烧成性能或使用性能，有时还可掺加少量的添加剂（如萤石等）。不同的水泥化学成分构成是决定水泥产品性能的主要因素。

4.1.2 通用硅酸盐水泥的组成材料

1. 硅酸盐水泥熟料

硅酸盐水泥熟料是由主要含CaO、SiO_2、Al_2O_3、Fe_2O_3的原料，按适当比例磨成细粉烧至部分熔融所得以硅酸钙为主要矿物成分的水硬性胶凝物质。其中硅酸钙矿物不小于66%，氧化钙和氧化硅质量比不小于2.0。硅酸盐水泥熟料主要由四种矿物组成，其名称和含量范围见表4-2。

表4-2 硅酸盐水泥熟料的主要矿物组成

矿物成分	基本化学组成	矿物简称	一般含量范围
硅酸三钙	$3CaO \cdot SiO_2$	C_3S	36%~60%
硅酸二钙	$2CaO \cdot SiO_2$	C_2S	15%~37%
铝酸三钙	$3CaO \cdot Al_2O_3$	C_3A	7%~15%
铁铝酸四钙	$4CaO \cdot Al_2O_3 \cdot Fe_2O_3$	C_4AF	10%~18%

在这四种矿物中，C_3S、C_2S称为硅酸盐矿物，一般占熟料总量的75%~82%，C_3A、C_4AF称为熔剂矿物，通常占熟料总量的18%~25%。硅酸盐水泥熟料除上述主要组成外，尚含有少量以下成分：

1）游离态氧化镁（MgO）。原料中带入的杂质，属有害成分，含量多时会使水泥体积安定性不良。为此，国家标准对通用硅酸盐水泥中的氧化镁最大含量加以规定，超过限值时任何工程中不得使用。

2）游离氧化钙（f-CaO）。在煅烧过程中未能化合而残存下来的游离氧化钙，如果它的含量较高，则由于其滞后的水化并产生结晶膨胀而导致水泥石开裂，甚至破坏，造成水泥体积安定性不良。

3）含碱矿物。含碱矿物是指含有氧化钠（Na_2O）和氧化钾（K_2O）及其盐类的物质，当其含量较高时，一旦遇有活性集料就容易产生碱-集料反应[⊖]。

2. 石膏

1）天然石膏：应符合《天然石膏》中规定的 G 类或 M 类二级（含）以上的石膏或混合石膏。

2）工业副产石膏：采用前应经过试验证明对水泥性能无害。

当水泥中石膏掺量适当时，可以调节水泥的凝结时间达到适当的时间而不影响其他性能；但当石膏掺入量过高时，就会使其在硬化过程产生体积不均匀的变化而使其结构破坏。为此，国家标准对通用硅酸盐水泥中三氧化硫（SO_3）的含量的最大值进行了规定，超过限值时不得在工程中使用。

3. 混合材料

混合材料是生产水泥时为改善水泥的性能，调节水泥的强度等级而掺入的人工或天然矿物材料。除了 P·I 型硅酸盐水泥，其他通用硅酸盐水泥品种都掺加有适量的混合材料，这些混合材料与水泥熟料共同磨细后，可使水泥获得不同的技术性能。硅酸盐水泥熟料中掺入大量混合材料制成的水泥，不仅可调节水泥强度等级、增加产量、降低成本，还可调整水泥的性能，扩大水泥品种，满足不同工程的需要。

按照混合材料在水泥中的性能表现不同，可分为活性混合材料、非活性混合材料和窑灰，其中活性混合材料用量最大。

（1）活性混合材料　磨细的混合材料与石灰、石膏或硅酸盐水泥混合后，其混合物加水拌和后可产生某些化学反应，生成有一定胶凝性的物质，且具有水硬性，这种混合材料称为活性混合材料。符合《用于水泥中的粒化高炉矿渣》《用于水泥、砂浆和混凝土中的粒化高炉矿渣粉》《用于水泥和混凝土中的粉煤灰》《用于水泥中的火山灰质混合材料》等标准要求的粒化高炉矿渣、粒化高炉矿渣粉、粉煤灰、火山灰质混合材料都属于活性混合材料，通常可采用石灰、石膏等作为激发剂来促使活性混合材料的潜在反应能力。

1）粒化高炉矿渣。在高炉冶炼生铁时，将浮在铁水表面的熔融物，经急冷处理而成的粒径为 0.5~5mm 的疏松颗粒材料，称为粒化高炉矿渣。由于多采用水淬方法进行急冷处理，故又称水淬矿渣。水淬矿渣为以玻璃体为主的矿物，其中玻璃体含量达 80% 以上，因此储有较大的化学潜能。其主要化学成分为氧化钙、二氧化硅和氧化铝等，另外还含有少量的氧化镁、氧化铁及其他杂质。

2）火山灰质混合材料。火山灰质混合材料按其成因可分为天然的和人工的两类。天然的火山灰质混合材料包括火山灰（火山喷发形成的碎屑）、凝灰岩（由火山灰沉积而成的岩石）、浮石（火山喷出时形成的玻璃质多孔岩石）、沸石（凝灰岩经环境介质作用而形成的一种以含水铝硅酸盐矿物为主的多孔岩石）、硅藻土（由极细的硅藻介壳聚集、沉积而成）等。人工的火山灰质混合材料包括燃烧过的煤矸石、烧页岩、烧黏土和炉渣等。火山灰质混合材料的活性成分主要是活性二氧化硅和活性氧化铝。《用于水泥中的火山灰质混合材料》规定，其活性经试验检验必须合格，即掺加 30% 火山灰质混合材料的硅酸盐水泥与该硅酸

⊖ 碱-集料反应，也称碱骨料反应，主要是混凝土碱集料反应，是指混凝土原材料中的碱性物质与活性成分发生化学反应，生成膨胀物质（或吸水膨胀物质）产生内部自膨胀应力，从而引起混凝土开裂的破坏现象。

盐水泥的28d抗压强度比《用于水泥混合材的工业废渣活性试验方法》不得低于65%。为防止有害杂质对水泥性能的影响，水泥用火山灰质混合材料中的三氧化硫含量不得超过3%；对于人工的火山灰质混合材料还要求其烧失量不得超过10%。此外，火山灰质混合材料的放射性物质含量也必须符合相应的规定。

3）粉煤灰。粉煤灰是火力发电厂等以煤粉为燃料的燃煤炉烟道气体中所收集的粉末。根据《用于水泥和混凝土中的粉煤灰》的规定，粉煤灰按煤种可分为两类：由无烟煤或烟煤煅烧收集的粉煤灰为F类粉煤灰；由褐煤或次烟煤煅烧收集的粉煤灰为C类粉煤灰，其氧化钙含量一般大于10%。根据上述主要质量指标，用作水泥活性混合材料用粉煤灰的技术要求应满足表4-3的要求。

表4-3 水泥活性混合材料用粉煤灰的技术要求

项目		技术要求
烧失量(%)≤	F类粉煤灰	8.0
	C类粉煤灰	
含水量(%)≤	F类粉煤灰	1.0
	C类粉煤灰	
三氧化硫(%)≤	F类粉煤灰	3.5
	C类粉煤灰	
游离氧化钙(%)≤	F类粉煤灰	1.0
	C类粉煤灰	4.0
安定性雷氏夹沸煮后增加距离/mm≤	C类粉煤灰	5.0
强度活性指数(%)≥	F类粉煤灰	70.0
	C类粉煤灰	

（2）非活性混合材料　不具有活性或活性很低的人工或天然的矿质材料经粉磨而成的细粉，掺入水泥中无不利影响的材料称为非活性混合材料。水泥中掺加非活性混合材料后可调节水泥的性能和强度等级、降低水化热，并增加水泥产量。常用的非活性混合材料有石灰岩、砂岩经磨细而成的细粉，石灰石、砂岩的亚甲基蓝值不大于1.4g/kg。此外，活性指标未达到规定要求的粒化高炉矿渣、火山灰质混合材料及粉煤灰等均可作为非活性混合材料使用。

（3）窑灰　窑灰是从水泥回转窑窑尾废气中收集的粉尘，使用时须符合《掺入水泥中的回转窑窑灰》的相关规定。

4. 助磨剂

水泥粉磨时允许加入助磨剂提高粉磨效率，其加入量不超过水泥质量的0.5%，性能符合《水泥助磨剂》的规定。助磨剂的使用，会将一定量的氯盐代入水泥，影响水泥的性能。

4.1.3　通用硅酸盐水泥的技术要求

1. 化学指标

为保证水泥的使用质量，需要控制水泥中有害的化学成分，要求其不超过一定的限量。如果超过最大允许限值，则意味着对水泥性能和质量可能产生有害或潜在的影响。按照《通用硅酸盐水泥》的要求，通用硅酸盐水泥的化学指标应按照《水泥化学分析方法》进行试验，检验结果应符合表4-4的规定，不符合其中任何一项技术要求的为不合格品。

（1）不溶物　不溶物是指经盐酸处理后的残渣，再以氢氧化钠溶液处理，经盐酸中和过滤后所得的残渣经高温灼烧所剩的物质。不溶物含量高对水泥质量有不良影响。

（2）烧失量　烧失量是用来限制石膏和混合材中杂质的，以保证水泥质量。水泥煅烧不佳或受潮后，均会导致烧失量增加。烧失量测定是以水泥试样在 900~1500℃ 下灼烧 15~20min，冷至室温称量。如此反复灼烧，直至恒重。

表 4-4　通用硅酸盐水泥的化学指标　　　　　　　　　　　　　　　　　（%）

品种	代号	不溶物	烧失量	三氧化硫	氧化镁	氯离子
普通硅酸盐水泥	P·O	—	≤5.0	≤3.5	≤5.0①	
矿渣硅酸盐水泥	P·S·A	—	—	≤4.0	≤6.0②	
	P·S·B	—	—		—	≤0.06③
火山灰质硅酸盐水泥	P·P	—	—			
粉煤灰硅酸盐水泥	P·F	—	—	≤3.5	≤6.0②	
复合硅酸盐水泥	P·C	—	—			

① 如果水泥压蒸试验合格，则水泥中氧化镁的含量（质量分数）允许放宽至 6.0%。
② 如果水泥中氧化镁的含量（质量分数）大于 6.0% 时，需进行水泥压蒸安定性试验并合格。
③ 当有更低要求时，该指标由买卖双方协商确定。

（3）三氧化硫含量　水泥中的三氧化硫主要是在生产时为调节凝结时间加入石膏而带来的；也可能是煅烧熟料时加入石膏矿化剂而带入熟料中的。适量石膏虽能改善水泥性能（如提高水泥强度、降低收缩性、改善抗冻、耐蚀和抗渗性等），但石膏超过一定量后，水泥性能会变坏，甚至引起硬化水泥石体积膨胀，导致结构破坏。《通用硅酸盐水泥》规定：矿渣硅酸盐水泥中三氧化硫含量不得超过 4.0%；其他通用硅酸盐水泥中三氧化硫含量不得超过 3.5%。

（4）氧化镁含量　在水泥熟料中，常含有少量未与其他矿物结合的游离氧化镁，这种多余的氧化镁是高温时形成的方镁石，它水化为氢氧化镁速度很慢，常在水泥硬化以后才开始水化，在水化时产生体积膨胀，可导致水泥石结构产生裂缝甚至破坏，是引起水泥安定性不良的原因之一。《通用硅酸盐水泥》规定：硅酸盐水泥及普通硅酸盐水泥中氧化镁含量不得超过 6.0%。

（5）氯离子含量　水泥原材料或水泥助磨剂的使用都可能使水泥中存在一定量的氯盐，水泥中氯离子超过一定含量时会使混凝土中的钢筋产生锈蚀，对混凝土结构造成很大的破坏。《通用硅酸盐水泥》规定：氯离子含量不得超过 0.10%，当有更低要求时，该指标由买卖双方协商确定。

2. 碱含量（选择性指标）

碱含量主要从水泥生产原材料带入，尤其是黏土中带入，可能使水泥产生碱-集料反应。水泥中碱含量按（$Na_2O+0.658K_2O$）计算值表示，按照《水泥化学分析方法》进行试验检验。若使用活性集料，用户要求提供低碱水泥时，水泥中的碱含量应不大于 0.60% 或由买卖双方协商确定。

3. 物理指标

（1）凝结时间　凝结时间是水泥从加水开始到水泥浆体失去可塑性所需的时间。根据水泥加水至不同的物理状态可分为初凝和终凝。从加水拌和起至水泥浆开始失去塑性所需的时间称为初凝；自加水拌和至水泥浆完全失去塑性并开始有一定结构强度所需的时间称为终凝。

通常为保证水泥浆在较长时间内保持有流动性，要求水泥的初凝不宜过早，以满足工程施工操作所需的时间；为使水泥混凝土或砂浆等在成型完毕后能尽快完成凝结硬化并产生强度，水泥的终凝也不宜过迟，以便于下一道工序的及早施工。水泥的凝结时间应根据《水泥标准稠度用水量、凝结时间、安定性检测方法》进行试验，通用硅酸盐水泥初凝不小于45min；硅酸盐水泥终凝时间不大于390min，其他品种的通用硅酸盐水泥终凝不大于600min；初凝和终凝有一项指标不符合要求的均为不合格品。

（2）安定性　水泥的体积安定性是指水泥在凝结硬化过程中体积均匀变化的性能。水泥硬化后若产生不均匀的体积变化则称为体积安定性不良，水泥体积安定性不良会使水泥混凝土或砂浆结构产生不均匀的膨胀性破坏（如变形、开裂或溃散），甚至引起严重工程事故。造成水泥安定性不良的原因主要是其熟料矿物组成中含有过多的游离氧化钙或游离氧化镁，以及水泥中石膏超量等。它们的共同特点是参与水化过程的时机太晚，通常要在水泥凝结硬化后一段时间后才开始慢慢水化，且水化时产生体积膨胀，从而引起不均匀的体积变化而使硬化水泥石结构破坏。

为防止工程中采用安定性不良的水泥，通常在使用前应严格检验其安定性。根据不同的影响因素可采用不同的检验方法：

1）对于由游离氧化钙引起的水泥安定性不良，可根据《水泥标准稠度用水量、凝结时间、安定性检测方法》采用试饼法或雷氏法检验。其中，试饼法是将标准稠度的水泥净浆做成试饼经恒沸3h后，用肉眼观察其外观状态。若未发现裂纹，用直尺检查也没有弯曲现象时，则称为安定性合格；反之，则为不合格。雷氏法是测定水泥浆在雷氏夹中经硬化后的沸煮膨胀值，当两个试件经沸煮后的雷氏膨胀测定值的平均值不大于5mm时，即判为该水泥安定性合格；反之，则为不合格。

2）由于游离氧化镁的水化作用比游离氧化钙更加缓慢，当怀疑游离氧化镁过量时，必须根据《水泥压蒸安定性试验方法》用压蒸法检验其危害作用。当水泥中石膏超量等因素造成硫酸根（SO_4^{2-}）离子含量过多时，多余的硫酸盐将与已固化的水化铝酸钙作用生成水化硫铝酸钙晶体，且体积明显膨胀（约1.5倍），从而造成硬化水泥石结构的开裂破坏。由于氧化镁和过量硫酸盐的危害作用不易快速检验，故在水泥生产中必须严加控制。

（3）强度　水泥的强度是评定其质量的重要指标。采用《水泥胶砂强度检验方法（ISO法）》测定水泥强度，其用水量按0.50水胶比和胶砂流动度不小于180mm来确定；当流动度小于180mm时，须以0.01的整倍数递增的方法将水胶比调整至胶砂流动度不小于180mm。胶砂制备后，其流动度试验按《水泥胶砂流动度测定方法》进行。

通用硅酸盐水泥各品种的强度等级根据水泥胶砂强度试验测定结果确定，按照水泥3d强度的不同又分为普通型和早强型（有代号R）两种。通用硅酸盐水泥强度等级应符合表4-5的规定，各龄期强度指标全部满足规定值者为合格，否则为不合格。

（4）细度（选择性指标）　细度是指水泥颗粒的粗细程度，它是影响水泥性能的主要因素之一。水泥细度的测定方法通常采用筛析法或比表面积法（勃氏法），详见《水泥细度检验方法　筛析法》和《水泥比表面积测定方法　勃氏法》。筛析法以80μm方孔筛或45μm方孔筛的筛余来表示其细度；比表面积法则以1kg水泥所具有的总表面积（m^2）来表示其细度。

为满足工程对水泥性能的要求，《通用硅酸盐水泥》规定：硅酸盐水泥细度以比表面积表示，应不低于300m^2/kg且不高于400m^2/kg。普通硅酸盐水泥、矿渣硅酸盐水泥、火山灰质硅酸盐水泥、粉煤灰硅酸盐水泥和复合硅酸盐水泥的细度以45μm方孔筛筛余表示，应不低于5%。

表4-5 通用硅酸盐水泥不同龄期强度要求

强度等级	抗压强度/MPa		抗折强度/MPa	
	3d	28d	3d	28d
32.5	≥12.0	≥32.5	≥3.0	≥5.5
32.5R	≥17.0		≥4.0	
42.5	≥17.0	≥42.5	≥4.0	≥6.5
42.5R	≥22.0		≥4.5	
52.5	≥22.0	≥52.5	≥4.5	≥7.0
52.5R	≥27.0		≥5.0	
62.5	≥27.0	≥62.5	≥5.0	≥8.0
62.5R	≥32.0		≥5.5	

【例4-1】 某普通硅酸盐水泥28d的检测结果见表4-6,若其3d强度已满足要求,试确定该水泥的强度等级。(注:抗折试验两支撑圆柱之间的中心距为100mm,抗压试验标准压板面积为40mm×40mm。)

表4-6 【例4-1】表

试件编号	1		2		3	
抗折破坏荷载/kN	3.20		3.25		4.00	
抗压破坏荷载/kN	90	92	87	83	91	70

解:(1)求28d抗折强度

抗折荷载平均值为 $\overline{P} = \dfrac{3.20+3.25+4.00}{3}\text{kN} = 3.483\text{kN}$

3.483×(1±10%)的结果为3.135和3.831,试件3的抗折破坏荷载4.00kN超出了结果,应剔除。所以,抗折荷载平均值为

$$\overline{P} = \dfrac{3.20+3.25}{2}\text{kN} = 3.225\text{kN}$$

抗折强度为

$$R_\text{f} = \dfrac{3\overline{P}L}{2bh^2} = \dfrac{1.5\overline{P}L}{bh^2} = \dfrac{1.5 \times 3.225 \times 100}{40^3}\text{kN/mm}^2 = 7.6\text{MPa} > 7.0\text{MPa}$$

(2)求28d抗压强度

抗压荷载平均值 $\overline{F}_\text{c} = \dfrac{90+92+87+83+91+70}{6}\text{kN} = 85.5\text{kN}$

85.5×(1±10%)的结果为76.95和94.05,试件3的抗压破坏荷载70kN不在范围内,应剔除。所以,抗压荷载平均值为

$$\overline{F}_\text{c} = \dfrac{90+92+87+83+91}{5}\text{kN} = 88.6\text{kN}$$

28d抗压强度为 $R_\text{c} = \dfrac{\overline{F}_\text{c}}{A} = \dfrac{88.6 \times 10^3}{40 \times 40}\text{MPa} = 55.4\text{MPa} > 52.5\text{MPa}$

根据题目给定条件及计算结果,按水泥标准可评定:该水泥强度等级为52.5级。

4.1.4 通用硅酸盐水泥的水化与凝结硬化

水泥加适量水拌和后,立即发生化学反应,水泥的各组分开始溶解并产生复杂的物理、化学与力学的变化,可称之为水泥的水化。随着反应的进行,可形成具有可塑性的水泥浆体并逐渐失去流动能力,最终凝结硬化成为具有一定强度的坚硬材料。从水泥加水搅拌开始到水泥浆体失去塑性的过程称为凝结,此时水泥浆体还不具备强度;随着水泥水化反应的继续进行,凝结的水泥浆体产生明显的强度并逐渐发展而成为坚硬水泥石的过程称为硬化。凝结硬化实际上是一个连续复杂的物理化学变化过程,水泥水化是其凝结硬化的前提,而凝结硬化则是水泥水化的结果。

通用硅酸盐水泥熟料矿物组成及水化特性

1. 通用硅酸盐水泥的水化

(1) 熟料矿物的水化特性 因为通用硅酸盐水泥中不同矿物成分在使用过程中的主要水化、凝结与硬化特性有较大的差异,所以水泥的凝结硬化性能主要取决于其熟料的主要矿物成分及其相对含量。四种主要矿物成分的水化、凝结与硬化特性见表 4-7,各水泥熟料矿物强度增长曲线如图 4-2 所示。

表 4-7 四种主要矿物成分的水化、凝结与硬化特性

性能指标		熟料矿物			
		C_3S	C_2S	C_3A	C_4AF
水化速率		快	慢	最快	快,仅次于 C_3A
凝结硬化速率		快	慢	最快	快
28d 水化热		多	少	最多	中
强度	早期	高	低	低	低
	后期	高	高	低	低

1) 在水泥熟料的四种主要矿物成分中,C_3S 的水化速率较快,水化热较大,其水化物主要在早期产生。因此,其早期强度最高,且能不断得到增长,通常是决定水泥强度等级高低的最主要矿物。

2) C_2S 的水化速率最慢,水化热最小,其水化产物和水化热主要表现在后期;它对水泥早期强度贡献很小,但对后期强度的增长至关重要。因此,它是保证水泥后期强度增长的主要矿物。

3) C_3A 的水化速率极快,水化热也最集中;由于其水化产物主要在早期产生,因此对水泥的凝结与早期(3d 以内)的强度影响最大,硬化时所表现的体积减缩也最大。尽管 C_3A 可促使水泥的早期强度增长很快,但其实际强度并不高,而且后期几乎不再增长,甚至会使水泥的后期强度有所降低。

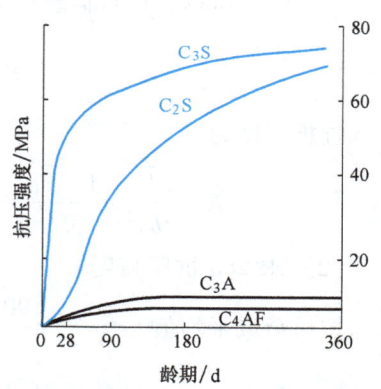

图 4-2 各水泥熟料矿物强度增长曲线

4) C_4AF 是水泥中水化速率较快的成分,仅次于 C_3A。其水化热中等,抗压强度较低,但抗折强度相对较高。

因为水泥是由上述几种不同矿物按照不同比例构成的,而且它们各自的性质也有很大的差别,当它们在水泥中的相对含量改变时,水泥的技术性质也随之改变。例如,要使水泥具

有快硬高强的性能，应适当提高水泥熟料中 C_3S 及 C_3A 的相对含量；若要求水泥的发热量较低，可适当提高 C_2S 及 C_4AF 的含量而控制 C_3S 及 C_3A 的含量。因此，掌握通用硅酸盐水泥熟料中各矿物成分的含量及特性，就可以大致了解水泥的性能特点。

水泥在凝结硬化过程中，因水化反应所放出的热量称为水泥的<u>水化热</u>，通常以 kJ/kg 为单位表示。水化放热量和放热速度不仅影响其凝结硬化速度，而且由于热量的积蓄还会影响施工和工程质量，如有利于低温环境中的施工，不利于大体积结构的体积稳定等。对于某些大体积混凝土工程，如大型基础、水坝、桥墩等大体积混凝土构筑物，水化热积聚在内部不易发散，内外部温差可达 60℃ 以上，并引起较大的应力，甚至导致混凝土的开裂等破坏，因此不宜采用发热量较大的水泥，而应采用低热水泥。对于冬期施工等低温环境的工程，宜采用较高水化热的水泥，以促进水泥凝结硬化的速度。

水泥水化热的多少不仅取决于矿物成分，还与水泥细度、水泥中掺混合材料及外加剂的品种和掺量等有关。水泥细度越细，水化反应越容易进行，其水化放热量越多，放热速度也越快。

（2）水泥熟料单矿物的水化反应　通用硅酸盐水泥加水拌和后，各熟料矿物的水化反应如下：

1）硅酸三钙水化。C_3S 在常温下的水化反应生成水化硅酸钙（C-S-H 凝胶）和氢氧化钙，其水化反应如下

$$2(3CaO \cdot SiO_2)+6H_2O = 3CaO \cdot 2SiO_2 \cdot 3H_2O+3Ca(OH)_2 \qquad (4-1)$$

水化硅酸钙为凝胶体，微观结构是纤维状。C_3S 水化速率很快，水化放热量大，生成的水化硅酸钙凝胶构成具有很高强度的空间网络结构。水化生成的氢氧化钙以晶体形态析出。

2）硅酸二钙的水化。C_2S 的水化与 C_3S 相似，但水化速度慢很多。其水化反应如下

$$2(2CaO \cdot SiO_2)+4H_2O = 3CaO \cdot 2SiO_2 \cdot 3H_2O+Ca(OH)_2 \qquad (4-2)$$

所形成的水化硅酸钙在形貌方面与 C_3S 水化生成的无大的区别，故也称为 C-S-H 凝胶。但氢氧化钙生成量比 C_3S 水化生成的少，且结晶比较粗大。

3）铝酸三钙的水化。C_3A 的水化迅速，放热快，其水化产物组成和结构受液相 CaO 浓度和温度的影响很大，先生成介稳状态的水化铝酸钙，常温下的典型水化反应如下

$$2(3CaO \cdot Al_2O_3)+27H_2O = 4CaO \cdot Al_2O_3 \cdot 19H_2O+2CaO \cdot Al_2O_3 \cdot 8H_2O \qquad (4-3)$$

C_4AH_{19} 是一种不稳定水化物，在低于 85% 相对湿度时，会脱水最终转化为水石榴石（C_3AH_6）。

在有石膏的情况下，C_3A 水化的最终产物与石膏掺入量有关。最初形成的三硫型水化硫铝酸钙，简称钙矾石，常用 AFt 表示。若石膏在 C_3A 完全水化前耗尽，则钙矾石与 C_3A 作用转化为单硫型水化硫铝酸钙（AFm）。石膏掺量不足时，C_3A 水化会使水泥发生瞬凝现象。

4）铁铝酸四钙的水化。C_4AF 是水泥熟料中铁相固溶体的代表。它的水化速率比 C_3A 略慢，水化热较低，即使单独水化也不会引起快凝。C_4AF 水化反应及其产物与 C_3A 很相似，生成水化铝酸钙与水化铁酸钙的固溶体，其反应可表示为

$$4CaO \cdot Al_2O_3 \cdot Fe_2O_3+7H_2O = 3CaO \cdot Al_2O_3 \cdot 6H_2O+CaO \cdot Fe_2O_3 \cdot H_2O \qquad (4-4)$$

（3）通用硅酸盐水泥的水化　通用硅酸盐水泥的水化实际上是复杂的化学反应，上述几个典型的水化反应过程同时发生，且受水泥熟料矿物种类及其比例、混合材料的种类和加

入量所影响。

如果忽略一些次要的成分，则硅酸盐水泥与水作用后生成的主要水化产物为：水化硅酸钙和水化铁酸钙凝胶，氢氧化钙、水化铝酸钙和水化硫铝酸钙晶体。其中，胶体的不断生成会逐渐填充晶体骨架的孔隙，从而凝结硬化为密实的水泥石结构。在完全水化的水泥石构成成分中，水化硅酸钙约占70%，氢氧化钙约占20%，钙矾石和单硫型水化硫铝酸钙约占7%。若混合材料较多时，还可能有相当数量的其他硅酸盐凝胶。

当水泥中掺加了大量活性混合材料（如矿渣、火山灰及粉煤灰等）时，其水化过程中除了水泥熟料矿物成分的水化，活性混合材料还会在饱和的氢氧化钙溶液中发生显著的二次水化作用，其水化反应一般认为是

$$x\text{Ca(OH)}_2 + \text{SiO}_2 + (n_1-x)\text{H}_2\text{O} = x\text{CaO} \cdot \text{SiO}_2 \cdot n_1\text{H}_2\text{O} \tag{4-5}$$

$$y\text{Ca(OH)}_2 + \text{Al}_2\text{O}_3 + (n_2-y)\text{H}_2\text{O} = y\text{CaO} \cdot \text{Al}_2\text{O}_3 \cdot n_2\text{H}_2\text{O} \tag{4-6}$$

式中，x、y 值一般为大于1的整数，它取决于混合材料的种类、石灰与活性氧化硅、活性氧化铝的比例、环境温度及作用所延续的时间等因素；n 值一般为 $1\sim2.5$。

氢氧化钙和 SiO_2 相互作用的过程是无定形的硅酸吸收钙离子，然后形成无定形的水化硅酸钙、水化铝酸钙，再经过较长一段时间后慢慢地转变成微晶体或结晶不完善的凝胶体结构。

从通用硅酸盐水泥的水化、凝结与硬化过程来看，水泥水化反应的放热量较大，放热周期也较长；但大部分（50%以上）热量集中在3d以内，主要表现为凝结硬化初期的放热量最为明显。显然，水泥水化热的多少及放热速率的大小主要决定于水泥熟料的矿物组成及混合材料的多少。当其中 C_3A 含量较高时，水泥在凝结硬化初期的水化热与水化放热速率较大，从而表现出凝结与硬化速度较快；而 C_2S 含量较高或混合材料较多时，则水泥在凝结硬化初期的水化热和水化放热速率较小，从而表现出凝结与硬化速度较慢。

此外，水泥水化放热及凝结硬化情况还与水泥细度及环境温度等因素有关。通常水泥颗粒越细，早期放热速率及凝结硬化速度也越快；环境温度较高时，水泥的水化速度加快，放热较集中，凝结硬化速度也会加快。

2. 通用硅酸盐水泥的凝结硬化

自1882年雷·查特理（Le Chatelier）首先提出水泥凝结硬化理论以来，人们一直在不断探索水泥的凝结硬化机理。随着各种物相分析测试手段的应用，人们对水泥浆体结构形成的认识不断深入。硅酸盐系水泥凝结硬化过程如图4-3所示。根据传统的水泥凝结硬化理论，水泥浆体水化、凝结与硬化的发展过程可分为诱导期、凝结期、硬化期三个阶段，各阶段的主要物理化学变化见表4-8。

（1）诱导期（从拌水到初凝） 在水泥与水接触之初，水泥颗粒表面迅速发生化学反应，硅酸三钙水化生成水化硅酸钙凝胶和氢氧化钙，氢氧化钙立即溶于水中，钙离子浓度急剧增大，达到过饱和时则呈结晶析出。同时，铝酸三钙和石膏反应生成钙矾石晶体析出，附在颗粒表面。在水泥水化初期，部分水泥中的熟料矿物经水化而形成新的产物，它以 C-S-H 和氢氧化钙的快速形成为特征。此后，水泥颗粒被 C-S-H 形成的一层包裹膜全部包住，并不断向外增厚，随后逐渐在包裹膜内侧沉积，阻碍了水泥颗粒与水的接触。在此期间，水泥水化产物数量不多，水泥颗粒仍呈分散状态，所以水泥浆体基本保持塑性状态，随后开始进入凝结期。

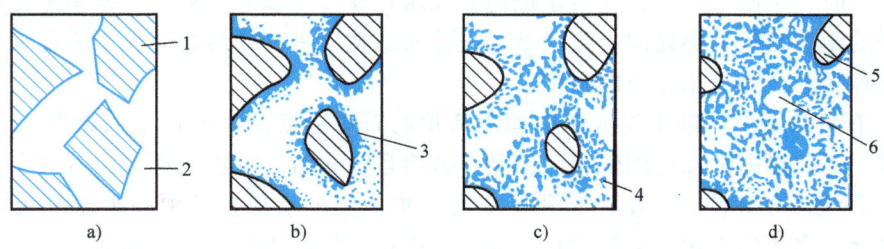

图 4-3 硅酸盐系水泥凝结硬化过程
a) 分散在水中未水化的水泥颗粒　b) 在水泥颗粒表面形成水化物膜层
c) 膜层长大并互相联结 (凝结)　d) 水化物进一步发展, 填充毛细孔 (硬化)
1—水泥颗粒　2—水分　3—胶体　4—晶体　5—水泥中未水化的水泥颗粒内核　6—毛细孔

表 4-8　水泥凝结硬化不同阶段的主要物理化学变化

凝结硬化阶段	持续时间	主要物理化学变化
诱导期	5min～1h	初始溶解和水化, 水泥颗粒表面形成凝胶膜
凝结期	24h 以内	凝胶膜增厚, 水泥颗粒进一步水化
硬化期	24h～若干年	凝胶体填充毛细孔

（2）凝结期（初凝到约 24h）　在诱导期后由于渗透压的作用, 水泥颗粒表面的膜层破裂, 水进入膜内与熟料发生反应, 水泥继续水化。在此期间, 水化产物不断增加并填充水泥颗粒形成了由分子力结合的凝聚结构, 使水泥浆体逐渐失去塑性而凝结, 此阶段结束约有 15% 的水泥水化。

（3）硬化期（24h 到水化结束）　水泥水化反应渐趋减慢, 各种水化产物逐渐填满原来由水所占据的空间, 由于钙矾石针棒状晶体的相互搭接, 特别是大量片状 C-S-H 的交叉攀附, 而使原先分散的水泥颗粒及其水化产物联结起来, 构成一个相互联结的三维空间整体。随着凝胶体膜层的逐渐增厚, 水泥颗粒内部的水化越来越困难, 经过较长时间（几个月甚至若干年）的水化以后, 除原来极细的水泥颗粒被完全水化外, 仍存在大量尚未水化的水泥颗粒内核。

硬化后的水泥石是由各种水化物（凝胶和晶体）、未水化的水泥颗粒内核和毛细孔所组成的复合结构, 并随着不同时期相对数量的变化不断改变, 从而表现为水泥石的性质也不断变化。在已经硬化后的水泥石结构中, 尽管水泥石中凝胶之间或晶体、未水化水泥颗粒与凝胶之间产生黏结力的实质至今尚无明确的结论, 但一般认为范德华力、氢键、离子引力及表面能是产生黏结力的主要来源, 甚至也可能有化学键力的作用; 因此, 不可否认的是水化硅酸钙凝胶对水泥石的强度及其他主要性质起着支配作用。

3. 影响通用硅酸盐水泥凝结硬化的主要因素

（1）水泥熟料的矿物组成及细度　若水泥熟料中 C_3S 与 C_3A 的含量提高, 将使水泥的凝结硬化加快, 早期强度提高, 同时水化热也多集中在早期。水泥磨得越细, 水泥颗粒平均粒径越小, 比表面积越大, 水化时与水的接触面越大, 水化速度越快, 凝结硬化越快, 早期强度就越高。但水泥颗粒过细时, 会增加磨细的能耗, 提高成本, 且不宜久存。此外, 水泥过细时, 其硬化过程中还会产生较大的体积收缩。

（2）水泥浆的水胶比　水泥浆的水胶比是指水泥浆中水与水泥的质量之比。当水泥浆中加水较多时，水胶比较大，此时水泥的初期水化反应得以充分进行；但是水泥颗粒间原来被水隔开的距离较远，颗粒间相互联结形成骨架结构所需的凝结时间长，所以水泥浆凝结较慢，且空隙多，会降低水泥石的强度。

（3）石膏的掺量　硅酸盐水泥中加入适量的石膏会起到良好的缓凝效果，且由于钙矾石的生成，还能提高水泥石的强度。但是石膏掺量过多时，可能危害水泥石的安定性。

（4）环境温度和湿度　水泥水化是水泥与水之间的反应，必须在水泥颗粒表面保持有足够的水分，水泥的水化、凝结硬化才能充分进行。保持水泥浆温度和湿度的措施，称水泥的养护。通常，养护温度升高时，水泥的水化加快，早期强度发展也快。若在较低温度下硬化，虽然其强度发展较慢，但仍可获得较高的最终强度。但水泥的硬化温度不得低于-5℃，否则会由于水泥浆体中水的结冰导致水泥的水化停止，甚至影响其结构强度。

（5）龄期　水泥浆随着时间的延长水化物增多，内部结构就逐渐致密，一般来说，强度不断增长。

4.1.5　通用硅酸盐水泥石的腐蚀与预防

通用硅酸盐水泥的硬化结构在通常环境条件下可表现出较好的耐久性，但在某些环境条件下（如腐蚀性液体或气体介质中），其结构将会受到腐蚀介质的作用而产生逐渐破坏。

通用硅酸盐水泥石的腐蚀与防护

环境对水泥石结构的腐蚀可分为物理腐蚀与化学腐蚀：物理腐蚀是指各类盐溶液渗透到水泥石结构内部，并不与水泥石成分发生化学反应，而是产生干燥结晶的体积膨胀对水泥石将造成破坏作用，在干湿交替的部位，这类腐蚀尤为严重。化学腐蚀是指外界各类腐蚀介质与水泥石内部的某些成分发生化学反应，并生成易溶于水矿物、体积显著膨胀的矿物或无胶结能力的物质，从而导致水泥石结构的解体。

1. 通用硅酸盐水泥石的几种典型腐蚀类型

（1）软水侵蚀（溶出性侵蚀）　不含或仅含少量重碳酸盐（含HCO_3^-的盐）的水称为软水，如雨水、蒸馏水、冷凝水及部分江水、湖水等。当水泥石长期与软水相接触时，水化产物将按其稳定存在所必需的平衡氢氧化钙（钙离子）浓度的大小，依次逐渐溶解或分解，从而造成水泥石的破坏，这就是溶出性侵蚀。

在各种水化产物中，氢氧化钙的溶解度最大（25℃约1.3gCaO/L），因此首先溶出，这样不仅增大了水泥石的孔隙率，使水更容易渗入，而且由于氢氧化钙浓度降低，还会使水化产物依次发生分解，如高碱性的水化硅酸钙、水化铝酸钙等分解成为低碱性的水化产物，并最终变成硅酸凝胶、氢氧化铝等无胶凝能力的物质。在静水及无压力水的情况下，由于周围的软水易为溶出的氢氧化钙所饱和，使溶出作用停止，所以对水泥石的影响不大；但在流水及压力水的作用下，水化产物的溶出将会不断地进行下去，水泥石结构的破坏将由表及里地不断进行下去。

当水泥石与环境中的硬水接触时，水泥石中的氢氧化钙与重碳酸盐［如重碳酸钙$Ca(HCO_3)_2$］发生反应

$$Ca(OH)_2+Ca(HCO_3)_2 =\!=\!= 2CaCO_3+2H_2O \tag{4-7}$$

所生成的碳酸钙沉积在已硬化水泥石中的孔隙内，可以起密实作用，从而可阻止外界水的继续侵入及内部氢氧化钙的扩散析出。因此，对需与软水接触的混凝土，若预先在空气中

硬化和存放一段时间,使其经碳化作用形成碳酸钙外壳,可在一定程度上阻止溶出性侵蚀。

(2) 盐类侵蚀 在水中通常溶有大量的盐类,某些溶解于水中的盐类会与水泥石相互作用,生成一些易溶或无胶结能力或产生膨胀的物质,从而使水泥石结构破坏。最常见的盐类侵蚀是硫酸盐侵蚀与镁盐侵蚀。

1) 硫酸盐侵蚀。在海水、湖水、盐沼水、地下水、某些工业污水及流经高炉矿渣或煤渣的水中,常含钾、钠、氨的硫酸盐,它们很容易与水泥石中的氢氧化钙产生置换反应而生成硫酸钙。所生成的硫酸钙又会与水泥石中固态水化铝酸钙作用生成高硫型水化硫铝酸钙(钙矾石),体积急剧膨胀(约1.5倍),使水泥石结构破坏,其反应式为

$$3CaO \cdot Al_2O_3 \cdot 6H_2O + 3(CaSO_4 \cdot 2H_2O) + 19H_2O \Longrightarrow 3CaO \cdot Al_2O_3 \cdot 3CaSO_4 \cdot 31H_2O \tag{4-8}$$

钙矾石呈针状晶体,常称其为"水泥杆菌"(见图4-4)。若硫酸钙浓度过高,则直接在孔隙中生成二水硫酸钙结晶,产生体积膨胀而导致水泥石结构破坏。

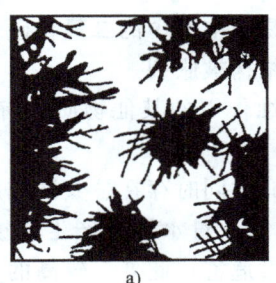 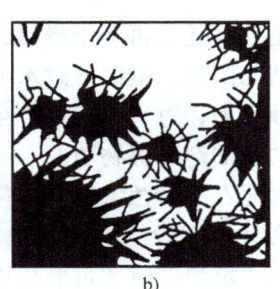

a) b)

图 4-4 硫酸盐对水泥石腐蚀产生的"水泥杆菌"

2) 镁盐的腐蚀。在海水及地下水中,常含有大量的镁盐,主要是硫酸镁和氯化镁。因为生成的氢氧化镁松散而无胶凝性能,氯化钙又易溶于水,二水硫酸钙又将引起硫酸盐腐蚀作用。因此,硫酸镁对水泥石起镁盐与硫酸盐双重侵蚀作用,腐蚀作用更加严重。氯化镁和硫酸镁与水泥石中的氢氧化钙发生复分解反应式为

$$MgSO_4 + Ca(OH)_2 + 2H_2O \Longrightarrow CaSO_4 \cdot 2H_2O + Mg(OH)_2 \tag{4-9}$$

$$MgCl_2 + Ca(OH)_2 \Longrightarrow CaCl_2 + Mg(OH)_2 \tag{4-10}$$

(3) 酸类侵蚀

1) 碳酸的侵蚀。在工业污水、地下水中常溶解有较多的二氧化碳,这些水溶液对水泥石的腐蚀作用过程如下:

首先,二氧化碳与水泥石中的氢氧化钙作用生成碳酸钙

$$Ca(OH)_2 + CO_2 + H_2O \Longrightarrow CaCO_3 + 2H_2O \tag{4-11}$$

然后,生成的碳酸钙再与含碳酸的水作用转变成重碳酸钙,此反应为可逆反应

$$CaCO_3 + CO_2 + H_2O \Longrightarrow Ca(HCO_3)_2 \tag{4-12}$$

当水中含有较多的碳酸时,式(4-12)向右进行,从而导致水泥石中的氢氧化钙不断地转变为易溶的重碳酸钙而流失,进一步导致其他水化产物的分解,使腐蚀作用进一步加剧,使水泥石结构遭到破坏。

2) 一般酸的腐蚀。水泥的水化产物呈碱性,在工业废水、地下水、沼泽水中常含有无

机酸和有机酸，工业窑炉中的烟气常含有二氧化硫，遇水后生成亚硫酸，这些酸类物质将对水泥石产生不同程度的腐蚀作用。各种酸很容易与水泥石中的氢氧化钙产生中和反应，其反应生成物或者因易溶于水而流失，或者因体积膨胀而造成水泥石内应力使其发生结构破坏。腐蚀作用最强的是无机酸中的盐酸、氢氟酸、硝酸、硫酸和有机酸中的醋酸、蚁酸和乳酸等。例如，盐酸和硫酸分别与水泥石中的氢氧化钙作用，反应生成的氯化钙易溶于水，生成的二水硫酸钙继而又起硫酸盐的腐蚀作用。其反应式如下

$$2HCl + Ca(OH)_2 = CaCl_2 + H_2O \quad (4-13)$$

$$H_2SO_4 + Ca(OH)_2 = CaSO_4 \cdot 2H_2O \quad (4-14)$$

（4）强碱腐蚀　水泥石本身具有相当高的碱度，低浓度或碱性不强的碱类溶液一般对水泥石结构无害。但是，当水泥中铝酸盐含量较高时，水泥石遇到强碱（如氢氧化钠，氢氧化钾等）作用后也会发生腐蚀破坏。氢氧化钠与水泥熟料中未水化的铝酸盐作用时，可生成易溶的铝酸钠，其反应式为

$$3CaO \cdot Al_2O_3 + 6NaOH = 3Na_2O \cdot Al_2O_3 + 3Ca(OH)_2 \quad (4-15)$$

当水泥石被氢氧化钠浸透后再经干燥时，容易与空气中的二氧化碳作用生成碳酸钠，从而在水泥石毛细孔中结晶沉积，最终导致水泥石结构被胀裂。

除了上述四种侵蚀类型，对水泥石可产生腐蚀作用的其他物质还有糖类、氨盐、酒精、动物脂肪、含环烷酸的石油产品等物质。

在实际工程中，水泥石的腐蚀常是几种侵蚀介质同时存在、共同作用所产生的；但干燥的固体化合物通常不会对水泥石结构产生侵蚀作用，对水泥石产生腐蚀作用的介质多为溶液，而且只有在其达到一定浓度时才可能构成严重危害。此外，较高的环境温度、较快的介质流速、频繁交替的干湿环境等条件也是促进化学腐蚀的重要因素。

水泥石的耐蚀性可用耐蚀系数定量表示。耐蚀系数是以同一龄期下，水泥试件在侵蚀性溶液中养护的强度与在淡水中养护的强度之比，比值越大，耐蚀性越好。

2. 水泥石腐蚀的原因

1）水泥石中存在能够引起腐蚀的组分，如氢氧化钙和水化铝酸钙。
2）水泥石本身不密实，有很多毛细孔通道，侵蚀介质易于进入其内部。
3）腐蚀与通道相互作用。

3. 水泥石腐蚀的预防措施

针对水泥石腐蚀的原理，为防止或减轻水泥石的腐蚀，通常可采用下列措施：

1）根据腐蚀环境特点，合理选用水泥品种：可以选用水化产物中氢氧化钙含量少的水泥，以降低氢氧化钙对水泥石的危害；选用 C_3A 的含量低的水泥，降低硫酸盐类的腐蚀作用。

2）提高水泥石的密实程度，降低水泥石的孔隙率，如降低水胶比、掺加某些可填充水化产物中孔隙的物质、改善施工方法使其结构更为致密等。

3）可以在水泥混凝土表面敷设一层耐蚀性强且不透水的保护层（通常可采用耐酸石料、耐酸陶瓷、玻璃、塑料或沥青等），以杜绝或减少腐蚀介质渗入水泥石内部。

4.1.6　通用硅酸盐水泥的包装、标志、运输与储存

1. 包装

水泥可以散装或袋装，袋装水泥每袋净含量为50kg或25kg，且应不少于标志质量的

99%；随机抽取20袋总质量（含包装袋）应不少于标志质量的100%。其他包装形式由供需双方协商确定，但有关袋装质量要求，应符合上述规定。水泥包装袋应符合《水泥包装袋》的规定。

2. 标志

水泥包装袋上应清楚标明：执行标准、水泥品种、代号、强度等级、生产者名称、生产许可证标志（QS）及编号、出厂编号、包装日期、净含量。硅酸盐水泥和普通硅酸盐水泥包装袋两侧采用红色印刷或喷涂水泥名称和强度等级，矿渣硅酸盐水泥采用、火山灰质硅酸盐水泥、粉煤灰硅酸盐水泥和复合硅酸盐水泥包装袋两侧采用黑色或蓝色印刷或喷涂水泥名称和强度等级。

散装发运时应提交与袋装标志相同内容的卡片。

3. 运输与储存

水泥在运输与储存时不得受潮和混入杂物，不同品种和强度等级的水泥应分别储运。

4.1.7 通用硅酸盐水泥的性能特点及选用

1. 硅酸盐水泥

因为硅酸盐水泥中的混合材料掺量很少，所以其特性主要取决于所用水泥熟料矿物的构成与性能。因此，硅酸盐水泥通常具有以下基本特性：

1）水化、凝结与硬化速度快，强度高，尤其是早期强度更高。通常土木工程中所采用的硅酸盐水泥多为强度等级较高的水泥，主要用于要求早强的结构，大跨度、高强度、预应力结构等较重要结构。

2）水化热大，且放热较集中。硅酸盐水泥中早期参与水化反应的熟料成分比例高，尤其是其中的 C_3S 和 C_3A 含量更高，使其在凝结硬化过程中的放热反应表现较为剧烈。通常情况下，硅酸盐水泥的早期水化放热量大，放热持续时间也较长；其3d内的水化放热量约占其总放热量的50%，3个月后可达到总放热量的90%。为此，硅酸盐水泥不适宜在大体积混凝土等工程中使用。

3）抗冻性好，干缩性小，耐磨性好。由于硅酸盐水泥能够形成较致密的早期硬化结构，使其表现出较好的耐冻性和耐磨性；只要得到适当早期养护，可以获得较为稳定的结构，从而表现出较小的干缩。这些特性使其更适用于有抗冻、耐磨和干燥环境中的结构工程。

4）耐蚀性差。硅酸盐水泥的水化产物中含有较多可被腐蚀的物质（如氢氧化钙等），故硅酸盐水泥不适用于软水或酸性介质腐蚀环境，也不适用于经常与流水接触或有压力水作用的工程。

5）耐热性差。随着温度的升高，硅酸盐水泥硬化结构中的组成会产生较明显的变化。当环境温度为100~250℃时，由于尚存的游离水会使其产生额外水化作用，还会使脱水后水泥凝胶体与部分氢氧化钙结晶体对水泥石起加强作用，而使水泥石的强度有所提高。当温度为250~300℃时，其中部分水化物开始脱水（水化硅酸钙160℃时就可能开始脱水），致使水泥石结构产生收缩，强度受到影响而开始下降。当受热温度为400~600℃时，其水泥石中部分矿物的晶型转变或分解，使其强度明显下降。当温度为700~1000℃时，其水泥石的结构遭到严重破坏而强度严重降低，甚至产生崩溃。

此外，水泥石中的氢氧化钙在547℃以上时，将会脱水分解成氧化钙，如果再受到潮湿或水的作用，又会发生水化膨胀，导致更严重的水泥石结构破坏，故硅酸盐水泥不适合用于耐热要求较高的工程。

2. 普通硅酸盐水泥

普通硅酸盐水泥的主要组分仍是硅酸盐水泥熟料，但掺入了一定量的混合材料，故其基本特征与硅酸盐水泥相近，某些性能又有所差异。通常，普通水泥的抗冻、耐磨等性能也较硅酸盐水泥稍差。此外，当水泥强度等级相同时，普通水泥的早期硬化速度表现稍慢，3d抗压强度也较硅酸盐水泥稍低。

3. 矿渣硅酸盐水泥

由于掺加了较多的矿渣混合材料，矿渣硅酸盐水泥水化、凝结与硬化过程与硅酸盐水泥或普通硅酸盐水泥有较大差别。矿渣水泥加水后，首先是水泥熟料矿物成分快速水化，然后在熟料水化产物氢氧化钙等的激发下，矿渣中的活性氧化硅、氧化铝与氢氧化钙作用形成具有胶凝性能的水化硅酸钙和水化铝酸钙。

值得指出的是，水泥中的石膏除了可调节水泥的凝结时间外，还具有激发活性混合材料活性的作用。因此，矿渣硅酸盐水泥中石膏的掺量一般可比硅酸盐水泥中稍多些，但其掺量也不得过多。

与硅酸盐水泥及普通硅酸盐水泥相比，矿渣水泥主要有以下特点：

1）早期强度低，后期强度增长潜力大。矿渣硅酸盐水泥中活性氧化硅、氧化铝与氢氧化钙的化学反应在常温下进行得较为缓慢，故其早期硬化较慢，其早期（28d以前）强度与同等级的硅酸盐水泥或普通水泥相比则较低；而28d以后的强度发展将超过硅酸盐水泥或普通水泥（其差别可参见图4-5）。

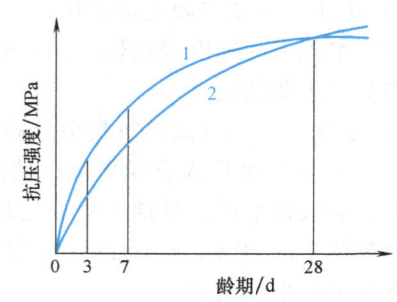

图4-5 硅酸盐水泥与矿渣水泥强度增长曲线
1—硅酸盐水泥 2—矿渣水泥

2）水化热低。在矿渣水泥中，由于熟料减少，使其中水化热较高的C_3S和C_3A含量相对减少，故其水化热较低，不适于在较低温环境中使用，但却适用于要求水化热较低的大体积混凝土工程。

3）对于软水及抗硫酸盐等侵蚀性环境具有较强的抵抗能力。由于矿渣水泥中掺加了大量矿渣，熟料含量相对减少，C_3S及C_3A的含量及其水化产物的浓度也相对较少，而且水化产物中的氢氧化钙与矿渣发生二次反应，生成较稳定的水化硅酸钙及水化铝酸钙。因此，矿渣硅酸盐水泥硬化后的水泥石中，氢氧化钙及易受硫酸盐侵蚀的水化铝酸钙都大为减少，从而提高了抗溶出性侵蚀及抗硫酸盐侵蚀的能力。故矿渣水泥较适用于受软水或硫酸盐侵蚀的水工结构物、海洋或海岸工程、地下工程等。

4）对温度敏感，适合高温养护。矿渣水泥在较低温度下，凝结硬化较硅酸盐水泥及普通水泥缓慢，故若用于冬期施工时，更需加强保温养护措施。但在湿热条件下，矿渣水泥的强度能得以充分发展，故矿渣水泥较适于较高温度的养护环境。

5）保水性较差，泌水性较大。水泥加水拌和后，水泥浆体能够保持一定量的水分而不析出的性能，称为保水性。由于矿渣在与熟料共同粉磨过程中，颗粒难以磨得很细，且矿渣玻璃质亲水性较弱，从而表现为保水性较差，泌水性较大。因此，采用矿渣硅酸盐水泥时，容易在混凝土内形成毛细管通道及水囊，且当水分干燥蒸发后会形成较多的毛细孔及大孔，从而降低混凝土的密实性、均匀性及抗渗性。

6）硬化后干缩性较大。水泥在空气中硬化时，随着水分的蒸发，体积会有微小的收缩，称为干缩。干缩，易使混凝土表面发生微细裂缝，从而降低混凝土的耐久性和力学性能。矿渣水泥的干缩率比硅酸盐水泥及普通水泥大，尤其早期干燥时更为显著。因此，使用矿渣水泥时，应注意加强保湿养护。

7）抗冻性较差、耐磨性较差。矿渣水泥抗冻性及耐磨性均较硅酸盐水泥及普通水泥差，因此，矿渣水泥不宜用于严寒地区水位经常变动的部位，也不宜用于受高速水流冲刷及具有耐磨要求的工程。

8）抗碳化能力较差。由于矿渣水泥硬化结构中的氢氧化钙浓度（碱度）较硅酸盐水泥及普通水泥低，当用矿渣水泥配制混凝土及砂浆时，其表层被碳化的速度进行得较快，使其在较短时间内碳化深入内部。因此，当矿渣水泥用于钢筋混凝土结构时，一旦碳化深入到钢筋表面，就会丧失水泥石对钢筋的保护能力，从而导致钢筋的锈蚀，这将影响钢筋混凝土的耐久性。

9）耐热性较强。与其他品种的硅酸盐水泥相比，矿渣水泥的耐热性较强，因此，对于处于较高温度环境的工程（如高温厂房、高炉基础等），矿渣硅酸盐水泥比较适合。

4. 火山灰质硅酸盐水泥

火山灰质硅酸盐水泥的凝结硬化过程与矿渣水泥有所相似，其水化初期主要是熟料矿物的水化，此后混合材料中的活性氧化硅和氧化铝与熟料水化过程中所产生的氢氧化钙反应生成较稳定的水化硅酸钙和水化铝酸钙，使水泥的强度不断增长。

火山灰质硅酸盐水泥的许多性能，如抗侵蚀性、水化热特点、强度及其发展规律、环境温度对凝结硬化的影响、抗碳化性能等，都与矿渣水泥相近。但是，火山灰质硅酸盐水泥的抗冻性及耐磨性比矿渣水泥更差；而且当掺有黏土质混合材料时，其抗硫酸盐侵蚀能力也较差。故其应用环境与其他品种的硅酸盐水泥有较大差别。

火山灰质混合材料内部含有大量的微细孔隙，故火山灰质硅酸盐水泥的保水性好。火山灰质硅酸盐水泥在潮湿的环境下使用时，水化生成的水化硅酸钙凝胶较多，水泥石结构也较致密，因而具有较好的抗渗性及耐水性。因此，它比较适用于需要抗软水、硫酸盐侵蚀的工程及要求抗渗的工程。但是，火山灰质硅酸盐水泥在干燥环境下使用时，由于其标准稠度需水量较大，干缩率较大，其部分胶体脱水后往往导致其结构物表面出现粉化现象。此外，处于干热环境中的混凝土工程不宜使用火山灰质硅酸盐水泥。

5. 粉煤灰硅酸盐水泥

粉煤灰硅酸盐水泥的水化、凝结与硬化过程与火山灰质硅酸盐水泥基本相同，其性能上也与火山灰质硅酸盐水泥相似。把粉煤灰硅酸盐水泥列为一个独立的水泥品种，是因为粉煤灰硅酸盐水泥在性能上确有它独自的特点，而且对于水泥中粉煤灰的利用也有重要的现实意义。

粉煤灰硅酸盐水泥的抗渗性、耐磨性较差。与其他品种硅酸盐水泥相比，粉煤灰硅酸盐水泥的主要特点是干缩性比较小，甚至比硅酸盐水泥及普通水泥还小，因而使其表现为较好的抗裂性；而且在相同拌和用水量的情况下，粉煤灰硅酸盐水泥配制的水泥浆表现为更好的流动性，这主要是因为粉煤灰中的细颗粒多呈球形（玻璃微珠），且较为致密，使其本身具有较好的可流动性，而且表面润湿所需的水量也较少。

粉煤灰硅酸盐水泥干缩较小、抗裂性较好、水化热较低和抗侵蚀性较强等特点，可大量应用于水利工程、地下工程及大体积混凝土工程，不宜用于有抗渗要求及耐磨性要求高的混凝土工程。

6. 复合硅酸盐水泥

复合硅酸盐水泥中加入了两种或两种以上规定的混合材料，但效果不只是各类混合材料的简单混合，而是互相取长补短而获得优良效果，其性能介于普通硅酸盐水泥和矿渣硅酸盐水泥、火山灰质硅酸盐水泥与粉煤灰硅酸盐水泥之间，与其他掺大量混合材料的通用硅酸盐水泥相比，早期强度较高。

综上，几种通用硅酸盐水泥的性能特性及其适用范围参见表4-9。

表 4-9　几种通用硅酸盐水泥的性能特性及其适用范围

	硅酸盐水泥	普通硅酸盐水泥	矿渣硅酸盐水泥	火山灰质硅酸盐水泥	粉煤灰硅酸盐水泥
性能特性	早期强度高；水化热较大；抗冻性较好；耐蚀性差；干缩较小	与硅酸盐水泥基本相同	早期强度较低，后期强度增长较快；水化热较低；耐热性好；耐蚀性较强；抗冻性差；干缩性较大；泌水较多	早期强度较低，后期强度增长较快；水化热较低；耐蚀性较强；抗渗性好；抗冻性差；干缩性大	早期强度较低，后期强度增长较快；水化热较低；耐蚀性较强；干缩性较小；抗裂性较高；抗冻性差
适用范围	一般土建工程中钢筋混凝土及预应力混凝土结构；受反复冰冻作用的结构；配制高强混凝土		高温厂房和有耐热耐火要求的混凝土结构；大体积混凝土结构；蒸汽养护的构件；有抗硫酸盐侵蚀要求的工程	地下、水中大体积混凝土结构和有抗渗要求的混凝土结构；蒸汽养护的构件；有抗硫酸盐侵蚀要求的工程	地上、地下及水中大体积混凝土结构；蒸汽养护的构件；抗裂性要求较高的构件；有抗硫酸盐侵蚀要求的工程
不适用范围	大体积混凝土结构；受化学及海水侵蚀的工程		早期强度要求高的工程；有抗冻要求的混凝土工程	处在干燥环境中的混凝土工程；其他同矿渣硅酸盐水泥	有抗碳化要求的工程；其他同矿渣硅酸盐水泥

4.2　其他品种的硅酸盐水泥

土木工程中除了广泛应用上述通用硅酸盐水泥，有些工程中还常应用部分具有特殊性能的硅酸盐水泥。例如，快硬硅酸盐水泥、白色硅酸盐水泥、彩色硅酸盐水泥、道路硅酸盐水泥、膨胀水泥及抗硫酸盐硅酸盐水泥等。

4.2.1　白色硅酸盐水泥

由氧化铁含量少的硅酸盐水泥熟料、适量石膏及掺量不超过水泥质量10%的石灰石或窑灰，磨细制成的水硬性胶凝材料称为白色硅酸盐水泥（简称"白水泥"），代号P·W。熟料中氧化镁的含量不宜超过5.0%；如果水泥经压蒸安定性试验合格，则熟料中氧化镁的含量允许放宽到6.0%。

1. 白色硅酸盐水泥的生产工艺及要求

通用硅酸盐水泥多带有灰色，主要原因是其化学成分中含有较多的铁。水泥中含铁量与水泥颜色的关系见表 4-10。因此，与通用硅酸盐水泥的生产原料不同，白色硅酸盐水泥在生产时应严格控制水泥原料的含铁量，并严防在生产过程中混入铁质物质。通常，白色硅酸盐水泥中含铁量只有普通水泥的 1/10 左右。此外，由于钛、锰、铬等的氧化物也会导致水泥白度的降低，故在生产中也应控制其含量。

表 4-10 水泥中含铁量与水泥颜色的关系

氧化铁含量(%)	3~4	0.45~0.7	0.35~0.4
水泥颜色	暗灰色	淡绿色	白色

显然，白色硅酸盐水泥与通用硅酸盐水泥的生产原理方法基本相同，但对原材料的要求有所不同。生产白色硅酸盐水泥所用石灰石及黏土原料中的氧化铁含量应分别低于 0.1% 和 0.7%。为此，常用的黏土质原料主要有高岭土、瓷石、白泥、石英砂等，石灰岩质原料则多采用白垩。

为防止有色物质对水泥的颜色污染，生产中还需要采取特殊措施，如选用无灰烬的气体燃料（天然气）或液体燃料（柴油、重油或酒精等）；在粉磨生料和熟料时，为避免混入铁质，球磨机内壁要镶贴白色花岗石或高强陶瓷衬板，并采用烧结刚玉、瓷球、卵石等作研磨体。为提高白色水泥的白度，对白水泥熟料还需经漂白处理，也可通过提高白色水泥熟料的饱和比（KH 值）增加其中游离氧化钙的含量，并使其吸水消解为氢氧化钙，或适当提高水泥的细度；白色硅酸盐水泥所用石膏多采用高白度的雪花石膏来增强其白度。

2. 白色硅酸盐水泥的技术性质

（1）强度　《白色硅酸盐水泥》规定，白色硅酸盐水泥分为 32.5、42.5、52.5 三个强度等级，各强度等级水泥各龄期的强度不得低于表 4-11 的规定要求值。

（2）白度　白度是反映水泥颜色白色程度的技术参数，它是将白色水泥样品装入压样器中压成表面平整的白板，置于白度仪中所测定的技术指标，以其表面对红、绿、蓝三原色光的反射率与氧化镁标准白板的反射率比较，所得相对反射百分率即水泥的白度。按照《白色硅酸盐水泥》规定，白色硅酸盐水泥白度值应不低于 87。

表 4-11 白色硅酸盐水泥的强度等级与各龄期强度要求

强度等级	抗压强度/MPa		抗折强度/MPa	
	3d	28d	3d	28d
32.5	12.0	32.5	3.0	6.0
42.5	17.0	42.5	3.5	6.5
52.5	22.0	52.5	4.0	7.0

（3）细度、凝结时间及体积安定性　白色硅酸盐水泥细度要求为 45μm 方孔筛筛余量不大于 30%；其初凝时间不早于 45min，终凝时间不得迟于 600min。白色硅酸盐水泥熟料中氧化镁的含量不应超过 5.0%，水泥中三氧化硫含量应不超过 3.5%，其体积安定性用沸煮法检验必须合格。

4.2.2 彩色硅酸盐水泥

由硅酸盐水泥熟料及适量石膏（或白色硅酸盐水泥）、混合材料及着色剂磨细或混合制成的带有色彩的水硬性胶凝材料称为彩色硅酸盐水泥。

1. 彩色硅酸盐水泥的生产工艺及要求

为获得所期望的色彩，可采用烧成法或染色法生产彩色水泥。烧成法是配制不同的水泥生料，使其烧成后生成所需要的彩色水泥。染色法是将硅酸盐水泥熟料（白色硅酸盐水泥熟料或普通硅酸盐水泥熟料）、适量石膏和碱性颜料共同磨细而制成的彩色水泥，也可将矿物颜料直接与水泥粉混合制成彩色水泥。

与烧成法相比，尽管染色法生产的彩色水泥颜料用量大，色泽也不易均匀，但其制作便捷，成本也较低，因此工程中较常采用。彩色水泥所用颜料应以无机矿物颜料为主，有机颜料只能作为辅助颜料以使水泥色泽鲜艳。

2. 彩色硅酸盐水泥的技术性质

（1）强度 《彩色硅酸盐水泥》规定，彩色硅酸盐水泥分为 27.5、32.5、42.5 三个强度等级，各强度等级水泥各龄期的强度不得低于表 4-12 的规定要求值。

表 4-12 彩色硅酸盐水泥的强度等级与各龄期强度要求

强度等级	抗压强度/MPa		抗折强度/MPa	
	3d	28d	3d	28d
27.5	7.5	27.5	2.0	5.0
32.5	10.0	32.5	2.5	5.5
42.5	15.0	42.5	3.5	6.5

（2）色差及颜色耐久性 同一颜色每一编号彩色硅酸盐水泥每一分割样或每磨取样与该水泥颜色对比样的色差不得超过 3.0 个 CIELAB 色差单位。用目视对比法作为参考时，颜色不得有明显差异。同一颜色的各编号彩色硅酸盐水泥的混合样与该水泥颜色对比样之间的色差不得超过 4.0 个 CIELAB 色差单位。按规定进行 500h 人工加速老化试验，老化前后的色差不得超过 6.0 个 CIELAB 色差单位。

（3）细度、凝结时间及体积安定性 彩色硅酸盐水泥细度要求为 $80\mu m$ 方孔筛筛余量不得超过 6.0%；其初凝时间不早于 60min，终凝时间不得迟于 600min。水泥中三氧化硫含量应不超过 4.0%，其体积安定性用沸煮法检验必须合格。

白色硅酸盐水泥和彩色硅酸盐水泥在各种装饰工程中应用较多，所以又被统称为装饰水泥，常用来制作彩色仿石材料（人造大理石等），配制彩色水泥浆或彩色砂浆，生产装饰混凝土，是制造彩色水刷石及水磨石等各种装饰材料的主要胶凝材料。

4.2.3 道路硅酸盐水泥

由道路硅酸盐水泥熟料，适量石膏，加入 0~10% 符合要求的粒化高炉矿渣、粒化电炉磷渣或钢渣等活性混合材料，磨细制成的水硬性胶凝材料，称为道路硅酸盐水泥（简称道路水泥），代号 P·R。

由适当成分的生料烧至部分熔融，所得以硅酸钙为主要成分，并且铁铝酸钙含量较多的硅酸盐水泥熟料，称为道路硅酸盐水泥熟料。为满足道路工程对水泥抗折强度和耐磨性较高的要求，《道路硅酸盐水泥》规定，道路硅酸盐水泥中铁铝酸四钙含量应不低于 16.0%；铝酸三钙含量应不大于 5.0%；游离氧化钙含量，旋窑生产应不大于 1.0%，立窑生产应不大于 1.8%。其他技术指标要求应满足表 4-13 的要求。

表 4-13 道路硅酸盐水泥技术指标要求

要求项目	MgO（%）	SO$_3$（%）	烧失量（%）	比表面积/(m^2/kg)	安定性（煮沸法）	28d 干缩率（%）	28d 磨损量/(kg/m^2)	凝结时间/h	
								初凝	终凝
指标	≤5.0	≤3.5	≤3.0	300～450	合格	≤10	≤3.00	≥1.5	≤10
强度			抗折强度/MPa				抗折强度/MPa		
龄期		3d		28d			3d		28d
32.5		3.5		6.5			16.0		32.5
42.5		4.0		7.0			21.0		42.5
52.5		5.0		7.5			26.0		52.5

与其他品种的通用硅酸盐水泥相比，道路硅酸盐水泥的抗折强度与早期强度高，耐磨性好、干缩率低，抗冲击性、抗冻性和抗硫酸盐侵蚀能力均较好。它更适用于公路路面、机场跑道、车站及公共广场等工程的面层混凝土中应用。

4.2.4 抗硫酸盐硅酸盐水泥

抗硫酸盐硅酸盐水泥是指对于硫酸盐侵蚀具有较强抵抗能力的水泥，按抗硫酸盐侵蚀程度可分为中抗硫酸盐硅酸盐水泥和高抗硫酸盐硅酸盐水泥两类。以适当成分的硅酸盐水泥熟料，加入适量石膏磨细制成的具有抵抗中等浓度硫酸根离子侵蚀的水硬性胶凝材料，称为中抗硫酸盐硅酸盐水泥，简称中抗硫酸盐水泥，代号 P·MSR。以适当成分的硅酸盐水泥熟料，加入适量石膏，磨细制成的具有抵抗较高浓度硫酸根离子侵蚀的水硬性胶凝材料，称为高抗硫酸盐硅酸盐水泥，简称高抗硫酸盐水泥，代号 P·HSR。

根据《抗硫酸盐硅酸盐水泥》中抗硫水泥中 C_3S 和 C_3A 的计算含量分别不应超过 55.0%和 5.0%；高抗硫水泥中 $C_3S<50.0$%，$C_3A<3.0$%；烧失量应小于 3.0%，水泥中 SO_3 含量小于 2.5%；水泥比表面积不得小于 280m^2/kg；凝结时间，初凝不早于 45min，终凝不迟于 600min。各龄期强度也应符合标准要求，见表 4-14。

表 4-14 抗硫酸盐硅酸盐水泥的强度等级与各龄期强度要求

分类	强度等级	抗压强度/MPa		抗折强度/MPa	
		3d	28d	3d	28d
中抗硫酸盐水泥、高抗硫酸盐水泥	32.5	10.0	32.5	2.5	5.5
	42.5	15.0	42.5	3.5	6.5

抗硫酸盐水泥除了具有较强的抗侵蚀能力外，还具有较高的抗冻性。因此，它主要适用于受硫酸盐侵蚀、冻融循环及干湿作用的海洋工程与海岸工程、水利工程及地下工程。

4.2.5 中热硅酸盐水泥、低热硅酸盐水泥和低热矿渣硅酸盐水泥

中热硅酸盐水泥是由适当成分的硅酸盐水泥熟料加入适量石膏磨细而成的具有中等水化热的水硬性胶凝材料，又称中热水泥，代号 P·MH。

低热硅酸盐水泥是以适当成分的硅酸盐水泥熟料，加入适量石膏，磨细制成的具有低等水化热的水硬性胶凝材料，又称低热水泥，代号 P·LH。

低热矿渣硅酸盐水泥是由适当成分的硅酸盐水泥熟料加入矿渣和适量石膏磨细而成具有低水化热的水硬性胶凝材料，又称低热矿渣水泥，代号 P·SLH。其矿渣掺量为水泥质量的 20%～60%，允许用不超过混合材料总量 50%的磷渣或粉煤灰代替矿渣。

根据《中热硅酸盐水泥、低热硅酸盐水泥》，中热硅酸盐水泥和低热硅酸盐水泥的氧化镁含量不宜大于 5.0%，如果水泥经压蒸安定性合格，则允许放宽到 5.0%；中热硅酸盐水泥和低热硅酸盐水泥的烧失量应不大于 3.5%；水泥中三氧化硫含量应为 4%～7%；水泥比表面积不得小于 300m²/kg；初凝时间不得早于 45min；终凝时间不得迟于 12h，也可由生产单位和使用单位商定；用沸煮法检验必须合格。各强度等级水泥的各龄期强度不得低于表 4-15 数值。

表 4-15 水泥的强度等级与各龄期强度要求

品种	强度等级	抗压强度/MPa			抗折强度/MPa		
		3d	7d	28d	3d	7d	28d
中热硅酸盐水泥	42.5	12.0	22.0	42.5	3.0	4.5	6.5
低热硅酸盐水泥	42.5	—	13.0	42.5	—	3.5	6.5
低热矿渣硅酸盐水泥	32.5	—	12.0	32.5	—	3.0	5.5

中热硅酸盐水泥、低热硅酸盐水泥和低热矿渣硅酸盐水泥的主要特点为水化热低，适用于大坝和大体积混凝土工程。

4.3 铝酸盐水泥

铝酸盐水泥是以铝矾土和石灰石为原料，经煅烧（至熔融状态）后所得以铝酸钙为主、氧化铝含量约为 50% 的熟料，再经磨细制成的水硬性胶凝材料。由于它是以铝矾土为主要原料，且其铝含量较高，故又被称为矾土水泥或高铝水泥。因为它具有耐高温的特点，故又称为耐火水泥。

国外多采用熔融法生产高铝水泥，原料不需磨细，可用低品位铝矾土，但烧成热耗高，熟料硬度高，粉磨电耗大。我国广泛采用回转窑烧成法，烧成热耗及粉磨电耗较低，可用生产硅酸盐水泥的设备。

4.3.1 铝酸盐水泥的矿物组成、水化与硬化

铝酸盐水泥的主要矿物成分为铝酸一钙（$CaO \cdot Al_2O_3$，简写为 CA），并含有部分其他铝酸盐，如二铝酸一钙（$CaO \cdot 2Al_2O_3$，简写为 CA_2）、钙铝黄长石（$2CaO \cdot Al_2O_3 \cdot SiO_2$，简写为 C_2AS）、七铝酸十二钙（$12CaO \cdot 7Al_2O_3$，简写为 $C_{12}A_7$）等。有时铝酸盐水泥中还含有少量的硅酸二钙（$2CaO \cdot SiO_2$）等。

铝酸盐水泥的水化和硬化主要取决于铝酸一钙的水化及其水化物的结晶。由于铝酸一钙在不同环境条件下水化反应的进程与结果有很大差别，从而也决定了铝酸盐水泥在不同环境下的硬化状态不同。

当铝酸盐水泥在 20℃ 以下的温度范围内水化硬化时，其铝酸一钙的主要水化反应结果为

$$CaO \cdot Al_2O_3 + 10H_2O \Longrightarrow CaO \cdot Al_2O_3 \cdot 10H_2O \qquad (4-16)$$
$$\text{铝酸一钙} \qquad\qquad\qquad \text{水化铝酸一钙}$$

当铝酸盐水泥在 20～30℃ 的温度范围内水化硬化时，其铝酸一钙的主要水化反应结果为

$$2(CaO \cdot Al_2O_3) + 11H_2O \Longrightarrow 2CaO \cdot Al_2O_3 \cdot 8H_2O + Al_2O_3 \cdot 3H_2O \qquad (4-17)$$

铝酸一钙　　　　　　水化铝酸二钙　　　　　铝胶

当铝酸盐水泥在 30℃ 以上的温度范围内水化硬化时，其铝酸一钙的主要水化反应结果为

$$3(CaO \cdot Al_2O_3) + 12H_2O \Longrightarrow 3CaO \cdot Al_2O_3 \cdot 6H_2O + 2(Al_2O_3 \cdot 3H_2O) \quad (4-18)$$

铝酸一钙　　　　　　水化铝酸三钙　　　　　铝胶

由此可知，在常温（30℃ 以下）条件下铝酸盐水泥的主要水化产物为水化铝酸一钙（$CaO \cdot Al_2O_3 \cdot 10H_2O$，简写为 CAH_{10}）和水化铝酸二钙（$2CaO \cdot Al_2O_3 \cdot 8H_2O$，简写为 C_2AH_8），且不同产物可同时形成与并存；当在较高温度（30℃ 以上）环境中水化硬化时，其主要水化产物为水化铝酸三钙（$3CaO \cdot Al_2O_3 \cdot 6H_2O$，简称为 C_3AH_6）。

上述不同水化产物形成的特点与性能有着较大的差别，其中水化铝酸一钙或水化铝酸二钙都属六方晶系，具有细长的针状和板状结构，它们能互相结成坚固的结晶连生体，并形成较坚固的晶体骨架结构；析出的氢氧化铝凝胶难溶于水，容易填充于晶体骨架的空隙中，从而形成较密实的水泥石结构。水化铝酸三钙所构成的结构联结不够坚固，使其表现出较低的强度。

铝酸盐水泥中的其他成分的水化对于凝结与硬化也有一定的影响：二铝酸一钙的水化与铝酸一钙基本相同，只是水化速度较慢；七铝酸十二钙的水化作用则很快，且会生成水化铝酸二钙；钙铝黄长石的水化作用则极为微弱，可视为惰性矿物，硅酸二钙则会逐渐生成 C-S-H 凝胶。

由于含量占绝对多数的铝酸一钙和七铝酸十二钙水化反应速度很快，使得铝酸盐水泥的初期强度增长很快；但是，主要成分水化反应的很快完成也使其后期强度的发展潜力不足。通常，铝酸盐水泥在经过 5~7d 的水化硬化后，其新生水化铝酸盐结晶连生体的增加很少，仅靠其中数量很少的硅酸二钙产生水化反应，水泥的后期强度很难增长。而且，在高温环境中使用时，铝酸盐水泥的主要水化产物可能产生某些分解或转化，从而使其强度有所下降。

在通常条件下，铝酸盐水泥水化形成的水泥石结构中铝酸三钙和氢氧化钙含量很少，它们对水泥石结构的影响几乎可以忽略；而且铝酸盐水泥的需水量较少也使其水泥石结构更为密实。因此，铝酸盐水泥的硬化结构对软水及硫酸盐等的抗侵蚀能力很强。但在强碱性环境中，其部分水化产物容易被腐蚀而产生结构破坏。

4.3.2　铝酸盐水泥的主要技术特性与要求

1. 铝酸盐水泥的技术指标

铝酸盐水泥常为黄色、褐色或灰色的粉末，其密度和堆积密度与普通硅酸盐水泥相近。依据《铝酸盐水泥》的规定，其主要技术指标要求有：

1）根据水泥中 Al_2O_3 的含量划分为 CA50、CA60、CA70、CA80 四种。其中，CA50 根据强度分为 CA50-Ⅰ、CA50-Ⅱ、CA50-Ⅲ 和 CA50-Ⅳ；CA60 根据主要矿物组成分为 CA60-Ⅰ 和 CA60-Ⅱ。

2）细度要求：比表面积不小于 $300m^2/kg$ 或 $45\mu m$ 筛余不大于 20%。

3）凝结时间：CA50、CA60-Ⅰ、CA70 和 CA80 的初凝时间不得早于 30min，终凝时间不得迟于 6h；CA60-Ⅱ 的初凝不得早于 60min，终凝不得迟于 18h。

4）强度：各类型铝酸盐水泥各龄期强度指标不得低于表 4-16 所列数值。

表 4-16　各类型铝酸盐水泥各龄期强度指标　　　　　　　　（单位：MPa）

类型		抗压强度				抗折强度			
		6h	1d	3d	28d	6h	1d	3d	28d
CA50	CA50-Ⅰ	≥20①	≥40	≥50	—	≥3①	≥5.5	≥6.5	—
	CA50-Ⅱ		≥50	≥60	—		≥6.5	≥7.5	—
	CA50-Ⅲ		≥60	≥70	—		≥7.5	≥8.5	—
	CA50-Ⅳ		≥70	≥80	—		≥8.5	≥9.5	—
CA60	CA60-Ⅰ	—	≥65	≥85	—	—	≥7.0	≥10.0	—
	CA60-Ⅱ	—	≥20	≥45	≥85	—	≥2.5	≥5.0	≥10.0
CA70		—	≥30	≥40	—	—	≥5.0	≥6.0	—
CA80		—	≥25	≥30	—	—	≥4.0	≥5.0	—

①用户要求时，生产厂家应提供试验结果。

2. 铝酸盐水泥的特性

1）快凝早强，1d 强度可达最高强度的 80% 以上。

2）水化热大，且放热量集中，1d 内放出水化热总量的 70%~80%，使混凝土内部温度上升较高，故即使在 -10℃下施工，铝酸盐水泥也能很快凝结硬化。

3）抗硫酸盐性能很强，因其水化后无氢氧化钙及水化铝酸三钙生成。

4）耐热性好，能耐 1300~1400℃高温。

5）长期强度要降低，一般降低 40%~50%。

关于铝酸盐水泥长期强度降低的原因，国内外存在许多说法，但比较一致的说法为：

1）铝酸盐水泥主要水化产物水化铝酸一钙和水化铝酸二钙也为亚稳晶体结构，经过一定时间后，特别是在较高温度及高湿度环境中，易转变成稳定的呈立方体结构的水化铝酸三钙；立方体晶体相互搭接差，使骨架强度降低。

2）在晶型转化的同时，固相体积将减缩约 50%，使孔隙率增加。

3）在晶型转化过程中析出大量游离水，进一步降低了水泥石的密度，从而使强度下降。

4.3.3　铝酸盐水泥的应用

铝酸盐水泥快硬早强的特点使其更适用于某些要求快硬早强的工程结构和临时性结构工程，如各种抢修工程、紧急军事工程；利用其在高温下结构较稳定的特点，可以用于高温环境的结构工程，如高温窑炉的炉体和炉衬、高温厂房的部分结构等；利用其耐软水及盐类腐蚀的特点，可以用于某些腐蚀环境中的工程。此外，由于铝酸盐水泥快硬高强、颜色较浅且对颜料的适应性较好、可在表面析出大量氢氧化铝胶体而使表面致密光亮，这些特性又使其适合于制作各种人造石材、彩色水磨石等水泥制品。

因为铝酸盐水泥的后期强度增长潜力很小，尤其是在高温高湿环境中还可能产生后期强度的部分倒缩现象，不适合应用于长期承重的结构及高温高湿环境中的工程。当用于长期承载的结构工程时，铝酸盐水泥应采用较低的水胶比，以获得足够的稳定强度。实践证明，当铝酸盐水泥的水胶比小于 0.40 时，由于其早期强度较高，即使后期因温度升高而产生晶型转化而强度倒缩，仍能保持较高的稳定强度。

为获得较高的早期强度，铝酸盐水泥应尽可能避免在高温季节施工，尤其不能进行蒸汽养护，其适宜的施工温度为 15℃，不宜大于 25℃。工程实际中，铝酸盐水泥一般不得与硅酸盐水泥或石灰混合使用，也不得混放。铝酸盐水泥不得长期存放，存放期间应特别注意防潮防水。

4.4 硫铝酸盐水泥

4.4.1 硫铝酸盐水泥的种类

以适当成分的生料，经煅烧所得以无水硫铝酸钙[$3(CaO \cdot Al_2O_3) \cdot CaSO_4$]和$\beta$型硅酸二钙为主要矿物成分的水泥熟料掺加不同量的石灰石、适量石膏磨细制成的具有水硬性的胶凝材料，称为硫铝酸盐水泥。硫铝酸盐水泥可分为快硬硫铝酸盐水泥、低碱度硫铝酸盐水泥、自应力硫铝酸盐水泥三个品种。

快硬硫铝酸盐水泥是由适当成分的硫铝酸盐水泥熟料和少量石灰石、适量石膏共同磨细制成的，具有早期强度高的水硬性胶凝材料，代号R·SAC。石灰石掺加量应不大于水泥质量的15%。以3d抗压强度分为42.5、52.5、62.5、72.5四个强度等级，其1d、3d、28d抗压强度和抗折强度应符合《硫铝酸盐水泥》的相关规定。

低碱度硫铝酸盐水泥是由适当成分的硫铝酸盐水泥熟料和较多量石灰石、适量石膏共同磨细制成的，具有碱度低的水硬性胶凝材料，代号L·SAC。石灰石掺加量为水泥质量的15%~35%。以7d抗压强度分为32.5、42.5、52.5三个强度等级，其1d、7d抗压强度和抗折强度应符合《硫铝酸盐水泥》的相关规定。

自应力硫铝酸盐水泥是由适当成分的硫铝酸盐水泥熟料加入适量石膏共同磨细制成的，具有膨胀性的水硬性胶凝材料，代号S·SAC。以28d自应力值分为3.0、3.5、4.0、4.5四个自应力等级，其7d、28d自应力值应符合《硫铝酸盐水泥》的相关规定。

4.4.2 硫铝酸盐水泥的特性

由于硫铝酸盐水泥中的无水硫铝酸钙遇水后很快水化，往往在水泥失去塑性前就已经形成了大量的钙矾石和氢氧化铝凝胶；该水泥中的β-C_2S是在1250~1350℃下形成的较高活性矿物成分，它的水化速度也较快并很快生成C-S-H凝胶。在硫铝酸盐水泥的凝结硬化过程中，水化形成的C-S-H凝胶和氢氧化铝凝胶不断填充由钙矾石结晶骨架的空间结构，逐渐形成致密的水泥石结构，从而使快硬硫铝酸盐水泥获得更高的早期强度。另外，C_2S水化析出的氢氧化钙还能加快与氢氧化铝及石膏的反应，从而进一步增加了钙矾石的数量，水泥石结构的早期强度得以很快提高。因此，硫铝酸盐水泥表现出很显著的快硬早强特点。

由于硫铝酸盐水泥的水化产物对于大部分酸和盐类具有较强抵抗能力，其内部结构很快被填充密实。因此，形成的水泥石结构不仅具有良好的抗腐蚀性，还具有较高的抗冻性和抗渗性。

此外，硫铝酸盐水泥水化形成的钙矾石在150℃高温环境中容易脱水而发生晶型转化，并导致其强度大幅度下降，故其耐热性较差。

4.4.3 硫铝酸盐水泥的应用

硫铝酸盐水泥主要用于早强、抗渗和抗硫酸盐侵蚀的混凝土，可配制快硬水泥浆用于灌浆、喷锚支护、抢修、堵漏等，也可用于负温施工（冬期施工）。硫铝酸盐水泥具有快凝、早强、不收缩和碱度较低的特点，可用于制作各种水泥制品及玻璃纤维增强材料；硫铝酸盐水泥具有碱度低而易使钢筋锈蚀的特点，不得用于普通钢筋混凝土工程；硫铝酸盐水泥耐热性较差，所以不适合于夏季高温施工环境及高温结构中使用。

4.5 其他品种水泥

4.5.1 磷酸盐水泥

磷酸盐水泥是新型水泥质材料的一种，家族成员有磷酸镁、磷酸铝、磷酸锌与磷酸钙等，其中又以磷酸镁与磷酸钙为主。磷酸镁水泥一般由烧结的氧化镁粉末与水溶性磷酸盐粉末（最常见的为磷酸二氢铵，$NH_4H_2PO_4$）组成，遇水后则反应生成磷酸镁水化产物。磷酸镁水泥于欧洲较为通行，常用于快速修补工程。磷酸钙水泥的研究与发展源自于材料领域与牙医领域，更引起各界的重视与兴趣。由于磷酸钙水泥水化产物的化学组成与人体骨骼成分相同，故应用于人体内部时不会产生毒性与排斥等负面效应。目前，磷酸钙水泥被视为生物医学材料，应用领域以牙医、骨科、整形外科为主。

磷酸盐水泥的发展可分为两阶段，早期是以磷酸镁水泥为主，受限于其矿物组成较为稀有、产品特性较不明显等因素，产品价值较低，应用范围也仅局限于土木工程领域；近期由于磷酸钙水泥的性质被研究与了解，生物医学领域成为主要应用领域，其产品价值也因而激增，成为一项被期待的新型水泥质材料。

4.5.2 氟铝酸盐水泥

氟铝酸盐水泥是一种以氟铝酸钙（$11CaO·7Al_2O_3·CaF_2$）为主要组成的快凝快硬水泥，又称双快水泥。以石灰石、矾土和萤石为原料，在1340～1400℃下煅烧而成熟料，加适量石膏和一定量的矿渣共同磨细而成。

氟铝酸盐水泥水化、凝结硬化极快（常温下凝结时间只有几分钟），1h净浆强度可达15～25MPa。氟铝酸盐水泥石结构致密，早期强度高且后期强度稳定。氟铝酸盐水泥可制成锚喷用的喷射水泥，还具有良好的耐蚀性。当用于抢修工程时，可根据使用要求及气温条件，采用缓凝剂调节。

4.6 新型胶凝材料及其在土木工程中的应用

4.6.1 碱激发胶凝材料

1. 碱激发胶凝材料的概念及分类

碱激发胶凝材料是近年来发展起来的一类新型无机非金属材料，是由铝硅酸盐胶凝成分固结的、化学键合的一种新型胶凝材料。它是通过铝硅酸盐组分的溶解、分散、聚合和脱水硬化而成。其矿物组成与沸石相近，物理形态上呈三维网状结构，因此具有有机聚合物、陶瓷、水泥的优良性能。其中研究得最早也比较成功的碱矿渣水泥，是以乌克兰水泥科学家

Glukhovsky V D 为首的研究小组于 20 世纪 50 年代后期研究发明的，80 年代又成功地将碱矿渣水泥应用于实际建筑工程之中。我国从 20 世纪 80 年代初期开始这方面的研究。迄今为止，碱激发胶凝材料以其早强、快硬、高强及耐蚀性好等特性而受到水泥界的关注。

需要指出的是，法国人 Davidovits J 在 20 世纪 70 年代利用碱激发烧黏土成功地研制出地聚合物水泥（Geopolymer Cement）。80 年代美国相继利用类似的方法研制出具有快硬高强特性的派拉蒙特（Pyrament）水泥，用于军事工程。地聚合物比其他碱激发胶凝材料具有更加优越的性能。

对于碱激发胶凝材料的分类还没有明确的划分，根据原材料的名称，大致将它划分为以下四类：

（1）碱-铝硅酸盐玻璃体类 该类是以工业废渣，如矿渣、粉煤灰、磷渣、赤泥、煤矸石等为主要原料，以铝硅酸盐的玻璃体或无定形物质为主体的碱激发胶凝材料。因废渣产生的工业源不同，组成变化较大，故一般还可以分为钙含量较高的（如矿渣、磷渣等）及钙含量较低的（如粉煤灰、煤矸石等）两类。根据主要生产原料的不同，又可分为碱激发矿渣水泥、碱激发粉煤灰水泥、碱激发复合水泥等。

（2）碱-烧黏土类 以黏土经适当温度煅烧后形成偏高岭石为原料，经碱激发而形成的胶凝材料。它们的组成中几乎不含钙（有的报道为在它们制备过程中加入一定数量的氧化钙）。我国学者一般命名为土聚水泥、地聚水泥、土壤聚合水泥及地聚合物等，也有一定数量的研究，国外的研究报道也较多。

（3）碱-矿石尾矿类 主要是碱激发钾长石尾矿，它和碱-烧黏土类相似，即钙含量少。目前对这类水泥的研究不多，但也是一个新的原料来源。上述碱-烧黏土类有时也归于此类，称碱矿物胶凝材料。

（4）碱碳酸钙类 碱碳酸盐胶凝材料是从研究碱-硅酸盐反应（碱集料反应）得到的启发，认为在某些特定的情况下碱性硅酸盐溶液有可能与天然石灰岩反应，形成具有胶凝性的、有一定强度的材料，从而开发了一种新的无机灌浆材料。

2. 碱激发胶凝材料的性能特点

碱激发胶凝材料所用的原料不同，在形成硬固体以后的力学性能差别较大，但它的强度，尤其是抗拉强度比硅酸盐水泥浆体高得多。此外，碱激发胶凝材料具有良好的、较全面的耐久性。

（1）碱激发矿渣类 碱矿渣水泥是由碱组分和矿渣（铝硅酸盐组分）组成，是一种无熟料水泥，其原材料矿渣可以采用水淬高炉矿渣、电热磷渣、有色金属矿渣、钢渣和化铁渣；碱质组分可以采用工业产品，如氢氧化钠、碳酸钠、碳酸钾、水玻璃等。碱矿渣水泥具有生产工艺简单、投资省、生产能耗低、能有效利用工业副产品和废渣、生产过程排放的温室气体少（约为普通水泥的 10%）、综合技术性能特别是耐久性优良等特点。但是凝结时间短、拌合物黏度大、硬化体收缩大。

碱激发矿渣水泥的优点有：

1）早期强度高，凝结时间短和高强度。不掺缓凝剂时，矿渣经碱激发，可得到快硬混凝土和超快硬混凝土，通常情况下，3d 抗压强度可达到 20MPa 以上，28d 可达到 50MPa 以上。

2）低吸水性。碱矿渣胶凝材料中碱组分具有良好的减水作用，实际工程中水胶比很小，结构致密。

3）抗渗性好。水泥石的抗渗性主要决定于毛细孔的数量，毛细孔的数量少，水泥石的抗渗性就好。碱矿渣水泥的毛细孔率仅为 16.9%~20%，在承受 0.4MPa 水压力下而无渗透现象。

4）抗冻性和耐蚀性好。碱激发胶凝材料的抗渗性好，所以水及其他有害介质无法进入材料内部而引起侵蚀、冻坏等不良结果，且碱矿渣胶凝材料的水化热仅为水泥的 1/2~1/3，甚至更低。

（2）碱激发粉煤灰类　碱激发粉煤灰类胶凝材料有着许多优异的性能，流动性大、强度高、耐水性大于普通硅酸盐水泥、抗硫酸盐侵蚀性能佳、抗冻性好、无明显收缩和泌水现象。碱激发粉煤灰由于粉煤灰性质的原因也存在着一些问题需要解决。例如：

1）粉煤灰品质低，我国大多数电厂粉煤灰的品质偏低，多为Ⅲ级灰，Ⅰ、Ⅱ级灰只占 5%左右，使得粉煤灰产品的早期强度偏低，限制了其应用。

2）粉煤灰活性较低，虽然粉煤灰中有大量的铝硅酸盐矿物，但是因为其中硅氧四面体聚合度高，所以活性很难被激发。

3）早期强度低，由于粉煤灰的水化过程比较缓慢，其强度的黄金发展期需在 28d 以后，所以在早期还不能发挥粉煤灰的火山灰活性，因此，碱激发粉煤灰类胶凝材料的早期强度增长缓慢。

（3）碱激发碳酸盐类　碱激发碳酸盐胶凝材料是近年来研究开发的一种新型胶凝材料，其原材料是天然碳酸盐矿物和工业水玻璃，具有利废、节能和对环境影响小等特点。但材料性能尚有以下不足：早期强度低后期强度增长率不大；抗渗性能尚不能达到防水砂浆或防水混凝土的要求。通过掺加矿渣、粉煤灰、偏高岭土等铝硅酸盐物质可以改善碱激发碳酸盐胶凝材料的力学性能和抗渗性能。

3. 碱激发胶凝材料在土木工程中的应用

碱激发胶凝材料具备一些普通硅酸盐水泥所没有的优点，可充分利用它们的特点，着重应用于硅酸盐水泥较难以取得满意效果的工程上，或者是利用其胶凝性开发新的产品，拓宽原水泥的应用范围。碱激发胶凝材料主要可应用在以下几个方面：

1）高强结构材料。碱激发胶凝材料的力学性能除表现为强度，尤其是抗拉和抗弯强度很高外，弹性模量也很高，将它用作结构材料也是可行的。如俄罗斯列别茨克市于 1989 年从基础、墙体、楼板到屋面材料全部用碱激发矿渣水泥建了一栋 22 层大楼，建筑面积达 5105.2m^2。即使在 -25℃ 低温下，还可以施工。

2）固封材料。由于碱激发胶凝材料不仅强度高，且致密性好，同时有的材料硬化后固体中还含有三维网状笼形结构的沸石，是固化各种化工废料、固封有毒金属离子及核放射元素的有效材料。例如，法国在碱激发胶凝材料中加入非晶态金属纤维制造了核废料容器；波兰曾报道成功地用碱激发矿渣水泥固封硫黄井。

3）海洋工程、强酸腐蚀环境中的工程材料。由于它耐蚀性能好，用于海港建筑、码头、某些化工厂的酸性储罐等。例如，乌克兰曾用碱激发矿渣水泥建筑了敖得萨海港，建筑马厩（腐蚀性强）等；我国用碱性矿渣粉煤灰水泥混凝土制成的淮河治理工程的排水管，使用两年后外观良好，其中钢筋完好，耐蚀系数为 0.88，采用硅酸盐水泥制得的管子外观则严重腐蚀，钢筋腐蚀严重，耐蚀系数仅为 0.25。

4.6.2 地聚合物

1. 地聚合物的概念及发展

地聚合物（Geopolymer）是近年发展起来的一类新型无机高聚合胶凝材料，属于碱激发胶凝材料中的一种，是由法国科学家 Joseph Davidovits 教授于 20 世纪 70 年代首先发现并命名。Geopolymer 一词原意是指由地球化学作用或地质合成作用而形成的铝硅酸盐矿物聚合物，而这一概念发展到现在则包括了所有采用天然矿物或固体废弃物制备成的以硅氧四面体与铝氧四面体聚合而成的具有非晶态和准晶态特征的三维网状凝胶体。地聚合物的原料以无机非金属矿物和工业废渣为主，主要有效成分为铝-硅酸盐。经较低温度煅烧，转变为无定形结构的偏高岭石，具有较高的火山灰活性。在碱性激发剂及促进剂的作用下，硅铝氧化物经历由解聚到再聚合的过程，形成类似地壳中一些天然矿物的铝硅酸盐网状结构。

20 世纪 80 年代，苏联、联邦德国、美国等也在该类胶凝材料的研制方面取得了阶段性成果，已形成商品如美国的 PYRAMENT 牌水泥、德国 TROL IT 牌胶黏剂、芬兰的 F 胶凝材料和法国 GEOPOL YMERAM 牌陶瓷等，日本自 90 年代着手开发这类胶凝材料，国内在这一领域的研究起步较晚。目前已有近 30 个国家和地区成立了专门研究该类胶凝材料的实验室，并对这方面的技术进行高度保密。

2. 地聚合物的性能特点

地聚合物材料的结构以三维网状结构为特征，这与水泥以水化氧化硅为主的微纤维状结构完全不同，此类胶凝材料也因此具有传统水泥所不具有的优异性能。地聚合物与普通硅酸盐水泥的不同之处在于：前者存在离子键、共价键和范德华键，并以前两类为主；后者则以范德华键和氢键为主。这就是两种材料性能悬殊的原因。地聚合物兼有有机高聚物、陶瓷、水泥的特点，又不同于上述材料，具有良好的力学性能和耐久性能。

1）凝结硬化快、早期强度高。地聚合物具有良好的早强特征，凝结时间方面具有快硬水泥的特点，并表现出凝结时间随温度升高而缩短的趋势。有研究表明：利用碱激发偏高岭土制得的地聚合物在 25℃下 4h 的抗压强度可达 87.5MPa，7d 强度可以达到 137.6MPa；使用优质集料配制的地聚合物混凝土，25℃下 1d 的抗压强度可达 56MPa，后期强度也不降低；在一定工艺条件下，地聚合物制品的强度可达 300MPa 以上。

2）良好的界面结合能力。传统硅酸盐水泥在与集料结合的界面处容易出现过渡区，造成界面结合力薄弱。地聚合物与一般矿物颗粒或废弃物颗粒具有良好的界面亲和性，且不存在硅酸钙的水化反应，其最终产物主要是以共价键为主的三维网状凝胶体，与集料界面结合紧密，不会出现氢氧化钙的富集和择优取向的过渡区。与水泥基材料相比，当抗压强度相同时，地聚合物具有更高的抗折强度。

3）耐蚀性好。地聚合物水化不产生钙矾石等硫铝酸盐矿物，因而能耐硫酸盐侵蚀；地聚合物在酸性溶液和各种有机溶剂中也都表现了良好的稳定性。在 5%的硫酸溶液中，分解率只有硅酸盐的 1/13，在 5%的盐酸溶液中其分解率只有硅酸盐水泥的 1/12。

4）抗渗性、抗冻性好。地聚合物能形成致密的结构，强度高，抗渗性能优良；而且孔洞溶液中电解质浓度较高，因而耐冻融循环的能力增强。

5）体积稳定性好。地聚合物水化凝结硬化和使用过程中具有良好的体积稳定性。其 7d 线收缩率仅为普通水泥的 1/5~1/7，28d 线收缩率为 1/8~1/9。地聚合物还具有极好的高温体积稳定性。

6）保温隔热性能好。地聚合物导热系数为 $0.24\sim0.38W/(m \cdot K)$，可与轻质耐火黏土砖（$0.3\sim0.4W/(m \cdot K)$）相媲美，隔热效果好。

7）耐久性好。地聚合物是由无机的硅氧四面体与铝氧四面体聚合而成的三维网状凝胶体，具有有机高聚物的键接结构，所以地聚合物兼有有机高聚物和硅酸盐水泥的特点。与有机高分子相比，地聚合物不老化、不燃烧、耐久性好；与硅酸盐水泥相比，其能经受环境的影响，耐久性高出很多。

8）环境协调性好。地聚合物的生产主要以煤系高岭土、粉煤灰、矿物废渣、煤矸石等固体废弃物为原料，生产过程中不使用不可再生的石灰石资源，大大降低了二氧化碳的排放量（比传统硅酸盐水泥减碳约 70%），有助于减少水泥工业二氧化碳的排放。这对于生态平衡、维持环境协调具有重要意义。

3. 地聚合物在土木工程中的应用

地聚合物性能优良，原材料丰富、工艺简单、价格低廉、节约能源，是一种环保型"绿色建筑材料"，已经在高强建筑材料、固核固废材料、密封材料和耐高温材料中显示出广阔的应用前景。

1）快速修补材料。地聚合物是目前胶凝材料中快硬早强性能最为突出的一类材料，可用作混凝土结构的快速修补材料。用它修建的机场跑道，1h 后可以步行，4h 后可以通车，6h 后可供飞机起降。1991 年，美国一座临时机场的建造速度震惊了世界，其使用的建筑材料就是早强性能优异的地聚合物。

2）地聚合物基涂料。地聚合物水化后结构致密，具有良好的防水、防火等性能。利用白色的煅烧高岭土作为硅-铝反应物，用一定模数和浓度的水玻璃作为碱激发剂，并加入适量填料可制出地聚合物基涂料。该地聚合物基涂料具有耐淡水、海水、盐和稀硫酸等化学侵蚀的特性。与有机涂料相比，地聚合物基涂料还具有防火阻燃性、环保性、防霉菌性等一系列优点。地聚合物基涂料作为特种涂料将有广阔的应用前景。

3）地聚合物板材。我国玻璃纤维增强水泥板材（GRC）的生产经历了 20 多年的研究、设计和应用开发，市场规模仍很小，其主要原因是采用水泥和一些填料生产这类板材工序复杂、质量不易控制和成本较高。水泥在常温下水化较慢，而 GRC 板材的流水线式生产工艺又不可能将成型后的 GRC 板材进行长时间的室温养护或较长时间的蒸养。很多 GRC 板材中的水泥大部分没有对强度产生贡献，造成浪费和性能不稳定。而地聚合物恰恰具有快硬和早强特点，不用湿态养护也可以产生很高的强度，用于生产 GRC 可省去蒸养或长时间室温养护，而且以废渣为主要原料生产的地聚合物成本只有普通水泥的 1/2 左右，大幅度降低生产成本和提高生产效率。地聚合物在泥膏状时还具有良好的可塑性，可以省去生产 GRC 时必须添加的大量甲基纤维素（成本占全部原材料成本的 $1/4\sim1/3$），可进一步降低 GRC 的生产成本。与水泥制品相比，地聚合物制品抗折强度高、耐蚀好和导热系数低的特点，使得用地聚合物生产的 GRC 特别适合作新型墙体的装饰性保护层，可大大提高新型墙体服役的时间与安全性。

4）建筑用地聚合物块体材料。由于地聚合物具有快硬、早强和不用蒸养的特点，再加上良好的黏结性和可塑性，比水泥更适合制备建筑用标准砖、建筑砌块、铺路砖等建筑用块体材料。利用含硅铝酸盐类固体废弃物为粗集料和细集料制备建筑砌块时，还能发挥固体废弃物本身的活性，形成聚合物与集料之间的化学结合及梯度界面，从而大幅度降低生产成本和提高产品质量。由于地聚合物材料良好的抗折强度和耐久性，再加上地聚合物材料容易制成亮度较大的彩色制品，用其代替水泥来生产纤维增强地聚合物大型薄板状波形瓦将比传统的水泥石棉瓦具有更好的耐久性、更高的强度和更低的成本。

5）地聚合物混凝土路面。与普通建筑用混凝土相比，路面混凝土的主要特点是要求混凝土层具有更高的抗折强度和更好的耐磨性。地聚合物材料的主要特点就是其抗折强度和硬度远大于一般水泥基材料（相同抗压强度时），通常水泥净浆硬化体的莫氏硬度在5左右，而地聚合物的莫氏硬度一般在6左右。而且，地聚合物的弹性模量比水泥材料大得多，采用相同集料的地聚合物混凝土的耐磨性显然高于水泥混凝土。虽然地聚合物混凝土不适于泵送，但由于传统混凝土路面多采用翻斗车运输，因而对施工并无不利影响。

6）地聚合物在土木工程中的其他应用。

① 地聚合物灌浆材料。地下工程和道路工程所用的中低强度灌浆料通常用量巨大，但不要求有太高的强度。使用地聚合物来胶结可就地取材的固体废弃物或黄土、细砂等材料，既能保证良好的整体强度和耐地下水溶蚀的能力，又能大幅度降低成本。锚固结构中用来加固锚索和锚杆的地下部分的高强度灌浆材料，失效的主要方式是内部钢筋或钢绞索的锈蚀，地聚合物特有的低孔隙率、高密闭性和高抗溶蚀性正赋予其良好的防锈蚀能力。

② 地聚合物密封固结材料。地聚合物特有的降低固体废弃物中金属离子溶出的功能使得地聚合物成为比水泥更好、成本更低的用于固结高重金属固体废弃物及放射性固体废弃物的固结材料。

③ 耐酸碱腐蚀材料。利用地聚合物良好的抗酸、碱能力可将其用于修建存储酸、碱废水的堤坝、水池和管道，也可用地聚合物修建垃圾填埋场的密封层。

思考题与习题

4-1 什么是通用硅酸盐水泥？简述硅酸盐水泥中不同的熟料矿物组成对水泥性质的影响。

4-2 硅酸盐水泥的主要水化产物有哪些？硅酸盐水泥的硬化水泥石结构是如何构成的？

4-3 试说明下述各条"必须"的原因：

1）制造硅酸盐水泥时必须掺入适量的石膏；

2）水泥粉磨必须具有一定的细度；

3）水泥体积安定性必须合格；

4）测定水泥强度等级、凝结时间和体积安定性时，均必须采用规定的加水量。

4-4 试分析硅酸盐水泥强度发展的规律和主要影响因素。

4-5 现有甲、乙两个品种的硅酸盐水泥熟料，其矿物组成见表4-17。若用它们分别制成硅酸盐水泥，试估计其强度发展情况，说明其水化放热的差异，并阐明其理由。

表4-17 习题4-5表

品种及主要矿物成分	熟料矿物组成(%)			
	C_3S	C_2S	C_3A	C_4AF
甲	56	20	11	13
乙	44	31	7	18

4-6 什么是活性混合材料？什么是非活性混合材料？它们在水泥中各自有什么作用？

4-7 试述通用硅酸盐水泥腐蚀的种类及各自腐蚀的机理,并简述防止水泥腐蚀的技术措施。

4-8 造成硅酸盐水泥安定性不良的原因有哪些?这些因素各如何检验?土木工程中采用安定性不良的水泥有何危害?

4-9 为什么矿渣硅酸盐水泥、火山灰质硅酸盐水泥、粉煤灰硅酸盐水泥不宜用于早期强度要求高或在较低温度环境中施工的工程?

4-10 有下列混凝土结构,试分别选用合适的水泥品种,并说明选用的理由:

1) 大体积混凝土工程;
2) 采用湿热养护的混凝土构件;
3) 高强度混凝土工程;
4) 严寒地区受到反复冻融的混凝土工程;
5) 与硫酸盐介质接触的混凝土工程;
6) 有耐磨要求的混凝土工程;
7) 紧急抢修的工程或紧急军事工程;
8) 高炉基础;
9) 道路工程。

4-11 为什么普通水泥早期强度较高、水化热较大、耐蚀性较差,而矿渣水泥和火山灰质水泥早期强度低、水化热小,但后期强度增长较快,且耐蚀性较强?

4-12 试述高铝水泥的矿物组成、水化产物及特性,以及工程实践中使用高铝水泥应注意的问题。

4-13 硫铝酸盐水泥的主要矿物是什么?其主要技术特点及应用要求有哪些?

4-14 水泥的初凝时间是指从水泥加水拌和起至水泥浆( )所需的时间。(2009年一级建造师试题)

A. 开始失去可塑性   B. 完全失去可塑性并开始产生强度
C. 开始失去可塑性并达到1.2MPa强度   D. 完全失去可塑性

4-15 要求合格的硅酸盐水泥终凝时间不迟于6.5h,是为了( )。(2010年注册造价工程师试题)

A. 满足早期强度要求   B. 保证体积安定性   C. 确保养护时间   D. 保证水化反应充分

4-16 可用于有高温要求的工业车间大体积混凝土构件的水泥是( )。(2010年注册造价工程师试题)

A. 硅酸盐水泥   B. 普通硅酸盐水泥   C. 矿渣硅酸盐水泥   D. 火山灰质硅酸盐水泥

4-17 铝酸盐水泥主要适宜的作业范围是( )。(2010年注册造价工程师试题)

A. 与石灰混合使用   B. 高温季节施工   C. 蒸汽养护作业   D. 交通干道抢修

4-18 判定硅酸盐水泥是否废弃的技术指标是( )。(2011年注册造价工程师试题)

A. 体积安定性   B. 水化热   C. 水泥强度   D. 水泥细度

4-19 水泥强度等级根据胶砂法测定水泥( )的抗压强度和抗折强度来判定。(2011年二级建造师试题)

A. 3d和7d   B. 3d和28d   C. 7d和14d   D. 7d和28d

4-20 快硬硅酸盐水泥的抗压强度等级以( )d龄期的抗压强度来表示。(2011年二级建造师试题)

A. 3   B. 7   C. 14   D. 28

4-21 根据《通用硅酸盐水泥》的规定,关于六大常用水泥凝结时间的说法,正确的是( )。(2011年一级建造师试题)

A. 初凝时间均不得短于40min
B. 硅酸盐水泥的终凝时间不得长于6.5h
C. 普通硅酸盐水泥的终凝时间不得长于6.5h
D. 除硅酸盐水泥外其他五类常用水泥的终凝时间不得长于12h

4-22 下列水泥品种中,不适宜用于大体积混凝土工程的是( )。(2012年注册造价工程师试题)

A. 普通硅酸盐水泥 B. 矿渣硅酸盐水泥
C. 火山灰质硅酸盐水泥 D. 粉煤灰硅酸盐水泥

4-23 铝酸盐水泥适宜用于（　　）。（2012年注册造价工程师试题）

A. 大体积混凝土 B. 与硅酸盐水泥混合使用的混凝土
C. 用于蒸汽养护的混凝土 D. 低温地区施工的混凝土

4-24 关于建筑工程中常用水泥性能与技术要求的说法，正确的是（　　）。（2013年二级建造师试题）

A. 水泥的终凝时间是从水泥加水拌和起至水泥浆开始失去可塑性所需的时间
B. 六大常用水泥的初凝时间均不得长于45min
C. 水泥的体积安定性不良是指水泥在凝结硬化过程中产生不均匀的体积变化
D. 水泥中的碱含量太低更容易产生碱-集料反应

4-25 硅酸盐水泥熟料矿物水化时，凝结硬化速度最快的是（　　）。（2014年一级注册结构工程师试题）

A. C_2S B. C_3S C. C_4AF D. C_3A

4-26 下列指标中，属于常用水泥技术指标的是（　　）。（2014年二级建造师试题）

A. 和易性 B. 可泵性 C. 安定性 D. 保水性

4-27 下列水泥品种中，其水化热最大的是（　　）。（2014年一级建造师试题）

A. 普通水泥 B. 硅酸盐水泥 C. 矿渣水泥 D. 粉煤灰水泥

4-28 一般气候条件下，每拌制1m³的M15的水泥砂浆需用强度等级为32.5级的水泥约为（　　）。（2015年注册造价工程师试题）

A. 260kg B. 280kg C. 310kg D. 350kg

4-29 通常要求普通硅酸盐水泥的初凝时间和终凝时间（　　）。（2016年注册造价工程师试题）

A. >45min 和 >10h B. >45min 和 <10h C. <45min 和 <10h D. <45min 和 >10h

4-30 使用膨胀水泥主要是为了提高混凝土的（　　）。（2016年注册造价工程师试题）

A. 抗压强度 B. 抗碳化 C. 抗冻性 D. 抗渗性

第5章 混凝土

本章提要

本章主要介绍普通混凝土的基本组成材料、分类和性能要求；普通混凝土外加剂和矿物掺合料；普通混凝土拌合物的性能、测定及影响因素、调整方法；普通混凝土硬化后的力学、变形性能和耐久性；普通混凝土的配合比设计；普通混凝土质量控制与强度评定；高性能混凝土；现代混凝土及其发展。

本章的教学重点是普通混凝土的组成材料及其主要技术要求和选用标准，新拌混凝土和易性及其测试评价方法和调整方法，混凝土的力学性能、变形性能和耐久性及其影响因素和控制，普通混凝土配合比设计；教学难点是合理砂率的确定、减水剂的作用机理、混凝土受压破坏强度理论、混凝土配合比设计。

通过本章学习，应掌握细集料的筛分析试验方法，新拌混凝土和易性的测定方法，普通混凝土配合比设计方法；熟悉混凝土强度试验仪器的操作方法；结合试验巩固理论知识，培养动手能力。

混凝土是由胶凝材料、粗集料、细集料和水（或不加水）按适当的比例配合、拌和制成具有一定可塑性的浆体，经一定时间后硬化而成的人造石材，工程实践中常简写为"砼"。混凝土是现代建筑工程中应用最广、用量最大的建筑材料之一，广泛应用于房屋建筑、道路、桥梁、地铁、井巷、水利和港口等工程。

混凝土材料的应用及发展可以追溯到很古老的年代。数千年前我国劳动人民及埃及人民就用石灰与砂混合配制成砂浆砌筑房屋。公元前500年左右，古罗马人使用石灰、砂及卵石配制成混凝土，并在石灰中掺入火山灰配制用于海岸工程的混凝土，这是最早使用水硬性胶凝材料制备混凝土的记录。混凝土发展史中的里程碑事件是1824年英国工匠约瑟夫·阿斯普丁（Joseph Aspdin）在反复试验的基础上，总结出石灰、黏土、矿渣等各种原料之间的比例，发明了波特兰水泥，从此，水泥逐渐代替了火山灰、石灰用于制备混凝土。1850年法国人朗波特（Lambot）发明用钢筋加强混凝土，以弥补混凝土抗拉及抗折强度低的缺陷，并首次制成了钢筋混凝土船。钢筋混凝土的出现，是混凝土技术发展史上的第一次飞跃。1928年法国人佛列西涅（Freyssinet）发明了预应力混凝土施工工艺，并制成了预应力混凝土，为钢筋混凝土结构用于大跨度桥梁开辟了新途径，成为混凝土技术发展史上的第二次飞跃。1965年前后各种混凝土外加剂不断出现，尤其是减水剂的应用，显著改善了混凝土的各种性能，出现了混凝土技术发展史上的第三次飞跃。目前，混凝土技术正朝着超高强、高耐久性、多功能、绿色节能、轻质化和智能化等方向发展。

5.1 概述

5.1.1 混凝土的分类

普通混凝土的特点及基本组成材料

混凝土的品种很多，性能和应用也不尽相同，通常可进行如下分类：

1）按所用胶凝材料可分为水泥混凝土、石膏混凝土、水玻璃混凝土、石灰混凝土、硫黄混凝土、沥青混凝土、聚合物混凝土、聚合物水泥混凝土等几种。

2）按干表观密度分为：

① 重混凝土，其干表观密度大于 2800kg/m³，采用重集料（如重晶石、铁矿石等）和水泥配制而成，主要用于核工业的防辐射工程。

② 普通混凝土，其干表观密度为 2000~2800kg/m³，一般多在 2400kg/m³ 左右，其集料采用天然砂、石，是目前最为普遍、用量最多的混凝土，主要用作各种土木工程的承重结构材料。

③ 轻混凝土，其干表观密度小于 2000kg/m³，是采用轻集料（陶粒、页岩等）或掺入引气剂、泡沫剂形成多孔结构的混凝土，又有轻集料混凝土、大孔混凝土和多孔混凝土之分，多用作保温结构、承重兼保温隔热结构材料。

3）按施工工艺可分为泵送混凝土、商品混凝土、喷射混凝土、真空脱水混凝土、自密实混凝土、压力灌浆混凝土、造壳混凝土、离心混凝土、挤压混凝土、碾压混凝土、水下不分散混凝土、热拌混凝土和太阳能养护混凝土等。

4）按用途可分为结构混凝土、水工混凝土、海工混凝土、道路混凝土、防水混凝土、防辐射混凝土、耐酸混凝土、装饰混凝土、耐热混凝土、大体积混凝土、膨胀混凝土等。

5）按抗压强度大小可分为低强混凝土（强度等级在C25及以下）、中强混凝土（强度等级为C30~C55）、高强混凝土（强度等级为C60~C100）、超高强混凝土（强度等级为C100及以上）。

5.1.2 普通混凝土的优点

与其他主要土木工程材料相比，普通混凝土具有如下优点：

1）经济性。原材料来源丰富、价格低廉，可就地取材，可充分利用工业废弃物；结构建成维护费用较低。

2）可靠性。混凝土抗压强度较高，且可根据需求配制不同强度等级的混凝土；与钢筋有较高的黏结力，且线膨胀系数基本相同，能够共同工作，取长补短。

3）可塑性。混凝土凝结前有良好的可塑性，利于施工成型，可利用模板浇筑成各种形状及尺寸的构件或结构物。

4）耐久性。在自然环境中使用时，具有良好的耐久性。

5）多用性。可根据不同工程需要，通过采用新材料、新配方或施工方法配制出不同性质的混凝土，满足工程的多重要求。

6）耐火性。混凝土在高温或火灾中，能够较长时间保持强度，与钢结构相比具有很大优势。

5.1.3 普通混凝土的缺点

1）抗拉强度低，性脆易裂。混凝土的抗拉强度约为其抗压强度的 1/10，约为钢筋抗拉强度的 1/100。混凝土属于脆性材料，变形能力差，易产生裂缝，受拉时易产生脆性破坏；在冲击荷载作用下很容易发生脆断。

2）自重大、比强度低，不利于建造高层、大跨度建（构）筑物。

3）体积稳定性较差。混凝土随着温度、湿度、环境介质的变化，易发生各种形式的收缩变形，特别是当水泥浆量过大时，易产生内部缺陷和收缩开裂。

4）保温隔热性能较差。混凝土导热系数较大，不利于保温隔热。

5）混凝土性能受施工工艺和施工质量的影响大。混凝土施工中的搅拌、浇筑和振捣等环节影响到混凝土的均匀密实，混凝土施工后的养护是水泥水化和混凝土强度形成的保障，施工质量的好坏严重影响混凝土硬化后的强度和耐久性。

5.2 普通混凝土的基本组成材料

普通混凝土是由水泥、水、粗集料（常称作粗骨料）和细集料（常称作细骨料）、外加剂、矿物掺合料等组成。通常，混凝土中水泥和水形成的水泥浆占混凝土质量的 25%~35%，粗细集料占 65%~75%。水泥浆包裹在粗细集料表面并填充集料间隙，在未硬化的混凝土中起到润滑作用，使混凝土拌合物具有流动性和可塑性，便于施工操作；在硬化后的混凝土中起胶结作用，将混凝土粗细集料胶结成整体，赋予混凝土强度。混凝土中的粗细集料在混凝土中起到骨架的作用。粗细集料在混凝土所占比例大，且不参与水泥水化，通常弹性模量比水泥石大很多，因此作为骨架的粗细集料使得混凝土比单纯的水泥石具有更高的体积稳定性，减小了硬化水泥浆体的体积收缩。外加剂和矿物掺合料能够改善混凝土性能，降低造价，提高混凝土的耐久性。硬化后的混凝土组成结构如图 5-1 所示。

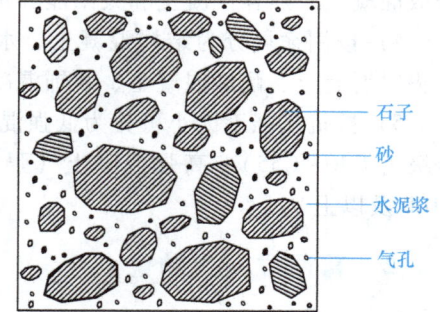

图 5-1 硬化后的混凝土组成结构

5.2.1 水泥

水泥是混凝土中的胶凝材料，是影响混凝土强度、耐久性和经济性的最重要的组分。配制混凝土时，首先应根据工程性质和工程所处环境要求正确选择水泥品种及其强度等级。

1. 水泥品种的选择

水泥的品种应根据工程性质、特点、所处环境状况和施工条件等进行合理选择。普通混凝土常用水泥品种是通用硅酸盐水泥。通用硅酸盐水泥的选择参见表 4-9。

2. 水泥强度等级的选择

水泥强度等级应与混凝土的设计强度等级相适应。通常，配制高强度等级的混凝土时选用高强度等级的水泥，配制低强度等级的混凝土时选用低强度等级的水泥。如果用低强度等级的水泥配制高强度等级混凝土，为满足混凝土强度要求必然需要增大水泥用量或减小水胶比。增大水泥用量会增大混凝土的收缩而导致开裂，不利于混凝土耐久性，也不符合经济性原则；减小水胶比，则不利于混凝土的和易性并增加施工难度，难以保证混凝土质量。反之，满足混凝土强度要求时水泥用量将减少，难以满足混凝土和易性和耐久性等要求；若从保证耐久性等角度考虑，使用最大水胶比和最小水泥用量配制，又会导致混凝土出现超强现象且经济性差。

需要注意的是，现代混凝土经常加入矿物掺合料，有助于解决高强度等级水泥配制低强度等级混凝土的超强现象和经济性差的问题；减水剂的应用则有助于实现低强度等级水泥配制高强度等级混凝土。水泥强度等级与其适宜配制的混凝土强度等级见表5-1。

表 5-1 水泥强度等级与其适宜配制的混凝土强度等级

水泥强度等级	适宜配制的混凝土强度等级	水泥强度等级	适宜配制的混凝土强度等级
32.5	C15、C20、C25、C30、C35	52.5	C40、C45、C50、C55、C60
42.5	C30、C35、C40、C45、C50	62.5	C60、C65、C70、C75、C80

5.2.2 细集料

1. 细集料的种类

混凝土细集料的技术性质

《建设用砂》规定，粒径为 0.15~4.75mm 的集料称为细集料。细集料按产源可分为天然砂、机制砂两类。天然砂是自然生成的、经人工开采和筛分的粒径小于 4.75mm 的岩石颗粒，包括河砂、湖砂、淡化海砂和山砂，但不包括软质、风化的岩石颗粒。机制砂俗称人工砂，是经除土处理，由机械破碎筛分制成的粒径小于 4.75mm 的岩石、矿山尾砂或工业废渣颗粒，但不包括软质、风化的岩石颗粒。实际工程中，有时将机制砂和天然砂混合起来使用以克服机制砂粗糙而天然砂多偏细的缺点，称为混合砂。

根据砂的技术要求，可分为Ⅰ类、Ⅱ类和Ⅲ类。Ⅰ类砂宜用于配制强度等级大于 C60 的混凝土，Ⅱ类砂宜用于配制强度等级 C30~C60 及抗冻、抗渗或其他要求的混凝土，Ⅲ类砂宜用于配制强度等级小于 C30 的混凝土和建筑砂浆。

2. 细集料的主要技术性质要求

《建设用砂》对混凝土用砂的质量提出了下列要求：

（1）泥含量、石粉含量和泥块含量　泥含量是指天然砂中粒径小于 75μm 的尘屑、淤泥等颗粒质量占砂质量的百分率。泥包裹于砂子的表面，隔断了水泥石与砂子之间的黏结，影响混凝土的强度。当泥含量多时，会降低混凝土强度和耐久性，并增加混凝土的干缩。石粉含量是指机制砂中粒径小于 75μm 的矿物组成和化学成分与母岩相同的颗粒质量占砂质量的百分率。为确定机制砂中粒径小于 75μm 颗粒是泥还是石粉，可通过亚甲蓝试验 MB 来判定。石粉会增大混凝土拌合物需水量，影响混凝土和易性，降低混凝土强度。泥块含量是指砂中原粒径大于 1.18mm，经水浸洗、手捏后小于 600μm 的颗粒质量占砂质量的百分率。泥块在混凝土内成为薄弱部位，引起混凝土强度和耐久性的降低。根据《建设用砂》天然砂的泥含量和泥块含量应符合表 5-2 的规定；机制砂的石粉含量应符合表 5-3 的规定。

表 5-2 天然砂的泥含量和泥块含量要求

类　别	Ⅰ	Ⅱ	Ⅲ
泥含量（按质量计）（%）	≤1.0	≤3.0	≤5.0
泥块含量（按质量计）（%）	≤0.2	≤1.0	≤2.0

表 5-3 机制砂的石粉含量

类别	亚甲蓝值（MB）	石粉含量（质量分数）（%）
Ⅰ类	MB≤0.5	≤15.0
	0.5<MB≤1.0	≤10.0
	1.0<MB≤1.4 或快速试验合格	≤5.0
	MB>1.4 或快速试验不合格	≤1.0[①]
Ⅱ类	MB≤0.5	≤15.0
	1.0<MB≤1.4 或快速试验合格	≤10.0
	MB>1.4 或快速法不合格	≤3.0[①]
Ⅲ类	MB≤1.4 或快速试验合格	≤15.0
	MB>1.4 或快速法不合格	≤5.0[①]

注：砂浆用砂的石粉含量不做限制。

① 根据使用环境和用途，经试验验证，由供需双方协商确定，Ⅰ类砂石粉含量可放宽至不大于 3.0%，Ⅱ类砂石粉含量可放宽至不大于 5.0%，Ⅲ类砂石粉含量可放宽至不大于 7.0%。

（2）有害物质 砂中有害物质包括云母、轻物质、有机物、硫化物基硫酸盐、氯化物和贝壳等。云母是表面光滑的小薄片，容易沿着解理面裂开，与水泥黏结不牢，会降低混凝土强度。硫化物及硫酸盐与水泥石中固态水化铝酸钙反应生成钙矾石，反应产物固相体积膨胀。有机物主要来自于动植物的腐殖质、腐殖土、泥煤和废机油等，会延缓水泥的水化，降低混凝土的强度。氯化物引起钢筋混凝土中的钢筋锈蚀，破坏钢筋与混凝土的黏结，使保护层混凝土开裂。根据《建设用砂》，砂中有害物质限量应符合表 5-4 的规定。

（3）碱活性 当对砂的碱活性有怀疑时，须进行碱活性检验，可通过碱-集料反应试验进行测试。

（4）粗细程度和颗粒级配 砂的粗细程度是指不同粒径的砂粒混合在一起后的总体平均粗细程度。一般而言，对于相同质量的砂，细砂的总表面积较大，包裹砂粒表面所需水泥浆量较多；粗砂的总表面积较小，包裹砂粒表面所需水泥浆量较少。当混凝土拌合物对和易性要求一定时，用粗砂比用细砂更能节省水泥浆量。但若砂子过粗，易使混凝土拌合物产生离析。因此，用于拌制混凝土时，所用砂不宜过细，也不宜过粗。

表 5-4 砂中有害物质限量

类　别	Ⅰ	Ⅱ	Ⅲ
云母（按质量计）（%）	≤1.0	≤2.0	
轻物质（按质量计）（%）	≤1.0		
有机物	合格		
硫化物基硫酸盐（按 SO_3 质量计）（%）	≤0.5		
氯化物（按氯离子质量计）（%）	≤0.01	≤0.02	≤0.06
贝壳（按质量计）（%）：该指标仅适用于海砂	≤3.0	≤5.0	≤8.0

砂的颗粒级配是指不同粒径的砂粒之间相互搭配情况。在混凝土中，砂粒之间的空隙需要由水泥浆体填充，较小的空隙率有利于混凝土的流动性并能节约水泥。良好的级配能使砂

的空隙率及总表面积均较小，这样的水泥浆需要量较少，且能保证混凝土的密实度，有利于强度和耐久性的提高。根据《建设用砂》，砂的粗细程度可由细度模数指标来衡量，颗粒级配情况通常以级配区表示，两者均可通过砂的筛分析试验进行测定。

砂的筛分析试验是用孔径为 4.75mm、2.36mm、1.18mm、600μm、300μm 和 150μm 的方孔筛组成套筛加上筛底置于摇筛机上，固定后将 500g 干砂样放到 4.75mm 孔径的方孔筛上，盖上筛盖开动摇筛机进行筛分。摇筛 10min 后停机，称出各筛上砂质量，称之为各号筛的筛余量（分计筛余量）m_i（$i=1,2,\cdots,6$，对应于套筛的各级方孔筛）。将分计筛余量和筛底上粉末的质量（$m_{底}$）相加之和（M）作为分母，m_i 作为分子，计算可得到分计筛余百分率 a_i，进而计算出累计筛余百分率 A_i。分计筛余量、分计筛余百分率和累计筛余百分率之间的关系及计算见表 5-5。

表 5-5 分计筛余量、分计筛余百分率和累计筛余百分率之间的关系及计算

筛孔尺寸	分计筛余量/g	分计筛余百分率(%)	累计筛余百分率(%)
4.75mm	m_1	$a_1 = m_1/M$	$A_1 = a_1$
2.36mm	m_2	$a_2 = m_2/M$	$A_2 = a_1 + a_2$
1.18mm	m_3	$a_3 = m_3/M$	$A_3 = a_1 + a_2 + a_3$
600μm	m_4	$a_4 = m_4/M$	$A_4 = a_1 + a_2 + a_3 + a_4$
300μm	m_5	$a_5 = m_5/M$	$A_5 = a_1 + a_2 + a_3 + a_4 + a_5$
150μm	m_6	$a_6 = m_6/M$	$A_6 = a_1 + a_2 + a_3 + a_4 + a_5 a_6$
筛底	$m_{底}$	—	—

根据砂的筛分析试验结果，砂的细度模数（M_x）可由下式进行计算

$$M_x = \frac{(A_2 + A_3 + A_4 + A_5 + A_6) - 5A_1}{100 - A_1} \tag{5-1}$$

细度模数 M_x 越大，表示砂越粗。按照细度模数分为粗砂、中砂、细砂，对应细度模数分别为：粗砂，3.7～3.1；中砂，3.0～2.3；细砂，2.2～1.6。建筑用砂的细度模数范围通常为 1.6～3.7，$M_x > 3.7$ 的砂称为特粗砂，而当 $0.7 \leq M_x < 1.6$ 时称为特细砂，$M_x < 0.7$ 时称为粉砂。砂的细度模数并不能反映砂级配的优劣，细度模数相同的砂，其级配可以相差很大。在配制混凝土时，必须同时考虑砂的级配和砂的细度模数。

根据筛分析中各筛孔累计筛余百分率，可将砂分为三个级配区，见表 5-6。如果以累计筛余百分率为纵坐标，以筛孔尺寸为横坐标，表 5-6 中级配区及累计筛余百分率上下限值可以绘制出砂的标准级配区筛分曲线范围，可以直观地用于级配区的判断，如图 5-2 所示。

表 5-6 砂的颗粒级配

各级方孔筛		累计筛余百分率(%)		
累计筛余百分率编号	筛孔尺寸/mm	Ⅰ区	Ⅱ区	Ⅲ区
	9.50	0	0	0
A_1	4.75	10～0	10～0	10～0
A_2	2.36	35～5	25～0	15～0
A_3	1.18	65～35	50～10	25～0
A_4	0.60	85～71	70～41	40～16
A_5	0.30	95～80	92～70	85～55
A_6	0.15	100～90	100～90	100～90
A_6(机制砂、混合砂)	0.15	85～97	80～94	75～94

判定砂级配是否合格的方法如下：

1）各筛上的累计筛余百分率原则上应完全处于表 5-6 所规定的任何一个级配区（注意对于机制砂，150μm 筛孔上的累计筛余百分率与天然砂不同）。

2）A_1（4.75mm）和 A_4（600μm）筛号上不允许有任何超出。

3）某一粒级（除 A_1 和 A_4 之外）的分计筛余百分率或几个粒级累计筛余百分率，允许有少量超出，但超出总量应小于 5%。

实际判断过程中，观察表 5-6 可以发现，三个级配区唯有 600μm 孔径方孔筛对应的累计筛余百分率上下限值互不相交（无重叠）。因此，根据 A_4（600μm 孔径方孔筛对应的累计筛余百分率）基本上就可以判断砂试样属于哪个级配区，然后结合判定砂级配是否合格的方法的其他步骤进行最终判断。可以概括为如下口诀"A_4（初）定级配、A_1 在范围、5% 以内［具体要求见判断方法中第 3）步骤］"。

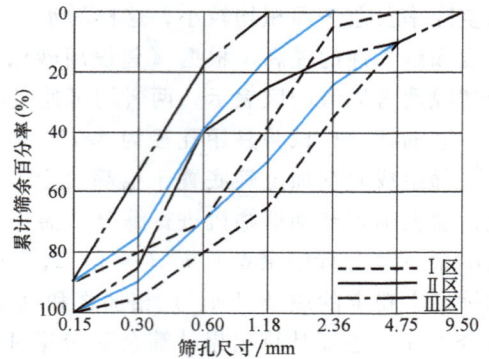

图 5-2 天然砂的级配区范围

注：机制砂的级配区范围与此稍有区别，见表 5-6。

通常认为，Ⅱ区砂的级配较好且颗粒粗细程度适中，配制混凝土时宜优先选用。当采用Ⅰ区砂时，应提高砂率并保持足够的水泥用量，以满足混凝土的和易性。当采用Ⅲ区砂时，宜适当降低砂率以保证混凝土强度。如果某地区的砂子自然级配不符合要求，可采用人工级配砂，即可将粗、细两种砂时按合适的比例混合在一起以满足级配要求，或者对某种砂筛分分级后，再按一定比例混合配制。

（5）坚固性　砂的坚固性是指砂在自然风化和其他外界物理化学因素作用下抵抗碎裂的能力。天然砂的坚固性根据砂在硫酸钠溶液中经五次浸泡循环后质量损失率来判定。《建设用砂》规定，浸泡试验后的质量损失对于Ⅰ类和Ⅱ类砂应不大于 8%，Ⅲ类砂应不大于 10%。

机制砂除满足硫酸钠溶液法试验及上述判断标准外，还应满足压碎指标的要求，参见《建设用砂》规定，Ⅰ类、Ⅱ类和Ⅲ类砂的单级最大压碎指标分别不大于 20%、25% 和 30%。

（6）表观密度、堆积密度、空隙率　《建设用砂》规定，砂的表观密度不小于 2500kg/m³，松散堆积密度不小于 1400kg/m³，空隙率不大于 47%。

【例 5-1】用 500g 烘干砂进行筛分析试验，称得各号筛的筛余量，见表 5-7。

表 5-7 【例 5-1】表

筛孔尺寸/mm	4.75	2.36	1.18	0.60	0.30	0.15	<0.15
筛余量/g	27	43	47	191	102	82	8

试判断该砂粗细程度，并评定该砂级配是否合格。

解：根据测定的筛余量，根据公式 $a_i = m_i/M$ 计算出分计筛余百分率（%），根据公式 $A_i = \sum_{i=1}^{n} a_i$ 计算出累计筛余百分率（%），分别列于表 5-8。

表 5-8 【例 5-1】计算累计筛余百分率

筛孔尺寸/mm	4.75	2.36	1.18	0.60	0.30	0.15	<0.15
筛余量 m_i/g	27	43	47	191	102	82	8
分计筛余百分率 a_i(%)	5.4	8.6	9.4	38.2	20.4	16.4	
累计筛余百分率 A_i(%)	5.4	14.0	23.4	61.6	82.0	98.4	

利用公式 $M_x = \dfrac{(A_2+A_3+A_4+A_5+A_6)-5A_1}{100-A_1}$ 计算该砂的细度模数

$$M_x = \dfrac{14.0+23.4+61.6+82.0+98.4-5\times 5.4}{100-5.4} = 2.67$$

细度模数位于 3.0~2.3，故此砂为中砂。根据天然砂的级配区范围（图 5-2），可以判断该砂级配合格，属于Ⅱ区中砂。

5.2.3 粗集料

粒径大于 4.75mm 的集料称为粗集料，分为卵石和碎石两类。根据《建设用卵石、碎石》的规定，由自然风化、水流搬运和分选、堆积形成的粒径大于 4.75mm 的岩石颗粒称为卵石；由天然岩石、卵石或矿山废石经机械破碎、筛分制成的粒径大于 4.75mm 的岩石颗粒称为碎石。

《建设用卵石、碎石》按技术要求将粗集料分为Ⅰ类、Ⅱ类和Ⅲ类。Ⅰ类粗集料宜用于强度等级大于 C60 的混凝土；Ⅱ类粗集料宜用于强度等级为 C30~C60 及有抗冻、抗渗或其他要求的混凝土；Ⅲ类粗集料宜用于强度等级小于 C30 的混凝土。

《建设用卵石、碎石》对粗集料的质量要求如下。

（1）最大粒径和颗粒级配　粗集料最大粒径是指粗集料公称粒级（见表 5-9）的上限。当集料最大粒径增大时，其总表面积减少，保证一定厚度润滑层所需的水泥浆数量减少。因此，在条件许可的情况下，粗集料的最大粒径应尽量用大些。通常，对于贫混凝土（单位水泥用量≤170kg），采用大粒径集料是有利的，但当集料粒径大于 40mm 后，由于减少用水量获得的强度提高被较少的黏结面积及大粒径集料造成的不均匀性的不利影响所抵消，可能造成混凝土强度下降。粗集料最大粒径受结构形式和钢筋疏密的限制，根据《混凝土结构工程施工质量验收规范》的规定，混凝土粗集料的最大粒径不得超过截面最小尺寸的 1/4，且不得大于钢筋最小净距的 3/4；对于混凝土实心板，集料最大粒径不宜超过板厚的 1/3，且不得超过 40mm；任何情况下，粗集料的最大粒径不得大于 150mm。粗集料的最大粒径也受施工条件的限制，石子粒径过大不利于混凝土的运输和搅拌。对于泵送混凝土，为防止混凝土泵送时管道堵塞和混凝土分层，不同泵送高度时粗集料的最大粒径和输送管径之比也需满足相关要求。

粗集料颗粒级配的含义和目的与细集料相同，且同样通过筛分析试验来测定，见表 5-9 的规定。粗集料的颗粒级配分连续级配和间断级配（又称单粒级）两种。连续级配是石子由小到大各粒级相连的级配；间断级配是指用小颗粒的粒级石子直接与大颗粒的粒级石子相配，中间缺了一些粒级的级配。土木工程中多采用连续级配，间断级配虽然可获得比连续级配更小的空隙率，但混凝土拌合物易产生离析，不便于施工，故较少使用。《建设用卵石、碎石》对碎石和卵石的颗粒级配要求见表 5-9。

表 5-9 粗集料颗粒级配

公称粒级/mm		累计筛余百分率(%)									
		方孔筛孔径/mm									
		2.36	4.75	9.5	16.0	19.0	26.5	31.5	37.5	53	63	75	90
连续粒级	5~16	95~100	85~100	30~60	0~10	0	—	—	—	—	—	—
	5~20	95~100	90~100	40~80	—	0~10	0	—	—	—	—	—
	5~25	95~100	90~100	—	30~70	—	0~5	0	—	—	—	—
	5~31.5	95~100	90~100	70~90	—	15~45	—	0~5	0	—	—	—
	5~40	—	95~100	70~90	—	30~65	—	—	0~5	0	—	—
单粒粒级	5~10	95~100	80~100	0~15	0	—	—	—	—	—	—	—
	10~16	—	95~100	80~100	0~15	—	—	—	—	—	—	—
	10~20	—	95~100	85~100	—	0~15	—	—	—	—	—	—
	16~31.5	—	95~100	—	85~100	—	—	0~10	0	—	—	—
	20~40	—	—	95~100	—	80~100	—	—	0~10	0	—	—
	31.5~63	—	—	—	95~100	—	75~100	45~75	—	0~10	0	—
	40~80	—	—	—	—	95~100	—	70~100	—	30~60	0~10	0

注:"—"表示该孔径累计筛余百分率不做要求;"0"表示该孔径累计筛余百分率为0。

(2) 泥含量和泥块含量 卵石、碎石中粒径小于 75μm 的颗粒含量称为泥含量;原粒径大于 4.75mm,经水浸洗、手捏后小于 2.36mm 的颗粒含量称为泥块含量。粗集料中的泥、泥块和岩屑等杂质对混凝土的危害与细集料相同。卵石、碎石的含泥量和泥块含量应符合《建设用卵石、碎石》的规定,见表 5-10。

表 5-10 粗集料的部分技术指标要求

项目类别	Ⅰ类	Ⅱ类	Ⅲ类
泥含量(按质量计)(%)	≤0.5	≤1.0	≤1.5
泥块含量(按质重量计)(%)	≤0.1	≤0.2	≤0.7
硫化物与硫酸盐含量(以 SO_3 质量计)(%)	≤0.5	≤1.0	≤1.0
有机物含量(用比色法试验)	合格	合格	合格
针片状(按质量计)(%)	5	≤8	≤15
坚固性质量损失(%)	≤5	≤8	≤12
碎石压碎指标(%)	≤10	≤20	≤30
卵石压碎指标(%)	≤12	≤14	≤16
连续级配松散堆积空隙率(%)	≤43	≤45	≤47

(3) 有害物质含量 卵石和碎石中不应混有草根、树叶、树枝、塑料、煤块和炉渣等杂物,粗集料中的有害物质主要有机物、硫化物及硫酸盐,有时也有氯化物,它们对混凝土的危害与细集料的相同。粗集料有害物质含量的规定见表 5-10。

(4) 坚固性 粗集料在混凝土中起骨架作用,必须有足够的坚固性。坚固性是卵石、碎石在自然风化和其他外界物理化学因素作用下抵抗破裂的能力。粗集料的坚固性用试样在硫酸钠溶液中经五次浸泡循环后质量损失的大小来判定。

(5) 表观密度、堆积密度、空隙率 粗集料的表观密度不小于 $2600kg/m^3$,连续级配松散堆积空隙率符合表 5-10 中要求。

(6) 强度 碎石的强度可用岩石立方体抗压强度和压碎指标值表示,卵石的强度只能用压碎指标值表示。碎石抗压强度的测定是将粗集料的母岩制成边长为50mm的立方体（或直径与高均为50mm的圆柱体）试件，每组六个试件。试件水中浸泡48h后，在压力机上测定其抗压强度值。《建设用卵石、碎石》规定，在水饱和状态下，其抗压强度火成岩应不小于80MPa，变质岩应不小于60MPa，水成岩应不小于30MPa。碎石抗压强度一般在混凝土强度等级大于或等于C60时才检验，其他情况如有怀疑或必要时也可进行抗压强度检验。通常要求岩石抗压强度与混凝土强度等级之比不应小于1.5。

压碎指标试验，是将一定质量气干状态的9.5~19.0mm石子除去针片状颗粒后装入标准筒内，在3~5min内均匀加荷至200kN并持荷5s。卸荷后称取试样质量m_0，再用2.36mm孔径的方孔筛筛除被压碎的细粒，称取试样的筛余量m_1，按式（5-2）计算压碎指标值Q_e。

$$Q_e = \frac{m_0 - m_1}{m_0} \times 100\% \tag{5-2}$$

压碎指标值越小，说明粗集料抵抗受压破碎能力越强，其强度越大。卵石和碎石的压碎指标值应符合《建设用卵石、碎石》的规定，见表5-10。

（7）碱-集料反应 混凝土中所用集料含有活性氧化硅和活性氧化铝时，且胶凝材料中氧化钾、氧化钠含量较多时候，在有水的条件下，在集料和胶凝材料界面容易发生碱-集料反应，且反应所生产的产物具有膨胀性，从而破坏了原有的界面结构。在粗集料中碱-集料反应更为常见。若含有活性氧化硅，采用化学法或砂浆长度法检验；若为活性碳酸盐，则采用岩石柱法进行检测。经碱-集料反应试验后，试件应无裂缝、酥裂、胶体外溢等现象，在规定的试验龄期膨胀率应小于0.10%。当被判定为具有碱-碳酸反应潜在危害时，则不能用作混凝土集料；当被判定为有潜在碱-硅酸反应危害时，则遵守以下规定方可使用：使用碱含量（$Na_2O+0.658K_2O$）小于0.6%的水泥，或掺入硅灰、粉煤灰等能抑制碱-集料反应的掺合料；当使用含钾、钠离子的混凝土外加剂时，必须进行专门的试验。

5.2.4 拌合物养护用水

混凝土用水是混凝土拌和用水和混凝土养护用水的总称，包括饮用水、地表水、地下水、再生水及经适当处理后的水等。混凝土拌和及养护用水应不影响混凝土的凝结硬化，无损于混凝土强度发展及耐久性，不加快钢筋锈蚀，不引起预应力筋脆断，不污染混凝土表面。

1）混凝土拌和用水水质要求应符合《混凝土用水标准》的规定，见表5-11。对于设计使用年限为100年的结构混凝土，氯离子含量不得超过500mg/L；对使用钢丝或经热处理钢筋的预应力混凝土，氯离子含量不得超过350mg/L。

表 5-11 混凝土拌和用水水质要求

项目	预应力混凝土	钢筋混凝土	素混凝土
pH 值	≥5.0	≥4.5	≥4.5
不溶物/(mg/L)	≤2000	≤2000	≤5000
可溶物/(mg/L)	≤2000	≤5000	≤10000
Cl^-/(mg/L)	≤500	≤1000	≤3500
SO_4^{2-}/(mg/L)	≤600	≤2000	≤2700
碱含量/(mg/L)	≤1500	≤1500	≤1500

注：碱含量按 $Na_2O+0.658K_2O$ 计算值来表示。采用非碱活性集料时，可不检验碱含量。

2）地表水、地下水、再生水的放射性应符合《生活饮用水卫生标准》的规定。

3）被检验水样应与饮用水样进行水泥凝结时间对比试验。对比试验的水泥初凝时间差及终凝时间差均不应大于 30min；同时，初凝和终凝时间应符合《通用硅酸盐水泥》的规定。

4）被检验水样应与饮用水样进行水泥胶砂强度对比试验，被检验水样配制的水泥胶砂 3d 和 28d 强度不应低于饮用水配制的水泥胶砂 3d 和 28d 强度的 90%。

5）混凝土拌和用水不应有漂浮明显的油脂和泡沫，不应有明显的颜色和异味。

6）混凝土企业设备洗刷水不宜用于预应力混凝土、装饰混凝土、加气混凝土和暴露于腐蚀环境的混凝土；不得用于使用碱活性或潜在碱活性集料的混凝土。

7）未经处理的海水严禁用于钢筋混凝土和预应力混凝土。

8）在无法获得水源的情况下，海水可用于素混凝土，但不宜用于装饰混凝土。

5.3 外加剂与掺合料

混凝土外加剂和掺合料在混凝土生产尤其是高强高性能混凝土应用中日益广泛，已经成为现代混凝土中不可缺少的组分，并被称为除了水泥、砂、石和水四种组分之外的第五组分（外加剂）、第六组分（矿物掺合料）。

5.3.1 混凝土外加剂

混凝土外加剂是指在混凝土搅拌之前或拌制过程中加入用以改善混凝土性能的材料，掺量一般不超过胶凝材料质量的 5%（特殊情况除外）。混凝土外加剂的掺量虽然较小，但可显著改善混凝土拌合物的和易性，明显提高混凝土的物理力学性能和耐久性，技术经济效果显著。

1. 外加剂的分类

混凝土外加剂种类繁多，每种外加剂常具有一种或多种功能，其化学成分可以是有机物、无机物或者二者的复合。外加剂按主要功能可分为四类：

1）改善混凝土拌合物流变性能的外加剂，如减水剂、引气剂和泵送剂等。

2）调节混凝土凝结时间和硬化性能的外加剂，如缓凝剂、早强剂和速凝剂等。

3）改善混凝土耐久性的外加剂，如引气剂、防水剂、防冻剂和阻锈剂等。

4）改善混凝土其他性能的外加剂，如膨胀剂、减缩剂、加气剂、防冻剂、着色剂、泵送剂等。

2. 常用的混凝土外加剂

（1）减水剂

1）减水剂的定义及分类。减水剂是指在混凝土拌合物坍落度基本相同的条件下，能显著减少拌和用水量的外加剂。减水剂是混凝土外加剂中最重要的品种之一，按其减水率大小，可分为普通减水剂（减水率为 5%~10%）、高效减水剂（减水率大于 10%）和高性能减水剂。实际应用中，还有复合型的减水剂，如缓凝减水剂、引气减水剂、膨胀减水剂等。

2）减水剂的作用机理。通常认为，减水剂能够提高混凝土拌合物流动性的作用机理在于减水剂的分散作用及润滑作用。由于水泥颗粒之间分子凝聚力的作用，水泥在加水拌和后会形成絮凝结构，如图 5-3a 所示，一部分拌和用水被包裹在絮凝结构内，这些水不能参与流动和起到润滑作用。当水泥中加入减水剂后，减水剂的憎水基团定向吸附于水泥颗粒表面，使水泥颗粒表面带有相同的电荷，同性电荷产生静电斥力，使水泥颗粒相互分开，打破絮凝结构，释放出游离水，从而可提高混凝土拌合物的流动性，如图 5-3b 所示。另外，减水剂还能在水泥颗粒表面形成一层稳定的溶剂化水膜，如图 5-3c 所示，具有良好的润滑作用，对水泥颗粒的滑动有利，从而使混凝土拌合物的流动性进一步提高。

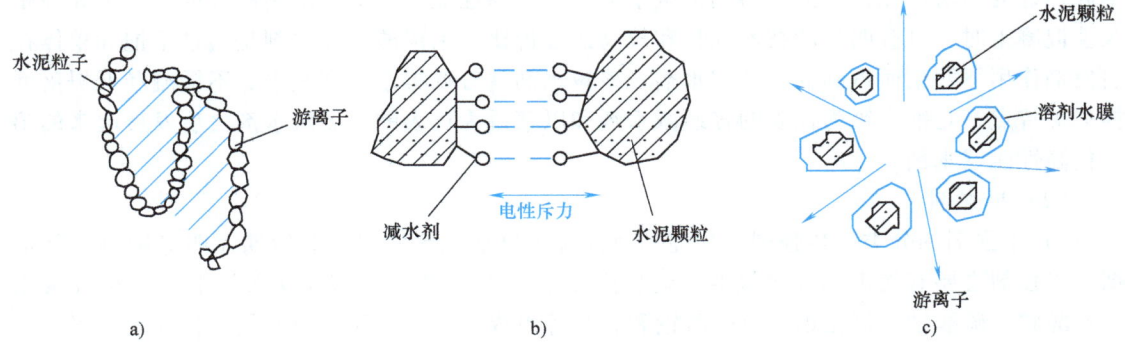

图 5-3 减水剂作用机理

通过湿润、润滑、分散、塑化等作用，减水剂能使水泥浆变稀、混凝土拌合物流动性增大，从而取得下列效果：

① 在保持坍落度不变的条件下，减少用水量，降低水胶比，提高混凝土强度和抗渗性。

② 在保持用水量与水胶比不变的条件下，增大坍落度，改善和易性，使混凝土易于浇筑、成型密实。

③ 在保持混凝土强度与和易性的条件下，可减少用水量及水泥用量，进而降低成本。

3）减水剂的主要品种。减水剂根据化学成分可分为木质素系、糖蜜系、萘系、树脂系和腐殖酸系；根据减水效果可分为普通减水剂、高效减水剂和高性能减水剂；根据对混凝土凝结时间的影响可分标准型、早强型和缓凝型。

① 普通减水剂。木质素系减水剂属于普通减水剂，是亚硫酸盐法生产纸浆的副产品，主要成分是木质素磺酸盐，又分为木质素磺酸钙（木钙）、木质素磺酸钠（木钠）和木质素磺酸镁（木镁）。应用最广泛的是木钙（又称为 M 剂），它是以废纸浆或废纤维浆为原料，采用石灰乳中和，经发酵除糖、蒸发浓缩、喷雾干燥而制成，为棕色粉状物。M 剂因含有一定的糖分，而具有缓凝等作用。

糖蜜系减水剂也属于普通减水剂，它以制糖后的糖渣或废蜜为原料，采用石灰中和处理而成，为棕色粉状物或糊状物。糖为多羟基碳水化合物，亲水性强，致使水泥颗粒表面的溶剂化水膜增厚，在较长时间内难于黏连与凝聚。因而，糖蜜系减水剂具有明显缓凝作用。

② 高效减水剂。萘系减水剂属于高效减水剂，它以工业萘或煤焦油中分馏出的萘及萘的同系物为原料，经磺化、水解、缩合、中和、过滤和干燥而成，为棕色粉状物。萘系减水剂多数为非引气型，与水泥适应性好，但坍落度损失往往较大。萘系减水剂主要用于对流动性、抗渗性和抗冻性要求较高的混凝土。

水溶性树脂（密胺树脂）类减水剂，是一种水溶性的聚合物树脂。其全称为磺化三聚氰胺甲醛树脂，属于阴离子系早强、非引气型高效减水剂，是由三聚氰胺、甲醛、亚硫酸钠按适当比例在一定条件下经磺化、缩聚而成。水溶性树脂类减水剂能显著增强混凝土的早期强度，明显提高混凝土的长期强度，并可提高混凝土的抗渗、抗冻性能及弹性模量，对蒸汽养护的适应性也优于其他减水剂。

③ 高性能减水剂。高性能减水剂包括聚羧酸系减水剂、氨基羧酸系减水剂及其他能够达到《混凝土外加剂》指标要求的减水剂。高性能减水剂具有一定的引气性，较高的减水率和良好的坍落度保持性能。与其他减水剂相比，高性能减水剂在配制高强度混凝土和高耐久性混凝土时，具有明显的技术优势和较高的性价比。聚羧酸系减水剂是通过不饱和单体在引发剂作用下共聚而得到的一类减水剂。该减水剂具有低掺量、高减水、不缓凝和低坍落度损失等特点，是继木钙为代表的普通减水剂和以萘系为代表的高效减水剂之后发展起来的第三代高性能减水剂。

（2）早强剂

1) 早强剂的分类。早强剂是指能加速混凝土早期强度发展、对后期无明显影响的外加剂。早强剂主要有无机类（氯盐类、硫酸盐类等）、有机类（有机胺类等）和复合型（常用三乙醇胺、硫酸钠、氯化钠、亚硝酸钠和石膏等组成二元、三元或四元复合）三大种类。

2) 早强剂的作用机理。早强剂能促进水泥的水化和硬化，提高早期强度，缩短养护周期，提高模板和场地周转率，加快施工速度。

① 氯盐类早强剂。主要有氯化钙、氯化钠、氯化钾、氯化铝及三氯化铁等，其中氯化钙应用最广。氯盐类早强剂的早强机理在于氯盐与水泥中的铝酸三钙反应，生成几乎不溶于水的水化氯铝酸钙，又与水泥水化产物氢氧化钙反应生成溶解度极小的氧氯化钙。水化氯铝酸钙和氧氯化钙固相早期析出，形成骨架，增加了水泥浆中固相的比例，加速水泥浆体结构的形成。

② 硫酸盐类早强剂。常用的硫酸盐类早强剂是硫酸钠，其早强机理在于硫酸钠能迅速与水泥水化产物氢氧化钙反应生成高分散度的二水硫酸钙微细颗粒，硫酸钙颗粒又与铝酸三钙反应，迅速生成水化硫铝酸钙针状晶体，反应速度较生产水泥时外掺的石膏与硫酸钙的反应快很多，形成早期骨架。同样，水泥水化体系中氢氧化钙浓度的降低，使硅酸三钙等的水化进一步增强，从而提高混凝土的早期强度。

③ 有机胺类早强剂。其早强机理在于三乙醇胺是一种很好的络合剂，在水泥水化的碱性溶液中能与铁和铝等离子形成较稳定的络离子，络离子又与水泥水化物作用生成溶解度很小的络盐并析出，有利于早期骨架的形成，从而提高混凝土的早期强度。

（3）引气剂

1) 引气剂的分类。引气剂是指在搅拌混凝土过程中能引入大量均匀分布、稳定而封闭的微小气泡（直径 $10\sim100\mu m$）并能保留在硬化混凝土中的外加剂。引气剂能够明显改善混凝土拌合物的和易性，提高混凝土的抗冻性和耐久性。混凝土引气剂有松香树脂类、烷基苯磺酸盐类、脂肪醇磺酸盐类、蛋白质盐及石油磺酸盐等。其中以松香树脂类应用最为广泛，这类引气剂的主要品种有松香热聚物和松香皂两种。

2) 引气剂的作用机理。引气剂为表面活性剂，由于在搅拌混凝土时会混入一些气泡，加入的引气剂就定向排列在泡膜界面（气-液界面），显著降低水的表面张力，在搅拌的作用下形成大量微小气泡。这些气泡不宜破灭且均匀分散在混凝土中。

① 改善混凝土拌合物的和易性。封闭的小气泡在混凝土拌合物中类似滚珠,减少了集料间的摩擦,增强了润滑作用,提高了流动性。同时微小气泡的存在可阻滞泌水作用,改变了混凝土的孔结构,并能提高保水能力。

② 提高混凝土的抗渗性和抗冻性。引入的封闭气泡能有效隔断毛细孔通道,并能减少泌水造成的渗水通道,从而提高了混凝土的抗渗性。引入的封闭气泡有较大的弹性变形能力,对水结冰产生的膨胀力起缓冲作用,从而提高抗冻性。

③ 使混凝土的强度和弹性模量有所降低。气泡的存在使混凝土的有效受力面积减少,导致混凝土强度和弹性模量的下降。

3) 引气剂的应用。引气剂及引气减水剂可用于抗冻混凝土、抗渗混凝土、抗硫酸盐混凝土、泌水严重的混凝土、贫混凝土、轻集料混凝土、人工集料配制的普通混凝土、高性能混凝土及有饰面要求的混凝土。引气剂不宜用于蒸养混凝土及预应力混凝土,必要时应经试验确定。

(4) 缓凝剂

1) 缓凝剂的定义及分类。缓凝剂是指能延缓水泥水化时间,延长混凝土凝结时间,而不显著影响混凝土后期强度的外加剂。缓凝剂分为无机和有机两大类。有机缓凝剂包括木质素磺酸盐、羟基羧基及其盐、糖类及碳水化合物、多元醇及其衍生物等;无机缓凝剂包括硼砂、氯化锌、碳酸锌、硫酸铁(铜、锌、镉等)、磷酸盐及偏磷酸盐等。

2) 缓凝剂的作用机理。缓凝剂的使用能够降低水泥水化热并延迟温峰的出现时间,有利于较小混凝土内外温差引起的开裂;有利于夏季施工和连续浇筑,防止出现混凝土施工缝;有利于泵送施工、滑模施工和远距离运输。有机类缓凝剂多为表面活性剂,掺入混凝土中,能吸附在水泥颗粒表面,形成同种电荷的亲水膜,使水泥颗粒相互排斥,阻碍水泥水化产物黏连和凝结,起缓凝作用;无机类缓凝剂,一般是在水泥颗粒表面形成一层难溶的薄膜,对水泥的正常水化起阻碍作用,从而导致缓凝。

3) 缓凝剂的应用。缓凝剂、缓凝减水剂及缓凝高效减水剂可用于大体积混凝土、碾压混凝土、炎热气候条件下施工的混凝土、大面积浇筑的混凝土、避免冷缝产生的混凝土、须较长时间停放或长距离运输的混凝土、自流平免振混凝土、滑模施工或拉模施工的混凝土及其他须延缓凝结时间的混凝土。它们宜用于最低气温5℃以上施工的混凝土,不宜用于有早强要求的混凝土及蒸养混凝土。

(5) 防冻剂

1) 防冻剂的定义及分类。防冻剂指能使混凝土在负温下硬化,并在规定时间内达到足够防冻强度的外加剂。常用防冻剂有强电解质无机盐类(氯盐类和无氯盐类)、水溶性有机化合物类、有机化合物与无机盐复合类、复合型四种。

2) 防冻剂的作用机理。常用防冻剂通常有减水组分、早强组分、引气组分和防冻组分复合而成:

① 防冻组分降低混凝土中液相的冰点,使负温下的混凝土内部仍有液相存在,水泥能继续水化。

② 引气组分在混凝土中引入适量的封闭微小气泡,减轻冰胀应力。

③ 早强组分提高混凝土早期强度,增强混凝土抵抗冰冻的破坏能力。

④ 减水组分减少混凝土拌和用水量,以减少混凝土内的成冰量,并使冰晶粒度细小且

均匀分散，减小对混凝土的膨胀应力。

（6）防水剂

1）防水剂的定义及分类。防水剂是指能降低混凝土在静水压力下的透水性，提高其抗渗性能的外加剂。按化学成分可分为无机化合物类和有机化合物类。前者包括氯化铁、硅灰粉末、锆化合物等；后者包括脂肪酸及其盐类、有机硅表面活性剂（甲基硅醇钠、乙基硅醇钠、聚乙基羟基硅氧烷）、石蜡、地沥青、橡胶及水溶性树脂乳液等。

2）防水剂的作用机理。不同种类的防水剂，其作用机理不同。无机化合物的氯盐能促进水泥的水化和硬化，在早期具有较好的防水效果，但氯盐会使钢筋混凝土锈蚀，混凝土收缩率增加，后期防水效果不大。有机化合物类防水剂多为憎水性表面活性剂。在引气与防水复合防水剂中，大量封闭的微小气泡隔断混凝土中的毛细通道，减少渗水通路，提高混凝土防水性。在减水与防水复合防水剂中，减水剂改善了混凝土的和易性，使混凝土更密实，从而提高了混凝土的防水效果。

3）防水剂的应用。防水剂可用于工业与民用建筑的屋面、地下室、隧（巷）道、给水排水池、水泵站等有防水抗渗要求的混凝土工程。含氯盐的防水剂可用于素混凝土、钢筋混凝土工程，严禁用于预应力混凝土工程。

（7）膨胀剂

1）膨胀剂的定义及分类。膨胀剂是指能使混凝土产生一定体积膨胀的外加剂。混凝土中采用的膨胀剂有硫铝酸钙类、氧化钙类和硫铝酸钙-氧化钙类三种。

2）膨胀剂的作用机理。硫铝酸类膨胀剂的作用机理在于无水硫铝酸钙水化或参与水泥矿物的水化或与水泥水化产物水化，生成大量钙矾石，反应后固相体积增大，导致混凝土体积膨胀。石灰类膨胀剂的作用机理在于水化早期，氧化钙水化生成氢氧化钙，反应后固相体积增大；随后氢氧化钙发生重结晶，固相体积再次增大，导致混凝土体积膨胀。膨胀剂的膨胀源（钙矾石或氢氧化钙）不仅使混凝土体积产生了适度的膨胀，减少了混凝土的收缩，而且能填充、堵塞和隔断混凝土中的毛细孔及其他孔隙，从而改善了混凝土的孔结构，提高了混凝土的密实度、抗渗性和抗裂性。

3）膨胀剂的应用。膨胀剂常用于补偿收缩混凝土、填充用膨胀混凝土、灌浆用膨胀砂浆和自应力混凝土。因钙矾石在80℃以上分解，导致混凝土强度下降，所以含硫铝酸钙类和硫铝酸钙-氧化钙类膨胀剂不得用于长期环境温度为80℃以上的工程；因氢氧化钙化学稳定性、胶凝性较差，形成膨胀结晶体或被溶出，降低了混凝土的耐久性，所以含氧化钙类膨胀剂不得用于海水或有侵蚀性水的工程。

3. 外加剂与混凝土质量控制

在实际工程中，虽然所用的水泥与外加剂的质量都符合国家标准，但配制出的混凝土拌合物性能却不够理想，尤其是使用减水剂时，混凝土工作性能随着水泥品种和品牌的变化有很大不同。这是因为水泥和外加剂之间存在相容性的问题。

水泥与外加剂的相容性在以前被称为外加剂对水泥的适应性，认为对于满足质量标准要求的水泥是固定不变的，因此要求外加剂改变其组分、性能来满足不同水泥的性能。随着高性能混凝土研究和应用的发展，外加剂对水泥的适应性问题越加突出，而且很难通过调整外加剂实现水泥和外加剂的协同效果，因此外加剂与水泥相容性的概念逐渐深入人心。相容性体现了对影响混凝土性能的水泥和外加剂"双向适应"的理解，也就是不仅要求外加剂适应水泥，也要求水泥能够与外加剂相适应。

通常水泥与减水剂的相容性比较明显，也是影响混凝土工作性的重要因素。实际工程中，即便使用相同减水剂或水泥，但水泥或减水剂的质量差异也将引起水泥浆体流动性、经时损失的变化程度及获得相同流动性所需减水剂用量发生变化。通常应该通过试验测定采用推荐减水剂用量时的减水剂的减水效率、对凝结时间影响、混凝土坍落度损失速率以及对混凝土强度的影响，判断是否相容。

为改善水泥与外加剂的相容性，可以采取以下措施：

1）合理选择水泥。在满足强度要求的前提下，选择比表面积较小的水泥；尽量选择二水石膏调凝的水泥；尽量选择铝酸三钙含量较低的水泥。实验证明，粉煤灰水泥或矿渣水泥与减水剂的相容性一般优于普通硅酸盐水泥与减水剂的相容性。

2）合理选择外加剂。通常，氨基磺酸盐系减水剂或聚羧酸盐系减水剂与水泥的相容性优于萘磺酸盐系减水剂与水泥的相容性；复合型减水剂在水泥中的分散效果要优于单一型减水剂。对于同种减水剂，因为在水泥浆体或混凝土拌合物中分散性不同，溶剂型减水剂与水泥的相容性优于粉剂型。

3）避免使用新磨水泥。刚出厂不久温度较高的水泥俗称新磨水泥，因其温度较高，加水拌和后与水急剧反应，且由于未完全冷却，固熔体活化点较多而吸附大量减水剂分子，进一步加快了水泥水化速度，降低了减水剂的分散效果，不利于水泥和外加剂的相容性。

5.3.2 矿物掺合料

混凝土矿物掺合料是指在混凝土搅拌前或在搅拌过程中，为了节约水泥，改善混凝土性能，与混凝土其他组分一起直接加入的人造或天然的矿物材料及工业废料，<u>其掺量一般大于水泥质量的 5%</u>。其目的是改善混凝土性能、调节混凝土强度等级和节约水泥用量等。随着混凝土技术的发展，高强高性能混凝土的应用越来越广泛，矿物掺合料已成为混凝土第六组分，主要有粉煤灰、硅灰、磨细矿渣粉等，磨细自燃煤矸石、浮石粉、火山渣粉及其他工业废渣也可用作混凝土掺合料。粉煤灰是目前用量最大、使用范围最广的掺合料。

1. 粉煤灰

粉煤灰是火力发电厂等以煤粉为燃料的烟道气体中所收集的粉末，由结晶体、玻璃体以及少量未燃尽的碳粒所组成。根据《用于水泥和混凝土中的粉煤灰》的规定，粉煤灰按煤种可分为两类：由无烟煤或烟煤煅烧收集的粉煤灰为 F 类粉煤灰，其氧化钙含量低于 10%；由褐煤或次烟煤煅烧收集的粉煤灰为 C 类粉煤灰，其氧化钙含量一般大于 10%，因此又被称为高钙粉煤灰。

（1）粉煤灰化学成分　粉煤灰的化学成分主要有氧化硅、氧化铝、氧化铁、氧化钙、氧化镁、三氧化硫等。我国火力发电厂粉煤灰的化学成分含量范围见表 5-12。

表 5-12　我国火力发电厂粉煤灰的化学成分含量范围

化学成分	SiO_2	Al_2O_3	Fe_2O_3	CaO	MgO	SO_3	Na_2O 及 K_2O	烧失量（%）
含量范围（%）	40~59	16~35	1.8~15	0.8~10	0.5~2	0~2	0.5~4	1~25

（2）粉煤灰的技术要求　用作混凝土掺合料的粉煤灰，其各项技术要求必须满足《用于水泥和混凝土中的粉煤灰》中的规定。拌制混凝土和砂浆用粉煤灰分为Ⅰ级、Ⅱ级、Ⅲ

级三个等级。Ⅰ级粉煤灰适用于钢筋混凝土和跨度小于6m的预应力混凝土；Ⅱ级粉煤灰适用于钢筋混凝土和素混凝土（无筋混凝土）；Ⅲ级粉煤灰主要用于素混凝土。拌制混凝土和砂浆用粉煤灰的技术要求见表5-13。

表5-13 拌制混凝土和砂浆用粉煤灰的技术要求

项　　目		技术要求		
		Ⅰ级	Ⅱ级	Ⅲ级
细度（45μm方孔筛筛余百分率）(%)，≤	F类粉煤灰 C类粉煤灰	12.0	25.0	45.0
需水量比(%)，≤		95	105	115
烧失量(%)，≤		5.0	8.0	15.0
含水量(%)，≤		1.0		
三氧化硫(%)，≤		3.0		
游离氧化钙(%)，≤	F类粉煤灰	1.0		
	C类粉煤灰	4.0		
安定性雷氏夹沸煮后增加距离/mm，≤	C类粉煤灰	5.0		

（3）粉煤灰在混凝土中的作用　水泥混凝土中掺入适量粉煤灰，不但可以节约水泥，而且混凝土的许多性能都可以获得改善。例如：在用水量相同的情况下，混凝土拌合物流动性、黏聚性提高，泌水性小；混凝土可泵性明显提高；早期强度低，后期强度增长快，60d后强度大于基准混凝土；明显增强混凝土抗渗性；提高混凝土抗化学侵蚀性、抑制碱-集料反应。

通常认为，粉煤灰对混凝土性能改善的原因在于"粉煤灰效应"。粉煤灰效应是指粉煤灰本身的化学成分、结构和颗粒形状等特征使粉煤灰掺入混凝土中可产生的三种效应"活性效应""形态效应""微集料效应"的总称。

（4）粉煤灰在混凝土中的掺量　粉煤灰掺入混凝土中的效果与其掺量有关，掺量大小应通过试验确定，且最大掺量应符合国家相关规范的要求。确定粉煤灰掺量的方法通常有以下三种：

1）等量取代法。以等质量的粉煤灰取代混凝土中的水泥，主要适用于Ⅰ级粉煤灰配制超高强混凝土或大体积混凝土。等量取代可以节约水泥并减小水泥的水化热、改善拌合物的和易性、提高混凝土抗渗性。此外，等量取代法将降低混凝土表观密度。

2）超量取代法。超量取代法是指掺加的粉煤灰质量超过被取代的水泥用量，超出部分可以取代同体积的砂。其目的是增加混凝土中胶凝材料总量，以补偿由于粉煤灰取代水泥而造成的强度降低。粉煤灰超量系数（粉煤灰掺入质量与被取代水泥质量之比）应根据粉煤灰等级确定，Ⅰ级、Ⅱ级、Ⅲ级分别对应超量系数为1.1~1.4、1.3~1.7、1.5~2.0。

3）外加法。外加法是指在保持混凝土中水泥用量不变情况下，掺入一定数量的粉煤灰以改善混凝土拌合物的和易性。

2. 硅灰

硅灰，又叫硅微粉或硅粉，是在冶炼硅铁合金和工业硅时产生的二氧化硅和硅气体与空气中的氧气迅速氧化并冷凝而形成的一种超细硅质粉体材料。硅灰在形成过程中，因相变的过程中受表面张力的作用，形成了非结晶相无定形圆球状颗粒，且表面较为光滑，有些则是多个圆球颗粒黏在一起的团聚体。

硅灰的主要成分为非晶体的球状玻璃体二氧化硅颗粒粉尘，其含量高达80%以上，具有很高的化学活性，火山灰活性指标高达110%。硅灰颗粒极细，平均粒径为 $0.1 \sim 0.2 \mu m$，比表面积 $20000 \sim 25000 m^2/kg$，其细度和比表面积为水泥的 $80 \sim 100$ 倍，粉煤灰的 $50 \sim 70$ 倍。

硅灰中的二氧化硅在水化早期就可与氢氧化钙发生反应，可使混凝土的早期强度提高，并显著改善混凝土中集料与水泥石间的界面过渡区，提高混凝土强度，且耐磨性优良。硅灰掺量一般为胶凝材料总量 5%～10%，且不高于15%，可配制出抗压强度高达100MPa以上的超高强混凝土。硅灰通常与其他矿物掺合料复合使用。例如，可复掺粉煤灰与硅灰，用硅灰提高混凝土的早期强度，用优质粉煤灰降低混凝土需水量和自干燥收缩，加之颗粒的填充作用，使混凝土更加密实。硅灰取代水泥后，其作用与粉煤灰类似，可改善混凝土拌合物的和易性，降低水化热，提高混凝土抗化学侵蚀性、抗冻、抗渗，抑制碱-集料反应，且效果比粉煤灰好得多。硅灰因比表面积很大而需水量比较大，混凝土中掺入硅灰时一般需要掺入高效减水剂。

3. 磨细矿渣粉

以粒化高炉矿渣为主要原料，可掺加少量石膏磨制成一定细度的粉体，称作粒化高炉矿渣粉，简称矿渣粉。细度大于 $350 m^2/kg$，一般为 $400 \sim 600 m^2/kg$。其主要化学成分为氧化钙、氧化硅、氧化铝，三者的总量占90%以上，另外含有氧化铁和氧化镁等氧化物及少量三氧化硫。其活性较粉煤灰高，掺量也可比粉煤灰大。磨细矿渣粉可以等量取代水泥，使混凝土的多项性能得以显著改善，如降低水泥水化热，大幅度提高混凝土强度，提高混凝土抗海水及化学侵蚀的能力，有效控制碱-集料反应而提高混凝土耐久性。

根据《用于水泥、砂浆和混凝土中的粒化高炉矿渣粉》的规定，矿渣粉根据28d活性指数（%）分为S105、S95和S75三个级别，相应的技术要求见表5-14。

表5-14 用于水泥、砂浆和混凝土中的粒化高炉矿渣粉的技术要求

项目		级别		
		S105	S95	S75
密度/(g/cm^3)，≥		2.8		
比表面积/(m^2/kg)，≥		500	400	300
活性指数(%)，≥	7d	95	75	55
	28d	105	95	75
流动度比(%)，≥		95		
含水量(质量分数)(%)，≤		1.0		
三氧化硫(质量分数)(%)，≤		4.0		
氯离子(质量分数)(%)，≤		0.06		
烧失量(质量分数)(%)，≤		3.0		
玻璃体含量(质量分数)(%)，≤		85		
放射性		合格		

粒化高炉矿渣具有微弱的自身水硬性。矿渣磨得越细，其活性越高，掺入混凝土后，早期产生的水化热越多，越不利于控制混凝土的温升。当矿渣的比表面积超过 $400 m^2/kg$ 后，用于很低水胶比的混凝土中时，混凝土早期的自收缩随掺量增大而增大。因此，磨细矿渣的比表面积不易过大。

4. 沸石粉

沸石粉是由沸石岩经粉磨加工制成的含水化硅铝酸盐为主的矿物火山灰质活性掺合材

料，含有一定量的活性氧化硅和氧化铝。沸石粉的主要化学成分为氧化硅占 60%~70%，氧化铝占 10%~30%，可溶硅占 5%~12%，可溶铝占 6%~9%。沸石岩平均粒径为 5.0~6.5μm，具有较大的内表面积和开放性结构，沸石粉本身没有水化能力，在水泥中碱性物质激发下其活性才表现出来。

沸石粉掺入混凝土中，可取代 10%~20% 的水泥。沸石粉中的活性物质能与水泥水化产物氢氧化钙反应生成凝胶体，提高混凝土密实度及强度，可用于配制高强混凝土。另外，沸石粉和其他矿物掺合料一样，能改善混凝土拌合物和易性，提高混凝土抗渗性和抗冻性、抑制碱-集料反应。因此，沸石粉也适宜于配制泵送混凝土和高流动性混凝土。

5. 石灰石粉

石灰石粉一般是以生产石灰石碎石和机制砂时产生的细砂和石屑为原料，通过粉磨制得粒径不大于 10μm 的细粉。研究表明，石灰石粉不完全是一种惰性掺合料，可以生成三碳水化铝酸钙和单碳水化铝酸钙。超细的石灰石粉有减水增塑效果，可以减少单位体积用水量，减少混凝土塑性收缩和干燥收缩，降低混凝土的开裂敏感性，且可以明显降低混凝土的孔隙率，提高混凝土的密实度，从而改善混凝土的工作性能。

5.4 普通混凝土拌合物的性能

混凝土的性能包括两个部分：一是混凝土硬化之前的性能，即混凝土拌合物的性能，包括新拌混凝土的和易性及混凝土新浇筑后的性能；二是混凝土硬化之后的性能，包括强度、变形性能和耐久性等。

5.4.1 混凝土拌合物的和易性

1. 和易性的概念

由混凝土组成材料拌和而成、尚未凝结硬化的混合料，称为混凝土拌合物，又称新拌混凝土。混凝土拌合物的和易性既影响混凝土的制备、运输、浇筑、振捣等施工过程，也会影响硬化后混凝土的性能。混凝土拌合物的和易性是指混凝土拌合物组分均匀，易于施工操作（拌和、运输、浇筑和振捣），以获得均匀、密实的混凝土的性能。和易性是一项综合技术性能，反映混凝土拌合物易于流动但组分间又不分离的一种性能，包括流动性、黏聚性和保水性三个方面的含义。

1）流动性是指混凝土拌合物在自重或施工机械振捣力的作用下，能产生流动，并均匀密实地充满模板的性能。

2）黏聚性是指混凝土拌合物内部各组分间具有一定的黏聚力，在施工过程中不产生分层、离析现象，使混凝土保持整体均匀的性能。

3）保水性是指混凝土拌合物具有保持内部水分不流失，不致在施工中产生严重泌水现象的性能。

混凝土拌合物的流动性、黏聚性和保水性从不同角度反映了混凝土拌合物的工作性能，三者之间既互相联系，又互相矛盾。当流动性大时，黏聚性和保水性通常较差；黏聚性和保水性较好时，流动性则将变差。因此，为保证混凝土易于施工，必须在一定条件下实现流动性、黏聚性和保水性的统一，良好的施工质量也将对硬化后混凝土的外观质量、内部组成结构、强度和耐久性产生重要影响。

2. 和易性的测定方法及评定

目前尚无能够全面反映混凝土拌合物和易性综合性指标的测定方法。在施工现场或实验室，混凝土拌合物的流动性可以定量测定，而黏聚性和保水性则需要根据直观经验来辅助评定，进而对混凝土拌合物的和易性进行综合评价。根据混凝土拌合物流动性情况，混凝土拌合物的流动性通常可采用坍落度、维勃稠度或坍落扩展度来表示。

（1）坍落度试验 坍落度试验是世界各国广泛采用的现场测试方法，通常是将混凝土拌合物分三层（每层装料约 1/3 筒高）装入坍落度筒内（图 5-4），并按照规定方式插捣，待装满并刮平上表面后，垂直平稳地向上提起坍落度筒并放置一旁。测量坍落度筒高与混凝土拌合物坍落后最高点之间的高度差（mm），该高度差值即该混凝土拌合物的坍落度值。坍落度值越大，表明混凝土拌合物的流动性越大。

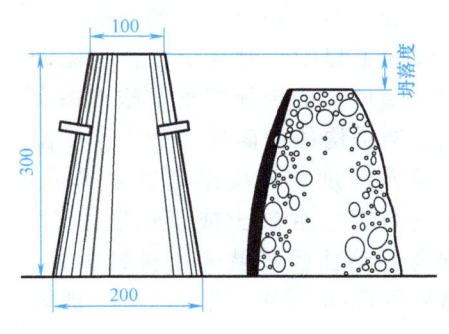

图 5-4 混凝土拌合物坍落度的测定

测定混凝土坍落度后，用捣棒在已坍落的拌合物锥体侧面轻轻击打，如果锥体逐渐下沉，表示黏聚性良好；如果突然倒坍，部分崩裂或石子离析，则为黏聚性不良。提起坍落度筒后，观察地面上是否有较多的稀浆流淌，集料是否因失浆而大量裸露，存在上述现象表明保水性不好，反之保水性良好。

坍落度试验只适用于集料最大粒径不大于 40mm 的非干硬性混凝土（指混凝土拌合物的坍落度值大于 10mm 的混凝土）。《混凝土质量控制标准》根据坍落度大小，将混凝土拌合物分为五级，见表 5-15。如果坍落度小于 10mm，则需要通过维勃稠度试验来测试并评定混凝土拌合物的干硬程度。

表 5-15 混凝土拌合物流动性按坍落度的分级

级别	坍落度/mm	名称
S1	10~40	塑性混凝土
S2	50~90	
S3	100~150	流动性混凝土
S4	160~210	大流动性混凝土
S5	≥220	

（2）维勃稠度试验 对于干硬性混凝土（坍落度小于 10mm），通常采用维勃稠度仪（见图 5-5）来测定其流动性。试验时先将混凝土拌合物装入已置于圆柱形容器中的坍落度筒内，装料方法与坍落度试验相同，装满后垂直提起坍落度筒，然后在拌合物试体顶面放上可上下移动测杆的透明圆盘。开启振动台，同时用秒表计时，当透明圆盘的下表面完全布满水泥浆时停止计时并关闭振动台。所读秒数即维勃稠度。维勃稠度试验适用于集料最大粒径不大于 40mm，维勃稠度为 5~30s 的混凝土。《混凝土质量控制标准》根据维勃稠度值的不同，将混凝土拌合物分为五级，见表 5-16。

（3）扩展度 当混凝土拌合物坍落度大于 220mm 时，认为坍落度已经不适合用于评价该拌合物的流动性，此时可以用扩展度来评价。混凝土拌合物的扩展度就是坍落度试验时混凝土拌合物扩展范围内最大长度和最小长度的算术平均值。扩展度适用于评价泵送高强混凝土和自密实混凝土的流动性。《混凝土质量控制标准》根据扩展度，将高流动性混凝土进行分级，见表5-17。

3. 流动性（坍落度）的选择

实际工程中，混凝土拌合物流动性（坍落度）的选择应根据施工捣实方法、结构构件截面尺寸的大小、配筋的疏密程度和环境温度等来确定。如果是自密实混凝土或泵送混凝土，要求高流动性；如果采用机械振捣，坍落度可选择小些；当采用人工插捣

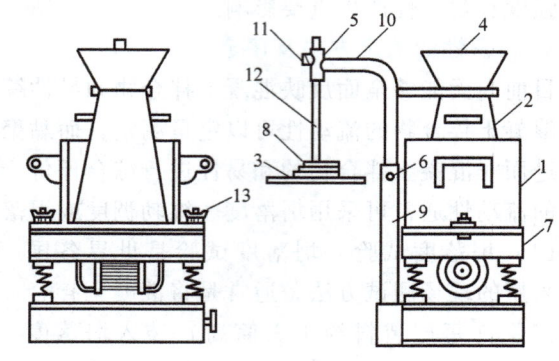

图 5-5　维勃稠度仪

1—容器　2—坍落度筒　3—透明圆盘　4—喂料斗　5—套筒
6—定位螺钉　7—振动台　8—荷重　9—支柱　10—旋转架
11—测杆螺钉　12—测杆　13—固定螺钉

时，坍落度可选择大些；碾压混凝土可选用干硬性混凝土。构件截面尺寸较小或钢筋较密时，坍落度可选择大些；构件钢筋较疏时，坍落度可选择小些。环境温度在30℃以下时，可按表5-18选择混凝土拌合物坍落度值；高于30℃时，因水泥水化和水分蒸发的加快，坍落度损失较大，设计混凝土配合比时应将混凝土拌合物坍落度提高15~25mm。

表 5-16　混凝土拌合物流动性按维勃稠度的分级

级　别	维勃稠度/s	名　称
V0	≥31	超干硬性混凝土
V1	30~21	特干硬性混凝土
V2	20~11	干硬性混凝土
V3	10~6	半干硬性混凝土
V4	5~3	

表 5-17　混凝土拌合物流动性按扩展度的分级

等级	扩展度/mm	等级	扩展度/mm
F1	≤340	F4	490~550
F2	350~410	F5	560~620
F3	420~480	F6	≥630

表 5-18　混凝土浇筑时的坍落度选择

结构种类	坍落度/mm
基础或地面等的垫层、无配筋的大体积结构或配筋较稀疏的结构	10~30
板、梁和大型及中型截面的柱子等	30~50
配筋密列的结构（薄壁、筒仓、细柱等）	50~70
配筋特密的结构	70~90

4. 影响和易性的主要因素

（1）水泥浆数量和水胶比　在水胶比（水与水泥质量之比）不变的情况下，单位体积拌合物内水泥浆数量越多，混凝土拌合物流动性越大。但若水泥浆过多，将会出现流浆现象；若水泥浆过少，则集料之间缺少黏结物质，易使拌合物发生离析和崩坍，流动性下降，

黏聚性也变差。水泥浆的水胶比决定了其稠度,水胶比越大,水泥浆越稀,在集料用量不变的情况下,拌合物流动性增大;水胶比越小,则流动性减小。但若水胶比过大,会造成拌合物黏聚性和保水性不良;水胶比过小,会使拌合物流动性过低,施工困难。

无论是水泥浆数量的影响还是水胶比的影响,本质上都是单位用水量(每立方米混凝土的用水量)的影响。在配制混凝土时,当所用粗细集料的种类及比例一定时,如果单位用水量一定,每立方米混凝土中水泥用量增加或减少 50~100kg 时,混凝土的流动性基本保持不变,这一规律称为 恒定需水量法则。该法则运用于配合比设计,就是通过固定单位用水量可得到满足和易性要求的拌合物,再在一定范围内变化水胶比,则可实现配制出不同强度要求的混凝土。

(2)砂率 砂率是指混凝土中砂的质量占砂、石总质量的百分比。砂率大小的确定原则是砂子填充满石子的空隙并略有富余。富余的砂子在粗集料之间起滚珠作用,能减少粗集料之间的摩擦力。水泥浆则要包裹砂石集料表面并填充砂石集料间的空隙。因此,砂率的变动会使集料的空隙率和总表面积显著变化,进而对混凝土拌合物的和易性产生明显影响。

当砂率在一定范围内增大,砂石集料间的空隙减小,水泥浆能够包裹砂石集料表面且填充空隙,混凝土拌合物的流动性提高,但是当砂率增大超过一定范围后,集料的总表面积必随之增大,润湿集料的水分需增多,流动性反而随砂率增加而降低。当砂率过小时,虽然水泥浆能够包裹砂石集料表面,但很难填满因砂率过小而很大的砂石堆积的空隙,使拌合物黏聚性和保水性变差,产生离析和流浆等现象。

因此,在配制混凝土时,砂率不能过大也不能过小,存在合理砂率值,如图 5-6 所示。合理砂率可以使拌合物流动性、黏聚性和保水性均较好,且具有一定的技术经济效果。在用水量及水泥用量一定的情况下,合理砂率能使混凝土拌合物获得最大的流动性(且能保持黏聚性及保水性能良好),如图 5-6a 所示;在保持混凝土拌合物坍落度基本相同的情况下(且能保持黏聚性及保水性能良好),合理砂率能使水泥浆的数量减少,从而节约水泥用量,如图 5-6b 所示。

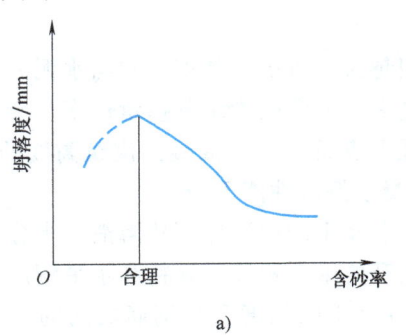 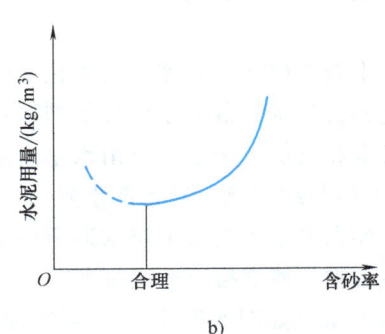

a) b)

图 5-6 合理砂率

a)砂率坍落度的关系(水与水泥用量一定) b)砂率与水泥用量的关系(坍落度相同)

(3)组成材料

1)水泥。水泥影响混凝土拌合物和易性的主要原因在于不同水泥的需水量不同。水泥品种、熟料颗粒细度、矿物组成、水泥中混合料和拌制混凝土时加入的掺合料不同,需水量不同。在其他条件相同的情况下,需水量大的水泥配制的拌合物比需水量小的水泥配制的拌合物流动性要小，但黏聚性和保水性表现较好。例如，矿渣水泥或火山灰水泥拌制的混凝土拌合物，其流动性比用普通水泥时小，且矿渣水泥易使混凝土拌合物泌水；水泥颗粒越细，总表面积越大，润湿水泥颗粒表面及吸附在颗粒表面的水越多，拌合物的流动性变小。

2）集料。集料对混凝土拌合物和易性的影响主要在于集料总表面积、集料的空隙率和集料间摩擦力大小的差异，具体表现为集料颗粒形状、级配、表面特征及粒径的影响。由于集料在混凝土中所占的体积最大，因此集料对混凝土拌合物流动性的影响不容忽视。通常，级配好的集料，其拌合物流动性较大，黏聚性与保水性较好；表面光滑的集料，如河砂、卵石，其拌合物流动性较大；集料的粒径增大，总表面积减小，拌合物流动性就增大。

3）外加剂和掺合料。外加剂的加入将对混凝土拌合物和易性产生影响，尤其是减水剂或引气剂的加入，将明显增大拌合物的流动性，引气剂还可有效改善混凝土拌合物的黏聚性和保水性。

（4）温度和时间　随着环境温度的升高，水泥水化加快、水分蒸发加快，使得混凝土拌合物的坍落度损失加快。据测定，温度每增高10℃，拌合物的坍落度减小20~40mm。因此，炎热气候施工时，要充分考虑温度对水分蒸发及拌合物坍落度的不利影响，采取相应的措施。随着混凝土拌和后时间的延长，由于混凝土拌合物中水分被水泥水化、集料吸收和蒸发所消耗，混凝土拌合物变得干稠，流动性降低，从而和易性变差。

（5）施工工艺　同样的混凝土拌合物，机械拌和的坍落度大于人工拌和，且搅拌时间相对越长，则坍落度越大。

5.4.2　混凝土拌合物浇筑后的性能

混凝土拌合物在浇筑成型过程中和凝结之前，呈塑性和半流动状态，密度不同的固体粒子在重力作用下产生相对运动，集料和水泥颗粒沉积于下部，水分被挤上升至表层或积聚于粗集料的下方（见图5-7）。于是使得混凝土拌合物出现泌水、离析、塑性沉降和塑性收缩等现象，影响混凝土硬化后的性能。

1. 泌水

混凝土的水胶比越大，水泥凝结硬化的时间越长，自由水越多，水与水泥分离的时间越长，混凝土越容易泌水；混凝土中外加剂掺量过多，或者缓凝组分掺量过多，会造成新拌混凝土的大量泌水和离析，大量的自由水泌出混凝土表面（约占混凝土浇筑高度的2%甚至更大），影响水泥的凝结硬化，导致严重泌水，混凝土保水性能下降。

水分的上浮在混凝土内留下泌水通道增加了混凝土的渗透性，盐溶液、水分及有害物质容易进入混凝土中，使混凝土表面损坏；部分上升的水分积存于集料和水平钢筋的下方形成水囊（称为内泌水，如图5-8所示），影响硬化混凝土的强度和与钢筋之间的握裹力。泌水使混凝土表面的水胶比增大，形成疏松的水化物结构，即出现浮浆现象，并在混凝土表面形成返浆层，硬化后强度很低，同时混凝土的耐磨性下降，对分层浇筑的构件不利。

2. 塑性沉降

由于混凝土拌和后不同颗粒因自重相对运动和泌水，混凝土将产生整体沉降，在浇筑厚度较大混凝土构件时，靠近顶部的拌合物的沉降量会更大。当沉降受到水平钢筋的阻碍时，将在钢筋的上方沿钢筋方向产生塑性沉降裂缝，裂缝可从结构表面伸入至钢筋处。不少楼房在横梁对应的位置有较浅的裂缝，其原因就在于混凝土浇筑后的塑性沉降。

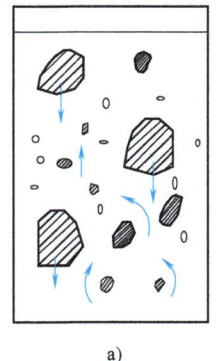
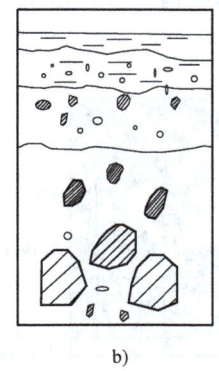

a)　　　　　　　　　b)

图 5-7　混凝土宏观堆聚分层现象

a) 组成材料相对运动　b) 混凝土拌合物分层现象

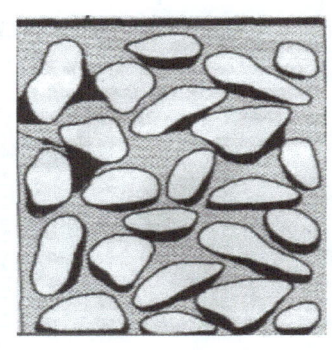

图 5-8　泌水和内泌水

3. 塑性收缩

塑性收缩是指混凝土未凝结硬化前，还处于塑性状态时发生的收缩，是由化学收缩、自身收缩、表面水分的快速蒸发（大于泌水速度）等共同作用的结果。塑性收缩产生的主要原因是水分从混凝土表面蒸发导致混凝土的体积收缩并产生塑性收缩裂缝。塑性收缩裂缝主要发生在混凝土暴露表面，裂缝细微且没有一定方向性，明显区别于塑性沉降裂缝。当混凝土自身或环境温度较高，或者有较大风力作用时，容易出现塑性收缩裂缝，特别是掺入矿物掺合料较低水胶比的混凝土，收缩会更大。防止塑性收缩裂缝的方法就是对混凝土进行养护，至少也要防止水分从混凝土表面蒸发损失，可采取包裹塑料薄膜、喷洒养护剂、遮阳棚保护等措施。

4. 凝结时间

水泥水化是混凝土产生凝结硬化的主要原因，但混凝土拌合物的凝结时间与其所用水泥的凝结时间不一致。混凝土的水胶比、环境温度和外加剂的性能等均对混凝土的凝结快慢产生很大影响。水胶比增大，水泥水化产物间的间距增大，水化产物黏连及填充颗粒间隙的时间延长，凝结时间越长。环境温度升高，水泥水化和水分蒸发加快，凝结时间缩短；缓凝剂会明显延长凝结时间，速凝剂会显著缩短凝结时间。

5.5　普通混凝土硬化后的性能

5.5.1　混凝土的组成结构和受压破坏过程

1. 混凝土的组成结构

混凝土是一种多相复合材料，至少包含七个相，即粗集料、细集料、未水化水泥颗粒、水化硅酸钙凝胶、凝胶孔、毛细管孔和引入的气孔。从宏观来看，可将混凝土看作由集料颗粒分散在水泥浆基体中所组成的两相材料。但通过微观测试可以发现混凝土内部结构的复杂性，集料颗粒和水泥浆体是随机且不均匀分布的，存在着各种尺寸的毛细管、孔隙及其中所含的水和微裂缝等内在缺陷，对混凝土的性能起着不可忽视的影响。在水泥浆体与集料结合的界面，还存在着过渡区。因此，硬化混凝土的结构可看作由水化水泥浆体、集料、界面过渡区（10~50μm）三部分组成，如图5-9所示。

图 5-9 混凝土界面过渡区

在新拌混凝土中，粗集料表面包裹了一层水膜，贴近粗集料表面的水胶比大，导致界面过渡区的氢氧化钙、钙矾石等晶体的颗粒大且数量多，水化硅酸钙凝胶相对较少，孔隙率大。由于水泥水化造成的化学收缩和物理收缩，使界面过渡区在混凝土未受外力之前就存在许多微裂缝。因此，过渡区水泥石的结构比较疏松，缺陷多，强度低。普通混凝土集料与水泥石之间的结合主要是黏结和机械啮合，集料界面是最薄弱的环节，特别是粗集料下方因泌水留下的孔隙，尤为薄弱。

2. 混凝土受压破坏过程

混凝土的受压破坏是混凝土内部裂缝的发生、扩展直至连通的过程，也是混凝土内部固体相结构从连续到不连续的发展过程。混凝土内部微裂缝的产生有以下原因：

1）水泥水化收缩导致集料与水泥石之间和水泥石内部产生微裂缝。

2）水泥石与粗集料的弹性模量的差异，温湿度的变化而导致产生界面微裂缝。

3）混凝土拌合物的内泌水现象，导致集料下部形成水囊，干燥后成为界面裂缝。

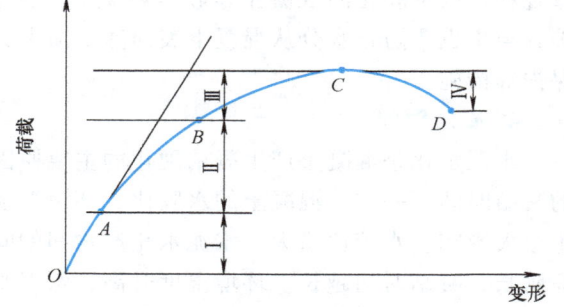

图 5-10 混凝土单轴受压时的荷载-变形曲线
Ⅰ—界面裂缝无明显变化 Ⅱ—界面裂缝增长
Ⅲ—出现砂浆裂缝和连续裂缝 Ⅳ—连续裂缝
迅速发展、混凝土断裂

在外力作用下，内部微裂缝尖端形成应力集中。混凝土抗拉强度较低，而裂缝尖端的应力集中和受拉区所受的拉应力远远超过其抗拉强度，导致裂缝在较低的压应力水平下扩展。随着外力的增加，混凝土内部的裂缝会进一步延伸、连通、扩大，最后形成肉眼可见的裂缝而破坏。混凝土单轴受压时的荷载-变形曲线（应力-应变曲线也有类似形状）如图5-10所示。

通过显微观察混凝土受压破坏过程，对应于图5-10所示的混凝土内部的裂缝发展的四个阶段，混凝土受压时不同受力阶段的裂缝状态如图5-11所示。

1）第Ⅰ阶段：荷载到达"比例极限"（极限荷载的30%左右）之前，内部裂缝无明显

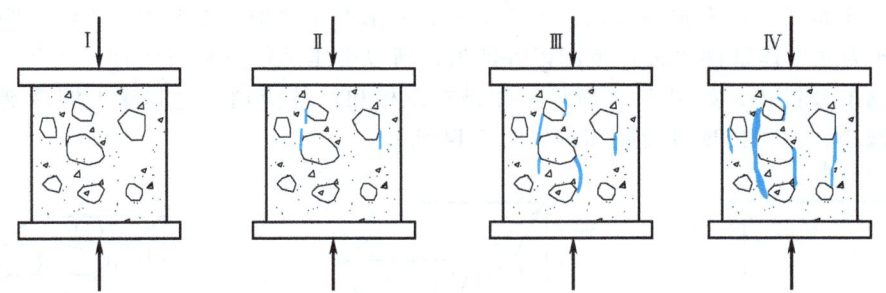

图 5-11 混凝土受压时不同受力阶段裂缝

变化，荷载-变形曲线呈近似直线关系，如图 5-10 的 OA 段所示。

2）第Ⅱ阶段：荷载超过"比例极限"后，混凝土内部裂缝的数量、长度及宽度不断增大，界面借摩擦阻力继续承担荷载，但无明显裂缝，荷载-变形之间不再是近似线性关系，如图 5-10 的 AB 段所示。

3）第Ⅲ阶段：荷载超过"临界荷载"（极限荷载的 70%～90%）以后，界面裂缝继续发展，砂浆中开始出现裂缝，并将邻近的界面裂缝连接成连续裂缝。此时，变形增大的速度进一步加快，曲线明显弯向变形坐标轴，如图 5-10 的 BC 段所示。

4）第Ⅳ阶段：外部荷载超过极限荷载以后，连续裂缝急速发展，混凝土承载能力下降，荷载减小而变形迅速增大，以致完全破坏，曲线逐渐下降而最后破坏，如图 5-10 的 CD 段所示。

5.5.2 混凝土的强度

常用的强度有立方体抗压强度、轴心抗压强度、抗拉强度和抗折强度等。由于混凝土在结构中主要承受压力作用，混凝土立方体抗压强度是衡量混凝土力学性能和评定混凝土施工质量的重要指标。

1. 混凝土立方体抗压强度

根据《混凝土物理力学性能试验方法标准》规定，混凝土立方体抗压强度是指按标准方法制作的，标准尺寸为 150mm×150mm×150mm 的立方体试件，在标准养护条件下（温度 20℃±2℃，相对湿度为 95% 以上的养护室，养护到 28d 龄期），以标准试验方法测得的抗压强度值为混凝土立方体抗压强度（简称混凝土抗压强度），以 f_{cu} 表示，单位为 N/mm² 或 MPa。

混凝土试件制作时，也可根据粗集料最大粒径采用非标准试件，当施工涉外工程或必须用圆柱体试件来确定混凝土力学性能等特殊情况时，也可用 φ150mm×300mm 的圆柱体标准试件或 φ200mm×400mm 的圆柱体非标准试件。

测定混凝土试件的强度时，试件的尺寸和表面状况等将对测试结果产生较大影响。混凝土立方体试件在压力机上受压时，沿加荷方向发生纵向变形，同时也按泊松比效应产生横向变形。由于压力机上下压板的弹性模量比混凝土大 5～15 倍，而泊松比不大于混凝土的 2 倍。所以在压力作用下，压板的横向变形小于混凝土的横向变形，因而上下压板与试件的接触面之间产生摩擦阻力。这种摩擦阻力分布在整个受压接触面，对混凝土试件的横向膨胀起约束作用，使混凝土强度检测值提高，通常称这种作用为环箍效应，如图 5-12 所示。环箍效应对混凝土抗压强度有提高作用，但会随离试件端部距离增大而变小，大约在距离受压面 $0.866a$（a 为立方体试件边长）范围以外消失，所以受压试件正常破坏时，其上下部分各呈一个较完整的棱锥体，如图 5-13 所示。如果在压板和试件接触面之间涂上润滑剂，则环箍效应大大减小，试件出现直裂破坏，如图 5-14 所示。

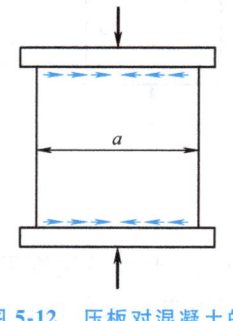

图 5-12 压板对混凝土的环箍效应

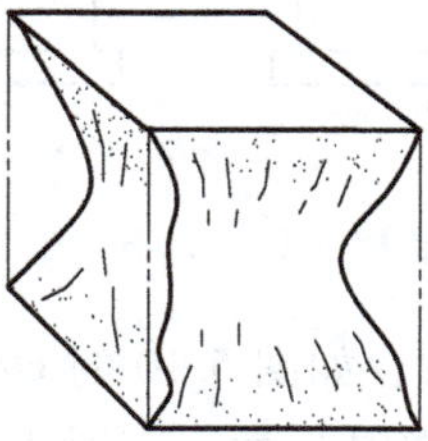

图 5-13 混凝土受压试件受约束时的破坏情况

图 5-14 混凝土受压试件不受约束时的破坏情况

混凝土立方体试件尺寸较大时，环箍效应的作用相对较小，测得的抗压强度偏低；反之测得的抗压强度偏高。此外，大尺寸试件存在微裂缝和孔隙等缺陷的概率较大，缺陷处应力集中现象也更明显，也会降低混凝土的强度，使得测定的强度值也偏低。如果试件表面凹凸不平，则环箍效应小、受压面积减小，并有明显应力集中现象，测得的强度值会显著降低。

为使混凝土抗压强度测试结果具有可比性，《混凝土物理力学性能试验方法标准》规定，混凝土强度等级小于 C60 时，用非标准试件进行混凝土抗压强度试验，需要乘以换算系数来换算成标准试件强度值，200mm 和 100mm 边长立方体的换算系数分别为 1.05 和 0.95。当混凝土强度等级大于或等于 C60 时，宜采用标准试件；若使用非标准试件时，尺寸换算系数应由试验确定。

此外，混凝土各种强度的测定值均与试件尺寸、试件表面状况、试验加荷速度、环境（或试件）的湿度和温度等因素有关。在进行混凝土各种强度测定时，应按《混凝土物理力学性能试验方法标准》等标准规定的条件和方法进行检测，以保证检测结果的可比性。

2. 混凝土强度等级

混凝土强度等级应按立方体抗压强度标准值确定。将具有 95% 强度保证率的混凝土立方体抗压强度，称为混凝土立方体抗压强度标准值（以 MPa 计），用 $f_{cu,k}$ 表示。《混凝土结构通用规范》《混凝土结构设计规范》按立方体抗压强度标准值将混凝土划分为 13 个强度等级：C20、C25、C30、C35、C40、C45、C50、C55、C60、C65、C70、C75、C80，强度等级为 C30 的混凝土是指 $30MPa \leq f_{cu,k} < 35MPa$ 的混凝土，其他强度等级类似。混凝土强度等级是混凝土结构设计时强度计算取值、混凝土施工质量控制和工程验收的依据。

3. 混凝土轴心抗压强度

混凝土强度等级虽是采用立方体试件确定的，但在实际结构中，钢筋混凝土受压构件多为棱柱体或圆柱体。在进行钢筋混凝土受压构件（如柱子、桁架的腹杆等）计算时，都是采用混凝土的轴心抗压强度，以便更好地反映混凝土的实际受压情况。《混凝土物理力学性能试验方法标准》规定，混凝土轴心抗压强度是指按标准方法制作的，标准尺寸为 150mm×

150mm×300mm 的棱柱体试件，在标准养护条件下养护到 28d 龄期，以标准试验方法测得的抗压强度值，用 f_{cp} 表示，单位为 MPa。必要时，也可采用 100mm×100mm×300mm 和 200mm×200mm×400mm 的非标准试件。当特殊情况需要时，也可用 ϕ150mm×300mm 的圆柱体标准试件或 ϕ200mm×400mm 的圆柱体非标准试件。由于轴心抗压试件已基本不受"环箍效应"影响，同截面面积试件的轴心抗压强度比立方体要小得多。当标准立方体抗压强度为 10~50MPa 时，轴心抗压强度为其 0.7~0.8 倍。

4. 混凝土抗拉强度

混凝土抗拉强度通常是指混凝土轴心抗拉强度，是指试件受拉力后断裂时所承受的最大荷载除以截面面积所得的应力值，用 f_{tk} 来表示，单位为 MPa。由于混凝土属于脆性材料，抗拉强度比抗压强度低很多，通常仅为抗压强度的 1/20~1/10，且随着混凝土强度等级的提高，相对于抗压强度有所下降。在钢筋混凝土结构设计中，通常不考虑混凝土的受拉能力，但抗拉强度对于混凝土抗裂性有重要作用，是确定混凝土抗裂性能的主要指标，有时也用它来间接衡量混凝土与钢筋的黏结强度。

混凝土轴心抗拉强度的测试主要有两种方法，一是直接测试法，二是劈裂试验。直接测试法很难测出混凝土的直接抗拉强度或不准确，我国当前采用劈裂抗拉强度试验法来间接反映混凝土抗拉强度，称之为劈裂抗拉强度，用 f_{ts} 来表示，单位为 MPa。劈裂试验中，用立方体或圆柱体试件进行，对试件前期制作方法、试件尺寸、养护方法及养护龄期等的规定，与检验混凝土立方体抗压强度的要求相同。该方法的原理是在试件两个相对的表面轴线上，作用着均匀分布的压力，这样就能使在此外力作用下的试件竖向平面内，产生均布拉应力，如图 5-15 所示。将混凝土试件劈裂时的压力值进行换算即可得到混凝土的轴心抗拉强度，见式（5-3）。

$$f_{ts} = \frac{2P}{\pi A} = 0.637 \frac{P}{A} \qquad (5-3)$$

式中，f_{ts} 为混凝土劈裂抗拉强度（MPa）；P 为破坏荷载（N）；A 为试件劈裂面积（mm^2）。

有关试验表明，在相同条件下混凝土劈裂抗拉强度较轴心抗拉强度低，两者的比值为 0.9 左右。

5. 混凝土抗折强度

混凝土道路工程和桥梁工程的结构设计、质量控制与验收等环节，混凝土的抗折强度是主要指标。《混凝土物理力学性能试验方法标准》规定，混凝土抗折强度是指按标准方法制作的，标准尺寸为 150mm×150mm×600mm（或 550mm）的长方体试件，在标准养护条件下养护到 28d 龄期，以标准试验方法测得的抗折强度值。按三分点加荷，试件的支座一端为铰支，另一端为滚动支座，如图 5-16 所示。抗折强度计算公式如下

$$f_{cf} = \frac{PL}{bh^2} \qquad (5-4)$$

式中，f_{cf} 为混凝土抗折强度（MPa）；P 为破坏荷载（N）；L 为支座之间的距离（mm）；b、h 为试件截面的宽度和高度（mm）。

当试件尺寸为 100mm×100mm×400mm 非标准试件时，应乘以换算系数 0.85；当混凝土强度等级≥C60 时，宜采用标准试件；使用非标准试件时，尺寸换算系数应由试验确定。

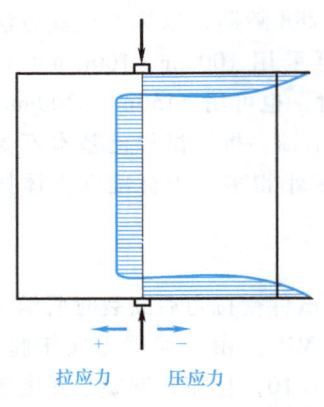
图 5-15　劈裂试验时垂直受
力面的应力分布

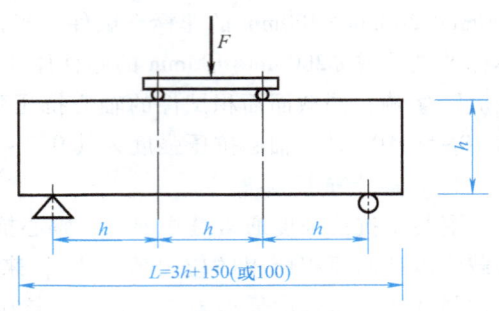
图 5-16　混凝土抗折强度测定装置

6. 影响混凝土强度的因素

普通混凝土的破坏一般出现在集料与水泥石之间的界面处，因为界面过渡区是混凝土中的最薄弱环节。而混凝土中集料与水泥石界面过渡区的性能，与水泥的性能、集料的性质有关，也与施工质量、养护条件及龄期有关。

（1）水泥强度等级和水胶比　水泥强度等级和水胶比是影响混凝土强度决定性的因素。因为混凝土的强度主要取决于水泥石的强度及其与集料间的黏结强度，而这两者又取决于水泥的强度等级和水胶比的大小。在相同配合比、相同成型工艺、相同养护条件的情况下，水泥强度等级越高，配制的混凝土强度越高。

在水泥品种、水泥强度等级不变时，混凝土在振动密实的条件下，水胶比越小，强度越高，反之亦然（见图 5-17）。虽然水泥水化的理论需水量约为水泥质量的 23%（水胶比约为 0.23），但为使混凝土拌合物获得必要的流动性，通常加入较多的水（水胶比为 0.35～0.75），多余的水残留在混凝土内形成水泡或水道，随着混凝土硬化而蒸发成为孔隙，使混凝土的强度下降。但若水胶比过小，拌合物过于干硬，很难将混凝土浇筑和振捣密实，也会使混凝土强度下降。

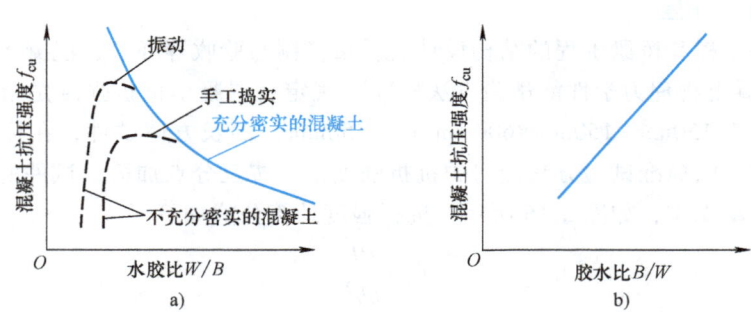

图 5-17　混凝土抗压强度与水胶比及胶水比的关系
a）抗压强度与水胶比的关系　b）抗压强度与胶水比的关系

大量试验结果表明，在原材料一定的情况下，混凝土 28d 龄期抗压强度（f_{cu}）与胶水比（B/W）之间的关系呈直线关系，并受水泥实测强度（f_{ce}）影响，符合下列经验公式。

$$f_{cu} = \alpha_a f_{ce}\left(\frac{B}{W} - \alpha_b\right) \tag{5-5}$$

式中，f_{cu} 为混凝土 28d 抗压强度（MPa）；B 为混凝土中的水泥等胶凝材料用量（kg）；W 为混凝土中的用水量（kg）；B/W 为混凝土的胶水比（水泥与水的质量之比）；α_a、α_b 为回归系数，它们与粗集料、细集料、水泥产地有关，可通过历史资料统计计算得到，若无统计资料，可按《普通混凝土配合比设计规程》提供的 α_a、α_b 经验值（采用碎石时 $\alpha_a = 0.53$，$\alpha_b = 0.20$；采用卵石时 $\alpha_a = 0.49$，$\alpha_b = 0.13$）；f_{ce} 为水泥 28d 实测抗压强度（MPa），当无实测强度时，可按下式确定

$$f_{ce} = \gamma_c f_{ce,k} \tag{5-6}$$

式中，$f_{ce,k}$ 为水泥 28d 抗压强度标准值（MPa）；γ_c 为水泥强度富余系数，按实际统计资料或相关规定。

(2) 集料　集料本身的强度一般大于水泥石的强度，对混凝土强度的直接影响很小。但若集料中有害杂质含量较多、级配不良则不利于混凝土强度的提高。集料表面粗糙，与水泥石黏结力较大，但混凝土拌和时需水量大，混凝土流动性下降。试验证明，当水胶比小于 0.4 时，用碎石配制的混凝土强度比用卵石配制的混凝土强度高出 30%~40%，但随着水胶比增大，两者的差异逐渐减小。

(3) 养护温度及湿度　温度及湿度对混凝土强度的影响，本质上是对水泥水化的影响。养护温度越高，水泥早期水化越快，混凝土的早期强度越高（见图 5-18）。但混凝土早期养护温度过高（40℃以上），因水化产物来不及扩散而使混凝土后期强度降低。当温度在 0℃ 以下时，水泥水化反应停止，混凝土强度停止发展，此时还会因水结冰产生体积膨胀，对混凝土产生相当大的膨胀压力而使混凝土结构破坏，强度降低。

湿度是决定水泥能否正常进行水化作用的必要条件。浇筑后的混凝土所处环境湿度适宜，水泥水化反应顺利进行，混凝土强度得以充分发展。若环境湿度较低，水泥不能正常进行水化作用，甚至停止水化，混凝土强度将严重降低或停止发展，见图 5-19。

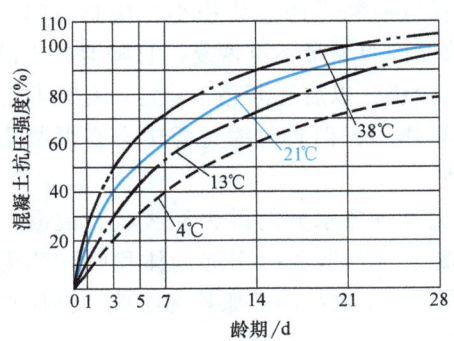

图 5-18　养护温度对混凝土强度的影响

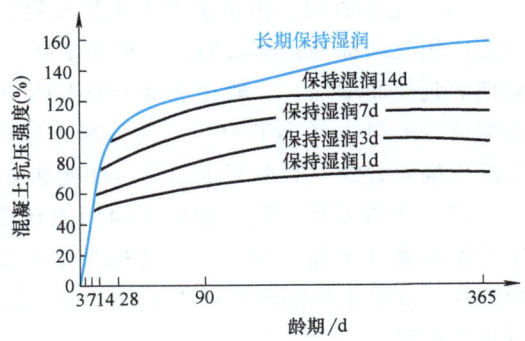

图 5-19　混凝土强度与保湿养护时间的关系

混凝土浇筑完毕后，应及时覆盖和浇水养护，尤其是在气候炎热和空气干燥时。如不及时进行养护，混凝土中水分会蒸发过快，出现脱水现象，混凝土表面出现片状、粉状剥落和干缩裂纹等劣化现象，混凝土强度明显降低；在冬季应特别注意保持必要的温度，以保证水泥能正常水化和防止混凝土内水结冰引起的膨胀破坏。

(4) 龄期　在正常养护条件下，混凝土强度随龄期的增长而增大，最初 7~14d 发展较

快，28d 后强度发展趋于平缓（见图 5-18 和图 5-19），所以混凝土以 28d 龄期的强度作为质量评定依据。通常认为，普通水泥配制的混凝土，在标准养护条件下，其强度的增长大致与龄期的对数成正比，即

$$\frac{f_n}{\lg n} = \frac{f_{28}}{\lg 28} \tag{5-7}$$

式中，f_{28} 为混凝土 28d 龄期的抗压强度（MPa）；f_n 为混凝土 n 天龄期的抗压强度（MPa）；n 为养护龄期（d），$n \geqslant 3d$。

式（5-7）是基于传统四组分混凝土的研究所得关系，仅适用于在标准养护条件下中低强度混凝土（C20~C30），对较高强度混凝土（≥C35）和掺外加剂的混凝土，用式（5-7）估算会产生很大误差。

5.5.3 混凝土的变形

混凝土在凝结硬化及硬化后，由于受物理、化学和力学等因素的作用常发生整体或者局部的体积变化，产生变形。由物理、化学因素引起的变形称为非荷载作用下的变形，包括化学收缩、干湿变形、碳化收缩及温度变形等；由荷载作用引起的变形包括短期荷载作用下的变形及长期荷载作用下的变形。

硬化混凝土变形

1. 非荷载作用下的变形

硬化后的混凝土在未承受荷载作用时，各种物理或化学因素也会引起局部或整体的体积变形，此种变形一般不会产生不利影响。在实际使用中，混凝土结构总会受到基础、钢筋或相邻构件的影响而处于不同程度的约束状态，混凝土的变形会由于约束作用而使构件在内部产生拉应力。内部拉应力超过混凝土抗拉强度时就会引起混凝土的开裂并产生裂缝，影响构件承载能力，严重时将影响构件的使用性能和耐久性。

（1）化学收缩　由于水泥水化生成物的体积比反应前物质的总体积小，从而引起混凝土的体积收缩称为化学收缩，又称化学减缩。化学收缩的收缩量不可恢复，且随混凝土硬化龄期的延长而增加，一般在混凝土成型后 40d 内增长较快，以后逐渐趋于稳定。化学收缩的收缩值一般很小（小于 1%），对混凝土结构没有破坏作用，但其收缩过程中会在混凝土内部产生细微裂缝，对混凝土的受力性能和耐久性不利。

（2）干湿变形　随着混凝土因周围环境湿度变化或自身水分的散失和吸收，混凝土产生干燥收缩（干缩）和湿胀，统称为干湿变形。混凝土水分散失时引起的体积收缩称为干燥收缩；混凝土在潮湿环境中吸收水分，会引起混凝土产生微小的膨胀称为湿胀，湿胀对混凝土无危害。

混凝土在空气中硬化时，首先失去自由水；继续干燥时，毛细管水蒸发，使毛细孔中形成负压产生收缩；再继续干燥则吸附水蒸发，引起凝胶体失水而紧缩。混凝土失水的结果导致混凝土产生干缩变形，重新吸水后大部分可以恢复。由于混凝土抗拉强度低，而干缩变形又比较大，所以很容易产生干缩裂缝。干缩裂缝的产生使混凝土的抗渗、抗冻、耐蚀能力变差，对混凝土耐久性极为不利。

混凝土中水泥石是引起干缩的主要成分，集料起限制收缩的作用。因此减少水泥用量，

减小水胶比，加强振捣，保证集料洁净和级配良好是减少混凝土干缩变形的关键。另外，混凝土的干缩主要发生在早期，因此加强混凝土的早期养护，延长湿养护时间，对延迟混凝土干缩裂缝具有重要作用。

（3）温度变形　混凝土同其他固体材料一样，也具有热胀冷缩的性质，会随着温度的升降而产生热胀和冷缩变形。混凝土的温度变形取决于温度升高或降低的程度及材料自身的热膨胀系数。混凝土的热膨胀系数通常为 $(7 \sim 14) \times 10^{-6}/℃$，一般取 $10 \times 10^{-6}/℃$（或称为10个微应变，写作 $10\mu\varepsilon$），即温度每改变 $1℃$，$1m$ 混凝土将产生 $0.01mm$ 膨胀或收缩变形。

混凝土是热的不良导体，传热很慢，因此在大体积混凝土中水泥硬化初期，由于内部水泥水化热而积聚较多热量，造成混凝土内部温升，内外温差可高达 $80℃$。高温状态的内部混凝土体积产生较大膨胀，而混凝土表面与大气（温度较低）接触，随温度的降低而收缩。内部膨胀与外部收缩相互制约，混凝土内部出现温度梯度和温度应力，表层混凝土中将产生很大拉应力，严重时产生裂缝。此外，由于混凝土各组成材料热膨胀系数的差异，当集料颗粒和水泥体积的变化相差较大时，也会产生有破坏性的内应力，使混凝土发生开裂。

大体积混凝土施工时，必须采取措施来减小混凝土内外温差和温度应力，以防止混凝土温度裂缝，目前常用的方法有以下几种：

1）采用低热水泥和尽量减少水泥用量，以减少水泥水化热。

2）在混凝土拌合物中掺入缓凝剂、减水剂和掺合料，降低水泥水化速度，使水泥水化热不至于在早期过分集中放出。

3）预先冷却原材料，并用冰块代替水，以抵消部分水化热。

4）在混凝土中预埋冷却水管，冷水流入管道并带走部分水化热然后排出。

5）在结构安全许可的条件下，将大体积化整为零施工，减轻约束和扩大散热面积。

6）表面绝热，调节混凝土表面温度下降速率。

7）对于大面积混凝土工程（如混凝土路面、广场和屋面等），常采用每隔一段距离设置一道伸缩缝或留设后浇带来防止混凝土温度缝。

2. 短期荷载作用下的变形

（1）混凝土的弹塑性变形　混凝土是一种弹塑性体，静力受压时，既产生可以恢复的弹性变形，又产生不可恢复的塑性变形，其应力和应变之间的关系是一条曲线，如图5-20所示，当在图中 A 点卸荷时，应力-应变曲线基本沿 AC 曲线恢复，卸荷后弹性变形 $\varepsilon_{弹}$ 恢复，而塑性变形 $\varepsilon_{塑}$ 没有恢复。

（2）混凝土的弹性模量　弹性材料的弹性模量是指应力-应变曲线上任一点的应力与应变之比，但混凝土是弹塑性材料，应力-应变曲线是一条曲线，其上任一点的应力与其应变的比值是一个变量，给确定混凝土弹性模量带来困难。根据《混凝土物理力学性能试验方法标准》，混凝土弹性模量的测定，采用标准尺寸为 $150mm \times 150mm \times 300mm$ 的棱柱体试件，试验控制应力荷载值为轴心抗压强度的 $1/3$，经三次以上反复加荷和卸荷后，测定应力与应变的比值，得到混凝土的弹性模量，如图5-21所示。混凝土强度越高、集料弹性模量越大、集料用量越多、早期养护温度较低，混凝土的弹性模量越大。C20~C60混凝土的弹性模量为 $2.55 \times 10^4 \sim 3.60 \times 10^4 MPa$（或者 $25.5 \sim 36GPa$）。

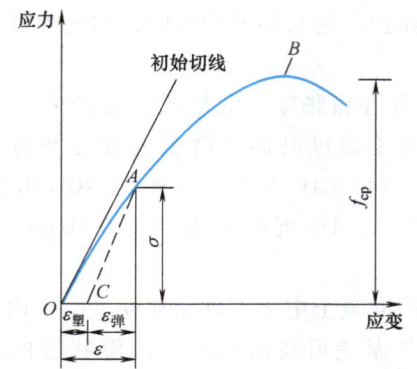

图 5-20　混凝土在压力作用下应力-应变曲线

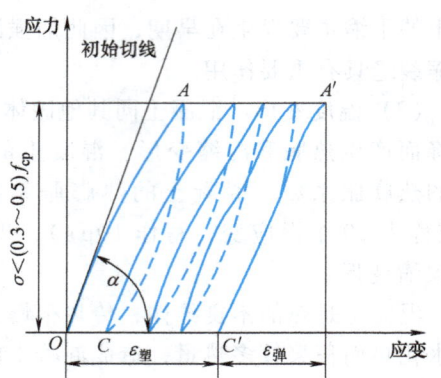

图 5-21　混凝土在低应力水平下反复加卸荷时的应力-应变曲线

3. 长期荷载作用下的变形

混凝土在长期、持续荷载作用下，沿作用力方向上变形随时间的延长而增加，即荷载不变而变形随时间延长仍在增长，该现象称为徐变。混凝土的徐变一般可达到（300~1500）× 10^{-6}。混凝土的徐变在加荷早期增长较快，然后逐渐减慢，持续几年后趋于稳定。当混凝土卸载后，一部分变形瞬时恢复，一部分要过一段时间才能恢复（称为徐变恢复），剩余的不可恢复部分称作残余变形，如图 5-22 所示。

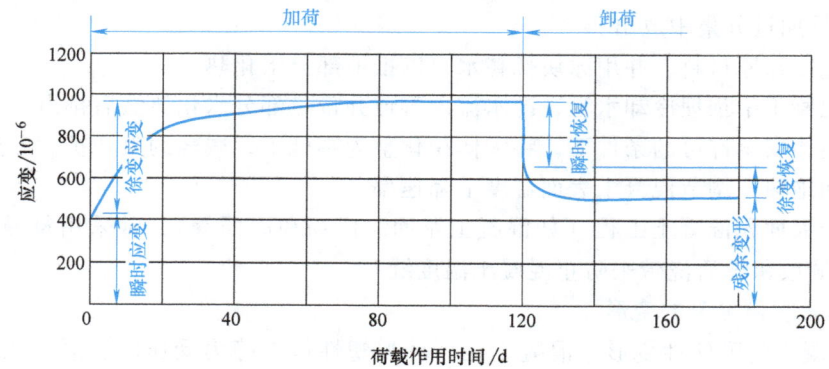

图 5-22　混凝土的应变与荷载作用时间的关系

混凝土徐变产生的原因在于凝胶体的黏性流动和滑移，吸附在凝胶粒子上的吸附水在荷载作用下向毛细孔迁移渗出。影响混凝土徐变的主要因素是水泥用量和水胶比：水胶比越大，混凝土中的毛细孔越多、混凝土强度越低，徐变越大；水胶比一定时，水泥用量越多，混凝土中凝胶体含量越大，徐变越大；集料用量越多，因集料变形较小，徐变减小；另外持续荷载的应力水平越大，徐变越大。

混凝土的徐变对混凝土及钢筋混凝土结构的影响有利有弊：对于普通钢筋混凝土构件，徐变有利于削弱混凝土温度应力和干缩应力，从而防止裂缝的产生；对于预应力结构构件，徐变将产生应力松弛引起预应力损失，造成不利影响。在钢筋混凝土结构设计中，必须充分考虑混凝土徐变的影响。

5.5.4 混凝土耐久性

混凝土耐久性是指混凝土在外部环境因素和内部不利因素的长期作用下，能保持正常使用性能和外观完整性，从而维持混凝土结构预定的安全性和正常使用的能力。环境因素主要包括水压渗透，冰冻破坏，碳化，干湿循环，酸、碱、盐的侵蚀作用，碱-集料反应等。

硬化混凝土耐久性

混凝土结构耐久性对于延长结构使用寿命、减小维修保养费用等均具有重要意义，在混凝土结构设计中应明确规定耐久性的设计要求。《混凝土结构设计规范》中，已将混凝土结构耐久性设计作为一项重要内容，并对耐久性做出了明确界定。混凝土结构的环境类别见表5-19。

表 5-19 混凝土结构的环境类别

环境类别		条 件
一		室内干燥环境；永久的无侵蚀性静水浸没环境
二	a	室内潮湿环境；非严寒和非寒冷地区的露天环境；非严寒和非寒冷地区与无侵蚀性的水或土壤直接接触的环境；寒冷和严寒地区的冰冻线以下的与无侵蚀性的水或土壤直接接触的环境
	b	干湿交替环境；水位频繁变动环境，严寒和寒冷地区的露天环境；严寒和寒冷地区的冰冻线以上与无侵蚀性的水或土壤直接接触的环境
三	a	严寒和寒冷地区冬季水位冰冻区环境；受除冰盐影响环境；海风环境
	b	盐渍土环境；受除冰盐作用环境；海岸环境
四		海水环境
五		受人为或自然的侵蚀性物质影响的环境

注：1. 室内潮湿环境是指构件表面经常处于结露或湿润状态的环境。
2. 严寒和寒冷地区的划分应符合《民用建筑热工设计规程》的有关规定。
3. 海岸环境为距海岸线100m以内；室内潮湿环境为距海岸线100m以外、300m以内，但应考虑主导风向及结构所处迎风、背风部位等因素的影响。
4. 受除冰盐影响环境为受除冰盐盐雾影响的环境；受除冰盐作用环境指被除冰盐溶液溅射的环境以及使用除冰盐地区的洗车房、停车楼等建筑。
5. 暴露的环境是指混凝土结构表面所处的环境。

1. 抗渗性

（1）抗渗性的定义　混凝土的抗渗性是指混凝土抵抗压力液体（水、油和溶液等）渗透作用的能力，是决定混凝土耐久性最主要的因素。因为外界环境中的侵蚀性介质只有通过渗透进入混凝土内部才能产生破坏作用。如果混凝土抗渗性差，其他耐久性劣化过程均更易发生，对混凝土耐久性极为不利。

（2）抗渗性的影响因素　影响混凝土抗渗性的根本原因是孔隙率和孔隙特征，孔隙率越小，连通孔越少，抗渗性越好。混凝土内部因水泥浆中多余水分蒸发留下孔隙和毛细管道，混凝土浇筑过程中泌水产生的通道，混凝土拌合物振捣不密实产生的蜂窝、空洞，混凝土干缩和温度变形产生的裂缝等都会降低混凝土的抗渗性。通常混凝土抗渗性的影响因素有：

1）水胶比。水胶比越大，混凝土抗渗性越差，抗渗混凝土最大水胶比见表5-20。

2）集料最大粒径。水胶比相同时，混凝土集料的最大粒径越大，抗渗性越差。

3）水泥品种。水泥中熟料成分差异，水泥颗粒细度，引起水泥硬化体孔隙率和强度的变化，进而影响抗渗性。

表 5-20 抗渗混凝土最大水胶比

设计抗渗等级	最大水胶比	
	C20~C30	C30 以上
P6	0.60	0.55
P8~P12	0.55	0.50
>P12	0.50	0.45

4）养护方法。潮湿养护的混凝土比蒸汽养护混凝土的抗渗性好，干燥条件下混凝土早期失水过多，容易形成收缩裂缝，混凝土抗渗性降低。

5）龄期。随着水泥水化进行，混凝土密实度逐渐提高，所以混凝土龄期越长，抗渗性越好。

6）外加剂和掺合料。减水剂的加入，有助于减小水胶比并改善混凝土的和易性，因此可改善混凝土的密实性提高混凝土抗渗性；掺合料的使用，可改变混凝土的孔隙率和孔结构，进而影响混凝土抗渗性。

（3）抗渗性的测试与评定　混凝土的抗渗性用抗渗等级表示。根据《普通混凝土长期性能和耐久性能试验方法标准》的规定，测定混凝土抗渗等级采用顶面直径为 175mm、底面直径为 185mm、高度为 150mm 的圆台体标准试件；在规定的试验条件下，混凝土的抗渗等级以每组 6 个试件中 4 个试件未出现渗水时的最大水压力乘以 10 来确定。混凝土的抗渗等级按下式计算

$$P = 10H - 1 \tag{5-8}$$

式中，P 为混凝土的抗渗等级；H 为 6 个试件中 3 个试件表面渗水时的水压力（MPa）。

混凝土抗渗等级分为 P4、P6、P8、P10、P12 和大于 P12 六个等级，如 P4 就表示混凝土能抵抗 0.4MPa 的静水压力而不漏水，抗渗等级在 P6 以上的称为抗渗混凝土。

另据《普通混凝土配合比设计规程》规定，配制抗渗混凝土要求的抗渗水压力值应比设计值提高 0.2MPa；抗渗试验结果应满足下式要求

$$P_t \geq \frac{P}{10} + 0.2 \tag{5-9}$$

式中，P 为设计要求的抗渗等级值；P_t 为 6 个试件中不少于 4 个未出现渗水时的最大水压力值（MPa）。

2. 抗冻性

（1）抗冻性的定义　混凝土的抗冻性是指混凝土在使用环境中，经受多次冻融循环作用，能保持强度和外观完整性的能力。对于寒冷地区经常与水接触的结构物，如水位变化区的海工、水工混凝土、水池、发电站冷却塔及与水接触的道路、建筑物勒脚等，以及寒冷环境的建筑物，均要求混凝土必须有一定的抗冻性。

（2）抗冻性的作用机理及影响因素　混凝土抗冻性的作用机理较为复杂，通常认为主要原因是混凝土内部孔隙和毛细孔道中的水在负温下结冰时体积膨胀（水结冰时体积膨胀约 9%）造成静水压力，同时内部因冰、水蒸气压力的差别迫使未冻结水向结冰区的迁移造成渗透压力。当两种压力超过混凝土的抗拉强度时，混凝土发生微细裂缝。在反复冻融作用下，混凝土内部的微细裂缝逐渐增多和扩展，最终导致混凝土强度降低甚至破坏。

对于道路工程还存在盐冻破坏问题，为防止冰雪冻滑影响交通，常常在路面上撒除冰盐融雪。除冰盐会使混凝土的饱水程度、膨胀压力、渗透压力提高，加大冰冻的破坏力，并且

在干燥时盐会在孔中结晶，产生结晶压力。上述两方面的共同作用，使混凝土路面剥蚀，进而使氯离子渗透到混凝土内部引起钢筋锈蚀。因此，盐冻比纯水结冰的破坏力大。

混凝土的抗冻性主要取决于混凝土密实度、内部孔隙尺寸、特征及冲水程度，也与冰冻速度及冻融循环次数等有关。提高混凝土抗冻性的主要措施有：降低水胶比，加强振捣，提高混凝土的密实度；掺引气型外加剂，将开口孔转变成闭口孔，使水不易进入孔隙内部，同时细小闭口孔可减缓冰胀压力；保持集料干净和级配良好；充分养护等。

(3) 抗冻性的测试与评定 混凝土的抗冻性用抗冻等级表示，分为F10、F15、F25、F50、F100、F150、F200、F250和F300九个等级，其中数字表示混凝土在相应条件下所能承受的最大冻融循环次数。按《普通混凝土长期性能和耐久性能试验方法标准》的规定，混凝土抗冻等级的测定方法有慢冻法和快冻法。慢冻法适用于测定混凝土试件在气冻水融条件下，以经受的冻融循环次数表示混凝土抗冻性能。以标准养护28d龄期的边长为100mm的立方体试件，在水饱和后，于$-25 \sim -18$℃范围至$18 \sim 20$℃范围内进行冻融循环，最后以抗压强度下降率不超过25%或质量损失率不超过5%时的最大次数表示混凝土的抗冻等级。快冻法适用于测定混凝土试件在水冻水融条件下，以经受的快速冻融循环次数表示混凝土抗冻性能。依规定养护条件养护28d后的100mm×100mm×400mm的棱柱体试件，进行快速冻融试验，以相对动弹性模量不小于60%、质量损失率不超过5%时的最大冻融循环次数表示。

3. 混凝土的碳化

(1) 碳化的定义 混凝土的碳化是指混凝土内水泥石中的氢氧化钙与空气中的二氧化碳在一定湿度条件下发生化学反应，生成碳酸钙和水的过程，因碳化反应后混凝土内部碱度下降，故又称中性化。混凝土的碳化弊多利少。碳化使混凝土中的钢筋因失去碱性保护而锈蚀，并引起混凝土顺筋开裂；碳化收缩会引起微细裂纹，使混凝土抗拉和抗折强度降低。但碳化时生成的碳酸钙填充在水泥石的孔隙中，可使混凝土的密实度和抗压强度有所提高，对防止有害杂质的侵入也有一定的缓冲作用。

(2) 混凝土碳化的影响因素

1) 环境湿度。当环境的相对湿度在50%~75%时，混凝土碳化速度最快；当相对湿度小于25%或达100%时，或因水分太少不能发生碳化反应，或因混凝土孔隙中充满水使二氧化碳不易渗入而碳化停止。

2) 水泥品种。普通水泥、硅酸盐水泥水化产物碱度高，其抗碳化能力优于矿渣硅酸盐水泥、火山灰质硅酸盐水泥和粉煤灰硅酸盐水泥，且水泥随混合材料掺量的增多而碳化速度加快。

3) 水胶比。水胶比越小，混凝土越密实，二氧化碳和水不易渗入，碳化速度慢；当水胶比固定时，碳化深度则随水泥用量的提高而减小。

4) 环境中二氧化碳的浓度。二氧化碳浓度越大，混凝土碳化作用越快。

5) 外加剂。混凝土中掺入减水剂、引气剂或引气型减水剂时，由于可降低水胶比或引入封闭小气泡，可使混凝土碳化速度明显减慢。

提高混凝土密实度（如降低水胶比，采用减水剂，保证集料级配良好，加强振捣和养护等），是提高混凝土碳化能力的根本措施。

4. 混凝土的耐蚀性

环境介质对混凝土的化学侵蚀主要是对水泥石的侵蚀，通常有软水侵蚀、硫酸盐侵蚀、镁盐侵蚀、碳酸侵蚀、一般酸腐蚀和强碱腐蚀等。混凝土的耐蚀性受胶凝材料的组成、混凝土的密实度、孔隙特征和强度等因素影响。

5. 混凝土的碱-集料反应

（1）碱-集料反应的定义　碱-集料反应是指水泥、外加剂等混凝土构成物及环境中的碱与具有碱活性的集料之间在潮湿环境下缓慢发生并导致混凝土开裂破坏的膨胀反应。根据集料中活性成分的不同，碱-集料反应分为三种类型：碱-硅酸反应、碱-碳酸盐反应和碱-硅酸盐反应。碱-硅酸反应是分布最广、研究最多的碱-集料反应，是指混凝土内的碱（氧化钠、氧化钾）与集料中的活性二氧化硅反应，生成复杂的碱-硅酸凝胶，沉积在集料和水泥胶体的界面上，凝胶从周围介质中不断吸收水分而体积膨胀，导致混凝土开裂破坏。

（2）碱-集料反应的发生条件　通常认为，碱-集料反应的发生必须同时具备以下三个条件：

1）混凝土中含有过量的碱（Na_2O+K_2O）。混凝土中的碱主要来自于水泥，也来自外加剂、掺合料、集料、拌和用水等组分。水泥中的碱（$Na_2O+0.658K_2O$）含量大于0.6%的水泥称为高碱水泥，我国许多水泥碱含量在1%左右，如果加上其他组分引入的碱，混凝土中的碱含量较高。

2）集料中存在碱活性矿物（如活性二氧化硅），且其含量大于1%。碱活性集料包括含活性二氧化硅的集料、黏土质白云石质石灰石和层状硅酸盐集料，其中以含活性二氧化硅的碱活性集料分布最广。

3）潮湿环境，水分能够渗入混凝土。碱-集料反应很慢，在空气相对湿度大于80%，或直接接触水的环境，碱-集料反应破坏才会发生。引起的破坏往往经过若干年后才会显现，但破坏性则很大，难以加固处理，必须注意加强防范。

可采取以下措施来预防或抑制碱-集料反应：

1）尽量采用非活性集料。

2）当确认为碱活性集料又非用不可时，则严格控制混凝土中碱含量，如采用碱含量小于0.6%的水泥，降低水泥用量，选用含碱量低的外加剂等。

3）掺入火山灰质混合材料（如粉煤灰、硅灰和矿渣等）。因为它们能吸收溶液中的钠离子和钾离子，使反应产物早期能均匀分布在混凝土中，不至于集中在集料颗粒周围，从而减轻或消除膨胀破坏。

4）在混凝土中掺入引气剂或引气减水剂。它们可以产生许多分散的气泡，当发生碱-集料反应时，反应生成的胶体可渗入或被挤入这些气泡内，降低了膨胀破坏应力。

5）确保混凝土在使用期间处于干燥状态。

6. 表面磨损

混凝土的表面磨损有三种情况：一是机械磨耗，如路面、机场跑道、厂房地坪等处的混凝土受到反复摩擦、冲击而造成的磨耗；二是冲磨，如桥墩、水工泄水结构物、沟渠等处的混凝土受到高速水流中夹带的泥沙、石子颗粒的冲刷、撞击和摩擦造成的磨耗；三是空蚀，如水工泄水结构物受到水流速度和方向改变形成的空穴冲击而造成的磨耗。

7. 提高混凝土耐久性的措施

虽然混凝土遭受各种破坏作用的机理各不相同，影响耐久性的因素也很多，但提高混凝土耐久性最重要的措施是提高混凝土的密实度、改善混凝土内部孔结构，具体有以下几个方面：

1）合理选择水泥品种，以适应工程所处环境。选用低水化热和含碱量偏低的水泥，尽可能避免使用早强水泥、细度过高和高 C_3A 含量的水泥。

2）选择质量好、级配合理的集料和合理砂率，以提高混凝土密实度。

3）掺入合适的外加剂，如适量的减水剂、引气剂，以改善混凝土内部结构。

4）加强混凝土施工中的质量控制，确保混凝土均匀密实，以提高混凝土密实度。

5）掺加优质矿物掺合料，以提高混凝土密实度。

6）采用较小的水胶比和保证足够的胶凝材料用量，以提高混凝土密实度。

7）控制氯离子含量。

8）加强混凝土质量的生产控制。

《混凝土结构设计规范》中，对设计使用年限为 50 年的混凝土结构，从最低强度等级、最大水胶比、最大氯离子含量和最大碱含量等方面对混凝土材料耐久性提出了基本要求，见表 5-21。《普通混凝土配合比设计规程》中对混凝土的最小胶凝材料用量做出了相应规定，以保证混凝土耐久性，见表 5-22。

表 5-21 结构混凝土材料的耐久性基本要求

环境类别		最大水胶比	最低混凝土强度等级	最大氯离子含量(%)	最大碱含量/(kg/m³)
一		0.60	C20	0.30	不限制
二	a	0.55	C25	0.20	3.0
	b	0.50(0.55)	C30(C25)	0.15	
三	a	0.45(0.50)	C35(C30)	0.15	
	b	0.40	C40	0.10	

注：1. 氯离子含量是指其占胶凝材料总量的百分比。
2. 预应力构件混凝土中的最大氯离子含量为 0.05%；最低混凝土强度等级应按表中的规定提高两个等级。
3. 素混凝土构件的水胶比及最低强度等级的要求可适当放松。
4. 有可靠工程经验时，二类环境中的最低混凝土强度等级可降低一个等级。
5. 处于严寒和寒冷地区二 b、三 a 类环境中的混凝土应使用引气剂，并可采用括号中的有关参数。
6. 当使用非碱活性集料时，对混凝土中的碱含量可不作限制。

表 5-22 混凝土的最小胶凝材料用量

最大水胶比	最小胶凝材料用量/(kg/m³)		
	素混凝土	钢筋混凝土	预应力混凝土
0.60	250	280	300
0.55	280	300	300
0.50	320		
≤0.45	330		

5.6　普通混凝土配合比设计

普通混凝土配合比设计就是根据工程要求、结构形式、施工条件和技术性能要求等，通过计算、查表和试验等方法来确定混凝土各组成材料数量之间比例关系。混凝土配合比的表示方法有两种：

1）以每立方米混凝土中各项材料的质量表示（kg/m³），如某混凝土由

普通混凝土配合比设计方法

水泥、水、砂子和石子配制而成，配合比为：水泥 300kg、水 177kg、砂子 723kg、石子 1200kg，可见该混凝土的干表观密度为 2400 kg/m³。

2）以各原材料之间的质量比表示，通常以水泥质量为"1"，则上述混凝土的配合比可以表示为：水泥∶砂子∶石子 = 1∶2.41∶4.00，水胶比 = 0.59。

5.6.1 混凝土配合比设计的基本要求

混凝土配合比设计的任务是要根据原材料的技术性能、设计和施工条件要求，合理选择原材料，并按照满足工程要求的技术经济指标确定各组成材料的用量（或比例）。混凝土配合比设计的基本要求是：

1）满足结构设计的强度等级。
2）满足施工需求的混凝土拌合物和易性。
3）满足工程所处环境和使用要求的耐久性。
4）在满足上述要求的前提下，满足节约水泥和降低混凝土成本。

5.6.2 混凝土配合比设计的基本资料

配合比设计之前，必须首先掌握设计、施工和原材料方面的基础资料，通常包括：

1）混凝土结构设计中对混凝土的强度等级和耐久性要求，如抗冻性、抗渗性等。
2）施工和管理方面的资料，如混凝土搅拌、振捣和浇筑方式，混凝土施工和易性（流动性）的要求，施工管理水平，结构所处环境条件，构件类型，构件尺寸和最小钢筋净距等。
3）各种原材料的品种和基本物理力学性质。例如：水泥品种、实测强度、密度；砂石料的种类、表观密度、堆积密度及含水率，砂的细度模数，石子最大粒径合级配情况；拌和用水的水质及来源；外加剂品种、特性和适宜用量等。

5.6.3 混凝土配合比设计的控制参数

普通混凝土强度主要取决于水胶比，新拌混凝土流动性本质上决定于单位用水量（1m³ 混凝土的拌和用水量），砂石集料用量和比例关系对硬化后混凝土拌合物密实度起决定作用，通常有如下三个混凝土配合比设计的控制参数：

1）水胶比，即每立方米混凝土中用水量与水泥等胶凝材料用量的比值（质量比）。
2）单位用水量，即每立方米混凝土中的拌和用水量。
3）砂率，即每立方米混凝土中砂子用量与砂石集料总量之间的比例（质量比）。

在混凝土配合比设计中，确定了上述三个控制参数，就能使混凝土满足配合比设计的基本要求。

5.6.4 混凝土配合比设计的基本规定

1）混凝土配合比设计应满足混凝土配制强度、拌合物性能、力学性能和耐久性能的设计要求。混凝土拌合物性能、力学性能和耐久性能的试验方法应分别符合《普通混凝土拌合物性能试验方法标准》《混凝土物理力学性能试验方法标准》和《普通混凝土长期性能和耐久性能试验方法标准》的规定。

2) 混凝土配合比设计应采用工程实际使用的原材料,并应满足国家现行标准的有关要求;配合比设计应以干燥状态集料为基准,细集料含水率应小于0.5%,粗集料含水率应小于0.2%。

3) 混凝土的最大水胶比应符合《混凝土结构设计规范》的规定,见表5-21。

4) 混凝土的最小胶凝材料用量应符合《混凝土配合比设计规程》的规定,见表5-22。

5) 矿物掺合料在混凝土中的掺量应通过试验确定。钢筋混凝土和预应力混凝土中矿物掺合料最大掺量应符合表5-23的规定。

表5-23 钢筋混凝土和预应力混凝土中矿物掺合料最大掺量

矿物掺合料种类	水胶比	钢筋混凝土		预应力混凝土	
		硅酸盐水泥	普通硅酸盐水泥	硅酸盐水泥	普通硅酸盐水泥
粉煤灰	≤0.40	≤45	≤35	≤35	≤30
	>0.40	≤40	≤30	≤25	≤20
粒化高炉矿渣粉	≤0.40	≤65	≤55	≤55	≤45
	>0.40	≤55	≤45	≤45	≤35
钢渣粉	—	≤30	≤20	≤20	≤10
磷渣粉	—	≤30	≤20	≤20	≤10
硅灰	—	≤10	≤10	≤10	≤10
复合掺合料	≤0.40	≤60	≤50	≤50	≤40
	>0.40	≤50	≤40	≤40	≤30

注:1. 采用硅酸盐水泥和普通硅酸盐水泥之外的通用硅酸盐水泥时,混凝土中水泥混合材和矿物掺合料用量之和应不大于按普通硅酸盐水泥用量20%计算混合材和矿物掺合料用量之和。
2. 对基础大体积混凝土,粉煤灰、粒化高炉矿渣粉和复合掺合料的最大掺量可增加5%。
3. 复合掺合料中各组分的掺量不宜超过任一组分单掺时的最大掺量。
4. 配制预应力混凝土时,粉煤灰应为Ⅰ级或Ⅱ级F类粉煤灰。

6) 混凝土拌合物中水溶性氯离子最大含量应符合表5-24的要求。混凝土拌合物中水溶性氯离子含量应按照《水工混凝土试验规程》中混凝土拌合物中氯离子含量的快速测定方法进行测定。

表5-24 混凝土拌合物中水溶性氯离子最大含量

环境条件	水溶性氯离子最大含量(%,水泥用量的质量百分比)		
	钢筋混凝土	预应力混凝土	素混凝土
干燥环境	0.3	0.06	1.0
潮湿但不含氯离子的环境	0.2		
潮湿而含有氯离子的环境、盐渍土环境	0.1		
除冰盐等侵蚀性物质的腐蚀环境	0.06		

7) 长期处于潮湿或水位变动的寒冷和严寒环境以及盐冻环境的混凝土应掺用引气剂。引气剂掺量应根据混凝土含气量要求经试验确定;掺用引气剂的混凝土最小含气量应符合表5-25的规定,最大不宜超过7.0%。

表5-25 掺用引气剂的混凝土最小含气量

粗集料最大公称粒径/mm	混凝土最小含气量(%)	
	潮湿或水位变动的寒冷和严寒环境	盐冻环境
40.0	4.5	5.0
25.0	5.0	5.5
20.0	5.5	6.0

注:含气量为气体占混凝土体积的百分比。

8) 对于有预防混凝土碱-集料反应设计要求的工程，混凝土中最大碱含量不应大于 3.0kg/m³，并宜掺用适量粉煤灰等矿物掺合料；对于矿物掺合料碱含量，粉煤灰碱含量可取实测值的 1/6，粒化高炉矿渣粉碱含量可取实测值的 1/2。

5.6.5 混凝土配合比设计步骤（计算、试配、调整与确定）

根据《普通混凝土配合比设计规程》的要求，在对原材料进行正确选择和严格的质量检验并确定混凝土配制强度之后，混凝土配合比设计步骤如下：首先按照技术指标要求进行混凝土配合比的初步计算，得到"计算配合比"；然后经实验室试拌、调整，得到"试拌配合比"；继而经实验室进行 28d 抗压强度测试，得到"设计配合比"。

在实际工程中，由于现场粗细集料的实际情况很难满足干燥状态（细集料含水率应小于 0.5%，粗集料含水率应小于 0.2%）的配合比设计基本规定，因此需要对实验室得出的"设计配合比"进行调整，得到"施工配合比"用于实际混凝土的配制和生产。

1. 混凝土配制强度的确定

在混凝土生产过程中，常因原材料性能及施工条件的变化而出现质量波动，波动规律符合正态分布。如果按照混凝土设计强度等级（$f_{cu,k}$）配制混凝土，则在施工中将有 50% 的混凝土达不到设计强度等级（强度保证率为 50%）。为使混凝土具有足够的强度保证率（P），即强度不低于设计强度等级的百分比，进行混凝土配合比设计时必须使配制强度高于其设计强度等级。根据《混凝土强度检验评定标准》，混凝土强度保证率必须达到 95% 以上，对应的保证率系数（t）为 1.645。

混凝土的配制强度需满足《混凝土结构工程施工质量验收规范》和《普通混凝土配合比设计规程》的要求。

（1）混凝土配制强度计算公式

1) 当混凝土的设计强度等级小于 C60 时，配制强度应按下式计算

$$f_{cu,0} \geqslant f_{cu,k} + 1.645\sigma \tag{5-10}$$

式中，$f_{cu,0}$ 为混凝土配制强度（MPa）；$f_{cu,k}$ 为混凝土立方体抗压强度标准值，这里取混凝土设计强度等级值（MPa）；σ 为混凝土强度标准差（MPa）。

2) 当设计强度等级大于或等于 C60 时，配制强度应按下式计算

$$f_{cu,0} \geqslant 1.15 f_{cu,k} \tag{5-11}$$

（2）混凝土强度标准差的确定

1) 当混凝土生产单位具有近 1~3 个月的同一品种、同一强度等级混凝土的强度资料，且试件组数不少于 30 组时，混凝土强度标准差 σ 应按下式计算

$$\sigma = \sqrt{\frac{\sum_{i=1}^{n} f_{cu,i}^2 - n m_{f_{cu}}^2}{n-1}} \tag{5-12}$$

式中，$f_{cu,i}$ 为第 i 组的试件强度（MPa）；$m_{f_{cu}}$ 为 n 组试件的强度平均值（MPa）；n 为试件组数，$n \geqslant 30$。

对于强度等级不大于 C30 的混凝土：当 σ 计算值不小于 3.0MPa 时，应按照计算结果取值；当 σ 计算值小于 3.0MPa 时，σ 应取 3.0MPa。对于强度等级大于 C30 且不大于 C60 的混凝土：当 σ 计算值不小于 4.0MPa 时，应按照计算结果取值；当 σ 计算值小于 4.0MPa

时，σ 应取 4.0MPa。

2）当没有近期的同一品种、同一强度等级混凝土强度资料时，其强度标准差 σ 可按表 5-26 取值。

表 5-26　标准差 σ 值　　　　　　　　　　　　　　（单位：MPa）

混凝土强度等级	≤C20	C25~C45	C50~C55
σ	4.0	5.0	6.0

2. 混凝土配合比的初步计算

（1）水胶比　混凝土强度等级不大于 C60 等级时，混凝土水胶比宜按下式计算

$$\frac{W}{B}=\frac{\alpha_a f_b}{f_{cu,0}+\alpha_a \alpha_b f_b} \tag{5-13}$$

式中，α_a、α_b 为回归系数，宜根据工程所使用的原材料，通过试验建立的水胶比与混凝土强度关系式来确定，当不具备上述试验统计资料时，可按表 5-27 采用；f_b 为胶凝材料（水泥与矿物掺合料按使用比例混合）28d 胶砂强度（MPa），试验方法应按《水泥胶砂强度检验方法（ISO 法）》执行，当无实测值时，可按下列规定确定：

1）根据 3d 胶砂强度或快测强度推定 28d 胶砂强度关系式推定 f_b 值。

2）当矿物掺合料为粉煤灰和粒化高炉矿渣粉时，可按下式推算 f_b 值

$$f_b = 1.1 \gamma_f \gamma_s f_{ce} \tag{5-14}$$

式中，γ_f、γ_s 为粉煤灰影响系数和粒化高炉矿渣粉影响系数，可按表 5-28 选用；f_{ce} 为水泥 28d 胶砂抗压强度（MPa），可实测确定，也可按照下式计算

$$f_{ce} = \gamma_e f_{ce,g} \tag{5-15}$$

式中，γ_e 为水泥强度等级值的富余系数，可按实际统计资料确定，当缺乏实际统计资料时，也可按照表 5-29 选用；$f_{ce,g}$ 为水泥强度等级值（MPa）。

表 5-27　回归系数 α_a、α_b 选用表

系数	粗集料品种	
	碎石	卵石
α_a	0.53	0.49
α_b	0.20	0.13

表 5-28　粉煤灰影响系数 γ_f 和粒化高炉矿渣粉影响系数 γ_s

掺量(%)	种类	
	粉煤灰影响系数 γ_f	粒化高炉矿渣粉影响系数 γ_s
0	1.00	1.00
10	0.90~0.95	1.00
20	0.80~0.85	0.95~1.00
30	0.70~0.75	0.90~1.00
40	0.60~0.65	0.80~0.90
50	—	0.70~0.85

注：1. 采用 I 级或 II 级粉煤灰宜取上限值。
　　2. 采用 S75 级粒化高炉矿渣粉宜取下限值，采用 S95 级粒化高炉矿渣粉宜取上限值，采用 S105 级粒化高炉矿渣粉可取上限值加 0.05。
　　3. 当超出表中的掺量时，粉煤灰和粒化高炉矿渣粉影响系数应经试验确定。

表 5-29 水泥强度等级值的富余系数 γ_c

水泥强度等级值/MPa	32.5	42.5	52.5
富余系数	1.12	1.16	1.10

经上述计算过程得到的水胶比是按照满足混凝土配制强度而计算出来的，根据《混凝土结构设计规范》，为保证结构混凝土材料耐久性的要求，需满足表 5-21 中的最大水胶比要求。也就是在计算所得水胶比和表 5-21 中查出的最大水胶比之间取较小值作为计算配合比的水胶比。

（2）用水量和外加剂用量

1）单位用水量（m_{w0}）。单位用水量应结合工程类型和施工条件，根据混凝土坍落度值的要求和所选用集料的种类、最大粒径进行选择确定。

① 对于干硬性或塑性混凝土，当水胶比为 0.40~0.80 时，单位用水量（m_{w0}）可按表 5-30 选取；当水胶比小于 0.40 时，单位用水量可通过试验确定。

表 5-30 混凝土单位用水量　　　　　　　　　　　　　（单位：kg/m³）

拌合物稠度		卵石最大粒径/mm				碎石最大粒径/mm			
项目	指标	10.0	20.0	31.5	40.0	16.0	20.0	31.5	40.0
干硬性混凝土维勃稠度/s	16~20	175	160	—	145	180	170	—	155
	11~15	180	165	—	150	185	175	—	160
	5~10	185	170	—	155	190	180	—	165
塑性混凝土坍落度/mm	10~30	190	170	160	150	200	185	175	165
	35~50	200	180	170	160	210	195	185	175
	55~70	210	190	180	170	220	205	195	185
	75~90	215	195	185	175	230	215	205	195

注：1. 本表用水量系采用中砂时的取值。采用细砂时，每立方米混凝土用水量可增加 5~10kg；采用粗砂时，可减少 5~10kg。
　　2. 掺用矿物掺合料和外加剂时，用水量应相应调整。

② 对于流动性、大流动性混凝土（坍落度大于 90mm），单位用水量（m_{w0}）应以表 5-30 中坍落度为 90mm 时的用水量为基础，按每增大 20mm 坍落度相应增加 5kg 单位用水量来计算，当坍落度增大到 180mm 以上时，随坍落度相应增加的用水量可减少。

③ 对于掺加外加剂混凝土，单位用水量可按下式进行计算

$$m_{w0} = m_{w0'}(1-\beta) \tag{5-16}$$

式中，$m_{w0'}$ 为未掺加外加剂推定的满足实际坍落度要求的每立方米混凝土用水量（kg/m³）；β 为外加剂的减水率（%），应经混凝土试验确定。

2）外加剂用量（m_{a0}）。每立方米混凝土中外加剂用量（m_{a0}）应按下式计算

$$m_{a0} = m_{b0}\beta_a \tag{5-17}$$

式中，m_{a0} 为计算配合比每立方米混凝土中外加剂用量（kg/m³）；m_{b0} 为计算配合比每立方米混凝土中胶凝材料用量（kg/m³）；β_a 为外加剂掺量（%），应经混凝土试验确定。

（3）胶凝材料、矿物掺合料和水泥用量

1）胶凝材料用量（m_{b0}）。每立方米混凝土的胶凝材料用量（m_{b0}）应按式（5-18）计算，并应进行试拌调整，在拌合物性能满足的情况下，取经济合理的胶凝材料用量。

$$m_{b0} = \frac{m_{w0}}{W/B} \tag{5-18}$$

2) 矿物掺合料用量（m_{f0}）。每立方米混凝土的矿物掺合料用量（m_{f0}）应按下式计算

$$m_{f0} = m_{b0}\beta_f \tag{5-19}$$

式中，m_{f0} 为计算配合比每立方米混凝土中矿物掺合料用量（kg/m³）；β_f 为矿物掺合料掺量（%），可结合水胶比的相关规定和矿物掺合料掺量的规定进行确定，见式（5-13）和表 5-23。

3) 水泥用量（m_{c0}）。每立方米混凝土的水泥用量（m_{c0}）应按下式计算

$$m_{c0} = m_{b0} - m_{f0} \tag{5-20}$$

式中，m_{c0} 为每立方米混凝土中水泥用量（kg/m³）。

(4) 砂率（β_s） 砂率（β_s）应根据集料的技术指标、混凝土拌合物性能和施工要求，参考既有历史资料确定。当无历史资料可参考时，混凝土砂率的确定应符合下列规定：

1) 坍落度小于 10mm 的混凝土，其砂率应经试验确定。
2) 坍落度为 10~60mm 的混凝土砂率，根据粗集料品种、最大公称粒径及水胶比按表 5-31 选取。
3) 坍落度大于 60mm 的混凝土的砂率，可经试验确定，也可在表 5-31 的基础上，按坍落度每增大 20mm、砂率增大 1% 的幅度予以调整。

表 5-31 混凝土的砂率 （%）

水胶比 (W/B)	卵石最大公称粒径/mm			碎石最大公称粒径/mm		
	10.0	20.0	40.0	16.0	20.0	40.0
0.40	26~32	25~31	24~30	30~35	29~34	27~32
0.50	30~35	29~34	28~33	33~38	32~37	30~35
0.60	33~38	32~37	31~36	36~41	35~40	33~38
0.70	36~41	35~40	34~39	39~44	38~43	36~41

注：1. 本表数值为中砂的选用砂率，对细砂或粗砂，可相应地减少或增大砂率。
2. 采用人工砂配制混凝土时，砂率可适当增大。
3. 只用一个单粒级粗集料配制混凝土时，砂率应适当增大。

(5) 粗、细集料用量（m_{g0}，m_{s0}） 混凝土粗、细集料的用量可由质量法和体积法进行计算。

1) 当采用质量法计算粗、细集料用量时，应按下式计算

$$m_{f0} + m_{c0} + m_{g0} + m_{s0} + m_{w0} = m_{cp} \tag{5-21}$$

$$\beta_s = \frac{m_{s0}}{m_{g0} + m_{s0}} \times 100\% \tag{5-22}$$

式中，m_{g0} 为每立方米混凝土的粗集料用量（kg/m³）；m_{s0} 为每立方米混凝土的细集料用量（kg/m³）；β_s 为砂率（%）；m_{cp} 为每立方米混凝土拌合物的假定质量（kg），可取 2350~2450kg。

2) 采用体积法计算粗、细集料用量时，应按下式计算

$$\frac{m_{c0}}{\rho_c} + \frac{m_{f0}}{\rho_f} + \frac{m_{g0}}{\rho_g} + \frac{m_{s0}}{\rho_s} + \frac{m_{w0}}{\rho_w} + 0.01\alpha = 1 \tag{5-23}$$

式中，ρ_c 为水泥密度（kg/m³）；应按《水泥密度测定方法》测定，也可取 2900~3100kg/m³；ρ_f 为矿物掺合料密度（kg/m³），可按《水泥密度测定方法》测定；ρ_g 为粗集料的表观密度

（kg/m³），应按《普通混凝土用砂、石质量及检验方法标准》测定；ρ_s 为细集料的表观密度（kg/m³），应按《普通混凝土用砂、石质量及检验方法标准》测定；ρ_w 为水的密度（kg/m³），可取 1000kg/m³；α 为混凝土的含气量百分数，在不使用引气型外加剂时，α 可取为 1。

3. 混凝土配合比的试配、调整与确定

混凝土的计算配合比是根据经验公式和查表得到的，因而不一定符合实际情况，必须通过试验进行调整。首先应使混凝土拌合物的和易性满足要求，得到混凝土"试拌配合比"，然后再根据混凝土"试拌配合比"设计不同配合比混凝土进行强度试验，根据强度试验结果和必要调整提出混凝土"设计配合比"。

（1）试拌配合比的确定 应在计算配合比的基础上进行试拌。混凝土试配应采用强制式搅拌机，搅拌机应符合《混凝土试验用搅拌机》的规定，并宜与施工采用的搅拌方法相同。实验室成型条件应符合《普通混凝土拌合物性能试验方法标准》的规定。每盘混凝土试配的最小搅拌量应符合表 5-32 的规定，并不应小于搅拌机额定搅拌量的 1/4。

表 5-32 混凝土试配的最小搅拌量

粗集料最大公称粒径/mm	最小搅拌的拌合物量/L
≤31.5	20
40.0	25

使用合理的混凝土搅拌量，按照计算配合比进行试拌，搅拌均匀后应进行坍落度测试，并检查其黏聚性和保水性，然后根据试拌混凝土和易性的具体情况进行相应调整。调整时宜在水胶比不变、胶凝材料用量和外加剂用量合理的原则下调整胶凝材料用量、外加剂用量和砂率等，直到混凝土拌合物性能符合设计和施工要求。如果试拌混凝土坍落度低于设计要求，应保持水胶比不变，适当增加浆体量；如果坍落度过大，应在保持砂率不变的情况下，适当增加砂、石的用量；如果拌合物砂浆量过多，可单独增加适量石子降低砂率；如果拌合物黏聚性和保水性不良，可适当增加砂率，直到满足和易性要求。经过混凝土试拌及和易性调整，根据原计算配合比和调整时某种（些）原材料增减情况，提出试拌配合比。

（2）设计配合比的确定

1）混凝土强度试验。经过试拌与和易性调整提出的试拌配合比，虽然满足了混凝土设计和易性的要求，但强度是否满足设计要求必须经过试验检验。应在试拌配合比的基础上，进行混凝土强度试验，并应符合下列规定：

① 应至少采用三个不同的配合比，且其中一个应为经试拌进行和易性调整后得到的试拌配合比，另外两个配合比的水胶比宜较试拌配合比分别增加和减少 0.05，用水量应与试拌配合比相同，砂率可分别增加和减少 1%。

② 进行混凝土强度试验时，应继续保持拌合物性能符合设计和施工要求。

③ 进行混凝土强度试验时，每种配合比至少应制作一组试件，标准养护到 28d 或设计强度要求的龄期时试压。

2）配合比的调整。

① 根据混凝土强度试验结果，绘制强度和胶水比的线性关系图，用图解法或插值法求出与略大于配制强度的强度对应的胶水比，包括混凝土强度试验中的一个满足配制强

度的胶水比。

② 用水量（m_w）应在试拌配合比用水量的基础上，根据混凝土强度试验时实测的拌合物性能情况做适当调整。

③ 胶凝材料用量（m_b）应以用水量乘以图解法或插值法求出的胶水比计算得出。

④ 粗集料和细集料用量（m_g 和 m_s）应在用水量和胶凝材料用量调整的基础上，进行相应调整。

3）配合比校正。配合比调整后的混凝土拌合物的表观密度（$\rho_{c,c}$）应按下式计算

$$\rho_{c,c} = m_c + m_f + m_g + m_s + m_w \tag{5-24}$$

式中，$\rho_{c,c}$ 为混凝土拌合物表观密度计算值（kg/m³）；m_c 为每立方米混凝土的水泥用量（m³）；m_f 为每立方米混凝土的矿物掺合料用量（kg/m³）；m_g 为每立方米混凝土的粗集料用量（kg/m³）；m_s 为每立方米混凝土的细集料用量（kg/m³）；m_w 为每立方米混凝土的用水量（kg/m³）。

混凝土配合比校正系数（δ）应按下式计算

$$\delta = \frac{\rho_{c,t}}{\rho_{c,c}} \tag{5-25}$$

式中，δ 为混凝土配合比校正系数；$\rho_{c,t}$ 为混凝土拌合物表观密度实测值（kg/m³）。

当混凝土拌合物表观密度实测值（$\rho_{c,t}$）与计算值（$\rho_{c,c}$）之差的绝对值不超过计算值的2%时，配合比可维持不变；当二者之差超过2%时，应将配合比中每项材料用量均乘以校正系数 δ。

4）设计配合比的确定。配合比调整和校正后，应测定拌合物水溶性氯离子含量，并应对设计要求的混凝土耐久性能进行试验，符合设计规定的氯离子含量和耐久性能要求的配合比方可确定为设计配合比。对混凝土性能有特殊要求，水泥外加剂或矿物掺合料品种质量有显著变化时，混凝土生产单位应按照《普通混凝土配合比设计规程》的有关规定进行重新设计。

（3）施工配合比的确定　设计配合比是以材料干燥状态（细集料含水率应小于0.5%，粗集料含水率应小于0.2%）计量进行确定的。混凝土生产或存放的砂、石材料常含有一定的水分，所以现场材料的实际称量应按工地砂、石的含水情况进行修正，修正后的配合比称为施工配合比。

施工配合比应按下式进行计算

$$\begin{cases} B' = B \\ S' = S(1+a\%) \\ G' = G(1+b\%) \\ W' = W - S \cdot a\% - G \cdot b\% \end{cases} \tag{5-26}$$

式中，B、S、G、W 为设计配合比中胶凝材料、砂、石子和水等原材料用量（kg/m³）；B'、S'、G'、W' 为施工配合比中胶凝材料、砂、石子和水等原材料用量（kg/m³）；$a\%$ 为混凝土生产时使用的砂子的含水率；$b\%$ 为混凝土生产时使用的石子的含水率。

【例 5-2】　某工地混凝土施工配合比为水泥 336kg、砂 685kg、碎石 1260kg、水 129kg，砂含水率 4%，石子含水率 1%；若采用的是 42.5 级普通水泥，其实测强度为 46.5MPa。求：（1）混凝土实验室配合比；（2）其配合比能否满足 C30 强度等级的要求？（$\sigma = 5.0$MPa，$\alpha_a = 0.53$，$\alpha_b = 0.20$）

解：（1）混凝土实验室配合比

$$B = B' = 336\text{kg}$$

$$S = \frac{S'}{(1+W_s)} = \frac{685\text{kg}}{(1+5\%)} \approx 652\text{kg}$$

$$G = \frac{G'}{(1+W_g)} = \frac{1260\text{kg}}{(1+1\%)} \approx 1248\text{kg}$$

$$W = W' + S \cdot 4\% + G \cdot 1\% = 129\text{kg} + 652\text{kg} \times 4\% + 1248\text{kg} \times 1\% = 174\text{kg}$$

（2）校核能否满足C30混凝土的要求　按此配合比，混凝土的28d强度按式（5-5）计算

$$f_{28} = \alpha_a f_{ce}\left(\frac{B}{W} - \alpha_b\right) = 0.53 \times 46.5\text{MPa} \times \left(\frac{336}{174} - 0.20\right) = 39.5\text{MPa}$$

C30混凝土的配制强度按式（5-10）计算

$$f_{cu,0} = f_{cu,k} + 1.645\sigma = 30\text{MPa} + 1.645 \times 5.0\text{MPa} = 38.2\text{MPa}$$

$f_{28} = 39.5\text{MPa} > f_{cu,0} = 38.2\text{MPa}$，故该配合比能满足C30强度等级的要求。

【例5-3】 某工程的现浇钢筋混凝土梁，使用环境为干燥的办公用房，混凝土设计强度等级为C30，混凝土由机械搅拌、机械振捣，施工坍落度要求为30~50mm，另混凝土生产单位无历史统计资料。所用原材料情况如下：

水泥：普通硅酸盐水泥，28d实测强度为36.5MPa，密度为3.1g/cm³。

河砂：细度模数为2.7的中砂，表观密度为2650kg/cm³。

碎石：粒径范围5~40mm，表观密度为2700kg/cm³。

水：市政管网自来水

试求：（1）混凝土设计配合比；（2）若混凝土生产现场河砂含水率为4%，碎石含水率为1%，求施工配合比。

解：

（1）计算初步配合比

1）确定混凝土配制强度。因混凝土设计强度小于C60，根据《混凝土配合比设计规程》，应利用式（5-10）计算配制强度。由于无历史统计资料，混凝土强度标准差值按表5-26取值，可知对应于C30混凝土的强度标准差值为$\sigma = 5.0$。故配制强度为

$$f_{cu,0} = 30\text{MPa} + 1.645 \times 5.0\text{MPa} = 38.23\text{MPa}$$

2）确定水胶比（W/B）。本例中未采用矿物掺合料，且水泥28d实测强度已知为36.5MPa，故胶凝材料28d强度为36.5MPa；石子为碎石，因此按照式（5-13）计算水胶比时，回归系数的取值（根据表5-27）分别为：$\alpha_a = 0.53$、$\alpha_b = 0.20$。

故按照式（5-13）计算的水胶比为

$$W/B = \frac{\alpha_a f_b}{f_{cu,0} + \alpha_a \alpha_b f_b} = \frac{0.53 \times 36.5}{38.23 + 0.53 \times 0.20 \times 36.5} = 0.46$$

考虑混凝土耐久性要求，查表5-21知最大水胶比为0.60，计算得出的水胶比0.46小于按耐久性要求的0.60，所以取水胶比为$W/B = 0.46$。

3）确定单位用水量（m_{w0}）。因坍落度要求为 30~50mm，属于水胶比坍落度为塑性混凝土，且水胶比在 0.40~0.80 内，因此可按表 5-30 进行选择。根据碎石最大粒径为 40mm，坍落度 30~50mm，查表 5-30 可选择单位用水量为 $m_{w0}=175\text{kg/m}^3$。

4）确定胶凝材料用量（m_{b0}）。本例中未用掺合料，故胶凝材料用量（m_{b0}）即水泥用量（m_{c0}），所以根据式（5-18）~式（5-20）有

$$m_{c0}=m_{b0}=\frac{m_{w0}}{W/B}=\frac{175}{0.46}\text{kg/m}^3=380\text{kg/m}^3$$

考虑混凝土耐久性要求，查表 5-22 知最小胶凝材料用量为 280kg/m³。所以胶凝材料用量（水泥用量）为 $m_{c0}=380\text{kg/m}^3$。

5）确定砂率（β_s）。因坍落度为 30~50mm，在 10~60mm 内，故本例中砂率可根据粗集料品种、最大公称粒径和水胶比按表 5-31 选取，并且由于中砂故不要进行调整。根据表 5-31，可以取砂率为 $\beta_s=33\%$。

6）确定粗、细集料用量（m_{g0}、m_{s0}）。

① 按质量法。假定每立方混凝土拌合物质量为 2400kg/m³，根据式（5-21）和式（5-22），可列如下方程

$$\begin{cases} m_{f0}+m_{c0}+m_{g0}+m_{s0}+m_{w0}=0+380+m_{s0}+m_{g0}+175=2400 \\ \dfrac{m_{s0}}{m_{s0}+m_{g0}}\times 100\%=33\% \end{cases}$$

可解得砂、石的用量分别为：$m_{s0}=608.85\text{kg/m}^3$，$m_{g0}=1236.15\text{kg/m}^3$。

因此，按照质量法，混凝土初步配合比为

胶凝材料（水泥）：砂：石：水 = 380：608.85：1236.15：175 = 1：1.6：3.25：0.46

② 按体积法。因本例中未使用外加剂，含气量（α）取 1，根据式（5-22）和式（5-23），可列如下方程

$$\begin{cases} \dfrac{m_{f0}}{\rho_f}+\dfrac{m_{c0}}{\rho_c}+\dfrac{m_{g0}}{\rho_g}+\dfrac{m_{s0}}{\rho_s}+\dfrac{m_{w0}}{\rho_w}=\dfrac{380}{3.1\times 1000}+\dfrac{m_{g0}}{2700}+\dfrac{m_{s0}}{2650}+\dfrac{175}{1\times 1000}+0.01\times 1=1 \\ \dfrac{m_{s0}}{m_{s0}+m_{g0}}\times 100\%=33\% \end{cases}$$

可解得砂、石的用量分别为：$m_{s0}=613.29\text{kg/m}^3$，$m_{g0}=1245.16\text{kg/m}^3$。

因此，按照质量法，混凝土初步配合比为

胶凝材料（水泥）：砂：石：水 = 380：613.29：1245.16：175 = 1：1.61：3.28：0.46。

两种方法的计算结果接近。另外，不同方法带来的差异，在后续配合比试拌及强度试验中进行修正。

（2）配合比的试配、调整与确定　以下按照质量法得到的初步配合比进行试配、调整等，大概过程如下：

1) 和易性调整。按初步配合比拌制 25L 的混凝土，各原材料用量分别为：水泥，380kg×0.025 = 9.50kg；砂，608.85kg×0.025 = 15.22kg；碎石，1236.15kg×0.025 = 30.90kg；水，175kg×0.025 = 4.38kg。搅拌均匀后，测得新拌混凝土坍落度为 20mm，黏聚性和保水性良好。采用保持水胶比不变增加浆体量进行调整，增加 5%浆体量时，混凝土坍落度为 40mm，满足要求。则调整后砂、石用量不变，水泥增加到 9.50kg×(1+5%) = 9.98kg，水增加到 4.38kg×(1+5%) = 4.60kg。调整后，新拌混凝土总质量 $m = 60.7$kg，实测混凝土的表观密度为 2428kg/m³。则混凝土试拌配合比为

水泥∶砂∶石∶水 = 9.98∶15.22∶30.90∶4.60 = 1∶1.53∶3.10∶0.46

2) 强度试验。根据试拌配合比，采用水胶比分别为 0.41、0.46、0.51 的三个不同配合比，进行试拌并测试 28d 抗压强度。拌和后各配合比均满足混凝土坍落度设计要求，且黏聚性和保水性良好。新拌混凝土表观密度分别为 2415kg/m³、2428kg/m³、2438kg/m³。混凝土 28d 实测强度见表 5-33。

表 5-33 混凝土 28d 抗压强度实测值

水胶比 (W/B)	胶水比 (B/W)	抗压强度 $f_{cu,0}$/MPa
0.41	2.44	41.3
0.46	2.17	39.2
0.51	1.96	37.8

作胶水比和抗压强度关系图，如图 5-23 所示，可以看出，配制 38.33MPa 混凝土的胶水比为 $B/W = 2.04$，对应的水胶比为 $W/B = 0.49$。

根据经强度试验后作图（或插值）推算得到的水胶比（本例中就是水灰比），结合试拌配合比，可计算出每立方混凝土中的各材料用量

$$m_w = \frac{4.60}{60.7} \times 2428 \text{kg/m}^3 = 184 \text{kg/m}^3$$

$$m_c = \frac{m_w}{W/B} = \frac{184 \text{kg/m}^3}{0.49} = 375.51 \text{kg/m}^3$$

$$m_s = \frac{15.22}{60.7} \times 2428 \text{kg/m}^3 = 608.8 \text{kg/m}^3$$

$$m_g = \frac{30.90}{60.7} \times 2428 \text{kg/m}^3 = 1236 \text{kg/m}^3$$

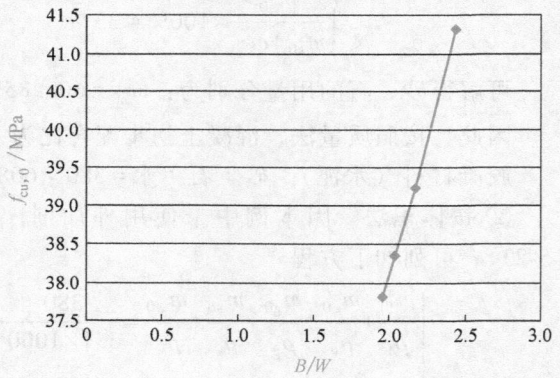

图 5-23 混凝土 28d 抗压强度与胶水比的关系

3) 配合比校正。计算该混凝土的表观密度 $\rho_{c,c} = 184 \text{kg/m}^3 + 375.51 \text{kg/m}^3 + 608.8 \text{kg/m}^3 + 1236 \text{kg/m}^3 = 2404 \text{kg/m}^3$，而按照确定的配合比测得的混凝土表观密度为 $\rho_{c,t} = 2435 \text{kg/m}^3$。而计算值与实测值之差的计算值为 $\frac{|\rho_{c,t} - \rho_{c,c}|}{\rho_{c,c}} = \frac{2435 - 2404}{2404} = 1.2\%$，小于 2%，故配合比可维持不变，即设计配合比为

$$m_c : m_s : m_g : m_w = 375.51 : 608.8 : 1236 : 184 = 1 : 1.62 : 3.29 : 0.49$$

4) 混凝土施工配合比的确定。根据现场砂、石含水率情况和设计配合比，可计算出施工配合比

$$m_c' = m_c = 375.51 \text{kg/m}^3$$

$$m_s' = m_s(1+a\%) = 608.8 \text{kg/m}^3 \times (1+4\%) = 633.15 \text{kg/m}^3$$

$$m_g' = m_g(1+b\%) = 1236 \text{kg/m}^3 \times (1+1\%) = 1248.36 \text{kg/m}^3$$

$$m_w' = m_w - m_s \cdot a\% - m_g \cdot b\% = 184 \text{kg/m}^3 - 608.8 \text{kg/m}^3 \times 4\% - 1236 \text{kg/m}^3 \times 1\% = 147.23 \text{kg/m}^3$$

以上混凝土施工配合比表示为比例式则为

$$m_c' : m_s' : m_g' : m_w' = 275.51 : 633.15 : 1248.36 : 147.23 = 1 : 1.69 : 3.32 : 0.39$$

5.7 普通混凝土的质量控制与强度评定

混凝土生产过程中，组成材料的质量、配合比设计、新拌混凝土的性能、施工技术及管理等均可能影响到混凝土的质量。为保证所生产混凝土的技术性能满足设计要求，必须进行混凝土的质量控制，且质量控制应贯穿于混凝土的设计、配制、施工及检验全过程。

5.7.1 混凝土质量波动及其规律

1. 造成混凝土质量波动的因素

混凝土在生产和测试评定过程中造成混凝土质量波动的主要因素有：

1) 材料组成。混凝土是一种多组分复合材料，各种原材料的质量、用量计量等因素都会影响混凝土质量，导致混凝土质量波动，如水泥强度的变化、集料含水率变化、级配及粒径变化、原材料质量变化、计量不准确导致水胶比变化等。

2) 施工工艺。不同混凝土施工方法、养护质量等可能在配料、搅拌、运输、浇筑、振捣、养护等环节出现差异，造成混凝土质量波动。

3) 试验条件。混凝土试件制作、试验条件、测试方法等也可能导致混凝土性能试验结果的差异，产生质量波动。

如果按照混凝土生产和应用阶段考虑，影响混凝土质量的因素可以划分为生产前、生产过程中和生产后的因素。生产前的因素包括组成材料、配合比和生产设备情况等；生产过程的因素包括原材料计量、搅拌、运输、浇注、振捣和养护等；生产后的因素包括检验批划分、验收界限、受检试件制作与养护、检测方法和检测条件等。

强度是土木工程结构对材料的基本要求，混凝土抗压强度试验简单直观，且与其他性能指标（如混凝土弹性模量、抗渗性能、抗冻性能等耐久性能）有较好的相关性，因此工程中常以混凝土抗压强度作为混凝土质量控制和评定的主要指标。

2. 混凝土强度的波动规律

在正常生产条件下，混凝土强度的分布规律不仅受统计对象的生产周期和生产工艺影响，而且与统计总体的混凝土配制强度和试验龄期等因素有关，大量的统计分析和试验研究

表明：对于同一等级的混凝土，在龄期相同、生产工艺和配合比基本一致的条件下，其强度的概率分布可用正态分布来描述，如图 5-24 所示。混凝土强度正态分布曲线具有以下特点：

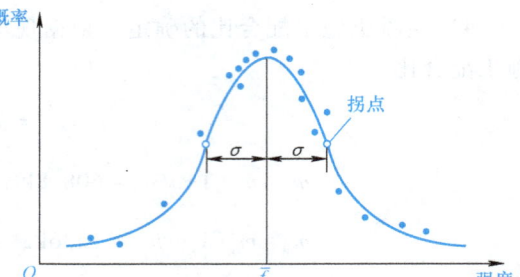

图 5-24　混凝土强度的正态分布曲线

1）曲线呈钟形，以平均强度为对称轴左右对称，曲线的最高峰出现在对称轴处，且接近其平均强度值处出现的次数最多，而远离对称轴的强度测定值出现的概率越来越小并逐渐趋近于零。

2）曲线和横坐标之间所包围的面积为概率的总和 100%。对称轴两边出现的概率相等，各为 50%。

3）在对称轴两边的曲线上各有一个拐点。两拐点间的曲线呈上凸形，拐点以外的曲线呈下凹形，并以横坐标为渐近线。

3. 混凝土施工质量水平衡量指标

衡量混凝土施工质量的指标主要包括正常生产控制条件下混凝土强度的平均值、标准差、变异系数和强度保证率等。

（1）混凝土强度平均值（$\overline{f}_{cu}$）

$$\overline{f}_{cu} = \frac{1}{n}\sum_{i=1}^{n} f_{cu,i} \tag{5-27}$$

式中，$\overline{f}_{cu}$ 为 n 组混凝土抗压强度的算术平均值（MPa）；$f_{cu,i}$ 为第 i 组混凝土试件的抗压强度（MPa）；n 为试件的组数。

强度平均值仅表示混凝土强度总体的平均水平，但不能反映混凝土强度的波动情况。

（2）混凝土强度标准差（σ）　混凝土强度标准差又称均方差，是混凝土生产控制水平的表征指标之一。根据《混凝土质量控制标准》，混凝土强度标准差应按式（5-28）计算，并符合表 5-34 的规定。对于统计周期的确定，预拌混凝土搅拌站和预制混凝土构件厂的统计周期可取 1 个月；施工现场搅拌站的统计周期可根据实际情况确定，但不宜超过 3 个月。

$$\sigma = \sqrt{\frac{\sum_{i=1}^{n} f_{cu,i}^2 - n m_{f_{cu}}^2}{n-1}} \tag{5-28}$$

式中，σ 为混凝土强度标准差，精确到 0.1MPa；$f_{cu,i}$ 为统计周期内第 i 组混凝土立方体试件的抗压强度值，精确到 0.1MPa；$m_{f_{cu}}$ 为统计周期内 n 组混凝土立方体试件的抗压强度值，精确到 0.1MPa；n 为统计周期内相同强度等级混凝土的时间组数，n 值不应小于 30。

标准差几何意义是正态分布曲线上拐点至对称轴的垂直距离，如图 5-24 所示。σ 值越小时混凝土强度正态分布曲线高而窄，表明混凝土质量控制较稳定，生产管理水平较高；σ 值越大时曲线矮而宽，表明强度值离散性大，生产管理水平差（见图 5-25）。因此，σ 值可以用于评定混凝土质量均匀性。

对于同一种混凝土，并不是 σ 值越小越好，σ 值过小，则意味着不经济。工程上由于影响混凝土质量的因素多，σ 值一般不会过小，因此《混凝土质量控制标准》中仅规定了 σ 值的上限，见表 5-34。

（3）变异系数（C_v） 由于混凝土强度的标准差随强度等级的提高而增大，故仅用强度标准差指标难以正确比较不同强度等级混凝土的强度的均匀性。因此，考虑强度平均值的影响，也可采用变异系数作为评定混凝土质量均匀性的指标。变异系数又称离散系数，可由下式计算

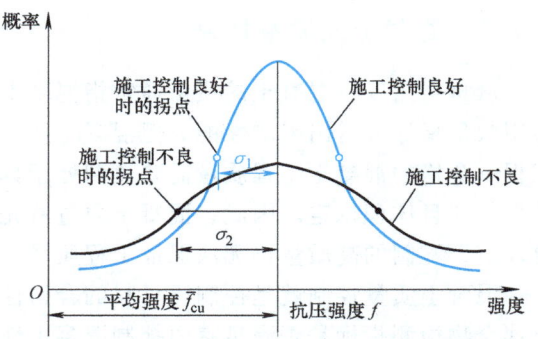

图 5-25 混凝土强度离散性不同的正态分布曲线

$$C_v = \frac{\sigma}{\overline{f_{cu}}} \tag{5-29}$$

表 5-34 混凝土强度标准差 （单位：MPa）

生产场所	强度标准差 σ		
	<C20	C20~C40	≥C45
预拌混凝土搅拌站、预制混凝土构件厂	≤3.0	≤3.5	≤4.0
施工现场搅拌	≤3.5	≤4.0	≤4.5

作为混凝土质量均匀性指标，C_v 值越小，表明混凝土质量越稳定，混凝土生产控制水平越高；C_v 值大，则表示混凝土质量稳定性差，混凝土生产控制水平越低。

（4）强度保证率（P） 混凝土强度保证率是指混凝土强度总体中大于等于设计强度等级（$f_{cu,k}$）的概率，在混凝土强度正态分布曲线图中以阴影面积表示，如图 5-26 所示。

经过随机变量 $t = \dfrac{f_{cu,k} - \overline{f_{cu}}}{\sigma}$ 的变量转换，可将正态分布曲线转变为随机变量 t 的标准正态分布曲线，如图 5-26 所示。t 称为概率度，与之对应的强度保证率也可以由正态分布曲线方程积分求得，见式（5-30）；对应强度保证率可以通过查表 5-35。

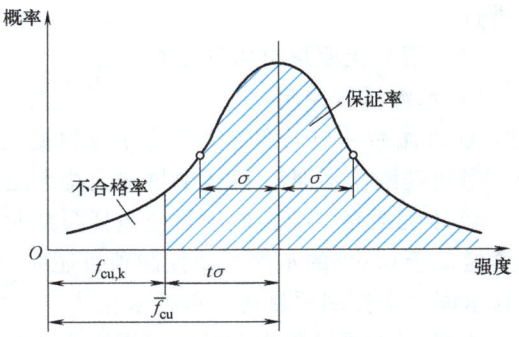

图 5-26 混凝土强度保证率

$$P(t) = \frac{1}{\sqrt{2\pi}} \int_t^{+\infty} e^{-\frac{t^2}{2}} dt \tag{5-30}$$

表 5-35 不同概率度 t 时的强度保证率值 P

概率度 t	0.00	-0.50	-0.84	-1.00	-1.20	-1.28	-1.40	-1.60
强度保证率 $P(\%)$	50.0	69.2	80.0	84.1	88.5	90.0	91.9	94.5
概率度 t	-1.645	-1.70	-1.81	-2.00	-2.33	2.50	-2.88	-3.00
强度保证率 $P(\%)$	95.0	95.5	96.5	97.7	99.0	99.4	99.8	99.87

5.7.2 混凝土的质量控制

从材料角度，混凝土的质量通常指混凝土的强度、坍落度、含气量、抗冻性、抗裂性等能用数量指标表示出来的性能。但混凝土拌合物并不是最终产品，完成最终产品的是混凝土工程。合格的混凝土工程质量需要达到处具体环境的具体工程所要求的各项性能指标和匀质性，并且体积稳定。因此，混凝土质量首先由原材料来保证，但如果脱离施工和养护等重要环节，配制的高质量仍无法保证工程质量。

混凝土质量控制就是控制原材料的合格性控制、配合比过程中的执行情况的控制、混凝土拌合物检测指标是否满足室内拌制混凝土性能要求的控制、硬化混凝土各项力学性能及耐久性能的控制。控制的目的就是要做到预防为主，事前控制，避免质量事故的发生。

混凝土原材料配合比、施工中主要环节及硬化后的混凝土质量均应进行控制与检查。按时间顺序分，混凝土质量控制可分为：

1）事前（初步）控制：主要是原材料质量检验、混凝土配合比合理确定与控制。

2）事中（生产）控制：主要是混凝土组成材料的计量、混凝土拌合物的搅拌、运输、浇筑和养护等工序的控制。

3）事后（合格）控制：主要是按有关规范、规程，对混凝土质量的指标进行验收评定。

1. 混凝土质量的初步控制

混凝土质量的初步控制主要对原材料质量检验、质量控制及混凝土配合比控制，原材料质量检验与控制可分别对水泥、粗集料、细集料、矿物掺合料、外加剂和水按照相关规范要求进行。

（1）混凝土原材料质量控制

1）水泥质量控制。

① 水泥品种与强度等级的选用应根据设计、施工要求及工程所处环境确定。水泥应符合《通用硅酸盐水泥》和《中热硅酸盐水泥、低热硅酸盐水泥》的有关规定。

② 水泥质量主要控制项目应包括凝结时间、安定性、胶砂强度、氧化镁和氯离子含量，碱含量低于0.6%的水泥主要控制项目还应包括碱含量，中、低热硅酸盐水泥或低热矿渣硅酸盐水泥主要控制项目还应包括水化热。

③ 水泥质量控制要求详见《混凝土质量控制标准》。

2）粗集料质量控制。

① 粗集料应符合行业标准《普通混凝土用砂、石质量及检验方法标准》的规定。

② 粗集料质量主要控制项目应包括颗粒级配、针片状颗粒含量、泥含量、泥块含量、压碎值指标和坚固性，用于高强混凝土的粗集料主要控制项目还应包括岩石抗压强度。

③ 粗集料质量控制要求详见《混凝土质量控制标准》。

3）细集料质量控制。

① 细集料应符合《普通混凝土用砂、石质量及检验方法标准》的规定；混凝土用海砂应符合《海砂混凝土应用技术规范》的有关规定。

② 细集料质量主要控制项目应包括颗粒级配、细度模数、泥含量、泥块含量、坚固性、氯离子含量和有害物质含量；海砂主要控制项目除应包括上述指标外尚应包括贝壳含量；人

工砂主要控制项目除应包括上述指标外尚应包括石粉含量和压碎值指标，人工砂主要控制项目可不包括氯离子含量和有害物质含量。

③ 细集料质量控制要求详见《混凝土质量控制标准》。

4）矿物掺合料质量控制。

① 粉煤灰应符合《用于水泥和混凝土中的粉煤灰》的有关规定，粒化高炉矿渣粉应符合《用于水泥和混凝土中的粒化高炉矿渣粉》的有关规定，钢渣粉应符合《用于水泥和混凝土中的钢渣粉》的有关规定，其他矿物掺合料应符合相关现行国家标准的规定并满足混凝土性能要求；矿物掺合料的放射性应符合《建筑材料放射性核素限量》的有关规定。

② 粉煤灰的主要控制项目应包括细度、需水量比、烧失量和三氧化硫含量，C类粉煤灰的主要控制项目还应包括游离氧化钙含量和安定性；粒化高炉矿渣粉的主要控制项目应包括比表面积、活性指数和流动度比；钢渣粉的主要控制项目应包括比表面积、活性指数、流动度比、游离氧化钙含量、三氧化硫含量、氧化镁含量和安定性；磷渣粉的主要控制项目应包括细度、活性指数、流动度比、五氧化二磷含量和安定性；硅灰的主要控制项目应包括比表面积和二氧化硅含量；矿物掺合料的主要控制项目还应包括放射性。

③ 矿物掺合料质量控制要求详见《混凝土质量控制标准》。

5）外加剂质量控制。

① 外加剂应符合《混凝土外加剂》《混凝土防冻剂》和《混凝土膨胀剂》的有关规定。

② 外加剂质量主要控制项目应包括掺外加剂混凝土性能和外加剂匀质性两方面。混凝土性能方面的主要控制项目应包括减水率、凝结时间差和抗压强度比；外加剂匀质性方面的主要控制项目应包括pH值、氯离子含量和碱含量；引气剂和引气减水剂主要控制项目还应包括含气量；防冻剂主要控制项目还应包括含气量和50次冻融强度损失率比；膨胀剂主要控制项目还应包括凝结时间、限制膨胀率和抗压强度。

③ 外加剂质量控制要求详见《混凝土质量控制标准》。

6）水质量控制。

① 混凝土用水应符合《混凝土用水标准》的有关规定。

② 混凝土用水主要控制项目应包括pH值、不溶物含量、可溶物含量、硫酸根离子含量、氯离子含量、水泥凝结时间差和水泥胶砂强度比。当混凝土集料为碱活性时，主要控制项目还应包括碱含量。

③ 混凝土用水的应用应符合下列规定：未经处理的海水严禁用于钢筋混凝土和预应力混凝土；当集料具有碱活性时，混凝土用水不得采用混凝土企业生产设备洗刷水。

（2）原材料计量

1）原材料计量宜采用电子计量设备。计量设备的精度应符合《建筑施工机械与设备 混凝土搅拌站（楼）》的有关规定，应具有法定计量部门签发的有效检定证书，并应定期校验。混凝土生产单位每月应自检1次；每一工作班开始前，应对计量设备进行零点校准。

2）每盘混凝土原材料计量的允许偏差应符合表5-36的规定，原材料计量偏差应每班检查1次。

表 5-36　各种原材料计量的允许偏差（按质量计,%）

原材料种类	胶凝材料	粗、细集料	拌和用水	外加剂
计量允许偏差	±2	±3	±1	±1

3) 对于原材料计量，应根据粗、细集料含水率的变化，及时调整粗、细集料和拌和用水的称量。

(3) 混凝土配合比控制

1) 配合比设计应符合《普通混凝土配合比设计规程》规定。

2) 配合比应满足混凝土施工性能要求，强度及其他力学性能和耐久性能应符合设计要求。

3) 混凝土配合比控制详见《混凝土质量控制标准》。

2. 混凝土质量的生产控制

(1) 混凝土生产与施工质量控制制度　为混凝土生产和施工中对混凝土质量进行控制，保证混凝土质量，必须在混凝土生产和施工中建立健全必要的技术管理与质量控制制度，在混凝土生产施工之前，应制订完整的技术方案，并做好生产和施工阶段的质量控制工作：

1) 应建立和健全质量管理保证体系，并根据工程规模和质量控制及管理的需要，配备相应的技术人员和必要的检验、试验设备，建立健全必要的技术管理与质量控制制度。

2) 在生产和施工过程中进行质量检测，计算统计参数，应用各种质量管理图表，掌握动态信息，控制整个生产和施工期间的混凝土质量，并遵循升级循环的方式，制订改进与提高质量的措施，完善质量控制过程，使混凝土质量稳定提高。

3) 混凝土施工过程中，应进行质量检查，掌握质量动态信息，应采用质量管理图表进行统计分析，及时制订改进与提高质量的措施。

(2) 原材料进场管理与质量检验

1) 混凝土原材料进场时，供方应按规定批次向需方提供质量证明文件。质量证明文件应包括型式检验报告、出厂检验报告与合格证等，外加剂产品还应提供使用说明书。原材料进场后，应按相关规定进行进场检验，应按如下规定进行：

① 原材料进场时，应按规定批次验收型式检验报告、出厂检验报告或合格证等质量证明文件，外加剂产品还应具有使用说明书。

② 混凝土原材料进场时应进行检验，检验样品应随机抽取。

③ 混凝土原材料的检验批量应符合下列规定：装水泥应按每500t为一个检验批，袋装水泥应按每200t为一个检验批，粉煤灰或粒化高炉矿渣粉等矿物掺合料应按每200t为一个检验批，硅灰应按每30t为一个检验批，砂、石集料应按每400m³或600t为一个检验批，外加剂应按每50t为一个检验批，水应按同一水源不少于一个检验批；如果产品经认证机构认证符合要求，或产品来源稳定且连续三次检验合格，或同一厂家的同批出厂材料，用于同时施工且属于同一工程项目的多个单位工程，可将检验批量扩大一倍；不同批次或非连续供应的不足一个检验批量的混凝土原材料应作为一个检验批。

④ 原材料的质量应符合相关规范中有关原材料质量控制的要求。

2) 原材料进厂后，应做好堆放和存储工作：

① 水泥应按不同厂家、不同品种和强度等级分批存储，并应采取防潮措施；出现结块的水泥不得用于混凝土工程；水泥出厂超过3个月（硫铝酸盐水泥超过45d），应进行复检，合格者方可使用。

② 粗、细集料堆场应有遮雨设施，并应符合有关环境保护的规定；粗、细集料应按不同品种、规格分别堆放，不得混入杂物。

③ 矿物掺合料存储时，应有明显标记，不同矿物掺合料及水泥不得混杂堆放，应防潮防雨，并应符合有关环境保护的规定；矿物掺合料存储期超过3个月时，应进行复检，合格者方可使用。

④ 外加剂的送检样品应与工程大批量进货一致，并应按不同的供货单位、品种和牌号进行标识，单独存放；粉状外加剂应防止受潮结块，如有结块，应进行检验，合格者应经粉碎至全部通过600μm筛孔后方可使用；液态外加剂应储存在密闭容器内，并应防晒和防冻，如有沉淀等异常现象，应经检验合格后方可使用。

（3）混凝土搅拌

1）混凝土搅拌机应符合《混凝土搅拌机》的有关规定。混凝土搅拌宜采用强制式搅拌机。

2）原材料投料方式应满足混凝土搅拌技术要求和混凝土拌合物质量要求。

3）混凝土搅拌的最短时间可按表5-37采用；当搅拌高强混凝土时，搅拌时间应适当延长；采用自落式搅拌机时，搅拌时间宜延长30s。对于双卧轴强制式搅拌机，可在保证搅拌均匀的情况下适当缩短搅拌时间。混凝土搅拌时间应每班检查两次。

表5-37 混凝土搅拌的最短时间　　　　　　　　　　（单位：s）

混凝土坍落度/mm	搅拌机机型	搅拌机出料量/L		
		<250	250~500	>500
≤40	强制式	60	90	120
>40且<100	强制式	60	60	90
≥100	强制式	60		

注：混凝土搅拌的最短时间系指全部材料装入搅拌筒中起，到开始卸料止的时间。

4）同一盘混凝土的搅拌匀质性应符合下列规定：混凝土中砂浆密度两次测值的相对误差不应大于0.8%；混凝土稠度两次测值的差值不应大于表5-38规定的混凝土拌合物稠度允许偏差的绝对值。

表5-38 混凝土拌合物稠度允许偏差

拌合物性能	坍落度/mm			维勃稠度/s			扩展度/mm
设计值	≤40	50~90	≥150	≥11	10~6	≤5	≥350
允许偏差	±10	±20	±30	±3	±2	±1	±30

5）冬期施工搅拌混凝土时，宜优先采用加热水的方法提高拌合物温度，也可同时采用加热集料的方法提高拌合物温度。当拌和用水和集料加热时，拌和用水和集料的加热温度不应超过表5-39的规定；当集料不加热时，拌和用水可加热到60℃以上。应先投入集料和热水进行搅拌，然后投入胶凝材料等共同搅拌。

表5-39 拌和用水和集料的最高加热温度　　　　　　　　　　（单位：℃）

采用的水泥品种	拌和用水	集料
硅酸盐水泥和普通硅酸盐水泥	60	40

（4）混凝土运输

1）在运输过程中，应控制混凝土不离析、不分层，并应控制混凝土拌合物性能满足施工要求。

2）当采用泵送混凝土时，混凝土运输应保证混凝土连续泵送，并应符合《混凝土泵送施工技术规程》的有关规定。

3）混凝土拌合物从搅拌机卸出至施工现场接收的时间间隔不宜大于90min。

4）混凝土运输控制详见《混凝土质量控制标准》。

（5）混凝土浇筑

1）浇筑混凝土前，应检查并控制模板、钢筋、保护层和预埋件等的尺寸、规格、数量和位置，其偏差值应符合《混凝土结构工程施工质量验收规范》的有关规定，并应检查模板支撑的稳定性及接缝的密合情况，应保证模板在混凝土浇筑过程中不失稳、不跑模和不漏浆。

2）浇筑前，应清除模板内及垫层上的杂物；表面干燥的地基土、垫层、木模板应浇水湿润。

3）夏季天气炎热时，混凝土拌合物入模温度不应高于35℃，宜选择晚间或夜间浇筑；现场温度高于35℃时，宜对金属模板进行浇水降温，但不得留积水，并宜采取遮挡措施避免阳光照射模板。

4）当冬期施工时，混凝土拌合物入模温度不应低于5℃，并应有保温措施。

5）在浇筑过程中，应有效控制混凝土的均匀性、密实性和整体性。

6）当混凝土自由倾落高度大于3.0m时，宜采用串筒、溜管或振动溜管等辅助设备；浇筑竖向尺寸较大的结构物时，应分层浇筑，每层浇筑厚度宜控制在300~350mm；大体积混凝土宜采用分层浇筑方法，可利用自然流淌形成斜坡沿高度均匀上升，分层厚度不应大于500mm对于清水混凝土浇筑，可多安排振捣棒，应边浇筑混凝土边振捣，宜连续成型。

7）振捣时间宜按拌合物稠度和振捣部位等不同情况，控制在10~30s内，当混凝土拌合物表面出现泛浆，基本无气泡逸出，可视为捣实。混凝土拌合物从搅拌机卸出后到浇筑完毕的延续时间不宜超过表5-40的规定。

表5-40　混凝土拌合物从搅拌机卸出后到浇筑完毕的延续时间　　（单位：min）

混凝土生产地点	气　温	
	≤25℃	>25℃
预拌混凝土搅拌站	150	120
施工现场	120	90
混凝土制品厂	90	60

8）在混凝土浇筑及静置过程中，应在混凝土终凝前对浇筑面进行抹面处理。

9）混凝土构件成型后，在强度达到1.2MPa以前，不得在构件上面踩踏行走。

10）混凝土浇筑成型控制详见《混凝土质量控制标准》。

（6）养护

1）生产和施工单位应根据结构、构件或制品情况、环境条件、原材料情况及对混凝土性能的要求等，提出施工养护方案或生产养护制度，并应严格执行。

2）混凝土施工可采用浇水、覆盖保湿、喷涂养护剂、冬季蓄热养护等方法进行养护；混凝土构件或制品厂生产可采用蒸汽养护、湿热养护或潮湿自然养护等方法进行养护。选择的养护方法应满足施工养护方案或生产养护制度的要求。

3）采用塑料薄膜覆盖养护时，混凝土全部表面应覆盖严密，并应保持膜内有凝结水；采用养护剂养护时，应通过试验检验养护剂的保湿效果。对于混凝土浇筑面，尤其是平面结构，宜边浇筑成型边采用塑料薄膜覆盖保湿。

4）混凝土施工养护时间应符合下列规定：对于采用硅酸盐水泥、普通硅酸盐水泥或矿渣硅酸盐水泥配制的混凝土，采用浇水和潮湿覆盖的养护时间不得少于 7d；对于采用粉煤灰硅酸盐水泥、火山灰质硅酸盐水泥、复合硅酸盐水泥配制的混凝土，或掺加缓凝剂的混凝土以及大掺量矿物掺合料混凝土，采用浇水和潮湿覆盖的养护时间不得少于 14d；对于竖向混凝土结构，养护时间宜适当延长。

5）对于大体积混凝土，养护过程应进行温度控制，混凝土内部和表面的温差不宜超过 25℃，表面与外界温差不宜大于 20℃。

6）对于冬期施工的混凝土，养护应符合下列规定：日均气温低于 5℃时，不得采用浇水自然养护方法；混凝土受冻前的强度不得低于 5MPa；模板和保温层应在混凝土冷却到 5℃方可拆除，或在混凝土表面温度与外界温度相差不大于 20℃时拆模，拆模后的混凝土也应及时覆盖，使其缓慢冷却；混凝土强度达到设计强度等级的 50％时，方可撤除养护措施。

7）混凝土养护质量控制详见《混凝土质量控制标准》。

3. 混凝土质量的合格控制

（1）混凝土拌合物性能检验

1）在生产施工过程中，应在搅拌地点和浇筑地点分别对混凝土拌合物进行抽样检验。搅拌地点检验为控制性自检，浇筑地点检验为验收检验，凝结时间检验可以在搅拌地点进行。

2）混凝土拌合物的检验频率应符合下列规定：混凝土坍落度取样检验频率应符合《混凝土强度检验评定标准》的有关规定；同一工程、同一配合比、采用同一批次水泥和外加剂的混凝土的凝结时间应至少检验 1 次；同一工程、同一配合比的混凝土的氯离子含量应至少检验 1 次。

3）混凝土拌合物性能应符合《混凝土质量控制标准》的相关规定。

（2）硬化混凝土力学性能检验

1）强度检验评定应符合《混凝土强度检验评定标准》的有关规定。

2）其他力学性能检验应符合设计要求和有关标准的规定。

3）混凝土力学性能应符合《混凝土质量控制标准》中的相关规定。

（3）硬化混凝长期性和耐久性能检验

1）耐久性能和长期性能检验评定应符合《混凝土耐久性检验评定标准》的有关规定执行。长期性能和耐久性能应符合《混凝土质量控制标准》中的相关规定。

2）混凝土耐久性检验评定。

① 耐久性检验评定的项目：抗冻性能；抗水渗透性能；抗硫酸盐侵蚀性能；抗氯离子渗透性能；抗碳化性能；早期抗裂性能。

② 试验方法：应符合《普通混凝土长期性能和耐久性能试验方法标准》。

③ 检验批：同一检验批混凝土的强度等级、龄期、生产工艺应相同；对于同一工程、同一配合比的混凝土，检验批不应少于一个；对于同一检验批、设计要求的各个检验项目应至少完成一组试验。

④ 结果评定：混凝土的耐久性应根据混凝土的各耐久性检验项目的检验结果，分项进行评定，符合设计规定的检验项目，可评定为合格；同一检验批全部耐久性项目检验合格

者，该检验批混凝土耐久性可评定为合格；对于某一检验批被评定为不合格的耐久性检验项目，应进行专项评审，并对该检验批的混凝土提出处理意见。

（4）混凝土工程验收

1）混凝土工程质量验收应符合《混凝土结构工程施工质量验收规范》的规定；混凝土工程质量验收时，还应符合《混凝土耐久性检验评定标准》对混凝土长期性能和耐久性能的规定。

2）检验批合格质量应符合下列规定：主控项目的质量经抽样检验合格；一般项目的质量经抽样检验合格，当采用计数检验时，除有专门要求外一般项目的合格点率应达到80%及以上，且不得有严重缺陷；具有完整的施工操作依据和质量验收记录对验收合格的检验批宜做出合格标志。

3）当混凝土结构施工质量不符合要求时，应按下列规定进行处理：

① 经返工、返修或更换构件、部件的检验批，应重新进行验收。

② 经有资质的检测单位检测鉴定达到设计要求的检验批，应予以验收。

③ 经有资质的检测单位检测鉴定达不到设计要求，但经原设计单位核算并确认仍可满足结构安全和使用功能的检验批，可予以验收。

④ 经返修或加固处理能够满足结构安全使用要求的分项工程，可根据技术处理方案和协商文件进行验收。

5.7.3 混凝土强度的检验评定

混凝土强度检验评定中经常用到以下术语：

1）合格性评定：根据一定规则对混凝土强度合格与否所做的判定。

2）检验批：由符合规定条件的混凝土组成，用于合格性评定的混凝土总体。

3）检验期：为确定检验批混凝土强度的标准差而规定的统计时段。

4）样本容量：代表检验批的用于合格评定的混凝土试件组数。

1. 混凝土强度检验评定的基本要求

1）混凝土的强度等级应按立方体抗压强度标准值划分。混凝土强度等级应采用符号C与立方体抗压强度标准值（以 N/mm^2 计）表示。

2）立方体抗压强度标准值应为按标准方法制作和养护的边长为150mm的立方体试件，用标准试验方法在28d龄期测得的抗压强度总体分布中的一个值，强度低于该值的概率应为5%。

3）混凝土强度应分批进行检验评定。一个检验批的混凝土应由强度等级相同、试验龄期相同、生产工艺条件和配合比基本相同的混凝土组成。

4）对大批量、连续生产混凝土的强度应按《混凝土强度检评定标准》中规定的统计方法评定；对小批量或零星生产混凝土的强度应按该标准中规定的非统计方法评定。

2. 混凝土试件的取样与强度试验

（1）混凝土强度试验取样

1）混凝土的取样，宜根据《混凝土强度检验评定标准》规定的检验评定方法要求制订检验批的划分方案和相应的取样计划。

2）混凝土强度试样应在混凝土的浇筑地点随机抽取，试件的取样频率和数量应符合下列规定：每 100 盘但不超过 100m³ 的同配合比混凝土，取样次数不应少于一次，其中"盘"是指搅拌混凝土的搅拌机一次搅拌的混凝土；每一个工作班（8h）拌制的同配合比混凝土，不足 100 盘和 100m³ 时取样次数不应少于一次；当一次连续浇筑的同配合比混凝土超过 1000m³ 时，每 200m³ 取样不应少于一次；对房屋建筑，每一楼层、同一配合比的混凝土，取样不应少于一次。

3) 每批混凝土试样应制作的试件总组数，除满足《混凝土强度检验评定标准》统计方法或非统计方法规定的混凝土强度评定所必需的组数外，还应留置为检验结构或构件施工阶段混凝土强度所必需的试件。

(2) 混凝土试件的制作与养护

1) 每次取样应至少制作一组标准养护试件。

2) 每组 3 个试件应由同一盘或同一车的混凝土中取样制作。

3) 检验评定混凝土强度用的混凝土试件，其成型方法及标准养护条件应符合《普通混凝土力学性能试验方法标准》的规定。

4) 采用蒸汽养护的构件，其试件应先随构件同条件养护，然后应置入标准养护条件下继续养护，两段养护时间的总和应为设计规定龄期。

(3) 混凝土试件的试验

1) 混凝土试件的立方体抗压强度试验应根据《混凝土物理力学性能试验方法标准》的规定执行。每组混凝土试件强度代表值的确定，应符合下列规定：取 3 个试件强度的算术平均值作为每组试件的强度代表值；当一组试件中强度的最大值或最小值与中间值之差超过中间值的 10% 时，取中间值作为该组试件的强度代表值；当一组试件中强度的最大值和最小值与中间值之差均超过中间值的 15% 时，该组试件的强度不应作为评定的依据。对掺矿物掺合料的混凝土进行强度评定时，可根据设计规定，采用大于 28d 龄期的混凝土强度。

2) 当采用非标准尺寸试件时，应将其抗压强度乘以尺寸折算系数，折算成边长为 150mm 的标准尺寸试件抗压强度。尺寸折算系数按下列规定采用：当混凝土强度等级低于 C60 时，对边长为 100mm 的立方体试件取 0.95，对边长为 200mm 的立方体试件取 1.05；当混凝土强度等级不低于 C60 时，宜采用标准尺寸试件，使用非标准尺寸试件时，尺寸折算系数应由试验确定，其试件数量不应少于 30 组。

3. 混凝土强度的检验评定方法

根据《混凝土强度检验评定标准》，混凝土强度评定可分为统计方法和非统计方法。统计方法又分为标准差已知方案和标准差未知方案，统计法适用于预拌混凝土厂、预制混凝土构件厂和现场集中搅拌等情况，非统计法适用于零星生产的预制构件厂或现场搅拌批量不大的混凝土。

(1) 统计方法评定

1) 标准差已知方案。对于连续生产的混凝土，生产条件在较长时间内保持一致，且同一品种、同一强度等级混凝土的强度变异性保持稳定时，每批混凝土强度的标准差可按常数考虑。

强度评定时，一个检验批的样本容量应为连续的 3 组试件，其强度应符合式（5-31）的要求。检验批混凝土立方体抗压强度的标准差应按式（5-32）计算。

$$\begin{cases} m_{f_{cu}} \geq f_{cu,k} + 0.7\sigma_0 \\ f_{cu,min} \geq f_{cu,k} - 0.7\sigma_0 \end{cases} \tag{5-31}$$

式中，$m_{f_{cu}}$ 为同一检验批混凝土立方体抗压强度的平均值，精确到 0.1N/mm^2；$f_{cu,k}$ 为混凝土立方体抗压强度标准值，精确到 0.1N/mm^2；$f_{cu,min}$ 为同一检验批混凝土立方体抗压强度的最小值，精确到 0.1N/mm^2；σ_0 为检验批混凝土立方体抗压强度的标准差，精确到 0.01N/mm^2；当检验批混凝土强度标准差 σ_0 计算值小于 2.0N/mm^2 时，应取 2.5 N/mm^2。

$$\sigma_0 = \sqrt{\frac{\sum_{i=1}^{n} f_{cu,i}^2 - n m_{f_{cu}}^2}{n-1}} \tag{5-32}$$

式中，$f_{cu,i}$ 为前一个检验期内同一品种、同一强度等级的第 i 组混凝土试件的立方体抗压强度代表值，精确到 0.1N/mm^2；该检验期不应少于60d，也不得大于90d；n 为前一检验期内的样本容量，在该期间内样本容量不应少于45。

当混凝土强度等级不高于C20时，混凝土强度的最小值尚应满足式（5-33）的要求；当混凝土强度等级高于C20时，其强度的最小值尚应满足式（5-34）的要求。

$$f_{cu,min} \geq 0.85 f_{cu,k} \tag{5-33}$$

$$f_{cu,min} \geq 0.90 f_{cu,k} \tag{5-34}$$

2）标准差未知方案。当混凝土生产条件在较长时间内不能保持一致，且混凝土的强度变异性不能保持稳定或无法确定检验批立方体抗压强度的标准差时，无法积累强度数据以资计算可靠的标准差参数，此时检验评定只能直接根据每一检验批抽样的样本强度数据确定。为提高检验的可靠性，检验批的样本容量应不少于10组，其强度应满足式（5-35）的要求，同一检验批混凝土立方体抗压强度的标准差应按式（5-36）计算。

$$\begin{cases} m_{f_{cu}} \geq f_{cu,k} + \lambda_1 S_{f_{cu}} \\ f_{cu,min} \geq \lambda_2 f_{cu,k} \end{cases} \tag{5-35}$$

$$S_{f_{cu}} = \sqrt{\frac{\sum_{i=1}^{n} f_{cu,i}^2 - n m_{f_{cu}}^2}{n-1}} \tag{5-36}$$

式中，$S_{f_{cu}}$ 为同一检验批混凝土立方体抗压强度的标准差（N/mm^2）；精确到 0.01N/mm^2；当检验批混凝土强度标准差 $S_{f_{cu}}$ 计算值小于 2.5N/mm^2 时，应取 2.5N/mm^2；λ_1、λ_2 为合格评定系数，按表5-41取用；n 为本检验期内的样本容量。

表5-41 混凝土强度的合格评定系数

试件组数	10~14	15~19	≥20
λ_1	1.15	1.05	0.95
λ_2	0.90	0.85	

（2）非统计方法评定 当用于评定的样本容量小于10组时，应采用非统计方法评定混凝土强度；按非统计方法评定混凝土强度时，其强度应满足下式要求

$$\begin{cases} m_{f_{cu}} \geq \lambda_3 f_{cu,k} \\ f_{cu,min} \geq \lambda_4 f_{cu,k} \end{cases} \tag{5-37}$$

式中，λ_3、λ_4 为合格评定系数，应按表 5-42 取用。

表 5-42　混凝土强度的非统计法合格评定系数

混凝土强度等级	<C60	≥C60
λ_3	1.15	1.10
λ_4	0.95	

（3）混凝土强度的合格性评定

1）当检验结果满足统计方法评定合格标准或非统计方法评定合格标准规定时，则该批混凝土强度应评定为合格；当不能满足上述规定时，该批混凝土强度应评定为不合格。

2）评定为不合格批的混凝土，可按国家现行的有关标准进行处理。

5.8　其他种类混凝土及现代混凝土技术进展

5.8.1　高性能混凝土及绿色高性能混凝土

高性能混凝土（High Performance Concrete，HPC）是 20 世纪 80 年代末 90 年代初，一些发达国家针对混凝土的过早劣化、基于混凝土结构耐久性设计提出的一种全新概念的混凝土。高性能混凝土以耐久性为首要设计指标，往往具有高耐久性、高工作性、高强度和高体积稳定性等优良特性，被认为是目前全世界性能最为全面的混凝土，已成为今后混凝土技术的发展方向。

高性能混凝土已在桥梁、高层建筑、海港建筑等工程中显示出了独特的优越性，如三峡大坝工程、广州市地铁工程、上海金茂大厦和北京首都国际机场等，高性能混凝土在工程安全使用期、经济合理性、环境条件的适应性等方面产生了明显的效益。

1. 高性能混凝土的体积稳定性

材料性质、结构特点、施工及环境条件都将影响到混凝土结构耐久性，在现实工程结构中，结构与周围环境作用较直观反映了混凝土耐久性，具体表现为冻融、碳化、碱-集料反应、化学侵蚀、钢筋锈蚀等劣化形式，这些是通常认为的耐久性的主要影响因素。但随着水泥和混凝土工业的新发展，混凝土从浇筑开始产生的体积变化引起的开裂破坏成为混凝土耐久性研究的热点，而这是上述影响因素所不能概括的，实际上也就是混凝土体积稳定性问题。

从不同学者对高性能混凝土理解来看，不管是美国学者认为的"易于浇筑、捣实、不离析、能长期保持高强、高韧性与体积稳定性，在严酷环境下使用寿命长"，还是日本学者强调的"高填充能力，在新拌阶段不需振捣就能完成浇筑；在水化、硬化的早期阶段很少产生由于水化热和干缩等因素而形成的裂缝；在硬化阶段具有足够的强度和耐久性"，不难看出，体积稳定性是混凝土高耐久性实现与否的重要影响因素，更是高性能混凝土的标志之一，而混凝土的抗收缩开裂性能是其体积稳定性的重要方面。

与普通混凝土相比，在高性能混凝土配合比设计过程中，已经采取了降低水泥用量、控制砂率、降低水胶比等减少混凝土收缩的措施。但使用高效减水剂和（或）缓凝剂带来的单位用水量的减少和凝结时间的延长不可避免地使混凝土在凝结硬化过程中发生早期塑性收缩开裂；大量矿物掺合料的使用，会引起浆骨比的增加，也使得高性能混凝土的总体收缩增大；为实现高强而使用的高强度等级水泥和低水胶比，容易使混凝土在凝结硬化过程中发生自干燥收缩，对于高强高性能混凝土甚为不利。

随着混凝土技术水平的发展，现今要配制高强度、高流动性和低渗透性混凝土已经不是难题。但混凝土的体积稳定性，尤其是由于热应力和收缩引起的体积变形问题却依然难以解决，导致在实际工程应用中混凝土结构开裂普遍、渗透性增大、耐久性下降，致使现代混凝土的体积稳定性问题日益突出。

为了防止混凝土产生裂缝，除了采用有利于混凝土防裂的结构形式、加强温湿度控制措施、减小混凝土浇筑块的内外温差和保持合理的施工程序，提高混凝土本身的抗裂性能是防裂的关键。提高混凝土抗拉强度、保持混凝土早期必要的徐变程度、降低混凝土的绝热温升与热膨胀系数、减少混凝土的干缩等，都是提高混凝土抗裂性能的有效途径。

提高混凝土自身性能是改善耐久性的主要途径，主要从降低水泥水化热及混凝土线性热膨胀系数、提高混凝土抗裂能力、改善混凝土内部的微观结构（孔结构及孔分布）等方面控制混凝土体积稳定性。

为改善混凝土的温度变形性能，在选择混凝土原材料时应该考虑低热水泥，并掺加粉煤灰及矿渣等掺合料，减少混凝土早期的收缩和开裂，同时利于改善混凝土内部的微观结构。降低混凝土线性膨胀系数则可以通过合理选择热物性能合适的混凝土原材料、使用膨胀系数较小甚至为负数的有机纤维等。

混凝土自身抗裂能力的提高有赖于通过合理选材提高混凝土黏结性能、韧性及抗拉强度，同样可以利用纤维的阻裂性能进行改善。改善混凝土孔结构及孔分布有赖于高性能外加剂的使用，使新拌混凝土均匀密实、硬化混凝土内部孔隙结构、尺寸及分布利于改善混凝土内部热、湿及化学离子的迁移过程，进而改善混凝土体积稳定性和耐久性。

除此之外，应该重视集料对混凝土体积稳定性的影响，并通过合理选择集料（考虑其热物性能、母岩力学性能、颗粒形状、尺寸和级配等）及确定适宜的集胶比，从改善混凝土的弹性模量、线热膨胀系数及混凝土抗裂性能等方面改善混凝土体积稳定性，提高混凝土耐久性。

2. 绿色高性能混凝土

吴中伟院士在1997年3月的"高强与高性能混凝土"会议上，首次提出了"绿色高性能混凝土（Green High Performance Concrete，GHPC）"的概念，他认为发展绿色高性能混凝土是唯一和必然的选择。"绿色"是对产品"健康、环保、安全"等属性的评价，包括对原材料的利用、生产过程、施工过程、使用过程、废物处置过程等的分项评价和综合评价。"绿色"可概括为节约资源、能源；不破坏环境，更有利于环境；可持续发展，既满足当代人的需要，又不危害后代人的需求能力。因此，绿色高性能混凝土可定义为：从生产、制造、使用到废弃的整个周期中，最大限度地减少资源和能源的消耗，最有效地保护环境，是可以进行清洁生产和使用的，并且可再回收循环利用的，高质量、高性能的绿色建筑材料。

绿色高性能混凝土可以更多地节约水泥熟料，降低能耗和材料消耗，有效地减少环境污染，大幅降低料耗与能耗；可以对工业废料进行资源化利用，减少二次污染；可以将固体废弃物利用和混凝土高性能的实现良好地结合起来，达到降低成本、节约资源与改善环境的目的。

绿色高性能混凝土具有如下特征：更多地掺加以工业废渣为主的掺合料，控制和减少水泥熟料的用量，改善环境，减少二次污染；更大地发挥混凝土的高性能优势，提高耐久性，延长建筑物的使用寿命，以减少水泥和混凝土的用量，减少环境污染和能源消耗。

大力发展掺工业废渣的绿色高性能混凝土，使混凝土这种人造材料真正成为可持续发展的材料，将会极大地减少矿物资源、能源的消耗及环境负荷。

5.8.2 轻集料混凝土

1. 轻集料混凝土的定义及分类

轻集料混凝土是指采用轻粗集料、轻砂（或普通砂）、水泥和水配制而成的干表观密度不大于1950kg/m³的混凝土。轻集料混凝土根据粗细集料及其用量的差异，又可分为全轻混凝土、砂轻混凝土、大孔轻集料混凝土和次轻混凝土。全轻混凝土的细集料全部为轻砂；砂轻混凝土的细集料为普通砂或部分轻砂；大孔轻集料混凝土是由轻粗集料、水泥和水配制而成的无砂或少砂混凝土；次轻混凝土是在轻粗集料中掺入适量普通粗集料，配制出的干表观密度大于1950kg/m³、小于或等于2300kg/m³的混凝土。

轻集料按照原材料来源可以分为三类：
1) 工业废料轻集料，包括粉煤灰陶粒、膨胀矿渣珠、自然煤矸石、煤渣及其轻砂。
2) 天然轻集料，包括浮石、火山渣及其轻砂。
3) 人造轻集料，包括页岩陶粒、黏土陶粒、膨胀珍珠岩集料及其轻砂等。

若按集料种类的不同进行划分，常用轻集料混凝土通常有陶粒混凝土、浮石混凝土、膨胀珍珠岩混凝土等。按轻集料混凝土的用途可分为：
1) 保温轻集料混凝土，其重度小于800kg/m³，抗压强度小于5MPa，主要用于围护结构和热工构筑物的保温。
2) 结构保温轻集料混凝，其重度为800~1400kg/m³，抗压强度为5.0~20.0MPa，主要用于配筋和不配筋的围护结构。
3) 结构轻集料混凝土，其重度为1400~1900kg/m³，抗压强度为15.0~50.0MPa，主要用于承重的构件、预应力构件或构筑物。

2. 轻集料混凝土的性能特点

与普通混凝土相比，轻集料混凝土的表观密度小（减小1/4~1/3）、弹性模量低、极限应变大、热膨胀系数小，但收缩和徐变较大。因此，它具有自重轻、保温、抗震和耐火性能较好的特点，并具有良好的经济效益和社会效应。具体而言，轻集料混凝土具有如下性能特点：

（1）比强度较高　比强度是混凝土抗压强度与表观密度的比值，比强度越高，材料的轻质、高强特征就越显著。日本已研制出表观密度1880kg/m³，28d抗压强度达到95MPa的高强轻集料混凝土，比强度达50.5MPa·m³/kg，比强度足以与140MPa以上的高性能混凝土相媲美。

（2）高耐久性　轻集料混凝土的水泥石和集料中均有微细的孔隙存在，可以缓解受冻害时水结冰而产生的膨胀应力，具有良好的抗冻性能。同样，多孔性也可成功缓解碱-集料反应形成的应力，因此尽管轻集料具有碱活性，但长期的实际应用中没有发现轻集料混凝土中碱-集料反应破坏的实例。

（3）保温保湿　轻集料混凝土内部多孔、表观密度较小，具有隔热、保温和保湿的功能。较传统的实心黏土砖或普通混凝土墙体材料相比，轻集料混凝土可节能 40%~60%。在室内空气湿度较高的情况下，轻集料能够吸入空气中的水分，并在室内湿度较低时自动释放出水分，起到调湿、保湿的作用。

（4）抗震性优良　因地震力和上部结构的自重成正比，当结构采用轻集料混凝土后，自重的下降将降低地震力。轻集料混凝土的弹性模量较低，结构的自振周期将变长，变形能力增强，结构破坏时将消耗更多的变形能。因此，轻集料混凝土有利于改善建筑物的抗震性能并提高抵抗动荷载作用的能力。

（5）耐火性好　轻集料混凝土都是多孔性材料，导热系数和线膨胀系数都小于普通混凝土，热工性能较好，轻集料混凝土结构的保温、抗高温和耐火极限等性能均明显超过普通混凝土结构。通常，一般建筑物发生火灾时，普通混凝土耐火 1h，而轻集料混凝土可耐火 4h；在 600℃ 高温下，普通混凝土只能维持室温强度的 35%~75%，而轻集料混凝土可维持室温强度的 85%。

（6）经济性显著　虽然人造轻集料造价高于天然集料，但采用轻集料可降低结构自重，进而可减小结构截面尺寸、提高结构跨度或层高。因此，使用轻集料混凝土既可节约水泥、钢筋，又可降低基础处理费用，既增加了使用面积，又延长工程使用寿命等，具有显著的经济性。

（7）社会效益突出　生产混凝土而消耗的天然集料数量巨大，其开采过程也对生态环境造成不可估量的破坏。而轻集料可以由粉煤灰、淤泥、污泥生活垃圾等废渣制备，既有利于能源资源的节约和废弃物资源化利用，又有利于环境保护。

3. 轻集料混凝土的应用

由于轻集料混凝土自重轻、保温隔热性能、耐火性能、耐久性能好、抗震性能优良，因此轻集料混凝土主要适用于高层和多层结构、软土基地、大跨度结构、抗震结构、要求节能的建筑和旧建筑改造等。以墙、板构件形式的应用较多：制作预制保温墙板、砌块，主要用于建筑的保温隔热填充墙体；保温屋面板，用作屋面的保温隔热；现浇楼板材料，可以大大降低楼板自重进而降低建筑物的自重；剪力墙，在做结构的同时，还可以起到保温隔热的作用。

5.8.3　纤维增强混凝土

1. 纤维增强混凝土的定义和分类

纤维增强混凝土又简称为纤维混凝土，纤维混凝土是以水泥净浆、砂浆或混凝土做基材，在基体中掺入乱向分布的短纤维或连续的长纤维作为增强材料所组成的一种多相、多组分水泥基复合材料。美国混凝土协会（American Concrete Institute，ACI）将纤维增强混凝土定义为："主要由水硬性水泥、集料与分散的增强纤维所制成的一种混凝土"。

混凝土中常用的纤维，可按照组成和材料性质进行分类。按照纤维的组成，可以分为金属纤维（钢纤维、不锈钢纤维）、无机纤维（石棉等天然纤维，玻璃纤维、碳纤维等人造矿物纤维）、有机纤维（聚丙烯、聚丙烯腈、聚乙烯等）。按照纤维的弹性模量，可分为高弹模纤维（钢纤维、玻璃纤维和碳纤维等）、低弹模纤维（聚丙烯、植物纤维等）。高弹模纤维的作用主要体现抑制混凝土裂缝的形成，提高混凝土抗拉强度、抗弯强度和最大拉伸、弯曲破坏应变，提高断裂韧性和抗冲击能力。低弹模纤维对混凝土强度的改善不明显，但一般具有很好的变形性能，能有效提高水泥基复合材料的断裂变形能力，减少由于混凝土内应力而产生的裂缝，进而提高混凝土早期抗裂性、抗冲击性能和抗疲劳破坏能力。

根据所加入纤维的不同，常用纤维增强混凝土又可分为钢纤维增强混凝土、合成纤维增强混凝土（聚丙烯纤维、聚丙烯腈纤维等）、玻璃纤维增强混凝土等。其中钢纤维增强混凝土、玻璃纤维增强混凝土和聚丙烯类纤维增强混凝土应用最为广泛。随着混凝土技术的发展和对混凝土材料性能要求的提高，人们在钢筋混凝土中加入纤维制成钢筋-纤维复合混凝土，这也成为纤维混凝土开发和应用的一种新途径。

2. 纤维增强混凝土的性能特点

纤维增强混凝土性能取决于纤维自身的性质及纤维在混凝土基体中的散布混合状态。通常，纤维可显著增强混凝土的抗裂能力和韧性，防止混凝土早期由于沉降、水化热、干缩产生的内部微裂缝扩展，同时减少混凝土表观裂缝及开裂宽度，其中钢纤维能显著提高混凝土韧性，聚丙烯纤维对于防止混凝土早期塑性开裂有明显作用，聚丙烯腈纤维既能防止混凝土早期塑性开裂又能提高硬化混凝土的韧性；掺加纤维能提高水泥基体耐变形的能力，改善混凝土抗弯、抗拉及抗疲劳、抗冲击性能；有机纤维可显著提高混凝土的耐火性能；但纤维的掺加会在一定程度上影响新拌混凝土的工作性能，尤其是钢纤维加入时对新拌混凝土工作性能影响明显；掺加纤维通常还可以改善水泥基体抗冻、抗疲劳性能、耐磨性能，提高混凝土的耐久性能。掺加高弹性模量纤维，可大幅度提高混凝土强度，降低混凝土脆性，减少结构构件截面尺寸，降低自重。虽然掺加纤维将增加混凝土的直接经济成本，但综合经济效益显著。

（1）钢纤维增强混凝土的性能　钢纤维增强混凝土中，大量很细的钢纤维均匀分散于混凝土中，与混凝土基体接触的面积很大，所以在各个方向上都使混凝土的强度得到提高，大大改善混凝土的各项性能。与普通混凝土相比，钢纤维混凝土抗拉强度、抗弯强度，耐磨、耐冲击、耐疲劳、韧性和抗裂、抗爆等性能都可得到提高。

（2）合成纤维增强混凝土的性能　当水泥基体因各种原因生成内部微裂或扩展时，合成纤维可以吸收大量能量，控制裂缝的生成及发展，使混凝土抗裂能力及改善抗冲击性能大幅度提高，也使混凝土抗折强度大幅提高并降低脆性，混凝土的抗渗能力、抗冻能力得以提高，混凝土耐久性大大增强。在水泥基体中随机分布一些合成纤维是增强混凝土韧性、抗冲击性、抗渗性及耐收缩断裂性的有效途径。大量实验表明，在配制混凝土时加入少量合成纤维，混凝土性能将发生明显改善：

1）少量合成纤维掺入混凝土中对混凝土成型时的塑性影响很大，可以很好地提高混凝土的阻裂性，最终增强混凝土的综合性能。当混凝土中合成纤维的体积掺量为0.05%和0.1%时，其裂缝数减少分别达到65%和75%。

2）少量的合成纤维掺入混凝土中能很好地改善其抗渗性。当聚丙烯纤维的体积掺量为0.1%时，混凝土的渗透性减少了60%。

3）少量合成纤维掺入混凝土中能增强混凝土的抗冻性和耐蚀性。经过50次冻融，纤维增韧高性能混凝土的质量损失率只有普通混凝土的7.6%，经过100次冻融，纤维增韧高性能混凝土的质量损失率只有普通混凝土的质量损失率的2.4%。

4）少量的合成纤维掺入混凝土中能很好地增加混凝土的抗冲击能力，且随着纤维量的增加而提高。当纤维体积掺量分别为0.05%和0.1%时，混凝土的初裂冲击次数和破坏冲击次数分别提高了 2.0~2.5 倍和 1.5~2.0 倍。

5）当合成纤维的体积掺量为 0.05% 时，混凝土的抗冲刷耐磨性能提高 1.4~2.0 倍。

6）少量合成纤维掺入混凝土中对混凝土的抗压强度影响不大，当合成纤维的体积掺量为 0.05%~0.1% 时，混凝土的抗折强度提高了 12%~26%。

7）高温时纤维熔化形成气孔缓解内部气压，能大大提高合成纤维混凝土构件的抗高温爆裂能力，在混凝土构件受爆炸时仍有可能保持良好的整体性。

3. 纤维增强混凝土的应用

（1）钢纤维增强混凝土的应用　钢纤维增强混凝土主要应用于高速公路和机场跑道、桥梁工程结构和桥面、大跨度梁和板、隧道及港道等的支护工程、水利结构工程和刚性防水工程、桩基及铁路枕轨等，也可用于对抗冲击和耐磨性要求较高的建筑物地面工程（如厂房的地面、堆场地面等）。

配制钢纤维增强混凝土时，其配合比除了需满足普通混凝土一般要求，还应满足抗拉强度或抗折强度、韧性及施工时拌合物和易性和钢纤维不结团的要求。在某些条件下还应满足对抗冻性、抗渗性的要求。对有耐蚀和耐高温要求的结构物，应选用不锈钢钢纤维。

（2）合成纤维增强混凝土的应用　聚丙烯纤维等合成纤维经常用于高速公路修补路面，公路收费站特殊路段；桥梁；地下室工程结构性自防水、外墙抹灰、仓库地板、屋面防水；高层建筑转换层大梁、钢筋混凝土柱；水池、游泳池；停车场、网球场、停机坪；水泥预制构件、保温制品等。

5.8.4 聚合物混凝土

聚合物混凝土是由水泥混凝土和高分子材料有机结合而成的一种新型混凝土，其中有机聚合物作为部分或全部胶结材料使用。聚合物的加入弥补了普通混凝土抗拉强度低、抗裂性差、脆性大、耐蚀性差的缺点。根据聚合物种类和聚合物混凝土生产方法的不同，可以将聚合物混凝土分为聚合物水泥混凝土、聚合物浸渍混凝土和聚合物胶结混凝土三种。

1. 聚合物水泥混凝土

用聚合物乳液或水溶性聚合物与水泥作为胶结材料，并加入其他集料制成的混凝土称为聚合物水泥混凝土。

生产聚合物水泥混凝土时，聚合物可以使用天然橡胶乳液等天然聚合物和聚醋酸乙烯、氯丁橡胶、聚苯乙烯等合成聚合物，水泥可以采用普通硅酸盐水泥或高铝水泥。新拌混凝土中，聚合物在混凝土内形成膜状体，凝结硬化过程中，水泥水化吸收乳液中水分（并不发生化学反应），使乳液逐渐凝固，填充水泥水化产物和集料之间的空隙，与水泥水化产物互相包裹填充形成致密结构，并起到增强同集料黏结的作用，从而使聚合物水泥混凝土具有比普通混凝土优良的特性。聚合物水泥混凝土，比普通混凝土具有更高的密实度和强度、较好的耐久性、耐磨性、耐蚀性，并能够减少收缩变形。

聚合物水泥混凝土配制比较简单，生产工艺与普通混凝土相似，现场施工方便，可用于无缝地面、混凝土路面、机场跑道面层和建筑物的防水。生产和使用聚合物水泥混凝土时，必须先潮湿养护使水泥水化，然后自然干燥养护使聚合物乳液破乳成膜。

2. 聚合物浸渍混凝土

以已硬化的普通混凝土为基体，经干燥后浸入有机单体中使单体渗入混凝土孔隙内，再用加热或辐射的方法聚合而成的混凝土称为聚合物浸渍混凝土。

生产聚合物浸渍混凝土时，用于浸渍的有机单体可以有甲基丙烯酸甲酯、苯乙烯、丙烯腈和聚酯-苯乙烯等，以甲基丙烯酸甲酯和苯乙烯最为常用。聚合物浸渍混凝土中，聚合物在混凝土中与水泥凝胶体互相交叉形成连续的空间网络，同时聚合物填充了混凝土基体内部孔隙和微裂纹，起到增塑、增韧、填孔和固化作用，既提高了混凝土的密实度，也增加了水泥石与集料间的黏结。聚合物浸渍混凝土具有高强度、高抗渗性、高耐蚀性，并明显提高了抗冻性、抗冲击性和耐磨性，徐变和收缩值较小。与浸渍处理前相比，混凝土的抗压强度可提高 2~4 倍，一般为 100~150MPa，最高可达到 260MPa 以上，抗拉强度可以提高到 10~20MPa。

聚合物浸渍混凝土适用于要求高强度、高耐久性的特殊结构工程，如高压输气管、高压输液管、高压容器、隧道衬砌、海洋构筑物、原子能反应堆等工程。

3. 聚合物胶结混凝土

聚合物胶结混凝土（也称树脂混凝土），是一种完全没有矿物胶凝材料而以合成树脂为胶结材料，以砂石为集料的混凝土。有时为减少树脂用量，往往要加入填料粉砂等。

聚合物胶结混凝土的胶结材料全部是一种或多种热固性聚合物及固化剂，常用的聚合物有甲基丙烯酸酯、环氧树脂、呋喃化合物等。

聚合物胶结混凝土具有高强、耐蚀、耐水等优点，尤其是具有优良的电绝缘性能。聚合物胶结混凝土施工方便、工艺简单、硬化快速，但目前成本较高，只能用于特殊工程（如耐蚀工程、修补工程等）。此外，聚合物胶结混凝土外表美观，可以制成人造大理石，用于桌面、台面和浴缸等。

5.8.5 泵送混凝土

1. 泵送混凝土及其性能要求

根据《混凝土泵送施工技术规程》，可通过泵压作用沿输送管道强制流动到目的地并进行浇筑的混凝土称为泵送混凝土。

泵送混凝土必须满足强度和耐久性的要求，满足泵送工艺的要求（混凝土具有良好的可泵性），在泵送过程中具有良好的流动性、阻力小、不离析、不易泌水、不堵塞管道。混凝土可泵性是表示混凝土在泵压下沿输送管道流动的难易程度及稳定程度的特性。

为保证混凝土具有良好的可泵性，要求泵送混凝土必须满足以下要求：

1）混凝土与管壁的摩擦阻力要小，泵送压力合适。如果混凝土与泵管壁之间摩擦阻力大，泵送混凝土的输送距离和单位时间内混凝土输送量将受到限制。而且，如果混凝土承受的压力加大，混凝土质量会发生改变。

2）泵送混凝土在泵送过程中不得有离析现象。如果泵送混凝土出现离析，则粗集料在砂浆中将处于非悬浮状态，集料相互接触而摩擦阻力增大，当摩擦阻力超过泵送压力时，将引起堵管。摩擦阻力大和离析是泵送失败的两个主要原因。

3）泵送过程中混凝土质量不得发生明显变化。在泵送压力存在的条件下，容易导致泌水和集料吸水，进而造成混凝土水分的迁移及含气量的改变，最终引起拌合物性质的变化，并使泵送过程中出现堵管现象。堵管主要有以下两种情况：

① 本来泵压足够，但浆体保水差、集料吸水率大，水分在压力条件下向前方和集料内

部迁移，使混凝土润滑层水分丧失而干涩、浆体流动性降低、含气量降低，局部混凝土受到挤压密实，引起摩擦阻力加大，超过泵送压力，引起堵管。

② 本来因输送距离和摩擦阻力原因造成泵压不足，同时又由于浆体流动性不足，拌合物移动速度过缓，混凝土承受压力时间过长，持续压力条件下，虽然无水分迁移但含气量损失，使局部混凝土受到挤压而密实并丧失流动性，摩擦阻力进一步加大，泵压更为不足，也会引起堵管。

2. 泵送混凝土的应用

采用泵送混凝土输送混凝土拌合物，可以一次连续完成水平和垂直运输及浇筑，生产效率高、节约劳动力，非常适用于狭窄和有障碍的施工现场及大体积混凝土结构。

泵送混凝土除了要求流动性好，拌合物的黏聚性也至关重要。因此，生产和使用泵送混凝土时，集料最大粒径一般不大于管径的1/4；需加入泵送剂，防止混凝土拌合物在泵送管道中离析和堵塞；能使混凝土拌合物在泵压下顺利通行的减水剂、塑化剂、加气剂及增稠剂等均用于泵送混凝土。加入适量的混合材料（如粉煤灰等），也可避免混凝土施工中拌合料分层离析、泌水和堵塞输送管道。

通常泵送混凝土中的原材料及其用量与普通混凝土有一定差别，胶凝材料用量不宜低于$300kg/m^3$；粗集料宜优先选用卵石，最大粒径不超过40mm；砂率一般高达38%~45%。此外要求压力泌水率低，10s的相对压力泌水率不宜超过40%；坍落度应较大（100~200mm）且经时坍落度损失较小。

5.8.6 喷射混凝土

1. 喷射混凝土的定义及分类

喷射混凝土是借助喷射机械，利用压缩空气或其他动力，将按一定配合比的拌合料，通过管道运输并高速喷射到受喷面上，迅速凝结固化而成的混凝土。根据喷射法施工时混合料的干湿状态，可以分为干喷法（干拌法）喷射混凝土和湿喷法（湿拌法）喷射混凝土两类。

干喷法是将水泥、砂、石在干燥状态下拌和均匀，用压缩空气送至喷嘴并与压力水混合后进行喷射施工的方法。干喷法施工时对操作人员的熟练程度要求较高，水胶比宜小，水泥用量不宜太小，石子须用连续级配且粒径不得过大，一般可获得具有良好黏结力的28~34MPa强度的混凝土。因喷射速度大，粉尘污染及回弹情况较严重，一定程度上限制了干喷法喷射混凝土的应用。

湿喷法是将拌和好的混凝土混合料通过压浆泵送至喷嘴，再用压缩空气进行喷射施工的方法。湿喷法施工时宜用随拌随喷的办法，以减少混凝土拌合物稠度变化。湿喷法施工对喷射速度较低，材料配合易于控制，回弹情况有所改善，工作效率较干拌法高，但由于水胶比增大，混凝土的初期强度比干喷法施工低。

若考虑喷射混凝土所用原材料的不同，在喷射混凝土的实际应用中，也可分为普通喷射混凝土、水泥裹砂喷射混凝土、钢纤维喷射混凝土和合成纤维喷射混凝土等。其中，水泥裹砂喷射混凝土是将按一定配合比拌制而成的水泥裹砂砂浆和以粗集料为主的混合料，分别用砂浆泵和喷射机输送至喷嘴附近相混合后，高速喷到受喷面上所形成的混凝土。

2. 喷射混凝土的性能及应用

与普通混凝土相比，喷射混凝土砂率较高，湿喷施工时可高达55%~65%；胶凝材料用量较高，宜掺加硅粉和纤维，降低混凝土回弹率，提高混凝土强度；粗集料最大粒径不宜大于15mm；干缩大、抗冻性高。另外，喷射混凝土抗压强度比基准混凝土低，在配合比设计中确定配制强度时，应考虑掺加速凝剂引起的混凝土强度降低。

为了改善喷射混凝土的性能，通常掺加水泥质量2.5%~4.0%的速凝剂，提高早期强度，增大喷层厚度，减少回弹损失。干喷法一般采用粉状速凝剂，湿喷法采用液态速凝剂。喷射混凝土中加入一定数量和规格的钢纤维，能显著提高混凝土的抗拉、抗剪、抗冲击和疲劳强度及韧性指数。

喷射混凝土施工中，混凝土运输、浇筑和捣实合为一道工序，工艺简单，施工快捷。而且施工中不用或少用模板，适于狭窄地段作业，并可向不同方位施作薄层混凝土。因此，喷射混凝土在工程支护（矿山井巷、交通隧道、水工隧洞、边坡和各类地下工程的支护）、结构加固（砌体墙体开裂加固、砖混结构加层墙体加固、抗震加固、边坡加固等）、结构保护（钢结构保护层、热工炉窑衬里）及工程修补等领域广泛应用。

5.8.7 自密实混凝土

1. 自密实混凝土的定义及其优点

自密实混凝土是指具有高流动性、均匀性和稳定性，浇筑时无须外力振捣，能够在自重作用下流动并充满模板空间的混凝土。自密实混凝土由高效减水剂、流化剂、增稠剂并掺加粉煤灰、矿渣等粉粒制成，具有很高的流动性，能不离析、不泌水、不经振捣仅依靠重力而自流平，均匀充满模型、包裹钢筋。

普通混凝土在浇筑施工中，往往会因为振捣不足或过分振捣很难保证混凝土完全密实，内部孔隙和缺陷较多，影响混凝土的力学性能和耐久性。在某些配筋复杂或稠密的工程结构、特种薄壁结构、高细结构及隧道等地下工程结构中，混凝土的振捣困难，难以保证混凝土密实。商品混凝土的发展对新拌混凝土的流动性、运输浇筑过程中较长时间保持可塑性等提出了要求。传统混凝土振捣施工费时费工、劳动强度大、工作环境恶劣，并且施工中产生噪声污染。

与传统混凝土相比，自密实混凝土具有以下优越性：

1）自密实混凝土不需振捣，避免了漏振、过振等施工中的人为因素，以及配筋密集、结构形成复杂等不利条件的影响，并能保证钢筋、预埋件及预留孔道位置正确，有利于提高混凝土质量，保证工程使用性能并增加结构综合寿命。

2）简化混凝土施工工序，大幅缩短混凝土浇筑时间，使施工速度大大提高，工期明显缩短。

3）劳动强度降低、节省劳动力，减少振捣机具和模板的磨损和能耗，减少人工费用及机械费用。

4）施工中可以消除因振捣而带来的噪声，改善施工环境，可全天候施工作业。

5）可大量掺加矿渣、粉煤灰等工业废料，实现工业固废的资源化利用。

6）施工方便，可以浇筑成型形状复杂、薄壁和密集配筋的结构，为结构设计提供更大自由度。

7）经济效益、环境效益和社会效益显著。从提高施工速度、减少人工和机械费用、保证工程质量和耐久性、综合利用工业废料、改善施工环境等诸多方面，可降低工程成本、节约能源和资源，具有显著的综合效益。

2. 自密实混凝土的性能与技术特点

自密实混凝土的性能主要体现在新拌混凝土工作性能方面，硬化混凝土力学性能、长期性能和耐久性能应满足设计要求和相关标准规定。自密实混凝土拌合物除了要满足凝结时间、泌水、黏稠性和保水性等普通混凝土拌合物性能，还应满足混凝土自密实性能。

混凝土自密实性能包括填充性、间隙通过性和抗离析性，其中填充性是必控指标，间隙通过性和抗离析性是可选指标。但在钢筋较密、净距较小情况下，间隙通过性也属于必控指标。填充性是指自密实混凝土拌合物在无须振捣的情况下，就能均匀密实成型的性能；间隙通过性是指自密实混凝土拌合物均匀通过狭窄间隙的性能；抗离析性是指自密实混凝土拌合物中各种组分保持均匀分散的性能。

根据《自密实混凝土应用技术规程》，填充性、间隙通过性和抗离析性可根据相应测试方法的测试值进行分级，使用时应根据混凝土自密实性能指标应用范围进行合理选择。自密实混凝土的自密实性能指标应根据结构形状、尺寸、配筋状态、施工方式等特点选择，保证新拌混凝土自密实性能满足建（构）筑物的结构和施工要求。

3. 自密实混凝土的应用

自密实混凝土给解决或改善密集配筋，薄壁、复杂形体，大体积混凝土施工及具有特殊要求、振捣困难的混凝土工程施工带来极大的方便，可避免出现由于振捣不足而造成的质量缺陷，并可消除振捣造成的噪声污染，提高混凝土施工速度。可以预见，随着材料成本的降低和新的应用工程领域的拓展，自密实混凝土的应用将更加广泛。

自密实混凝土生产和应用的关键技术是掺加高效减水剂和超细矿物掺合料，在低水胶比条件下，大幅度提高混凝土拌合物的流动性，同时保证良好的黏聚性、稳定性，防止泌水和离析。高效减水剂（或高性能减水剂）是自密实混凝土生产和应用的前提，减水剂对其性能有决定影响。超细矿物掺合料是配制自密实混凝土的必要条件，超细矿物掺合料可以提高拌合物的流动性、减少水泥用量和水化热，并具有"火山灰效应"，可参与水泥水化进程，有利于提高混凝土后期强度。

自密实混凝土配合比设计宜采用绝对体积法。根据所应用结构形式的特点、施工工艺以及环境因素，在综合考虑混凝土自密实性能、强度、耐久性及其他必要的性能要求基础上，提出初始配合比，经实验室试配调整得出满足工作性要求的基准配合比，并进一步经强度、耐久性复核得到生产配合比。自密实混凝土水胶比宜小于 0.42，胶凝材料用量宜控制为 $450\sim550 kg/m^3$，宜采用增加胶凝材料的方法适当增加浆体体积，或采用添加外加剂的方法来改善浆体的黏聚性和流动性。

5.8.8 活性粉末混凝土

1. 活性粉末混凝土的定义及其优点

活性粉末混凝土（Reactive Powders Concrete，RPC）是由高活性的复合掺合料、水泥、细砂、微细钢纤维等组分，经适当养护等工艺制备而成的一种新型混凝土材料。活性粉末混凝土具有超高强度、超高耐久性、高韧性、良好的体积稳定性和环保性能，因此适合用于建设大跨轻型结构以及在严酷环境条件下工作的结构物，成为国际工程材料领域新的研究热点。活性粉末混凝土具有如下优点：

1）高比强度。活性粉末混凝土具有很高的抗压强度和抗剪强度，在结构设计时可以减小截面尺寸或改变截面形状，使混凝土结构自重显著降低。超细钢纤维对韧性的提高可以极大地减少箍筋和受力筋的用量，甚至可以不设置箍筋。

2）高耐久性。活性粉末混凝土集料粒径的减小，减小了界面过渡区的厚度与范围，减小了混凝土基体存在缺陷的概率。活性粉末混凝土的高密实度和极低孔隙率能够抵御外部侵蚀性介质的腐蚀，使体系均匀性、强度和耐久性显著提高。结构物的高耐久性可极大地减少或免除维护费用，延长使用寿命，具有高性价比和良好经济效益。

3）高抗震和抗冲击能力。活性粉末混凝土材料的高韧性和高比强度（结构自重减轻）有利于提高结构的抗震和抗冲击性能。

4）耐高温性、耐火性好。活性粉末混凝土的耐高温性、耐火性及耐蚀性远远高于钢材。

5）活性粉末混凝土构件便于工厂化预制和现场拼装，便于保证质量并提高施工速度，也符合工程结构建设发展方向。

2. 活性粉末混凝土的性能增强机理

与高性能混凝土和普通混凝土不同，活性粉末混凝土中没有粗集料，从而可最大限度地减少材料内部的缺陷（孔隙与微裂缝），通过掺入细短钢纤维来提高韧性和体积稳定性，通过蒸汽养护来加速活性粉末混凝土的水化反应和改善微观结构，促进细集料与活性粉末混凝土的反应，改善界面的黏结力，进而提高混凝土各项性能。

活性粉末混凝土性能增强的机理可从四个方面解释：

1）匀质性提高。用细砂代替粗集料，浆体与集料的界面差异减小，有效淡化了集料与水泥浆体之间的界面过渡区；拌合物工作性的提高，最大程度减小了内部缺陷。

2）密实度变大。严格规定各种集料的粒径范围，优化颗粒级配；利用流变学和优化相对密度理论，确定高效减水剂的最佳掺量和需水量；优化搅拌条件，使拌合物具有良好的流动性并更好地充满模具，使混凝土密实度明显提高。

3）微观结构改善。热养护可显著加速火山灰效应，使水泥-硅灰二元胶凝材料体系或水泥-硅灰-粉煤粉三元胶凝材料体系的水化产物及微观结构大为改善，强度有很大提高，可达200MPa。如果采用250~400℃的干热养护，磨细石英砂粉也将具有"火山灰效应"，可参与胶凝材料体系的水化，而且高温使C-S-H凝胶大量脱水生成硅钙石晶体，可制得强度超过800MPa的活性粉末混凝土。

4）韧性大幅提高。通过掺加微细钢纤维，在保证强度的情况下减小脆性，大大提高韧性和延性。

3. 活性粉末混凝土的工程应用

活性粉末混凝土可获得200MPa或800MPa的超高抗压强度和30~60MPa的抗折强度，并能有效地克服普通高性能混凝土的高脆性，使其在桥梁、路面工程、建筑工程、水利工程和特种结构等领域都有应用，在石油、核电、市政、海洋等工程及军事设施中也有着广阔的应用前景。

由于活性粉末混凝土的高强度与高韧性，可以在不配筋或少量配筋的情况下生产薄壁构件、细长构件和其他新颖结构形式的构件，可代替钢结构而大幅度降低工程造价。其使用可以显著降低结构层高，用其建造立交桥、过街天桥、城市轻轨高架桥和大跨度桥梁时，可增加桥下净空间，并减少桥墩和基础配筋，缩短引桥长度，降低工程造价，缩短工期。活性粉末钢管混凝土具有极高的抗压强度、弹性模量和抗冲击韧性，用来制作高层或超高层建筑的柱子，可大幅度减少截面尺寸、增加建筑物的使用面积。

此外，利用活性粉末混凝土的超高抗腐蚀与抗拉性能，可以制造压力容器、压力管道和腐蚀性介质的输送管道。利用活性粉末混凝土的超高抗渗性与高冲击韧性，可以制造中低放射性核废料储藏容器，可延长其使用寿命并降低发生泄漏的概率。

5.8.9 特种混凝土的应用与发展

对于特种混凝土，当前还没有严格或公认的定义。与普通混凝土对比而言，可以认为具有特殊组成和结构、特殊性能，用于特殊结构或采用特殊施工技术的混凝土均可称为特种混凝土。本节介绍耐热混凝土、防水混凝土、导电混凝土、电磁屏蔽混凝土、损伤自诊断智能混凝土、仿生自愈合混凝土、调湿混凝土和温度自控智能混凝土等功能性混凝土。

1. 耐热混凝土

根据《耐热混凝土应用技术规程》，耐热混凝土是一种长时期在200~900℃状态下使用，且能保持所需的物理力学性能和体积稳定性的混凝土。应针对其所处环境和预定功能进行耐热度设计，且满足设计要求的强度等级，在设计使用年限内必须满足结构承载和正常使用要求。

根据胶凝材料养护条件的不同，耐热混凝土可分为水硬性耐热混凝土和气硬性耐热混凝土。根据胶凝材料的差异，水硬性耐热混凝土又可分为普通硅酸盐水泥耐热混凝土、矿渣硅酸盐水泥耐热混凝土和铝酸盐水泥耐热混凝土；气硬性耐热混凝土则可分为水玻璃耐热混凝土和磷酸盐耐热混凝土。耐热混凝土的强度等级一般采用C20、C25、C30。耐热混凝土多用于高炉基础、焦炉基础，热工设备基础及围护结构、护衬、烟囱等。

耐热混凝土的性能指标如下：

1）强度等级，按照《混凝土强度检验评定标准》确定。

2）耐热度，是指耐热混凝土可满足规定要求的最高使用温度。耐热混凝土质量检验室根据耐热度分段（250~5000℃、500~900℃）进行。

3）烘干度，是指耐热混凝土经标准养护后在规定温度下烘干并冷却至常温后的实测强度。

4）残余强度，是指耐热混凝土经标准养护、烘干、加热到规定温度，自然冷却至常温后的实测强度。

（1）水硬性耐热混凝土

1）普通硅酸盐水泥耐热混凝土：由普通硅酸盐水泥、磨细掺合料、粗集料和水调制而成；耐热度为700~1200℃，强度等级为C20~C30，高温强度为3.5~20MPa，最高使用温度达1200℃或更高，适用于温度较高，但无酸碱侵蚀的工程。

2）矿渣硅酸盐水泥耐热混凝土：由矿渣硅酸盐水泥、粗细集料，有时掺加磨细掺合料和水调制而成，耐热度为700~900℃，强度等级为C20以上，最高使用温度可达900℃；适用于温度变化剧烈，但无酸碱侵蚀的工程。

3）高铝水泥耐热混凝土：由高铝水泥或低钙铝酸盐水泥、耐热度较高的掺合料以及耐热集料和水调制而成；耐热度为1300~1400℃，强度等级为C20~C30，高温强度为3.5~

10MPa，最高使用温度可达 1400℃；适用于厚度小于 400mm 的结构及无酸、碱、盐侵蚀的工程。高铝水泥耐热混凝土虽然在 300~400℃ 时强度会剧烈降低，但此后的残余强度保持不变；在 1100℃ 以后，结晶水全部脱出而烧结成陶瓷材料，其强度又重新提高。高铝水泥的熔化温度高于其极限使用温度，因此高铝水泥在使用时是不会被熔化而降低强度的。

（2）气硬性耐热混凝土

1）水玻璃耐热混凝土：由水玻璃作为胶结材料，氟硅酸钠作为促硬剂，磨细掺合料及粗细集料按一定配合比组成；耐热粗、细集料可采用碎铁矿、镁砖、铬镁砖、滑石、焦宝石等；磨细掺合料为烧黏土、镁砂粉、滑石粉等；耐热度为 600~1200℃，强度等级为 C20，高温强度为 9.0~20MPa，最高使用温度可达 1000~1200℃；施工时严禁加水，养护时也必须干燥，严禁浇水养护。

2）磷酸盐耐热混凝土：由磷酸铝和高铝质耐火材料或锆英石等制备的粗、细集料及磨细掺合料配制而成，目前更多的是直接采用工业磷酸配制耐热混凝土；具有高温韧性强、耐磨性好、耐火度高的特点，其极限使用温度为 1500~1700℃；需在 150℃ 以上烘干硬化，总干燥时间不少于 24h，硬化过程中不允许浇水。

2. 防水混凝土

防水混凝土（又称抗渗混凝土），是指抗渗等级大于等于 P6 级的混凝土，即在 0.6MPa 水压下不透水的混凝土。可通过调整混凝土的配合比或掺加外加剂、钢纤维、合成纤维等，并配合严格的施工及施工管理，减少混凝土内部的孔隙率或改变孔隙形态、分布特征，从而达到防水（防渗）的目的。

根据实现防水和抗渗的途径不同，防水混凝土可分为普通防水混凝土、外加剂防水混凝土和膨胀防水混凝土三种。防水混凝土主要用于工业与民用建筑的地下工程（包括地下室、地下沟道、城市地铁和交通隧道等）、储水构筑物（如储水池、水塔等）、取水构筑物及处于干湿交替作用或冻融作用的水工结构工程（如桥墩、海港、码头和水坝等）。

（1）普通防水混凝土　普通防水混凝土所用原材料与普通混凝土基本相同，在普通混凝土配制的基础上，通过调整配合比来提高混凝土自身的密实度，从而提高混凝土的抗渗性。调整配合比的具体方法就是采用较小的水胶比，并适当提高水泥用量、砂率及灰砂比，同时控制石子最大粒径并加强养护等，以抑制或减少混凝土孔隙率，改变混凝土内部孔结构和孔隙特征，提高砂浆及其与粗集料界面之间的密实性和抗渗性，使其不依赖于其他附加防水措施就达到防水抗渗的目的。

配制普通防水混凝土所用的水泥应该具有泌水性小、水化热低的特点，并具有一定的耐蚀性。普通防水混凝土配合比的设计应首先满足抗渗性要求。普通防水混凝土抗渗等级一般为 P6~P12，施工简便，造价低廉，质量可靠，适用于地上和地下防水工程。普通防水混凝土的施工质量要比普通混凝土严格，尤其是搅拌和捣实应充分均匀，以防出现蜂窝和孔洞。

（2）外加剂防水混凝土　外加剂防水混凝土主要利用外加剂的功能，通过掺加适宜品种和用量的外加剂使混凝土密实性显著提高、改善混凝土内部孔结构，减少或隔断混凝土中的孔隙裂缝等渗水通道，从而达到抗渗和防水的目的。

配制外加剂防水混凝土时，常用到的外加剂有引气剂（松香热聚物等）、减水剂、密实剂（氢氧化铁，氢氧化铝）和防水剂（氯化铁）等。引气剂防水混凝土抗冻性好，能经受 150~200 次冻融循环，适用于抗水性、耐久性要求较高的防水工程。减水剂防水混凝土具有良好的和易性，可根据要求调节凝结时间，适用于泵送混凝土及薄壁防水结构。三乙醇胺防水混凝土早期强度高，抗渗性能好，适用于工期紧迫、要求早强及抗渗压力大于 2.5MPa 的防水工程。氯化铁防水混凝土具有较高的密实性和抗渗性，抗渗压力可达 2.5~4.0MPa，适用于水下、深层防水工程或修补堵漏工程。

（3）膨胀防水混凝土　膨胀防水混凝土主要利用膨胀剂或直接使用膨胀水泥配制混凝土。膨胀防水混凝土凝结硬化过程中能够形成大量钙矾石，进而产生一定的体积膨胀，当膨胀受到外部约束或钢筋的内部约束时，在混凝土中产生预压应力使毛细孔径减小并能改变孔结构，使混凝土的抗裂性和抗渗性能得到增强。

膨胀防水混凝土主要用于地下防水工程和后灌缝。生产和使用膨胀防水混凝土时，应严格控制质量，采用机拌机振浇筑时应一次完成，尽量不留施工缝，加强保湿养护至少 14d，不得过早脱模，脱模后更要及时充分浇水养护，以免出现干缩裂缝。

3. 导电混凝土

导电混凝土是指由胶凝材料、导电相、介电集料和水等组分，按照一定配合比混合凝结而成的多相复合材料，是由导电相部分或全部取代混凝土中的普通集料配制而成，具有规定的导电性能和一定力学性能的混凝土。石墨、碳纤维、金属纤维、金属片、金属网、钢渣等都可成为导电混凝土的导电组分，显著降低混凝土的电阻率。

导电混凝土具备热和电的感知和转换能力，应用领域主要有工业防静电结构、公路路面、机场道面等部位的化雪除冰、钢筋混凝土结构中钢筋的阴极保护、住宅及养殖场的电热取暖结构等。此外，采用高铝水泥和石墨、碳纤维等耐高温导电组分，能够制备出耐高温的导电混凝土，可以用于新型发热源。

4. 电磁屏蔽混凝土

电磁屏蔽混凝土是通过对普通混凝土进行改性，如加入导电粉末（如碳、石墨、铝等）、导电纤维或导电絮片等功能性组分，而得到的一种具有防护或遮挡电磁波功能的混凝土。

电磁屏蔽混凝土可以防止建筑内部电磁信号的泄露和外部的电磁波干扰。例如，采用铁氧体粉末或碳纤维毡作为吸收电磁波功能组分制作的幕墙，可吸收达 90% 以上的电磁波；将长度在 $100\mu m$ 以上，直径为 $0.1\mu m$ 的碳纤维掺入混凝土中，可反射部分射电磁波。随着公众无线通信与电子电器设备带来的电磁环境恶化及电磁信号泄露失密的威胁日益严重，民众对电磁污染造成的危害也越来越警惕，配制电磁屏蔽混凝土可以使建筑物本身具有满足相应指标的电磁屏蔽功能，对电磁屏蔽混凝土的研究将具有重要的现实意义和巨大的应用前景。

5. 损伤自诊断智能混凝土

损伤自诊断智能混凝土是指在普通混凝土中加入导电、传感等功能材料组分，使混凝土本身具备应力、应变和损伤的自感知、自诊断能力的混凝土。常用的损伤自诊断智能材料组分可以有聚合物类、碳类、金属类和光线等，利用碳纤维、光纤、压电元件等对电、光、振动等信号的敏感性实现对混凝土应力、变形及损伤的自诊断。根据损伤自诊断智能材料组分及感知信号种类的不同，损伤自诊断智能混凝土可分为碳纤维智能混凝土、光纤智能混凝土和压电智能混凝土三种。

混凝土中掺入一定形状、尺寸和掺量的短切碳纤维制成纤维智能混凝土，受力过程中，碳纤维混凝土的应力和电阻具有一定对应关系，可通过电阻变化率反映材料内部应力、应变和损伤程度的变化。材料的宏观行为和微观结构变化观测实验结果表明，混凝土的电阻变化与其内部结构变化是相对应的：电阻率的可逆变化（电阻变化率随应力线性增加）对应于材料弹性变形；而电阻率的不可逆变化（电阻变化率随应力非线性增加）对应于非弹性变形；电阻变化率随应力突然增加则发生在接近破坏荷载时（即将断裂）。通过碳纤维混凝土电阻率的变化，可以反映材料结构内部处于安全、损伤和破坏各个阶段，可以敏感有效地监测拉、弯、压等工况及静态和动态荷载作用下材料的内部情况。

将光纤传感器或其陈列埋入钢筋混凝土可获得光纤传感智能混凝土，通过光强度、相位、频率和偏振态等光波量与光在光纤传输过程中受温度、压力等因素时的变化规律，探测在碳化及受荷载过程中内部应力、应变的变化，并能实现对变形、裂缝及其扩展等损伤进行实时监测。

将压电石英、压电陶瓷等压电敏感元件按一定排列方式埋入混凝土并形成阵列网络，获得压电智能混凝土。当混凝土构件承受动力荷载、静荷载、环境因素引起材质变化或出现各种作用导致裂缝开展等情况时，压电敏感元件可以将结构内的应力、应变变化转换成电信号输出，实现混凝土结构的实时监测。

6. 仿生自愈合混凝土

仿生自愈合混凝土是模仿动物的骨组织结构受创伤后的再生，恢复机理，采用修复胶黏剂和混凝土材料相复合的方法，实现材料损伤破坏后的自修复和再生，恢复甚至提高材料性能的一种新型复合材料，是智能混凝土的初级阶段。在混凝土中放置充满胶黏剂的空心纤维管、空心胶囊或多孔纤维网，一旦材料在外力作用下发生开裂，空心玻璃纤维或胶囊就会破裂，胶黏剂流向开裂处使之重新黏结，实现与动物骨骼相似的自愈合效果。

仿生自愈合混凝土中的胶黏剂是影响其性能的主要因素，胶黏剂的固化时间是控制结构在受到损伤时变形的关键因素。胶黏剂的种类和性能可根据不同使用场合和功能要求合理选择，实现混凝土在产生裂缝后立刻进行自愈合修复，大大提高结构修复的经济性和有效性。

7. 调湿混凝土

调湿混凝土材料是指不需借助任何人工能源和机械设备，依靠材料自身的吸放湿性能感应所处环境空间空气温湿度的变化并进行相对湿度调控的混凝土，可以认为它是智能混凝土的雏形。

材料的调湿性决定于材料的多孔性和亲水性，孔隙在室内湿度较大时吸入水分而较小时释放水分，实现在一定范围内室内湿度的自动调节。国内外常用的调湿功能组分材料有沸石粉、硅藻土、凹凸棒土和高分子树脂等，是调湿混凝土中的关键组分，一般具有较大的孔隙率和合适的孔径，吸放湿能力强。

调湿混凝土主要用于对其室内湿度有较严格要求的建筑物，如各类展馆、博物馆、美术馆、图书馆和储存室等。湿度也是影响人类居住和物品保护的重要因素，在某些气候和环境条件下，居住建筑的调湿也非常重要。制备符合实际应用需要的自动调节室内环境湿度的混凝土墙壁，可取得很好的调湿效果。

8. 温度自控智能混凝土

将长为5mm的聚丙烯腈（PAN）基短切碳纤维掺入混凝土中，会使材料产生热电效应和电热效应，可以对环境温度变化对材料的影响进行监控和升高温度。

利用温度变化引起电阻变化及碳纤维混凝土内部的温差会产生电位差的热电性,将碳纤维混凝土制成热电偶埋入混凝土结构中,可实现监控混凝土结构和建筑物周围环境温度分布及变化,大体积混凝土的温度自监控,混凝土结构的温控和火灾预警。利用碳纤维混凝土的导电性,对其施加电场时混凝土内部将产生热效应。将碳纤维掺入混凝土中,制成碳纤维混凝土浇入工程结构中,可以实现机场跑道、桥梁道路路面的自动融雪和除冰,寒冷地区混凝土墙体升温以便房屋采暖。此外,尚存在通过混凝土的热电效应利用太阳能和室内外温差为建筑物提供电能的可能性。

思考题与习题

5-1 混凝土用砂为何要提出级配和细度要求?两种砂的细度模数相同,其级配是否相同?反之,如果级配相同,其细度模数是否相同?

5-2 粉煤灰用作混凝土掺合料,对其质量有哪些要求?粉煤灰掺入混凝土中,对混凝土产生什么效应?

5-3 普通混凝土的和易性包括哪些内容?如何测定?

5-4 简述减水剂的作用机理,并综述混凝土掺入减水剂可获得的技术经济效果。

5-5 什么是合理砂率?合理砂率有何技术及经济意义?

5-6 影响混凝土强度的主要因素有哪些?它们是怎样影响的?提高混凝土强度的主要措施有哪些?

5-7 影响新拌混凝土和易性的主要因素有哪些?它们是如何影响的?改善新拌混凝土和易性的主要措施有哪些?

5-8 什么是混凝土的温度变形、干缩变形、徐变?它们受哪些因素的影响?

5-9 混凝土耐久性通常包括哪些方面的性能?影响混凝土耐久性的关键因素是什么?怎样提高混凝土的耐久性?

5-10 新拌混凝土中常用的外加剂有哪些类型?它们各起什么作用?

5-11 新拌混凝土中常用的矿物掺合料有哪些?它们各有何特点?

5-12 已知甲、乙两种砂的累计筛余百分率见表 5-43。

表 5-43 甲、乙两种砂的累计筛余百分率(%)

筛孔尺寸		4.75mm	2.36mm	1.18mm	600μm	300μm	150μm	<150μm
累计筛余百分率(%)	甲	0	6.6	20.8	36.8	76	92	100
	乙	3.6	28.5	65.8	77.2	89.5	96	100

有人说,甲、乙砂不宜单独直接用于拌制混凝土,是否正确?说明理由。若将 20%甲砂与 80%乙砂混合后,情况又该如何?

5-13 什么是混凝土的耐久性?具体包括哪些性能?

5-14 某工程混凝土计算配合比为水泥:砂:石子 = 1:2.16:4.32,水胶比为 0.55,在试拌调整时,用水量和水泥用量各增加了 10%,试拌调整后实测混凝土拌合物的表观密度为 2400kg/m³,后经强度试验后直接选用试拌配合比为设计配合比。

请计算:

1)混凝土的试拌配合比(以比例形式表示)。

2)混凝土设计(实验室)配合比(以 1m³ 混凝土中各原材料的用量表示,结果保留到整数)。

3)若施工现场砂子含水率为 4%,石子含水率为 2%,求施工配合比(以 1m³ 混凝土中各原材料的用量表示，结果保留到整数）。

5-15 混凝土的耐久性包括（　　）等性能。（2007 年一级建造师试题）
A. 抗渗性　　　　　　B. 抗冻性　　　　　　C. 碱集料反应　　　　D. 抗辐射
E. 混凝土的碳化

5-16 满足施工可操作性要求是混凝土配制的基本要求之一，其含义包括（　　）。（2007 年一级建造师试题）
A. 流动性　　　　　　B. 耐久性　　　　　　C. 可塑性　　　　　　D. 易于密实性
E. 经济性

5-17 在港口与航道工程混凝土中掺加聚丙烯纤维，主要作用是提高混凝土的（　　）。（2007 年一级建造师试题）
A. 抗压强度　　　　　B. 抗冻性　　　　　　C. 抗氯离子渗透性　　D. 抗裂能力

5-18 配制预应力混凝土时应优先采用（　　）。（2009 年一级建造师试题）
A. 普通硅酸盐水泥　　　　　　　　　　　B. 矿渣硅酸盐水泥
C. 火山灰质硅酸盐水泥　　　　　　　　　D. 粉煤灰质硅酸盐水泥

5-19 拌制混凝土选用石子，要求连续级配的目的是（　　）。（2010 年注册造价工程师试题）
A. 减少水泥用量　　　　　　　　　　　　B. 适应机械振捣
C. 使混凝土拌合物泌水性好　　　　　　　D. 使混凝土拌合物和易性好

5-20 泵送混凝土有关技术参数，正确的是（　　）。（2010 年注册造价工程师试题）
A. 水胶比大于 0.6　　　　　　　　　　　B. 砂率大于 45%
C. 水泥用量大于 300kg/m³　　　　　　　 D. 石子最小粒径小于 20mm

5-21 碾压混凝土掺用粉煤灰时，宜选用（　　）。（2010 年注册造价工程师试题）
A. 矿渣硅酸盐水泥　　　　　　　　　　　B. 火山灰硅酸盐水泥
C. 普通硅酸盐水泥　　　　　　　　　　　D. 粉煤灰硅酸盐水泥

5-22 高强混凝土组成材料应满足的要求是（　　）。（2010 年注册造价工程师试题）
A. 水泥等级不低于 32.5R　　　　　　　　B. 宜用粉煤灰硅酸盐水泥
C. 水泥用量不小于 500kg/m³　　　　　　 D. 水泥用量不大于 550kg/m³

5-23 在混凝土中掺入玻璃纤维或尼龙不能显著提高混凝土的（　　）。（2010 年注册造价工程师试题）
A. 抗冲击能力　　　　B. 耐磨能力　　　　　C. 抗压强度　　　　　D. 抗裂性能

5-24 混凝土强度的形成受到其养护条件的影响，主要是指（　　）。（2010 年一级注册结构工程师试题）
A. 环境温湿度　　　　B. 搅拌时间　　　　　C. 试件大小　　　　　D. 混凝土水胶比

5-25 影响混凝土密实性的实质性因素是（　　）。（2011 年注册造价工程师试题）
A. 振捣方法　　　　　B. 养护温度　　　　　C. 水泥用量　　　　　D. 养护湿度

5-26 与普通混凝土相比，高强混凝土的优点在于（　　）。（2011 年注册造价工程师试题）
A. 延性较好　　　　　　　　　　　　　　B. 初期收缩小
C. 水泥用量少　　　　　　　　　　　　　D. 更适宜用于预应力钢筋混凝土构件

5-27 下列改善混凝土性能的措施中，不能提高混凝土耐久性的是（　　）。（2011 年注册造价工程师试题）
A. 掺入适量的加气剂和速凝剂　　　　　　B. 在规范允许条件下选用较小的水胶比
C. 适当提高砂率和水泥浆体量　　　　　　D. 合理选用水泥品种

5-28 可实现混凝土自防水的技术途径是（　　）。（2011 年注册造价工程师试题）
A. 适当降低砂率和灰砂比　　　　　　　　B. 掺入适量的三乙醇胺早强剂

C. 掺入适量的加气剂　　　　　　　　　　D. 无活性掺和料时水泥用量不得少于 $280kg/m^3$

5-29　最适合泵送的混凝土坍落度是（　　）。（2011 年二级建造师试题）
A. 20mm　　　　B. 50mm　　　　C. 80mm　　　　D. 100mm

5-30　低温季节混凝土施工时，提高混凝土拌和料温度不能直接加热（　　）。（2011 年二级建造师试题）
A. 砂　　　　　B. 水　　　　　C. 石子　　　　D. 水泥

5-31　普通气候环境中的普通混凝土应优先选用（　　）水泥。（2011 年一级建造师试题）
A. 矿渣　　　　B. 普通　　　　C. 火山灰　　　D. 复合

5-32　一般环境中，要提高混凝土结构的设计使用年限，对混凝土强度等级和水胶比的要求是（　　）。（2011 年一级建造师试题）
A. 提高强度等级，提高水胶比　　　　　　B. 提高强度等级，降低水胶比
C. 降低强度等级，提高水胶比　　　　　　D. 降低强度等级，降低水胶比

5-33　关于混凝土立方体抗压强度的说法，正确的是（　　）。（2012 年注册造价工程师试题）
A. 一组试件抗压强度的最低值　　　　　　B. 一组试件抗压强度的算术平均值
C. 一组试件不低于 95% 保证率的强度统计值　　D. 一组试件抗压强度的最高值

5-34　下列影响混凝土和易性因素中，最为敏感的是（　　）。（2012 年注册造价工程师试题）
A. 砂率　　　　B. 温度　　　　C. 集料　　　　D. 水泥浆

5-35　混凝土外加剂中，引气剂的主要作用在于（　　）。（2012 年注册造价工程师试题）
A. 调节混凝土凝结时间　　　　　　　　　B. 提高混凝土早期强度
C. 缩短混凝土终凝时间　　　　　　　　　D. 提高混凝土的抗冻性

5-36　关于防水混凝土施工参数的说法，正确的是（　　）。（2012 年注册造价工程师试题）
A. 水泥用量不得超过 $320kg/m^3$　　　　　B. 砂率宜为 35%～40%
C. 水胶比不得小于 0.55　　　　　　　　　D. 干表观密度小于 $2000kg/m^3$

5-37　缓凝剂适用于（　　）的混凝土。（2012 年二级建造师试题）
A. 低温季节施工　　B. 有早强要求　　C. 采用蒸汽养护　　D. 长距离运输

5-38　配制厚大体积的普通混凝土不宜选用（　　）水泥。（2012 年一级建造师试题）
A. 矿渣　　　　B. 粉煤灰　　　C. 复合　　　　D. 硅酸盐

5-39　对已浇筑完毕的混凝土采用自然养护，应在混凝土（　　）开始。（2012 年一级建造师试题）
A. 初凝前　　　B. 终凝前　　　C. 初凝后　　　D. 强度达到 1.2N

5-40　下列影响混凝土强度的因素中，属于生产工艺方面的因素有（　　）（2012 年一级建造师试题）
A. 水泥强度和水胶比　　B. 搅拌和振捣　　C. 养护的温度和湿度　　D. 龄期
E. 集料的质量和数量

5-41　通常用于调节混凝土凝结时间、硬化性能的混凝土外加剂有（　　）。（2012 年一级建造师试题）
A. 缓凝剂　　　B. 早强剂　　　C. 膨胀剂　　　D. 速凝剂
E. 引气剂

5-42　与普通混凝相比，掺高效减水剂的高强混凝土（　　）。（2013 年注册造价工程师试题）
A. 早期强度低，后期强度增长幅度低　　　B. 早期强度高，后期强度增长幅度低
C. 早期强度低，后期强度增长幅度高　　　D. 早期强度高，后期强度增长幅度高

5-43　C25 抗冻混凝土所用砂的类别应为（　　）。（2013 年注册造价工程师试题）
A. Ⅰ类　　　　B. Ⅱ类　　　　C. Ⅲ类　　　　D. Ⅳ类

5-44　混凝土砂率是指混凝土中砂用量占（　　）总用量的百分数。（2013 年二级建造师试题）
A. 石子　　　　B. 砂、石子　　C. 砂、石子、水泥　　D. 砂、石子、水泥、水

5-45 受反复冻融的结构混凝土应选用（　　）。（2013年注册造价工程师试题）
A. 普通硅酸盐水泥　　B. 矿渣水泥　　C. 火山灰质　　D. 粉煤灰

5-46 混凝土试件标准养护的条件是（　　）。（2013年一级建造师试题）
A. 温度20±2℃，相对湿度95%　　　　B. 温度20±2℃，相对湿度90%
C. 温度20±3℃，相对湿度95%　　　　D. 温度10±3℃，相对湿度90%

5-47 关于混凝土表面碳化的说法，正确的有（　　）（2013年一级建造师试题）
A. 降低了混凝土的碱度　　　　　　　B. 削弱了混凝土对钢筋的保护作用
C. 增大了混凝土表面的抗压强度　　　D. 增大了混凝土表面的抗拉强度
E. 降低了混凝土的抗折强度

5-48 在混凝土配合比设计时，影响混凝土拌合物和易性最主要的因素是（　　）。（2014年一级建造师试题）
A. 砂子率　　　　　　　　　　　　　B. 单位体积用水量
C. 拌和方式　　　　　　　　　　　　D. 温度

5-49 钢筋混凝土的优点不包括（　　）。（2015年二级建造师试题）
A. 抗压性好　　B. 耐久性好　　C. 韧性好　　D. 可塑性好

5-50 关于混凝土外加剂的说法，错误的是（　　）。（2015年二级建造师试题）
A. 掺入适当减水剂能改善混凝土的耐久性
B. 高温季节大体积混凝土施工应掺速凝剂
C. 掺入引气剂可提高混凝土的抗渗性和抗冻性
D. 早强剂可加速混凝土早期强度增长

5-51 混凝土拌合物的和易性包括（　　）。（2015年二级建造师试题）
A. 保水性　　B. 耐久性　　C. 黏聚性　　D. 流动性
E. 抗冻性

5-52 喷射混凝土必须采用的外加剂是（　　）。（2015年一级建造师试题）
A. 减水剂　　B. 速凝剂　　C. 引气剂　　D. 缓凝剂

5-53 下列混凝土外加剂中，不能显著改善混凝土拌合物流变性能的是（　　）。（2015年一级建造师试题）
A. 减水剂　　B. 引气剂　　C. 膨胀剂　　D. 泵送剂

5-54 露天料场的搅拌站在雨后拌制混凝土时，应对配合比中原材料质量进行调整的有（　　）。（2016年二级建造师试题）
A. 水　　B. 水泥　　C. 石子　　D. 砂子
E. 粉煤灰

5-55 混凝土搅拌运输车到达工地后，混凝土因坍落度损失不能满足施工要求时，可以在现场添加（　　）进行二次搅拌，以改善混凝土施工性能。（2016年二级建造师试题）
A. 自来水　　B. 原水胶比的水泥浆　　C. 同品牌的减水剂
D. 水泥砂浆　　E. 同品牌的缓凝剂

第6章 建筑砂浆

本章提要

本章介绍建筑砂浆的分类、组成材料和技术性质，砌筑砂浆的配合比设计方法，抹面砂浆和其他建筑砂浆的材料组成与应用等。本章重点为砌筑砂浆的组成材料、技术要求、配合比设计及应用等。通过本章学习，应掌握建筑砂浆的技术性质，砌筑砂浆配合比设计，熟悉砂浆的组成材料及应用情况，了解砂浆种类、特点及用途。

建筑砂浆是由水泥基胶凝材料、细集料、水以及根据性能确定的其他组分按适当比例配合、拌制并经硬化而成的一种工程材料，可分为施工现场拌制的砂浆和由专业生产厂生产的预拌砂浆，主要用于砌筑、抹面、修补、装饰以及保温防水工程等。砂浆按用途不同分为砌筑砂浆、抹面砂浆、装饰砂浆、隔热砂浆和防水砂浆等，按所用胶凝材料不同分为水泥砂浆、石灰砂浆、混合砂浆和聚合物砂浆等。

6.1 建筑砂浆的组成材料

6.1.1 胶凝材料

砂浆中使用的胶凝材料有各种水泥、石灰、建筑石膏和有机胶凝材料等，在砂浆中起着胶结的作用。在选用胶凝材料时应根据砂浆使用的部位、所处的环境条件等合理选择。在干燥环境中使用的砂浆既可选用气硬性胶凝材料（如石灰、石膏），也可选用水硬性胶凝材料（如水泥）；若在潮湿环境或水中使用的砂浆则必须选用水硬性胶凝材料。

根据《砌筑砂浆配合比设计规程》，砌筑砂浆用水泥的强度等级应根据砂浆品种及强度等级的要求进行选择。水泥强度等级一般为砂浆强度等级的4~5倍，若水泥强度过高而用量不足会导致砂浆保水性不良。为合理利用资源，节约材料，在配制砂浆时，M15及以下强度等级的砌筑砂浆宜选用32.5级通用硅酸盐水泥或砌筑水泥；M15以上强度等级的砌筑砂浆宜选用42.5级通用硅酸盐水泥。由于石灰膏等掺合料的掺入，水泥混合砂浆的强度有所降低，因此水泥混合砂浆的强度等级可为42.5级的水泥。

6.1.2 细集料

细集料在砂浆中起着骨架和填充作用,对砂浆的流动性与强度等技术性能影响较大,性能好的细集料可以提高砂浆的工作性能,尤其对砂浆的收缩开裂有较好的抑制作用。

对于砌筑砂浆,砂宜选用中砂,并应符合《普通混凝土用砂、石质量及检验方法标准》的规定,且应全部通过4.75mm的筛孔;用于毛石砌体的砂浆,砂宜选用粗砂,其最大粒径应小于砂浆层厚度的1/5~1/4,用于抹面和勾缝的砂浆,砂宜选用中砂,砂的含泥量不应超过5%,且不应含有4.75mm以上粒径的颗粒,并应符合《普通混凝土用砂、石质量及检验方法标准》的规定。

当采用人工机制砂、山砂、特细砂和炉渣砂时,应通过试验满足砂浆的技术要求。

6.1.3 水

砂浆用水的水质应符合《混凝土用水标准》的规定。凡是能饮用的自来水和清洁的天然水,都可以用来拌制砂浆。污水、pH值小于4的酸性水、含硫酸盐(按SO_3计)超过水重1%的水均不得使用。海水中含有硫酸盐、镁盐和氯化物,对水泥石有侵蚀作用,对钢筋也会造成锈蚀,因此一般不应用海水拌制砂浆。

6.1.4 掺合料

为改善砂浆的和易性,降低水泥用量,通常在水泥砂浆中掺入部分石灰膏、黏土膏、电石膏、粉煤灰等无机材料。

1. 石灰膏

生石灰熟化成石灰膏时,应用孔径不大于3mm×3mm的网过滤,熟化时间不得小于7d,磨细生石灰粉的熟化时间不得小于2d,储存石灰膏,应采取防止干燥、冻结和污染的措施。脱水硬化的石灰膏不但起不到塑化作用,还会影响砂浆强度,因此严禁使用。消石灰粉末充分熟化的石灰,颗粒太粗,起不到改善和易性的作用,不得直接用于砌筑砂浆中。

2. 黏土膏

在制备黏土膏时,为了使黏土膏达到所需的细度,从而起到塑化作用,因此规定用搅拌机加水搅拌,并通过孔径不大于3mm×3mm的网过筛。黏土中有机物含量过高会降低砂浆质量,因此,用比色法鉴定黏土中的有机物含量时应浅于标准色。

3. 电石膏

制作电石膏的电石渣应用孔径不大于3mm×3mm的网过滤,检验时应加热至70℃并保持20min,没有乙炔气味后方可使用。

4. 粉煤灰

为节约水泥,改善砂浆的性能,在拌制砂浆时可掺入粉煤灰。粉煤灰的品质指标应符合《用于水泥和混凝土中的粉煤灰》的要求。

5. 外加剂

在拌制砂浆时,掺入外加剂可以改善或提高砂浆的某些性能,但与此同时,应当考虑外加剂对砂浆本身有无不利影响,还应根据砂浆的用途,使用不同的外加剂,并通过试验确定外加剂的品种和掺量。

6.2 砂浆的技术要求

6.2.1 砂浆的和易性

砂浆的和易性是指砂浆拌合物便于施工操作,并能保证质量均匀的综合性质,包括流动性和保水性两个方面。

1. 流动性

砂浆的流动性是指砂浆在自重或外力作用下流动的性能,用沉入度表示。

沉入度是以砂浆稠度测定仪的圆锥体沉入砂浆内的深度(mm)表示。圆锥沉入深度越大,砂浆的流动性越大。若流动性过大,砂浆易分层、离析。若流动性过小,则不便于施工操作,灰缝不易填充,所以新拌砂浆应具有适宜的稠度。

影响砂浆流动性的因素有胶凝材料和掺合料的种类及用量、用水量、外加剂品种与掺量、砂子的粗细程度及级配、搅拌时间和环境的温度与湿度等。

砂浆流动性的选择与砂浆的用途、使用部位、砌体种类、施工方法和施工气候情况等有关。砌筑砂浆的施工稠度应按《砌体结构工程施工质量验收规范》选择,见表6-1。

表6-1 砌筑砂浆的施工稠度

砌体种类	砂浆稠度/mm
烧结普通砖砌体、蒸压粉煤灰砖砌体	70~90
混凝土实心砖、混凝土多孔砖砌体、普通混凝土小型空心砌块砌体、蒸压灰砂砖砌体	50~70
烧结多孔砖,空心砖砌体、轻集料小型空心砖体、蒸压加气混凝土砌块	60~80
石砌体	30~50

注:1. 采用薄灰砌筑法砌筑蒸压加气混凝土砌块砌体时,加气混凝土黏结砂浆的加水量按照其产品说明书控制。
2. 当砌筑其他块体时,其砌筑砂浆的稠度可根据块体吸水特性及气候条件确定。

2. 保水性

保水性是指砂浆拌合物保持水分的能力。保水性好的砂浆在存放、运输和使用过程中,能很好地保持水分不致很快流失,各组分不易分离,在砌筑过程中容易铺成均匀密实的砂浆层,能使胶结材料正常水化,最终保证了工程质量。砂浆的保水性用保水率来检验和评定,砌筑砂浆的保水率见表6-2。

表6-2 砌筑砂浆的保水率

砂浆种类	保水率(%)
水泥砂浆	≥80
水泥混合砂浆	≥84
预拌砌筑砂浆	≥88

6.2.2 砂浆的强度

影响砂浆强度的因素很多,除了砂浆的组成材料、配合比、施工工艺等因素外,砌体材料的吸水率也会对砂浆强度产生影响。

(1)不吸水砌体材料 当所砌筑的砌体材料不吸水或吸水率很小时(如密实石材),砂

浆组成材料与其强度之间的关系与混凝土相似，主要取决于水泥强度和水胶比。计算公式如下

$$f_{m,0} = Af_{ce}\left(\frac{C}{W} - B\right) \tag{6-1}$$

式中，$f_{m,0}$ 为砂浆 28d 抗压强度（MPa）；f_{ce} 为水泥的实际强度，确定方法与混凝土中相同（MPa）；C/W 为胶水比（水泥与水质量比）；A、B 为回归系数，可根据试验资料统计确定，一般可取 $A = 0.29$，$B = 0.4$。

（2）吸水砌体材料　当砌体材料具有较高的吸水率时，虽然砂浆具有一定的保水性，但砂浆中的部分水仍会被砌体吸走。因而，即使砂浆用水量不同，经基底吸水后保留在砂浆中的水分却大致相同。在这种情况下，砌筑砂浆的强度主要取决于水泥的强度及水泥用量，而与拌和用水量无关。强度计算公式如下

$$f_{m,0} = \frac{\alpha f_{ce} Q_c}{1000} + \beta \tag{6-2}$$

式中，Q_c 为每立方米砂浆的水泥用量（kg/m³）；$f_{m,0}$ 为砂浆的配制强度（MPa）；f_{ce} 为水泥的实测强度（MPa）；α、β 为砂浆的特征系数，$\alpha = 3.03$，$\beta = -15.09$。

6.2.3　砂浆的黏结强度

砂浆的黏结强度主要是指砂浆与基体的黏结强度的大小。一般情况下，砂浆的抗压强度越高，其黏结强度越大。另外施工中，为了保证砌筑基底材料粗糙、湿润、清洁，砌筑墙体前，应将砖体材料表面清理干净，根据需要浇水湿润，必要时凿毛，在砂浆中掺入乳胶或107 胶水，砌筑后加强养护，保证砂浆与砖体之间的黏结强度。

6.3　砌筑砂浆的配合比设计

6.3.1　砌筑砂浆的技术要求

砌筑砂浆起着黏结砖石砌体、传递荷载、分布应力与协调变形的作用，对砌体结构的质量有着至关重要的影响。按照《砌筑砂浆配合比设计规程》规定，砌筑需要满足以下技术条件。

1）砌筑砂浆的表观密度应符合表 6-3 的要求。

表 6-3　砌筑砂浆的表观密度

砂浆种类	表观密度/(kg/m³)
水泥砂浆	≥1900
水泥混合砂浆	≥1800
预拌砂浆	≥1800

2）砌筑砂浆的稠度、保水率、试配抗压强度应同时满足要求。

3）有抗冻性要求的砌体工程，砌筑砂浆应进行冻融试验。当设计对抗冻性有明确要求时，尚应符合设计规定。

4）砌筑砂浆中的水泥和石灰膏、电石膏等材料的用量见表 6-4。

5）砂浆中可掺入保水增稠材料、外加剂等，掺量应经试配后确定。

6）砂浆试配时应采用机械搅拌。搅拌时间应自开始加水算起，并应符合下列规定：

① 对水泥砂浆和水泥混合砂浆，搅拌时间不得少于 120s。

② 对预拌砂浆和掺有粉煤灰、外加剂、保水增稠材料等的砂浆，搅拌时间不得少于 180s。

表 6-4 砌筑砂浆的材料用量

砂浆种类	材料用量/（kg/m³）
水泥砂浆	≥200
水泥混合砂浆	≥350
预拌砂浆	≥200

注：1. 水泥砂浆中的材料用量是指水泥用量。
2. 水泥混合砂浆中的材料用量是指水泥和石灰膏、电石膏的材料总量。
3. 预拌砂浆中的材料用量是指胶凝材料用量，包括水泥和替代水泥的粉煤灰等活性矿物掺合料。

6.3.2 砌筑砂浆的配合比设计

按照《砌筑砂浆配合比设计规程》，砌筑砂浆的配合比计算，可按下列步骤进行：

1. 计算砂浆试配强度 $f_{m,0}$

砂浆试配强度应按下式计算

$$f_{m,0} = k f_2 \tag{6-3}$$

式中，$f_{m,0}$ 为砂浆的试配强度（MPa），应精确至 0.1MPa；f_2 为砂浆强度等级值（MPa），应精确至 0.1MPa；k 为系数，按表 6-5 取值。

表 6-5 砂浆强度标准差 σ 及 k 值　　　　　　　　　　（单位：MPa）

施工水平	强度等级							k
	M5	M7.5	M10	M15	M20	M25	M30	
优良	1.00	1.50	2.00	3.00	4.00	5.00	6.00	1.15
一般	1.25	1.88	2.50	3.75	5.00	6.25	7.50	1.20
较差	1.50	2.25	3.00	4.50	6.00	7.50	9.00	1.25

砌筑砂浆强度标准差 σ 可按下式计算

$$\sigma = \sqrt{\frac{\sum_{i=1}^{n} f_{m,i}^2 - n\mu_{fm}^2}{n-1}} \tag{6-4}$$

式中，$f_{m,i}$ 为统计周期内同一品种砂浆第 i 组试件的强度（MPa）；μ_{fm} 为统计周期内同一品种砂浆 n 组试件强度的平均值（MPa）；n 为统计周期内同一品种砂浆试件的总组数，$n \geq 25$。

当不具有近期统计资料时，其砂浆现场强度标准差 σ 可按表 6-5 取用。

2. 计算每立方米砂浆中的水泥用量 Q_C

对于吸水基层的砂浆来说，水泥强度和用量成为影响砂浆强度的主要因素。

因此，每立方米砂浆的水泥用量，可按下式计算

$$Q_C = \frac{1000(f_{m,0} - \beta)}{\alpha f_{ce}} \tag{6-5}$$

式中，Q_C 为每立方米砂浆的水泥用量，精确至 1kg；$f_{m,0}$ 为砂浆的试配强度，精确至 0.1MPa；f_{ce} 为水泥的实测强度，精确至 0.1MPa；α、β 为砂浆的特征系数，其中 $\alpha = 3.03$，$\beta = -15.09$，各地区也可用本地区试验资料确定 α、β 值，统计用的试验组数不得少于 30 组。

在无法取得水泥的实测强度值时，可按下式计算

$$f_{ce} = \gamma_c f_{ce,k} \tag{6-6}$$

式中，$f_{ce,k}$ 为与水泥强度等级对应的强度值；γ_c 为水泥强度等级值的富余系数，该值应按实际统计资料确定，无统计资料时 γ_c 可取 1.0。

3. 计算每立方米砂浆掺合料用量 Q_D

掺合料用量的确定可按下式计算

$$Q_D = Q_A - Q_C \tag{6-7}$$

式中，Q_D 为每立方米砂浆的掺合料用量，精确至 1kg；石灰膏使用时的稠度为 120mm±5mm，具体换算系数见表 6-6，黏土膏使用时的稠度为 140~150mm；Q_C 为每立方米砂浆的水泥用量，精确至 1kg；Q_A 为每立方米砂浆中胶结料和掺合料的总量，精确至 1kg；可为 350kg/m³。

表 6-6 石灰膏稠度换算系数

石灰膏稠度/mm	120	110	100	90	80	70	60	50	40	30
换算系数	1.00	0.99	0.97	0.95	0.93	0.92	0.90	0.88	0.87	0.86

4. 确定每立方米砂浆中砂的用量 Q_S

每立方米砂浆中的砂子用量，应按干燥状态（含水率小于 0.5%）砂的堆积密度值作为计算值（kg）。

5. 每立方米砂浆用水量 Q_W

砂浆中用水量多少，应根据砂浆稠度要求来选用，根据砂浆稠度等要求可选用 210~310kg。

实际设计和应用中需注意：a. 混合砂浆中的用水量，不包括石灰膏中的水；b. 当采用细砂或粗砂时，用水量分别取上限或下限；c. 稠度小于 70mm 时，用水量可小于下限；d. 施工现场气候炎热或干燥季节，可酌量增加用水量。例如，中砂的用水量参考范围为 210~310kg，该用水量的砂浆稠度为 70~90mm，该用水量不包括石灰膏（电石膏）中的水。

6. 配合比试配调整和确定

按计算或查表所得配合比进行试拌时，应按《建筑砂浆基本性能试验方法标准》测定砌筑砂浆拌合物的稠度和保水率。当稠度和保水率不能满足要求时，应调整材料用量，直到符合要求为止，然后确定为试配时的砂浆基准配合比。

【例 6-1】 某住宅楼采用多层砖砌体结构，2014 年 7 月主体开始施工，施工水平一般采用 M7.5 的水泥石灰混合砂浆砌筑墙体。原材料如下：32.5 级普通硅酸盐水泥；中砂（含水率<0.5%），堆积密度 1460kg/m³；石灰膏稠度为 100mm，试配制该砂浆。

解：1）砂浆的试配强度，按照一般施工水平查表 6-5，选择 $k = 1.2$，$f_2 = 7.5$MPa：

$$f_{m,0} = kf_2 = 1.20 \times 7.5\text{MPa} = 9.0\text{MPa}$$

2）每立方米砂浆中的水泥用量 Q_C

$$f_{ce} = \gamma_c f_{ce,k} = 1.0 \times 32.5\text{MPa} = 32.5\text{MPa}$$

$$Q_{\mathrm{C}} = \frac{1000(f_{\mathrm{m},0}-\beta)}{\alpha f_{\mathrm{ce}}} = \frac{1000\times(9.0\mathrm{MPa}+15.09\mathrm{MPa})}{3.03\times32.5\mathrm{MPa}} = 245\mathrm{kg}$$

3）每立方米砂浆中的石灰膏用量 Q_{D}

$$Q_{\mathrm{D}} = Q_{\mathrm{A}} - Q_{\mathrm{C}} = 350\mathrm{kg} - 245\mathrm{kg} = 105\mathrm{kg}$$

石灰膏稠度为 100mm，换算为稠度为 120mm 时，查表 5-6，知换算系数为 0.97，故

$$Q_{\mathrm{D}'} = 0.97Q_{\mathrm{D}} = 105\mathrm{kg}\times0.97 = 101.9\mathrm{kg}$$

4）每立方米砂浆中砂的用量 Q_{S}。每立方米砂浆中的砂子用量，取干燥状态砂的堆积密度值作为 1460kg。

5）每立方米砂浆中水的用量 Q_{W}。因为施工在夏季，用水量选高值 310kg。

6）初步确定砂浆配合比

水泥∶石灰膏∶砂的配合比为：$Q_{\mathrm{C}}\colon Q_{\mathrm{D}}\colon Q_{\mathrm{S}} = 245\colon 101.9\colon 1460 = 1\colon 0.42\colon 5.96$

按《建筑砂浆基本性能试验方法标准》测定砌筑砂浆拌合物的稠度和保水率。当稠度和保水率满足要求，确定为试配时的砂浆基准配合比。

6.4 其他砂浆

6.4.1 抹面砂浆

抹面砂浆是指涂抹在建筑物或建筑物构件表面的砂浆。根据抹面砂浆的功能不同，可分为普通抹面砂浆、装饰砂浆和防水砂浆等。

对抹面砂浆要求：具有良好的和易性，容易抹成均匀平整的薄层，便于施工；要有足够的黏结力，能与基层材料黏结牢固和长期使用不致开裂或脱落等性能。

普通抹面砂浆的流动性和集料的最大粒径见表 6-7。

表 6-7 抹面砂浆的流动性和集料的最大粒径

抹面层	沉入度（人工抹灰）/mm	砂的最大粒径/mm
底层	100~120	2.5
中层	70~90	2.5
面层	70~80	1.5

普通抹面砂浆的配合比，可根据抹面砂浆的使用部位和基层材料的特性，参考有关资料选用，其配合比及应用范围见表 6-8。

表 6-8 抹面砂浆配合比及应用范围

材料	配合比（体积比）	应用范围
石灰∶砂	1∶2~1∶4	用于砖石墙表面（檐口、勒脚、女儿墙以及潮湿房间的墙除外）
石灰∶黏土∶砂	1∶1∶4~1∶1∶8	用于不潮湿房间的墙及顶棚
石灰∶石膏∶砂	1∶0.6∶2~1∶1.5∶3	用于不潮湿房间的线脚及其他装饰工程
石灰∶水泥∶砂	1∶0.5∶4.5~1∶1∶5	用于檐口、勒脚、女儿墙外脚以及比较潮湿的部位
水泥∶砂	1∶1.5~1∶2	用于地面、顶棚或墙面面层

(续)

材料	配合比（体积比）	应用范围
水泥∶砂	1∶0.5～1∶1	用于混凝土地面随时压光
水泥∶石膏∶砂∶锯末	1∶1∶3∶5	用于吸声粉刷
水泥∶白石子	1∶1.5	用于斩假石（打底用 1∶2～1∶2.5 的水泥砂浆）
石灰膏∶麻刀	100∶2.5（质量比）	用于板层、顶棚底层
石灰膏∶麻刀	100∶1.3（质量比）	用于板层、顶棚底层
石灰膏∶纸筋	灰膏 $0.1m^3$，纸筋 0.36kg	用于较高级墙面、顶棚

6.4.2 装饰砂浆

装饰砂浆是指用作建筑物饰面的抹面砂浆。涂抹在建筑物内外墙表面，可增加建筑物的美观。装饰砂浆的底层和中层抹灰与普通抹面砂浆基本相同，主要是装饰砂浆的面层选材有所不同。

根据砂浆的组成材料不同常分为灰浆类砂浆饰面和石渣类砂浆饰面。

1）灰浆类砂浆饰面：以着色的水泥砂浆、石灰砂浆及混合砂浆为装饰材料，通过各种手段对装饰面层进行艺术加工，使砂浆饰面具有一定的色彩、线条和纹理，达到装饰效果和要求。常见的施工操作方法有拉毛灰、甩毛灰、拉条、假面砖、喷涂、滚涂和弹涂等。

2）石渣类砂浆饰面：用水泥（普通水泥、白色水泥或彩色水泥）、石渣、水（有时掺入一定量107胶）制成石渣浆，然后通过斧剁、水磨、水洗等手段将表面的水泥浆除去，造成石渣不同的外露形式以及水泥与石渣的色泽对比，构成不同的装饰效果。彩色石渣的耐光性比颜料好，因此，石渣类砂浆饰面比灰浆类砂浆饰面的色泽明亮，质感丰富，不容易褪色和污染。常见的做法有水刷石、水磨石、斩假石和干粘石等。

6.4.3 预拌砂浆

根据砂浆的生产方式，将预拌砂浆分为湿拌砂浆和干混砂浆两大类。将加水拌和而成的湿拌拌合物称为湿拌砂浆，将干态材料混合而成的固态混合物称为干混砂浆。

湿拌砂浆包括湿拌砌筑砂浆、湿拌抹灰砂浆、湿拌地面砂浆和湿拌防水砂浆四种，因特种用途的砂浆黏度较大，无法采用湿拌的形式生产，因而湿拌砂浆中仅包括普通砂浆。干混砂浆又分为普通干混砂浆和特种干混砂浆。普通干混砂浆主要用于砌筑、抹灰、地面及普通防水工程，而特种干混砂浆是指具有特种性能要求的砂浆，包括瓷砖黏结砂浆、耐磨地坪砂浆、界面处理砂浆、特种防水砂浆、自流平砂浆、灌浆砂浆、外保温黏结砂浆与抹面砂浆、聚苯颗粒保温砂浆和无机集料保温砂浆。

1. 预拌砂浆的进场检验

预拌砂浆进场时应进行外观检验，并符合下列规定：

1）湿拌砂浆应外观均匀，无离析、泌水现象。
2）散装干混砂浆应外观均匀、无结块、无受潮现象。
3）袋装干混砂浆应包装完整，无受潮现象。

根据《预拌砂浆》，湿拌砂浆应进行稠度检验，且稠度允许偏差应符合下表6-9。

表 6-9　湿拌砂浆稠度偏差

规定稠度/mm	允许偏差/mm
50,70,90	±10
110	+5 / −10

预拌砂浆外观、稠度检验合格后，还应按表 6-10 的规定进行复试。

表 6-10　预拌砂浆进场检验项目和检验批量

砂浆品种		检验项目	检验批量
湿拌砌筑砂浆		保水率、抗压强度	同一生产厂家、同一品种、同一等级、同一批号且连续进场的湿拌砂浆，每 250m³ 为一个检验批，不足 250m³ 时，应按一个检验批计
湿拌抹灰砂浆		保水率、抗压强度、拉伸黏结强度	
湿拌地面砂浆		保水率、抗压强度	
湿拌防水砂浆		保水率、抗压强度、抗渗压力、拉伸黏结强度	
干混砌筑砂浆	普通砌筑砂浆	保水率、抗压强度	同一生产厂家、同一品种、同一等级、同一批号且连续进场的干混砂浆，每 500t 为一个检验批，不足 500t 时，应按一个检验批计
	薄层砌筑砂浆	保水率、抗压强度	
干混抹灰砂浆	普通抹灰砂浆	保水率、抗压强度、拉伸黏结强度	
	薄层抹灰砂浆	保水率、抗压强度、拉伸黏结强度	
干混地面砂浆		保水率、抗压强度	
干混普通防水砂浆		保水率、抗压强度、抗渗压力、拉伸黏结强度	
聚合物水泥防水砂浆		凝结时间、耐碱性、耐热性	同一生产厂家、同一品种、同一等级、同一批号且连续进场的砂浆，每 50t 为一个检验批，不足 50t 时，应按一个检验批计
界面砂浆		14d 常温常态拉伸黏结强度	同一生产厂家、同一品种、同一等级、同一批号且连续进场的砂浆，每 30t 为一个检验批，不足 30t 时，应按一个检验批计
陶瓷砖黏结砂浆		常温常态拉伸黏结强度、晾置时间	同一生产厂家、同一品种、同一等级、同一批号且连续进场的砂浆，每 50t 为一个检验批，不足 50t 时，应按一个检验批计

2. 预拌砂浆的储存

（1）湿拌砂浆储存

1）储存容器应密闭、不吸水；储存容器的数量、容量应满足砂浆品种与供货量的要求；储存容器使用时，内部应无杂物、无明水；储存容器应便于储运、清洗和砂浆存取；储存容器宜采用遮阳、保温等措施，砂浆存取时，应有防雨措施，砂浆用完后，应清理储存容器。

2）不同品种、强度等级的湿拌砂浆应分别存储，并应对储存容器，标识砂浆的品种、强度等级和使用时限等内容，砂浆应先存先用。

3）湿拌砂浆在储存及使用过程中不应加水。砂浆存放过程中，当出现少量泌水时，应拌和均匀后使用。

4）湿拌砂浆储存的环境温度宜为 5~35℃。

（2）干混砂浆储存

1）散装干混砂浆储存。不同品种的散装干混砂浆应分别储存在散装移动筒仓中，并应对筒仓进行标识。筒仓数量应满足砂浆品种及施工要求。更换砂浆品种时，筒仓应清空。筒仓应符合《干混砂浆散装移动筒仓》的规定，并应在现场安装牢固。散装干混砂浆在储存及使用过程中，当对砂浆质量的均匀性有疑问或争议时，应按《预拌砂浆》的相关规定定期检验其均匀性。

2) 袋装干混砂浆储存。袋装干混砂浆应储存在干燥、通风、防潮、不受雨淋的场所，并应按品种、批号分别堆放，且应先存先用。配套组分中有机类材料应储存在阴凉、干燥、通风、远离火和热源的场所，不应露天存放和暴晒。袋装干混砂浆的储存环境温度应为5～35℃。

3. 预拌砂浆的使用要求

1) 预拌砂浆的品种选用应根据设计、施工等要求确定。

2) 不同品种、规格的预拌砂浆不应混合使用。

3) 预拌砂浆施工前，施工单位应根据设计和工程要求及预拌砂浆产品说明书编制施工方案，并应按施工方案进行施工。

4) 预拌砂浆施工时，施工环境温度宜在5～35℃。当在温度低于5℃或高于35℃施工时，应采取保证工程质量的措施。在风力大于等于五级、雨天和雪天的露天环境条件下，不应进行预拌砂浆施工。

5) 施工单位应建立各道工序的自检、互检和专职人员检验制度，并应有完整的施工检查记录。

6) 预拌砂浆抗压强度、实体拉伸黏结强度应按验收批进行评定。

4. 干混砂浆的应用

干混砂浆是一种新型节能绿色建材，性能优越，是现代科技的结晶。与传统配制的砂浆比较，干混砂浆具有以下优越性：

1) 产品种类多，可按不同需求提供不同品种不同强度等级的干混砂浆，以满足建筑施工的不同要求。

2) 性能好，具有抗收缩、抗龟裂、防潮等特性。

3) 产品质量稳定，干混砂浆均匀性好，使工程质量得到有效的保证。

4) 容易保管，专用设备储存，不怕风吹雨淋，不易失效变质。

5) 使用方便，即拌即用，无环境污染，健康环保。

6) 质量稳定，使用预拌砂浆的墙体不空鼓、不开裂，大大提高房子的抗震等级。

7) 节能舒适，预拌保温砂浆的节能效果好。

8) 经济性佳，使用预拌砂浆，更经济、无原材料浪费。

（1）干混砂浆加水量　加入的水应符合国家相关用水标准，不得使用受过污染的水。加水量，拌和时间及拌和方法见表6-11。

表6-11　干混砂浆加水量、拌和时间与拌和方法

项目品种	加水量范围(%)	拌和方法	
		散装	袋装
干混砌筑砂浆	15.0～16.5	机械搅拌	人工搅拌
干混抹灰砂浆	17.0～18.5	机械搅拌	人工搅拌
干混地面砂浆	13.5	机械搅拌	人工搅拌

(2) 干混砂浆的使用要求

1) 砂浆应随拌随用，从加水搅拌至使用完毕，不超过 2h。

2) 抹灰砂浆和地面砂浆在使用前，必须进行基层处理，即将基层表面的尘土、污垢、油渍等清理干净，必要时洒水润湿。每遍涂抹厚度宜为 6~9mm，应待前一遍抹灰凝结后，方可涂抹后一层。

3) 施工方法应按照施工及现场规范的有关规定执行。

4) 当施工现场气候炎热或干燥季节，可酌量增加水量。当气温超过 30℃ 时，必须在一个半小时左右用完。

5) 冬期施工时，干混砂浆加水搅拌后应采取保温措施。温度不宜低于 5℃。在硬化期不得受冻。

6) 储存时间，干混砂浆的保质期为三个月。

(3) 干混砂浆的原材料　预拌砂浆的原材料较多，除通常所用的胶凝材料、集料、矿物掺合料外，还需根据砂浆性能掺加保水增稠材料、添加剂、外加剂等材料，使得砂浆的材料组成少则五六种，多的可达十几种。由于砂浆是与基体共同构成一个单元，只要砂浆与基体一接触，砂浆就会被基体吸去水分，同时砂浆外表面也向大气中蒸发水分，因而砂浆的保水性和黏结强度就显得尤其重要。

为了使砂浆获得良好的保水性，通常需要掺入保水增稠材料。保水增稠材料分为有机和无机两大类，主要起保水增稠作用，能调整砂浆的稠度、保水性、黏聚性和触变性。常用的有机保水增稠材料有甲基纤维素、羟丙基甲基纤维素、羟乙基甲基纤维素等。以无机材料为主的保水增稠材料有砂浆稠化粉等。大多数保水增稠材料尚无国家或行业标准，而且有机保水增稠材料的种类较多，每种又有不同的性能（如黏度），因此采用保水增稠材料时，必须有充足的技术依据，并应在使用前进行试验验证。有标准的应执行相应标准，如用于砌筑砂浆的增塑剂应符合《砌筑砂浆增塑剂》的规定。

特种干混砂浆都要求有较高的黏结强度，可通过掺加可再分散乳胶粉来提高砂浆的黏性。可再分散乳胶粉是干混砂浆重要的添加剂之一，而且种类繁多，尚无国家或行业标准，因此使用应有充足的技术依据，并应在使用前进行试验验证。

此外，特种干混砂浆中通常还掺加一些填料，如重质碳酸钙、轻质碳酸钙、石英粉、滑石粉等，其作用主要是增加容量，降低生产成本，这些惰性材料通常没有活性，不产生强度。

6.4.4　其他砂浆

1. 保温砂浆

采用水泥、石灰、石膏等胶凝材料与膨胀珍珠岩、膨胀蛭石或陶粒砂等轻质多孔集料，按一定比例配制的砂浆称为绝热砂浆。绝热砂浆具有质轻和良好的绝热性能，其导热系数约为 $0.07~0.10W/(m·K)$，可用于屋面绝热层、绝热墙壁以及供热管道绝热层等处。常用的有水泥膨胀珍珠岩砂浆、水泥膨胀蛭石砂浆、水泥石灰膨胀蛭石砂浆等。

2. 吸声砂浆

一般绝热砂浆是由轻质多孔集料制成的，同时具有吸声性能。还可以用水泥、石膏、砂、锯末（其体积比为 1:1:3:5）等配成吸声砂浆，或在石灰、石膏砂浆中掺入玻璃纤维、矿物棉等松软纤维材料。吸声砂浆用于室内墙壁和顶棚的吸声。

3. 耐酸砂浆

用水玻璃（硅酸钠）和氟硅酸钠作为胶凝材料，掺入适量石英岩、花岗岩、铸石等粉状细集料，可拌制成耐酸砂浆。硬化后的水玻璃耐酸性能好，拌制的砂浆可用于耐酸地面和耐酸容器的内壁防护层。

4. 防辐射砂浆

在水泥浆中掺入重晶石粉、重晶石砂，可配制成具有防 X 射线和 γ 射线能力的砂浆。配合比为水泥：重晶石粉：重晶石砂＝1：2.5：(4~5)。在水泥浆中掺加硼砂、硼酸等可配制具有防中子辐射能力的砂浆。

思考题与习题

6-1　某工地现配制 M10 砂浆用于砌筑砖墙，在拌制砂浆时把水泥直接倒在砂堆上，再加水进行人工搅拌。墙体砌筑完成后，发现该砌体灰缝饱满度及黏结性均差，请分析原因并找出解决方法。

6-2　对新拌砂浆的技术要求与混凝土拌合物的技术要求有何异同？

6-3　在水泥砂浆中加入粉煤灰、石灰膏、黏土膏等外掺料有何作用，并对各种外掺料对砂浆的作用进行分析比较。

6-4　某工程需配制强度等级为 M7.5 的水泥混合砂浆，用于砌筑蒸压加气混凝土砌块。采用 32.5 级矿渣硅酸盐泥，实测 28d 抗压强度值为 35.4MPa，石灰膏的稠度为 120mm，砂浆采用中砂，含水率为 3%，堆积密度为 1450kg/m³，施工水平优良。试确定该砂浆配合比。

6-5　在水泥石灰混合砂浆中，适当掺入粉煤灰是为了（　　）。(2010 年注册造价工程师试题)
A. 提高和易性　　　B. 提高强度和塑性　　　C. 减少水泥用量　　　D. 缩短凝结时间

6-6　关于砌筑砂浆的说法，正确的是（　　）。(2011 年注册造价工程师试题)
A. 毛石砌体砌筑砂浆宜选用中砂
B. 水泥混合砂浆宜采用强度等级高于 42.5 级的水泥
C. 一般情况下，砂的含泥量不应超过 5%
D. 水泥石灰混合砂浆宜选用脱水硬化的石灰膏

6-7　下列材料中，不属于常用建筑砂浆胶凝材料的是（　　）。(2012 年二级建造师试题)
A. 石灰　　　　　　B. 水泥　　　　　　C. 粉煤灰　　　　　　D. 石膏

6-8　拌制外墙保温砂浆多用（　　）。(2013 年注册造价工程师试题)
A. 玻化微珠　　　　B. 石棉　　　　　　C. 膨胀蛭石　　　　　D. 玻璃棉

6-9　用于测量砌筑砂浆抗压强度的试块其养护龄期是（　　）。(2014 年二级建造师试题)
A. 7d　　　　　　　B. 14d　　　　　　C. 21d　　　　　　　D. 28d

6-10　砌筑砂浆用砂宜优先选用（　　）。(2014 年二级建造师试题)
A. 特细砂　　　　　B. 细砂　　　　　　C. 中砂　　　　　　　D. 粗砂

6-11　反映水泥砂浆保水性的技术指标是（　　）。(2015 年一级建造师试题)
A. 沉入度　　　　　B. 泌水度　　　　　C. 分层度　　　　　　D. 坍落度

6-12　普通砂浆的稠度越大，说明砂浆的（　　）。(2016 年二级建造师试题)
A. 保水性越好　　　B. 黏结力越强　　　C. 强度越小　　　　　D. 流动性越大

第7章　建筑金属材料

本章提要

本章主要介绍了钢材的分类、主要技术性能、加工处理方法，以及土木工程用钢材的技术标准、防锈处理等。

本章教学重点在于钢材的主要技术性能与加工处理；土木工程用钢材的技术标准及选用。

通过本章学习，应掌握土木工程中常用钢材的主要技术性能和标准，并能按设计要求选用相应规格的钢材；熟悉钢材的锈蚀和防护机理；了解土木工程中其他金属材料。

金属是指具有良好的导电性和导热性、有一定的强度和塑性、并具有特殊金属光泽的物质，如铁、铝和铜等。金属材料是由金属元素或以金属元素为主，其他金属或非金属元素为辅构成的，并具有金属特征的工程材料，包括纯金属与合金。金属材料按表面颜色通常分为黑色金属和有色金属两大类。黑色金属是指以铁元素为主要成分的金属及其合金，如钢和生铁。有色金属是指黑色金属以外的金属，如铝、铜、铅、锌等金属及其合金。

土木工程中应用的金属材料主要有建筑钢材和铝合金两种。建筑钢材是指用于工程建设的各种钢材，包括钢结构用的各种型钢（圆钢、角钢、槽钢和工字钢）、钢板，钢筋混凝土用的各种钢筋、钢丝和钢绞线，除此之外，还包括用作门窗和建筑五金等的钢材。土木工程用钢材强度高、品质均匀，具有一定的弹性和塑性变形能力，能承受冲击振动荷载，具有良好的加工性能，装配施工方便，广泛用于大跨空间结构、多层及高层建筑、受动力荷载结构和工业厂房结构。铝合金广泛用于现代建筑装修领域中，主要用作门窗和室内外装饰装修，施工便捷，有着优良的性能和独特的装饰效果。

7.1　钢材的冶炼和分类

7.1.1　钢材的冶炼

钢和铁的主要成分都是铁和碳，用碳的质量分数的大小加以区分，大于 2.11% 的为生铁，小于 2.11% 的为钢。

钢是由生铁冶炼而成的。生铁是由铁矿石、焦炭和少量石灰石等在高温的作用下进行还原反应及其他一系列化学反应，铁矿石中的氧化铁还原成金属铁，然后再吸收碳而形成的。生铁的主要成分是铁，但含有较多的碳以及硫、磷、硅、锰等杂质，杂质使得生铁的性质硬而脆，塑性很差，抗拉强度很低，使用受到很大限制。炼钢的目的就是通过冶炼将生铁中的碳的质量分数降至 2.11% 以下，其他杂质含量降至一定的范围内，以显著改善其技术性能，提高质量。

钢的冶炼方法主要有平炉法、转炉法、电炉法以及特种炼钢法，不同的冶炼方法对钢材的质量有着不同的影响，见表 7-1。随着氧气顶吹转炉炼钢法的迅速发展，平炉炼钢法由于投资大、建设速度慢等缺点逐渐被淘汰。

表 7-1　不同炼钢方法的特点和应用

炼钢方法	原料	特　点	应用
平炉法	生铁、废钢	容量大、冶炼时间长、钢质较好且稳定、成本高	碳素钢、低合金钢
转炉法	铁液、废钢	冶炼速度快、生产效率高、钢质较好、投资少	碳素钢、低合金钢
电炉法	废钢	容积小、耗电大、控制严格、钢质好、成本高	合金钢、优质碳素钢
特种炼钢法	钢液	控制精细、钢质非常好、成本较高	特殊性能钢、合金钢

在铸锭冷却过程中，由于钢内的某些元素在铁的液相中的溶解度大于固相，这些元素便向凝固较迟的钢锭中心集中，导致化学成分在钢锭中分布不均匀，这种现象称为化学偏析，其中以硫、磷的偏析最为严重，降低钢材质量。

在冶炼钢的过程中，由于氧化作用使部分铁被氧化成氧化亚铁（FeO），使钢的质量降低，因而在炼钢后期精炼时，需在炉内或钢包中加入锰铁、硅铁或铝锭等脱氧剂进行脱氧，脱氧剂与氧化亚铁反应生成氧化锰、二氧化硅或氧化铝等氧化物，它们成为钢渣而被除去。若脱氧不完全，钢液浇入锭模时，会有大量气体从钢液中逸出，钢液呈沸腾状，称为沸腾钢。沸腾钢组织不够致密，成分不均，硫、磷等杂质偏析较严重，钢材的质量较差。

7.1.2　钢材的分类

钢材一般根据其化学成分、质量等级、冶炼方法和用途来分类。

1. 按化学成分分类

按照化学成分可将钢材分为碳素钢和合金钢两大类。

（1）碳素钢　当钢材组分元素中含量仅次于铁元素的成分为碳时，称为碳素钢。按碳的质量分数又可分为低碳钢（碳的质量分数<0.25%）、中碳钢（碳的质量分数为 0.25%～0.6%）、高碳钢（碳的质量分数>0.6%）。在土木工程中，主要用的是低碳钢和中碳钢。

（2）合金钢　当钢材组分元素中含量仅次于铁元素的成分为其他合金元素时，称为合金钢。合金钢可以分为低合金钢（合金元素总量<5%）、中合金钢（合金元素总量为 5%～10%）、高合金钢（合金元素总量>10%）。土木工程上常用的是低合金钢。

2. 按质量分类

（1）普通碳素钢按钢中所含硫、磷量来分类

1）普通碳素钢。硫的质量分数≤0.055%，磷的质量分数≤0.045%。

2）优质碳素钢。硫的质量分数≤0.040%，磷的质量分数≤0.040%。

3) 高级优质碳素钢。硫的质量分数≤0.030%，磷的质量分数≤0.035%。

(2) 合金钢按冶金质量分类

1) 普通合金钢。硫的质量分数≤0.05%，磷的质量分数≤0.045%。

2) 优质合金钢。硫的质量分数≤0.030%，磷的质量分数≤0.035%。

3) 高级优质合金钢。硫的质量分数≤0.020%，磷的质量分数≤0.030%。

4) 特级优质合金钢。硫的质量分数≤0.015%，磷的质量分数≤0.025%。

3. 根据冶炼时脱氧程度分类

1) 沸腾钢。炼钢时加入锰铁进行脱氧，脱氧很不完全，故称沸腾钢，代号为"F"。沸腾钢组织不够致密，杂质多，质量较差，但其生产成本低、产量高，可广泛用于一般的建筑工程。

2) 镇静钢。炼钢时一般采用硅铁、锰铁和铝锭等作为脱氧剂，脱氧充分，这种钢液铸锭时平静地充满锭模并冷却凝固，基本无气泡产生，故称镇静钢，代号为"Z"。镇静钢虽成本较高，但其组织致密、成分均匀、性能稳定，故质量好，适用于预应力混凝土等重要结构工程。

3) 特殊镇静钢。特殊镇静钢的脱氧程度比镇静钢更充分，代号为"TZ"，适用于特别重要的结构工程。

4. 根据用途分类

1) 结构钢。主要用作工程结构构件及机械零件的钢，一般为低、中碳钢和低、中合金钢。土木工程中常用的是结构钢。

2) 工具钢。主要用作各种量具、刀具及模具的钢，一般为高碳钢和高合金钢。

3) 特殊钢。具有特殊物理、化学或力学性能的钢，如不锈钢、耐酸钢和耐热钢等，一般为合金钢。

此外，根据钢材的外形不同，土木工程中常用的钢材还可分为圆钢、角钢、工字钢、槽钢、钢管、钢板、钢筋、钢丝、钢绞线等。

7.2 建筑钢材的主要技术性能

钢材的性能主要包括力学性能（抗拉性能、冲击韧度、疲劳强度和硬度等）和工艺性能（冷弯性能、焊接性能、热处理性能、切削和锻铸性能等）两个方面。钢材的性能是合理选用钢材的基本依据。

建筑金属材料

7.2.1 钢材的力学性能

1. 抗拉性能

抗拉性能是土木工程用钢材最主要的技术性能。通过拉伸试验可以测得钢材的屈服强度、抗拉强度和伸长率，这些是钢材的重要技术性能指标。静力拉伸试验是钢材基本的力学性能试验方法之一，试验时将低碳钢的标准试件夹持于万能材料试验机的夹具中，在常温下以要求的荷载和加载速度（如仅测定上屈服强度，材料弹性模量小于150GPa时，应力速率控制在2~20MPa/s；材料弹性模量大于或等于150GPa时，应力速率控制在6~60MPa/s）在拉伸机上进行拉伸，直至试件断裂。

土木工程用钢材的抗拉性能可用低碳钢受拉时的应力-应变曲线来阐明，如图 7-1 所示，低碳钢从受拉至拉断，分为弹性阶段、屈服阶段、强化阶段、缩颈阶段 4 个阶段。

（1）弹性阶段　OA 为弹性阶段。在 OA 范围内，低碳钢的应力与应变呈正线性相关关系，其变形为弹性变形，如卸去荷载，试件将恢复原状。与 A 点相对应的应力为弹性极限，用 R_e 表示，在这一范围内，应力与应变的比值为一常量，称为弹性模量，用 E 表示，即 $E=\sigma/\varepsilon$。

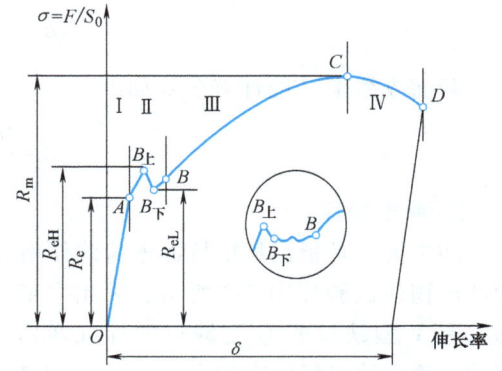

图 7-1　低碳钢受拉时应力-应变曲线

弹性模量反映钢材的刚度，是钢材在受力条件下计算结构变形的重要指标。弹性模量 E 的大小取决于材料本身，它是钢材最稳定的性能之一，钢材在进行合金化、热处理、冷加工时对它的影响很小。常用低碳钢的弹性模量 $E = 2.0 \times 10^5 \sim 2.1 \times 10^5$ MPa，弹性极限 $R_e = 180 \sim 200$ MPa。

（2）屈服阶段　AB 为屈服阶段。在 AB 段内，应力超过 R_e 后，如果卸去拉力，变形不能完全恢复，开始产生塑性变形。当应力达到 $B_上$ 点后，随即下降至 $B_下$，形变迅速增大，而此时应力在一个很小的范围内波动，到达 B 点时，产生了抵抗外力能力的"屈服现象"，超过 B 点，发生的形变不可恢复。$B_上$ 点对应的应力称为上屈服强度 R_{eH}，$B_下$ 点对应的应力为下屈服强度 R_{eL}，因 $B_下$ 比较稳定，易测定，故一般以下屈服强度 R_{eL} 作为钢材屈服强度。常用低碳钢的 R_{eL} 为 195～300MPa。

钢材受力达屈服强度后，变形迅速发展，尽管尚未破坏但已不能满足使用要求，故设计中一般以屈服强度作为强度取值的依据。某些合金钢或碳的质量分数高的钢材（如预应力混凝土用钢筋和钢丝）具有高碳钢的特点，其抗拉强度高，无明显屈服阶段，伸长率小，故采用产生残余变形为 0.2% 时的应力值作为屈服强度，称为条件屈服强度，用 $R_{p0.2}$ 表示。

（3）强化阶段　在钢材屈服到一定程度后，由于内部晶格扭曲、晶粒破碎等原因，阻止了塑性变形的进一步发展，钢材抵抗外力的能力重新提高，在应力-应变曲线上，曲线从 B 点开始上升直至最高点 C，这一过程称为强化阶段；对应于最高点 C 的应力称为抗拉强度，用 R_m 表示。它是钢材所承受的最大拉应力。常用低碳钢的抗拉强度为 385～520MPa。

抗拉强度不能直接利用，但屈服强度与抗拉强度之比（即屈强比 R_{eL}/R_m），是评价钢材使用可靠性和利用率的一个参数。屈强比越小，表明材料的安全性和可靠性越高，结构越安全。但屈强比过小，则钢材有效利用率太低，造成浪费。常用碳素钢的屈强比为 0.58～0.63，合金钢为 0.65～0.75。

（4）缩颈阶段　CD 为缩颈阶段。当负荷达到最高点 C 点后，试件在拉断前，于薄弱处截面显著缩小，产生"缩颈现象"，之后的变形主要集中在缩颈附近，直至断裂。

通过拉伸试验，除能检测钢材屈服强度和抗拉强度等强度指标外，还能检测出钢材的塑性。塑性表示钢材在外力作用下发生塑性变形而不破坏的能力，它是钢材的一个重要指标，用伸长率或断面收缩率表示。

试验时，试件原始长度为 L_0，原始横截面面积为 S_0，拉断后的试件于断裂处对接在一

起的长度为 L_u，断裂处的横截面面积为 S_u，断后伸长率 δ 的计算公式如下

$$\delta = \frac{L_u - L_0}{L_0} \times 100\% \tag{7-1}$$

断面收缩率 Z 的计算公式如下

$$Z = \frac{S_0 - S_u}{S_0} \times 100\% \tag{7-2}$$

2. 冲击韧性

冲击韧性是指钢材抵抗冲击荷载作用的能力，用冲断试件所需能量的多少来表示。钢材的冲击韧性试验如图 7-2 所示，采用中部加工有 V 型缺口或 U 型缺口的标准弯曲试件，置于冲击机的支架上，试件非切槽的一侧对准冲击摆。

当冲击摆从一定高度自由落下将试件冲断时，试件吸收的能量等于冲击摆所做的功，缺口底部单位面积上所消耗的功，即为冲击韧性指标，冲击韧性计算公式如下。

$$a_K = \frac{mg(H-h)}{A} \tag{7-3}$$

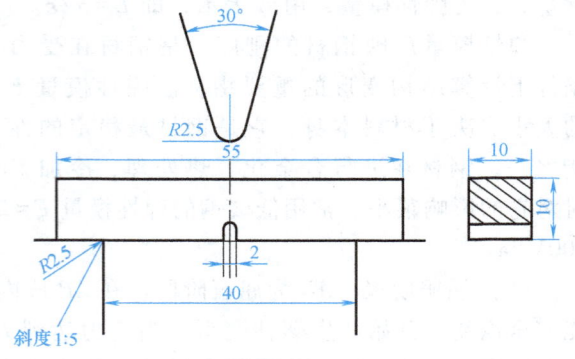

图 7-2 钢材的冲击韧性试验

式中，a_K 为冲击韧性（J/cm²）；m 为摆锤质量（kg）；g 为 9.81m/s²；A 为试件槽口处横截面面积（cm²）；H 为试件打断时摆锤的高度；h 为试件高度。

钢材的冲击韧性与钢材的化学成分、组织状态以及冶炼、加工都有关系。通常，细晶结构比粗晶结构冲击韧性要高，钢材中磷、硫的质量分数较高，存在偏析、非金属夹杂物和焊接中形成的微裂纹等都会使冲击韧性显著降低。冲击韧性随温度的降低而下降，其规律是开始下降缓和，当达到一定温度范围时，突然下降很多而呈脆性，这种性质称为钢材的冷脆性，此时的温度称为冷脆温度，如图 7-3 所示。脆性转变温度越低，说明钢材的低温冲击韧性越好。因此，在负温下使用的结构，应当选用脆性转变温度低于使用温度的钢材。脆性临界温度的测定较复杂，规范中通常是根据气温条件规定 -20℃ 或 -40℃ 的负温冲击值指标。

冷加工时效处理也会使钢材的冲击韧性下降。钢材的时效是指钢材随时间的延长，强度逐渐提高而塑性、韧性下降的现象。完成时效的过程可

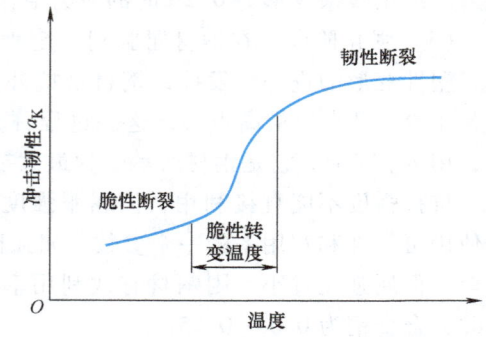

图 7-3 钢材的冲击韧性-温度曲线

达数 10 年，但钢材如经过冷加工或使用中受振动和反复荷载作用，时效可迅速发展。因时效导致钢材性能改变的程度称为时效敏感性。时效敏感性大的钢材，经过时效后，冲击韧性的降低显著。为了保证结构安全，对于承受动荷载的重要结构，应当选用时效敏感性小的钢材。

3. 疲劳强度

钢材在交变荷载反复作用下，可在远小于抗拉强度的情况下发生破坏，这种破坏称为疲劳破坏。钢材的疲劳破坏指标用疲劳强度（或称疲劳极限）来表示，它是指试件在交变应力下，作用 10^7 周次，不发生疲劳破坏的最大应力值。钢材疲劳强度的大小与钢材内部缺陷有直接关系。

钢材的内部成分的偏析和夹杂物的多少以及最大应力处的表面光洁程度、加工损伤等，都是影响钢材疲劳强度的因素。一般来说，钢材的抗拉强度高，其疲劳极限也较高。

钢材的疲劳破坏是由拉应力引起的。首先在局部开始形成微细裂纹，其后由于裂纹尖端处产生应力集中而使裂纹迅速扩展直至钢材断裂。疲劳破坏经常突然发生，没有预兆，几乎没有塑性变形，破坏时的应力小于抗拉强度，甚至低于屈服强度，因而有很大的危险性，往往造成严重事故。在设计承受反复荷载且需进行疲劳验算的结构时，应当充分考虑所用钢材的疲劳强度。

4. 硬度

钢材的硬度是指其表面抵抗硬物压入产生局部变形的能力，它既可理解为是钢材抵抗弹性变形、塑性变形或破坏的能力，也可表述为其抵抗残余变形和反破坏的能力。硬度不是一个简单的物理概念，而是材料弹性、塑性、强度和韧性等力学性能的综合表述性指标。常用的测试方法有布氏法、洛氏法和维氏法等，土木工程用钢材常用布氏硬度表示，其代号为 HBW。

（1）布氏硬度　布氏硬度测定如图 7-4 所示，利用直径为 D（mm）的淬火钢球，以荷载 P（N）将其压入试件表面，经规定的持续时间后卸去荷载，得直径为 d（mm）的压痕，布氏硬度值即荷载 P 与压痕表面面积 A（mm^2）的比值，此值无量纲。在实际应用中布氏硬度一般不用计算，只需用专门的刻度放大镜量出压痕直径（d），根据压痕直径的大小，再从专门的硬度表中查取相应的布氏硬度值就可以了。

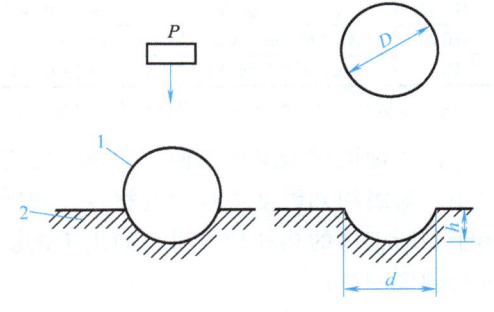

图 7-4　布氏硬度测定
1—淬火钢球　2—钢材

在测定前应根据试件的厚度和估计的硬度范围，按试验方法的规定选定钢球直径、所加荷载及荷载持续时间。布氏法适用于硬度≤450HBW 的钢材，测定时所得压痕直径应在（0.25~0.6）D 范围内，否则测定结果不准确。当被测材料硬度>450HBW 时，钢球本身将发生较大变形，甚至破坏，这时应采用洛氏法测定其硬度。布氏法比较准确，但压痕较大，不适宜用于成品检验。

钢材的硬度是其弹性、塑性、强度等性能的综合反映。试验证明，碳素钢的 HBW 值与其抗拉强度 R_m 之间存在较好的相关关系，当硬度≤175HBW 时，$R_m ≈ 3.6×$HBW 值；当 HBW>175 时，$R_m ≈ 3.5×$HBW 值。根据这些关系，可以在钢结构原位上测出钢材的 HBW 值，来估算钢材的抗拉强度。

（2）洛氏硬度　洛氏硬度测定如图 7-5 所示。采用顶角为 120° 的金刚石圆锥或直径为 1.58mm 的淬火钢球作为压头，图中 1 为初始试验力作用下，压头从试件表面 a 压入到 b 处；

2 为在初始试验力和主试验力共同作用下，压头压入到 c 处，保持规定的时间；3 为卸除主试验力（仍保持初始试验力）后，压头向上升回到 d 处。深度 bd 即为在主试验力作用下压头压入试件表面的残余压痕深度增加量，以此增加量计算硬度，并用一常数 K 减去 bd 作为硬度值（每 0.002mm 的压痕深度作为一个硬度单位），可由硬度计表盘上直接读数。

洛氏硬度用符号 HR 表示，计算公式如下

$$\mathrm{HR} = K - \frac{bd}{0.002} \quad (7\text{-}4)$$

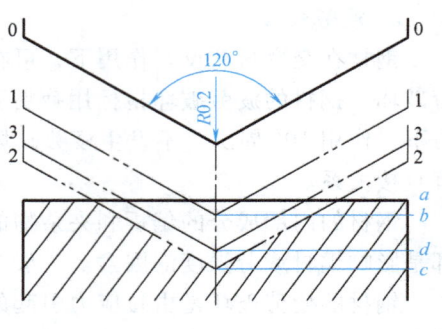

图 7-5 洛氏硬度测定

当压头为金刚石圆锥时，$K=100$；压头为淬火钢球时，$K=130$。

测试不同硬度范围的材料试件，洛氏硬度可以用不同的压头和试验力，并用不同的标尺表示。按《金属材料洛氏硬度试验 第1部分：试验方法》规定有9种标尺，常用的有 HRA、HRB 和 HRC 3 种，其中 HRC 应用最广。常用洛氏硬度试验规范见表 7-2。和布氏硬度一样，洛氏硬度无单位，必须标明硬度标尺符号，符号前面写出硬度值，如 60HRC、80HRA。洛氏硬度各标尺间无对应关系。

表 7-2 常用洛氏硬度试验规范

硬度符号	压头类型	总试验力 $F_总$/kgf(N)	硬度值有效范围	应用举例
HRA	120°金刚石圆锥	60（588.4）	60~88	硬质合金，表面淬火、渗碳钢
HRB	φ1.588mm 钢球	100（980.7）	20~100	有色金属，退火、正火钢
HRC	120°金刚石圆锥	150（1471.1）	20~70	淬火钢、调质钢

注：总试验力=初始试验力+主试验力；初始试验力为 10kgf（98.07N）。

洛氏硬度试验操作简便、快速、压痕小，可以测试成品表面及较硬、较薄的工件。因压痕小，对组织和硬度不均匀的材料，硬度值波动较大，准确性不如布氏硬度高。洛氏硬度常用于判断工件的热处理效果，如用于钢铁材料淬火、回火与正火，以及有色金属、硬质合金等的硬度测试。

各种硬度试验法测得的硬度值不能直接进行比较，必须通过硬度换算表换算成同一种硬度值后，才能比较硬度的高低。

7.2.2 钢材的工艺性能

钢材的工艺性能是指钢材满足工艺要求的能力，土木工程用钢材的工艺性能主要包括冷弯性能和焊接性能。

1. 冷弯性能

冷弯性能是指钢材在常温下承受弯曲变形的能力，以试验时的弯曲角度 α 和弯心直径 d 为指标表示。如图 7-6 所示，钢材的冷弯试验是通过直径（或厚度）为 a 的试件，采用标准规定的弯心直径 d（$d=na$，n 为整数），弯曲到规定的角度时（180°或90°），检查弯曲处有无裂纹、断裂及起层等现象。若没有这些现象，则认为冷弯性能合格。钢材冷弯时的弯曲角度 α 越大，d/a 越小，则表示冷弯性能越好。

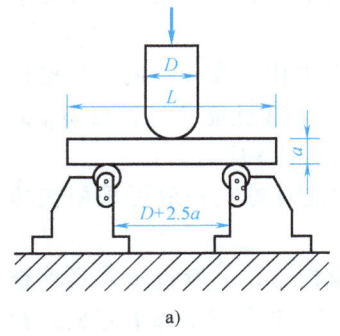 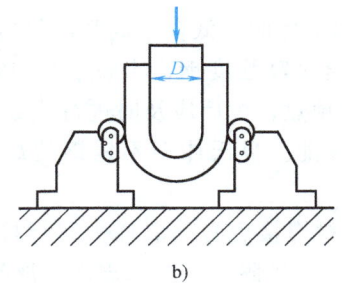 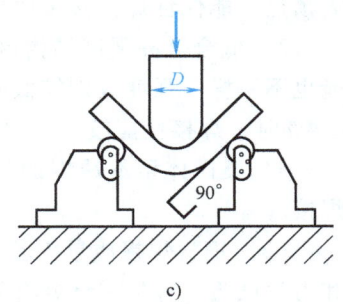

图 7-6 钢材冷弯试验
a）装好的试件 b）弯曲180° c）弯曲90°

伸长率和冷弯性能都能反映钢材塑性变形能力，不同的是，伸长率反映的是钢材在均匀变形下的塑性，而冷弯性能反映的是钢材在局部不均匀变形下的塑性。钢材的冷弯性能不仅能反映其塑性，更有助于暴露钢材的内部组织是否均匀、是否存在内应力、微裂纹、表面未熔合及夹杂物等缺陷，这些缺陷在拉伸试验中常因塑性变形使应力重新分布而得不到反映。冷弯性能更能严格地反映钢材的塑性变形能力，土木工程中常采用冷弯试验来检验钢材焊接接头的焊接质量。

2. 焊接性能

焊接是指在高温或高压条件下，使材料接缝部分迅速呈熔融或半熔融状态，使两块或两块以上的被焊接材料连接成一个整体的操作方法。钢结构工程中，焊接连接可占90%以上，是钢结构的主要连接形式。

钢材的焊接性能是指在一定的焊接工艺条件下，在焊缝及其附近过热区不产生裂纹及硬脆倾向，焊接后钢材的力学性能，特别是强度不低于原有钢材的强度。钢材的焊接性能包括以下两方面内容：一是接合性能，即在一定的焊接条件下，产生焊接缺陷的敏感性；二是使用性能，即在一定的焊接工艺条件下，焊接接头满足使用要求的适应性。

钢材的化学成分对钢材的焊接性能有很大的影响，随钢材中碳、合金元素及杂质元素含量的提高，钢材的焊接性能降低。钢材中碳的质量分数超过0.25%时，焊接性能明显降低；硫的质量分数较大时，会使焊口处产生热裂纹，严重降低焊接质量。因此对于高碳钢和合金钢，可依据需要采用预热和焊后处理，以保证焊接质量。

（1）钢材焊接性能的评定 钢材的碳含量和碳当量（ω_{CE}）是决定其焊接性能的主要因素。碳当量（ω_{CE}）是指将钢中合金元素及其含量对焊接性能的影响，都折算成为相当的碳的质量分数。国际焊接学会推荐的碳素钢和低合金结构钢的碳当量（ω_{CE}）的计算公式如下

$$\omega_{CE} = \left[C + \frac{Mn}{6} + \frac{(Cr+Mo+V)}{5} + \frac{(Ni+Cu)}{15} \right] \times 100\% \qquad (7-5)$$

式中，元素符号表示其在钢中质量的百分数。根据经验，当$\omega_{CE}<0.4\%$时，焊接性能优良；当$\omega_{CE}=0.4\%\sim0.6\%$时，焊接性能较差；当$\omega_{CE}>0.6\%$时，焊接性能差，焊接时必须采用高温预热和严格的工艺措施。世界各国都是通过规定碳含量和碳当量来控制焊接质量的。我国的热轧带肋钢筋的碳当量规定为$\omega_{CE}<0.55\%$。

（2）常用土木工程用钢材的焊接性能

1) 低碳钢的焊接性能。低碳钢的碳当量 $\omega_{CE}<0.25\%$，塑性好，焊接性能优良。焊前不需预热，能保证焊接接头质量良好。

2) 低合金高强度结构钢的焊接性能。低合金高强度结构钢由于化学成分不同，焊接性能也不一样。强度级别较低的低合金高强度钢，当 $\omega_{CE}<0.4\%$ 时，焊接性能良好；当 $\omega_{CE} \geqslant 0.4\%$ 时，焊接性能较差，焊前需预热，焊后应及时进行热处理，以消除应力。

3) 奥氏体型不锈钢的焊接性能。奥氏体型不锈钢的焊接性能良好，一般可采用快速焊接。

(3) 钢材焊接质量检验　钢材焊接后必须取样进行焊接质量检验，一般包括外观检查和力学试验，包括焊缝处有无裂纹、砂眼、咬肉和焊件变形等缺陷；拉伸试验或者弯曲试验时试件的断裂不能发生在焊接处。

3. 切削和锻铸性能

切削性能是指用切削工具对钢材进行切削加工的难易程度。

锻铸性能是指钢材在锻压加工中能承受塑性变形而不破裂的性能，它反映了钢材在加工过程中成型的难易程度。影响锻铸性能的因素很多，如钢材的化学成分、相组成、晶粒大小、温度、材料表面状况、周围环境等。一般情况下，材料内部组织均匀、杂质少、表面光洁，锻铸性能高；而合金元素的增加会提高钢材的抗变形能力，降低钢材的塑性，使锻铸性能降低。锻铸性能是反映钢材熔化浇铸成为铸件的难易程度。

7.3 钢材的组织和化学成分对性能的影响

7.3.1 钢的基本组织对钢材性能的影响

钢是铁碳合金晶体，晶体结构中各个原子以金属键相结合，因此钢具有较高的强度和良好的塑性。这种键既没有方向性又没有饱和性，成键的电子可以在金属中自由流动，使钢材具有良好的导电性；同时外界温度升高使自由电子和离子的振幅增大，钢材具有很好的导热性；由于自由电子间有胶合作用，当钢材晶体受外力作用时，阳离子与原子间产生滑动，钢材可以加工成薄片或拉成细丝，表现出良好的延展性。原子在晶体中的排列规律不同，可以形成不同的晶格，如体心立方晶格、面心立方晶格和密集（排）六方晶格。

某些金属在温度或压力改变时，其晶体结构也随之发生变化的现象称为同素异构转变，如纯铁的冷却，如图7-7所示。在常压下纯铁从液态转变为固态晶体并逐渐冷却到室温的过程中，发生了两次晶体结构的转变。在1394℃以上和1538℃以下时，形成体心立方晶体 δ-Fe；由1394℃降至912℃时，转变为面心立方晶体 γ-Fe；温度降至室温，又转变为体心立方晶体 α-Fe。

$$\text{液态铁} \xleftrightarrow{1538℃} \underset{\text{体心立方晶体}}{\delta\text{-Fe}} \xleftrightarrow{1394℃} \underset{\text{面心立方晶体}}{\gamma\text{-Fe}} \xleftrightarrow{912℃} \underset{\text{体心立方晶体}}{\alpha\text{-Fe}}$$

图7-7　铁的不同晶体结构

纯铁的同素异构转变是钢材进行热处理的基础，也是钢材品种繁多、应用广泛的重要原因。

钢是以铁（Fe）为主的 Fe-C 合金，Fe 和 C 有固相体（Fe 中固溶微量 C）、化合物（Fe 和 C 结合成化合物 Fe_3C）、机械混合物（固溶体和化合物的混合物）。Fe-C 合金于一定条件下能形成具有一定形态的聚合体，称为钢的组织，在显微镜下能观察到它们的微观形貌图像，故也称显微组织。其组织主要有铁素体、珠光体、渗碳体和奥氏体 4 种。钢的基本组织及其性能见表 7-3。

表 7-3 钢的基本组织及其性能

组织名称	碳的质量分数	结构特征	抗拉强度/MPa	布氏硬度 HBW	伸长率	性能
铁素体	≤0.02%	C 溶于 α-Fe 中的固体相	180~280	50~80	30%~50%	性能与纯铁相似，即强度、硬度低，塑性、韧性好
珠光体	0.8	铁素体与渗碳体的机械混合物	750	150	20%~25%	性能介于铁素体和渗碳体之间，强度较高，硬度适中，有一定的塑性
渗碳体	6.69	化合物 Fe_3C	强度极高	800	接近于零	铁中的主要强化相，强度、硬度很高，脆性大，碳含量 $\omega_c=6.69\%$
奥氏体	0.8	C 溶于 γ-Fe 中的固体相	400	160~220	40%~50%	其强度和硬度比铁素体高，塑性、韧性也好。因此，钢材多数加热到奥氏体进行锻造

钢材中的基本组织与碳的质量分数有着对应关系，当碳的质量分数在 0.77% 以下时，其基本组织为铁素体和珠光体，随碳的质量分数增加，珠光体量也增加，铁素体量减少，强度和硬度逐渐提高，塑性和韧性逐渐减小；当碳的质量分数为 0.77% 时，基本组织仅为珠光体；当碳的质量分数大于 0.77% 时，基本组织为珠光体和渗碳体，随碳的质量分数增加，渗碳体量增加，珠光体量减少，硬度逐渐提高，塑性和韧性、强度减小。

建筑工程中所用的钢材碳的质量分数均在 0.77% 以下，因此建筑钢材的基本组织是由铁素体和珠光体组成的，建筑钢材既有较高的强度，同时塑性、韧性也较好，能够满足工程需要的技术性能。

钢材晶体存在许多缺陷，这些缺陷的存在对钢材的强度、塑性以及其他性能都有着不良影响，这就是钢材实际强度比理论强度低的原因。晶体缺陷主要有 3 种类型：点缺陷、线缺陷和面缺陷。

点缺陷：点缺陷的影响范围大概一个原子所占的区域，点缺陷有空位、间隙原子和置换原子 3 种形式。晶格位置上原本该有原子的地方缺失了称为空位，空位会造成晶格收缩；额外的质点充填晶格空隙形成空隙原子，空隙原子会造成晶格扩张；某些杂质成分的质点代替了晶格中固有成分质点的位置会形成置换原子，置换原子会导致晶格畸变。

线缺陷：线缺陷是指在三维空间的两个方向上尺寸很小，另外一个方向上尺寸很大的缺陷。

面缺陷：面缺陷是指在两个方向上尺寸较大的缺陷。钢材是多晶体金属，因此会有晶界的存在，晶界本身就是一种面缺陷，晶界处原子的排列形式不同，出现错乱，导致晶格畸变。

7.3.2 钢的化学成分对钢材性能的影响

钢的化学成分主要是铁、碳两种基本元素，此外还有少量的硅、锰、磷、硫、氮、氧等元素，这些化学成分对钢材性能的影响见表7-4。

表7-4 各种化学成分对钢材性能的影响

化学成分	对钢材性能的影响
碳（C）	碳的质量分数在0.8%以下时，碳的质量分数增加，钢的强度和硬度提高，塑性和韧性降低；当碳的质量分数大于1%时，碳的质量分数增加，钢的强度反而下降。碳的质量分数增加，钢的焊接性能变差，尤其当碳的质量分数大于0.3%时，钢的焊接性能显著降低。土木工程用钢材碳的质量分数宜在0.3%以下
硅（Si）	硅的质量分数在1%以下时，可提高钢的强度、疲劳极限、耐蚀性及抗氧化性，对塑性和韧性影响不大，但对焊接性能和冷加工性能有所影响。硅可作为合金元素，用以提高合金钢的强度。通常碳素钢中硅的质量分数小于0.3%，低合金含硅量小于1.8%
锰（Mn）	锰可提高钢材的强度、硬度及耐磨性，能消减硫和氧引起的热脆性，改善钢材的热处理性能。锰可作为合金元素，提高钢材的强度。通常锰的质量分数为1%~2%
磷（P）	磷引起钢材的"冷脆性"。磷的质量分数提高，钢材的强度、硬度、耐磨性和耐蚀性提高，而塑性、韧性和焊接性能显著下降，土木工程用钢材应严格控制其质量分数
硫（S）	硫引起钢材的"热脆性"，会降低钢材的强度，使钢材的焊接性能、冲击韧性、耐疲劳性和耐蚀性等降低。硫的有益之处在于提高钢材的切削加工性，在易切钢中，可适当增加硫含量。但一般来说，土木工程用钢材应严格控制其质量分数
氮（N）	氮使钢材的强度提高，塑性特别是韧性下降，加剧钢的时效敏感性和冷脆性，使焊接性能变差。但在铝、铌、钒等元素的配合下，可细化晶粒，改善钢的性能，可作为合金钢。土木工程用钢材的氮的质量分数应尽可能减少，一般要求氮的质量分数小于0.008%
氧（O）	氧含量增加，使钢材的强度、塑性和韧性降低，时效敏感性增加，热脆性增加，焊接性能变差。建筑钢材应尽可能减小氧的质量分数，一般要求氧的质量分数小于0.03%
钛（Ti）、钒（V）	钛是强脱氧剂，能细化晶粒，显著提高钢的强度，并改善韧性能，减少时效敏感性，改善焊接性能，但塑性稍有降低，是常用的合金元素 钒是弱脱氧剂，易形成碳化物和氮化物，能细化晶粒，有效地提高强度，降低钢材的时效敏感性。钒与碳、氮、氧等有害元素亲和力很强，会增加焊接时的淬硬倾向

7.4 钢材的冷加工与热处理

7.4.1 钢材的冷加工

将钢材于常温下进行冷拉、冷拔、冷轧、冷扭和刻痕等使其产生塑性变形，从而提高屈服强度，但塑性和韧性降低，这个过程称为冷加工强化处理。

冷加工的实质是，当变形达到一定程度后，各晶粒内的晶格取向发生了转动，使变形前位向紊乱的晶粒呈有序化，并沿着外力方向被拉长，这种现象称为变形结构。特点是无恢复与再结晶，只在再结晶温度 $T_Z = (0.35 \sim 0.40) T_r$（指钢材的熔点）的条件下发生。

将冷加工处理后的钢筋，在常温下存放15~20d，或加热至100~200℃后保持一定时间（2~3h），其屈服强度进一步提高，且抗拉强度也提高，同时塑性和韧性进一步降低，弹性模量则基本恢复。这个过程称为时效处理。

时效处理方法有两种，在常温下存放15~20d，称为自然时效，适合用于低强度钢筋；

钢材的冷加工与热处理

加热至100~200℃后保持一定时间（2~3h），称为人工时效，适合于高强度钢筋。

1. 冷加工方法

土木工程施工场地或预制构件厂常用的冷加工方法是冷拉、冷拔和冷轧。

（1）冷拉　将热轧钢筋用冷拉设备进行张拉，拉伸至产生塑性变形。钢筋冷拉后，屈服强度可提高20%~30%，可节约钢材10%~20%，钢材经冷拉后屈服阶段缩短、伸长率降低、材质变硬。

（2）冷拔　将光圆钢筋通过硬质合金拔丝模孔强行拉拔。每次拉拔断面缩小应在10%以内。钢筋在冷拔过程中，不仅受拉，同时还受到挤压作用，经过一次或多次冷拔后的钢筋，表面光滑，屈服强度可提高40%~60%，但塑性大大降低，具有高碳钢的性质。

（3）冷轧　将热轧钢筋通过冷轧机轧制成断面形状规则的钢筋，一方面可以提高钢筋的强度，另一方面可以使钢筋与混凝土之间有更好的黏结作用力。冷轧时，钢筋的纵向和横向同时发生变形，所以钢筋的塑性变形能力降低程度不大，在一定程度上能够保证钢材材质的均匀性。经过冷加工之后的钢筋，强度大大提高，因此可以减少钢筋的用量或者减小钢筋的横截面积，达到节约经济的目的。

2. 冷加工强化与时效处理机理

如图7-8所示，钢筋经冷拉时效处理后的力学性能变化规律可从其拉伸试验的应力-应变曲线中得到反映。

由图7-8可知，经冷拉无时效的钢筋，屈服强度得到提高，抗拉强度和塑性与原钢筋基本相同。冷拉经时效后，屈服强度进一步提高，与原钢筋相比，抗拉强度也提高，塑性和韧性则相应下降。

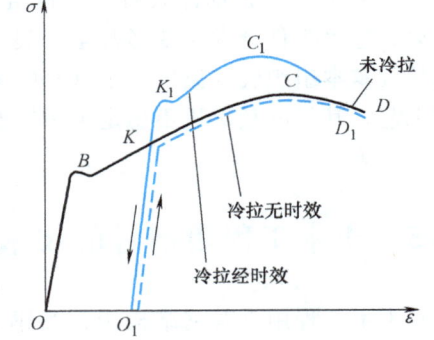

图7-8　钢筋经冷拉时效后应力-应变曲线对比

钢材冷加工强化的原因是钢材经冷加工产生塑性变形后，塑性变形区域内的晶粒发生相对滑移，导致滑移面下的晶粒破碎，晶格歪曲畸变，滑移面变得凹凸不平，对晶粒进一步滑移起阻碍作用，即提高了抵抗外力的能力，故屈服强度得以提高。同时，冷加工强化后的钢材，由于塑性变形后滑移面减少，从而使其塑性降低，脆性增大，且变形中产生的内应力使钢的弹性模量降低。

钢材产生时效的主要原因是溶于α-Fe中的碳、氮本来就有向晶格缺陷处移动、集中甚至呈碳化物或氮化物析出的倾向，当钢材经冷加工产生塑性变形后，碳、氮原子的移动和集中大为加快，这将使滑移面缺陷处碳、氮原子富集，使晶格畸变加剧，造成其滑移、变形更为困难，因而强度进一步提高，塑性和韧性则降低，而弹性模量则基本相同。

7.4.2　钢材的热处理

钢材热处理是将钢材在固态范围内按一定规则加热、保温和冷却，以改变其组织结构，从而获得需要性能的一种工艺过程，其特点是塑性降低不多，但其强度提高很大，综合性能比较理想。土木工程所用钢材一般在生产厂家进行热处理，在施工现场通常需要对焊接件进行热处理。

钢材热处理的方法有以下几种：

(1) 退火　退火是将钢材加热到一定温度，保温后缓慢冷却（随炉冷却）的一种热处理工艺，有低温退火和完全退火之分。低温退火的加热温度在基本组织转变温度以下，完全退火的加热温度在 800~850℃。其目的是细化晶粒、改善组织，减少加工中产生的缺陷，减轻晶格畸变，降低硬度、提高塑性、消除内应力，防止变形、开裂，也为最终热处理做好准备。

(2) 正火　正火是将钢加热到基本组织转变温度以上 30~50℃，待完全奥氏体化后，再在空气中进行冷却的热处理工艺。正火是退火的一种特例。正火在空气中冷却，冷却速度比退火快一些，工艺简便，能耗少。正火的目的是细化钢的组织，消除热加工造成的过热缺陷。正火后的钢材，硬度、强度提高，塑性减小。

(3) 淬火　淬火是将钢材加热到基本组织转变温度以上（一般为 900℃ 以上），保温使组织完全转变，即放入水或油等冷却介质中快速冷却，使之转变为不稳定组织的一种热处理操作。其目的是得到高强度、硬度和耐磨的钢材，淬火是强化钢筋最重要的热处理手段。

(4) 回火　钢筋淬火后的钢材组织不稳定，虽然强度和硬度高，但塑性差，若不及时回火，淬火工件会发生变形甚至开裂，一般不直接使用，必须进行回火处理。回火是将钢材加热到基本组织转变温度以下（150~650℃ 范围内选定），保温后在空气中冷却的一种热处理工艺，其目的是促进不稳定组织转变为需要的稳定组织，消除淬火产生的内应力，改善力学性能等。

7.5　土木工程用钢材的技术标准及选用

土木工程用钢有钢结构用钢和钢筋混凝土用钢两类，前者主要应用有型钢、钢板和钢管，后者主要应用有钢筋、钢丝和钢绞线。土木工程用钢制品所用的原料钢多为碳素钢、合金钢和低合金钢。

7.5.1　碳素结构钢

碳素结构钢是指一般结构工程用钢，由氧气转炉或平炉冶炼，适合于生产各种钢板、钢带、型钢、棒钢，其产品可供焊接、铆接、螺栓连接构件使用，是土木工程常用钢种。

1. 牌号及其表示方法

碳素结构钢的牌号有 Q195、Q215、Q235 和 Q275 共 4 个。牌号由代表屈服强度的字母、屈服强度数值、质量等级符号、脱氧程度符号 4 个部分组成。Q 为钢材屈服强度"屈"字汉语拼音首字母。屈服强度值为 195、215、235 和 275（MPa）。质量等级为 A、B、C、D。按冲击韧性划分，A 级为不要求冲击韧性；B 级为要求 20℃ 冲击韧性；C 级为要求 0℃ 冲击韧性；D 级为要求 -20℃ 冲击韧性。脱氧程度：F（沸腾钢）、Z（镇静钢）和 TZ（特殊镇静钢）。"Z" 和 "TZ" 可以省略不写。例如，Q235AF 表示屈服强度为 235MPa 的 A 级沸腾钢。

2. 力学性能及工艺性能

根据《碳素结构钢》的规定，碳素结构钢的力学性能（强度、冲击韧性等）应符合表 7-5 的规定，碳素结构钢的冷弯试验指标应符合表 7-6 的规定。

表 7-5 碳素结构钢的力学性能

牌号	等级	拉伸试验							冲击试验(V型缺口)	
^	^	屈服强度 R_{eH}/MPa, ≥						抗拉强度 R_m /MPa	断后伸长率 $A(\%)$, ≥					温度/℃	冲击吸收能量(纵向)/J, ≥
^	^	厚度(或直径)/mm						^	厚度(或直径)/mm					^	^
^	^	≤16	16~40	40~60	60~100	100~150	150~200	^	≤40	>40~60	>60~100	>100~150	>150~200	^	^
Q195	—	195	185	—	—	—	—	315~430	33	—	—	—	—	—	—
Q215	A	215	205	195	185	175	165	335~450	31	30	29	27	26	—	—
^	B	^	^	^	^	^	^	^	^	^	^	^	^	+20	27
Q235	A	235	225	215	215	195	185	370~500	26	25	24	22	21	—	—
^	B	^	^	^	^	^	^	^	^	^	^	^	^	+20	27
^	C	^	^	^	^	^	^	^	^	^	^	^	^	0	^
^	D	^	^	^	^	^	^	^	^	^	^	^	^	-20	^
Q275	A	275	265	255	245	225	215	410~540	22	21	20	18	17	—	—
^	B	^	^	^	^	^	^	^	^	^	^	^	^	+20	27
^	C	^	^	^	^	^	^	^	^	^	^	^	^	0	^
^	D	^	^	^	^	^	^	^	^	^	^	^	^	-20	^

表 7-6 碳素结构钢冷弯试验指标

牌号	试样方向	冷弯试验(试样宽度=2a, 180°)	
^	^	钢材厚度(或直径) a/mm	
^	^	≤60	>60~100
^	^	弯心直径 d	
Q195	纵	0	—
^	横	0.50a	—
Q215	纵	0.50a	1.5a
^	横	a	2a
Q235	纵	a	2a
^	横	1.5a	2.5a
Q275	纵	1.5a	2.5a
^	横	2a	3a

3. 特性及应用

随着碳素结构钢牌号由 Q195 增至 Q275，钢的碳的质量分数逐渐增多，强度提高，塑性降低，冷弯性能下降。质量等级由 A 到 D，钢中有害杂质的含量逐渐减少。

1) Q195 钢强度不高，塑性、韧性、加工性能与焊接性能较好，主要用于轧制薄板和盘条等。

2) Q215 钢的用途与 Q195 钢基本相同，由于其强度稍高，还大量用作管坯和螺栓等。

3) Q235 钢既有较高的强度，又有较好的塑性和韧性，焊接性能也好，在土木工程中应用最广泛，大量用于制作钢结构用钢、钢筋和钢板等。其中 Q235A 级钢，一般仅适用于承受静荷载作用的结构，Q235C 和 Q235D 级钢可用于重要的焊接结构。另外，由于 Q235D 级钢含有足够的形成细晶粒结构的元素，同时对硫、磷有害元素控制严格，故其冲击韧性好，有较强的抵抗振动、冲击荷载的能力，尤其适用于负温条件。

4）Q275 钢强度、硬度较高，耐磨性较好，但塑性、冲击韧性和焊接性能差，不宜用于建筑结构，主要用于制作机械零件和工具等。

沸腾钢脱氧不完全，钢材内部缺陷严重，因此应用受到限制，以下几种情况不应采用沸腾钢：

① 对于焊接结构：a. 直接承受动力荷载或振动荷载且需要验算疲劳的结构；b. 工作温度低于-20℃时的直接承受动力荷载或振动荷载但可不验算疲劳的结构以及承受静力荷载的受弯及受拉的重要承重结构；c. 工作温度等于或低于-30℃的所有承重构件。

② 对于非焊接结构：工作温度等于或低于-20℃的直接承受动力荷载且需要验算疲劳的结构。

选用钢材时，要根据工程结构的荷载类型（静荷载或动荷载）、连接方式（焊接、铆接或螺栓连接）及环境温度，综合考虑钢材的强度、质量等级和脱氧方式等因素，合理确定牌号。

7.5.2 低合金高强度结构钢

低合金高强度结构钢是一种在碳素结构钢的基础上添加质量分数不超过5%合金元素的钢材。所加合金元素主要有锰（Mn）、硅（Si）、钒（V）、钛（Ti）、铌（Nb）、铬（Cr）、镍（Ni）及稀土元素，均为镇静钢。

1. 牌号及其表示方法

低合金高强度结构钢有 Q355、Q390、Q420、Q460、Q500、Q550、Q620 和 Q690 共 8 个牌号，牌号由代表屈服强度的汉语拼音字母、屈服强度数值、质量等级符号 3 部分组成。屈服强度数值为 355、390、420、460、500、550、620 和 690（MPa）。质量等级为 A、B、C、D、E。按冲击韧度划分，A 级为不要求冲击韧性，B 级为要求 20℃ 冲击韧性，C 级为要求 0℃ 冲击韧性，D 级为要求 -20℃ 冲击韧性，E 级为要求 -40℃ 冲击韧性。当要求钢板具有厚度方向的性能时，则在上述规定的牌号后加上代表厚度方向（Z 向）性能级别的符号，例如，Q355DZl5。

2. 力学性能

根据《低合金高强度结构钢》的规定，低合金高强度结构钢的力学性能应符合表 7-7 的规定。夏比（V型）冲击试验的试验温度和冲击吸收能量见表 7-8。Q355、Q390 和 Q420 的质量等级 A 级不做冲击试验，这 3 种牌号钢材的塑性、韧性和焊接性能可满足建筑结构工程的要求。Q460、Q500、Q550、Q620 和 Q690 的质量等级 A 级和 B 级不做冲击试验。

3. 特性及应用

由于合金元素的细晶强化和固溶强化等作用，使低合金高强度结构钢与碳素结构钢相比，既具有较高的强度，同时又有良好的塑性、低温冲击韧性、焊接性能和耐蚀性等，是一种综合性能良好的建筑钢材。

Q355 级钢是钢结构的常用牌号，Q390 也是推荐使用的牌号。与碳素结构钢 Q235 相比，低合金高强度结构钢 Q355 的强度更高，等强度代换时可以节省钢材 15%～25%，并减轻结构自重。另外，Q355 具有良好的承受动荷载能力和耐疲劳性。低合金高强度结构钢广泛应用于钢结构和钢筋混凝土结构中，特别是大型结构、重型结构、大跨度结构、高层建筑、桥梁工程、承受动荷载和冲击荷载的结构。

表 7-7 低合金高强度结构钢的力学性能

牌号	质量等级	下屈服强度 R_{eL}/MPa, ≥ 厚度(直径,边长)/mm								抗拉强度 R_m/MPa 厚度(直径,边长)/mm							断后伸长率 A(%), ≥ 厚度(直径,边长)/mm					
		≤16	16~40	40~63	63~80	80~100	100~150	150~200	200~250	250~400	≤40	40~63	63~80	80~100	100~150	150~250	250~400	40	40~63	63~100	100~150	150~250	250~400
Q355	A	345	335	325	315	305	285	275	265	—	470~630	470~630	470~630	470~630	450~600	450~600	—	20	19	19	18	17	—
	B																	21	20	20	19	18	17
	C																						
	D									265							450~600						
	E																						
Q390	A	390	370	350	330	310	—	—	—	—	490~650	490~650	490~650	490~650	470~620	—	—	20	19	19	18	—	—
	B																						
	C																						
	D																						
Q420	B	420	400	380	360	340	—	—	—	—	520~680	520~680	520~680	520~680	500~650	—	—	19	18	18	18	—	—
	C																						
Q460	C	460	440	420	400	380	—	—	—	—	550~720	550~720	550~720	550~720	530~700	—	—	17	16	16	16	—	—
Q500	C	500	480	470	450	440	—	—	—	—	610~770	600~760	590~750	540~730	—	—	—	17	17	17	—	—	—
	D																						
	E																						
Q550	C	550	530	520	500	490	—	—	—	—	670~830	620~810	600~790	590~780	—	—	—	16	16	16	—	—	—
	D																						
	E																						
Q620	C	620	600	590	570	—	—	—	—	—	710~880	690~880	670~860	—	—	—	—	15	15	15	—	—	—
	D																						
	E																						
Q690	C	690	670	640	—	—	—	—	—	—	770~940	750~920	730~900	—	—	—	—	14	14	14	—	—	—
	D																						
	E																						

注：1. 当屈服不明显时，可测量 $R_{p0.2}$ 代替下屈服强度。
2. 宽度≥600mm 扁平材，拉伸试验取横向试样；宽度<600mm 扁平材、型材及棒材取纵向试样，断后伸长率最小值相应提高 1%（绝对值）。
3. 厚度 = 250~400mm 的数值适用于扁平材。

表 7-8 夏比（V 型）冲击试验的试验温度和冲击吸收能量

牌号	质量等级	试验温度/℃	冲击吸收能量/J 公称厚度(直径、边长)/mm		
			12~150	150~250	250~400
Q355	B	20	≥34	≥27	—
	C	0			
	D	-20			
	E	-40			27
Q390、Q420、Q460	B	20	≥34	—	—
	C	0			
	D	-20			
	E	-40			
Q500、Q550、Q620、Q690	C	0	≥55	—	—
	D	-20	≥47		
	E	-40	≥31		

7.5.3 优质碳素结构钢

优质碳素结构钢对硫、磷等杂质的限制更为严格，其质量分数均不得超过 0.035%。《优质碳素结构钢》规定，将优质碳素结构钢划分为 28 个牌号，分为低锰含量（w_{Mn} = 0.25%~0.50%）、普通锰含量（w_{Mn} = 0.35%~0.80%）和较高锰含量（w_{Mn} = 0.70%~1.20%）3 组，其表示方法为：平均碳的质量分数的万分数+锰含量标识。28 个牌号是 08、10、15、20、25、30、35、40、45、50、55、60、65、70、75、80、85、15Mn、20Mn、25Mn、30Mn、35Mn、40Mn、45Mn、50Mn、60Mn、65Mn、70Mn。如"45"表示平均碳的质量分数为 0.45%，普通锰含量的镇静钢；"30Mn"表示平均碳的质量分数为 0.30%，较高锰含量的镇静钢。

优质碳素结构钢对有害杂质的含量控制严格，其质量稳定、综合性能好，但成本较高。其性能主要取决于碳的质量分数，碳的质量分数高，则强度高，塑性和韧性差。在建筑工程中，30~45 钢主要用于重要结构的钢铸件和高强度螺栓等，45 钢用作预应力混凝土锚具，65~80 钢用于生产预应力混凝土所用的钢丝和钢绞线。

7.5.4 钢筋

钢筋与混凝土之间有较大的握裹力，能牢固啮合在一起。钢筋抗拉强度高、塑性好，放入混凝土中可很好地改善混凝土脆性，扩展混凝土的应用范围，同时混凝土的碱性环境又很好地保护了钢筋。钢筋混凝土结构用的钢筋主要由碳素结构钢、低合金高强度结构钢和优质碳素钢制成，包括热轧钢筋、冷轧带肋钢筋、预应力混凝土用螺纹钢筋、预应力混凝土用钢丝和钢绞线、预应力混凝土用钢棒等。

1. 热轧钢筋

热轧钢筋是土木工程中用量最多的钢筋品种，广泛应用于混凝土结构和预应力混凝土结构中，不但要求有较高的强度，而且要求有良好的塑性、韧性和焊接性能。钢筋混凝土用热轧钢筋，根据其表面形状分为光圆钢筋和带肋钢筋两类。

（1）热轧光圆钢筋 热轧光圆钢筋（Hot Rolled Plain Bars）是指经热轧成型，横截面通常为圆形，表面光滑的成品钢筋。公称直径为 6mm、8mm、10mm、12mm、16mm、

20mm，以直条或盘卷形式供货。根据《钢筋混凝土用钢 第 1 部分：热轧光圆钢筋》的规定，热轧光圆钢筋分为 HPB235、HPB300 两个牌号。HPB300 的力学性能和工艺性能应符合表 7-9 的规定。

表 7-9 热轧光圆钢筋力学性能和工艺性能要求

牌号	屈服强度 R_{eL}/MPa	抗拉强度 R_m/MPa	断后伸长率 A(%)	最大力下总伸长率 A_{gt}(%)	冷弯试验180° D—弯心直径 a——钢筋公称直径
			≥		
HPB300	300	420	25.0	10.0	$D=a$

光圆钢筋的强度低，但塑性和焊接性能好，便于各种冷加工，因而广泛用作小型钢筋混凝土结构中的主要受力钢筋以及各种钢筋混凝土结构中的构造筋，还可作为冷轧带肋钢筋和冷拔低碳钢丝的原材料。

（2）热轧带肋钢筋 热轧带肋钢筋是指经热轧成型，横截面通常为圆形且表面带肋的混凝土结构所用的钢材，分为普通热轧钢筋（Hot Rolled Bars）和细晶粒热轧钢筋（Hot Rolled Bars of Fine Grains）。普通热轧钢筋按热轧状态交货，其金相组织主要是铁素体加珠光体，不得有影响使用性能的其他组织存在；细晶粒热轧钢筋在热轧过程中，通过控轧和控冷工艺而形成，其金相组织主要是铁素体加珠光体，不得有影响使用性能的其他组织存在，晶粒度不大于 9 级。

热轧带肋钢筋表面有两条纵肋，并沿长度的方向均匀分布月牙形横肋，如图 7-9 所示。

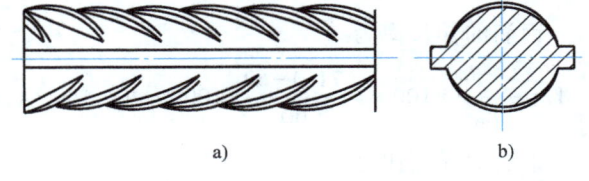

图 7-9 热轧带肋钢筋外形
a）月牙肋 b）等高肋

根据《钢筋混凝土用钢 第 2 部分：热轧带肋钢筋》的规定，普通热轧钢筋分为 HRB400、HRB500、HRB600、HRB400E、HRB500E 等 5 个牌号，细晶粒热轧钢筋分为 HRBF400E、HRBF500E、HRBF400、HRBF500 4 个牌号。热轧带肋钢筋的力学性能和工艺性能应符合表 7-10 的规定。

表 7-10 热轧带肋钢筋的力学性能要求

牌号	下屈服强度 R_{eL}/MPa	抗拉强度 R_m/MPa	断后伸长率 A(%)	最大力下总伸长率 A_{gt}(%)	实测强屈比 $R°_m/R°_{eL}$	$R°_{eL}/R_{eL}$
			≥			≤
HRB400 HRBF400	400	540	16	7.5	—	—
HRB400E HRBF400E			—	9.0	1.25	1.30
HRB500 HRBF500	500	630	15	7.5	—	—
HRB500E HRBF500E			—	9.0	1.25	1.30
HRB600	600	730	14	7.5	—	—

注：$R°_m$ 为实测抗拉强度，$R°_{eL}$ 为实测屈服强度。

HRB400 和 HRBF400 钢筋的强度较高,塑性和焊接性能较好,广泛用于大、中型钢筋混凝土结构的受力筋。HRB400 钢筋强度高、性能稳定,适用于抗震结构,可增加建筑结构安全储备,有显著的经济效益。HRB500 和 HRBF500 钢筋强度高,但塑性和焊接性能较差,可用作预应力筋。

【例 7-1】 从工地到货的公称直径为 12mm 热轧带肋钢筋中截取标距为 60mm 的标准试件做钢筋拉伸试验,测得如下结果:屈服荷载为 46.4kN 和 45.8kN;抗拉极限荷载为 62.0kN 和 61.6kN;拉断后长度分别为 71.1mm 和 72.0mm。试判断该批钢筋属于何牌号?并请分析钢材的安全可靠程度和有效利用率。

解:(1)钢筋的屈服强度为

$$R°_{eL1} = \frac{F_{s,1}}{A} = \frac{46.4 \times 10^3 \text{N}}{\frac{1}{4} \times 3.14 \times 12^2 \text{mm}^2} \approx 410 \text{MPa}, \quad R°_{eL2} = \frac{F_{s,2}}{A} = \frac{45.8 \times 10^3 \text{N}}{\frac{1}{4} \times 3.14 \times 12^2 \text{mm}^2} \approx 405 \text{MPa}$$

钢筋的抗拉强度为

$$R°_{m1} = \frac{F_{b,1}}{A} = \frac{62.0 \times 10^3 \text{N}}{\frac{1}{4} \times 3.14 \times 12^2 \text{mm}^2} = 548 \text{MPa}, \quad R°_{m2} = \frac{F_{b,2}}{A} = \frac{61.6 \times 10^3 \text{N}}{\frac{1}{4} \times 3.14 \times 12^2 \text{mm}^2} = 545 \text{MPa}$$

钢筋的伸长率为

$$A_1 = \frac{L_1 - L_0}{L_0} \times 100\% = \frac{71.1 - 60}{60} \times 100\% = 18.5\%, \quad A_2 = \frac{L_2 - L_0}{L_0} \times 100\% = \frac{72.0 - 60}{60} \times 100\% = 20\%$$

钢筋的强屈比为

第一根钢筋:$\frac{R°_{m1}}{R°_{eL1}} = \frac{548}{410} \approx 1.34$,第二根钢筋:$\frac{R°_{m2}}{R°_{eL2}} = \frac{545}{405} = 1.35$

查表 7-10,该批钢筋的牌号为 HRB400 号热轧带肋钢筋。

(2)该钢筋由普通低合金结构钢轧制而成,通常屈强比(表 7-10 中强屈比的倒数)的合理范围为 0.65~0.75。所以该钢材的安全可靠程度较高,有效利用率较合理。

2. 冷轧带肋钢筋

冷轧带肋钢筋(Cold-Rolled Ribbed Bars)是热轧圆盘条经冷轧后,在其表面带有沿长度方向均匀分布的三面或两面横肋钢筋。《冷轧带肋钢筋》规定,冷轧带肋钢筋按抗拉强度最小值分为 CRB550、CRB650、CRB800、CRB600H、CRB680H、CRB800H 等牌号。

CRB550 钢筋的公称直径范围为 4~12mm,CRB650 及以上牌号钢筋的公称直径为 4mm、5mm、6mm。

《冷轧带肋钢筋》规定,钢筋的力学性能和工艺性能应符合表 7-11 的要求。当进行冷弯试验时,受弯曲部位表面不得产生裂纹,反复弯曲试验的弯曲半径应符合表 7-12 的规定。钢筋的强屈比 $R_m/R_{p0.2}$ 应不小于 1.03,经供需双方协议可用最大力总伸长率 A_{gt} 代替断后伸长率 A。

冷轧带肋钢筋由于带有月牙形横肋,与混凝土的黏结强度较光面钢筋增大 2 倍以上,在预应力混凝土构件中,是冷拔低碳钢筋的替代品。冷轧带肋钢筋与冷拉、冷拔钢筋相比,强度相近,但克服了冷拉、冷拔钢筋握裹力小的缺点,因此,在中、小型预应力混凝土结构构

表 7-11　冷轧带肋钢筋的力学性能和工艺性能

分类	牌号	规定塑性延伸强度 $R_{p0.2}$，≥	抗拉强度 R_m/MPa，≥	$R_m/R_{p0.2}$，≥	断后伸长率（％），≥		最大力下总伸长率（％），≥	弯曲试验 180°	反复弯曲次数	应力松弛，初始应力应相当于公称抗拉强度的70% 1000h松弛率（％），≤
					A	A_{100m}	A_{gt}			
普通钢筋混凝土用	CRB550	500	550	1.05	11.0	—	2.5	$D=3d$	—	—
	CRB600H	540	600	1.05	14.0	—	5.0	$D=3d$	—	—
	CRB680H	600	680	1.05	14.0	—	5.0	$D=3d$	4	5
预应力混凝土用	CRB650	585	650	1.05	—	4.0	2.5	—	3	8
	CRB800	720	800	1.05	—	4.0	2.5	—	3	8
	CRB800H	720	800	1.05	—	7.0	4.0	—	4	5

注：D 为弯心直径，d 为钢筋公称直径。

表 7-12　冷轧带肋钢筋反复弯曲试验的弯曲半径　　　　　　　　　　　　（单位：mm）

钢筋公称直径	4	5	6
弯曲半径	10	15	15

件和普通混凝土结构构件中得到越来越广泛的应用。CRB550 为普通钢筋混凝土用钢筋，其他牌号为预应力混凝土用钢筋。

3. 预应力混凝土用螺纹钢筋

预应力混凝土用螺纹钢筋也称精轧螺纹钢筋，是一种热轧成带有不连续的外螺纹的直条钢筋，该钢筋在任意截面处均可用带有匹配形状的连接器或锚具进行连接或锚固。钢筋的公称直径范围为 15～75mm，通常采用 25mm、32mm 钢筋。

预应力混凝土用螺纹钢筋以屈服强度划分 4 个级别，表示方法为代号"PSB"加上规定屈服强度最小值。例如，PSB930 表示屈服强度最小值为 930MPa 的预应力混凝土用螺纹钢筋。

预应力混凝土用螺纹钢筋具有高强度、高韧性等特点，广泛应用于大型桥梁、公路预应力构件制作及岩体锚固等。

由于其在整根钢筋的任意截面都能旋上带有内螺纹的连接器进行连接，或旋上螺母进行锚固，具有连接、锚固简便，张拉锚固安全可靠等特点，故成为大型结构中的常用材料。

根据《预应力混凝土用螺纹钢筋》的规定，预应力混凝土用螺纹钢筋用钢的化学成分（熔炼分析）中，要求磷、硫的质量分数不大于 0.035%，其力学性能应符合表 7-13 的要求。

表 7-13　预应力混凝土用螺纹钢筋的力学性能

级别	屈服强度 R_{eL}/MPa	抗拉强度 R_m/MPa	断后伸长率 A(%)	最大力下总伸长率 A_{gt}(%)	应力松弛性能	
	不小于				初始应力	1000h后应力松弛率 V_t(%)
PSB785	785	980	8	3.5	$0.7R_m$	≤4.0
PSB830	830	1030	7			
PSB930	930	1080	7			
PSB1080	1080	1230	6			
PSB1200	1200	1330	6			

注：无明显屈服时，用规定非比例延伸强度（$R_{p0.2}$）代替。

4. 预应力混凝土用钢丝和钢绞线

1）预应力混凝土用钢丝是用优质碳素结构钢制成的，《预应力混凝土用钢丝》规定，其按加工状态分为冷拉钢丝（WCD）和消除应力钢丝两类。消除应力钢丝按松弛性能又分为低松弛钢丝（WLP）和普通松弛钢丝（WNR）。冷拉钢丝是用拔丝模或轧辊经冷加工而成的，以盘卷供货的钢丝。钢丝在塑性变形下进行的短时热处理，得到的是低松弛钢丝；钢丝通过矫直工序后在适当温度下进行的短时热处理，得到的是普通松弛钢丝。低松弛钢丝作为推荐类型，设计和使用者优先采用低松弛钢丝代替普通松弛钢丝。低松弛钢丝应力损失低，可节约钢材 5%~10%。预应力混凝土用钢丝按外形分为光圆（P）、螺旋肋钢丝（H）和刻痕钢丝（I）。

预应力混凝土用钢丝有强度高（抗拉强度为 1470~1770MPa，屈服强度为 1100~1330MPa）、柔性好（标距为 200mm 的伸长率大于 1.5%，弯曲 180°达 4 次以上）、无接头、质量稳定可靠、施工方便、不需要冷拉、不需要焊接等优点，主要用作大跨度屋架及薄腹梁、大跨度吊车梁、桥梁、电杆和轨枕等的预应力钢筋等。

2）预应力混凝土用钢绞丝是以数根优质碳素结构钢丝经绞捻和消除内应力而制成的。《预应力混凝土用钢绞线》根据捻制结构（钢丝的股数），将其分为 1×2、1×3、（1×3）I、1×7 和（1×7）C 共 5 类。

预应力混凝土用钢绞线的最大负荷随钢丝的根数不同而不同，7 根捻制结构的钢绞线，整根钢绞线的最大力达 384kN 以上，规定非比例延伸力可达 346kN 以上，1000h 松弛率为 1.0%~4.5%。

预应力钢丝和钢绞线都属于冷加工强化级热处理钢材，没有明显屈服强度，但抗拉强度远大于热轧钢筋和冷轧钢筋，预应力混凝土用钢绞线也具有强度高、柔韧性好、无接头、质量稳定和施工方便等优点，主要用于大跨度、大负荷的后张法预应力屋架、桥梁和薄腹板等结构的预应力筋。

5. 预应力混凝土用钢棒

预应力混凝土用钢棒（PCB）由低合金钢热轧盘条冷加工后（或不经冷加工）淬火和回火所得，按钢棒表面形状分为光圆钢棒（P）、螺旋槽钢棒（HG）、螺旋肋钢棒（HR）、带肋钢棒（R）4 种。

产品标记应包含下列内容：预应力钢棒、公称直径、公称抗拉强度、代号、延性级别（延性 35 或延性 25）、松弛（N 或 L）、标准号。例如，公称直径为 9mm，公称抗拉强度为 1420MPa，35 级延性，低松弛预应力混凝土用螺旋槽钢棒可标记为：PCB 9-1420-35-L-HG-GB/T 522.3。

制造钢棒用原材料成分有害杂质含量（质量分数）要求为：磷含量≤0.025%，硫含量≤0.025%，铜含量≤0.25%。成品钢棒不得存在电接头，在生产时为了连续作业而焊接的电接头应切除掉。

钢棒的公称直径、横截面面积、质量等应符合《预应力混凝土用钢棒》中的规定。

钢棒应进行拉伸试验，对所有规格钢棒，可按抗拉强度（R_m）分为 4 级（不小于）：1080MPa、1230MPa、1420MPa、1570MPa；也可按规定非比例延伸强度（$R_{p0.2}$）分为 4 级（不小于）：930MPa、1080MPa、1280MPa、1420MPa。

钢棒应进行弯曲试验（螺旋槽钢棒、带肋钢棒除外）、初始应力为 70%公称抗拉强度时

1000h 的松弛试验，性能应符合《预应力混凝土用钢棒》中的有关要求。

7.5.5 型钢

钢结构用钢材主要是热轧成型的钢板和型钢等；薄壁轻型钢结构中主要采用薄壁型钢、圆钢和小角钢；钢材所用的母材主要是普通碳素结构钢和低合金高强度结构钢。

1. 热轧型钢

钢结构常用型钢有工字钢、H 型钢、T 型钢、Z 型钢、槽钢、等边角钢和不等边角钢等。图 7-10 所示为几种常用热轧型钢截面示意图。型钢由于截面形式合理，材料在截面上分布对受力最为有利，且构件间连接方便，所以它是钢结构中采用的主要钢材。

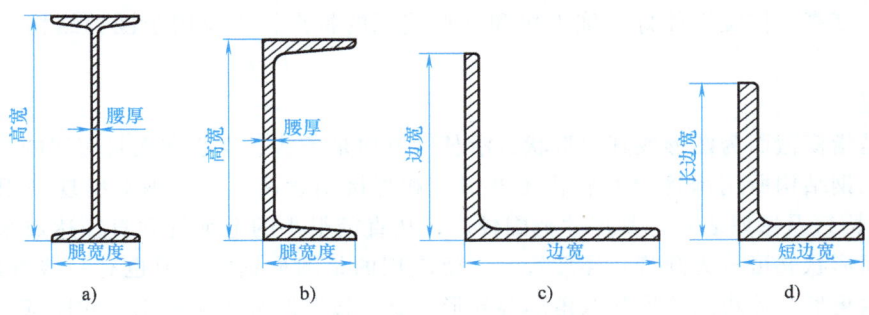

图 7-10 常用热轧型钢截面
a) 工字钢 b) 槽钢 c) 等边角钢 d) 不等边角钢

钢结构用钢的钢种和钢号，主要根据结构与构件的重要性、荷载的性质（静载或动载）、连接方法（焊接、铆接或螺栓连接）、工作条件（环境温度及介质）等因素来选择。我国建筑用的热轧型钢主要采用碳素结构钢和低合金钢，其中应用最多的是碳素钢 Q235A，其强度适中，塑性和焊接性能好，而且冶炼容易、成本低；低合金钢 Q355（16Mn）及 Q390（15MnV），前者适用于一般钢结构工程，后者可用于大跨度、承受动荷载的钢结构工程。

工字钢广泛应用于各种建筑结构和桥梁，主要用于承受横向弯曲（腹板平面内受弯）的杆件，但不宜单独用作轴心受压构件或双向弯曲的构件。

与工字钢相比，H 型钢优化了截面分布，有翼缘宽、侧向刚度大、抗弯能力强、翼缘两表面相互平行、连接构造方便、省劳力、质量轻、节省钢材等优点，常用于承载力大、截面稳定性好的大型建筑，宽翼缘和中翼缘 H 型钢适用于钢柱等轴心受压构件，窄翼缘 H 型钢适用于钢梁等受弯构件。

T 型钢由 H 型钢对半剖分而成，因其断面形状与英文字母 "T" 相似而得名，是替代双角钢焊接的理想材料，具有抗弯能力强、施工简单、节约成本和质量轻等优点。

槽钢可用作承受轴向力的杆件，承受横向弯曲的梁构件等，主要用于建筑结构、车辆制造等。

角钢主要用作承受轴向力的杆件和支撑杆件，也可作为受力构件之间的连接零件。

2. 冷弯薄壁型钢

冷弯薄壁型钢通常用 2~6mm 薄钢板冷弯或模压而成，有角钢、槽钢等开口薄壁型钢及方形、矩形等空心薄壁型钢，可用于轻型钢结构。

3. 钢板

钢板有热轧钢板和冷轧钢板之分,按厚度可分为厚板(厚度>4mm)和薄板(厚度≤4mm)两种。厚板用热轧方式生产,材质按使用要求选取;薄板用热轧或冷轧方式均可生产,冷轧钢板一般质量较好、性能优良,但其成本高,土木工程中使用的薄钢板多为热轧型。

钢板的钢种主要是碳素钢,某些重型结构、大跨度桥梁等也采用低合金钢。厚板主要用于结构,薄板主要用于屋面板、楼板和墙板等。在钢结构中,单块钢板不能独立工作,必须用几块板组合成工字形、箱形等结构来承受荷载。薄钢板经冷压或冷轧成波形、双曲形、W形等形状,称为压形钢板。彩色钢板、镀锌薄钢板、耐蚀薄钢板等都可制作压形钢板,具有质量轻、强度高、抗震性能好、施工快和外形美观的特点,主要用于围护结构、楼板和屋面等。

4. 钢管

钢管是指横截面为圆形或其他形状,沿长度方向是条状、空心和无封闭端的产品,按照生产工艺,钢结构所用钢管分为热轧无缝钢管和焊接钢管两大类。钢管的规格用外形尺寸(外径或边长)及壁厚表示,其尺寸范围较广,从直径很小的毛细管到直径达数米的大口径管。按断面形状又可分为圆管和异形管,广泛应用的是圆形钢管,但也有一些方形、矩形、半圆形、六角形、等边三角形和八角形等异形钢管。按壁厚分为薄壁钢管和厚壁钢管。对于承受流体压力的钢管要进行液压试验来检验其耐压能力和质量,在规定的压力下不发生泄漏或膨胀为合格。

1)热轧无缝钢管以优质碳素钢和低合金结构钢为原材料,多采用热轧-冷拔联合工艺生产,也可用冷轧方式生产,但后者成本高昂,主要用于压力管道和一些特定的钢结构。

2)焊接钢管采用优质或普通碳素钢钢板卷焊而成,表面镀锌或不镀锌(视使用而定)。按其焊缝形式有直缝电焊钢管和螺旋焊钢管,适用于各种结构、输送管道等。焊接钢管成本较低、容易加工,但多数情况下抗压性能较差。

在土木工程中,钢管多用于制作桁架、塔桅、钢管混凝土等,广泛应用于高层建筑、厂房柱、塔柱、压力管道等工程中。

7.6 钢材的锈蚀与防护

7.6.1 钢材锈蚀机理

钢材的锈蚀是指钢材表面与周围介质发生作用而引起破坏的现象。根据钢材与环境介质作用的机理,腐蚀可分为化学锈蚀和电化学锈蚀。

(1)化学锈蚀 化学锈蚀是指钢材与周围介质(如氧气、二氧化碳、二氧化硫和水等)发生化学反应,生成疏松的氧化物而产生的锈蚀。一般情况下,是钢材表面氧化亚铁保护膜被氧化成黑色的四氧化三铁所致。

在常温下,钢材表面能形成氧化亚铁保护膜,可以防止钢材进一步锈蚀。因此在干燥的环境中化学锈蚀速度缓慢,但在温度和湿度较大的情况下,这种锈蚀进展加快。

(2)电化学锈蚀 电化学锈蚀是指钢材与电解溶液接触而产生电流,形成原电池而引起的锈蚀。电化学锈蚀是建筑钢材在存放和使用中发生锈蚀的主要形式。钢材由不同的晶体组织构成，并含有杂质，出于这些成分的电极电位不同，当有电解质溶液存在时，形成许多微电池。电化学锈蚀过程如下：

阳极　　$Fe = Fe^{2+} + 2e$

阴极　　$H_2O + \frac{1}{2}O_2 = 2OH^- - 2e$

总反应式　　$Fe + H_2O + \frac{1}{2}O_2 = Fe(OH)_2$

氢氧化铁不溶于水，但易被氧化：$2Fe(OH)_2 + H_2O + \frac{1}{2}O_2 = 2Fe(OH)_3$（红棕色铁锈），该氧化过程会发生体积膨胀。

钢材发生电化学锈蚀的必要条件是存在水和氧气。钢材锈蚀后，受力面积减小，承载能力下降。在钢筋混凝土中因锈蚀时固相体积增大，从而引起钢筋混凝土顺筋开裂。

电化学锈蚀与化学锈蚀不同之处在于锈蚀过程中有电流产生。水是弱电解质溶液，而溶有二氧化碳的水则会成为有效的电解质溶液，从而加速电化学锈蚀的过程。钢材在大气中的锈蚀，实际上是化学锈蚀和电化学锈蚀共同作用所致，但以电化学锈蚀为主。

7.6.2　钢筋混凝土中钢筋锈蚀

普通混凝土为强碱性环境，pH 值为 12.5 左右，对埋入其中的钢筋形成碱性保护。在碱性环境中，阴极过程难于进行。即使有原电池反应[⊖]存在，生成的氢氧化铁也能稳定地存在，并成为钢筋的保护膜。因此，用普通混凝土制作的钢筋混凝土，只要混凝土表面没有缺陷，被其包裹的钢筋是不会锈蚀的。钢筋混凝土发生钢筋锈蚀的主要原因有以下几个方面：

1) 混凝土不密实，环境中的水和空气能进入混凝土内部。
2) 混凝土保护层厚度小或发生了严重的碳化，使混凝土失去了碱性保护作用。
3) 混凝土内氯离子的质量分数过大，使钢筋表面的保护膜被氧化。
4) 预应力筋存在微裂缝等缺陷，引起应力锈蚀。

加气混凝土碱度较低，电化学腐蚀过程能顺利进行，同时这种混凝土多孔，外界的水和空气易深入内部。因此，加气混凝土中的钢筋在使用前必须进行防腐处理。轻集料混凝土和粉煤灰混凝土的护筋性能，经过多年试验的研究和应用，证明是良好的，其耐久性不低于普通混凝土。

综上所述，对于普通混凝土、轻集料混凝土和粉煤灰混凝土，为了防止钢筋锈蚀，应保证混凝土的密实度以及钢筋保护层的厚度。在二氧化碳浓度高的工业区采用硅酸盐水泥或普通水泥，限制含氯盐外加剂的掺量并使用混凝土用钢筋防锈剂（如亚硝酸钠）。预应力混凝土应禁止使用含氯盐的集料和外加剂。对于加气混凝土等可以用在钢筋表面涂环氧树脂或镀锌等方法来防止锈蚀。

7.6.3　钢材锈蚀的防止（护）

（1）表面刷漆　表面刷漆是钢结构防止锈蚀的常用方法。刷漆通常有底漆、中间漆和

[⊖] 原电池反应，即氧化还原反应，发生氧化反应的一极为阴极。

面漆三道。底漆要求有较好的附着力和缓蚀性，常用的有红丹、环氧富锌漆、云母氧化铁和铁红环氧底漆等。中间漆为防锈漆，常用的有红丹、铁红等。面漆要求有较好的牢度和耐候性，能保护底漆不受损伤或风化，常用的有灰铅、醇酸磁漆和酚醛磁漆等。

钢材表面刷漆时，一般为一道底漆、一道中间漆和两道面漆。要求高时可增加一道中间漆或面漆。使用防锈涂料时，应注意钢构件表面的除锈，注意底漆、中间漆和面漆的匹配。

构成涂层系统的所有涂料宜由同一涂料制造厂生产；不同厂家的涂料配套使用时，应进行配套试验并证明其性能满足要求。钢结构涂装前应进行表面处理，质量检查合格后方能进行涂装。

（2）表面镀金属　用耐蚀性好的金属，以电镀或喷镀的方法覆盖在钢材的表面，提高钢材的耐蚀性。常用的方法有镀锌（如白铁皮）、镀锡（如马口铁）、镀铜和镀铬等。

（3）采用耐候钢　耐候钢即耐大气腐蚀钢。耐候钢是在碳素钢和低合金钢中加入少量的铜、铬、镍等合金元素而制成的。耐候钢既有致密的表面防腐保护层，又有良好的焊接性能，其强度级别与常用碳素钢和低合金钢一致，技术指标相近。耐候钢的牌号、化学成分、力学性能和工艺性能可参见《耐候结构钢》。

（4）电化学保护法　电化学保护法是根据电化学原理，在钢材上采取措施使之成为锈蚀微电池中的阴极，从而防止钢材锈蚀的方法。电化学保护法包括阳极保护和阴极保护，适用于不容易或不能涂敷保护膜层的钢结构，如蒸汽锅炉、地下管道和港口工程等。阳极保护也称外加电流保护法，外加直流电源，将负极接在被保护的钢材上，正极接在废钢铁上或难熔的金属上，如高硅铁、银合金等。通电后阳极金属被锈蚀，阴极钢材得到保护。阴极保护是在被保护的钢材上接一块较钢铁更为活泼的金属，如锌、镁等，使活泼金属成为阳极被腐蚀，钢材成为阴极得到保护。

7.6.4　钢的防火

钢是不燃性材料，但这并不表明钢材能够抵抗火灾。火灾可分为"大自然火灾"和"建筑物火灾"两大类。事实证明，建筑物火灾发生的次数最多、损失最大，占全部火灾的80%左右。

耐火试验与火灾案例调查表明：以失去支持能力为标准，无保护层时钢柱和钢屋架的耐火极限只有0.25h，而裸露钢梁的耐火极限仅为0.15h；温度在200℃以内，可以认为钢材的性能基本不变；当温度超过300℃以后，钢材的弹性模量、屈服强度和极限强度均开始显著下降，而塑性伸长率急剧增大，钢材产生徐变；温度超过400℃时，强度和弹性模量都急剧降低；到达600℃时，弹性模量、屈服强度和极限强度均接近于0，已失去承载能力。因此，没有防火保护层的钢结构是不耐火的。

当发生火灾后，热空气主要是通过辐射、对流向构件传热，而钢构件内部则是通过热传导传热。随着温度的不断升高，钢材的热物理特性和力学性能发生变化，钢结构的承载能力下降。火灾下钢结构的最终失效是由构件屈服或屈曲造成的。

钢结构防火保护的基本原理是采用绝热或吸热材料，阻隔火焰和热量，推迟钢结构的升温速率。防火方法以包裹法为主，即以防火涂料、不燃性板材或混凝土和砂浆将钢构件包裹起来。

（1）防火涂料包裹法　采用防火涂料紧贴钢结构的外露表面，将钢构件包裹起来以达到钢结构防火的目的。这是目前最为流行的做法。

防火涂料按受热时的变化分为膨胀型（薄型）和非膨胀型（厚型）两种；根据施工用处不同可分为室内、露天两种；按所用胶黏剂不同可分为有机类、无机类。

膨胀型防火涂料的涂层厚度一般为2~7mm，附着力较强，有一定的装饰效果。由于其内含膨胀组分，遇火后会膨胀增厚5~10倍，形成多孔结构，从而起到良好的隔热、防火作用，根据涂层厚度可使构件的耐火极限达到0.5~1.5h。

非膨胀型防火涂料的涂层厚度一般为8~50mm，呈粒状面，密度小、强度低，喷涂后须再用装饰面层防护，耐火极限可达0.5~3.0h。为使防火涂料牢固地包裹住钢构件，可在涂层内埋设钢丝网，并使钢丝网与钢构件表面的净距离保持在6mm左右。

（2）不燃性板材包裹法　常用的不燃性板材有防火板、石膏板、硅酸钙板、蛭石板、珍珠岩板和矿棉板等，可通过胶黏剂或钢钉、钢箍等固定在钢构件上，将其包裹起来，形成防火隔热的外包层。

（3）实心包裹法　一般采用混凝土或耐火砖，将钢结构浇筑在其中，混凝土与耐火砖均具有一定的耐火性能，可使用混凝土包裹钢构件或用耐火砖包封钢构件，起到减小钢构件升温速率的作用。

（4）液体吸热法　空心型钢结构建筑可以采用液体吸热法，在钢材内部充水，吸收钢材因为火灾带来的高热量，然后经过水循环之后得到冷却，之后再吸收热量，这样循环利用液体吸热降温，能够很好地保护钢材。

7.7　其他建筑金属材料

金属材料根据颜色分为黑色金属和有色金属两大类。黑色金属主要是指铁、锰、铬及其合金，在土木工程中的应用主要是钢铁。有色金属也是建筑中不可缺少的材料，随着新型建筑结构技术的发展，有色金属的应用显得越来越重要。有色金属主要包括重金属、轻金属、贵金属以及稀有金属。重金属是指铜、铅等密度大的金属；轻金属密度较小，化学性质活泼，如铝、镁等；贵金属主要是指金、银、铂等金属元素，这些元素大多具有美丽的色泽，价格昂贵，性质稳定；稀有金属是指地壳中含量非常稀少的元素。

7.7.1　铝合金

铝为银白色轻金属，纯铝的密度为$2.7g/cm^3$，约为钢的1/3。铝的性质活泼，在空气中能与氧结合形成致密坚固的氧化铝薄膜，覆盖在下层金属表面，阻止其继续腐蚀。因此，铝在大气中有良好的耐蚀性。

由于纯铝的强度低而限制了它的应用范围，故在工业生产中常采用合金化的方式，即在铝中加入一定量的合金元素，如铜、镁、锰、锌和硅等来提高强度和耐蚀性。铝合金由于一般力学性能明显提高并仍保持铝质量轻的固有特性，所以使用价值大为提高，在建筑装饰中得到广泛的应用。常用的铝合金有防锈铝合金（LF）、硬铝合金（LY）、超硬铝合金（LC）和锻铝合金（LD）。

防锈铝合金中主要的合金元素是锰和镁。锰的主要作用是提高铝合金的耐蚀性，起到固溶强化作用。在铝中加入镁也可以起到固溶强化作用。硬铝合金主要是铝铜镁合金，这类合金的强度高但其耐蚀性差。超硬铝合金耐蚀性差，在高温下软化快。锻铝合金在铝中加入了镁、硅及铜等元素，这类铝合金具有良好的热塑性并有较好的力学性能，常用来制造建筑型材。

7.7.2 常用的装饰用铝合金制品

1. 铝合金门窗

在现代建筑装饰工程中，尽管铝合金门窗比普通门窗的造价高 3~4 倍，但由于其具有长期维修费用低、性能好、美观和节约能源等优点，故在世界范围内仍得到了广泛应用。

与普通木门窗、钢门窗相比，铝合金门窗具有如下特点：

1) 质量轻。铝合金门窗用材省、质量轻，每平方米耗用铝型材平均为 8~12kg，比用钢、木门窗的质量减轻 50% 左右。

2) 性能好。气密性、水密性、隔声性、隔热性均比普通门窗好，故对安装空调设备的建筑，相对防尘、隔声、保温隔热等有特殊要求的建筑，更适宜采用铝合金门窗。

3) 色泽美观。制作铝合金门窗框料的型材，表面可经过氧化着色处理，可着银白色、古铜色、暗红色、黑色等柔和的颜色或带色的花纹，还可以涂装聚丙烯酸树脂膜，使其表面光亮，增加了建筑物的立面和内部的美观。

4) 使用维修方便。铝合金门窗不需要涂漆，不褪色、不脱落，表面不需要维修。铝合金门窗强度较高、刚性好、坚固耐用、零部件经久不坏、开关灵活轻便、无噪声。

5) 便于工业化生产。铝合金门窗的加工、制作、装配、试验都可在工厂进行大批量工业化生产，有利于实现产品设计标准化、系列化，零配件通用化，以及产品的商品化。

2. 铝合金装饰板及吊顶

铝合金装饰板是现代较为流行的建筑装饰板材，具有质量轻、不燃烧、耐久性好、施工方便、装饰效果好等特点。在装饰工程中用得较多的铝合金板材有以下几种：

1) 铝合金花纹板及浅纹板。采用防锈铝合金材料，用特殊的花纹机辊轧而成。花纹美观大方、筋高适中、不易磨损、防滑性好、耐蚀性强、便于冲洗，经表面处理可以得到各种不同的颜色，花纹板板材平整、裁剪尺寸精确、便于安装，广泛用于现代建筑墙面装饰及楼梯、踏板等处。

铝合金浅花纹板，其花纹精巧别致，色泽美观大方，同普通铝合金相比，刚度提高约20%，抗污垢、防划伤、耐擦伤能力均有提高，是优良的建筑装饰材料之一。

2) 铝合金压型板。质量轻、外形美观、耐腐蚀、经久耐用、安装容易和施工快速，经表面处理可得到各种优美的色彩，是现代广泛应用的一种新型建筑材料，主要用作墙面和屋面。

3) 铝合金穿孔平板。用各种铝合金平板经机械穿孔而成。孔型有圆孔、方孔、长方孔、三角孔和大小组合孔等，是近年来开发的一种兼有吸声和装饰效果的新产品。

铝合金穿孔板具有良好的耐蚀性，表面质量高，有一定的强度，易加工成各种形状、尺寸，有良好的防振、防水、防火性能及良好的消声效果，广泛用于宾馆、饭店、剧场、影院、播音室等公共建筑和中、高级民用建筑中。

4) 铝合金波纹板。这种板材有银白色等多种颜色，主要用于墙面装饰，也可用作屋面，有很强的反射阳光的能力，经久耐用，在大气中使用 20 年不需要更换。更换拆卸下来的花纹板仍可使用，因此得到了广泛应用。

5）铝合金吊顶。铝合金吊顶具有质量轻、不燃烧、耐腐蚀、施工方便和装饰华丽等特点。

7.7.3 铜及铜合金

铜从黄铜矿、辉铜矿等精炼而出，属于紫色重金属，质地坚韧，耐磨性好，且具有很好的延展性、导电性和导热性能。杭州雷峰塔、杭州灵隐铜殿、桂林铜塔、峨眉山金顶、武汉大剧院铜幕墙等都是典型的铜建筑。铜在管道系统也有诸多应用，铜水管美观耐用、安装方便又防火，因此在建筑中常用来供水、供热、供气或者用于防火喷淋系统。铜具有美观的色彩，所以在房屋装修方面也很受欢迎，常用来做门把手、灯具、墙饰等。

以铜为基本元素，在铜中加入锌、锡、镍等一种或几种微量元素制成铜合金，铜合金与纯铜相比，性能有很大提高。在铜中加入锌元素构成的合金称为黄铜。普通黄铜和普通黄铜粉常用于建筑装饰。普通黄铜主要用于建筑工程装饰、栏杆、门窗等。普通黄铜粉可以调制装饰涂料。

思考题与习题

7-1 钢材如何按化学成分分类？土木工程中常用什么钢材？
7-2 为什么说屈服强度、抗拉强度和伸长率是建筑工程用钢的重要技术性能指标？
7-3 什么是钢材的冷弯性能？它的表示方法及实际意义是什么？
7-4 简述碳元素对钢材基本组织和性能的影响规律。
7-5 何谓钢的冷加工强化及时效处理？冷拉并时效处理后的钢筋性能有何变化？
7-6 钢材的腐蚀与哪些因素有关？如何对钢材进行防腐和防火处理？
7-7 热轧钢筋分为几个等级？各级钢筋有什么特性和用途？
7-8 施工场地上为何常对强度偏低而塑性偏大的低碳盘条钢筋进行冷拉？
7-9 现对直径为22mm的热轧带肋钢筋，截取长度为420mm试件两根做拉伸试验，试件原始长度为220mm，测得屈服荷载分别为139.36kN和139.7kN，拉断时的荷载分别为210.3kN和212.5kN，拉断后的长度分别为263.1mm和262.8mm。试问该钢筋属于什么牌号？
7-10 简述铝材及其合金制品的特点及其在我国建筑上的应用。
7-11 什么是钢材的冲击韧性？
7-12 从钢材的晶体结构分析，钢材塑性好的原因是什么？
7-13 什么是淬火？什么是回火？
7-14 与碳素结构钢相比，优质碳素结构钢有哪些优点？选择结构用钢时的主要依据是什么？
7-15 影响钢材韧性的因素有哪些？应如何保证钢材有适当的韧性？
7-16 何谓热处理钢筋、冷轧带肋钢筋、预应力混凝土用钢丝和钢绞线？它们各有哪些特性和用途？
7-17 表征钢筋抗拉性能的技术指标主要是（　　）。（2010年注册造价工程师试题）
A. 疲劳极限，伸长率　　　　　　　　B. 屈服强度，伸长率
C. 塑性变形，屈强比　　　　　　　　D. 弹性变形，屈强比
7-18 钢材中的含碳量提高，可提高钢材的（　　）。（2010年一级注册结构工程师试题）
A. 强度　　　B. 塑性　　　C. 焊接性　　　D. 韧性
7-19 碳的质量分数为0.5%的钢属于（　　）碳钢。（2011年二级建造师试题）

A. 低 B. 中 C. 高 D. 超高

7-20 根据《混凝土结构设计规范》的规定，混凝土梁钢筋保护层的厚度是指（　　）的距离。（2011年一级建造师试题）

A. 箍筋外表面至梁表面 B. 箍筋形心至梁表面
C. 主筋外表面至梁表面 D. 主筋形心至梁表面

7-21 预应力混凝土不宜选用的钢筋牌号是（　　）。（2012年注册造价工程师试题）

A. HPB235 B. HRB400E C. HRB400 D. HRB500

7-22 下列元素中，属于钢材有害成分的是（　　）。（2012年二级建造师试题）

A. 碳 B. 硫 C. 硅 D. 锰

7-23 可用于预应力混凝土板的钢材（　　）。（2013年注册造价工程师试题）

A. 乙级冷拔低碳钢丝 B. CRB550冷拔带肋钢筋
C. HPB235 D. 热处理钢筋

7-24 对钢筋锈蚀作用最小的早强剂是（　　）。（2013年注册造价工程师试题）

A. 硫酸盐 B. 三乙醇胺 C. 氯化钙 D. 氯化钠

7-25 热轧钢筋的级别提高，则其（　　）。（2013年注册造价工程师试题）

A. 屈服强度提高，极限强度下降 B. 极限强度提高，塑性提高
C. 屈服强度提高，塑性下降 D. 屈服强度提高，塑性提高

7-26 反映钢筋塑性性能的基本指标包括（　　）。（2013年二级建造师试题）

A. 含碳量 B. 屈服强度 C. 极限强度 D. 伸长率 E. 冷弯性能

7-27 随着钢材厚度的增加，下列说法正确的是（　　）。（2014年一级注册结构工程师试题）

A. 钢材的抗拉、抗压、抗弯、抗剪强度均下降
B. 钢材的抗拉、抗压、抗弯、抗剪强度均有所提高
C. 钢材的抗拉、抗压、抗弯提高，而抗剪强度下降
D. 视钢号而定

7-28 下列钢材包含的化学元素中，其含量增加会使钢材强度提高，但塑性下降的有（　　）。（2014年一级建造师试题）

A. 碳 B. 硅 C. 锰 D. 磷 E. 氮

7-29 钢材的屈强比愈小，则（　　）（2016年注册造价工程师试题）

A. 结构的安全性越高，钢材的有效利用率越低
B. 结构的安全性越高，钢材的有效利用率越高
C. 结构的安全性越低，钢材的有效利用率越低
D. 结构的安全性越低，钢材的有效利用率越高

7-30 钢筋的塑性指标通常用（　　）表示。（2016年二级建造师试题）

A. 屈服强度 B. 抗压强度 C. 伸长率 D. 抗拉强度

第8章 木　　材

本章提要

本章主要介绍了木材的构造（宏观机构和微观结构）、木材的物理和力学性质、木材的防护及木材在装饰工程中的应用。

本章重点是木材的主要性质与用途；难点是木材微观构造与性能的关系，木材的腐蚀原因等。

通过本章学习，应掌握木材的种类、力学性能及应用，熟悉木材的防护，了解木材的主要性能及影响因素。

木材是人类最早使用的天然材料之一，我国的古建筑主要是木结构形式，如世界闻名的天坛祈年殿、山西应县木塔、故宫太和殿等都是木结构建筑。在现代建筑中，木材主要作为装饰材料被广泛应用在建筑工程中。木材与水泥、钢材并列为建筑的三大材料。

木材有很多优点：比强度大、轻质高强，弹性、韧性好，导电性、导热系数低；纹理美观、色调温和、风格典雅，极富装饰性；易于加工成各种形状的产品，且无污染，生产能耗低。木材的使用也受到以下性质的限制：构造不均匀，呈各向异性，耐火性差，易腐朽、易虫蛀，易翘曲变形，天然缺陷较多。木材性能受含水率影响较大，从而导致形状、尺寸、强度等物理、力学性能变化。此外，木材生长周期缓慢，成材不易，应节约使用。

8.1　木材的分类和构造

8.1.1　木材的分类

木材树种按树叶的外形分为针叶树和阔叶树两大类。

（1）针叶树　树叶呈针状或鳞片状，树干通直高大，易得大材，其纹理顺直，材质均匀且较软，易于加工，故又称软木材。针叶树强度较高，胀缩变形较小，耐蚀性强，建筑上曾广泛用作承重构件和装修材料。常见的树种有杉木、松树、柏树等。

（2）阔叶树　树叶多数宽大，树干通直部分一般较短，木质较硬，难加工，故阔叶树又称硬木材。其强度高，胀缩变形大，易翘曲开裂。阔叶树材通常较美观，具有较好的装饰性，适用于家具、室内装修及胶合板等，常见的树种有水曲柳、樟木、榆木、桦木和榉木等。

8.1.2　木材的构造

木材的性质取决于木材的构造，通常分为宏观构造和微观构造。

（1）木材的宏观构造　木材的宏观构造是指用肉眼或放大镜所能观察到的结构特征。一般可从横切面、径切面、弦切面3个方向进行剖析，如图8-1所示。横切面是指与树干主轴垂直的切面；径切面是指与树干平行的切面，与横切面垂直；弦切面是指与树轴心有一定距离且与树干平行的切面。

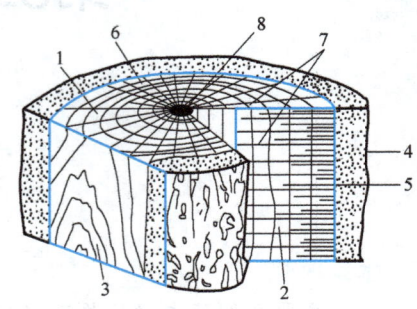

图8-1　木材的宏观结构
1—横切面　2—径切面　3—弦切面
4—树皮　5—木质部　6—年轮
7—髓线　8—髓心

由横切面可见，木材分为树皮、木质部和髓心3个部分。树皮是木材外表面，起保护树木作用，由外皮、软木组织和内皮组成。树皮在建筑中用处不大。木质部是树皮和髓心中间的部分，是主要使用的部分，颜色不均匀，靠近髓心部分颜色深，称心材；靠近树皮部分颜色较浅，称边材。心材含水率小，不易翘曲变形，耐蚀性强，而边材含水率大，易翘曲变形，耐蚀性不如心材，所以心材比边材的利用价值大。髓心即树心，为树木中心的松软部分，易腐朽，强度低。

从横切面可以看出深浅相间的同心圆，称为年轮。同一年轮中春季生长的、靠近髓心方向的木质称为春材或早材，其生长速度快，色浅而质软，强度较低；夏季和秋季生长的，靠近树皮方向的木质称为夏材或晚材，其生长速度慢，色深而质硬，强度较高，长成的夏材越多，木材质量越好。年轮越密且均匀，木材质量越好。

在木材横切面上，有许多径向的、从髓心向树皮呈辐射状的细线条，或断或续地穿过数个年轮，称为髓线，是木材中较脆弱的部位，干燥时常沿髓线发生裂纹。

（2）木材的微观构造　木材的微观结构是指借助显微镜才能看到的木材组织。在显微镜下观察，可以看到木材是由无数管状细胞紧密结合而成，它们大部分为纵向排列，少数横向排列（如髓线）。每个细胞又由细胞壁和细胞腔两部分组成，细胞壁是由若干层细胞纤维组成，其连接纵向较横向牢固，因而造成细胞壁纵向的强度高，而横向的强度低，在组成细胞壁的纤维之间存在极小的空隙，能吸附和渗透水分。

树种不同其微观构造也不同，针叶树的微观构造较简单而规则，主要由管状细胞和髓线组成。管状细胞为纵向细胞，起支撑和输送养分的作用，其髓线较细；阔叶树的微观构造较复杂，主要由导管、木纤维和髓线组成。导管由壁薄而腔大的细胞组成，木纤维由壁厚而腔小的细胞组成，起支撑作用；其髓线较发达，粗大而明显。有无导管及髓线的粗细是区分针叶树和阔叶树的重要特征。

细胞本身的组织构造在很大程度上决定了木材的性质，如细胞壁越厚，细胞腔越小，木材组织越均匀，则木材越密实，表观密度与强度越大，同时胀缩变形也越大。

8.2 木材的主要性质

8.2.1 木材的含水率与吸湿性

木材的物理性质主要有密度、表观密度、含水率、湿胀干缩等，其中含水率对木材的湿胀干缩和强度影响很大。

（1）木材的含水率　木材的含水率是指木材中所含水的质量占干燥木材质量的百分数。新伐木材的含水率通常在35%以上，风干木材的含水率为15%，室内干燥木材的含水率为8%～15%。

木材中的水分有以下三种存在形式：

1）存在于木材细胞腔和细胞间隙中的自由水，它影响木材的表观密度、耐蚀性、燃烧性和干燥性。

2）吸附在细胞壁内细纤维间的吸附水，它的变化将影响木材强度和湿胀干缩性能。

3）木材化学成分中的结合水，总质量分数通常不超过2%，它在常温下不变化，故其对木材的性质无影响。

木材的含水率随环境温度和湿度的变化而改变。当木材长期处于一定温度和湿度的环境中时，其含水率会与周围环境相对湿度达到平衡，趋于一个定值，此时的含水率称为平衡含水率。

由于木材的物理力学性质会随着含水率的变化而不同，所以在评定和比较木材的体积、表观密度和强度等性能时，需要规定一个含水率标准，称为标准含水率，国家标准规定为12%。

（2）木材的吸湿性　木材吸水后，首先吸附在细胞壁内的细纤维中形成吸附水。吸附水饱和后，多余的水成为自由水。木材干燥时，首先失去自由水，然后才失去吸附水。吸附水处于饱和状态而又无自由水存在时的含水率称为木材的纤维饱和点，是含水率影响木材物理性质与力学性能的临界点。纤维饱和点随树种而异，一般为25%～35%。

8.2.2 木材的湿胀干缩与变形

湿胀干缩是指材料在含水率增加时体积增加，减少时体积收缩的现象。当木材含水率在纤维饱和点以下时，含水率的变化主要是吸附水的变化。随着含水率的增大，将引起木材体积产生膨胀。当木材含水率大于纤维饱和点，木材受潮或变干时含水率的变化是自由水的变化。自由水变化，它不影响木材的变形。图8-2所示为松木含水率与胀缩变形率的关系。

木材为非匀质构造，在不同的方向干缩值不同，其中弦向最大，径向次之，顺纹方向（纤维方向）干缩值最小。表观密度大、夏材含量多的木材，胀缩变形较大。木材干燥后，其截面尺寸和形状会发生明显变化，如图8-3所示。板材距髓心越远，干燥收缩越大，致使板材产生背向髓心的反翘曲。

木材的湿胀干缩严重影响了木材的正常使用，干缩会造成木结构拼缝不严、翘曲开裂等，而湿胀又会使木材产生凸起变形。为了避免这种不利的影响，在木材加工制作前应将其进行干燥处理，使木材含水率接近于工作环境湿度相应的平衡含水率。

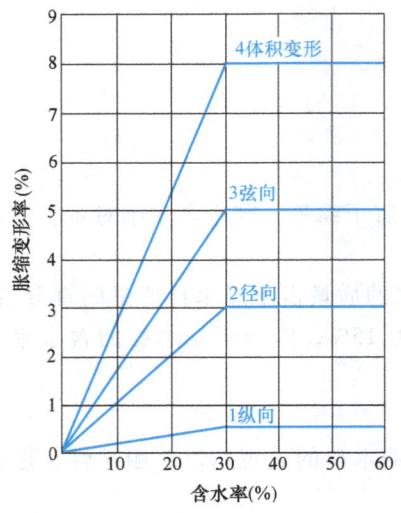

图 8-2 松木含水率与胀缩变形率的关系

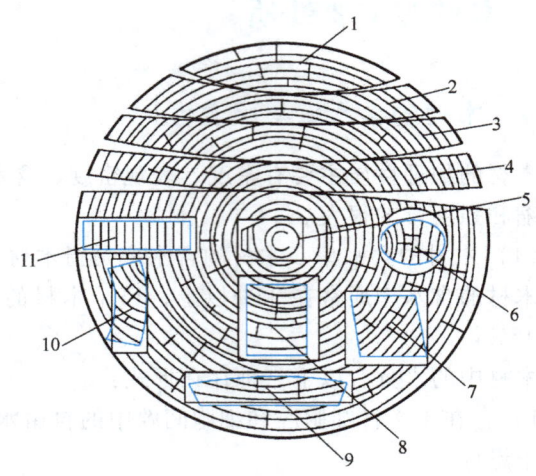

图 8-3 木材干燥后截面形状的改变

1—弓形变成橄榄核状　2、3、4—成反翘曲
5—通过髓心的径锯板两头缩小成纺锤形　6—圆形变成椭圆形
7—与年轮成对角线的正方形变成菱形
8—两边与年轮平行的正方形变成长方形
9、10—长方形板的翘曲　11—边材径向锯板较均匀

8.2.3 木材的强度及其影响因素

1. 木材的强度

按照受力状态,木材的强度分为抗压、抗拉、抗弯和抗剪 4 种强度。木材是各向异性材料,不同的作用力方向其强度差异很大,因此强度有顺纹(作用力方向与木材纤维方向平行)和横纹(作用力方向与木材纤维方向垂直)之分。木材强度检验用标准试件按规定制备,各强度检验按《无疵小试样木材物理力学性质试验方法第 11 部分——顺纹抗压强度测定》的规定进行。

(1)抗压强度　顺纹抗压强度是确定木材强度等级的依据。顺纹受压破坏主要是木材细胞壁在压力作用下的失稳破坏,而不是纤维的断裂。木材的顺纹抗压强度较高,木材的疵点对顺纹抗压强度影响较小,在建筑工程中常用于柱、桩、斜撑及桁架等承重构件。

木材的横纹抗压强度比顺纹抗压强度低得多,其比值随木纤维构造和树种而异,一般针叶树的横纹抗压强度约为顺纹抗压强度的 10%,阔叶树为 15%~20%。横纹受压破坏是木材横向受力压紧产生显著变形而造成的破坏,相当于将细长的管状细胞压扁。它又分为弦向受压和径向受压两种。

(2)抗拉强度　顺纹抗拉强度即指拉力方向与木材纤维方向一致时的抗拉强度,受拉破坏时木纤维未被拉断而纤维间的连接被撕裂。木材顺纹抗拉强度是木材最高的强度指标,大致为顺纹抗压强度的 3~4 倍,可达到 50~200MPa。木材的缺陷(如木节、斜纹、裂缝等)对顺纹抗拉强度影响极为显著,由于存在这些疵点,其实际的顺纹抗拉能力反比顺纹抗压能力低,使顺纹抗拉强度难以在工程中被充分利用。

横纹抗拉强度是指拉力方向与木纤维垂直时的抗拉强度。由于木材细胞横向间连接很弱,横纹抗拉强度很小,故工程中应避免受到横纹拉力作用。

(3) 抗弯强度　木材受弯曲时内部应力比较复杂,在梁的上部为顺纹抗压,下部为顺纹抗拉,而在中部水平面和垂直面则有剪切力。木材受弯破坏时,受压区首先达到强度极限,开始出现细小的皱纹,但并不立即破坏,随着外力增大,皱纹慢慢地在受压区扩展,产生大量塑性变形,当下部受拉区域达到强度极限时,最后因纤维本身及纤维间连接的断裂而破坏。

木材的抗弯强度很高,仅次于顺纹抗拉强度,在建筑工程中常用于地板、脚手板、梁、桁架等结构中。用于受弯的木构件应尽量避免在受弯区有斜纹和木节等缺陷。

(4) 抗剪强度　木材的受剪分为:顺纹剪切、横纹剪切和横纹切断 3 种,如图 8-4 所示。

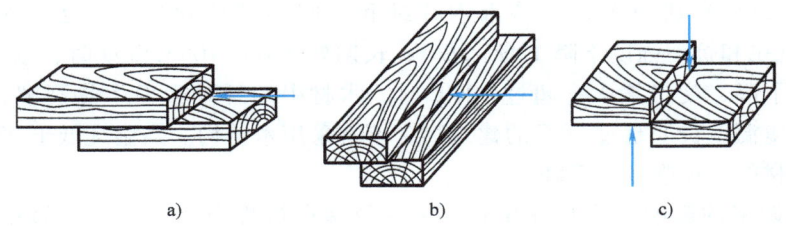

图 8-4　木材的受剪
a) 顺纹剪切　b) 横纹剪切　c) 横纹切断

顺纹剪切破坏是由于纤维间连接被撕裂产生纵向位移和受横纹拉力作用所致;横纹剪切破坏是因纤维的横向连接被撕裂所致;横纹切断破坏则是木材纤维被切断。木材的横纹切断强度最大,顺纹剪切强度次之,横纹剪切强度最小。木材因各向异性,各种强度差异很大。当以顺纹抗压强度为 1 时,木材各种强度之间的比例关系见表 8-1。

表 8-1　木材各强度之间的比例关系

抗压		抗拉		抗弯	抗剪	
顺纹	横纹	顺纹	横纹		顺纹	横纹切断
1	1/10～1/3	2～3	1/20～1/3	3/2～2	1/7～1/3	1/2～1

2. 影响木材强度的主要因素

(1) 纤维组织的影响　木材受力时,主要靠细胞壁承受外力,厚壁细胞数量越多,细胞壁越厚,强度就越高。表观密度越大,夏材含量越高,木材的强度也越高。

(2) 含水率的影响　木材的强度受含水率影响较大。当含水率在纤维饱和点以下时,随着含水率降低,吸附水减少,细胞壁趋于紧密,木材强度增高;当含水率在纤维饱和点以上变化时,主要是自由水的变化,对木材的强度基本无影响。含水率对各强度的影响程度不一样。对顺纹抗压强度和抗弯强度的影响较大,对顺纹抗剪强度影响较小,影响最小的是顺纹抗拉强度。

测定木材强度时,以木材含水率为 12%(标准含水率)时的强度作为标准强度,其他含水率时的强度值,可按下述公式换算(当含水率为 8%～23%范围时该公式误差最小)。

$$\sigma_{12} = \sigma_w [1 + \alpha(W-12)] \quad (8-1)$$

式中,σ_{12} 为含水率为 12%时的木材强度;σ_w 为含水率为 $W\%$ 时的木材强度;W 为试验时的木材含水率；α 为木材含水率校正系数，顺纹抗压为 0.05；顺纹抗拉阔叶树为 0.015，针叶树为 0；抗弯为 0.04；顺纹抗剪为 0.03。

（3）负荷时间的影响　木材在长期荷载作用下，只有当其应力远低于强度极限的某一范围时，才可避免木材因长期负荷而破坏。原因在于较大外力作用下，木材随时间延长将发生蠕变，最后达到较大的变形而破坏。

木材在长期荷载作用下不致引起破坏的最大强度，称为持久强度。木材的持久强度一般为极限强度的 50%~60%，设计木结构时，应考虑负荷时间对木材强度的影响，通常以持久强度为依据。

（4）环境温度的影响　随环境温度升高，木材中的细胞壁成分会逐渐软化，强度也随之降低。一般气候下的温度升高不会引起化学成分的改变，温度恢复时会恢复原来强度。

当温度由 25℃ 升到 50℃ 时，将因木纤维和其间的胶体软化等原因，抗压强度降低 20%~40%，抗拉和抗剪强度下降 12%~20%；长期处于 60~100℃ 温度时，水分和所含挥发物蒸发，强度下降，变形增大；超过 100℃ 时，木材中的纤维素发生热裂解，强度明显下降。因此，环境温度长期超过 50℃ 的建筑物，不宜采用木结构。当温度低于 0℃ 时，木质变脆，解冻后木材的各项强度均下降。

（5）木材缺陷的影响　木材在生长、采伐及保存过程中，会产生内部和外部的缺陷，如木节、斜纹、腐朽及虫蛀等，这些缺陷将影响木材的力学性质。

木节分为活节、死节、松软节和腐朽节等几种，活节影响较小。木节显著降低木材顺纹抗拉强度，对顺纹抗压强度影响较小，增加横纹抗压强度和剪切强度。斜纹为木纤维与树轴成一定夹角，斜纹严重降低木材顺纹抗拉强度，抗弯强度次之，对顺纹抗压强度影响较小。裂纹、腐朽、虫害等缺陷，会造成木材构造的不连续性或破坏其组织，严重影响木材的力学性质，有时甚至能使木材完全失去使用价值。

8.3　木材的防护

木材最大的缺点就是易腐蚀、虫蛀和易燃，所以必须采取防腐、防蛀和防火等措施，以提高木材的耐久性，延长木材的使用年限。

8.3.1　木材的干燥

木材的含水状况对木材的性能影响很大，在加工和使用木材之前应对木材进行一定程度的干燥处理，以防止其收缩变形、翘曲开裂，提高木材强度及耐久性。对木材进行干燥，也能够减轻木材质量，降低运输费用。

木材干燥的方法可分为自然干燥和人工干燥，并以平衡含水率作为干燥的指标。自然干燥是将木材放置在通风良好的棚舍中，利用大气热能蒸发木材中的水分进行干燥。自然干燥简单易行，不需要特殊设备，干燥后木材的质量良好；但自然干燥速度缓慢，干燥时间长，只能干燥到风干状态，受环境条件影响较大。人工干燥常用的方法有炉气干燥、蒸汽干燥、化学干燥、辐射干燥等。蒸汽干燥是在室内以常压热空气作为干燥介质，先用热蒸汽（<100℃）使木材达到一定温度，然后逐步调整空气的温度、湿度和气流循环速度，利用对流传热作用是使木材逐渐干燥。蒸汽干燥周期短，干燥程度较高。

8.3.2 木材的防腐与防蛀

木材的腐朽主要是由真菌侵害所致，真菌有三种：霉菌、变色菌和腐朽菌。真菌在木材中生存和繁殖必须同时具备适量的水分、空气（氧气）和适宜的温度。温度低于5℃时，真菌停止繁殖，而高于60℃时，真菌则死亡。如果将木材的含水率控制在20%以下或把木材一直置于水中，真菌也难以生存，木材不会腐朽破坏。当木材含水率为35%~50%，温度为25~30℃，木材中又存在一定量的空气时，最适宜腐朽菌繁殖，因而木材最易腐朽。

木材除了受真菌腐蚀外，还会受到蛀虫的侵蚀，有的木材外表很完整，但内部已被蛀蚀一空。木材蛀虫主要是白蚁和甲虫，白蚁的危害最广泛，也最严重。木材被昆虫蛀蚀后形成或大或小的虫眼，这些虫眼破坏了木材的完整性，也降低了木材的力学性能。

根据木材产生腐朽的原因，通常采取以下两种措施防止木材腐朽：

1) 破坏真菌和蛀虫生存繁殖的条件。使木材处于经常通风干燥的状态，使其含水率低于20%；对木结构和木制品表面进行刷漆或涂料，油漆层或涂料层既能防水防潮，又能隔绝空气。

2) 将防腐剂涂刷在木材表面或浸渍木材，使木材变成有毒的物质，以起到杀菌杀虫作用。有些化学防腐剂对人体健康也会造成危害，使用时需加以注意。

8.3.3 木材的防火

木材属木质纤维材料，易燃烧，是具有火灾危险性的有机可燃物。在热作用下，木材会分解出可燃气体，并放出热量；当温度达到260℃时，木材可在无热源时自燃，因此木结构设计中将260℃称为木材的着火危险温度。木材在火的作用下，外层炭化，结构疏松，内部温度升高，强度降低，当强度低于承载能力时，木结构即被破坏。

木材的防火处理也称为阻燃处理，就是使其不易燃烧；或在高温下只碳化，没有火焰，不至于很快波及其他可燃物；或当火源移开后，木材表面的火能立即熄灭。常用的防火处理方法是用防火剂浸渍木材；或将防火涂料涂刷或喷洒在木材表面，以阻止木材着火燃烧。

8.4 木材的应用

由于木材生长缓慢，应根据木材的品种、等级、材质等做到合理使用、节约使用和综合利用。木材的应用形式有木材初级产品的直接应用、木材边角料综合加工利用（人造板）和木质地板三种。

8.4.1 木材的初级产品

按加工程度和用途，木材可分为原条、原木和锯材等。

1) 原条是指去根、除皮、修枝，但尚未按尺寸加工成规定长度和直径的木料，主要用于建筑工程的脚手架、建筑用材、家具等。

2) 原木是指除去树皮、根、树梢后截成规定直径和长度的木材，主要用作屋架、桩木、坑木、电杆。原木经加工后可制作胶合板、造船、车辆、机械模型等。

3) 锯材是指已经按一定尺寸加工锯解成的木材，其中截面宽度为厚度的三倍或三倍以上的称为板材；截面宽度不足厚度三倍的称为方材。锯材主要用作模板、家具、桥梁、包装箱板等。

8.4.2 人造板及其应用

工程中除直接使用木材外，为了提高木材的综合利用率，改善天然木材的不足，还可对木材加工中的大量边角、碎屑、刨花和小块等再加工制成胶合板、纤维板、细木工板、刨花板等人造板材加以利用。常用人造板材的加工工艺、性能特点和主要用途见表8-2。

表 8-2　人造板材的加工工艺、性能特点和主要用途

人造板材		加工工艺	性能特点	主要用途
胶合板		用蒸煮软化的原木沿年轮旋切成大张薄片,再用胶黏剂按奇数层数,以各层纤维互相垂直的方向,黏合热压而成的人造板材,胶合板层数可达15层	可由小直径原木制的宽幅的板材;消除各向异性,各向强度均匀且强度较高;干湿变形小;无木节和裂纹等缺陷;产品规格化,使用方便,装饰性好	内隔墙、顶棚、护壁板、门面板、家具及室内装修板等
纤维板	硬质纤维板	用木材废料,经切片、磨浆、施胶、成型、干燥或热压等工序制成	材质均匀,各向同性;完全避免木节、虫眼等缺陷;胀缩变形小,不翘曲开裂	壁板、门板、地板、家具等
	中密度纤维板			室内装饰、高档家具等
	轻质纤维板			吊顶或做绝热、吸声材料
细木工板		以实木为板芯的胶合板	兼有实木板与胶合板的性能	门板、壁板、装饰构造材料等
刨花板、木丝板、木屑板		分别以刨花碎片、木丝、木屑等为原料,经过干燥、拌和胶结料、热压而成的板材	表观密度小,强度较低	吸声材料、绝热材料、吊顶、隔墙、家具等

8.4.3 木质地板及其应用

木材具有天然的花纹、良好的弹性，给人以淳朴、典雅的质感。木质地板是用天然木材加工而成，有天然的纹理和独特的质感。漆木地板且具有轻质高强、可缓和冲击及保温性能好等优点。木质地板可分为条木地板、拼花木地板和复合木地板等。

（1）条木地板　条木地板是使用最普遍的木质地板。地板面层有单双层之分，单层硬木地板是在木搁栅上直接钉企口板，称普通实木企口地板；双层硬木地板是在木搁栅上先钉一层毛板，再钉一层实木长条企口地板。木搁栅有空铺与实铺两种形式，但多用实铺，即将木搁栅直接铺在水泥地坪上，然后在搁栅上铺毛板和地板。

条木地板自重小，弹性好，脚感舒适，其导热性小，冬暖夏凉，且易于清洁，适用于办公室、会议室、会客厅、休息室、旅馆客房、住宅起居室、幼儿园及实验室等场所。

（2）拼花木地板　拼花木地板是较高级别的室内地面装修，分双层和单层两种，二者面层均用一定大小的硬木块镶拼而成，双层拼花木地板下层为毛板层。面层拼花板材多选用柚木、水曲柳、柞木、核桃木、栎木、榆木等质地优良、不易腐朽开裂的硬木材，拼花小木条一般带有企口。双层拼花木地板是将面层小板条用暗钉钉在毛板上固定，单层拼花木地板是采用适宜的黏结材料，将硬木面板条直接粘贴于混凝土基层上。

拼花木地板通过小木板条不同方向的组合，可拼造出多种图案花纹，装饰效果极佳，适

合宾馆、会议室、办公室、疗养院、托儿所、体育馆、酒吧、民用住宅等的地面装饰。

（3）复合木地板　随着木材加工技术和高分子材料应用的快速发展，复合地板作为一种新型的地面装饰材料得到了广泛开发和应用。在我国木材资源相对缺乏的情况下，用复合地板代替木地板不失为节约天然资源的好方法。

实木复合地板有三层，五层和多层复合地板，其基本的特征是各层板材的纤维纵横交错，抵消木材的内应力，并使地板变成各向同性。实木复合地板继承了实木地板典雅自然、脚感舒适、保温性能好的特点，克服了实木地板因单体收缩、容易翘曲开裂的不足，具有较好的尺寸稳定性，且防虫、不助燃，因而稳定性好。

思考题与习题

8-1　木材是如何分类的？其特点如何？

8-2　名词解释：
1）木材纤维饱和点；2）木材平衡含水率；3）木材标准含水率；4）木材持久强度。

8-3　试述木材湿胀干缩的原因。

8-4　木材含水率的变化对其性能有什么影响？

8-5　试比较木材各向强度高低。木材实际应用中，为什么较多地用于承受顺纹抗压和抗弯？

8-6　引起木材腐蚀的主要原因有哪些？如何防止木材腐蚀？

8-7　民间有谚语"干千年、湿千年、干干湿湿两三年"，结合其理解木材易于发生腐朽的条件。

8-8　简述各类木质地板的特点。

8-9　木材的干缩湿胀变形在各个方向上有所不同，变形量从小到大依次是（　　）。（2015年一级建造师试题）

A. 顺纹、径向、弦向　　　　　　　　B. 径向、顺纹、弦向

C. 径向、弦向、顺纹　　　　　　　　D. 弦向、径向、顺纹

第9章 沥青与沥青混合料

本章提要

本章主要介绍了石油沥青的组成结构、工程技术性质和测试方法，常用改性沥青和沥青防水材料的种类、性能和用途，以及沥青混合料的结构组成、强度理论、技术性质、技术标准和配合比设计方法。

本章重点是石油沥青的化学组成结构、工程技术性质（黏滞性、塑性、温度敏感性和抗老化性能等）、沥青混合料的技术性质（如高温稳定性、低温抗裂性、耐久性和抗滑性等）；难点是热拌沥青混合料配合比设计方法。

通过本章学习，应掌握沥青材料的基本组成、结构特点、工程性质和测定方法，熟悉沥青混合料常用的设计与配置方法，了解常见沥青制品的类型及用途。

9.1 沥青材料

沥青是由高分子碳氢化合物及氧、氮、硫等非金属元素衍生物组成的极其复杂的混合物，在常温下呈固体、半固体或液体状态，颜色呈黑色或黑褐色。沥青作为胶结材料，自身具有一定的塑性、憎水性和耐蚀性，且与集料黏结性能良好，在土木工程中广泛用于道路工程、桥梁工程和建筑防水工程等领域。

9.1.1 沥青的分类

沥青材料的品种有很多，按其获得的方式不同，可分为地沥青和焦油沥青。

地沥青按其产源地的不同又可分为天然沥青和石油沥青。天然沥青是原油因地壳运动自地下渗流到地球表面，经过自然条件下的蒸发、氧化和聚合等过程而形成的沥青，比较著名的有特立尼达湖沥青。石油沥青是将原油分馏出各种产品后的残渣加工而成的沥青，比较著名的有壳牌沥青，我国也有克拉玛依、单家寺等沥青品牌。

焦油沥青按其加工原料的不同名称来命名，如由煤干馏所得的煤焦油，经再加工后得到的沥青称为煤沥青；由油页岩经低温干馏而得到的沥青称为页岩沥青。

在所有沥青分类中，以石油沥青在土木工程中最为常用。

9.1.2 石油沥青的组分与结构

1. 石油沥青的组分

石油沥青的化学元素组成主要是碳和氢，其中碳元素占 80%～87%、氢元素占 10%～15%，其余是非烃元素，如氧、硫、氮等，所占比例小于 3%。此外，还含有一些微量的金属元素，如镍、钡、铁、锰、钙、镁、钠等。石油沥青的化学元素组成虽然比较清晰，但与工程性质联系不大。实际工程应用中，对石油沥青的组分较为重视，通常采用划分组分的分析方法，将化学成分和物理性质相近的部分分为一个化学成分组，并对其进行分析。沥青的组分分析法有很多种，我国常用的有三组分和四组分两种分析方法。

（1）三组分分析法　石油沥青的三组分分析法利用选择性溶解和吸附的方法将石油沥青分离为油分、树脂和沥青质三个组分，各组分性状见表 9-1。这种分析方法组分分解明确，各组分含量能在一定程度上说明沥青的路用性能。其中，油分赋予沥青以流动性，影响沥青的柔韧性、抗裂性及施工和易性，其在老化过程中会逐渐转化为树脂和沥青质。树脂使得沥青具有良好的塑性和黏结性，而沥青质含量决定了沥青的黏性和温度稳定性。但此分析方法流程复杂，且分析时间较长。

表 9-1　石油沥青三组分分析法的各组分性状

组分	外观特性	性状			
		平均相对分子质量	碳氢比	质量分数（%）	物化特征
油分	淡黄色透明液体	200～700	0.5～0.7	45～60	几乎可溶于大部分有机溶剂,具有光学活性,相对密度为 0.7～1.0
树脂	红褐色黏稠半固体	800～3000	0.7～0.8	15～30	温敏感性高,溶点低于 100℃,相对密度为 1.0～1.1
沥青质	深褐色固体微粒	1000～5000	0.8～1.0	5～30	加热不熔化,分解为硬焦炭,使沥青呈黑色,相对密度为 1.1～1.5

（2）四组分分析法　石油沥青的四组分分析法是将石油沥青分离为饱和分、芳香分、胶质和沥青质，各组分性状见表 9-2。

表 9-2　石油沥青四组分分析法的各组分性状

性状组分	外观特性	平均相对密度	平均相对分子质量	主要化学结构
饱和分	无色液体	0.89	625	烷烃、环烷烃
芳香分	黄色至红色液体	0.99	730	芳香烃、含 S 衍生物
胶质	棕色黏稠液体	1.09	970	多环结构,含 S、O、N 衍生物
沥青质	深棕色至黑色固体	1.15	3400	缩合环结构,含 S、O、N 衍生物

沥青四组分的组合比例影响沥青的工程性质。其中饱和分含量越高，沥青稠度越低，低温易产生脆裂；胶质含量越高，沥青的延度越大；沥青质的含量越高，温度敏感性越低；胶质和沥青质含量越高，黏度越大；芳香分和饱和分作为油分，在沥青中起润滑和柔软的作用。油分含量越多，沥青稠度越低。因此，生产一种优质沥青，四组分之间应该有一个合理的比例。

2. 石油沥青的胶体结构

石油沥青的工程性质不仅与它的化学组分有关，还与它的胶体结构有着密切关系。现代胶体理论认为，沥青的胶体结构是由分散相和分散介质构成的，其中固态微粒的沥青质是分散相，液态的饱和分和芳香分为分散介质。在其胶体结构中，沥青质分子为核心，能够吸附胶质，并溶在极性较弱的芳香分和无极性的饱和分中，形成一个稳定的胶体结构。石油沥青各组分相对含量不同，可形成不同的沥青胶体结构（见图9-1）。

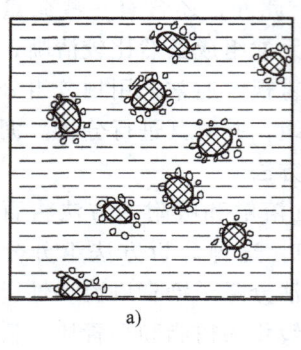 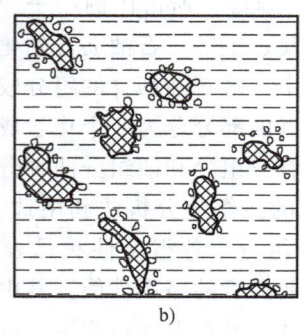 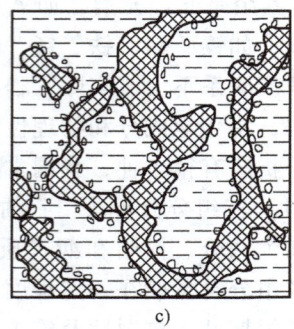

图 9-1 沥青胶体结构

a) 溶胶型 b) 溶-凝胶型 c) 凝胶型

（1）溶胶型结构　当石油沥青中沥青质的含量较低，一般小于10%，并含有一定数量的胶质时，沥青质胶团就能够完全胶溶在芳香分和饱和分形成的分散介质中，形成溶胶型结构。此结构胶团间距较大，相互之间的吸引力较小，胶团可以在分散介质中自由地运动。溶胶型沥青具有较好的自我修复能力，但温度稳定性较差。

（2）溶-凝胶型结构　当石油沥青中沥青质的含量适当，一般在15%~25%，且具有足够数量的胶质作为保护物质，胶团之间间距适中，能产生一定的约束力，这种界于溶胶和凝胶之间的结构称为溶-凝胶型结构。该结构既有一定的高温稳定性，又有一定的低温抗裂性能，且性能比较稳定，工程中常用的优质沥青大多数都为溶-凝胶型结构。

（3）凝胶型结构　当石油沥青中沥青质含量很高，超过25%时，胶质的数量不足以包裹沥青质周围使之胶凝，沥青质胶团互相连接，从而形成了较为紧密的空间网状结构，这种胶体结构称为沥青的凝胶型结构。凝胶型结构的弹性和黏性较高，温度稳定性好，但流动性和黏性较低，低温显脆硬且变形能力差，开裂后难以自行愈合。

9.1.3　石油沥青的工程技术性质

1. 黏滞性

石油沥青的黏滞性是反映沥青材料内部阻碍其相对流动的一种特性。黏滞性的大小反映了胶团之间吸引力的大小，影响胶体结构的致密程度。在一定温度范围内，黏滞性随温度的升高而降低。

石油沥青的工程技术性质

液态石油沥青的黏滞性用标准黏度表示，半固体或固体沥青的黏滞性用针入度表示。标准黏度和针入度是沥青牌号划分的主要依据。

标准黏度是液体沥青在一定温度条件下，经过规定直径的孔口流出50cm³沥青所需的时间，以s为单位。通常用符号C_t^d表示，其中t为测试温度（℃），d为流孔直径（mm）。标准黏度大时，表示沥青的稠度大。

按照《沥青针入度测定法》的要求，针入度是指在25℃温度条件下，以规定质量100g

的标准针经过 5s 贯入沥青试样的深度，以 0.1mm 为单位。针入度仪及测定黏稠沥青针入度示意图如图 9-2 所示。沥青的针入度值越大，表示沥青越软，其黏度越小。

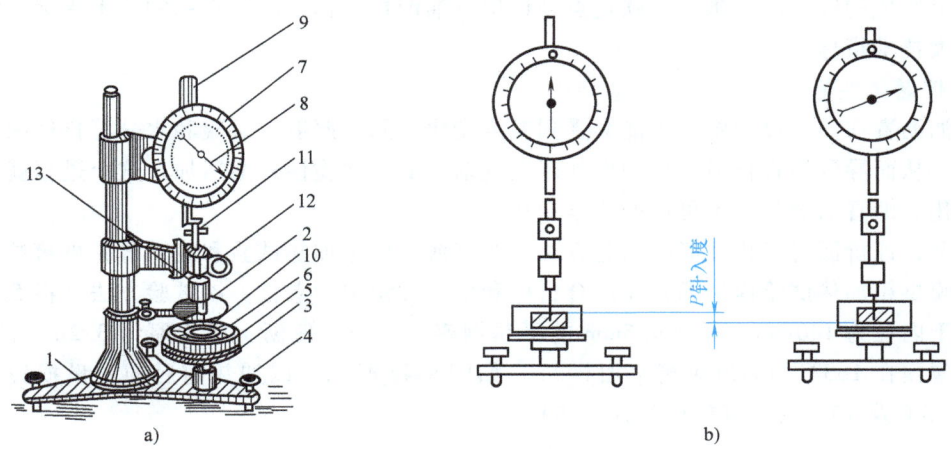

图 9-2 针入度仪及测定黏稠沥青针入度
1—底座 2—小镜 3—圆形平台 4—调平螺钉 5—保温皿 6—试样 7—刻度盘
8—指针 9—活杆 10—标准针 11—针连杆 12—按钮 13—砝码

2. 塑性

塑性是指石油沥青在外力作用下产生变形而不破坏（不产生裂缝或断开）的性质。石油沥青的胶质含量较高，且其他组分含量适中时，塑性较好。

石油沥青的塑性通常采用延度作为指标。按照《沥青延度测定法》规定，将沥青试样制成 8 字形标准试件，以规定拉伸速度 5cm/min 和规定温度下（一般为 25℃）试件被拉断时的延长度表示，单位为 cm。

在常温下，塑性良好的沥青具有一定的抗开裂能力，并在产生微细裂缝后可以自行愈合，因此沥青作为一种优良的柔性防水材料被广泛使用。良好的塑性使得沥青对冲击荷载有一定的吸收能力，并减少摩擦时产生的噪声，可作为柔性路面材料的主要胶结料使用。

3. 温度敏感性

温度敏感性是指石油沥青的黏滞性、塑性等物理性能随温度升降而变化的性能。沥青的温度敏感性越大，则沥青的温度稳定性越低。温度敏感性大的沥青，在温度降低时，很快变成脆硬物体，受到外力作用容易产生裂缝从而破坏，而当温度升高时即成为液体流淌，从而失去防水能力。

沥青的温度敏感性常用软化点表示。软化点是反映沥青材料由固体状态转变为具有一定流动性的膏体时的温度。

软化点的数值随采用的仪器不同而异，通常采用环球法软化点仪进行测定，如图 9-3 所示。按照《沥青软化点测定法 环球法》要求，把黏稠沥青装入尺寸为 9.5mm 的铜环内，试样上放置一个标准

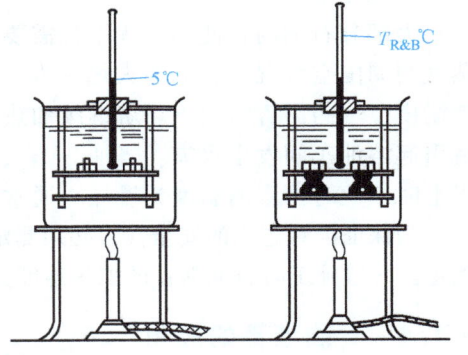

图 9-3 沥青软化点测定

质量为 3.5g 的钢球，再将置球的铜环放入盛水或甘油的烧杯中，以 5℃/min 的升温速率加热至沥青软化下垂达 25mm 时的温度，即沥青的软化点，单位为℃。

以上所述的针入度、延度和软化点是评价石油沥青工程性能最常用的技术指标，统称为沥青三大技术指标。

4. 抗老化性能

石油沥青在使用过程中，可能会受到温度变化、阳光照射、氧气和水分等自然因素的综合影响，从而导致沥青材料的流动性和塑性逐渐降低，硬脆性逐渐增加，这个过程就称为沥青的老化。沥青的老化为不可逆的化学变化。

目前，评价沥青老化性能的试验方法主要有薄膜烘箱加热试验和旋转薄膜烘箱试验。

薄膜烘箱加热试验模拟沥青在混合料拌和生产过程中的老化。该试验方法是将 50g 沥青试样盛于内径为 140mm、深为 9.5mm 的不锈钢盛样皿中，使沥青成为厚约 3.2mm 的薄膜。把沥青薄膜在 163℃ 的通风烘箱中加热 5h，如图 9-4a 所示，以加热前后的质量损失、针入度比和 25℃ 及 15℃ 的延度值作为评价指标。

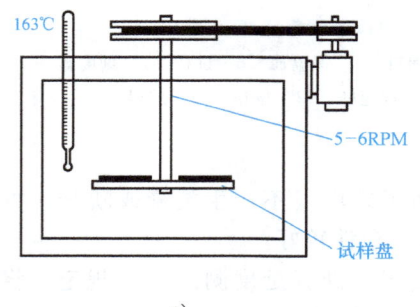 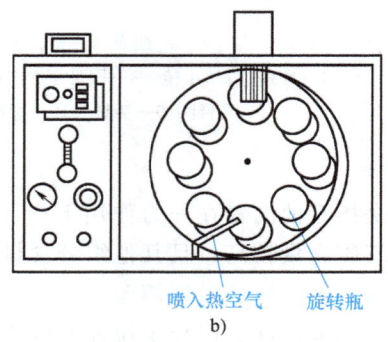

图 9-4 沥青老化性能试验
a）薄膜烘箱加热试验　b）旋转薄膜烘箱试验

旋转薄膜加热试验时将沥青试样 35g 装入高为 140mm、直径为 64mm 的开口玻璃瓶中，盛样瓶插入旋转烘箱中，一边接受以 4000mL/min 流量吹入的热空气，一边在 163℃ 的高温下以 15r/min 的速度旋转，经过 75min 的老化后，测定沥青质量损失及针入度、黏度等各种性能指标的变化，如图 9-4b 所示。

5. 安全性

大部分石油沥青使用过程中都需要加热，而沥青材料加热至一定温度时，其挥发的油分蒸气与周围空气混合，如遇火焰易发生闪火。一般把初次出现闪火（有蓝色闪光）时的沥青温度，称为沥青的闪点。若继续加热，油分蒸气的饱和度增加，遇火焰极易燃烧，严重时将引起熔油车间发生火灾。当油分蒸气与空气组成的混合气体与火焰接触时间持续燃烧 5s 以上时，此时沥青的温度为燃点。通常燃点比闪点温度约高 10℃。

为保证沥青施工的安全性，必须测定沥青的闪点和燃点，通常采用克利夫兰开口杯法进行测定。一般施工时石油沥青的加热温度为 150~200℃，因此通常要求沥青的闪点大于 230℃。

9.1.4 石油沥青的应用

在选用石油沥青时，应根据工程类别及当地的气候条件来选用不同牌号的沥青。石油沥青一般按照针入度来划分牌号,牌号数字约为针入度的平均值。石油沥青牌号与主要性质之间的关系是:牌号越高,其黏滞性越小,针入度越大,塑性越大,温度敏感性越高。

土木工程中常用的石油沥青有道路石油沥青和建筑石油沥青。道路石油沥青主要用于路面工程,一般作为胶结料拌制成沥青混合料使用。道路石油沥青的牌号比较多,选用时应注意不同的工程要求、施工方法和环境温度,道路石油沥青技术要求见表9-3。建筑石油沥青针入度较小、软化点较高,但延度较小,主要用于制造防水材料、防水涂料和沥青嵌缝剂。建筑石油沥青技术要求见表9-4。

9.1.5 改性沥青

无论是用作屋面防水材料还是路面胶结材料,沥青材料都直接暴露于自然环境中,从而受到温度、湿度和大气等环境因素的影响。在这些因素的综合作用下,沥青容易逐渐变脆、开裂、老化,不能继续发挥其原有的胶结或密封作用。为了增强沥青的工程性质,在沥青中加入其他材料(如橡胶、树脂、纤维等外掺剂),使之均匀分散在沥青中,从而形成改性沥青。改性沥青通常具有优良的高温稳定性、较好的低温抗裂性和抗反射裂缝的能力,使用改性沥青的工程结构物一般也具有较长的使用寿命。常用的改性沥青按照改性剂的不同,主要有以下几种类型:

1. 无机填料类

沥青对无机填充料会产生湿润和吸附作用,这是无机填充料能对沥青进行改性的主要原因。沥青成单分子状排列在矿物颗粒(或纤维)表面,形成结合力牢固的沥青薄膜,如图9-5所示,这部分沥青称为结构沥青,具有较高的黏结性和耐热性,温度稳定性也较好。填充料的数量要充足,一般不宜少于15%。常用的改性矿物填充料有滑石粉、石灰石粉和石棉等。

滑石粉的主要化学成分是含水硅酸镁($3MgO \cdot SiO_2 \cdot H_2O$),属于亲油性矿物,易被沥青湿润,是很好的矿物填充料。石灰石粉的主要成分为碳酸钙,属于亲水性矿物,但由于石灰石粉与沥青中的酸性树脂有较强的物理吸附力和化学吸附力,故石灰石粉与沥青也可形成稳定的混合物。

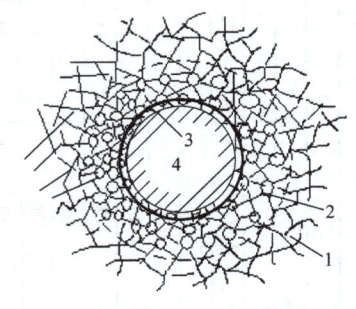

图9-5 沥青与矿粉的相互作用
1—自由沥青 2—结构沥青
3—钙质薄膜 4—矿粉颗粒

2. 橡胶类

橡胶因吸收沥青中的油分而产生溶胀,从而改善了沥青的胶体结构,使其强度得以提高。橡胶改性剂的种类有很多,包括天然橡胶(NR)、丁苯橡胶(SBR)、氯丁橡胶(CR)、丁二烯橡胶(BR)、乙丙橡胶(EPDM)、异戊二烯(IR)和异丁烯异戊二烯共聚物(IIR)等。其中,使用最多的是丁苯橡胶(SBR),其主要特性是具有高温稳定性、高弹性、高强度和高黏附性。

3. 热塑性弹性体

热塑性弹性体也称为热塑性橡胶类,是通过两种或两种以上的单体共同聚合而形成的改性剂。主要有苯乙烯-丁二烯-苯乙烯嵌段共聚物(SBS)、苯乙烯-异戊二烯-苯乙烯嵌段共聚物(SIS)等。SBS是采用阳离子聚合法制得的丁二烯-苯乙烯热塑性丁苯橡胶,既具有橡胶的弹性性质,又包含了树脂的热塑性性质,还存在良好的变形自恢复能力和裂缝自愈性,是

表 9-3 道路石油沥青技术要求

指标	等级	沥青标号等级																	试验方法①
		160号	130号①	110号			90号				70号③				50号		30号	
针入度(25℃,5s,100g)/dmm		140~200	120~140	100~120			80~100				60~80				40~60		20~40	T 0604
适用的气候分区		注④	注④	2-1	2-2	2-3	1-1	1-2	1-3	2-2	1-3	1-4	2-2	2-3	1-3	1-4	注④	
针入度指数PI②	A						−1.5~+1.0				−1.8~+1.0							T 0604
	B																	
软化点(R&B)/℃,≥	A	38	40	43				45				46	45		49		55	T 0606
	B	36	39	42				43				44	43		46		53	
	C	35	37	41				42				43			45		50	
60℃动力黏度②/(Pa·s),≥	A	—	60	120				160				180	160		200		260	T 0620
10℃延度②/cm,≥	A	50	50	40				45				20	25		15		10	T 0605
	B	30	30	30				30	20	15	20	20	15		10		8	
15℃延度/cm,≥	A,B	80	80	60				50				40			80		50	
	C							100							30		20	
蜡含量(蒸馏法)(%),≤	A							2.2										T 0615
	B							3.0										
	C							4.5										
闪点/℃,≥		230					245				260							T 0611
溶解度(%),≥							99.5											T 0607
密度(15℃)/(g/cm³)							实测记录											T 0603
TFOT(或RTFOT)后⑤																		T 0610 或 T 0609
质量变化(%),≤							±0.8											
残留针入度比(%),≥	A	48	54	55				57				61			63		65	T 0604
	B	45	50	52				54				58			60		62	
	C	40	45	48				50				54			58		60	
残留延度(10℃)/cm,≥	A	12	12	10				8				6			4		—	T 0605
	B	10	10	8				6				4			2		—	
残留延度(15℃)/cm,≥	C	40	35	30				20				15			10		—	T 0605

① 试验方法按照《公路工程沥青及沥青混合料试验规程》规定的方法执行。用于仲裁试验求取PI时的5个温度的针入度关系的相关系数不得小于0.997。
② 经建设单位同意，表中PI值、60℃动力黏度、10℃延度可作为选择性指标，也可不作为施工质量检验指标。
③ 70号沥青可根据需要要求供应商提供60~70或70~80的沥青，50号沥青可要求提供针入度范围为40~50或50~60的沥青。
④ 30号沥青仅适用于沥青稳定基层。130号和160号沥青除在中低级公路上直接应用外，通常用作乳化沥青、稀释沥青、改性沥青、改性乳化沥青的基质沥青。
⑤ 老化试验以TFOT为准，也可以RTFOT代替。

表 9-4 建筑石油沥青技术要求

项目	质量指标			试验方法
	10 号	30 号	40 号	
针入度(25℃,5s,100g)/0.1mm	10~25	26~35	36~50	GB/T 4509
针入度(0℃,5s,100g)/0.1mm,≥	3	6	6	GB/T 4509
延度(25℃,5cm/min)/cm	1.5	2.5	3.5	GB/T 4506
软化点(环球法)/℃,≥	95	75	60	GB/T 4507
溶解度(三氯乙烯)(%),≥	99.0			GB/T 11148
蒸发后质量变化(16℃,5h)(%),≤	1			GB/T 11964
蒸发后25℃针入度比,≥	65			GB/T 4509
闪点(开口杯法)/℃,≥	260			GB/T 267

目前使用最为普遍的改性沥青材料之一。SBS 有线形和星形两种,已有研究表明星形的改性效果要优于线形,添加量一般为沥青质量的 10%~15%。

4. 树脂类

按照可塑性将树脂分为热塑性树脂和热固性树脂。热塑性树脂主要包括聚乙烯(PE)、乙烯-醋酸乙烯共聚物(EVA)、无规聚丙烯(APP)、聚氯乙烯(PVC)和聚酰胺等;热固性树脂主要类型有环氧树脂(EP)、酚醛树脂等。其中,聚乙烯(PE)与国产多蜡沥青相容性较好,既可改善沥青高温稳定性,又可改善低温脆性,并且价格低廉,在我国使用范围较广。

石油沥青经过改性后的性能与普通沥青有较大的不同,其应用范围和使用环境也有较大差异。《公路沥青路面施工技术规范》对改性沥青的技术要求见表 9-5。与普通沥青相比,增加了弹性恢复、黏韧性和软化点差等评价聚合物性能的指标。

表 9-5 聚合物改性沥青技术要求

技术指标	SBS 类(Ⅰ类)				SBR(Ⅱ类)			EVA、PE 类(Ⅲ类)				试验方法
	Ⅰ-A	Ⅰ-B	Ⅰ-C	Ⅰ-D	Ⅱ-A	Ⅱ-B	Ⅱ-C	Ⅲ-A	Ⅲ-B	Ⅲ-C	Ⅲ-D	
针入度(25℃,100g,5s)/dmm	>100	80~100	60~80	30~60	>100	80~100	60~80	>80	60~80	40~60	30~40	T 0604
针入度指数 PI,≥	-1.2	-0.8	-0.4	0	-1.0	-0.8	-0.6	-1.0	-0.8	-0.6	-0.4	T 0604
延度(5℃,5cm/min)/cm,≥	50	40	30	20	60	50	40	—				T 0605
软化点/℃,≥	45	50	55	60	45	48	50	48	52	56	60	T 0606
运动黏度(135℃)/(Pa·s),≤	3											T 0625 / T 0619
闪点/℃,≥	230				230			230				T 0611
溶解度(%),≥	99				99			—				T 0607
弹性恢复(25℃)(%),≥	55	60	65	75	—			—				T 0662
黏韧性/(N·m),≥	—				5			—				T 0624
韧性/(N·m),≥	—				2.5			—				T 0624
储存稳定性												
离析,48h 软化点差/℃,≥	2.5				—			无改性剂明显析出、凝聚				T 0661
TFOT(或 RTFOT)后残留物												
质量变化(%),≤	1.0											T 0609 / T 0610
针入度比 25℃(%),≥	50	55	60	65	50	55	60	50	55	58	60	T 0604
延度 5℃/cm,≥	30	25	20	15	30	20	10	—				T 0605

9.2 沥青基防水材料

9.2.1 沥青基防水卷材

防水卷材是以原纸、纤维毡、纤维布、金属箔、塑料膜或纺织物等材料中的一种或数种复合为胎基，浸涂石油沥青、煤沥青、高聚物改性沥青制成的（或以合成高分子材料为基料加入助剂、填充剂，经过多种工艺加工而成的），并起防水作用的长条状成卷供应的产品。

防水卷材在我国建筑工程及路桥工程应用处于主导地位，其作用是隔绝水分对建筑物、路面和桥面板渗透。它主要包括沥青防水卷材、高聚物改性沥青防水卷材和合成高分子卷材三大类。各类防水卷材应具有良好的抗渗能力、温度稳定性和抗老化性能，并应具备足够的抗拉强度和适当的柔韧性。

1. 沥青防水卷材

沥青防水卷材是用原纸、纤维织物等胎体浸涂沥青，再在其表面撒布粉状、粒状或片状材料制成可卷曲的片状防水材料。常见的有石油沥青纸胎油毡、石油沥青玻璃布油毡、石油沥青玻璃纤维胎油毡等。但是，这类防水卷材低温柔韧性差，温度敏感性大，在大气作用下易老化，防水耐用年限较短，因而属于低档防水卷材。

（1）石油沥青纸胎油毡　石油沥青纸胎油毡简称油毡，是防水卷材中历史最早的品种。一般采用低软化点的石油沥青浸渍原纸，再用高软化点的石油沥青涂盖油纸的两面，并涂撒隔离材料制成的一种防水卷材。油毡按其原纸胎每平方米质量克数分为200号、350号和500号三个等级。各等级油毡的物理性能应满足《石油沥青纸胎油毡》中的要求。其中200号用于简易防水和临时性建筑防水，350号和500号油毡可用于屋面工程及地下工程的多层防水。

（2）石油沥青玻璃纤维油毡、玻璃布油毡　石油沥青玻璃纤维油毡，是以无定向玻璃纤维交织而成的薄毡为胎基，浸涂石油沥青，表面撒以矿物粉料或覆盖聚乙烯薄膜等隔离材料而制成的一种防水卷材。其指标应符合《石油沥青玻璃纤维胎防水卷材》的规定。玻璃布油毡是采用玻璃布为胎基，浸涂石油沥青，表面撒以矿物粉料或覆盖聚乙烯薄膜等隔离材料，制成的一种防水卷材。玻璃纤维和玻璃布油毡柔韧性好，吸水率小，抗裂性和耐久性较纸质油毡有较大提高。

（3）铝箔面油毡　铝箔面油毡是用玻璃纤维毡为胎基，浸涂氧化沥青，表面用压纹铝箔贴面，底面撒以细颗粒矿物料或覆盖聚乙烯膜制成的一种具有热反射和装饰功能的防水卷材。该油毡可单独使用，或与玻璃纤维油毡配合用于隔气层和热反射屋面，其质量要求应符合《铝箔面石油沥青防水卷材》的规定。

2. 高聚物改性沥青防水卷材

高聚物改性沥青防水卷材是以合成高分子聚合物改性沥青为涂盖层，纤维织物或纤维毡为胎体，粉状、粒状、片状或薄膜材料为覆面材料制成可卷曲的一种片状防水材料。改性沥青所用材料有弹性体和塑性体两大类，弹性体主要包括多种合成橡胶，其中使用最广的是苯乙烯-丁二烯-苯乙烯嵌段共聚物（SBS）。塑性体主要有聚丙烯、聚乙烯和聚苯乙烯等沥青改性剂。高聚物改性沥青防水卷材能够克服传统沥青防水卷材温度稳定性差，延伸率小的缺点。常用的改性沥青卷材的品种有：

（1）SBS 改性沥青防水卷材　SBS 改性沥青防水卷材是以玻纤毡、聚酯毡等材料为胎体，以 SBS 改性石油沥青为浸渍涂盖层，以塑料薄膜为防黏隔离层，经过选材、配料、共熔、浸渍、复合成型、收卷曲等工序加工而成的一种弹性体沥青防水卷材。SBS 改性沥青防水卷材具有良好的力学性能，其延伸率可达 150%，大大优于普通纸胎油毡，对结构变形有很高的适应性；其温度适应性较强，在 -15 ~ 25℃仍能够保持其柔韧性，并具有一定的耐疲劳性能。

SBS 改性沥青防水卷材按胎基分为聚酯胎（PY）、玻纤胎（G）和玻璃纤维增强聚酯毡（PYG）三类。按上表面隔离材料分为细砂（S）和聚乙烯膜（PE）。按材料性能分为 I 型和 II 型。SBS 改性沥青防水卷材适用于一般工业与民用建筑的屋面和地下防水工程，以及桥梁、隧道和蓄水池等工程结构物的防水，尤其适用于北方寒冷地区和结构易变形的建筑物防水。SBS 卷材物理力学性能见表 9-6。

表 9-6　SBS 卷材物理力学性能

序号	项目		指标				
			I		II		
			PY	G	PY	G	PYG
1	可溶物含量 /(kg/m²)，≥	3mm	2100				—
		4mm	2900				—
		5mm	3500				
		试验现象	—	胎基不燃	—	胎基不燃	—
2	耐热性	℃	90		105		
		mm，≤	2				
		试验现象	无流淌、滴落				
3	低温柔性/℃		-20		-25		
			无裂缝				
4	不透水性 30min		0.3MPa	0.2MPa	0.3MPa		
5	拉力	最大峰拉力/(N/50mm)，≥	500	350	800	500	900
		次高峰拉力/(N/50mm)，≥	—	—	—	—	800
6	延伸率	最大峰时延伸率(%)，≥	30	—	40	—	—
		第二峰时延伸率(%)，≥	—	—	—	—	15
7	浸水后质量增加 (%)不大于	PE、S	1.0				
		M	2.0				
8	热老化	拉力保持率(%)，≥	90				
		延伸率保持率(%)，≥	80				
		低温柔性/℃	-15		-20		
			无裂缝				
		尺寸变化率(%)，≤	0.7	—	0.7	—	0.3
		质量损失(%)，≤	1.0				
9	渗油性	张数，≤	2				
10	接缝剥离强度/(N/mm)，≥		1.5				
11	钉杆剥离强度[①]/(N/mm)，≥		—				300
12	矿物粒料黏附性[②]/g，≥		2.0				
13	卷材下表面沥青涂盖层厚度[③]/mm，≥		1.0				

(续)

序号	项目		指标				
			I		II		
			PY	G	PY	G	PYG
14	人工气候加速老化	外观	无滑动、流淌、滴落				
		拉力保持率(%),≥	80				
		低温柔性/℃	−15		−20		
			无裂缝				

① 仅适用于单层机械固定施工方式的卷材。
② 仅适用于矿物粒料表面的卷材。
③ 仅适用于热熔施工的卷材。

（2）APP改性沥青防水卷材　APP改性沥青防水卷材是以聚酯毡或玻纤毡为胎基，以无规聚丙烯（APP）作改性沥青的浸涂层，两面覆以细砂、矿物粒或聚乙烯膜等隔离材料而制成的防水卷材。

APP改性沥青防水卷材属于塑性体沥青防水卷材，与弹性体沥青防水卷材相比，具有更高的耐热性，但低温柔韧性较差，其他性质基本相同。APP改性沥青防水卷材能形成高强度、耐撕裂和耐穿刺的防水层，耐紫外线照射，寿命长，适用于各种领域和类型的防水防潮工程，尤其适用于高温或有强烈太阳辐射地区的建筑物防水。APP改性沥青防水卷材的物理力学性能应符合《塑性体改性沥青防水卷材》的相关规定。

3. 合成高分子防水卷材

合成高分子防水卷材是以合成橡胶、合成树脂或此两者的共混体为基料，加入适量的化学助剂和填充料等，经混炼、压延或挤出等工艺加工而成可卷曲的片状防水材料，或把上述材料与合成纤维等复合形成两层或两层以上可卷曲的片状防水材料。

合成高分子防水卷材的材料性能指标较高，具有优良的弹性变形能力和抗拉强度，同时具有较好的温度稳定性，使卷材对基层变形的适应性增强。在正常的维护条件下，其使用年限较普通防水卷材更长，可减少维修、翻新的费用。合成高分子防水卷材是高档次防水卷材，也是我国今后要大力发展的新型防水卷材。常见的类型有三元乙丙橡胶防水卷材、聚氯乙烯防水卷材和氯化聚乙烯防水卷材等。

9.2.2　沥青防水涂料

防水涂料是将成膜物质掺入适量的溶剂或助剂形成的合成材料分层涂刷或喷涂在基体表面，经溶剂或水分挥发，或各组分间的化学变化，形成具有一定弹性的连续薄膜，使基层表面与水隔绝，并能抵抗一定的水压力，从而起到防水和防潮作用的一类工程材料。防水涂料品种繁多，分类方法也各不相同，一般按照涂料成膜物质的主要成分可为沥青基防水涂料、高聚物改性沥青防水涂料和高分子防水涂料三大类。

1. 沥青基防水涂料

沥青基防水涂料是以沥青为基料配制的防水涂料，包括溶剂型和水乳型两大类型。溶剂型沥青防水涂料是指将未改性的石油沥青直接溶解于汽油等溶剂中配制而成的涂料，又称为冷底子油。此类涂料使用的沥青未改性，且形成的涂膜较薄，因此一般不单独作为防水涂料使用，仅作为某些防水材料的配套材料使用。溶剂型沥青防水涂料因配制时大量使用有机溶剂，成膜时有机溶剂挥发，容易引起环境污染。

水乳型沥青防水涂料是指将石油沥青在化学乳化剂或矿物乳化剂作用下，分散于水中，形成稳定的水分散体构成的涂料。这类沥青防水涂料与溶剂型沥青防水涂料类似，由于形成的薄膜较薄，一般不单独作为防水涂料使用，而是作为防水施工配套材料使用。常用品种有石灰膏乳化沥青防水涂料、水性石棉沥青防水涂料等。

（1）石灰膏乳化沥青防水涂料 该涂料是以沥青为基料，石灰膏为分散剂，石棉绒为填充料加工而成的一种冷沥青悬乳液。用石灰膏乳化沥青铺抹在基层以后，由于水分蒸发，悬浮体的内部结构重新分布，分散极细的沥青颗粒、石灰和石棉绒互相挤靠包裹，沥青凝结成膜，石灰在沥青中形成均匀的蜂窝状骨架，而成为一种耐热性高，抗老化性好的防水层。此涂料生产工艺简单，成本较低，温度稳定性较好，但延伸率较低，抗裂性较差，容易引起基层变形而开裂，一般可结合嵌缝油膏、胶泥等密封材料用于工业厂房的屋面防水。

（2）水性石棉沥青防水涂料 该涂料是将石棉和水组成悬浮液，再将熔化的石油沥青加入其中，强烈搅拌制成。石棉纤维具有改性作用，使涂料在储存稳定性、耐久性较一般乳化沥青好，可单独使用。

2. 高聚物改性沥青防水涂料

高聚物改性沥青防水涂料一般是用再生橡胶、合成橡胶或SBS等对沥青进行改性而制成的水乳型或溶剂型防水涂料。这类涂料在柔韧性、抗裂性、抗拉强度和温度稳定性较普通沥青基防水涂料有很大改善。常见的改性沥青防水涂料有氯丁橡胶改性沥青防水涂料、SBS改性沥青防水涂料和SBR改性沥青防水涂料等。

（1）氯丁橡胶沥青防水涂料 氯丁橡胶沥青防水涂料的基料是氯丁橡胶和石油沥青，包括溶剂型和水乳型两种类型。溶剂型氯丁橡胶沥青防水涂料是先将氯丁橡胶溶于一定量的有机溶剂（如甲苯）中形成溶液，然后将其掺入到液体状态的沥青中，再加入各种助剂和填料经强烈混合而成。其延伸性、温度稳定性和耐蚀性能较好，适应基层的变形能力较强，能在较低的温度下进行冷施工。

水乳型氯丁橡胶沥青防水涂料是阳离子氯丁乳胶与阳离子型石油沥青乳液的混合体，是氯丁橡胶的微粒和石油沥青的微粒借助于阳离子表面活性剂的作用，稳定分散在水中所形成的一种乳状液。这种涂料既保持了沥青的防水性，又以氯丁橡胶的弹性和耐候性改善沥青的冷脆性和热黏性，具有成膜快、强度高、抗渗、耐老化和抗基层变形能力强等优点。溶剂型和水乳型氯丁橡胶沥青防水涂料两者的技术性能指标基本相同，前者的黏结性能比较好，但存在着易燃、有毒、价格高的缺点，有逐渐被水乳型氯丁橡胶沥青取代的趋势。

（2）SBS改性沥青防水涂料 溶剂型SBS改性沥青防水涂料是以石油沥青为基料，采用SBS热塑性弹性体做沥青的改性材料，配以适量的辅助剂制成的溶剂型弹性防水涂料。该涂料具有优良的防水性、黏结性、弹性和低温柔性，广泛用于各类防水防潮工程。

水乳型SBS改性沥青防水涂料是以沥青、橡胶、合成树脂、SBS及表面活性剂等高分子材料组成的一种防水涂料，该涂料的优点是低温柔韧性好、抗裂性能强、黏结性能也较好。能用于各类复杂的基层，防水性能好，可冷施工作业，是较为理想的中档防水涂料，特别适用于寒冷地区的防水施工。

3. 高分子防水涂料

高分子防水涂料是以合成橡胶或者合成树脂为主要成膜物质，再加入添加触变剂、防流挂剂、防沉淀剂、增稠剂、流平剂和防老化剂等添加剂制成的单组分或双组分防水涂料。合成高分子防水涂料的品种很多，常见的有硅橡胶、聚合物水泥和聚氨酯等。

9.3 沥青混合料

沥青混合料

沥青混合料是由矿物集料与沥青结合料拌和而成的混合料的总称。沥青混合料经摊铺、压实成型后成为沥青路面。沥青能够增强矿料的黏结力，提高混合料的强度和稳定性，使路面的使用质量和耐久性都得到提高。在我国，沥青路面被广泛用于公路和城市道路，是我国高速公路的主要路面形式。

沥青混合料从不同的角度可以有不同的分类方式：按照强度构成原理可以分为密实型和嵌挤型；按集料的最大粒径可分为特粗式、粗粒式、中粒式、细粒式和砂粒式沥青混合料；按施工条件分为热拌热铺沥青混合料、热拌冷铺沥青混合料、冷拌冷铺沥青混合料和温拌沥青混合料；按照沥青路面的技术特性可以分为沥青混凝土、热拌沥青碎石、乳化沥青碎石、沥青贯入式和沥青表面处治五种类型。根据《公路沥青路面施工技术规范》规定，热拌沥青混合料适用于各等级公路的沥青路面，其种类按集料公称最大粒径、矿料级配和孔隙率划分，分类见表 9-7。

表 9-7 热拌沥青混合料种类

混合料类型	密级配		开级配			半开级配	公称最大粒径/mm	最大粒径/mm
	连续级配	间断级配	间断级配			沥青稳定碎石		
	沥青混凝土	沥青稳定碎石	沥青玛蹄脂碎石	排水式沥青磨耗层	排水式沥青碎石基层			
特粗式	—	ATB-40	—	—	ATPB-40	—	37.5	53.0
粗粒式	—	ATB-30	—	—	ATPB-30	—	31.5	37.5
	AC-25	ATB-25	—	—	ATPB-25	—	26.5	31.5
中粒式	AC-20	—	SMA-20	—	—	AM-20	19.0	26.5
	AC-16	—	SMA-16	OGFC-16	—	AM-16	16.0	19.0
细粒式	AC-13	—	SMA-13	OGFC-13	—	AM-13	13.2	16.0
	AC-10	—	SMA-10	OGFC-10	—	AM-10	9.5	13.2
砂粒式	AC-5	—	—	—	—	AM-5	4.75	9.5
设计空隙率(%)	3~5	3~6	3~4	>18	>18	6~12	—	—

工程上还使用开级配沥青混合料磨耗层（OGFC）和沥青玛蹄脂碎石混合料（SMA）。沥青玛蹄脂碎石混合料是以间断级配的集料为骨架，用改性沥青、矿粉及纤维素组成的沥青玛蹄脂为结合料，经过拌和、摊铺、压实而形成的一种构造深度较大的抗滑面层。开级配沥青混合料磨耗层是指用大孔隙的沥青混合料铺筑、能迅速从其内部排走路表雨水、具有抗滑、抗车辙及降噪的路面，适用于多雨地区修筑沥青路面的表层或磨耗层。

9.3.1 沥青混合料的组成结构

沥青混合料是一种复合材料，它是由沥青、粗集料、细集料以及外加剂所组成。这些组成材料在混合料中，由于质量的差异和数量的不同可形成不同的组成结构，并表现为不同的力学性能。对于沥青混合料组成结构的研究，目前存在着以下两种相互对立的理论：

1）表面理论：该理论为传统研究理论，认为沥青混合料是由粗集料、细集料和填料组成的密实矿质骨架，沥青结合料分布其表面，从而将它们胶结成一个具有强度的整体。该理论较为突出矿质集料的骨架作用,认为强度的关键是矿质集料的强度和密实度。

2)胶浆理论:该理论为现代研究理论,把沥青混合料看作是一种多级空间网状结构的分散系,主要分为粗分散系、细分散系和微分散系三级分散系。粗分散系是以粗集料为分散相,分散在沥青砂浆的介质中;细分散系是以细集料为分散相,分散在沥青胶浆的介质中;微分散系是以矿粉填料为分散相,分散在高稠度的沥青介质中。三级分散系中以沥青胶浆最为重要,它的组成结构决定沥青混合料的高温稳定性和低温变形能力。

沥青混合料的组成结构通常按其矿质混合料的组成分为悬浮密实型、骨架空隙型和骨架密实型三种结构类型,如图 9-6 所示,其类型结构与采用的级配密切相关。

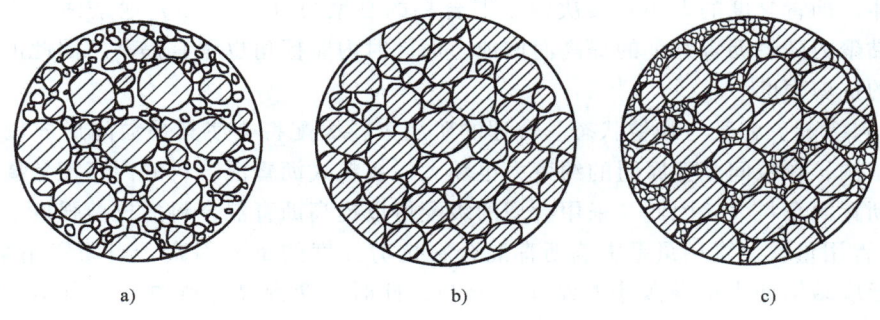

图 9-6 沥青混合料组成结构
a)悬浮密实型 b)骨架空隙型 c)骨架密实型

1. 悬浮密实型结构

这种结构形态的沥青混合料,通常采用连续型密级配,混合料中细集料较多而粗集料较少,粗集料不能直接靠拢而形成骨架,而是以悬浮状态处于较小颗粒之中。悬浮密实型结构的沥青混合料,由于各级粒料都有,一般不会发生粗集料离析现象,便于施工,故在道路工程中应用较多。这种结构密实度较高,有较强的黏聚力,但内摩擦角很小,高温稳定性差。

2. 骨架空隙型结构

这种结构类型采用连续型开级配,较大粒径石料彼此紧密相接,而较小粒径石料的数量较少,因此虽然能够形成骨架,但其残余空隙较大。这种沥青混合料受沥青材料性质的变化影响较小,因而热稳定性较好,但沥青与矿料的黏结力较小、空隙率大,耐久性较差,沥青碎石混合料多属于这一类型。

3. 骨架密实型结构

这种结构类型是综合以上两种类型组成的结构,混合料中既有足够数量的粗集料形成骨架,又有适量的细集料填充在粗集料之间的空隙中,从而形成较为密实的结构,此结构类型的沥青混合料的密实度、强度和稳定性都较好,是一种较理想的结构类型。目前采用这种形式的沥青路面还不多,比较有代表性的为沥青玛蹄脂碎石混合料(SMA),用于高等级沥青路面的上面层。

9.3.2 沥青混合料的强度理论

根据沥青混合料的颗粒性特征,沥青混合料的强度构成来源于两个方面:由于沥青存在而产生的黏结力和由于集料存在而产生的内摩阻力。目前,可利用库仑理论来分析沥青混合料的强度和稳定性，通过对圆柱形沥青混合料试件进行三轴剪切试验可知，沥青混合料的抗剪强度主要取决于黏聚力和内摩擦角两个参数，即

$$\tau = C + \sigma \tan\varphi \tag{9-1}$$

式中，τ 为沥青混合料的抗剪强度（MPa）；C 为沥青混合料的黏聚力（MPa）；φ 为沥青混合料的内摩擦角（rad）；σ 为沥青混合料所承受的压应力（MPa）。

影响沥青混合料抗剪强度的因素有内因和外因两种，内因包括沥青黏度、集料级配、粒径与颗粒状态、沥青用量、矿料比表面积等；外因主要是指温度和变形速率的影响。

1）沥青黏度。从沥青混合料材料本身的内部结构来看，它是利用沥青将矿质集料胶结而成的整体，沥青黏度的大小直接决定了混合料的黏聚力（C），当其他条件一定时，沥青混合料的黏聚力随着沥青黏度的提高而增加，而同时内摩擦角也稍有提高，因此沥青混合料具有较高的抗剪强度。

2）集料级配、粒径与颗粒状态。合理的矿质集料级配将会使其颗粒间形成较为稳定的相互嵌锁结构，颗粒间相互摩阻的约束力也较大，粗粒式沥青混合料的内摩擦角要比细粒式和砂粒式沥青混合料大。因此，采用合理的级配可以提高沥青混合料的抗剪强度。

3）沥青用量。沥青用量是影响沥青混合料抗剪强度的重要因素，当沥青用量很少时，还不足以形成结构沥青的薄膜来黏结矿料颗粒，此时，沥青混合料的黏聚力小，内摩擦角大。随着沥青用量的增加，逐渐形成结构沥青，沥青与矿料间的黏附力随着沥青的用量增加而增加。当沥青用量足以形成薄膜并充分黏附矿粉颗粒表面时，具有最大的黏聚力，结构沥青的厚度用 δ_0 来表示。随着沥青用量的继续增加，过多的沥青形成了自由沥青，使沥青胶浆的黏聚力随着自由沥青的增加而降低。沥青用量不仅影响沥青混合料的黏聚力，同时也影响沥青混合料的内摩擦角。

4）矿料比表面积。在相同的沥青用量条件下，矿料的比表面积越大，与沥青产生交互作用形成的沥青膜越薄，则在沥青中结构沥青所占比率越大，沥青混合料的黏聚力就越高。

5）温度。沥青混合料是一种热塑性材料，它的抗剪强度及力学稳定性随着温度的升高明显地降低。在材料参数中，黏聚力值随着温度升高而显著降低，但是内摩擦角受温度变化的影响较小。

6）变形速率。沥青混合料为黏弹性材料，其抗剪强度与变形速率密切相关。当其他条件相同时，黏聚力随变形速率的增加而显著提高，而变形速率对沥青混合料的内摩擦角影响较小。

9.3.3 沥青混合料的技术性质与技术标准

沥青混合料作为目前最常用的路面面层材料，在使用过程中需要承受行车荷载的反复作用，以及环境气候因素的长期影响。因此，沥青混合料应当具有较好的高温稳定性、低温抗裂性、水稳定性、抗疲劳性能、抗老化性和施工和易性等技术性质，以保证沥青路面具有足够的稳定性和耐久性。其中，高温稳定性和低温抗裂性称为沥青路面的温度稳定性，水稳定性、抗疲劳性能和抗老化性能称为沥青路面的耐久性。

1. 高温稳定性

沥青混合料的高温稳定性是指在高温条件下，沥青混合料承受多次重复荷载作用抵抗累积塑性变形的能力。沥青路面在车辆荷载的作用下将产生弹性变形和塑性变形，当受到高

温和重交通荷载的重复作用下，沥青混合料的不可恢复变形积累将形成车辙，或者以波浪及拥包等形式表现在路面上，影响道路的行车安全。例如，雨天车辙处的积水会导致车辆产生漂滑，增加了交通事故发生的可能性。评价沥青混合料高温稳定性的方法有多种，按《公路沥青路面施工技术规范》要求采用马歇尔试验和车辙试验方法对其进行测定与评价。

（1）马歇尔试验　马歇尔试验是检验和评定沥青混合料高温稳定性的常用方法，该试验可测定沥青混合料试件的破坏荷载和抗变形能力。测定前需先将沥青混合料制成直径为101.6mm、高为63.5mm的圆柱体试件，在60℃水浴条件下，保温30~40min（大型马歇尔试件为45~60min）；然后将试件放置于马歇尔稳定度仪上，以50mm/min±5mm/min的变形速度加载，当试验荷载达到最大值时，读取稳定度（MS）、流值（FL）和马歇尔模数（T）三项指标。

《公路沥青路面施工技术规范》对密级配沥青混凝土混合料的马歇尔试验技术标准见表9-8。

表9-8　密级配沥青混凝土混合料马歇尔试验技术标准

试验指标		高速公路、一级公路				其他等级公路	行人道路
		夏炎地区		夏热区及夏凉区			
		中轻交通	重载交通	中轻交通	重载交通		
击实次数（双面）/次		75				50	50
试件尺寸/mm		$\phi 101.6 \times 63.5$					
空隙率VV	深约90mm以内(%)	3~5	4~6	2~4	3~5	3~6	2~4
	深约90mm以下(%)	3~6		2~4	3~6		—
稳定度 MS/kN，≥		8				5	3
流值 FL/mm		2~4	1.5~4	2~4.5	2~4	2~4.5	2~5
矿料间隙率VMA	设计空隙率(%)	相应于以下公称最大粒径/mm的最小VMA及VFA技术要求					
		26.5	19	16	13.2	9.5	4.75
	2	10	11	11.5	12	13	15
	3	11	12	12.5	13	14	16
	4	12	13	13.5	14	15	17
	5	13	14	14.5	15	16	18
	6	14	15	15.5	16	17	19
沥青饱和度 VFA		55~70		65~75		70~85	

马歇尔稳定度是指在规定温度与加荷速度下，标准尺寸试件可承受的最大荷载（kN）；流值是最大荷载时试件的垂直变形（以0.1mm计）；马歇尔模数则是稳定度与其流值之比，见式（9-2）。

$$T = \frac{MS \times 10}{FL} \tag{9-2}$$

式中，T是马歇尔模数（kN/mm）；MS为稳定度（kN）；FL为流值取0.1mm。

（2）车辙试验　车辙试验是一种模拟实际车轮荷载在路面上行走而形成车辙的工程试验方法，该试验将沥青混合料制成300mm×300mm×50mm的标准试件，在60℃的温度条件下，以一定荷载的车轮（轮压0.7MPa），在同一轨迹上作一定时间的反复行走，形成一定的车辙深度，然后计算试件变形1mm所需试验车轮行走的次数，即为动稳定度，按下式计算

$$DS = \frac{(t_2 - t_1)N}{d_2 - d_1} C_1 C_2 \tag{9-3}$$

式中，DS 是沥青混合料动稳定度（次/mm）；d_1，d_2 是时间 t_1 和 t_2 的变形量（一般 t_1 = 45min、t_2 = 60min）（mm）；C_1 是试验机修正系数，曲柄连杆驱动加速轮往返运行方式为 1.0；C_2 是试件系数，实验室制备宽 300mm 的试件为 1.0；N 是试验轮往返碾压速度，通常为 42 次/min。

车辙试验的动稳定度与沥青路面的车辙深度有较好的相关性，恰当地控制沥青混合料的动稳定度，有助于提高沥青面层的抗永久变形能力。

高温稳定性与沥青用量、黏度和矿料级配等因素有关。沥青用量过大，不仅降低沥青混合料的内摩阻力，而且在夏季容易产生泛油现象，因此，适当地减少沥青用量，可使矿料颗粒更多地以结构沥青的形式相联结，增加沥青混合料的黏聚力和内摩阻力。沥青的高温黏度越大，与集料的黏附性越好，相应的沥青混合料的抗高温变形能力就越强。

2. 低温抗裂性

沥青混合料的低温抗裂性是指在低温下沥青混合料抵抗低温开裂的能力。沥青混合料路面的低温收缩开裂主要有两种形式：一种是由于气温骤降造成材料低温收缩，在有约束的沥青混合料面层内产生温度应力超过沥青混合料在相应温度下的抗拉强度时就会造成开裂，此类裂缝多从路表面自上向下发展；另一种形式是温度疲劳裂缝，沥青混凝土经受长期多次的温度循环后，极限拉伸应变变小，应力松弛性能降低，结果在温度应力小于抗拉强度的情况下产生开裂，这种裂缝主要发生在温度变化频繁的温和地区。

目前，用于研究和评价沥青混合料低温性能的方法有三类：预估沥青混合料的开裂温度、评价沥青混合料的低温变形能力和评价沥青混合料断裂能力。《公路沥青路面施工技术规范》规定，对密级配沥青混合料采用-10℃条件下测得破坏强度、破坏应变、破坏弹性模量及应力-应变曲线的形状，综合评价沥青混合料的低温抗裂性能。

3. 耐久性

沥青混合料的耐久性是指沥青混合料在使用过程中抵抗环境不利因素的能力及承受行车荷载反复作用能保持其原有性能的能力，通常包括耐老化性、耐疲劳性和水稳定性。

沥青混合料的老化主要是受光、氧气和紫外线等自然因素的影响，引发沥青材料发生多种复杂的物理化学变化，逐渐使沥青变硬变脆，产生裂缝等与老化相关的病害。沥青老化过程一般分为两个阶段，即施工过程中的热老化和路面使用过程中的长期老化。我国在沥青混合料老化性能方面研究较晚，有关部门利用延时烘箱加热法评价了我国沥青混合料抗老化性能。

沥青混合料的疲劳破坏是指在重复应力的作用下，在低于静载一次作用下的极限应力时发生破坏。沥青路面在使用过程中，受到车辆荷载的反复作用，或者受到环境温度交替变化所产生的温度应力作用，长期处于应力-应变反复变化的状态。随着荷载作用次数的增加，材料内部缺陷或微裂纹不断扩展，路面结构强度逐渐衰减，直至最后发生疲劳破坏，路面出现裂缝。疲劳试验方法有三分点小梁弯曲试验、中点加载小梁弯曲试验和间接拉伸试验等。目前，各国均没有将疲劳试验作为标准试验方法纳入规范中。

沥青混合料的水稳定性是指其受水的影响程度大小。一般认为，水会破坏沥青与集料之间的黏附性，使得沥青与集料脱离，从而使得路面出现松散、剥离和坑洞等病害，严重危害道路的使用性能。我国《公路沥青路面施工技术规范》规定，用煮沸法检验沥青与集料间的黏附性，用浸水马歇尔试验和冻融劈裂试验检验沥青混合料的水稳定性。

沥青混合料的耐久性与组成材料的性质和配合比有密切关系。首先，沥青在使用过程中，组分会发生转化，油分减少，胶质和沥青质增加，使沥青的塑性逐渐减小，脆性增加，路用性能降低，用改性剂对沥青进行改性可以减缓沥青的老化，增加其耐久性。其次，沥青混合料应有较高的密实度和较小的空隙率，以防止水分和氧气渗入和减少阳光对沥青材料的老化作用。

4. 抗滑性

为了保证汽车在路面上安全地行驶，沥青混合料路面应具有较好的抗滑性。《公路沥青路面设计规范》规定以横向力系数 SFC_{60} 和路面宏观构造深度 TD（mm）为主要指标，高速公路、一级公路按表 9-9 进行验收，二级公路可参照执行。

表 9-9 抗滑技术指标

年平均降雨量/mm	交工检测指标值	
	横向力系数 SFC_{60}	构造深度 TD/mm
>1000	≥54	≥0.55
500~1000	≥50	≥0.50
250~500	≥45	≥0.45

沥青路面抗滑性能与集料的表面结构、颗粒形状、颗粒尺寸和抗磨光性等因素有关。为保证抗滑性能，面层集料应选择粗糙、坚硬、耐磨和抗冲击性好的粗集料。同时，沥青用量对抗滑性能也有很大的影响，当沥青用量超过最佳用量的 0.5% 时，就会使沥青路面的抗滑性能指标明显降低。

5. 施工和易性

为保证路面施工质量，沥青混合料应具备良好的施工和易性，即其在拌和、摊铺和碾压的施工工艺中，集料颗粒能够以设计级配的要求状态分布，集料表面被沥青薄膜完整覆盖，并能够碾压到规定的压实度。

影响沥青混合料施工和易性的主要因素是混合料的级配和沥青用量。粗、细集料颗粒大小相差过大，缺少中间尺寸颗粒，则混合料容易发生离析。当沥青用量过少，或矿料分量过多时，混合料容易出现疏松，不易压实；若沥青用量过多或矿粉质量不好，混合料容易黏结成块，不利摊铺。

9.3.4 沥青混合料组成材料的技术要求

沥青混合料的技术性质随着混合料的组成材料的性质、配合比和制备工艺等因素的差异而改变。为保证沥青混合料的技术性质，应正确选择符合质量要求的组成材料。

1. 沥青混合料对沥青技术性质的要求

沥青是沥青混合料的胶黏剂，是混合料中最重要的组成材料，其性能的好坏直接影响沥青混合料的技术性质。道路石油沥青按照针入度分级可以划分出很多强度等级的沥青。不同强度等级的沥青材料技术性质各不相同。在选择沥青材料的时候，应该结合沥青路面使用性能气候分区的要求确定沥青路面用的沥青强度等级范围。范围确定后，再按照公路等级、气候条件和交通条件等因素,结合当地的使用经验,并经过技术论证后最终确定沥青强度等级。

对于高速公路、一级公路,夏季温度高、高温持续时间长、重载交通、山区及丘陵区上坡路段、服务区和停车场等行车速度慢的路段,宜采用稠度大、60℃黏度大的沥青;对冬季寒冷的地区或交通量小的道路,宜选用稠度小、低温延度大的沥青;对温度日温差、年温差大的地区宜注意选用针入度指数大的沥青。

2. 沥青混合料对粗集料技术性质的要求

沥青混合料的粗集料要求洁净、干燥、无风化、无杂质,并且具有足够的强度和耐磨性。《公路沥青路面施工技术规范》对不同等级的道路沥青混合料路面所用的粗集料的主要质量技术要求见表9-10,粗集料的粒径规格应按表9-11的规定生产和使用。

表9-10 沥青混合料用粗集料质量技术要求

指标	高速公路、一级公路		其他等级公路	试验方法
	表面层	其他面层		
石料压碎值(%),≤	26	28	30	T 0316
洛杉矶磨耗损失(%),≥	28	30	35	T 0317
表观相对密度/(t/m³),≤	2.60	2.50	2.45	T 0304
吸水率(%),≤	2.0	3.0	3.0	T 0304
坚固性(%),≤	12	12	—	T 0314
针片状颗粒含量(%),≤	15	18	20	T 0312
其中粒径大于9.5mm(%),≤	12	15	—	
其中粒径小于9.5mm(%),≤	18	20	—	
小于0.075mm颗粒含量(%),≤	1	1	1	T 0310
软石含量(%),≤	3	5	5	T 0320

表9-11 沥青混合料用粗集料粒径规格

规格名称	公称粒径/mm	通过下列筛孔(mm)的质量百分率(%)											
		106	75	63	53	37.5	31.5	26.5	19.0	13.2	9.5	4.75	2.36	0.6
S1	40~75	100	90~100	—	—	0~15	—	0~5						
S2	40~60		100	90~100	—	0~15	—	0~5						
S3	30~60		100	90~100	—	0~15	—	0~5						
S4	25~50			100	90~100	—	0~15	—	0~5					
S5	20~40				100	90~100	—	0~15	—	0~5				
S6	15~30					100	90~100	—	0~15	—	0~5			
S7	10~30					100	90~100	—	—	0~15	0~5			
S8	10~25						100	90~100	—	0~15	0~5			
S9	10~20							100	90~100	—	0~15	0~5		
S10	10~15								100	90~100	0~15	0~5		
S11	5~15								100	90~100	40~70	0~15	0~5	
S12	5~10									100	90~100	0~15	0~5	
S13	3~10									100	90~100	40~70	0~20	0~5
S14	3~5										100	90~100	0~15	0~3

3. 沥青混合料对细集料的技术性质的要求

用于拌制沥青混合料的细集料是指粒径小于2.36mm的天然砂、人工砂或石屑。细集料应洁净、干燥、无风化、无杂质,并有适当的颗粒级配,其质量应符合表9-12的规定。根据《公路沥青路面施工技术规范》的规定,细集料的洁净程度,天然砂以小于0.075mm含量的百分数表示，石屑和机制砂以砂当量（适用于0~4.75mm）或亚甲蓝值（适用于0~2.36mm或0~0.15mm）表示。沥青混合料用细集料的质量要求见表9-12。

表9-12　沥青混合料用细集料的质量要求

项　　目	高速公路、一级公路	其他等级公路	试验方法
表观相对密度/(t/m³)，≥	2.50	2.45	T 0328
坚固性(>0.3mm部分)(%)，≥	12	—	T 0340
含泥量(小于0.075mm的含量)(%)，≤	3	5	T 0333
砂当量(%)，≥	60	50	T 0334
亚甲蓝值/(g/kg)，≤	25	—	T 0349
棱角性(流动时间)/s，≥	30	—	T 0345

天然砂可采用河砂或海砂，通常宜采用粗砂、中砂，其规格应满足表9-13的规定。热拌密级配沥青混合料中天然砂的用量通常不宜超过集料总量的20%，沥青玛蹄脂碎石混合料（SMA）和开级配抗滑磨耗层（OGFC）混合料不宜使用天然砂。沥青混合料用天然砂规格见表9-13。

表9-13　沥青混合料用天然砂规格

筛孔尺寸/mm	通过各筛孔的质量百分率(%)		
	粗砂	中砂	细砂
9.5	100	100	100
4.75	90~100	90~100	90~100
2.36	65~95	75~90	85~100
1.18	35~65	50~90	75~100
0.6	15~30	30~60	60~84
0.3	5~20	8~30	15~45
0.15	0~10	0~10	0~10
0.075	0~5	0~5	0~5

石屑是采石场破碎石料时通过4.75mm或2.36mm的筛下部分，其规格应符合表9-14的要求。高速公路和一级公路的沥青混合料，宜将表9-11中S14与表9-14中S16组合使用，S15可在沥青稳定碎石基层或其他等级公路中使用。

表9-14　沥青混合料用机制砂或石屑规格

规格	公称粒径/mm	水洗法通过各筛孔的质量百分率(%)							
		9.5	4.75	2.36	1.18	0.6	0.3	0.15	0.075
S15	0~5	100	90~100	60~90	40~75	20~55	7~40	2~20	0~10
S16	0~3	—	100	80~100	50~80	25~60	8~45	0~25	0~15

4. 沥青混合料对填料的技术性质的要求

沥青混合料用填料是指粒径小于0.075mm的矿质粉末（简称矿粉），通常采用石灰岩或岩浆岩中的强碱性岩石磨细的矿粉，除要求其干燥、洁净外，应满足表9-15的要求。当采用粉煤灰作为填料时，其用量不宜超过填料总量的50%，并要求粉煤灰与沥青具有良好的黏附性，且烧失量应小于12%，塑性指数应小于4%。高速公路、一级公路的沥青面层不宜采用粉煤灰作填料。

表 9-15　沥青混合料用矿粉质量要求

项　　目			高速公路、一级公路	其他等级公路	试验方法
表观相对密度/(t/m³)，≥			2.50	2.45	T 0352
含水率(%)，≤			1	1	T 0103，烘干法
粒度范围	<0.6mm	(%)	100	100	
	<0.15mm	(%)	90~100	90~100	T 0351
	<0.075mm	(%)	75~100	70~100	
外观			无团粒结块		
亲水系数			<1		T 0353
塑性指数			<4		T 0354
加热安定性			实测记录		T 0355

9.3.5　热拌沥青混合料配合比设计

热拌沥青混合料是经人工组配的矿料与沥青在专门设备中加热拌和而成，用保温运输工具运至施工现场，在热态下进行摊铺和压实的混合料，也被称为热拌热铺沥青混合料。

沥青混合料配合比设计包括三个阶段：目标配合比设计阶段、生产配合比设计阶段和试拌试铺配合比调整阶段。

目标配合比设计阶段的主要任务是用工程实际使用的材料按照《公路沥青路面施工技术规范》规定的方法，优选矿料级配、确定最佳沥青用量，符合配合比设计技术标准和配合比设计检验要求，以此作为目标配合比，供拌和机确定各冷料仓的供料比例、进料速度及试拌使用。

生产配合比设计阶段，应按照《公路沥青路面施工技术规范》规定方法取样测试各热料仓的材料级配，确定各热料仓的配合比，供拌和机控制室使用。同时选择适宜的筛孔尺寸和安装角度，尽量使各热料仓的供料大体平衡。

生产配合比验证阶段中，拌和机按照生产配合比结果进行试拌和铺筑试验段，并取样进行马歇尔试验，同时从路上钻取芯样观察空隙率的大小，由此确定生产用的标准配合比。

本节重点介绍目标配合比设计阶段。目标配合比设计分为确定矿质混合料配合比例和沥青最佳用量两个部分。

1. 确定矿质混合料配合比例

沥青混合料的设计级配宜在一定的级配范围内，以保证设计的混合料具有足够的密实度和较高的摩擦力。《公路沥青路面施工技术规范》规定的常用密级配沥青混凝土混合料矿料级配范围见表9-16，具体设计时宜考虑公路等级、工程性质、气候条件、交通条件和材料品种等因素，并通过对条件大体相当的工程使用情况进行调查研究后调整确定，必要时允许超出规范级配范围。

矿料级配曲线按《公路工程沥青及沥青混合料试验规程》的方法绘制。以原点与通过集料最大粒径100%的点的连线作为沥青混合料的最大密度线。

2. 确定最佳沥青用量

《公路沥青路面施工技术规范》采用马歇尔试验确定沥青混合料的最佳沥青用量，以OAC表示。确定最佳沥青用量，首先应根据当地的实践经验选择适宜的沥青用量，分别制作

表 9-16　密级配沥青混凝土混合料矿料级配范围

级配类型		通过下列筛孔/mm 的质量百分率(%)										
		31.5	26.5	19	16	13.2	9.5	4.75	2.36	1.18	0.6	0.3	0.15	0.075
粗粒式	AC-25	100	90~100	75~90	65~83	57~76	45~65	24~52	16~42	12~33	8~24	5~17	4~13	3~7
中粒式	AC-20		100	90~100	78~92	62~80	50~72	26~56	16~44	12~33	8~24	5~17	4~13	3~7
	AC-16			100	90~100	76~92	60~80	34~62	20~48	13~36	9~26	7~18	5~14	4~8
细粒式	AC-13				100	90~100	68~85	38~68	24~50	15~38	10~28	7~20	5~15	4~8
	AC-10					100	90~100	45~75	30~58	20~44	13~32	9~23	6~16	4~8
砂粒式	AC-5						100	90~100	55~75	35~55	20~40	12~28	7~18	5~10

几组级配的马歇尔试件，测定试件的矿料间隙率（VMA），初选一组满足或接近设计要求的级配作为设计级配，再进行马歇尔试验确定最佳沥青用量。

（1）预估沥青混合料适宜的沥青用量　沥青混合料中沥青用量的表达形式有两种，分别为沥青含量和油石比。沥青含量是指沥青混合料中沥青质量占沥青混合料总质量的百分比。油石比是指沥青质量与矿质混合料质量的百分比。可按式（9-4）和式（9-5）预估沥青混合料适宜的沥青掺量

$$P_a = \frac{P_{a1}\gamma_{sb1}}{\gamma_{sb}} \quad (9\text{-}4)$$

$$P_b = \frac{P_a}{100+\gamma_{sb}} \times 100 \quad (9\text{-}5)$$

式中，P_a 为预估的最佳油石比（%）；P_b 为预估的最佳沥青用量（%），$P_b = P_a/(1+P_a)$；P_{a1} 为已建类似工程沥青混合料的标准油石比（%）；γ_{sb} 为集料的合成毛体积相对密度，无量纲；γ_{sb1} 为已建类似工程集料的合成毛体积相对密度，无量纲。

（2）制备马歇尔试件，测定试验指标　以预估的沥青含量或油石比为中值，向两侧分别按一定含量扩展（对密级配沥青混合料通常为 0.5%，对沥青碎石混合料可适当缩小间隔为 0.3%~0.5%），形成 5 个或 5 个以上不同沥青掺量的组，再按已确定的矿质混合料的配合比计算，称取各组马歇尔试件的矿料用量及沥青用量，根据马歇尔试验规定的击实方法成型试件。

测定马歇尔试件的毛体积相对密度和最大理论密度，并根据测定结果计算沥青混合料的空隙率（VV），有效沥青的饱和度（VFA）和矿料间隙率（VMA）。同时，需要测定马歇尔试件的稳定度和流值。

沥青混合料试件的毛体积相对密度是指试件在饱和面干状态下测得的密度，应根据沥青混合料类型和密实程度选择表干法、蜡封法或体积法进行测定。试件的理论最大密度是指经充分压实后，试件全部矿料（包括矿料内部孔隙）和沥青所组成（空隙率为零）的最大密度，可按下式计算

$$\gamma_{ti} = \frac{100+P_{ai}}{\dfrac{100}{\gamma_{se}} + \dfrac{P_{ai}}{\gamma_b}} \quad (9\text{-}6)$$

$$\gamma_{ti} = \frac{100}{\dfrac{P_{si}}{\gamma_{se}} + \dfrac{P_{bi}}{\gamma_b}} \quad (9\text{-}7)$$

式中，γ_{ti} 为相对于计算沥青用量 P_{bi} 时沥青混合料的最大理论相对密度；P_{ai} 为所计算的沥青混合料中的油石比（%）；P_{bi} 为所计算的沥青混合料的沥青用量，$P_b = P_a/(1+P_a)$（%）；P_{si} 为所计算的沥青混合料的矿料含量，$P_{si} = 100 - P_{bi}$（%）；γ_{se} 为矿料的有效相对密度；γ_b 为沥青的相对密度。

沥青混合料的空隙率（VV）、矿料间隙率（VMA）和有效沥青的饱和度（VFA）等指标按以下公式计算

$$VV = \left(1 - \frac{\gamma_f}{\gamma_t}\right) \times 100 \qquad (9\text{-}8)$$

$$VMA = \left(1 - \frac{\gamma_f}{\gamma_{sb}} \times P_s\right) \times 100 \qquad (9\text{-}9)$$

$$VFA = \frac{VMA - VV}{VMA} \times 100 \qquad (9\text{-}10)$$

式中，VV 为试件的空隙率（%）；VMA 为试件的矿料间隙率（%）；VFA 为试件的有效沥青的饱和度（有效沥青含量占 VMA 的体积比例）（%）；γ_f 为试件的毛体积相对密度；γ_t 为沥青混合料的最大理论相对密度；P_s 为各种矿料占沥青混合料总质量的百分率之和，即 $P_s = 100 - P_b$（%）；γ_{sb} 为矿料混合料的合成毛体积相对密度。

(3) 绘制沥青用量与马歇尔试验指标的关系图　以油石比或沥青用量为横坐标，以马歇尔试验的各项指标为纵坐标，将试验结果点入图中，连成圆滑的曲线，如图 9-7 所示。根据表 9-8 规定的马歇尔试件各指标要求的范围，在沥青用量与马歇尔试验指标关系图中找出相应的沥青用量范围，并将不同指标对应的沥青用量或油石比范围绘制到图 9-7 中，取图中满足各项指标要求的最大值对应的沥青用量或油石比为 OAC_{max}，图中满足各项指标要求的最小值对应的沥青用量或油石比为 OAC_{min}，确定满足各指标要求的沥青用量范围 $OAC_{min} \sim OAC_{max}$。

选择的沥青用量范围必须涵盖设计空隙率的全部范围，并尽可能涵盖沥青饱和度的要求范围，并使密度及稳定度曲线出现峰值。如果没有涵盖设计空隙率的全部范围，试验必须扩大沥青用量范围重新进行。

(4) 确定最佳沥青用量　在曲线上求取相应于密度最大值、稳定度最大值、目标空隙率（或中值）和沥青饱和度范围的中值的沥青用量 a_1、a_2、a_3 和 a_4，取平均值作为 OAC_1

$$OAC_1 = \frac{a_1 + a_2 + a_3 + a_4}{4} \qquad (9\text{-}11)$$

如果在所选择的沥青用量范围未能涵盖沥青饱和度的要求范围，则按下式求取 3 者的平均值作为 OAC_1

$$OAC_1 = \frac{a_1 + a_2 + a_3}{3} \qquad (9\text{-}12)$$

在沥青用量范围 $OAC_{min} \sim OAC_{max}$ 中，密度或稳定度没有出现峰值时，可直接以目标空隙率所对应的沥青用量 a_3 作为 OAC_1，但 OAC_1 必须介于 $OAC_{min} \sim OAC_{max}$ 的范围内。否则应重新进行配合比设计。

以各项指标均符合技术标准的沥青用量范围 $OAC_{min} \sim OAC_{max}$ 的中值作为 OAC_2

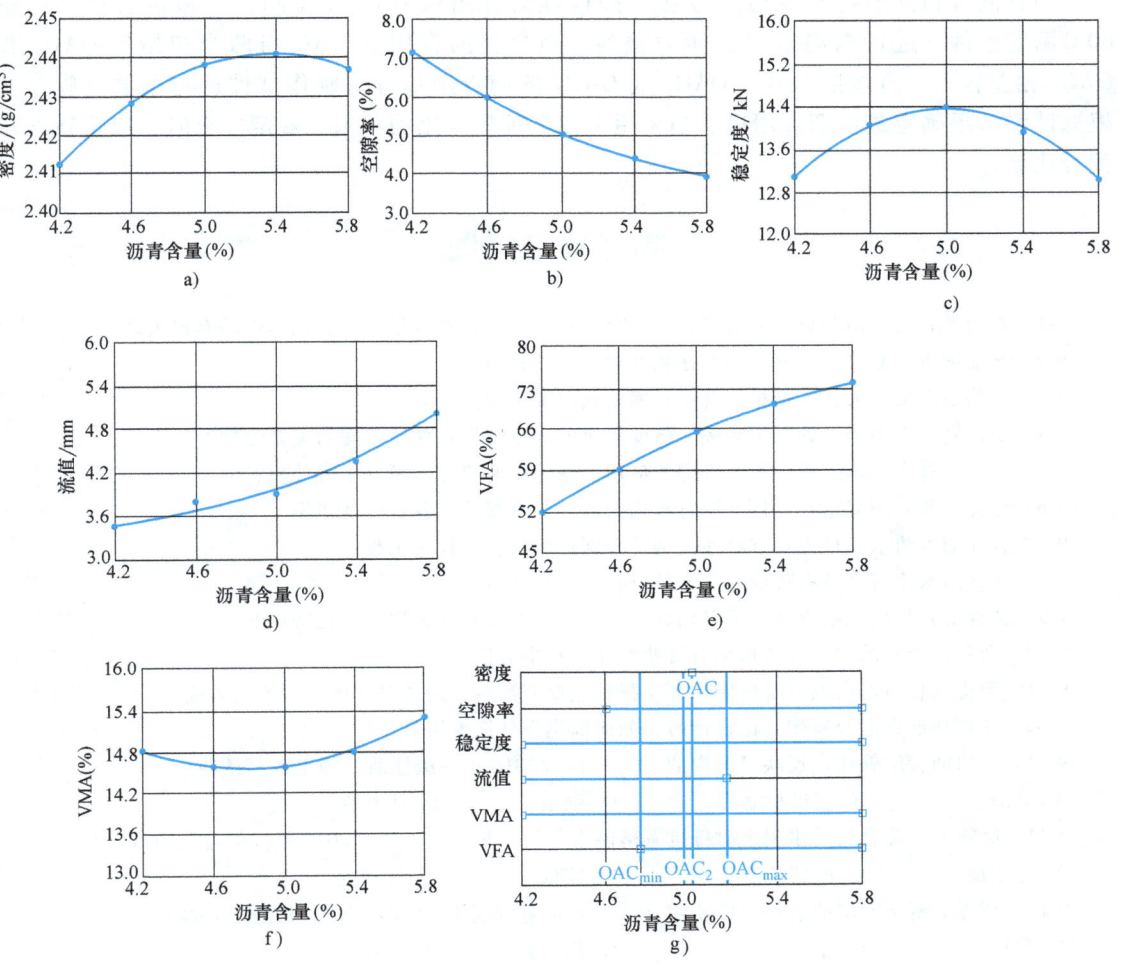

图 9-7 沥青用量与马歇尔试验指标关系曲线

$$OAC_2 = \frac{OAC_{min} + OAC_{max}}{2} \tag{9-13}$$

通常情况下取 OAC_1 和 OAC_2 的中值作为计算的最佳沥青用量 OAC

$$OAC = \frac{OAC_1 + OAC_2}{2} \tag{9-14}$$

按照计算得出的 OAC 值，查图 9-7 所对应的空隙率和矿料间隙率（VMA）值，检验是否能够满足表 9-8 中所对应的关于最小矿料间隙率（VMA）的要求。并检查图 9-7 中相应于此 OAC 的各项指标是否均符合马歇尔试验技术标准，若不符合，应调整级配后重新进行配合比设计和马歇尔试验，直至各项指标均能符合要求为止。

（5）沥青混合料的配合比验证 通过马歇尔试验和结果分析得出的最佳沥青用量 OAC，还需要进一步的试验检验，主要包括水稳定性检验和高温稳定性检验。

沥青混合料水稳定性检验方法为按最佳沥青用量 OAC 制作马歇尔试件，并进行浸水马歇尔试验，检验其残留稳定度是否合格。

沥青混合料高温稳定性检验方法为按最佳沥青用量 OAC 配比制作车辙试验试件，在 60℃温度条件下进行高温抗车辙能力检验。当最佳沥青用量 OAC 与两个初始值 OAC_1 和 OAC_2 相差较大，宜按照 OAC，OAC_1 或 OAC_2 的沥青用量分别制作试件进行车辙试验，并根据试验结果确定最佳沥青用量。当采用上述三种配合比均不满足规定要求时，应重新进行配合比设计。

思考题与习题

9-1 采用沥青化学组分分析方法可将沥青分为哪几个组分？各组分与其技术性质有何关系？

9-2 石油沥青的胶体结构有哪些？是如何对其进行划分的？

9-3 石油沥青的三大技术指标有哪些？简述其主要试验测定方法。

9-4 如何划分石油沥青的强度等级？强度等级的大小与沥青性质之间的关系怎样？

9-5 石油沥青在土木工程中主要有哪些应用？在选用时要考虑哪些工程性质？

9-6 为什么要对沥青进行改性？沥青常用的改性剂有哪些？各有什么作用？

9-7 石油沥青防水卷材主要有哪些类型？分别适用于什么样的工程？

9-8 沥青防水涂料主要有哪些类型？各自有什么样的特点？

9-9 沥青混合料按照组成结构可以划分为哪些类型？各有什么样的工程特点？

9-10 沥青混合料的主要性能指标有哪些？在工程中有何意义？

9-11 沥青混合料的高温稳定性能的评定指标主要有哪些？简述其主要试验测定方法。

9-12 在热拌沥青混合料配合比设计时，如何确定最佳沥青用量？

9-13 石油沥青的软化点反映了沥青的（　　）。（2010 年一级注册结构工程师试题）

A. 黏滞性　　　　B. 温度敏感性　　　　C. 强度　　　　D. 耐久性

9-14 反映沥青混合料受水损害时抵抗剥落能力的指标是（　　）。（2011 年二级建造师试题）

A. 稳定度　　　　B. 残留稳定度　　　　C. 流值　　　　D. 饱和度

9-15 沥青混凝土面层的磨耗层应使用（　　）沥青混凝土。（2011 年二级建造师试题）

A. 粗粒式　　　　B. 中粒式　　　　C. 细粒式　　　　D. 砂粒式

9-16 SMA 沥青混合料的级配类型是（　　）。（2012 年二级建造师试题）

A. 开级配　　　　B. 连续级配　　　　C. 半开级配　　　　D. 间断级配

9-17 马歇尔试验可测定沥青混合料的指标有（　　）。（2012 年二级建造师试题）

A. 稳定度　　　B. 针入度　　　C. 压实度　　　D. 延度　　　E. 流值

9-18 属于焦油沥青的有（　　）。（2012 年二级建造师试题）

A. 石油沥青　　　B. 木沥青　　　C. 页岩沥青　　　D. 煤沥青　　　E. 天然沥青

9-19 沥青混合料是由（　　）组成的一种复合材料。（2013 年二级建造师试题）

A. 沥青　　　B. 粗细集料　　　C. 矿粉　　　D. 外掺剂　　　E. 水

9-20 与悬浮-密实结构的沥青混合料相比，关于骨架-孔隙结构的黏聚力和内摩擦角的说法，正确的是（　　）。（2014 年一级建造师试题）

A. 黏聚力大，内摩擦角大　　　　B. 黏聚力大，内摩擦角小

C. 黏聚力小，内摩擦角大　　　　D. 黏聚力小，内摩擦角小

第10章　墙体材料和屋面材料

本章提要

本章主要介绍了三大类墙体材料，即砌筑石材、墙用块材（砌墙砖及砌块）和板材的分类、生产、规格、质量标准、技术性能和使用要求；简介了用于屋面的各类瓦材和板材的品种、类型和性能特点。

本章重点是墙用块材（砌墙砖及砌块）的技术指标、使用要求及性能特点；难点是几种砌墙砖的强度计算及强度等级的确定以及如何鉴别石料的品质。

通过本章学习，应能够根据不同的建筑功能要求和砌筑石材、墙用板材和块材的技术特点进行选用。

墙体材料是指用于砌筑、拼装或用其他方法构成承重或非承重墙体或构筑物的材料。墙体材料在建筑材料中占有很大的比重，约占房屋建筑总重的50%，是土木工程中基本而重要的建筑材料之一。墙体在建筑中起承重、围护或分隔作用，以及防水、保温、隔声等作用，因此合理选用墙体材料，对建筑物的安全、自重、造价及功能等具有重要意义。

屋面材料主要起防水、保温隔热、防渗漏等作用。用于屋面的材料为各种材质的瓦和一些板材，屋面材料已向多功能、复合型兼环保型的板材发展。

10.1　砌筑石材

我国石材蕴藏量丰富，分布广泛，便于就地取材。天然石料不仅可以直接用作土木工程材料，而且它还是制备很多材料的原材料。石材具有较高的强度、耐磨性好、美观和优良的耐久性，所以长久以来石料就被用作各种土木工程材料，石砌结构曾是土木建筑的主要结构模式。至今，石砌工程仍然有着不可替代的作用。

10.1.1　常用砌筑石材的品种及规格尺寸

天然石材根据其加工后的外形分为块状石材、板状石材、散粒状石材和各种石材制品，而砌筑石材一般加工为块状石材，根据《砌体结构设计规范》规定，按石材加工后的外形规则程度,可分为毛石和料石。

1. 毛石

毛石是指岩石经人工开采后未经过加工的形状不规则的块石(见图10-1)。根据其表面平整度,又分为乱毛石和平毛石两种。乱毛石是形状不规则的块石;平毛石是对乱毛石略经加工后,形状较为整齐,有两个大致平行的面,但表面粗糙的块石。建筑用毛石,要求其中间厚度不小200mm,抗压强度大于10MPa,软化系数小于0.75,毛石主要用于砌筑基础、勒脚、墙身、挡土坡、堤坝等。

图 10-1 毛石

图 10-2 料石

2. 料石

料石是经人工凿琢或机械加工而成的大致规则的块石(见图10-2),其厚度和宽度均不得小于200mm,按表面加工的平整度可分为三种:

1)毛料石。一般不经加工或仅稍加修整,外形大致方正的料石,高度不应小于200mm,叠砌面凹入深度不应大于25mm。

2)粗料石。外形较方正的料石,截面的高度、宽度不宜小于200mm,且不宜小于长度的1/4,其叠砌面凹入深度不应大于20mm。

3)细料石。经过细加工,外形规则的料石,规格尺寸同粗料石,其叠砌面凹入深度不应大于10mm。

料石常用致密的砂岩、石灰岩、花岗岩等凿琢而成,至少有一个面的边角整齐,一边砌筑时合缝。料石常用于砌筑墙身、地坪、踏步、柱和纪念碑等,形状复杂的料石制品也可用于柱头、柱基、窗台板、栏杆及其他装饰等。

10.1.2 几种常用的砌筑石材分类

根据形成的地质条件不同,天然岩石可以分为岩浆岩(也称火成岩)、沉积岩(也称水成岩)和变质岩三大类。岩浆岩是地壳深处的熔融岩浆上升到地表附近,或喷出地表经冷凝而成的。根据冷却条件的不同,又分为深成岩,喷出岩和火山岩。沉积岩是由地表的各种岩石经长期自然风化、风力搬迁、沉积、流水冲移等作用后再沉积而成的岩石,主要存在于地表及离地表不太深的地下。变质岩是由地壳中原有的岩浆岩或沉积岩,在地层压力或温度作用下,在固体状态发生再结晶作用,使其矿物成分、结构构造乃至化学成分发生部分或全部改变而形成的新岩石。各类岩石的分类情况及主要品种如图10-3所示。

1. 岩浆岩类石材

（1）花岗岩　花岗岩是一种典型的深成岩，发布较广，主要由石英、长石和少量云母等矿物组成，其外观颜色主要取决于所含深色矿物的种类和含量，常为浅灰、淡红、灰黑、灰白、浅黄等颜色（见图10-4）。花岗岩内部结构致密，其孔隙率小，表观密度大（2600~2800kg/m³）、抗压强度高（120~250MPa）、抗冻性好、硬度高且耐磨性好、抗风化能力强、耐久性好，使用年限最长可达数百年。但在高温下，由于其内部的石英膨胀引起石材破坏，因此耐火性不好。

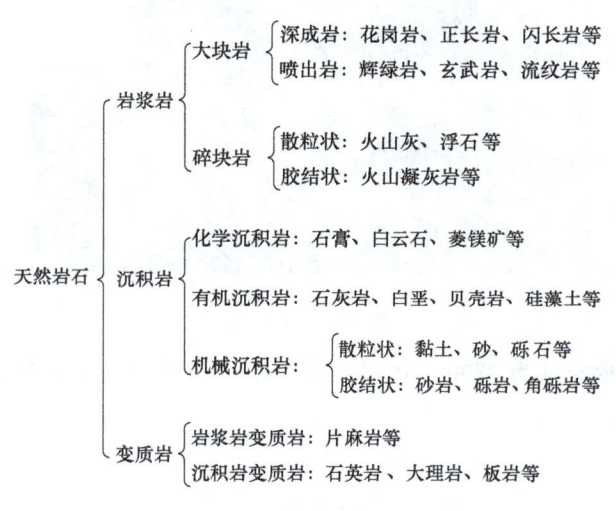

图10-3　天然石材的分类及主要品种　　　图10-4　花岗岩

在建筑工程中，花岗岩又称花岗石，是用得最多的一种岩石，常用于砌筑基础、桥墩、柱、勒脚、接触水的墙体与护坡等，也是永久性建筑或纪念性建筑物优选材料。此外，花岗石还是优良的建筑装饰材料。

（2）玄武岩　玄武岩属于喷出岩，颜色较深，一般为黑色或棕黑色，常呈玻璃质或隐晶质结构，有时也呈多孔状或斑形构造。硬度高、脆性大，抗风化能力强、耐久性好。玄武岩的表观密度为2900~3500kg/m³，其抗压强度一般为100~500MPa，主要用做基础、筑路及混凝土集料。

（3）辉绿岩　辉绿岩常呈深灰、墨绿等颜色，辉绿岩抗压强度为200~350MPa，表观密度为2900~3300kg/m³，抗冻性好，耐磨性和耐久性好。辉绿岩可作为承重结构材料，由于它具有较高的耐酸性，可作耐酸混凝土集料。其熔点为1400~1500℃，可作铸石原料，所制得的铸石结构均匀致密且耐酸性好，是化工设备耐酸衬里的良好材料。

2. 沉积岩类石材

（1）石灰岩　石灰岩又称石灰石，是沉积岩的一种，主要化学成分为碳酸钙，常呈灰色，俗称石灰石。主要矿物成分为方解石。在强度和耐久性方面不如花岗石，表观密度为2000~2600kg/m³，抗压强度为20~120MPa。石灰石来源广，硬度低，易劈裂，有一定的强度和耐久性，块石常用于砌筑基础、墙体、台阶或路面等，碎石可作混凝土集料，石灰石也是生产石灰或水泥的主要原料。

（2）砂岩　砂岩也属于沉积岩，主要是由石英砂或石灰石等细小碎屑经沉积并重新胶结而成的岩石，其主要矿物是石英（主要成分为二氧化硅）。以二氧化硅胶结而成的砂岩称为硅质砂岩，以碳酸钙胶结而成的砂岩称为钙质砂岩。硅质砂岩为浅灰色，其性能接近花岗石，质地坚硬耐久，强度高；钙质砂岩为灰白色，具有一定的强度，但耐酸性较差，只可应用于一般的砌筑工程。砂岩的表观密度通常为 2200~2700kg/m³，强度为 50~200MPa。

3. 变质岩类石材

（1）大理岩　大理岩又称大理石，是由石灰岩或白云岩经过高温高压作用，重新结晶变质而成，其主要成分是方解石和白云石，表观密度为 2500~2700kg/m³，抗压强度为 70~140MPa。其质地致密但硬度不高，易于雕琢，色彩丰富，纯大理石为白色，俗称汉白玉（见图 10-5）。大理石磨光后色泽美观、纹理自然，多用于室内装饰。

图 10-5　汉白玉

（2）石英岩　石英岩又称石英石，是由硅质砂岩变质而成，其主要矿物为石英，常呈白色或浅色，岩体结构均匀致密，抗压强度高，达 250~400MPa，表现密度为 2800~3000kg/m³，石英石抗风化能力强，耐久性好，硬度高，可用于各种砌筑工程。

10.1.3　砌筑石材的技术性质

1. 物理性质

（1）表观密度　石材的表观密度与其矿物组成和结构的致密程度有关，在通常情况下，同种石材的表观密度越大，其孔隙率越小，抗压强度越高、吸水率越小、耐久性越好。天然石材按表观密度大小可分为：轻质石材（表现密度≤1800kg/m³）和重质石材（表观密度>1800kg/m³）。轻质石材主要用于保温外墙，重质石材用于建筑基础、承重墙体、贴面、地面等。

（2）吸水性　石材的吸水性主要与其孔隙率和孔隙特征有关。根据吸水率的大小可以把岩石分为低吸水性岩石（吸水率低于 1.5%）、中吸水性岩石（吸水率为 1.5%~3.0%）、高吸水性岩石（吸水率大于 3.0%）。

深成岩以及许多变质岩，它们的孔隙率都很小，因而吸水率也很小，如花岗石的吸水率通常小于 0.5%。沉积岩由于形成条件、胶结情况和密实程度有所不同，因而孔隙率与孔隙特征的变化很大，导致其吸水率的波动也很大。例如，致密的石灰石，它的吸水率可小于 1%，而多孔贝壳石灰石吸水率可高达 15%。

（3）耐水性　石材的耐水性用软化系数表示。根据软化系数大小，石材可分为三个等级：高耐水性石材（软化系数大于 0.90）、中耐水性石材（软化系数为 0.75~0.90）、低耐水性石材（软化系数为 0.60~0.75）。软化系数低于 0.60 的石材不允许用于重要建筑。

2. 力学性能

（1）抗压强度　砌筑用天然石材的抗压强度是以三个（一组）边长为 70mm 的立方体

试块抗压强度平均值来表示。根据《砌体结构设计规范》规定，按抗压强度值的大小，石材共分为 7 个强度等级：MU100、MU80、MU60、MU50、MU40、MU30 和 MU20。当试件为非标准尺寸时，可按表 10-1 进行换算。

表 10-1 石材强度等级换算系数

立方体边长/mm	200	150	100	70	50
换算系数	1.43	1.28	1.14	1.00	0.86

（2）冲击韧性　石材是典型的脆性材料，其抗拉强度比抗压强度小得多，为抗压强度的 1/10~1/20。石材的冲击韧性取决于其矿物组成与结构。晶体结构岩石的冲击韧性比非晶体结构的好。石英石和硅质砂岩冲击韧性较差。含暗色矿物多的辉长岩、辉绿岩等具有相对较好的韧性。

（3）耐磨性　耐磨性包括耐磨损性和耐磨耗性。耐磨损性是以磨损度来表示石材受摩擦作用，其单位摩擦面积所产生的质量损失大小；耐磨耗性是以磨耗度来表示石材同时受摩擦和冲击作用，其单位面积所产生的质量损失大小。组成矿物越坚硬、构造越致密以及石材的抗压强度和冲击韧性越高，石材的耐磨性越好。用于台阶、地面、人行道、楼梯踏步等工程的石材，应具有较好的耐磨性。

3. 耐久性

石料的耐久性主要包括抗冻性、抗风化性、耐热性和耐酸性等。石材的抗冻性与吸水性有密切关系，吸水率大的石材其抗冻性差；石材的耐热性与其化学成分及矿物组成有关，含有石膏的石材，在 100℃ 以上时就开始破坏；含有碳酸镁和碳酸钙的石材，在温度达到 700~800℃ 时，由于矿物分解开始破坏；由石英与其他矿物所组成的结晶石材（如花岗石等），温度达到 700℃ 以上时，由于石英受热膨胀而破坏。

10.2　墙用块材、板材及新型墙体材料

墙用块材主要是指各种砌墙砖和各类砌块，根据《墙体材料术语》规定，砖的外形多为直角六面体，其长度不超过 365mm，宽度不超过 240mm，高度不超过 115mm 的人造小型块体；砌块的外形多为直角六面体，其主规格的长度、宽度或高度有一项或一项以上分别大于 365mm、240mm 或 115mm 的人造块体，但砌块高度不大于长度或宽度的六倍，长度不超过高度的三倍。

墙用板材是随着建筑结构体系的改革和大开间多功能框架结构的发展而兴起的，为满足现代建筑对工程材料越来越高的功能性要求，墙用板材也由水泥类板材（如预制混凝土大板）逐步发展到质轻、节能、环保的各种轻质石膏板、植物纤维板及多功能复合板等新型墙体材料。

10.2.1　砌墙砖

根据生产工艺的不同，砖分为烧结砖和非烧结砖（蒸养砖和蒸压砖）。

1. 烧结砖

以黏土、页岩、煤矸石、粉煤灰为主要原料，经焙烧而成的砖，称为烧结砖，分为烧结

普通砖、烧结多孔砖和烧结空心砖三种。

烧结砖的生产流程为：原料开采与处理→配料→制坯→干燥→焙烧→成品，关键的工序是焙烧环节。砖坯在焙烧窑内焙烧时，如果温度控制不当，除了正火砖（合格品），还常出现欠火砖和过火砖，欠火砖色浅、吸水率大、强度低、耐久性差；过火砖色深、吸水率低、强度较高，但变形较大。欠火砖和过火砖均属不合格产品。

（1）烧结普通砖　烧结普通砖按生成原料分为烧结黏土砖（见图10-6a）、烧结页岩砖、烧结粉煤灰砖和烧结煤矸石砖。其中普通黏土砖的生成需耗用大量的土地资源，且能耗高、自重大、保温性差、抗震性差，已被国家列为限制生成使用并终将淘汰的产品，取而代之的是空心砖、建筑废渣砖及砌块、轻质板材等墙体材料。

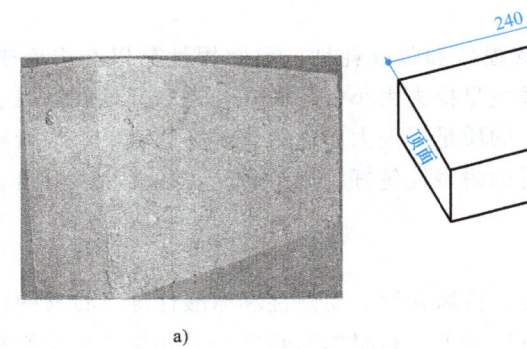

a)　　　　　　　　　　b)

图 10-6　烧结普通砖

a) 烧结黏土砖　b) 形状与规格尺寸

1) 主要技术指标。根据《烧结普通砖》规定，对强度、抗风化性能和放射性物质合格的砖，依据尺寸偏差、外观质量、泛霜和石灰爆裂分为优等品（A）、一等品（B）、合格品（C）三个质量等级。其主要技术指标有：

① 尺寸偏差。烧结普通砖的规格尺寸为：长240mm，宽115mm，高53mm，如图10-2所示，其尺寸允许偏差应符合表10-2规定。

② 外观质量。砖的外观质量应符合表10-3规定。

表 10-2　尺寸允许偏差　　　　　　　　　　　　　　　　（单位：mm）

公称尺寸	优等品		一等品		合格品	
	样本平均偏差	样本极差≤	样本平均偏差	样本极差≤	样本平均偏差	样本极差≤
240	±2.0	6.0	±2.5	7.0	±3.0	8.0
115	±1.5	5.0	±2.0	6.0	±2.5	7.0
53	±1.5	4.0	±1.6	5.0	±2.0	6.0

表 10-3　外观质量　　　　　　　　　　　　　　　　　　（单位：mm）

项　目	优等品	一等品	合格品
两条面高度差，≤	2	3	4
弯曲，≤	2	3	4
杂质凸出高度，≤	2	3	4
缺棱掉角的三个破坏尺寸，不得同时大于	5	20	30

	项目	优等品	一等品	合格品
裂纹长度，≤	大面上宽度方向及其延伸至条面的长度	30	60	80
	大面上长度方向及其延伸至顶面的长度或条顶面上水平裂纹的长度	50	80	100
完整面，不得少于		二条面和二顶面	一条面和一顶面	—
颜色		基本一致	—	—

③ 强度等级。根据砖的抗压强度，烧结普通砖分为五个强度等级：MU30、MU25、MU20、MU15、MU10，其强度值应符合表10-4规定。

表 10-4　烧结普通砖强度等级　　　　　　　　　　　　（单位：MPa）

强度等级	抗压强度平均值 $\bar{f}$ ≥	变异系数 δ ≤0.21 强度标准值 f_k，≥	变异系数 δ >0.21 单块最小抗压强度值 f_{min}，≥
MU30	30.0	22.0	25.0
MU25	25.0	18.0	22.0
MU20	20.0	14.0	16.0
MU15	15.0	10.0	12.0
MU10	10.0	6.5	7.5

表10-4中的抗压强度平均值 $\bar{f}$、变异系数 δ 和强度标准值 f_k 分别按下列公式计算

$$\bar{f} = \frac{1}{10}\sum_{i=1}^{10} f_i \tag{10-1}$$

$$S = \sqrt{\frac{1}{9}\sum_{i=1}^{10}(f_i - \bar{f})^2} \tag{10-2}$$

$$\delta = \frac{S}{\bar{f}} \tag{10-3}$$

$$f_k = \bar{f} - 1.8S \tag{10-4}$$

式中，$\bar{f}$ 为10块砖的抗压强度算术平均值（MPa），精确至0.01 MPa；f_i 为单块砖的抗压强度值（MPa），精确至0.01MPa；S 为10块砖的抗压强度标准差（MPa），精确至0.01MPa；δ 为强度变异系数，精确至0.01MPa；f_k 为抗压强度标准值（MPa），精确至0.1MPa。

当变异系数 δ≤0.21时，按抗压强度平均值 $\bar{f}$ 和强度标准值 f_k 来评定砖的强度等级。

当变异系数 δ>0.21时，按抗压强度平均值 $\bar{f}$ 和单块最小抗压强度值来 f_{min} 评定砖的强度等级。

④ 抗风化性能。抗风化性能是指在干湿变化、温度变化、冻融变化等物理因素作用下，材料不破坏并长期保持原有性质的能力。它是材料耐久性的重要指标之一。不同的风化区采用不同的指标表示砖的抗风化性能。风化区按风化指数的大小划分，风化指数是指日气温从正温降至负温或从负温升至正温的每年平均天数与每年从霜冻之日起至消失霜冻之日止这一期间降雨总量（以 mm 计）平均值的乘积。我国分为严重风化地区（风化指数≥12700）和非严重风化区（风化指数<12700），全国风化区的划分见表10-5。

表 10-5 风化区的划分

严重风化区		非严重风化区	
1. 黑龙江省 2. 吉林省 3. 辽宁省 4. 内蒙古自治区 5. 新疆维吾尔自治区 6. 宁夏回族自治区 7. 甘肃省 8. 青海省 9. 陕西省 10. 山西省	11. 河北省 12. 北京市 13. 天津市	1. 山东省 2. 河南省 3. 安徽省 4. 江苏省 5. 湖北省 6. 江西省 7. 浙江省 8. 四川省 9. 贵州省 10. 湖南省 11. 福建省	12. 台湾省 13. 广东省 14. 广西壮族自治区 15. 海南省 16. 云南省 17. 西藏自治区 18. 上海市 19. 重庆市 20. 香港地区 21. 澳门地区

严重风化区中 1、2、3、4、5 地区的砖必须进行冻融试验。冻融试验后，每块砖样不允许出现裂纹、分层、掉皮、缺棱、掉角等冻坏现象，且质量损失不得大于 2%。而用于其他风化区的烧结普通砖，若能达到表 10-6 要求，可不做冻融试验。否则，必须进行冻融试验。

表 10-6 烧结普通砖的抗风化性能

砖种类	严重风化区				非严重风化区			
	5h 沸煮吸水率(%)，≤		饱和系数，≤		5h 沸煮吸水率(%)，≤		饱和系数，≤	
	平均值	单块最大值	平均值	单块最大值	平均值	单块最大值	平均值	单块最大值
黏土砖	18	20	0.85	0.87	19	20	0.88	0.90
粉煤灰砖	21	23			23	25		
页岩砖 煤矸石砖	16	18	0.74	0.77	18	20	0.78	0.80

⑤ 泛霜。泛霜是指黏土原料中的可溶性盐类（如硫酸盐类），随着砖内水分的蒸发而在砖表面析出的现象，一般呈絮团或絮片状白色粉末（见图 10-7）。出现泛霜不仅影响建筑物的外观，而且因结晶膨胀，会引起砖表层的酥松，甚至剥落。《烧结普通砖》规定：优等品无泛霜；一等品不允许出现中等泛霜；合格品不允许出现严重泛霜。

⑥ 石灰爆裂。当砖的坯体中含有石灰石，焙烧时石灰石分解成生石灰留在砖体内，砖吸水后内部的生石灰因熟化而产生体积膨胀，导致砖开裂的现象被称为石灰爆裂。《烧结普通砖》规定：

优等品：不允许出现最大破坏尺寸大于 2mm 的爆裂区域；一等品：最大破坏尺寸大于 2mm 且小于等于 10mm 的爆裂区域，每组砖样不得多于 15 处；不允许出现最大破坏尺寸大于 10mm 的爆裂区域；合格品：最大破坏尺寸大于 2mm 且

图 10-7 烧结砖泛霜

小于等于 15mm 的爆裂区域，每组砖样不得多于 15 处，其中大于 10mm 的不得多于 7 处；不允许出现最大破坏尺寸大于 15mm 的爆裂区域。

产品中不允许有欠火砖、酥砖和螺旋纹砖。酥砖是指砖坯被雨淋、受潮、受冻或在焙烧过程中受热不均等原因,而产生大量网状裂纹的砖,这些网状裂纹会使砖的强度和抗冻性下降。螺旋砖是指从挤泥机挤出的砖坯上存在螺旋纹的砖,螺旋纹在烧结时不易消除,导致砖受力时易产生应力集中,使砖的强度下降。

2) 烧结普通砖的应用:烧结普通砖是传统的墙体材料,具有较高的强度,主要用于砌筑多层建筑的承重墙、烟囱以及六层以下建筑的砖柱、砖拱和基础等。砌筑前应洒水将砖润湿,灰浆要饱满。

(2) 烧结多孔砖 烧结多孔砖是以黏土、页岩、煤矸石、粉煤灰、淤泥及其他固体废弃物为主要原料,经焙烧而成的砖,烧结多孔砖分为黏土砖、页岩砖、煤矸石砖、粉煤灰砖淤泥砖和固体废弃物砖等(见图10-8)。

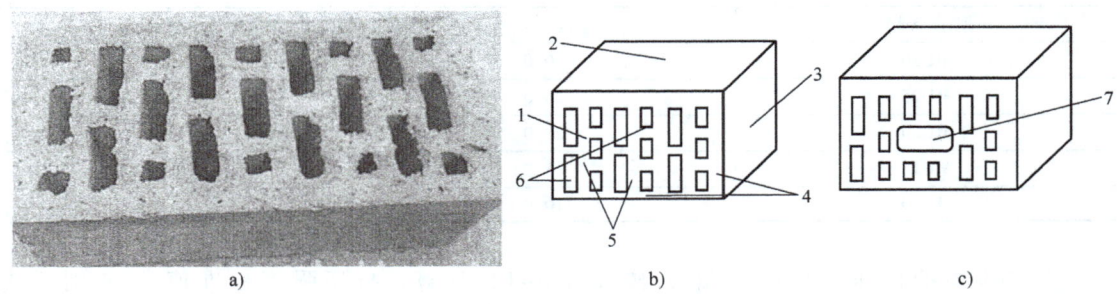

图 10-8 烧结多孔砖

1—大面(坐浆面) 2—条面 3—顶面 4—外壁 5—肋 6—孔洞 7—手抓孔

1) 主要技术指标:根据《烧结多孔砖和多孔砌块》规定,烧结多孔砖的主要技术指标有:

① 尺寸偏差。烧结多孔砖为大面有孔的直角六面体,孔洞垂直于受压面,孔洞率等于或大于28%,孔的尺寸小而数量多,孔洞形状为矩形孔或矩形条孔(不得为圆孔或其他孔型)。其规格尺寸为:290mm、240mm、190mm、180mm、140mm、115mm、90mm,外形及各部位名称如图10-8所示,其尺寸允许偏差应符合表10-7规定。

表 10-7 烧结多孔砖尺寸允许偏差 (单位:mm)

尺寸	样本平均偏差	样本极差≤
>400	±3.0	10.0
>300 且 ≤400	±2.5	9.0
>200 且 ≤300	±2.5	8.0
>100 且 ≤200	±2.0	7.0
≤100	±1.5	6.0

② 外观质量。烧结多孔砖的外观质量应符合表10-8规定。

表 10-8 烧结多孔砖外观质量要求 (单位:mm)

项 目	指 标
完整面不得少于	一个条面和一个顶面
缺棱掉角的三个破坏尺寸不得同时大于	30

(续)

项 目		指 标
裂纹长度，≤	大面上深入孔壁15mm以上宽度方向及其延伸到条面的长度	80
	大面上深入孔壁15mm以上长度方向及其延伸到顶面的长度	100
	条顶面上的水平裂纹长度	100
杂质在砖面上造成的凸出高度，≤		5

③ 密度等级。烧结多孔砖的密度等级分为 1000kg/m³、1100kg/m³、1200kg/m³、1300kg/m³ 四个等级。

④ 强度等级。根据抗压强度，烧结多孔砖分为 MU30、MU25、MU20、MU15、MU10 五个强度等级，其强度值应符合表10-9规定。

表10-9 烧结多孔砖强度等级　　　　　　　　　　　　　（单位：MPa）

强度等级	抗压强度平均值 $\bar{f}$ ≥	强度标准值 f_k ≥
MU30	30.0	22.0
MU25	25.0	18.0
MU20	20.0	14.0
MU15	15.0	10.0
MU10	10.0	6.5

表10-9中的抗压强度平均值 $\bar{f}$ 按式（10-1）计算，抗压强度标准值 f_k 分别按式（10-5）计算。

$$f_k = \bar{f} - 1.83S \tag{10-5}$$

式中，$\bar{f}$ 为10块砖的抗压强度算术平均值（MPa），精确至0.1MPa；f_i 为单块砖的抗压强度值（MPa），精确至0.01MPa；S 为10块砖的抗压强度标准差（MPa），精确至0.01MPa；f_k 为抗压强度标准值（MPa），精确至0.1MPa。

⑤ 孔洞率。烧结多孔砖孔洞率在35%以下，表观密度为1200kg/m³。

⑥ 泛霜。每块砖不允许出现严重泛霜。

⑦ 石灰爆裂。破坏尺寸大于2mm且小于或等于15mm的爆裂区域，每组砖不得多于15处，其中大于10mm的不得多于7处。不允许出现破坏尺寸大于15mm的爆裂区域。

⑧ 抗风化性能。风化区的划分同烧结普通砖（见表10-5），严重风化区中1、2、3、4、5地区的砖必须进行冻融试验。冻融试验后，每块砖样不允许出现裂纹、分层、掉皮、缺棱、掉角等冻坏现象。而用于其他风化区的砖，若能达到表10-10要求，可不做冻融试验。否则，必须进行冻融试验。产品中不允许出现欠火砖、酥砖和螺旋纹砖。

表10-10 烧结多孔砖的抗风化性能

砖种类	严重风化区				非严重风化区			
	5h沸煮吸水率(%)，≤		饱和系数，≤		5h沸煮吸水率(%)，≤		饱和系数，≤	
	平均值	单块最大值	平均值	单块最大值	平均值	单块最大值	平均值	单块最大值
黏土砖	21	23	0.85	0.87	23	25	0.88	0.90
粉煤灰砖	23	25			30	32		
页岩砖	16	18	0.74	0.77	18	20	0.78	0.80
煤矸石砖	19	21			21	23		

2）烧结多孔砖的应用。烧结多孔砖的孔壁较为密实、强度较高，主要用于砌筑六层以下的承重墙体或框架结构的填充墙。这种砖因含有大量孔洞，具有一定的隔热保温性能，故也可用于部分地区建筑物的外墙砌筑。砌筑时孔洞应垂直于与承压面。

（3）烧结空心砖　烧结空心砖是以黏土、页岩、煤矸石、粉煤灰、淤泥（江、河、湖等淤泥）、建筑渣土及其他固体废弃物为主要原料，经焙烧而成（见图10-9），主要用于建筑物非承重部位。其主要技术指标有其尺寸偏差、外观质量、孔洞排列及结构、泛霜、石灰爆裂、强度、密度、抗风化性能和放射性物质检验。

1）主要技术指标：根据《烧结空心砖》规定，烧结空心砖的主要技术指标有：

① 规格尺寸和尺寸偏差。烧结空心砖为顶面有孔洞的直角六面体，孔的尺寸大而数量少，孔洞率等于或大于40%，孔型多为矩形条孔。其规格尺寸分别为：长度为390mm、290mm、240mm、190mm、180（175）mm、140mm；宽度为190mm、180（175）mm、140mm、115mm；高度为180（175）mm、140mm、115mm、90mm。其外形和各部位名称如图10-9所示，其尺寸偏差应符合表10-11规定。

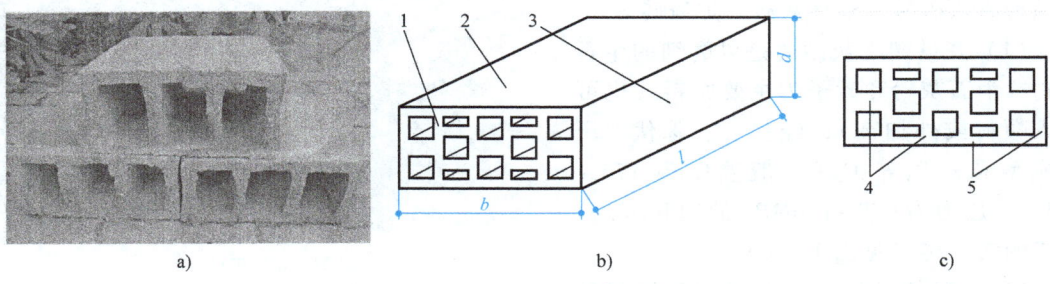

图10-9　烧结空心砖
1—顶面　2—大面　3—条面　4—肋　5—壁　l—长度　b—宽度　d—高度

表10-11　尺寸允许偏差　　　　　　　　　　　　（单位：mm）

尺　寸	样本平均偏差	样本极差≤
>300	±3.0	7.0
>200且≤300	±2.5	6.0
>100且≤200	±2.0	5.0
≤100	±1.7	4.0

② 强度等级。根据抗压强度分为MU10.0、MU7.5、MU5.0、MU3.5四个强度等级，其强度值应符合表10-12规定。

③ 密度等级。按表观密度分为800kg/m³、900kg/m³、1000kg/m³、1100kg/m³四个等级，即表观密度为800～1100kg/m³。

表10-12　烧结空心砖强度等级　　　　　　　　　　（单位：MPa）

强度等级	抗压强度平均值 $\overline{f}$, ≥	变异系数 δ, ≤0.21 强度标准值 f_k, ≥	变异系数 δ, >0.21 单块最小抗压强度值 f_{min}, ≥
MU10.0	10.0	7.0	8.0
MU7.5	7.5	5.0	5.8
MU5.0	5.0	3.5	4.0
MU3.5	3.5	2.5	2.8

④ 其他指标。烧结空心砖的外观质量、泛霜、石灰爆裂、放射性核素限量、吸水率和抗风化性能等应符合《烧结空心砖》的规定。

2) 烧结空心砖的应用。烧结空心砖自重较轻，强度较低，主要用作非承重墙，如多层建筑内隔墙或框架结构的填充墙等。砌筑时大面受压（孔洞平行于承压面）。

3) 多孔砖和空心砖的优点。在生产方面，可节土 20%～30%，节约燃料 10%～20%，且成品率高；在施工方面，由于多孔砖和空心砖尺寸大于普通砖，可提高施工工效 30%～40%，节约砌筑砂浆 20% 左右；在使用方面，可减轻结构自重 1/3 左右；由于导热系数低于普通砖，隔热保温效果好。

2. 非烧结砖

非烧结砖是以含钙材料（石灰、电石渣等）和含硅材料（砂子、粉煤灰、煤矸石、灰渣、炉渣等）加水拌和，经压制成型，在自然条件下或人工条件（蒸养或蒸压）下，反应生成的硅酸盐制品。非烧结砖主要品种有灰砂砖、粉煤灰砖、炉渣砖等。

(1) 灰砂砖　灰砂砖是以磨细的生石灰粉或消石灰粉和砂子为主要原料（也可掺入颜料或外加剂），经拌和、陈伏、压制成型和蒸压养护（一般温度为 175～203℃，压力为 0.8～1.6MPa 的饱和蒸汽）而成的实心砖（见图 10-10）。

图 10-10　灰砂砖

1) 主要技术指标。根据《蒸压灰砂实心砖和实心砌块》规定，灰砂砖按尺寸偏差、外观质量、强度及抗冻性分为优等品（A）、一等品（B）、合格品（C）三个质量等级，主要技术指标有：

① 尺寸偏差和外观质量。其尺寸规格和普通砖相同。

② 强度。其强度应符合表 10-13 规定。

③ 抗冻性。灰砂砖的抗冻性应符合表 10-14 规定。

表 10-13　灰砂砖强度等级　　　　　　　　　　　　　　（单位：MPa）

强度等级	抗压强度,≥		抗折强度,≥	
	平均值	单块值	平均值	单块值
MU25	25.0	20.0	5.0	4.0
MU20	20.0	16.0	4.0	3.2
MU15	15.0	12.0	3.3	2.6
MU10	10.0	8.0	2.5	2.0

注：优等品的强度等级不得小于 MU15。

表 10-14　灰砂砖抗冻性指标

强度等级	冻后抗压强度平均值/MPa,≥	单块砖的干质量损失（%），≤
MU25	20.0	2.0
MU20	16.0	2.0
MU15	12.0	2.0
MU10	8.0	2.0

2）灰砂砖的应用。MU15、MU20、MU25 的灰砂砖可用于基础和其他建筑，MU10 的砖仅可用于防潮层以上的建筑。灰砂砖表面光滑，与砂浆黏结力差，当用于高层建筑、地震区域或筒仓建筑物等应提高灰砂砖与砂浆的黏结力，如采用高黏结力砂浆。灰砂砖应在砌筑前浇水（含水率控制在 5%~8% 为宜）。

（2）粉煤灰砖　粉煤灰砖是指以粉煤灰、石灰和水泥为主要原料，加入适量石膏、外加剂、颜料和集料经制坯、压制成型、高压或常压蒸汽养护而得的实心砖。

1）主要技术指标。根据《粉煤灰砖》规定，粉煤灰砖按尺寸偏差、外观质量、强度等级和干燥收缩分为优等品（A）、一等品（B）、合格品（C）三个质量等级，主要技术指标有：

① 尺寸偏差和外观质量。其尺寸规格和普通砖相同。

② 强度等级。粉煤灰砖按抗压强度和抗折强度分为 MU30、MU25、MU20、MU15、MU10 五个等级。优等品的强度等级应不低于 MU15。

③ 抗冻性。粉煤灰砖的抗冻性应符合表 10-15 规定。

④ 干燥收缩和碳化性能。粉煤灰砖的干燥收缩值：优等品和一等品应不大于 0.65mm/m，合格品应不大于 0.75mm/m。碳化系数 $K_c \geqslant 0.8$。

表 10-15　粉煤灰砖抗冻性指标

强度等级	冻后抗压强度平均值/MPa，≥	单块砖的干质量损失(%)，≤
MU30	24.0	2.0
MU25	20.0	
MU20	16.0	
MU15	12.0	
MU10	8.0	

2）粉煤灰砖的应用。粉煤灰砖可用于工业与民用建筑的墙体和基础，可作为禁用实心黏土砖后的替代砖。但用于基础或用于易受冻融和干湿交替作用的建筑部位时，必须使用 MU15 及以上强度等级的砖。和灰砂砖性能相似，粉煤灰砖中也含有氢氧化钙和碳酸钙等水化产物，因此不得用于长期受热 200℃ 以上、受急冷急热和有酸性介质侵蚀的建筑部位。

（3）炉渣砖　炉渣砖是以炉渣（煤燃烧后的残渣）为主要原料，掺入适量的（水泥、电石渣）石灰、水和石膏，经混合、陈伏、压制成型、蒸养或蒸压养护而成的实心砖，呈黑灰色（见图 10-11）。

图 10-11　炉渣砖

1）主要技术指标。根据《炉渣砖》规定，其主要技术指标有：

① 尺寸偏差和外观质量。其尺寸规格和普通砖相同，干燥收缩率应不大于 0.06%。

② 强度等级。炉渣砖按抗压强度分为 MU25、MU20、MU15 三个等级。

③ 抗冻性。炉渣砖的抗冻性应符合表 10-16 规定。

表 10-16 炉渣砖的抗冻性指标

强度等级	冻后抗压强度平均值/MPa，≥	单块砖的干质量损失(%)，≤
MU25	22.0	2.0
MU20	16.0	
MU15	12.0	

④ 耐火极限。炉渣砖的耐火极限不小于2.0h。

2) 炉渣砖的应用。炉渣砖具有节能、节土、保护环境、隔热保温等性能，可用于一般建筑物的墙体和基础，但不得用于长期受热200℃以上、受急冷急热和有酸性介质侵蚀的建筑部位。

10.2.2 砌块

砌块是用于砌筑墙体的尺寸较大的人造块材，外形多为直角六面体，也有其他形状的。制作砌块的原材料丰富，可以充分利用地方资源和工业废渣生产，节约了土地资源，保护了生态环境。其生产工艺简单，适用范围广，施工方便灵活且工效高，并可改善墙体的功能。砌块砌筑的墙体可减轻墙体自重30%～50%，从而降低了建筑物自重，节约了地基处理成本。但砌块砌筑的墙体容易产生裂缝。

1. 砌块的分类

（1）按空心率分类　砌块按空心率大小可分为实心砌块和空心砌块，无孔洞或空心率小于25%的砌块为实心砌块；空心率等于或大于25%的砌块为空心砌块。

（2）按规格尺寸分类　在砌块系列中主规格的高度大于115mm，而又小于380mm的砌块称为小型砌块；高度为380～980mm的砌块称为中型砌块；高度大于980mm的砌块称为大型砌块。目前，我国以中小型砌块使用较多。

（3）按胶凝材料种类分类　按胶凝材料种类可分为硅酸盐砌块、水泥混凝土砌块和石膏砌块等。硅酸盐砌块用煤渣、粉煤灰、煤矸石等硅质材料加石灰、石膏配制而成，如粉煤灰砌块；水泥混凝土砌块是用水泥作为胶凝材料制成，如普通混凝土小型空心砌块、轻集料混凝土小型空心砌块；石膏砌块是用石膏为胶凝材料，加上适当的填料、添加剂等制成。

2. 几种常用的建筑砌块

（1）普通混凝土小型砌块　普通混凝土砌块是以水泥、矿物掺合料、砂、石、水等为原材料，经搅拌、振动成型、养护等工艺制成的小型砌块，包括空心砌块和实心砌块。为减轻自重，多制成小型空心砌块。普通混凝土小型空心砌块外形如图10-12所示。

1) 砌块规格、种类、等级和标记。

① 砌块规格：砌块的外形宜为直角六面体，常见规格尺寸：长度为390mm；宽度为90mm、120mm、140mm、190mm、240mm、290mm；高度为90mm、140mm、190mm。其他规格尺寸可由供

图 10-12 普通混凝土小型空心砌块外形

需双方协商确定。采用薄灰缝砌筑的块型，相关尺寸可做相应调整。

② 砌块种类：砌块按空心率分为空心砌块（空心率不小于25%，代号为H）和实心砌块（空心率小于25%，代号为S）；按使用时砌筑墙体的结构和受力情况，分为承重结构用砌块（代号为L，简称承重砌块）、非承重结构用砌块（代号为N，简称非承重砌块）；常用的辅助砌块代号分别为：50（半块）、70（七分头块）、U（圈梁块）、W（清扫孔块）。

③ 砌块等级：按砌块的抗压强度分级，见表10-17。

表 10-17　普通混凝土小型砌块的强度等级

砌块种类	承重砌块（L）/MPa	非承重砌块（N）/MPa
空心砌块（H）	7.5、10.0、15.0、20.0、25.0	5.0、7.5、10.0
实心砌块（S）	15.0、20.0、25.0、30.0、35.0、40.0	10.0、15.0、20.0

④ 砌块标记：砌块按砌块种类、规格尺寸、强度等级（MU）、标准代号的顺序标记。例如，规格尺寸为390mm×190mm×190mm、强度等级为MU15.0、承重结构用实心砌块，其标记为：LS 390×190×190MU15.0。

2）技术要求：普通混凝土小型砌块的技术要求有尺寸偏差、外观质量、空心率、外壁和肋厚、强度等级、吸水率、线性干燥收缩值、抗冻性、碳化系数、软化系数等，详见《普通混凝土小型砌块》要求。

3）普通混凝土小型空心砌块的应用。普通混凝土小型空心砌块适用于抗震设防烈度为8度和8度以下的一般民用和工业建筑物的墙体，强度等级 MU7.5 以上时，可用于承重砌体，MU5.0 以下时，仅用于非承重墙体，承重墙不得用砌块和砖混合砌筑。混凝土砌块在砌筑时一般不宜浇水，如果使用潮湿的砌块砌墙，随着水分的蒸发，墙体会因干燥收缩而开裂，一般要求砌块干燥至平衡含水率以下。

（2）轻集料混凝土小型空心砌块　轻集料混凝土小型空心砌块（代号LB）是由通用硅酸盐水泥、轻砂（或普通砂）、轻粗集料和水等经拌和、成型而得的砌块。按砌块孔的排数分为单排孔、双排孔、三排孔和四排孔等轻集料混凝土小型空心砌块如图10-13所示。

图 10-13　轻集料混凝土小型空心砌块

1）主要技术指标。根据《轻集料混凝土小型空心砌块》规定，其主要技术指标有：

① 尺寸偏差和外观质量。轻集料混凝土小型空心砌块主规格尺寸为 390mm×190mm×190mm，其他规格尺寸可由供需双方协商，其尺寸偏差和外观质量应符合标准规定。

② 表观密度等级。轻集料混凝土小型空心砌块按干表观密度共分为 700kg/m³、800kg/m³、900kg/m³、1000kg/m³、1100kg/m³、1200kg/m³、1300kg/m³、1400kg/m³ 八个等级。

③ 强度等级。轻集料混凝土小型空心砌块按抗压强度分为 2.5、3.5、5.0、7.5、10.0 五个等级，同一强度等级砌块的抗压强度和密度等级范围应同时满足规定。

④ 吸水率、干缩率、碳化系数和软化系数。吸水率应不大于18%；干燥收缩率应不大

于0.065%；碳化系数应不小于0.8；软化系数应不小于0.8。

2）轻集料混凝土小型空心砌块的应用。轻集料混凝土小型空心砌块可用于工业及民用建筑的非承重和承重保温墙体，或专门保温的墙体。特别适合于框架结构的填充墙和内隔墙。

（3）蒸压加气混凝土砌块　蒸压加气混凝土砌块是以钙质材料（石灰、石膏、水泥等）和硅质材料（粉煤灰、砂、工业废渣等）为原料，掺入少量的发泡剂（铅粉），经搅拌、浇注、成型、切割、蒸养等工序制成的轻质多孔的块体材料，如图10-14所示。

图10-14　蒸压加气混凝土砌块

1）主要技术指标。根据《蒸压加气混凝土砌块》规定，蒸压加气混凝土砌块按尺寸偏差与外观质量、干密度、抗压强度和抗冻性分为优等品（A）、合格品（B）两个质量等级，其主要技术指标有：

① 尺寸偏差和外观质量。蒸压加气混凝土砌块规格尺寸：长度为600mm，宽度为100mm、120mm、125mm、150mm、180mm、200mm、240mm、250mm、300mm，高度为200mm、240mm、250mm、300mm。其尺寸偏差和外观质量应符合标准规定。

② 抗压强度。砌块按其抗压强度分为A1.0、A2.0、A2.5、A3.5、A5.0、A7.5和A10.0七个等级。砌块的强度级别应符合表10-18规定。

表10-18　蒸压加气混凝土砌块强度级别

干密度级别		B03	B04	B05	B06	B07	B08
强度等级	优等品	A1.0	A2.0	A3.5	A5.0	A7.5	A10.0
	合格品			A2.5	A3.5	A5.0	A7.5

③ 干密度等级。其干密度应符合表10-19规定。

表10-19　蒸压加气混凝土砌块干密度等级　　（单位：kg/m³）

干密度等级		B03	B04	B05	B06	B07	B08
干密度	优等品，≤	300	400	500	600	700	800
	合格品，≤	325	425	525	625	725	825

④ 干燥收缩、抗冻性及导热系数。蒸压加气混凝土砌块的孔隙率较高，保温性好，抗冻性差，干燥收缩大。

2）蒸压加气混凝土砌块的应用。蒸压加气混凝土砌块轻质多孔，具有良好的隔热保温、隔声等性能，易于加工和施工，但强度不高，耐水性和耐蚀性差，适用于低层建筑的承重墙，多层建筑的隔墙和框架结构的填充墙，也可用于屋面的隔热保温层。不得用于水中或高湿度和有侵蚀介质的环境中。

10.2.3　墙用板材

可用于墙体的板材品种很多，既有承重用的水泥类墙用板材（如预制混凝土大板），又有砌筑隔墙用的轻质条板、石膏类板材、硅酸盐制品类板材和复合墙板等。

1. 水泥类墙用板材

水泥类墙用板材具有较好的力学性能和耐久性，生产技术成熟，产品质量可靠，可用于承重墙、外墙和复合墙板的外层面。其主要缺点是自重大，抗拉强度低。常见的水泥类墙用板材有预应力混凝土空心墙板、玻璃纤维增强水泥（GRC）空心轻质墙板、纤维增强水泥平板（TK板）、水泥木丝板、水泥刨花板等。

（1）预应力混凝土空心墙板　预应力混凝土空心墙板是用高强度低松弛预应力钢绞线、42.5级早强水泥、砂、石为原料，经张拉、搅拌、挤压、养护、放张、切割而成的混凝土制品（见图10-15）。使用时可按要求配以保温层、外饰面层和防水层等。该类板的长度为1000~1900mm，宽度为600~1200mm，总厚度为200~480mm。预应力混凝土空心墙板可用于承重或非承重外墙板、内墙板、楼板、屋面板和阳台板等。

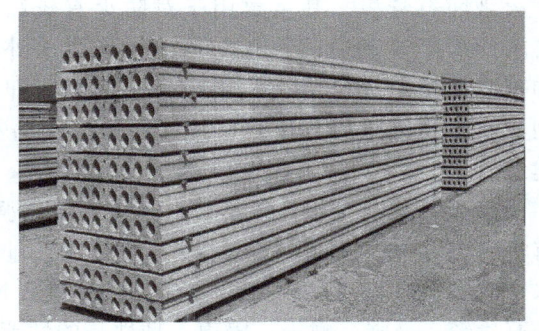

图10-15　预应力混凝土空心墙板

（2）玻璃纤维增强水泥（GRC）空心轻质墙板　该类墙板是以低碱水泥为胶结料，抗碱玻璃纤维或其网格布为增强材料，膨胀珍珠岩为集料（也可用炉渣、粉煤灰等），并配以发泡剂和防水剂等，经配料、搅拌、浇注、振动成型、脱水、养护而成。

该类墙板具有质量轻，强度高，防火性好，防水、防潮性好，抗震性好，干缩变形小，制作简便，安装快捷等特点。在建筑工程中适用于非承重墙体，主要用于工业和民用建筑的内隔墙及复合墙体的外墙面。

（3）纤维增强水泥平板（TK板）　该类板是以低碱水泥、耐碱玻璃纤维为主要原料，加水混合成浆，经圆网机抄取制坯、压制、蒸养而成的薄型平板。其长度为1200~3000mm，宽度为800~900mm，厚度为4mm、5mm、6mm和8mm。

TK板质量轻、强度高、防潮、防火、不易变形，可加工性（锯、钻、钉及表面装饰等）好，适用于各类建筑物的复合外墙和内隔墙，特别是高层建筑有防火、防潮要求的隔墙。

（4）水泥木丝板　该类板是以木材下脚料经机械刨切成均匀木丝，加入水泥、水玻璃等经成型、冷压、养护、干燥而成的薄型建筑平板。它具有自重轻、强度高、防火、防水、防蛀、保温、隔声等性能，可进行锯、钻、钉、装饰等加工，主要用于建筑物的内外墙板、顶板、壁橱板等。

2. 石膏类墙用板材

石膏制品有许多优点，石膏类板材在轻质墙体材料中占有很大比例，主要有纸面石膏板、纤维石膏板、石膏空心板和石膏刨花板等。

（1）纸面石膏板　该类板是以建筑石膏为胶凝材料，掺入适量的添加剂和纤维作为板芯，以特制的护面纸作为面层的一种轻质板材（见图10-16）。按其用途可分为：普通纸面石膏板、耐水纸面石膏板、耐火纸面石膏板及耐水耐火纸面石膏板四类。

以建筑石膏、适量纤维类增强材料和外加剂为芯材，与具有一定强度的护面纸组成的石膏板材为普通纸面石膏板，其可用于一般工程的内隔墙、墙体复合板、顶棚等，在相对湿度经常大于70%的湿环境使用时，必须采用相应的防潮措施；若在芯材配料中加入耐水外加剂，并用耐水护面纸，即制成耐水纸面石膏板，可用于相对湿度大于75%的浴室、卫生间等潮湿环境的吊顶、隔墙等；若在芯材配料中加入无机耐火纤维，即制成耐火纸面石膏板，其主要用于对防火有较高要求的房屋建筑中；若在配料中加入耐水外加剂和无机耐火纤维，并用耐水护面纸，即

图 10-16　纸面石膏板

制成耐水耐火纸面石膏板，其兼具防水和防火功能，主要用于湿度较大且有防火要求的建筑。

（2）纤维石膏板　该类板材是以纤维增强石膏为基材的无面纸石膏板。用无机纤维或有机纤维与建筑石膏、缓凝剂等经打浆、铺装、脱水、成型、烘干而制成。纤维石膏板可节省护面纸，具有质轻、高强、耐火、隔声、韧性高的性能，可加工性好的特点，主要用于内墙和隔墙。

（3）石膏空心板　该类板是以建筑石膏为胶凝材料，加入适量水泥、粉煤灰、轻集料（如膨胀珍珠岩、膨胀蛭石等）、增强纤维等，与水混合，经搅拌、振动成型、抽芯模、干燥而成（见图10-17）。石膏空心板具有质轻、比强度高、隔热、隔声、防火、可加工性好，施工方便等优点，适用于各类建筑

图 10-17　石膏空心板

的非承重内隔墙，但若用于相对湿度大于75%的环境中，则板材表面应作防水等相应处理。

（4）石膏刨花板　该类板材是以建筑石膏为主要原料，木质刨花为增强材料，添加所需的辅助材料，经配合、搅拌、铺装、压制而成，具有上述石膏板材的优点，适用于非承重内隔墙。

3. 复合板

以单一材料制成的板材常因材料本身的局限性而使其应用受到限制。为此，常用不同材料组合成多功能的复合墙体以满足需要，这就是复合墙板。常用的复合墙板主要由承受（或传递）外力的结构层（多为普通混凝土或金属板）和保温层（矿棉、泡沫塑料、加气混凝土等）及面层（各类具有可装饰性的轻质薄板）组成。

（1）混凝土夹芯板　混凝土夹芯板以20~30mm厚的钢筋混凝土板作内外表面层，中间填以矿渣毡或岩棉毡、泡沫混凝土等保温材料，夹层厚度视热工计算而定。内外两层面板以钢筋件连接，用于内外墙。

（2）轻质隔热夹芯板　该类板是以轻质高强的薄板为外层，中间以轻质的保温隔热材料为芯材组成的复合板。用于外墙面的外层薄板有不锈钢板、彩色镀锌钢板、铝合金板、纤维增强水泥薄板等。芯材有岩棉毡、玻璃棉毡、阻燃型发泡聚苯乙烯、发泡聚氨酯等，用于

内侧的外层薄板可根据需要选用石膏类板、植物纤维类板、塑料类板材等。

该类板既具有良好的绝热和防水防潮等性能，又具备较高的抗弯强度和抗剪强度，并且安装灵活快捷，可用于厂房、仓库和净化车间、办公楼、商场等工业和民用建筑，还用于加层、组合式活动室、室内隔断、顶棚、冷库。

10.2.4 新型墙体材料

新型墙体材料是区别于传统砌筑材料（石材、黏土砖等）而言的一类墙用材料新品种，它具有轻质、隔热、保温、隔声、抗震、节能、环保、易于加工、施工便捷等优点，并充分利用自然资源和工业固体废弃物。所以从广义上说，以上所述的用各类工业废渣制成的砖、砌块和墙用板材都属于新型墙体材料。此外，植物纤维类墙用板材也是新型墙体材料，植物纤维类墙体板材是以农作物的废弃物（如稻草、麦秸、玉米秆、甘蔗渣等）为原料，经适当加工处理而制成的各种板材。

1. 稻草（麦秸）板

此类板的主要原料是稻草或麦秸、板纸和脲醛树脂胶等。其生产方法是将干燥的稻草热压成密实的板芯，在板芯两面及四个侧边用胶贴上一层完整的面纸，经加热固化而成。板芯内不加任何胶黏剂，只利用稻草之间的缠绞拧编与压合，形成密实并有相当刚度的板构。其生产工艺简单，生产线全长只有80~90m，从进料到成品仅需1h。稻草板生产能耗低，仅为纸面石膏板生产能耗的1/3~1/4。

稻草板质量轻，隔热保温性能好，其缺点是耐水性差，可燃。稻草板具有足够的强度和刚度，可以单板使用而不需要龙骨支撑，且便于锯、钉、打孔、黏结和油漆，施工便捷，适用作非承重的内隔墙、顶棚及复合外墙的内壁板。

2. 稻壳板

此类板是以稻壳与合成树脂为原料，经配料、混合、铺装、热压而成的中密度平板。可用脲醛胶和聚醋酸乙烯胶粘贴，表面可涂刷酚醛滑漆或用薄木贴面加以装饰，可作为内隔墙及室内各种隔断板和壁橱（柜）隔板等。

3. 蔗渣板

此类板是以甘蔗渣为原料，经加工、混合、铺装、热压而成的平板。该类板生产时可不用胶而利用蔗渣本身含有的物质热压时转化成呋喃系树脂而起胶结作用，也可用合成树脂胶结成有胶蔗渣板。它具有质轻、吸声、易加工（可钉、锯、刨、钻）和可装饰等特点，可用作内隔墙、顶棚、门芯板、室内隔断用板和装饰板等。

4. 麻屑板

以亚麻杆茎为原料，破碎后加入合成树脂、防水剂、固化剂等，经混合、铺装、热压固化、修边、砑光等工序制成，性能和用途同蔗渣板。

10.3 屋面材料

屋面材料主要起防水、防渗和隔热作用，传统的屋面材料是烧结类瓦材，随着现代建筑的发展，屋面材料也由传统的瓦材发展到多材质瓦材和复合板材。

10.3.1 屋面瓦材

1. 烧结类瓦材

（1）黏土瓦　黏土瓦是以杂质少、塑性好的黏土为主要原料，经加水搅拌、成型、干燥、焙烧而成。按颜色分为红瓦和青瓦；按形状分为平瓦和脊瓦。

黏土瓦使用历史悠久，主要用于坡形屋面防水，特别在我国农村用量较大。由于生产中消耗土地，能耗大，成品率和施工效率都不高，已逐渐被其他屋面材料取代。

（2）琉璃瓦　琉璃瓦是用难熔黏土制坯，经干燥、上釉后焙烧而成，具有表面光滑，质地坚硬、色彩艳丽，不易褪色、造型古朴、耐久性好等特征，既有防水、防渗漏作用又有装饰美化功能，是屋面高档防水装饰材料。

2. 水泥类瓦材

（1）混凝土平瓦　混凝土平瓦是以水泥、砂或无机的硬质细集料为主要原料，经配料混合、加水搅拌、机械滚压或人工操压成型、养护而成的瓦，其标准尺寸有400mm×240mm和385mm×235mm两种。该瓦成本低、耐久性好，但自重大于黏土瓦，在配料中加入耐碱颜料，可制成彩色瓦。

（2）石棉水泥瓦　石棉水泥瓦是以石棉纤维和水泥为原料，经加水搅拌、压波成型、蒸养而成的瓦，分为大波瓦、中波瓦、小波瓦和脊瓦四种。

石棉水泥瓦属于轻型屋面材料，具有防火、防腐、耐热、耐寒等性能，主要用于工业建筑，如厂房、库房、堆货棚、凉棚等。但由于石棉纤维可能带有放射性物质，因此，许多国家已禁止使用，我国也开始采用其他增强纤维（如耐碱玻璃纤维、有机纤维等）逐渐代替石棉纤维。

（3）钢丝网水泥大波瓦　钢丝网水泥大波瓦是用普通硅酸盐水泥、砂子，按一定配比，中间加一层冷拔低碳钢丝网加工而成。大波瓦的规格有两种：一种长1700mm、宽830mm、厚14mm，波高80mm；另一种长1700mm、宽830mm、厚12mm，波高68mm，要求瓦的初裂荷载每块2200N。在100mm的静水压力下，24h后瓦背面无严重印水现象。此种瓦适用于工厂散热车间、仓库及临时性的屋面或围护结构。

3. 高分子类复合瓦材

（1）玻璃钢波形瓦　玻璃钢波形瓦也称纤维增强塑料波形瓦，是采用不饱和聚酯树脂和玻璃纤维为原料，经人工糊制而成。特点是质量轻、强度高、耐冲击、耐腐蚀、耐高温、透光率高、制作简单等，它适用于屋面、遮阳及车站月台、售货亭、凉棚等的屋面。

（2）聚氯乙烯波形瓦　聚氯乙烯波形瓦也称塑料瓦楞板，是以聚氯乙烯树脂为主体加入其他配合剂，经塑化、挤压或压延、压波等而制成的一种新型建筑瓦材。它具有质轻、高强、防水、耐化学腐蚀、透光率高、色彩鲜艳等特点，适用于凉棚、果棚、车棚等简易建筑的屋面，也可用作遮阳板。

（3）玻璃纤维沥青瓦　该类瓦是以玻璃纤维薄毡为胎料，以改性沥青为涂敷材料制成的片状屋面瓦材。其优点是质量轻，互相黏结的能力强，抗风化能力好，施工方便，适用于一般民用建筑的坡形屋面。

10.3.2　屋面板材

在大跨度结构中，过去使用的钢筋混凝土大型屋面板自重达 $300kg/m^2$ 以上，且不保温，需另设防水层。现在，随着彩色涂层钢板、超细玻璃纤维、自熄性泡沫塑料的出现，使轻型保温的大跨度屋盖得以迅速发展。可用于屋面的板材有许多种，如彩色压型钢板、钢丝网水泥夹芯板、预应力空心板、彩色涂层钢板与隔热芯材组成的复合板等。

1. 金属波形板

金属波形板是以铝材、铝合金或薄钢板轧制而成（也称金属瓦楞板）。如用薄钢板轧成瓦楞状，涂以搪瓷釉，经高温烧制成搪瓷瓦楞板。金属波形板质量轻，强度高，耐腐蚀，光反射好，安装方便，适用于屋面、墙面。

2. 聚苯乙烯（EPS）隔热夹芯板

该类板是以 0.5~0.75mm 厚的彩色涂层钢板为表面板，自熄聚苯乙烯为芯材，用热固化胶在连续成型机内加热加压复合而成的超轻型建筑板材。其质量为混凝土屋面的 1/20~1/30，保温隔热，施工简便，是集承重、保温、防水、装修于一体的新型围护结构材料，可制成平面形或曲面形板材，适用于大跨度屋面结构，如体育馆、展览厅、冷库等，及其他多种屋面形式。

3. 硬质聚氨酯夹心板

该类板由镀锌彩色压型钢板面层与硬质聚氨酯泡沫塑料芯材复合而成。压型钢板厚度为 0.5mm、0.75mm、1.0mm。彩色涂层为聚酯型、硅改性聚酯型、氟氯乙烯塑料型，这些涂层均具有极强的耐候性。

该板材具有质轻、高强、保温、隔声效果好，色彩丰富，施工方便等特点，是集承重、保温、防水、装饰于一体的屋面板材，可用于大型工业厂房、仓库、公共设施等大跨度建筑和高层建筑的屋面结构。

思考题与习题

10-1　岩石按地质成因可分为哪几类？各类石料的一般特征是什么？

10-2　一般石料有哪些主要技术性质？它们多用于土木工程哪些部位？

10-3　砌墙砖有哪几类？

10-4　什么是烧结普通砖的泛酸和石灰爆裂？它们对砌筑工程有何影响？

10-5　烧结多孔砖和空心砖与烧结普通砖相比有哪些优点？

10-6　非烧结砖的主要品种有哪些？

10-7　何谓砌块？砌块是如何分类的？

10-8　砌块与砌墙砖相比有什么优缺点？

10-9　墙体板材中有哪些不宜用于长期潮湿的环境？

10-10　屋面板材与传统屋面瓦材相比有何优点？

10-11　非承重墙应优先采用（　　）。（2013 年注册造价工程师试题）

A. 烧结空心砖　　　B. 烧结多孔砖　　　C. 粉煤灰砖　　　D. 煤矸石砖

10-12　隔热效果最好的砌块是（　　）。（2013 年注册造价工程师试题）

A. 粉煤灰砌块　　　　　　　　　　　B. 中型空心砌块

C. 混凝土小型空心砌块　　　　　　　D. 蒸压加气混凝土砌块

10-13 制作光泽度高、花纹耐久、抗风化、耐火、防潮性好的水磨石板材，应采用（   ）。（2013年注册造价工程师试题）
    A. 硫铝酸盐水泥   B. 高铝水泥   C. 硅酸盐水泥   D. 普通硅酸盐水泥
10-14 室外装饰较少使用大理石板材的主要原因在于大理石（   ）。（2016年注册造价工程师试题）
    A. 吸水率大   B. 耐磨性差   C. 光泽度低   D. 抗风化差

第11章 土工合成材料

本章提要

本章主要介绍了土工合成材料的发展历程、土工合成材料的种类、技术性能以及土工合成材料在工程中的应用。

本章重点是土工合成材料的作用及工程应用；难点是土工合成材料的力学特性及其测试。

通过本章学习，应熟悉土工合成材料的分类及基本性能，了解土工合成材料的发展和在工程中的应用。

土工合成材料因其品种众多、选用基材复杂、制造方式千差万别而很难对其进行确切定义。根据我国相关规范，工程建设中应用的以人工合成或天然聚合物为原料制成的工程材料都可称作土工合成材料。有别于传统的钢材，水泥或其他非金属材料，土工合成材料是基于高分子聚合物，以有纺或无纺织物（布），挤压或拉伸制造成膜片、带状、板状或网状，置于土体内部、表面或各层土体之间，发挥过滤、排水、隔离、加筋、防渗及防护等作用的新型复合材料。

土工合成材料通常应用于岩土工程，包括土工织物、土工膜、土工复合材料和土工特种材料，并在建筑工程领域中不断拓展，更多复合形态的土工合成材料相继问世，已成为土木工程中最有生命力的新型复合材料，已广泛应用于水利、电力、公路、铁路、建筑、港口、采矿、军工、环保及市政等工程领域。

11.1 土工合成材料发展简史

利用天然材料加筋和改善土体性状或以天然植物作为原料制备土木工程材料已有久远历史，早在新石器时代，我们的祖先就能够利用茅草作为土的加筋材料。在陕西半坡村发现的距今六七千年前的仰韶遗址中，有很多简单房屋都是利用草泥修筑墙壁和屋顶。在玉门一带的距今两千多年前的汉长城遗址中，可发现用砂、砾石和红柳或芦苇压叠而成的城墙。时至今日，在我国一些地区仍有利用稻草、禾谷秸秆等加筋土泥用作土坯墙体、屋顶防雨层等。古人利用天然纤维材料进行河道护岸工程或抢险工程的历史也相当悠久，在我国汉代时部分相应技术已相当成熟。汉成帝建始四年（公元前29年），黄河在馆陶及东郡金堤决口，《汉书·沟洫志》和《资治通鉴》中均有记载：河堤使者王延世"以竹落长四丈，大九围，盛以小石，两船夹载而下之。三十六日，河堤成"。自先秦有称为"茨防"建筑，历经逐代改进，在宋代技术较为成熟，逐步形成我国特有的"埽工"，以梢料、柳枝、秸料、竹苇、麻绳、木桩等杂料和土石分层捆束制成的河工建筑物，可用于护岸、堵口和筑坝等。国外利用天然植物作为岩土工程材料的历史也有四五千年，英国人曾于公元前3000年以前在沼泽地带用木排修筑道路，古巴比伦人曾于约公元前2000年至前1000年间利用土中加筋修筑庙塔，荷兰在水利工程上曾大量利用柳条加固堤防。

天然植物作为岩土工程材料致命的缺点就是易腐烂，不能耐久。利用金属作为土的加筋材料，为岩土工程材料开辟了一个新的领域。20世纪初，在美国曾利用金属杆件分层加固一座土坝的下游坝坡。到1965年法国工程师Henri Vidal根据三轴试验结果提出了较为系统的加筋土理论。金属加筋的应用才得到迅速推广，以后又发展到利用钢筋混凝土构件作为土的加筋材料。金属材料的应用虽然比利用天然植物有很大进步，但由于金属容易锈蚀、抵御化学腐蚀的能力较弱、成本较高等原因，金属加筋岩土工程材料的应用也受到了很大的限制。

近代合成树脂（塑料）、合成纤维和合成橡胶等人工合成材料的发展，为土工合成材料的发展提供了新的契机。人工聚合物的发展始于19世纪70年代至20世纪初，直到20世纪30年代至50年代才使得不同类型的合成纤维投入生产并得到广泛应用。关于土工合成材料的应用历史，可以追溯到20世纪的50年代。现已考证，土力学的奠基者太沙基（K. Terzaghi）当时用滤层布（土工织物）作为柔性结构物结合水泥灌浆，封闭Mission坝（现已改称为太沙基坝）岩石坝肩与钢板桩间隙。在同一工程，用池垫（土工膜）防止上游黏土铺盖脱水。据有关资料显示，土工合成材料的应用历史可能更早，1926年美国公路部门曾采用过在棉布上洒沥青而制成的材料，其形式类似于土工膜；在20世纪30年代美国已用塑料布用到游泳池的防渗措施之中。到20世50年代，美国、苏联、印度等国家开始在渠道表层采用土工膜的防渗措施，荷兰三角洲工程是土工织物最早大规模应用的实例，估计用量超过1000万m^2，大大促进了土工合成材料的工程应用。20世纪60年代，合成纤维土工织物在美国、欧洲和日本逐渐推广。于20世纪60年代末期非织造土工织物（无纺布）的应用，给土工合成材料带来新的生命。1968年，荷兰又开发研制成双层土工织物缝制成的用于护岸的混凝土模袋。1968年在，日本开始使用土工网填土坡，帮助坡缘填土压实，以增大其强度和稳定性。与此同时，土工网也被用在软基上筑堤，以后又发展为在堤底全面铺设。20世纪80年代后，出现了排水带，路堤下用非织造织物作加筋，以及土工织物加筋挡墙等应用实例。

土工合成材料在我国的应用也可以追溯到20世纪的60年代，北京市东北旺农场南干渠使用聚氯乙烯土工膜防渗。1974年，江苏江都县嘶马长江的湖岸工程采用聚丙烯编织布，聚氯乙烯绳网和混凝土块组成整体沉排，防止河床冲刷，是有纺织物首次应用的成功实例。1981年，铁路部门首先将无纺织物作为隔离材料应用于防治"翻浆冒泥"现象。1984年，无纺织物作为反滤材料首次成功地应用于云南麦子河工程大坝上。1983年，铁路部门在广茂铁路路基中第一次采用了土工织物铺设在软土地基表面，增加了路堤的稳定性。1998年我国的防洪抢险中土工合成材料发挥了很大的作用，展现了前所未有的应用土工合成材料热潮，其后出现了不少"示范工程"、规范和专著，进一步促进了土工合成材料的应用和研究。

由于土工合成材料的早期产品主要是透水的土工织物（俗称土工布）和基本不透水的土工膜以及组合产品，土工合成材料在早期曾被称为"土工织物"和"土工膜"。随着工程建设需要、制造技术发展和应用研究的开展，许多新的土工合成材料产品种类相继出现。如编织布与土工膜相结合的复合土工合成材料、编织土工布、塑料排水管等土工合成材料，土工格栅、土工格室、土工泡沫板等特种土工合成材料等。显然，原来的名称"土工织物"和"土工膜"已不能准确地涵盖全部产品，在1994年新加坡召开的第5届国际土工合成材料学术讨论会议上，这类材料被正式定名为"土工合成材料"。

11.2 土工合成材料的种类

土工合成材料的分类，国际上尚未形成统一的标准。根据《土工合成材料应用技术规范》和交通行业标准《公路土工合成材料应用技术规范》，可以将其分为四类，见表11-1。

表 11-1 土工合成材料类型

大类	亚类		典型品种
土工合成材料	土工织物	有纺（织造）土工织物	机织（含编织）、针织等
		无纺（非织造）土工织物	针刺、热粘、化学粘合等
	土工膜	聚合物土工膜	
	土工复合材料	复合土工膜	一布一膜、两布一膜等
		复合土工织物	
		复合防排水材料	排水板（带）、长丝热粘排水体、排水管、防水卷材、防水板等
	土工特种材料	土工格栅	塑料土工格栅、玻纤格栅、聚酯经编格栅、黏结（焊接）钢塑土工格栅等
		土工带	塑料土工加筋带、钢塑土工加筋带等
		土工格室	有孔型、无孔型
		土工网/土工网垫	二维土工网、三维土工网垫等
		土工模袋	机织模袋、针织模袋等
		超轻型土工合成材料	泡沫聚苯乙烯板块（EPS）
		土工织物膨润土垫	
		植生袋	

11.2.1 土工织物

土工织物是采用编织技术生产的具有透水性的土工合成材料。根据制造方法不同可分为有纺土工织物（编织物、机织物、复合织物）和无纺土工织物。

1）编织物：采用缠结、缠绕、扎结等工艺制造的土工织物。
2）机织物：用机器编织而成的、具有经、纬线的土工织物。
3）复合织物：是采用缝制、针刺等方法制造的土工织物。
4）无纺织物：是采用机械固着法、热粘法、化学粘合法将纤维集成在一起的织物。

土工织物的特点是质量轻、整体连续性好,可做成较大面积的整体,长度可达数百米乃至上千米,并且施工简便、抗拉强度高、耐腐蚀和抗微生物侵蚀性好。

11.2.2 土工膜

土工膜是不透水的一类土工合成材料,可分为沥青土工膜和聚合物土工膜两类。沥青土工膜主要为复合型的(含编织型或无纺型的土工织物)。聚合物土工膜视原材料的不同分为塑性土工膜和组合型土工膜。

11.2.3 土工复合材料

以两种或两种以上材料复合成的土工合成材料。其特点是将构成材料的不同特性综合起来,从而具有多种工程性质。土工复合材料主要包括如下几种产品:

1)复合土工膜:土工膜与土工织物组合,主要用来防渗、加筋和增强与土面之间摩阻力的作用。

2)复合土工织物:玻璃纤维(或合成纤维)为增强材料,通过与短纤针刺无纺布复合等方式而合成的新型土工材料,可用于加筋增强,隔离防护。

3)土工复合排水材料:土工复合排水材料是以无纺土工织物和土工网、土工膜或不同形状合成材料芯材组成的土工应用的排水材料,如塑料排水带常用于软土地基处理,可加速排水固结。

11.2.4 土工特种材料

1)土工格栅:是由抗拉条带单元结合形成的有规则网格型式的加筋土工合成材料,其开孔可容填筑料嵌入。

2)土工带:经挤压拉伸或再加筋制成的条带抗拉材料。

3)土工格室:由土工格栅、土工织物或具有一定厚度的土工膜形成的条带通过焊接、插件或扣件等方法连接,展开后构成蜂窝状或网格状的三维结构材料,主要用于护坡或植草绿化。

4)土工网:二维的由条带部件在结点连接而成有规则的网状土工合成材料,可用于隔离、包裹、排液、排气。

5)土工网垫:由热塑性树脂制成的三维结构,也称三维植被网,是高分子聚合物经挤出制成的网状材料或其他材料经编织形成的网状材料,主要用于护坡或植草绿化。

6)土工模袋(简称模袋):由双层的有纺土工织物制成的带有格状空腔的袋状结构材料,可用高压泵将混凝土或砂浆灌入其中,形成板状或其他形状的防护块体。它可以代替模板成型混凝土或砂浆。

7)超轻型土工合成材料:主要是泡沫聚苯乙烯块,用作路基填料,可减轻自重、减小工后沉降;也可用作防冻层。

8)土工织物膨润土垫:土工织物或土工膜包入膨润土或其他低透水性材料,并通过针刺、缝接或化学粘制成的一种防水材料。

9)植生袋:采用孔隙率为70%~99.5%的多功能过滤毯状纤维,运用针刺法和喷胶法生产出的,内含草种、灌木种、培养料、保水剂和肥料等绿化辅料的袋状材料。

11.3 土工合成材料的性能

11.3.1 土工织物的基本性能

土工织物发挥的效果直接与土工织物的力学特性和水力学特性有关，同时要考虑其物理性能与耐久性能。为了有效地在实际工程中应用土工织物，有必要事先了解土工织物的这些特性，并通过适当的测试手段加以测定。

1. 土工织物的物理性能

（1）单位面积质量　单位面积质量，即每平方米土工织物的质量，称为土工织物的基本质量（g/m²）。在选用土工织物产品时，单位面积质量是必须考虑的技术和经济指标。通常，对于任何一种系列土工织物产品，其单价与单位面积质量大致成正比。

（2）厚度　土工织物的厚度是指在 2kPa 法向压力下，其顶面与底面之间的距离（mm）。土工织物的厚度随法向压力变化而变。

（3）孔隙率　孔隙率是指非织造土工织物所含孔隙体积与总体积之比，以百分数（%）表示。该性能指标不直接测定，由单位面积质量、密度和厚度用下式计算得到

$$n_p = 1 - \frac{M}{\rho \delta} \quad (11\text{-}1)$$

式中，n_p 为孔隙率（%）；M 为单位面积质量（g/m²）；ρ 为原材料密度（g/m³）；δ 为厚度（m）。

因土工织物的孔隙率与厚度有关，所以孔隙率也随压力增大而变小。

2. 土工织物的力学性能

针对土工织物在设计和施工中所受荷载性质不同，其力学性能指标分为下列几种：抗拉强度、握持抗拉强度、撕裂强度、胀破强度、CBR 顶破强度、圆球顶破强度、刺破强度等。在前 3 项试验中，试样为单向受力，其纵向和横向强度需分别测定；而后 4 项试验中，试样为圆形，承受轴对称荷载，纵横双向同时受力。在上述众多力学指标中，最基本的是抗拉强度。

（1）抗拉强度　抗拉强度也称为条带法抗拉强度，为单向拉伸，是力学性能中的重要指标。纵向和横向抗拉强度表示土工织物在纵向和横向单位宽度范围能承受的外部拉力，单位为 kN/m。对应抗拉强度的应变为土工织物的延伸率，用百分数（%）表示。

在各种功能的应用中对抗拉强度都有一定的要求。当用于加筋和隔离功能时，抗拉强度是主要的设计指标，而在排水和反滤功能的工程中，抗拉强度虽不是主要指标，但由于铺设过程中会受到扯拉、顶压、撕破等各种施工荷载，运用过程中也可能因建筑物变形而受拉，所以对强度也有一定要求。

现在测试抗拉强度的方法一般是沿用纺织部门测定纺织品抗拉强度的方法，即在无约束的条件下进行测试，其结果只能反映土工织物本身的强度，如图 11-1a 所示。由拉伸试验所得到的土工织物的应力-应变关系通常是非线性的，因此其拉伸模量往往也是指在某一应力（或应变）范围内的模量值。通过试验所确定的抗拉强度、应力-应变关系、拉伸模量、延伸率以及韧度值等，因试验方法、土工织物原材料种类、土工织物种类以及所受拉力的方向

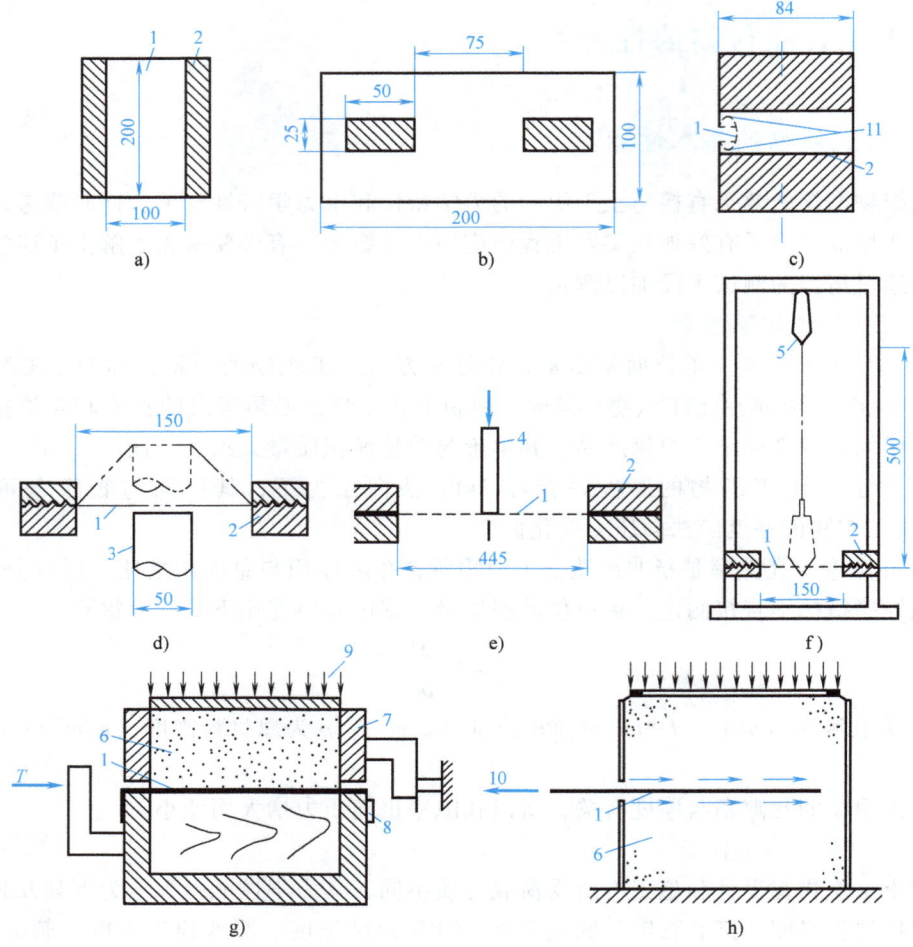

图 11-1 土工织物力学性能试验

a) 宽条抗拉强度试验 b) 握持抗拉强度试验 c) 梯形撕裂强度试验 d) 顶破强度试验
e) 刺破强度试验 f) 穿透强度试验 g) 直剪试验 h) 拉拔试验
1—土工织物 2—夹具 3—圆柱活塞 4—金属杆 5—金属尖锥 6—土样 7—剪力盒 8—箍具
9—垂直荷载 10—拉拔力 11—已有裂缝

不同而不同,如图 11-2 所示。对有纺织物,沿经向或纬向的抗拉模量要比其他方向的抗拉模量大得多,而无纺织物在不同方向上的抗拉模量比较均匀,如图 11-3 所示。

(2) 握持抗拉强度 握持抗拉强度表示土工织物抵抗外来集中荷载的能力,试验时仅 1/3 试样宽度被夹持,进行快速拉伸。测定握持抗拉强度的试验方法与测定抗拉强度的方法基本相同,只是夹具所夹的织物面积较小,见图 11-1b。握持抗拉强度直接采用"力"的单位,其值一般为 0.4~5kN,土工织物对集中荷载的扩散范围越大,则握持抗拉强度越高。

(3) 撕裂强度 撕裂强度表示沿土工织物某一裂口将裂口逐步扩大过程中的最大拉力。测定撕裂强度的方法有多种,梯形撕裂强度试验较常用,如图 11-1c 所示。土工织物的撕裂强度值一般为 0.3~1.5kN。

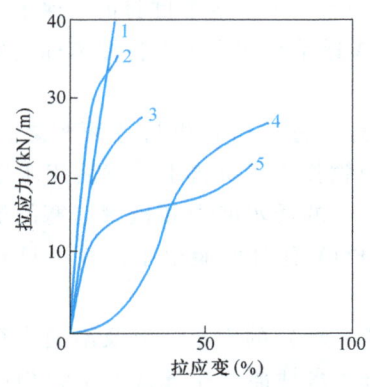

图 11-2 土工织物拉伸应力-应变关系
1—扁丝有纺织物（140g/m²） 2—复丝有纺织物
（225g/m²） 3—单丝有纺织物（170g/m²）
4—针刺无纺织物（170g/m²） 5—热粘无纺织物（115g/m²）

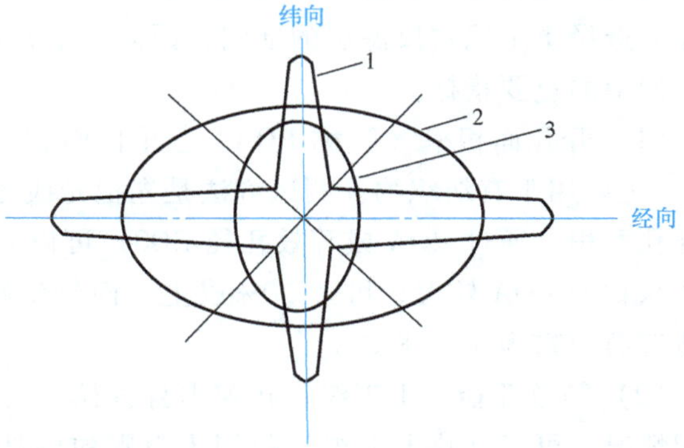

图 11-3 土工织物抗拉模量极坐标曲线
1—有纺织物 2—无纺织物 3—短纤维无纺织物

（4）顶破强度　顶破强度是反映土工织物抵抗垂直于织物平面压力的能力。当前常用的测试方法有"液压（或气压）顶破试验""圆球顶破试验"和"CBR顶破试验"。土工织物的液压顶破强度一般为1~9kPa。图11-1d所示为CBR顶破试验示意图。

（5）刺破强度　刺破强度指标可以反映织物抵抗带有棱角的块石或树杆刺破的能力。试验方法与上述圆球顶破试验相似，只是以金属杆代替圆球，如图11-1e所示。试样刺破时的荷载值即作为刺破强度，土工织物的刺破强度一般为0.2~1.5kN。

（6）穿透强度　穿透强度指标可以反映织物抵抗带尖锥状物件动态冲击的能力。测定穿透强度的试验称"尖锥降落试验"或"冲击试验"，可用以模拟具有尖角的石块或带尖角的工具跌落在织物上的破坏情况。按照瑞士建议的方法，进行穿透试验时，先将织物固定在内径为15cm的环形夹具上，用质量为1kg、顶角为45°的金属尖锥自60cm高度下落在试样上，然后量测试样被穿透的孔径大小，以mm为单位。孔径越小，则抗穿透强度越大，如图11-1f所示。

（7）土工织物与土体之间的相互作用　当土工织物用作土的加筋材料，或将土工织物用作反滤层铺放在土坡上时，都需要了解土工织物与土相互间的剪应力。常用的测试方法有直剪试验与拉拔试验两种，如图11-1g、h所示。

（8）疲劳强度（疲劳极限）　材料在动荷载及反复荷载作用下的强度称作疲劳强度，其值低于静荷载强度。土工织物疲劳强度的试验方法，一般可用宽条试样，施加一定荷载，拉伸到一定长度，然后卸荷。这种过程反复多次，直到试样断裂为止。织物能够承受无限次的反复荷载的最大值称作"疲劳极限"。根据条状试样抗拉试验结果，土工织物的疲劳极限约为静荷载强度的40%~60%。这种试验是在无约束条件下进行的，不一定符合织物埋在土中的实际情况。针刺无纺织物的疲劳极限要比热粘或化学粘合的无纺织物高一些。

（9）蠕变特性　土工织物具有显著的蠕变特性。织物在长期受力的情况下，即使荷载不变、应力低于断裂强度、变形仍然会不断增大，甚至导致破坏。

3. 土工织物的水力学特性

水力学特性是指能借以描述土工织物阻止土料颗粒随渗水流失的能力，以及土工织物透水能力的有关指标，包括开孔面积率、等效孔径和渗透系数等。鉴于目前仍以保土和透水性能作为选择土工织物反滤层的准则，因此等效孔径和渗透系数两个水力特性指标是反滤和排水功能中的重要指标。

(1) 开孔面积率（简称 POA） 开孔面积率即织物的开孔面积与总面积之比（百分比），主要用于有纺织物。测试方法是先把光线通过织物投影到屏幕上，然后用求积仪量出其开孔面积。通过 POA 或等效孔径 EOS，可以判断织物的透水能力和抵御堵塞的能力。单丝纺织物的 POA 较大，可达 30% 以上；而编织物的 POA 有时可能很小，最小只有 0.1%；一般有纺织物为 4%~8%。

(2) 等效孔径 土工织物孔隙本身直径（常用 O 表示）的大小，以及不同直径的孔隙级配情况，可以反映土工织物阻挡土料颗粒的性能与透水性能。在进行土工织物反滤设计时，通常需要使用"孔隙级配曲线"。该曲线是在测定孔径大小的基础上绘制的。土工织物的孔径分布曲线形状与土的颗粒分布曲线相似。

(3) 渗透系数 根据工程应用的需要，常需考虑垂直于织物面方向的渗透特性，或平行于织物面方向的渗透特性。垂直渗透系数为水力梯度等于 1 时，水流垂直通过土工织物的渗透速率，单位为 cm/s。透水率为水位差等于 1 时的渗透速率，单位为 1/s。水平渗透系数为水力梯度等于 1 时水流沿土工织物平面的渗透速率，单位为 cm/s。导水率为沿土工织物单位宽度内的输水能力，单位为 cm^2/s。

4. 土工织物的耐久性

土工织物的耐久性包括很多方面，主要是指对紫外线辐射、温度的变化、化学侵蚀、干湿变化、冻融变化和机械磨损等外界因素的抗御能力。这些性能与聚合物的类型及添加剂的性质有关，一般按工程要求进行专门研究或参考已有工程经验来选取。

11.3.2 土工薄膜的基本性能

土工膜的主要特点是透水性极低，其工程特性随类别、制作方法、产品类型的不同而发生很大变化。土工膜除具有很好的不透水性外，还有很好的弹性和适应变形能力、良好的耐老化能力，尤其适用于水下工程。

土工薄膜的基本性能主要包括力学性能和渗透性能（防渗性能），见表 11-2。

表 11-2 土工薄膜的基本性能

性能	氯化聚乙烯 CPE	高密度聚乙烯 HDPE	聚氯乙烯 PVC	氯磺聚乙烯 CSPE（Hypalon）	耐油聚氯乙烯 PVC-OR
顶破强度	好	很好	很好	好	很好
撕裂强度	好	很好	很好	好	很好
伸长率	很好	很好	很好	好	很好
耐磨性	好	很好	好	好	—
热力特性(低温柔性)	好	好	较差	很好	较差
尺寸稳定性	好	好	好	差	很好
最低现场施工温度/℃	-12	-18	-10	5	5
渗透系数/(m/s)	10^{-14}	—	7×10^{-15}	3.6×10^{-14}	10^{-14}

（续）

性能		氯化聚乙烯 CPE	高密度聚乙烯 HDPE	聚氯乙烯 PVC	氯磺聚乙烯 CSPE（Hypalon）	耐油聚氯乙烯 PVC-OR
极限铺设边坡		1:2	垂直	1:1	1:1	1:1
现场拼接	溶剂	很好	好	很好	很好	很好
	热力	差	—	差	好	差
	胶黏剂	好	—	好	好	好
最低现场黏结温度/℃		-7	10	-7	-7	5
相对造价		中等	高	低	高	中等

1. 土工薄膜的力学特性

（1）抗拉强度　用与土工织物抗拉试验类似的方法，对土工薄膜进行抗拉试验，即可获得其抗拉强度与应力-应变关系。图11-4所示是无筋土工薄膜与加筋土工薄膜的应力-应变曲线，加筋土工薄膜的断裂强度远小于屈服强度。与无筋土工薄膜相比较，加筋土工薄膜屈服前的抗拉强度要明显增大，且屈服前的应变值又显著减小。一般即以土工薄膜的屈服强度作为抗拉强度。

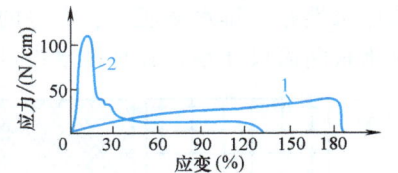

图11-4　土工薄膜应力-应变曲线
1—无筋土工薄膜　2—加筋土工薄膜

（2）土工薄膜的撕裂强度、刺破强度和穿透强度　无筋土工薄膜的撕裂强度很低，一般只有20～150N；加筋土工薄膜的较高，一般为100～500N。

土工薄膜的刺破强度和穿透强度的特点与土工织物基本相同；厚度越大强度也越大。无筋土工薄膜的刺破强度为50～500N，加筋土工薄膜为250～2500N。

（3）土工薄膜与土、土工薄膜与土工织物之间的摩擦力　在土工薄膜用于土坝斜墙防渗体等工程中，土工薄膜与其下面材料之间摩擦力的大小，对分析边坡稳定问题至关重要。

2. 土工薄膜的渗透性能（防渗特性）

土工薄膜的渗透性能包括防止水流渗透的特性，以及防止水汽、气体和有害物质渗透的特性。由于这些渗透的机理与影响因素不尽相同，因而测定相应渗透特性的试验方法也不一样。在水利工程中主要是考虑防止水流渗透的问题。

对水利工程中防止水流渗透而做的土工薄膜渗透试验，通常是在压力水作用的条件下进行的，并认为水流通过薄膜时符合达西定律，据以整理出渗透系数值或透水率值。有时还要考虑在高水头作用下土工薄膜有被刺破或被撕裂的可能，因此还要做土工薄膜的液压刺破试验。

3. 土工薄膜的耐久性

土工薄膜不一定埋藏在深处，因此抗温度变化及抗老化的性能更为重要。使土工薄膜变质或老化的主要因素为：热、氧、光、臭氧、水汽、大气中的二氧化氮和二氧化硫、溶剂、低温、酶、细菌及高应力等。聚合物土工薄膜一般不会因温度变化而分解，但工业废水池中衬护的聚合物薄膜会因氧化温升而分解，聚合物薄膜一般能抵抗微生物破坏。

了解聚合物的基本性质，有助于根据水库水质、坝址大气污染情况及气候条件选择适当的聚合物,并在设计和施工时采取正确结构形式和工艺措施。例如,土工薄膜表面应有一定的土石料或混凝土覆盖,以免紫外线照射、高温低温影响、生物破坏及机械损伤等。

11.3.3　土工格栅的基本性能

土工格栅是一种优良的土工加筋材料,具有较高的抗拉强度,较小的变形和蠕变,在阳光下也有较好的稳定性。土工格栅可以是用聚合物经冲压而成的带空格的板状材料,也可以是将线状构件相互结合而成的网状材料。图11-5所示为几种不同规格的土工格栅。

11.3.4　塑料排水板的基本性能

塑料排水板又称塑料排水带,由塑料芯板和外包反滤套组成的复合型土工织物,是一种用作竖向排水的理想材料,有波浪型、口琴型等多种形状,如图11-6所示。塑料排水板具有滤水性好,排水畅通,有良好的强度和延展性,能适合地基变形能力而不影响排水性能,排水板断面尺寸小,施打排水板过程中对地基扰动小等特点。

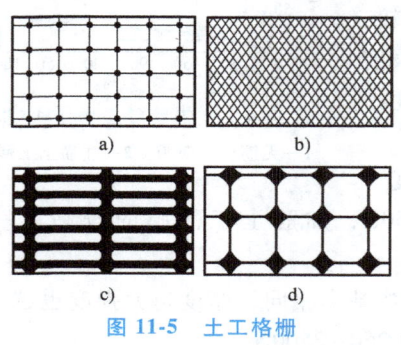

图11-5　土工格栅
a)"坦沙"SS_2　b)"奈特龙"(网状)
c)"坦沙"SR_2　d)"坦沙"GM

图11-6　塑料排水板

11.3.5　聚苯乙烯泡沫塑料的基本性能

聚苯乙烯泡沫塑料(EPS)是在聚苯乙烯中添加发泡剂,用所规定的密度预先进行发泡,再把发泡的颗粒放在筒仓中干燥后填充到模具内加热形成的。它是近年来发展起来的超轻型土工合成材料。EPS具有质量轻、耐热、抗压性能好、吸水率低、自立性好等优点,常用作铁路路基的填料。

11.4　土工合成材料的功能及工程选用

11.4.1　土工合成材料的功能及应用

土工合成材料的种类很多,其功能也是多方面的,而且新的用途不断出现。当前,其主要功能为加筋、过滤、排水、隔离、防渗、防护等六种,见表11-3。土工合成材料应用举例如图11-7所示。

表 11-3 土工合成材料的功能及应用

功 能		应 用
加筋作用	土工织物、土工格栅、土工网等都具有很强的加筋功能,可以有效地分布土体的应力,增加土体的强度,限制土体的侧限位移,提高土体的整体性及稳定性。这方面最好的实例是利用土工格栅加筋粒料垫层处理公路软土地基,可以有效地控制土基的工后沉降,避免路基不均匀沉降造成路面开裂破坏。可以通过"宏观加筋"与"微观加筋"两种方式实现	1)在道路、防波堤等工程中,用以加强软土地基,同时起隔离与过滤作用; 2)加强边坡稳定性或用于加筋挡土墙中; 3)加固柔性路面,防止反射裂缝的发展; 4)其他:加固地基;制造石笼、土砂石袋;施工场地的地基上铺放土工织物既可起到隔离作用、反滤作用,又可起加筋作用
过滤作用	把土工织物置于土体表面或相邻土层之间,可以有效地阻止土颗粒的通过,从而防止土颗粒过量流失而造成土体的破坏,同时允许土中的水或气体穿过织物自由排出,以免由于孔隙水压力的升高造成土体的失稳破坏	1)土石坝或堤防内的各种排水体的滤层; 2)堤、坝、河、渠及海岸湖泊的滤层; 3)挡土墙后背的滤层; 4)排水暗管或暗沟周边的滤层; 5)水利工程如水井、减压井或测压管周边的滤层; 6)道路底基层于土基之间的土工织物隔离层
排水作用	较厚的针刺型无纺织物和具有多孔隙的复合型土工合成材料都可以起到排水作用,在土体中形成排水通道,把土中的水分汇集起来,并沿着材料的平面排出,增强土体的水稳定性和抗冻性	1)土坝内部、软基处理中的垂直或水平排水; 2)埋入土体中(比如水力冲填坝中),消散孔隙水压力; 3)挡土墙、隧洞及各种建筑物周边的排水; 4)道路路基中的土工织物隔离层也可起到排水作用
隔离作用	土工织物和土工膜都可以起到隔离作用。把两种不同粒径的填料(如土、砂、碎石等)与其他结构分隔开来,从而保持材料和结构各自的完整性,或避免发生土质流失现象	1)道路、机场和各种场地基层碎石与路(地)基之间的隔离层; 2)在水坝中,隔离不同的筑坝材料,有时还同时起到加筋作用; 3)土石混合坝、石笼及沙袋与软土地基之间的隔离等; 4)人工填土、材料堆场与地基的隔离层等
防渗作用	某些土工合成材料,可以防止液体的渗漏、气体的挥发,进而达到保护环境或建筑物安全。加筋土工薄膜或组合土工织物的防渗效果更好	1)坝体、库区、地下水库或水闸防渗措施及渗漏处理措施; 2)渠道、隧道防渗措施; 3)防止各类大型液体容器的渗漏与蒸发; 4)建筑物的防潮、防渗措施; 5)各种土建工程中的防渗措施
防护作用	多种土工合成材料对土体或水面起到防护作用	1)防止河(海)岸被冲刷,防止水土流失; 2)防止垃圾、废液污染地下水或散发臭味; 3)防止水蒸发或大气中的灰尘污染水面; 4)防止路面反射裂缝; 5)防止土体冻害; 6)地下工程中为防止对邻近建筑物的影响而采取的防护措施

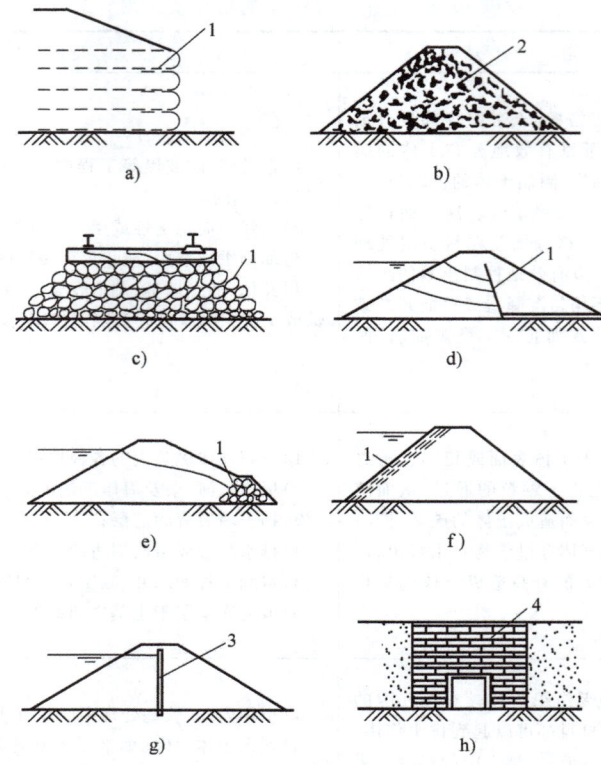

图 11-7 土工合成材料应用举例

a）土堤宏观加筋　b）土堤微观加筋　c）路基隔离　d）土坝烟囱式排水　e）土坝棱体排水反滤　f）土坝上游护坡　g）土坝防渗心墙　h）涵洞上部回填

1—土工织物　2—合成材料　3—土工薄膜　4—泡沫塑料

11.4.2　土工合成材料的工程选用

随着土工合成材料新产品、新技术、新工艺的不断研发，其应用范围和领域也得到了极大的拓展，已广泛应用于航道、堤坝、水库、码头、围堤、铁路、公路、机场等工程中。近期，也出现了土工合成材料成功应用在固化土海上围堤新技术进行淤泥筑堤的研究与实践，土工合成材料也具有应用于海绵城市的极大可能性。

土工合成材料可应用于公路路基、挡墙、路基防排水、路基防护、路基不均匀沉降防治、路面裂缝防治、特殊土和特殊路基处治、地基处理等工程中，土工合成材料的工程选用见表 11-4。

表 11-4　土工合成材料的工程选用

应用场合	宜采用的土工合成材料
路基加筋	土工织物、土工格栅、土工格室
地基处理	排水带、无纺土工织物、土工格栅、土工格室、聚苯乙烯泡沫塑料板块
路基防排水	排水板、排水管、长丝热粘排水体、缠绕式排水管、透水软管、透水硬管、复合土工膜、无纺土工织物、土工织物膨润土垫
路基防护	三维土工网、平面土工网、土工格室、土工膜袋、植生袋

(续)

应用场合	宜采用的土工合成材料
路基不均匀沉降	土工格栅、土工织物、土工格室、聚苯乙烯泡沫塑料板块
防沙固沙	土工格室、土工织物、土工格栅
膨胀土路基处治	土工格栅、无纺土工织物、复合土工膜
盐渍土路基处治与构筑物表面防腐	复合土工膜、土工织物、土工格栅
路面裂缝防治	无纺土工织物、玻璃纤维格栅

思考题与习题

11-1 土工合成材料的种类有哪些？它们各有什么特点？

11-2 土工薄膜的基本性能有哪些？土工薄膜的作用有哪些？

11-3 土工合成材料的工程应用有哪些？

11-4 道路反射裂缝是沥青路面普遍存在的一种病害现象，由道路基层的裂缝所引起。某城市某沥青面层裂缝严重、干涩，且结合料黏力不足，致使旧路面全部粗颗粒外露、细颗粒失散、脱皮且碎裂，形成大小密布的坑洞，必须进行补强处理。补强处理的办法是将旧路作为基层，在面上直接铺置土工织物沥青混凝土双层罩面（即在新罩面层和开裂基层面之间加铺土工布—沥青体系），对路面裂缝进行处理，效果良好。请结合该实例分析土工织物的特性。

11-5 在航道工程中，大量采用的土工织物软体排，主要是利用了土工织物的（　　）作用。（2007 年一级建造师试题）

A. 排水　　　　　　B. 隔离　　　　　　C. 防护　　　　　　D. 防渗

11-6 下列材料中，属于土工复合材料的有（　　）。（2012 年二级建造师试题）

A. 土工布　　　　　B. 塑料排水管　　　C. 软式排水管　　　D. 土工模袋

E. 土工格室

第12章 建筑功能材料

本章提要

本章主要介绍了常用建筑功能材料,如建筑防水材料、建筑保温绝热材料、建筑吸声隔声材料、建筑防火材料、建筑装饰材料的品种、性能、技术要求及用途。

本章重点是建筑防水材料和建筑保温绝热材料的种类、性能及用途,难点是熟悉各类防水材料和建筑保温绝热材料的性能,并正确地选用,了解各种功能材料的发展趋势。

通过本章学习,应掌握主要建筑功能材料的基本性能;熟悉常用功能材料的分类及应用,常用建筑功能材料的技术要求及质量评定方法。

建筑功能材料主要是指赋予建筑物特殊使用功能且非承重用的一大类材料,这些材料用来弥补建筑结构材料难以实现的某些特殊功能,它们以材料的力学性能以外的功能为特征,赋予建筑物如防水、防火、保温、采光、隔声、装饰等功能,决定着建筑物的使用功能与建筑品质。建筑功能材料种类繁多,本章将主要介绍建筑防水材料、绝热材料、吸声隔声材料、防火材料和装饰材料等建筑功能材料。

12.1 建筑防水材料

防水材料是保证建筑物防止雨水、地下水及其他水分的侵蚀、渗透的功能材料,其质量的优劣直接影响到人们的居住环境、卫生条件以及建筑物的使用寿命。

传统的建筑防水主要是油毡、沥青等,但由于沥青在性能上的先天不足(如延伸率较小、温度敏感性强、抗老化能力较差),致使防水效果不佳。随着现代科技的发展与进步,建筑防水材料的品种越来越多,性能也越来越好,依据其外观形态,可分为防水卷材、防水涂料、密封材料等三大类。

12.1.1 防水卷材

防水卷材是可卷曲成卷状的柔性防水材料,可分为沥青防水卷材、高聚物改性沥青防水卷材和合成高分子防水卷材三大类。后两类卷材综合性能优越,是目前国内大力推广使用的新型防水卷材。

不论何种防水卷材,要满足建筑防水需要,均应有良好的耐水性、温度稳定性和大气稳定性(抗老化性),并应具备必要的机械强度、延伸性、柔韧性和抗断裂能力。

1. 沥青防水卷材

沥青防水卷材是以原纸、纤维织物等为胎基浸涂沥青(石油沥青、煤沥青等),再在表面撒布粉状或片状的隔离材料所制成的可卷曲的片状防水材料。其品种较多,按浸涂的沥青品种可分为石油沥青油毡和煤沥青油毡;按所用的胎基材料又分为沥青纸胎油毡、沥青玻璃布(或沥青玻璃纤维胎)油毡、沥青麻布胎油毡、铝箔面油毡等,其中最具代表性的是石油沥青纸胎油毡。

(1) 石油沥青纸胎油毡 沥青为主要浸涂材料,以原纸、纤维布等为胎基,表面施以隔离材料而制成的防水卷材。油毡的防水性能与原纸的质量、浸渍材料和涂盖材料的质量有着密切关系。根据《石油沥青纸胎油毡》规定,按卷重和物理性能分为Ⅰ型、Ⅱ型和Ⅲ型,其中Ⅰ型和Ⅱ型油毡适用于辅助防水、保护隔离层、临时性建筑防水、防潮及包装等;Ⅲ型油毡适用于屋面工程的多层防水。纸胎油毡的抗拉能力低、易腐烂、耐久性差,为了改善沥青防水卷材的性能,通常改进胎体材料。因此开发了玻璃布沥青油毡、玻纤沥青油毡、黄麻胎沥青油毡、铝箔胎沥青油毡等一系列沥青防水卷材。由于沥青材料的温度敏感性大,低温抗裂性差,易老化,所以此种油毡耐久性差,使用年限较短,使用效果不佳,逐渐被淘汰。

(2) 石油沥青玻璃布油毡 该油毡是用玻璃纤维布为胎基涂盖石油沥青,并在两面撒布粉状隔离材料制成,技术指标应符合《石油沥青玻璃布胎油毡》规定。此油毡的抗拉强度高,胎体不易腐烂,柔韧性好,耐久性比纸胎油毡提高一倍以上,适用于铺设地下防水、防腐层,并用于屋面做防水层及金属管道(热管道除外)的防腐保护层。

(3) 石油沥青玻璃纤维胎油毡 该油毡是采用玻璃纤维薄毡为胎基,浸涂石油沥青,表面撒以矿物材料或覆盖聚乙烯膜等隔离材料制成。玻璃纤维胎油毡按上表面材料分为PE膜面和砂面两个品种,按力学性能分为Ⅰ型和Ⅱ型,其技术指标应符合《石油沥青玻璃纤维胎防水卷材》规定。玻璃纤维胎油毡有良好的耐水性、耐蚀性和耐久性,柔韧性也优于纸胎油毡,使用寿命长,常用于屋面或地下防水工程。

(4) 石油沥青麻布胎油毡 该油毡是采用麻织品为底胎,先浸渍低软化点石油沥青,然后涂以含有矿物质填充料的高软化点石油沥青,再撒布一层矿物质石粉而制成。该卷材抗拉强度高,耐水性好,但胎体材料易腐烂,常用于屋面增强附加层。

(5) 铝箔面石油沥青油毡 铝箔面石油沥青油毡是用玻璃纤维毡为胎基,浸涂石油沥青,表面用压纹铝箔贴面,底面撒以细颗粒矿物料或覆盖聚乙烯(PE)膜制成的一种具有热反射和装饰功能的防水卷材。技术指标应符合《铝箔面石油沥青防水卷材》规定。由于该卷材能反射热量,从而降低了屋面及室内温度,能阻隔蒸汽的渗透,用于多层防水的面层和隔气层。

2. 高聚物改性沥青防水卷材

高聚物改性沥青防水卷材是以改性后的沥青为涂盖层,以纤维织物或纤维毡为胎基,粉状、粒状、片状或薄膜材料为覆盖材料制成的防水材料。它克服了传统沥青卷材温度稳定性差、延伸率低的缺点,具有高温不流淌、低温不脆裂、抗拉强度高、伸长率较大等优异性能。

改性沥青防水卷材是以改性沥青为涂盖层，纤维织物或纤维毡为胎体，粉状、片状、粒状或薄膜材料为覆盖层材料制成的防水卷材。沥青改性剂主要有 SBS、APP、再生橡胶或废胶粉等。

改性沥青防水卷材改善了普通沥青防水卷材温度稳定性差、伸长率小等不足，具有高温不流淌、低温不脆裂、抗拉强度较高、伸长率较大等特点。常见的有 SBS 改性沥青防水卷材、APP 改性沥青防水卷材、再生胶改性沥青防水卷材等。

（1）弹性体改性沥青防水卷材（SBS 卷材） 弹性体改性沥青防水卷材是以聚酯胎（PY）、玻纤胎（G）或玻纤增强聚酯胎（PYG）为胎基，以苯乙烯-丁二烯-苯乙烯（SBS）热塑性弹性体作石油沥青改性剂，两面覆盖隔离材料制成的卷材，简称 SBS 卷材。上表面隔离材料为聚乙烯膜（PE）、细砂（S）、矿物粒料（M），下表面隔离材料为聚乙烯膜（PE）或细砂（S）。

SBS 防水卷材耐高、低温性能、弹性和耐疲劳性明显优于普通沥青防水卷材，主要用于工业和民用建筑的屋面与地下防水工程。玻纤增强聚酯毡卷材可用于机械固定单层防水，但需要通过抗风荷试验。玻纤毡卷材适用于多层防水中的底层防水。如果外露使用，应采用上表面隔离材料为不透明矿物粒料的 SBS 卷材；地下工程防水应采用表面隔离材料为细砂的 SBS 卷材。

（2）塑性体改性沥青防水卷材（APP 卷材） 塑性体改性沥青防水卷材是以聚酯毡、玻纤毡或玻纤增强聚酯毡为胎基，以无规聚丙烯（APP）或聚烯烃类聚合物（APAO、APO）作为沥青改性剂，两面覆以隔离材料制成的防水卷材，简称 APP 卷材。上下表面隔离材料与 SBS 卷材相同。

APP 卷材的技术指标应符合《塑性体改性沥青防水卷材》规定，其性能与 SBS 改性沥青卷材接近，具有优良的综合性能，尤其是耐热性好、温度适应范围广（-15~130℃），耐紫外线能力比其他改性沥青卷材强，但低温柔韧性略差。广泛用于工业与民用建筑的屋面及地下防水工程，以及道路、桥梁等建筑物的防水，尤其适用于较高气温环境的建筑防水。

（3）再生胶改性沥青防水卷材 再生胶改性沥青防水卷材是由再生橡胶粉掺入适量的石油沥青和化学助剂进行高温高压处理后，再掺入一定量的填料，经混炼、压延而制成的无胎体防水卷材。

该卷材具有伸长率大、低温柔韧性好、耐蚀性强、耐水性好及热稳定性等特点，适用于屋面及地下接缝和满铺防水层，尤其适用于有保护层的屋面或基层沉降较大的建筑物变形缝处的防水。

3. 合成高分子防水卷材

合成高分子防水卷材是以合成橡胶、合成树脂或二者的共混体为基料，加入适量的助剂和填充料等，经过混炼、压延或挤出等工序加工而成的防水卷材称为合成高分子防水卷材，包括加筋增强型和非加筋增强型两种。

合成高分子防水卷材具有抗拉强度和抗撕裂强度高、断裂伸长率大、耐热性和低温柔性好、耐腐蚀、耐老化等一系列优异的性能，是新型高级防水卷材。常见的合成高分子防水卷材有三元乙丙橡胶防水卷材、聚氯乙烯防水卷材、氯化聚乙烯防水卷材、氯化聚乙烯-橡胶共混防水卷材等。

（1）三元乙丙橡胶（EPDM）防水卷材 三元乙丙橡胶防水卷材是目前性能最优的防水

卷材，广泛适用于防水要求高、耐用年限要求长的工业与民用建筑防水工程，特别适合于屋面单层外露部位的防水工程。但三元乙丙橡胶防水卷材价格高，且需要与之相配套使用的黏结材料。三元乙丙橡胶（EPDM）防水卷材是以乙烯、丙烯和少量双环戊二烯三种单体共聚合成的三元乙丙橡胶为主要原料，掺入适量丁基橡胶、硫化剂、促进剂、软化剂、补强剂和填充料等，经密炼、拉片、过滤、挤出（或压延）成型、硫化等工序加工而成的高弹性防水卷材，简称 EPDM 卷材。

三元乙丙橡胶防水卷材质量轻，耐老化和耐臭氧性好，弹性和抗拉强度大，对基层变形或开裂适应性强，耐高低温性能优良，使用寿命长（20 年以上），能用于严寒和酷热环境，并且可以冷施工，提高了工效，减少了环境污染。

（2）聚氯乙烯（PVC）防水卷材　聚氯乙烯（PVC）防水卷材是以聚氯乙烯树脂为主要基料，掺加填充料和适量的改性剂、增塑剂等，经混炼、挤出（或压延）成型等工序加工而成的防水材料。以 P 型产品为代表的 PVC 防水卷材的突出特点是抗拉强度高，断裂伸长率也较大，虽然与三元乙丙橡胶防水卷材相比其性能稍逊，但其原材料丰富，价格较便宜，所以应用更为广泛。

PVC 卷材的抗拉强度和断裂伸长率高，对基层的伸缩、开裂、变形适应性强；低温柔韧性好，可在较低的温度下施工和应用；焊接性好；具有良好的水蒸气扩散性。由于 PVC 卷材幅面宽，特别适用于大型屋面板、空心板做防水层及旧建筑混凝土构件屋面的修缮，也可用于地下室或地下工程的防水和防潮，以及对耐腐蚀有要求的室内地面工程的防水。

（3）氯化聚乙烯（CPE）防水卷材　氯化聚乙烯防水卷材是以含氯量为 30%~40% 的氯化聚乙烯树脂为主要原料，配以大量填充料及适当的稳定剂、增塑剂、颜料等制成的非硫化型防水卷材。氯化聚乙烯不仅具有合成树脂的热塑性，还具有橡胶状的弹性，且具有优良的耐老化、耐腐蚀等性能。

CPE 防水卷材有普通型、玻纤网布增强型和装饰防水型三种，适用于屋面作单层外露防水、有保护层的屋面、地下室、水池等工程的防水，也可作室内装饰的施工材料，兼具防水和装饰效果。

（4）氯化聚乙烯-橡胶共混防水卷材　氯化聚乙烯-橡胶共混防水卷材是以氯化聚乙烯树脂和合成橡胶为基料，加入各种适量的硫化剂、促进剂、稳定剂、软化剂和填充剂等，经过素炼、混炼、过滤、压延（或挤出）成型、硫化等工序加工而成的高弹性防水卷材。氯化聚乙烯-橡胶共混防水卷材兼有橡胶和塑料的特点。它不仅具有聚氯乙烯的高强度和优异的耐老化、耐臭氧性能，而且具有橡胶的高弹性、高延伸性以及良好的低温柔性，特别适用于寒冷地区或变形较大的建筑防水工程。从性能上看，该类卷材已接近三元乙丙橡胶防水卷材，其适用范围和施工方法与三元乙丙橡胶防水卷材基本相同，最适用于屋面工程作单层外露防水。但其原材料丰富，价格上与三元乙丙橡胶防水卷材比较有优势。

12.1.2　防水涂料

防水涂料是一种流态或半流态物质，涂布在基层表面，经溶剂或水分挥发或各组分间的化学反应，形成具有一定弹性和一定厚度的连续薄膜，使基层表面与水隔绝，起到防水和防潮作用。防水涂料按液态类型可分为溶剂型、水乳型和反应型三种；按成膜物质的主要成分可分为沥青类、高聚物改性沥青类和合成高分子类。防水涂料具有以下特点：

1）防水涂料在常温下呈液态，特别适宜在立面、阴阳角、穿结构层管道、不规则屋面、节点等细部构造处进行防水施工，固化后能在这些复杂表面处形成完整的防水膜。

2）涂膜防水层自重轻，特别适宜于轻型、薄壳屋面的防水。

3）防水涂料施工属于冷施工，可刷涂（刮），也可喷涂，操作简便，施工速度快，环境污染小，劳动强度低。

4）涂膜防水层可通过加贴增强材料来提高抗拉强度。

5）容易修补，发生渗漏可在原防水涂层的基础上修补。

6）涂料多需现场配制、人工操作，因此防水膜层的厚度均匀性和质量受现场条件、工人操作水平影响较大。

7）涂抹较薄，抗穿刺性差。

1. 沥青基防水涂料

沥青基防水涂料是以沥青为基料配制而成的防水涂料，分溶剂型和水乳型两类。

（1）溶剂型沥青防水涂料　溶剂型沥青防水涂料是将石油沥青直接溶解于汽油、煤油、柴油等有机溶剂后制得的沥青溶液，俗称冷底子油。冷底子油常随配随用，通常使用30%~40%的石油沥青和60%~70%的溶剂（汽油、煤油或柴油等），首先将沥青加热至180~200℃，脱水后冷却至130~140℃加入约溶剂量10%的溶剂，待温度降至约70℃时，再加入余下的溶剂搅拌均匀。储存时应使用密闭容器以防溶剂挥发。

冷底子油施工后所形成的涂膜很薄，一般不单独作防水涂料使用，而是先将它涂刷在建筑基层的表面，再在其上面用沥青胶（又称沥青玛蹄脂）粘贴防水卷材。冷底子油的黏度小，能渗入到混凝土、砂浆、木材等材料的毛细孔隙中，待溶剂挥发后，便与基面牢固结合，使基面具有一定的憎水性，为粘贴同类防水材料创造了有利条件。若在这种冷底子油层上面铺热沥青胶粘贴卷材时，可使防水层与基层粘贴牢固。

（2）水乳型沥青防水涂料　水乳型沥青防水涂料即水性沥青防水涂料，是借助于乳化剂的作用，在机械强力搅拌下，将熔化后的沥青微粒均匀地分散于溶剂中，使其形成稳定的悬浮体。目前常用的水乳型沥青防水涂料有石灰乳化沥青、水性石棉沥青防水涂料和膨润土沥青乳液等。

1）石灰乳化沥青。石灰乳化沥青是以石油沥青为基料，以石灰膏（氢氧化钙）为分散剂，以石棉绒为填充料加工而成的一种沥青膏浆（冷沥青悬浮液）。石灰乳化沥青生产工艺简单，随配随用，材料来源丰富，生产工艺简单，成本较低，在使用中都做成厚涂层，有较好的耐候性。缺点是涂层的延伸率较低，抗裂性较差，容易因基层变形而开裂而导致漏水、渗水；另外，在温度较低时易发脆，单位面积的耗用量也较大。一般结合嵌缝油膏、胶泥等密封材料用于工业厂房的屋面防水。

2）水性石棉沥青防水涂料。水性石棉沥青防水涂料是以石油沥青为基料，以碎石棉纤维为分散剂，在机械搅拌作用下制成的一种水溶性厚质防水涂料。该涂料无毒，无污染，冷施工。由于涂料中含有石棉纤维，涂料的稳定性、耐水性、抗裂性和耐候性较一般的乳化沥青好，且能形成较厚的涂膜，防水效果好，原材料便宜。缺点是施工温度要求高，一般要求在10℃以上，气温过高则易粘脚，影响操作。施工时配以胎体增强材料，可用于工业和民用建筑钢筋混凝土屋面防水，地下室、卫浴间、厨房间的防水以及层间楼板层的防水和旧屋面渗漏水的维修等。

3）膨润土沥青乳液。膨润土沥青乳液是以优质石油沥青为基料，膨润土为分散剂，经机械搅拌而成的一种水乳型厚质沥青防水涂料。该涂料可涂在潮湿的基面上形成厚质涂膜，耐久性好。涂层与基面的黏结力强，耐热度高，可达 90～120℃，适用于各种沥青基防水层的维修，可涂于屋顶钢筋、板面和油毡表面作保护层，也可用作复杂屋面、一般屋面及平整的保温面层上的防水层。

2. 高聚物改性沥青防水涂料

高聚物改性沥青防水涂料是以沥青为基料，用合成高分子进行改性制成的水乳型或溶剂型防水涂料，其柔韧性、抗裂性、抗拉强度、耐高低温性能、使用寿命等都比沥青类涂料有很大改善，品种有水乳型再生橡胶改性沥青防水涂料、氯丁橡胶沥青防水涂料、SBS 改性沥青防水涂料等。

（1）水乳型再生橡胶改性沥青防水涂料 该涂料（简称 JG—2 防水冷胶料）是水乳型双组分（A液、B液）防水冷胶结料。A液为乳化橡胶，B液为阴离子型乳化沥青，两液分别包装，现场配制使用。涂料呈黑色，为无光泽黏稠液体，略有橡胶味，无毒。经涂刷或喷涂后形成防水薄膜，涂膜具有橡胶弹性，温度稳定性好，耐老化性能及其他各项技术性能均比纯沥青和玛𬹺脂好，可以冷操作，加衬中碱玻璃丝布或无纺布等作为防水层，抗裂性好，适用于屋面、墙体、地面、地下室、冷库的防水防潮，也可用于嵌缝及防腐工程等。

（2）氯丁橡胶沥青防水涂料 氯丁橡胶沥青防水涂料可分为溶剂型和水乳型两种。

溶剂型氯丁橡胶沥青防水涂料（又名氯丁橡胶—沥青防水涂料），是氯丁橡胶和石油沥青溶化于甲基苯（或二甲苯）而形成的一种混合胶体溶液，其主要成膜物质是氯丁橡胶和石油沥青。

水乳型氯丁橡胶沥青防水涂料（又名氯丁胶乳沥青防水涂料），是以阳离子型氯丁胶乳与阳离子型沥青乳液相混合而成。它的成膜物质也是氯丁橡胶和石油沥青，但与溶剂型涂料不同的是以水代替了甲苯等有机溶剂，使其成本降低并无毒。

（3）SBS 改性沥青防水涂料 SBS 改性沥青防水涂料是以沥青、橡胶、合成树脂、SBS 及表面活性剂等高分子材料组成的一种水乳型弹性沥青防水涂料，低温柔韧性好，抗裂性强，黏结性能优良，耐老化性能好，与玻纤布等增强胎体复合能用于任何复杂的基层，防水性能好且可冷施工作业，是较为理想的中档防水涂料。

SBS 改性沥青防水涂料适用于复杂基层的防水施工，如卫浴间、地下室、厨房、水池等防水、防潮工程，特别适合于寒冷地区的防水施工。

3. 合成高分子防水涂料

合成高分子防水涂料是以合成橡胶或合成树脂为主要成膜物质，加入其他辅料制成的单组分或多组分的防水涂料。这类涂料具有高弹性、高耐久性及优良的耐高低温性能，主要品种有聚氨酯防水涂料、水性丙烯酸酯防水涂料、聚氯乙烯防水涂料和硅橡胶防水涂料等，其中聚氨酯防水涂料最具有代表性，应用也最多。

（1）聚氨酯防水涂料 聚氨酯防水涂料（又称聚氨酯涂膜防水材料）属双组分反应型涂料。甲组分是含有异氰酸基的预聚体，乙组分含有多羟基的固化剂与增塑剂、稀释剂等。甲乙两组分混合后，经固化反应，形成均匀而富有弹性的防水涂膜。聚氨酯涂膜防水材料有透明、彩色、黑色等品种，并兼有耐磨、装饰及阻燃等性能。由于它的防水、延伸及温度适应性能优异，施工简便，故在中高级公用建筑的卫生间、水池等防水工程及地下室和有保护层的屋面防水工程中得到广泛应用。

（2）水性丙烯酸酯防水涂料　水性丙烯酸酯防水涂料是以高固含量丙烯酸酯共聚乳液为基料，掺加填料、颜料及各种助剂经混练研磨而成的水性单组分防水涂料。这类涂料最大优点是具有优良的耐候性、耐热性和耐紫外线性。涂膜柔软，弹性好，能适应基层一定幅度的变形开裂；温度适应性强，在-30~80℃范围内性能无大的变化，可以调制成各种色彩，兼有装饰和隔热效果。它适用于各类建筑工程防水、防水层的维修及防水层的保护层等。

（3）聚氯乙烯防水涂料　聚氯乙烯防水涂料是以聚氯乙烯和煤焦油为基料，加入适量的防老剂、增塑剂、稳定剂及乳化剂，以水为分散介质所制成的水乳型防水涂料。施工时，一般要铺设玻纤布、聚酯无纺布等胎体进行增强处理。该类防水涂料弹塑性好，耐寒、耐化学腐蚀、耐老化性和成品稳定性好，可在潮湿的基层上冷施工。聚氯乙烯防水涂料可用于地下室、卫浴间、储水池、屋面、桥涵、仓库、路基和金属管道的防水和防腐。

12.1.3　密封材料

密封材料是用于各种接缝或裂缝、变形缝（沉降缝、伸缩缝、抗震缝等），用以保持缝的水密、气密性能，并具有一定强度，能连接构件的填充材料。为保证密封材料的防水密封效果，密封材料要求具有以下性能：水密性和气密性；良好的黏结性、抗下垂性；良好的耐高低温性和耐老化性能；一定的弹塑性和拉伸-压缩循环性能。

1. 密封材料的分类

密封材料分为定型密封材料和不定型密封材料两大类。定型密封材料有密封条和压条等；不定型密封材料（密封膏或嵌缝膏等）可分为三大类：

1）塑性密封膏是以改性沥青和煤焦油为主要原料制成的。其价格低，具有一定弹塑性和耐久性，但弹性、延伸性较差。

2）弹塑性密封膏有聚氯乙烯胶泥及各种塑料油膏，其弹性较低，塑性较大，延伸性和黏结性较好。

3）弹性密封膏是由聚硫橡胶、有机硅橡胶、氯丁橡胶、聚氨酯和丙烯酸萘为主要原料制成，其综合性能较好。

2. 工程中常用的密封材料

（1）沥青嵌缝油膏　沥青嵌缝油膏是以石油沥青为基料，加入废橡胶粉等改性材料、稀释剂及填充料混合制成的密封膏，主要用于各种混凝土屋面板、墙板等建筑构件节点的防水密封。

沥青嵌缝油膏具有良好的耐热性、黏结性和低温柔性，主要用作屋面、墙面、沟和槽的防水嵌缝材料，也可用于混凝土跑道、道路、桥梁及各种构筑物的伸缩缝、施工缝等的嵌缝密封材料。使用时，缝内应洁净干燥，先刷涂一道冷底子油，待其干燥后即嵌填油膏。油膏表面可加石油沥青、油毡、砂浆或塑料为覆盖层。

（2）聚氨酯密封膏　聚氨酯密封膏一般用双组分配制，甲组分是含有异氰酸脂基的预聚体，乙组分含有多羟基的固化剂与增塑剂、填充剂、稀释剂等。使用时，将甲乙两组分按比例混合，经固化反应成弹性体。

聚氨酯密封膏对金属、混凝土、玻璃、木材等均有良好的黏结性能，具有弹性大、延伸率大、黏结性好、耐低温、耐水、耐酸碱、耐油、抗疲劳和使用年限长等优点，是一类中高档的密封材料。聚氨酯密封膏广泛应用于墙板、屋面板、楼板、地下室等部位的接缝密封工程，以及给水排水管道、蓄水池、游泳池、道路桥梁、机场跑道等工程的接缝密封与渗漏修补，也可用于金属、玻璃材料的嵌缝。

(3) 聚氯乙烯接缝膏和塑料油膏　聚氯乙烯接缝膏是以煤焦油和聚氯乙烯（PVC）树脂粉为基料，按一定比例加入增塑剂（邻苯二甲酸二丁酯、邻苯二甲酸二辛酯）、稳定剂（三盐基硫酸铝、硬脂酸钙）及填充料（滑石粉、石英粉）等，在140℃温度下塑化而成的膏状密封材料，简称PVC接缝膏。塑料油膏是用废旧聚氯乙烯（PVC）塑料代替聚氯乙烯树脂粉，其他原料和生产方法同聚氯乙烯接缝膏，但塑料油膏成本较低。该胶泥主要成分是煤焦油，用聚氯乙烯进行改性。聚氯乙烯胶泥价格较低，防水性好，有弹性，耐寒和耐热性较好。但它必须热施工，通常随配方的不同在60～110℃进行热灌。若加入少量溶剂，可进行冷施工，但硬化收缩较大。在实际生产中，为进一步降低聚氯乙烯胶泥的成本，可以选用废旧聚氯乙烯塑料制品来代替聚氯乙烯树脂，这样得到的密封油膏习惯上称为塑料油膏。

PVC接缝膏和塑料油膏均有良好的黏结性、防水性、弹塑性、耐热、耐寒、耐腐蚀和抗老化性能也较好，可以热用，也可冷用。热用时，用文火加热，加热温度不得超过140℃，达到塑化状态后立即浇灌于清洁干燥的缝隙或接头等部位；冷用时，加溶剂稀释。该种材料适用于各种屋面嵌缝或表面涂布作为防水层，也可用于水渠、管道等接缝，工业厂房自防水屋面嵌缝、大型墙板嵌缝等。

(4) 丙烯酸酯密封膏　丙烯酸酯密封膏是丙烯酸树脂掺入增塑剂、分散剂、碳酸钙、增量剂等配成，有溶剂型和水乳型两种。这种密封膏弹性好，能适应一般基层伸缩变形的需要。丙烯酸酯密封膏具有良好的黏结性能、弹性和低温柔韧性，同时具有优异的耐候性和耐紫外线老化性能，延伸性良好，且无污染、无毒、不燃，属于中档密封材料。丙烯酸酯密封膏适用范围广，施工方便，综合性能优良，适用于混凝土、金属、木材、天然石料、砖、瓦、玻璃之间的密封防水。

(5) 硅酮密封胶　硅酮密封胶是以硅氧烷聚合物为主体，加入硫化剂、硫化促进剂以及增强填料组成的室温固化型密封材料。硅酮密封胶具有良好的耐热、耐寒和耐候性，与各种材料都有较好的黏结性能，耐水性好，耐拉伸，压缩疲劳性强。

根据《硅酮建筑密封胶》规定，硅酮建筑密封胶按用途分为F类和G类两种类别。其中，F类为建筑接缝用密封膏，适用于预制混凝土墙板、水泥板、大理石板的外墙接缝，混凝土和金属框架的黏结，卫生间和公路接缝的防水密封等；G类为镶装用密封膏，主要用于镶嵌玻璃和建筑门、窗的密封，不适用建筑幕墙和中空玻璃。

12.2　建筑绝热材料

建筑物在使用中常有保温、隔热的要求，在土木工程中，通常把控制室内热量外流的材料称为保温材料；把防止室外热量进入室内的材料称为隔热材料。其实保温材料和隔热材料本质和基本特性是一致的，保温材料能隔热，隔热材料也能保温，两者统称为绝热材料。在采暖、空调、冷藏等建筑中合理使用绝热材料，能有效减少热损失，节约能源，提高建筑物的使用功能。在土木工程中，绝热材料主要用于墙体和屋面保温隔热，以及热工设备、采暖和空调管道的保温，在冷藏设备中则大量作隔热用。据统计，具有良好的绝热功能的建筑，其能源节省可达25%~50%。

12.2.1 绝热材料的结构及基本性能

绝热材料通常是多孔材料，它们的基本特点是具有较高的孔隙率。其内部结构基本上可分为纤维状结构、多孔结构、粒状结构或层状结构。多孔结构的材料中的孔一般为近似于球形的封闭孔，而纤维状结构、粒状结构和层状结构的材料内部的孔多数为连通孔。具有大量封闭气孔的材料的绝热性能要优于具有大量连通气孔的材料。

表征材料导热性能的一个重要指标是导热系数（热导率），导热系数越小，材料的隔热保温性能就越好。工程中将导热系数不大于0.23W/(m·K)的材料称为绝热材料。

材料的导热系数受其组分、内部结构、孔隙率、表观密度、湿度、温度及热流方向等因素的影响。一般材料自身化学组成和分子结构较复杂的物质具有较小的导热性。大多数均匀构造的保温隔热材料的导热系数与其表现密度几乎成直线关系。表现密度小，孔隙率较大的材料导热系数比较小。孔隙率一定时，随气孔尺寸增大导热系数增大，孔隙相互连通的程度越高，对流作用加强，导致导热系数增大。由于水的导热系数远远大于空气，冰的导热系数更大，所以多孔的保温隔热材料吸水后导热系数会大幅度增加。使用保温隔热材料时必须加防潮层。

工程中使用的绝热材料，通常要求其导热系数不大于0.23W/(m·K)，表观密度不大于600kg/m³，抗压强度不小于0.3MPa。具体选用时，还应了解材料的耐热性、耐蚀性等是否符合要求。此外绝热材料一般强度很低，不适用于直接用作承重结构，须与承重材料复合使用。根据工程的特点，还要考虑材料的吸湿性、耐蚀性等性能以及技术经济指标。为了保证材料的绝热性，安装时应根据情况设置隔气层或防水层。

12.2.2 常用的绝热材料

常用的绝热材料按其成分可分为有机和无机两大类。无机绝热材料是用矿物质原料制成，呈散粒状、纤维状或孔状。有机绝热材料是用有机原料（如各种树脂、软木、木丝、刨花等）制成。无机绝热材料防腐、防虫、不燃烧、耐高温，但密度大。有机绝热材料耐久性差，易受潮、腐烂，不耐高温，只适用于低温绝热。

1. 无机散粒状绝热材料

（1）膨胀蛭石及其制品 膨胀蛭石是一种有代表性的多孔轻质无机绝热材料，具有层状结构。膨胀蛭石制品的导热系数$\lambda=0.046$~0.07W/(m·K)，堆积密度可降至80~200kg/m³，最高使用温度为1000~1100℃，主要用于建筑夹层填充料，但使用时要注意防潮，也可与水泥、水玻璃等胶结材料一起制成膨胀蛭石制品。

膨胀蛭石可直接用作填充材料，填充于墙壁、楼板及平屋等夹层中，作绝热、隔声用，使用时应注意防潮；也可与水泥、水玻璃、沥青、树脂等胶结材料配合制成膨胀蛭石制品，用于墙、楼板和屋面板等构件的绝热。膨胀蛭石制品种类较多，常见的有：

1）水泥膨胀蛭石制品。它是以膨胀蛭石为集料，水泥为胶凝材料，加水搅拌制得蛭石制品，再压制成型，养护而成，可用作房屋建筑及冷库建筑的保温层等。

2）水玻璃膨胀蛭石制品。它是以膨胀蛭石为集料，水玻璃为胶凝材料，氟硅酸钠为促硬剂，按质量比为1∶2∶0.7配料，先把水玻璃与氟硅酸钠拌匀，再加入膨胀蛭石拌匀、成型、养护、焙烧而成，可用于围护结构，管道等绝热。

（2）膨胀珍珠岩及其制品　膨胀珍珠岩由天然珍珠岩炼烧而得，呈蜂窝泡沫状的白色或灰白色颗粒，是一种高性能的绝热材料。将珍珠岩破碎、预热后，快速通过焙烧，可使珍珠岩体积膨胀约20倍。其堆积密度为$40\sim500kg/m^3$，导热系数为$0.047\sim0.07W/(m\cdot K)$，最高使用温度为800℃，最低使用温度为-200℃。膨胀珍珠岩制品具有吸湿性小、不燃烧、耐腐蚀、无毒、抗菌及施工方便等特点，建筑上广泛用于围护结构、管道保温、低温和超低温保冷设备、热工设备等处的绝热保温。

膨胀珍珠岩制品除可用作填充材料外，还可与水泥、水玻璃、沥青、磷酸盐等结合制成膨胀珍珠岩制品，常见的制品有：

1）膨胀珍珠岩保温混凝土。它以水泥为胶凝材料，膨胀珍珠岩粉为集料，按一定配比配合、搅拌、成型、养护而成，具有表观密度小、导热系数低、承压能力较强、施工方便、经济耐用等特点，主要用于围护结构、管道等需要保温隔热的地方。

2）水玻璃膨胀珍珠岩制品。将膨胀珍珠岩、水玻璃及其他配料按一定配合比经搅拌、成型、干燥、焙烧（650℃）而成。

3）磷酸盐膨胀珍珠岩制品。它以膨胀珍珠岩为集料，以磷铝酸盐和少量的硫酸铝、纸浆废液作胶黏剂，经过配料、搅拌、成型、焙烧而成，具有耐火度高、表观密度低、绝热性能好的特点。

4）沥青膨胀珍珠岩制品。通常将表观密度小于$80kg/m^3$的膨胀珍珠岩加热到60℃左右，与温度为250℃左右的石油沥青按1∶1配合比搅拌均匀，然后根据不同规格压制成型。它具有防水性好的特点，常用于屋面保温，冷库保温及地下热水管道。

2. 无机纤维状绝热材料

（1）石棉及其制品　石棉是蕴藏在中性或酸性火成岩矿床中的一种非金属矿物，是一类纤维状无机结晶材料。松散石棉的表观密度约为$103kg/m^3$，导热系数约为$0.049W/(m\cdot K)$，最高使用温度$500\sim800℃$。松散的石棉很少单独使用，多以石棉为原料制成保温隔热制品。常见的石棉制品有：石棉涂料、石棉板，石棉筒等，也可与水泥混合制成石棉块材等。

（2）矿棉及其制品　矿棉是由熔融的岩石或矿渣经喷吹制成的纤维材料。矿棉可与有机胶结材料结合制成矿棉板、毡、管等制品，其导热系数$\lambda=0.025\sim0.048W/(m\cdot K)$，堆积密度为$40\sim300kg/m^3$，最高使用温度约为600℃。矿棉也可用作填充材料，但其具有吸水性大、弹性小的缺点。矿棉一般包括矿渣棉和岩棉。矿渣棉是以工业废料矿渣（高炉矿渣、铜矿渣及其他矿渣等）为主要原料，经熔化，用喷吹法或离心法而制成的棉丝状绝热材料。岩棉是以天然岩石为原料经熔融后吹制而成的纤维状（棉状）产品。

矿渣棉具有质轻、导热系数低、不燃、防蛀、价廉、耐腐蚀、化学稳定性强、吸声性能好等特点。但直接用作保温隔热材料时，会给施工和使用带来困难，因而通常添加适量胶黏剂并经固化定型，制成板、毡、管壳等矿渣棉制品。

岩棉使用温度不超过700℃。岩棉主要用来制作各种岩棉纤维制品，如纤维带、纤维毡、纤维纸、纤维板和纤维筒。岩棉还可制成粒状棉用作填充料，也可与沥青、合成树脂、水玻璃等胶凝材料配合制成多种保温隔热制品，如沥青岩棉毡（板）、水玻璃岩棉板壳等。

矿棉（矿渣棉和岩棉）主要用于建筑物墙壁、屋顶、顶棚等处的保温绝热和吸声，也可用于冷热设备及管道工程的保温隔热。

(3) 玻璃棉及其制品　玻璃棉是用玻璃原料或碎玻璃经熔融后制成的一种纤维状材料。玻璃纤维有长短之分，短切纤维相互纵横交错在一起，即构成多孔结构的玻璃棉。玻璃棉的导热系数 $\lambda = 0.041 \sim 0.035 W/(m \cdot K)$，堆积密度为 $10 \sim 150 kg/m^3$，普通有碱玻璃的最高使用温度为 300℃，无碱玻璃的最高使用温度为 600℃。玻璃纤维制品的纤维直径对其导热系数有较大影响，导热系数随纤维直径增大而增加。以玻璃纤维为主要原料的保温隔热制品主要有：沥青玻璃棉毡、酚醛玻璃棉板，以及各种玻璃毡、玻璃毯等。玻璃棉及其制品通常用于房屋建筑的墙体保温层。

3. 无机多孔绝热材料

(1) 泡沫混凝土　泡沫混凝土是将水泥、水和松香泡沫剂混合后，经搅拌、成型、养护、硬化而成的一种具有多孔、轻质、保温、绝热、吸声等性能的材料；也可用粉煤灰、石灰、石膏和泡沫剂制成粉煤灰泡沫混凝土，用于建筑物围护结构的保温绝热。

(2) 加气混凝土　加气混凝土是由水泥、石灰、粉煤灰和发气剂（铝粉）配制而成，经成型、蒸汽养护制成，是一种保温隔热性能良好的材料，具有保温、绝热、吸声等性能。加气混凝土表观密度小，导热系数比黏土砖小，因此24cm厚的加气混凝土墙体，其保温隔热效果优于37cm厚的砖墙。此外，加气混凝土的耐火性能良好。

(3) 硅藻土　硅藻土由水生硅藻生物的残骸堆积而成。硅藻土的孔隙率为 $50\% \sim 80\%$，其导热系数约为 $0.060 W/(m \cdot K)$。因此，它具有很好的绝热性能，最高使用温度可达900℃。硅藻土常用作填充料，或用其制作硅藻土砖等。

(4) 微孔硅酸钙　微孔硅酸钙是以石英砂、普通硅石或活性高的硅藻土、以及石灰等原料，经配料、搅拌、成型及水热处理制成的绝热材料。以莫来石（$3Al_2O_3 \cdot 2SiO_2$）为主要水化产物的微孔硅酸钙，其表观密度约为 $200 kg/m^3$，导热系数约为 $0.047 W/(m \cdot K)$，最高使用温度约600℃。以硬硅钙石为主要水化产物的微孔硅酸钙，其表观密度约为 $230 kg/m^3$，导热系数约为 $0.056 W/(m \cdot K)$，最高使用温度约1000℃。微孔硅酸钙用于建筑物的围护结构和管道保温。

(5) 泡沫玻璃　用玻璃粉和发泡剂配成的混合料经煅烧而得到的多孔材料称为泡沫玻璃。泡沫玻璃的孔隙率大，可高达95%，且绝大多数的孔为孤立孔，因此其导热系数低，为 $0.052 \sim 0.128 W/(m \cdot K)$，表观密度为 $150 \sim 600 kg/m^3$；其抗压强度为 $0.8 \sim 15 MPa$；最高使用温度为 $300 \sim 400$℃（普通玻璃为原料）、$800 \sim 1000$℃（无碱玻璃为原料）；另外，泡沫玻璃还具有不透气、不吸水、不燃、不腐蚀等优点。泡沫玻璃的应用范围广泛，可用于烟道、烟囱的内衬和冷库、空调的绝热材料，还可以砌筑保温隔热墙体。

4. 有机绝热材料

(1) 泡沫塑料　泡沫塑料是以各种树脂为基料，加入一定剂量的发泡剂、催化剂、稳定剂等辅助材料，经加热发泡而制成，其整个体积内含有大量均匀分布的气孔。泡沫塑料具有轻质、绝热、吸声、耐腐蚀、耐霉变和防震等性能，广泛用于建筑屋面、墙面保温，冷库绝热和制成夹芯复合板。泡沫塑料有硬质和软质之分，常用的有聚苯乙烯泡沫塑料、聚氯乙烯泡沫塑料、聚氨酯泡沫塑料、脲醛泡沫塑料等。

1) 聚苯乙烯泡沫塑料。聚苯乙烯泡沫塑料是用聚苯乙烯树脂与适量的发泡剂（如碳酸氢钠）经发泡后，再放在模具中加压成型。聚苯乙烯泡沫塑料含有大量的微细封闭气孔，孔隙率可达98%，具有质轻、保温、吸声、防震、吸水性小、耐低温性能好等特点，并且有较强恢复变形的能力。聚苯乙烯泡沫塑料对水、海水、弱酸、弱碱、植物油、醇类都相当稳定，其缺点是高温下易软化变形，安全使用温度为70℃，最高使用温度为90℃，最低使用温度为-150℃，并且其本身可燃、可溶于苯、酯、酮等有机溶剂。

2）聚氯乙烯泡沫塑料。聚氯乙烯泡沫塑料是以聚氯乙烯与适量的化学发泡剂、稳定剂、溶剂等，经过捏合、球磨、模塑、发泡而制成的一种闭孔型的泡沫材料。制造方法有发泡分解法、溶剂分散法和气体混入法。聚氯乙烯泡沫塑料具有质轻、保温隔热、吸声、防振性能好、吸水性小、耐酸碱、耐油好、不燃烧、耐冲击和振动等性能。由于其高温下分解产生的气体不燃烧，可自行灭火，所以它是一种自熄性材料，适用于防火要求高的地方。由于含有许多完全封闭的孤立的气孔，所以吸水性、透水性和透气性都非常小，适用于潮湿环境下使用。聚氯乙烯泡沫塑料的制品一般为板材，常用来作为屋面、楼板、隔板和墙体等的隔热材料，以及夹层墙板的芯材。

3）聚氨酯泡沫塑料。聚氨酯泡沫塑料是以聚醚树脂或聚酯树脂为基料与适量的甲苯二异氰酸酯、水、催化剂、泡沫稳定剂等混合，发泡成型的泡沫材料。聚氨酯泡沫塑料的使用温度为-100℃~100℃，200℃左右软化，250℃分解。聚氨酯本身可燃，因而不宜用在防火要求高的地方。其耐蚀能力强，可耐碱和稀酸的腐蚀，并且耐油，但不耐浓的强酸腐蚀。聚氨酯泡沫塑料在建筑上可用作保温、隔热、吸声、防振、吸尘、吸油、吸水等材料。

4）脲醛泡沫塑料。脲醛泡沫塑料是将脲醛树脂（尿素和甲醛聚合而得到的树脂）液与发泡剂混合、发泡、固化而得，又称氨基泡沫塑料。脲醛泡沫塑料耐冷热性能良好，不易燃，在100℃下可长期使用性能不变，但120℃以上发生显著收缩，可在-150~-200℃超低温下长期使用。其对大多数有机溶剂有较好的抗蚀能力，但不能抵抗无机酸、碱及有机酸的侵蚀。

（2）硬质泡沫橡胶　硬质泡沫橡胶是以天然或合成橡胶为主要成分用化学发泡法制成的泡沫材料。其特点是导热系数小而强度大，抗碱和盐的侵蚀能力较强，但强的无机酸及有机酸对它有侵蚀作用。它不溶于醇等弱溶剂，但易被某些强有机溶剂软化溶解。硬质泡沫橡胶为热塑料性材料，耐热性差，在65℃左右开始软化，高于100℃时开始分解，230℃下熔化。但它具有良好的低温性能，在低温下强度较高且具有较好的体积稳定性，因而是一种较好的保冷材料。

（3）植物纤维板　植物纤维板是以植物纤维（如木质纤维、稻草、麦秸、甘蔗渣等）为原料，经物理化学处理后，加入胶结料（水泥、石膏等）和填充料制成的一种轻质、吸声、绝热材料，可用于室内墙壁、地板、顶棚中，也可用于冷藏库、包装箱等。

（4）碳化软木板　碳化软木板是以一种软木橡树的外皮为原料，经适当破碎后再在模型中成型，再经300℃左右热处理而成。由于软木树皮层中含有无数树脂包含的气泡，所以它成为最理想的保温、绝热、吸声材料，且具有不适水、无味、无臭、无毒等特性，并且有弹性，柔和耐用，不起火焰只能阴燃。碳化软木板在低温下长期使用不会引起性能的显著变化，故常用作保冷材料。

（5）窗用绝热薄膜　窗用绝热薄膜是以特殊的聚酯薄膜作为基材，镀以各种不同的高反射率的金属或金属氧化物涂层，经特殊工艺复合压制而成。贴在玻璃上的绝热薄膜能将透过玻璃的大部分阳光反射出去（反射率高达80%），减弱了室内温度变化程度。窗用绝热薄膜可用于各类建筑物窗户的内外表面，也可用于博物馆内艺术品和绘画的紫外线防护。

（6）蜂窝板　蜂窝板是以较薄的面板贴在蜂窝状芯材的两侧制成。芯材通常采用浸渍过合成树脂（酚醛、聚酯等）的铝片、牛皮纸、玻纤布等制成。面板是用牛皮纸、玻纤布、胶合板、纤维板、石膏板等材料制成。芯材与面材用胶黏剂牢固地黏合在一起形成蜂窝板。

蜂窝板的特点是质轻、强度高、导热系数小。根据所用材料的不同，可分为结构用板材和非结构用板材两类。当芯材采用泡沫塑料等材料时，其绝热效果最佳。

（7）轻混凝土　可用作绝热材料的轻混凝土包括轻集料混凝土和多孔混凝土。

轻集料混凝土可用作保温轻集料混凝土、结构保温轻集料混凝土和结构轻集料混凝土三方面。

多孔混凝土主要有泡沫混凝土和加气混凝土。泡沫混凝土的表观密度为$300\sim500kg/m^3$，导热系数为$0.082\sim0.186W/(m\cdot K)$；加气混凝土的表观密度为$300\sim1200kg/m^3$，导热系数为$0.081\sim0.29W/(m\cdot K)$。多孔混凝土常用作屋面板材料和墙体的砌筑材料。

12.3　建筑吸声隔声材料

声音起源于物体的振动。声音在传播过程中，一部分由于声能随着距离的增大而扩散，另一部分则因空气分子的吸收声能而减弱。当声波遇到材料表面时，大多数材料都可能对其产生吸收作用。材料吸声性能是指材料对声波能量产生吸收作用的能力，常用吸声系数表示。材料的吸声系数越高，其吸声效果就越好。

吸声系数（A）表示材料吸声性能大小的量值，是指声波遇到材料表面时被吸收的声能（E）与入射声能（E_0）之比。吸声材料是一种能在较大程度上吸收由空气传递的声波能量的建筑材料。在音乐厅、影剧院、大会堂、播音室等的内部墙面、地面、顶棚等部位采用适当的吸声材料，能改善声波在室内的传播质量，保持良好的音响效果。隔声材料是能较大程度隔绝声波传播的材料。当前噪声已成为一种严重的环境污染，建筑物的声环境问题越来越受到人们的关注和重视。选用适当的材料对建筑物进行吸声和隔声处理是建筑物噪声控制过程中最常用最基本的技术措施之一。

12.3.1　吸声材料

1. 吸声材料的基本特性

吸声材料的基本特征是多孔、疏松、透气。材料的吸声特性除与材料本身性质、厚度及材料表面的条件（有无空气层及空气层的厚度）有关外，还与声波的入射角及频率有关。一般而言，材料内部的开放连通的气孔越多，吸声性能越好。同一材料，对于高、中、低不同频率的吸声系数不同。为了全面反映材料的吸声性，规定取125Hz、250Hz、500Hz、1000Hz、2000Hz、4000Hz等6个频率的吸声系数来表示材料的特定吸声频率。

一般材料的吸声系数为$0\sim1$，只有悬挂的空间吸声体，由于有效吸声面积大于计算面积，可获得吸声系数大于1的情况。

材料的吸声特性不仅与声波的方向有关，而且与声波的频率有关。同种材料，对于高、中、低不同频率声能的吸收情况不同。为了全面反映材料的吸声特性，通常取 125Hz、250Hz、500Hz、1000Hz、2000Hz、4000Hz 等六个频率的平均吸声系数来表示材料的吸声性能。凡六个频率的平均吸声系数大于 0.2 的材料，可称为吸声材料。

2. 吸声材料的类型

（1）多孔吸声材料　多孔吸声材料比较常见，其结构特征与绝热材料并不相同，绝热材料的孔隙一般是封闭的，不连通的，而多孔吸声材料内部的孔隙必须是内外连通的。声波进入材料内部互相贯通的孔隙，空气分子受到摩擦和黏滞阻力，使空气产生振动，从而使声能转化为机械能，最后因摩擦而转变为热能被吸收。这类多孔材料的吸声系数，一般从低频到高频逐渐增大，故对中频和高频的声音吸收效果较好。材料中开放的、互相连通的、细致的气孔越多，其吸声性能越好。

多孔吸声材料的吸声效果受以下因素影响：

1）表观密度的影响。对于同种多孔吸声材料，当表观密度增大（空隙率减小）时，对低频声音的吸声效果有所提高，但对高频声音的吸声效果有所降低。

2）材料厚度的影响。增加材料的厚度，可提高对低频声音的吸声效果，而对高频声音无多大影响，且材料厚度增加到一定程度后，吸声效果的变化并不明显。所以，为提高材料的吸声效果而一味地增加厚度是不可取的。

3）孔隙特征的影响。孔隙细小，吸声效果好，孔隙粗大，则吸声效果差。如果孔隙多为单独的不连通的封闭孔，其吸声效果大大降低，从吸声机理看，它已不属于多孔吸声材料。当多孔材料表面涂刷油漆或受潮吸湿时，材料孔隙为水分或涂料所堵塞，其吸声效果也大大降低。

4）背后空气层的影响。多数吸声材料都是周边固定在龙骨架上，距墙面 5~15cm，材料背后空气层的作用相当于增加了材料的有效厚度，吸声效果一般随背后空气层厚度的增加而提高，特别能改善对低频声音的吸声效果。当材料背后空气层的厚度等于 1/4 波长的奇数倍时，可获得最大吸声系数。根据这个原理，调整材料背后空气层的厚度，可以提高其吸声效果。

（2）薄板振动吸声结构　薄板振动吸声结构的特点是具有低频吸声特性，同时还有助于声波的扩散。建筑中常用胶合板、薄木板、硬质纤维板、石膏板、石棉水泥板或金属板等把它们周边固定在墙或顶棚的龙骨上，并在背后留有空气层，即成薄板振动吸声结构。

建筑中常用的薄板振动吸声结构的共振频率为 80~300Hz，在此共振频率附近的吸声系数最大，为 0.2~0.5，而在其他频率附近的吸声系数则较低。

（3）共振吸声结构　共振吸声结构具有封闭的空腔和较小的开口，很像个瓶子。当瓶腔内空气受到外力激荡，会按一定的频率振动，这就是共振吸声器。每个单独的共振器都有一个共振频率，在其共振频率附近，颈部空气分子在声波的作用下像活塞一样进行往复运动，因摩擦而消耗声能。若在腔口蒙一层细布或疏松的棉絮，可以加宽和提高共振频率范围的吸声量。为了获得较宽频带的吸声性能，常采用组合共振吸声结构或穿孔板组合共振吸声结构。

（4）穿孔板组合共振吸声结构　穿孔板组合共振吸声结构具有适合中频的吸声特性。

这种吸声结构与单独的共振吸声器相似，可看作是多个单独共振器并联而成。穿孔板厚度、穿孔率、孔径、孔距、背后空气层厚度以及是否填充多孔吸声材料等都直接影响吸声结构的吸声性能。

这种吸声结构由穿孔的胶合板、硬质纤维板、石膏板、石棉水泥板、铝合板、薄钢板等，将周边固定在龙骨上，并在背后设置空气层而构成。这种吸声结构在建筑中使用比较普遍。

（5）柔性吸声材料 柔性吸声材料是具有密闭气孔和一定弹性的材料，如聚乙烯泡沫塑料，其表面仍为多孔材料，但因具有密闭气孔，声波引起的空气振动不易直接传递至材料内部，只能相应地产生振动。在振动过程中，由于克服材料内部的摩擦而消耗了声能，引起声波衰减。这种材料的吸声特性是在一定的频率范围内出现一个或多个吸收频率。

（6）悬挂空间吸声体 悬挂空间吸声体是一种将吸声材料制作成一定形体，分散悬挂在顶棚下，用以降低室内噪声或改善室内音质的吸声构件。由于声波和吸声体的多个面接触，增加了有效的吸声面积，再加上声波的衍射作用，大大提高了实际的吸声效果。实际使用时，可根据不同的使用地点和要求，设计成各种形状的悬挂吸声体。

（7）帘幕吸声体 帘幕吸声体是用具有通气性能的纺织品，安装在离墙面或窗洞一定距离处，背后设置空气层，通过声波与帘幕气孔的多次摩擦，达到吸声的目的，对中、高频都有一定效果。帘幕的吸声效果与所用材料种类和其褶裥有关，具有安装拆卸方便、装饰性强的特点，应用价值较高。

3. 常用的吸声材料及其吸声系数

为了改善声波在室内传播的质量，保持良好的音响效果和减少噪声的危害，在音乐厅、电影院、大会堂、播音室及工厂噪声大的车间等内部的墙面、地面、顶棚等部位，应适当选用吸声材料，选用时应注意如下要求：

1）必须选用材料的气孔是开放的，互相连通的。
2）尽可能选用吸声系数较高的材料。
3）安装时应考虑尽量减少材料受碰撞的机会和因吸湿引起的胀缩影响。
4）注意吸声材料与隔声材料的区别，合理选用。

吸声材料按材质分为无机材料、木质材料、多孔材料和纤维材料四大类，每个类别又有多种吸声材料。常用的吸声材料及其吸声系数见表12-1。

表12-1 常用的吸声材料及其吸声系数

分类及名称		厚度/cm	各种频率(Hz)下的吸声系数						装置情况
			125	250	500	1000	2000	4000	
无机材料	吸声砖	6.5	0.05	0.07	0.10	0.12	0.16	—	贴实
	石膏板（有花纹）	—	0.03	0.05	0.06	0.09	0.04	0.06	
	水泥蛭石板	4.0	—	0.14	0.46	0.78	0.50	0.60	
	石膏砂浆（掺水泥、玻璃纤维）	2.2	0.24	0.12	0.09	0.30	0.32	0.83	墙面抹灰
	水泥膨胀珍珠岩板	5.0	0.16	0.46	0.64	0.48	0.56	0.56	贴实
	水泥砂浆	1.7	0.21	0.16	0.25	0.40	0.42	0.48	墙面抹灰
	砖（清水墙面）	—	0.02	0.03	0.04	0.04	0.05	0.05	贴实

(续)

分类及名称		厚度/cm	各种频率(Hz)下的吸声系数						装置情况
			125	250	500	1000	2000	4000	
木质材料	软木板	2.5	0.05	0.11	0.25	0.63	0.70	0.70	贴实
	木丝板	3.0	0.10	0.36	0.62	0.53	0.71	0.90	固定在龙骨上,背后留5cm空气层和10cm空气层两种
	三夹板	0.3	0.21	0.73	0.21	0.19	0.08	0.12	
	穿孔五夹板	0.5	0.01	0.25	0.55	0.30	0.16	0.19	
	木花板	0.8	0.03	0.02	0.03	0.03	0.04	—	
	木质纤维板	1.1	0.06	0.15	0.28	0.30	0.33	0.31	
多孔材料	泡沫玻璃	4.4	0.11	0.32	0.52	0.44	0.52	0.33	贴实
	脲醛泡沫塑料	5.0	0.22	0.29	0.40	0.68	0.95	0.94	
	泡沫水泥(外粉刷)	2.0	0.18	0.05	0.22	0.48	0.22	0.32	紧贴墙面
	吸声蜂窝板	—	0.27	0.12	0.42	0.86	0.48	0.30	贴实
	泡沫塑料	1.0	0.03	0.06	0.12	0.41	0.85	0.67	
纤维材料	矿棉板	3.13	0.10	0.21	0.60	0.95	0.85	0.72	贴实
	玻璃棉	5.0	0.06	0.08	0.18	0.44	0.72	0.82	
	酚醛玻璃纤维板	8.0	0.25	0.55	0.80	0.92	0.98	0.95	
	工业毛毡	3.0	0.10	0.28	0.55	0.60	0.60	0.56	紧贴墙面

12.3.2 隔声材料

能减弱或隔断声波传递的材料为隔声材料,人们要隔绝的声音,按其传播途径有空气声和固体声。空气声是通过空气传播的声音,固体声是通过固体的撞击或振动传播的声音。

对空气声的隔绝,主要是依据声学中的"质量定律",即材料的密度越大、越不易受声波作用而产生振动。因此,材料的密度越大,声波通过时速度衰减越快,隔声效果越好。所以,应选用密度大的材料(如钢筋混凝土、实心砖、钢板等)作为隔绝空气声的材料。

对固体声的隔绝,最有效的措施是断绝其声波继续传递的途径,即在产生和传递固体声波的结构(如梁、框架与楼板、隔墙,以及它们的交接处等)层中加入具有一定弹性的衬垫材料,如软木、橡胶、毛毡、地毯或设置空气隔离层等,以阻止或减弱固体声波的继续传播。

由此可知,材料的隔声原理与材料的吸声(吸收或消耗转化声能)原理不同。因此,吸声效果好的疏松多孔材料(有开口连通而不穿透或穿透的孔型)隔声效果不一定好,不能把吸声材料当隔声材料使用。

12.4 建筑防火材料

火灾会造成极其惨重的财产损失和人员伤亡,火灾发生后,如何阻止火势迅速蔓延,缩小灾害范围,减少灾害损失,为人员撤离赢得足够的时间,这些都需要防火材料发挥作用。

建筑防火材料是指遇火不燃烧或难以燃烧的建筑材料。防火材料能防止火灾的发生和蔓延,或者即使发生火灾,也能在初期起到延缓燃烧的作用,以争取防止燃烧和避难所需的时间。

12.4.1 材料的防火性能

建筑材料的防火性能包括燃烧性能、耐火极限、燃烧时的毒性和发烟性等。

(1) 燃烧性能 燃烧性能是指材料燃烧或遇火时所发生的一切物理、化学变化。其中着火的难易程度、火焰传播程度、火焰传播快慢以及燃烧时的发热量,均对火灾的发生和发展具有重要的意义。

根据《建筑材料及制品燃烧性能分级》规定,建筑材料按燃烧性能分为不燃性材料(A)、难燃性材料(B_1)、可燃性材料(B_2)和易燃性材料(B_3)四个类别。

1) 不燃性材料。不燃性材料是指在发生火灾时不起火、不微燃、不碳化,即使烧红或熔融也不会发生燃烧现象的材料,如砖、瓦、玻璃、灰浆、石材、金属材料等。但是玻璃、普通混凝土、钢材等受火焰炙烤会发生明显的变形而失去使用功能,所以它们虽然是不燃材料,却是不耐火的。

2) 难燃性材料。难燃性材料是指在火灾发生时,难起火、难微燃、难碳化,可推迟起火时间或缩小火灾蔓延,当火源移走后燃烧会立即停止的材料。难燃材料或为以无机质材料为主体在其中加入一定量的有机质的复合材料,如石膏板、石棉板等;或以可燃性材料为基体,用防火剂处理的复合材料,如难燃胶合板、纤维板、塑料板等。

3) 可燃性材料。可燃性材料是指在火灾发生时,立即起火或微燃,且当火源移走后仍能继续燃烧或微燃的材料,如木材及大部分有机材料。

4) 易燃性材料。易燃性材料是指在火灾发生时,立即起火,且火焰传播速度很快的材料,如有机玻璃、赛璐珞、泡沫塑料等。

(2) 耐火极限 耐火极限是指在标准耐火试验条件下,建筑构件、配件或结构从受到火的作用时起,到失去稳定性、完整性或隔热性时止的这段时间,用小时表示。建筑构件的耐火极限决定了建筑物在火灾中的稳定程度及火灾发展快慢。

(3) 燃烧时的毒性 燃烧时的毒性包括材料在火灾中受热发生热分解释放出的产物和燃烧产物对人体的毒害作用。

(4) 燃烧时的发烟性 燃烧时的发烟性是指材料在燃烧或热解作用下,所产生的悬浮在大气中的可见的固体和液体微粒。固体微粒就是碳粒子,液体微粒主要是指一些焦油状的液滴。材料燃烧时的发烟性大小,直接影响能见度,从而使人从火场中逃脱发生困难,也影响消防人员的扑救工作。

12.4.2 防火材料的防火机理

燃烧必须具备三个条件,即可燃物质、助燃剂(如空气、氧气、氧化剂等)和火源(如火焰或高温作用)。此三个条件同时存在并且互相接触才能发生燃烧。要使燃烧不能进行,必须将燃烧的三个要素中的其中任何一个要素隔绝开来。例如:

1) 用难燃或不燃的涂料将可燃物表面封闭起来,避免与空气接触,就可使可燃表面变成难燃或不燃的表面。

2) 用难燃或不燃的材料制作防火材料。将难燃或不燃的物质填加到材料中去,实现材料自身的难燃性或不燃性；或材料在高温或火焰作用下，形成不燃性、结构致密的无机"釉膜层"；或材料剧烈发泡炭化，形成比原材料层厚几十倍甚至几百倍的难燃的海绵状炭质层隔绝氧气，阻止热量向底材的传导；或利用某些材料在高温下可能脱水、分解等吸热反应或熔融、蒸发等物理吸热过程，所分解放出的气体能冲淡可燃性气体和氧的浓度，不燃的脱水物或熔融体形成的覆盖层可使底材与空气隔绝，以延缓或阻止火势蔓延。

建筑防火材料就是根据上述原理，将各种材料的防火、阻燃作用相互配合来实现防火目的。

12.4.3 常用的建筑防火材料

1. 防火涂料

防火涂料是指涂刷于可燃性基材表面，用以降低材料表面燃烧特性、阻滞火灾迅速蔓延，或是涂刷于建筑构件上，用以提高构件的耐火极限的特种涂料。

防火涂料属结构防护材料，它的作用是预防结构在火灾中发生过大变形乃至垮塌，防火涂料本身为不燃材料，且能改善被涂饰部位耐燃、阻热等性能，延缓结构构件温度升高至临界屈服或破坏温度的时间，提高结构的耐火极限和建筑物的防火等级或减少热损失，节约能源等。

（1）防火涂料的组成　防火涂料一般由胶黏剂、防火剂、防火隔热填充料及其他添加剂组成。其中防火隔热填充料常为无机隔热材料，如膨胀蛭石、膨胀珍珠岩等，它们是防火涂料重要的填料。添加剂有催化剂、碳化剂、发泡剂和阻燃剂等，掺入添加剂能显著提高防火涂料的防火性能。

（2）防火涂料的分类　防火涂料可以从不同的角度进行分类，见表12-2。

表 12-2　防火涂料分类

分类依据	类型	基本特征
分散介质	水溶性	以水为溶剂和分散介质，节约能源，无污染，生产、施工、储运安全
	溶剂性	以汽油、二甲苯作溶剂，施工温、湿度范围大，利于改善涂层的耐水性和装饰性
基料	无机类	以磷酸盐、硅酸盐或水泥作胶黏剂，涂层不易燃，原材料丰富
	有机类	以合成树脂或水乳胶作胶黏剂，利于构成膨胀涂料，有较好的物理化学性能
防火机理	膨胀型	涂层遇火膨胀隔热，并有较好的物理化学、机械性能和装饰效果
	非膨胀型	涂层较厚，遇火后不膨胀，密度较小，自身有较好的防火隔热效果
涂层厚度	厚涂型（H）	涂层厚为8~50mm，耐火极限为0.5~3h
	薄涂型（B）	涂层厚为3~7mm，遇火膨胀隔热，耐火极限为0.5~1.5h
	超薄型（C）	涂层厚度不超过3mm，遇火膨胀隔热，耐火极限为0.5~1.5h
应用环境	室内	应用于建筑物室内，包括薄涂型和超薄型
	室外	应用于石化企业等露天钢结构，耐水、耐候、耐化学腐蚀
保护对象	钢结构、混凝土结构	遇火膨胀或不膨胀，耐火极限高
	木材、可燃性材料	遇火膨胀，涂层薄，耐火极限低
	电缆	遇火膨胀，涂层薄

(3) 几种常用的防火涂料

1) 钢结构防火涂料。钢结构防火涂料主要是以改性无机高温胶黏剂或有机复合乳液胶黏剂为基料,加入膨胀蛭石、膨胀珍珠岩等吸热、隔热、增强的材料以及化学助剂制成的一种建筑防火特种涂料。

该类防火涂料按构成分为有机和无机两类;按涂层厚度与燃烧特性的不同分为厚涂层型、薄涂层型和超薄涂层型。一般有机膨胀型涂料属于薄涂层型,适用于保护裸露的钢结构;无机防火隔热涂料属于厚涂层型,适用于保护隐蔽的钢结构。

此类涂料黏结强度高,耐水性能好,导热系数小,适用于高层、冶金、库房、石油化工、电力、国防、轻纺工业、交通运输等各类建筑物中的承重钢结构防火保护,也可用于防火墙。涂层形成防火隔热层,钢结构不会在火灾的高温下立即导致建筑物的垮塌。

2) 预应力混凝土楼板防火涂料。该涂料喷涂在预应力楼板配筋一面,遭遇火灾时,涂层有效地阻隔火焰和热量,降低热量向混凝土及其内部预应力筋的传递速度,以推迟其温升和强度变弱的时间,从而提高预应力楼板的耐火极限,达到防火保护的目的。

该涂料有膨胀型和非膨胀型两类。膨胀型涂料一般是以无机和有机复合物作胶黏剂,配以膨胀珍珠岩、粉煤灰空心微珠、硅酸铝纤维等多组分功能原料,用水作溶剂和稀释剂,经机械搅拌而成。非膨胀型涂料一般以复合水性树脂作胶黏剂,配以含二氧化硅和氧化铝较高的无机物作填充料,并加入阻燃材料,用水作溶剂和稀释剂,经混合搅拌而成。

3) 饰面型防火涂料。涂于可燃基材(如木材、塑料,纸板、纤维板)表面,能形成具有防火阻燃保护和装饰作用涂膜的防火涂料,称为饰面型防火涂料。饰面型防火涂料有溶剂型和乳液型两大类,建筑物的防火基本上都采用乳液型防火涂料。饰面型防火涂料集装饰性与防火性于一体,又称阻燃涂料,主要针对室内装饰。从装饰颜色可分为饰面彩色型防火涂料与饰面透明型防火涂料两类。

饰面彩色型防火涂料主要由合成树脂(或乳液)、聚磷酸铵、三聚氰胺、季戊四醇、钛白粉、助剂、颜料组成。其特点是附着力强,耐火、耐候性好,韧性好;色彩丰富,具有较好的装饰效果;涂料施工简便。饰面彩色型防火涂料适用于各种可燃基材的阻燃防火保护,并具有装饰作用。

饰面透明型防火涂料主要用于建筑物木材部分的防火处理,为了体现木材本色而生产的透明防火涂料,它由底涂(膨胀发泡型防火涂料)和面涂(装饰性涂料)组成。该类涂料涂膜光亮、平整,装饰效果较好,涂料具有耐水、耐碱、耐候性,适用于较高档次装饰的可燃基面的阻燃防火保护。

2. **防火板材**

建筑防火板材通常是以无机质材料为主体的复合材料。采用高温膨胀蛭石、膨胀珍珠岩、微孔珍珠钙、泡沫玻璃、矿物棉、玻璃棉以及具有遇水能自行灭火性能的聚氯乙烯泡沫塑料等材料与耐热性较好的水玻璃、水泥及其他化学助剂结合制成的防火板材也广泛应用于各类工业与民用建筑。

(1) 耐火纸面石膏板 耐火纸面石膏板是以建筑石膏为主要原料,掺入适量的无机耐火纤维增强材料构成耐火芯材,并与护面纸牢固地黏结在一起的耐火建筑板材。

耐火纸面石膏板的燃烧性能应符合《建筑材料及制品燃烧性能分级》中的 B_1 级(难燃性材料)建筑材料的要求,不带护面纸的石膏芯材应符合 A 级(不燃性材料)建筑材料的要求。其遇火稳定性不应小于表12-3的规定。其他技术要求应符合《纸面石膏板》规定。

表12-3 耐火纸面石膏板遇火稳定时间　　　　　　　　　　（单位：min）

优等品	一等品	合格品
30	25	20

（2）钢丝网夹芯复合板（泰柏板） 泰柏板是由板块焊接钢丝网笼和泡沫聚苯乙烯芯料组成，是用一定规格的钢丝（如14号，φ2.057mm±0.025mm）桁架垂直排列组成网片，交点焊接，钢丝中心间隔多为50.8mm。以板的规格要求，网片之间填加不同厚度的泡沫塑料。网片间有横穿网丝连接形成网架。根据芯材厚度和网架构造的不同，又有隔墙板、外墙板、楼板、屋面板之分，适用于高层框架结构建筑的围护墙和内隔墙，大跨度轻型屋面、建筑加层、低层建筑和旧房改造的内外墙以及楼面、屋面和保温墙、吊顶等。

该板是一种多功能轻质复合墙板，具有防火、质轻、强度高、抗震、隔声、隔热等优点。泰柏板的两面均涂以20mm厚的水泥砂浆层时，其耐火极限约为1.3h；涂以3.15mm厚的水泥砂浆层时，其耐火极限为2h，泰柏板之间均涂以3.15mm厚的水泥砂浆层再粘贴30mm厚的石膏板时，其耐火极限可达到5h。

（3）石棉水泥平板 石棉水泥平板是以石棉纤维与水泥为主要原料，经抄坯、压制、养护而成的薄型建筑平板。它具有防火、防潮、防腐、耐热、隔声、绝缘等性能，板面质地均匀，着色力强等特点，并可进行锯、钻、钉等加工，施工简便，可用于现装隔墙、复合隔墙板和复合外墙板等。

（4）WJ型防火装饰板 WJ型防火装饰板用玻璃纤维增强无机材料制作，具有遇火不燃、不爆、不变形、无烟、无毒、耐腐蚀、耐油、耐火、质轻、高强、品种多、安装简便、造价低等优点，广泛适用于电力建筑、制造业等行业与部门。

不同型号的WJ型防火装饰板的应用范围不同。WJ-A型板适宜用作电缆防火隔板、电缆贯穿孔洞防火封堵、野外简易房、高层建筑、计算机房、宾馆、影剧院、通信中心、油田区域间防火分隔等建筑物中的防火墙板等。WJ-B型适用于电缆防火隔板，建筑物中的不燃吊顶等。WJ-C型适用于电缆防火隔板、轮船、火车、飞机、高层建筑、计其机房、宾馆、影剧院、通信中心的防火装饰及用作不燃家具的板材。

（5）滞燃型胶合板 滞燃型胶合板在火灾发生时能起到滞燃和自熄的效果。而其他物理力学性能和外观质量均符合国家Ⅱ类胶合板的标准。其加工性能与普通胶合板相同，无论是锯、刮、钉均不受到影响。

滞燃型胶合板与金属接触不会加速金属在大气中的腐蚀速度。由于采用的阻燃料剂无毒、无臭、无污染，所以滞燃型胶合板对周围环境无任何不良影响。该板适用于有阻燃要求的公共和民用建筑内部顶棚和墙面装修，也可制成阻燃家具或其他物品。滞燃型胶合板的特点是在保留胶合板各种性能的前提下，赋予板材以良好的阻燃效果。

3. 阻燃材料

（1）阻燃墙纸 阻燃墙纸是用 $100\sim200g/m^2$ 的石棉纸作为基材，并在PVC涂塑材料中渗有阻燃剂，使墙纸具有一定的防火阻燃性能，适用于防火要求的建筑屋内墙面，顶棚的装饰。

阻燃墙纸主要用于高级宾馆、饭店、酒吧、机场、剧院、住宅以及其他具有防火要求的建筑的顶棚、墙面等。

（2）阻燃织物　普通织物经阻燃整理后便成为阻燃织物，阻燃织物具有阻碍火焰的蔓延及燃烧的性能，同时要求具有耐久的洗涤性、可用性，并能体现织物的风格特征，符合卫生要求。织物阻燃整理分两种方式，一种是添加型，即在纺丝原液中添加阻燃剂整理；另一种是后整理型，即在纤维和织物上进行阻燃整理。阻燃整理工艺有：轧烘焙法、涂布法、喷雾法、浸渍—烘燥法、有机溶剂法、氨熏法等。

阻燃织物的阻燃原理是利用阻燃剂在高温条件下分解成磷与氮，磷与空气中氧气反应形成五氧化二磷（P_2O_5），它具有强烈的脱水作用，将棉纤维中的水夺去而形成聚磷醛基聚合物，由于纤维部分形成了炭，而二氧化碳又被覆在表面以隔断空气中的氧气，而无法燃烧，织物经炭化后能保持纤维的一定形状，以隔绝、防护火焰直接烧伤人体。

（3）阻燃剂　阻燃剂是用以提高材料的抑制、减缓或终止火焰传播特性的物质。阻燃剂之所以具有阻燃效果，是因为阻燃剂在燃烧过程中会表现出一系列特殊的阻燃性能。按化合物分，阻燃剂可分为无机阻燃剂和有机阻燃剂两大类。

无机阻燃剂具有热稳定性好，不产生腐蚀性气体、不挥发、效果持久、无毒等优点。但无机阻燃剂对材料的加工性，成型性、物理力学性能、电气性能都有所影响，须进行改性研究。

有机阻燃剂主要有磷系阻燃剂和卤系阻燃剂。磷系阻燃剂又可分为含卤和不含卤两类。有机磷系阻燃剂特别适用于纤维素的阻燃。它能促成纤维素的脱水和炭化。有机磷系阻燃剂在室温下多为液态，故有增加材料流动性的倾向，并具有毒性，发烟量大，且易水解和热稳定性差等缺点。有机卤系阻燃剂的阻燃效果随卤素原子量增加而增大，它们依次为：I>Br>Cl>F。但碘化物不稳定，易分解，尽管其阻燃效果最好，也很少使用。在实际中使用的是含氯或含溴的有机阻燃剂。由于溴化物产生热分解的腐蚀性比氯化物小，阻燃效果比氯化物高，使用溴类阻燃剂越来越多，但其价格比磷、氯系阻燃剂高。

（4）阻火堵料　阻火堵料的外观和使用方法与普通腻子相似，但耐火特性极好，多用于船舶、车辆、电厂、高层建筑以及地下设施等。由于阻火堵料阻火效果好，具有较好的气密性、耐油、耐水（包括海水）、耐酸碱，对电缆等材料无不良影响，使用方便，因而得到广泛应用。阻火堵料通常有可塑型阻火堵料、无机封堵料、膨胀型阻火封堵料三种类型。

1）可塑型阻火堵料。可塑型阻火堵料又称非硬化性阻火堵料，它是由无机材料加入适量的有机胶黏剂制成的。这种堵料在高温和火焰下会急剧硬化，形成一层坚硬致密的碳化层，起到良好的阻火、堵烟、隔热作用。这种堵料常温下存放不会硬化，仍具有可塑型，能够重复使用，主要用于高层建筑、工厂、船舶、二等电缆贯穿处的孔洞。

2）无机封堵料。无机封堵料是由几种无机材料组成的粉料。使用时，先将适量的水加入容器内，在搅拌情况下，慢慢加入粉料，调成均匀的糊状物即可使用。无机封堵料无毒、无气味，施工方便。即使在纯氧中也不会燃烧，属不燃性材料，具有很好的防火和水密、气密性能。无机封墙料可用作舰船填料盒内的灌注密封填料和建筑物上电缆贯穿处的封堵材料，也可用作防火隔墙、防火板和电缆槽盒等材料。

3）膨胀型阻火封堵料。该类封堵料是掺入膨胀材料制成的，遇火受热时，这种膨胀材料会定向膨胀成碳化结构，封堵传播火灾的管道或孔洞，阻止火灾蔓延和有毒气体扩散。使用的膨胀材料含有成碳剂、脱水剂和发泡剂等。成碳剂主要是一些含碳量较高的多羟基化合物，是形成泡沫碳化层的物质基础。脱水剂的主要功能是促进含羟基有机化合物的脱水碳化，形成不易燃烧的碳化层。使用时将膨胀型阻火封堵料内衬在由金属薄板制成的环状隔火圈中，主要用于塑料管道的阻火封堵。

12.5 建筑装饰材料

装饰材料主要是铺设或涂刷在建筑物表面，起保护内层，改善使用条件及增加表面和整体美感的材料。装饰材料除了起装饰作用，满足人们的精神需要以外，还起保护建筑物主体结构、提高建筑物耐久性以及改善建筑物保温隔热、吸声、隔声、采光、防火等使用功能的作用。装饰材料的装饰性主要取决于装饰材料的颜色、光泽、质地和纹理，还常兼有隔热保温、防火、防潮、吸声、隔声等功能，并保护主体结构，满足建筑物的使用要求。装饰材料种类繁多，本章仅介绍几种常用的建筑装饰材料。

12.5.1 装饰材料的分类与基本要求

1. 建筑装饰材料的分类

建筑装饰材料通常按其在建筑物中的装饰部位进行分类，主要分为以下几类：

1）地面装饰材料。地面装饰材料包括地面、楼面、楼梯等结构的全部装饰材料，如陶瓷地砖、花岗岩、木地板、复合地板、地面涂料等。

2）外墙装饰材料。外墙装饰材料包括外墙、阳台、台阶、雨篷等建筑物外部结构装饰所用的材料，如外墙涂料、玻璃制品、外墙面砖、花岗岩等。

3）内墙装饰材料。内墙装饰材料包括内墙墙面、墙裙、踢脚板、隔断、花架等全部内部构造装饰所用的材料。

4）顶棚装饰材料。顶棚装饰材料是指室内吊顶装饰所用的材料，如石膏吊顶、塑料吊顶等。

若按装饰材料的组成来分类，常用的装饰材料有木材、塑料、石膏、石材、玻璃、金属制品等。

2. 建筑装饰材料的基本要求

1）颜色。颜色并非材料固有的，而是材料对光谱选择吸收的结果。颜色对建筑物的装饰效果很重要，颜色选择合适，组合协调能创造出优美怡人的工作和生活环境。

2）光泽。光泽是材料表面方向性反射光线的性质。它对物体形象的清晰度起着决定作用。材料表面越光滑，则光泽度越高。不同的光泽度，可改变材料表面的明暗程度，并可扩大视野或造成不同的虚实对比。

3）透明性。透明性是光线透过材料的性质。材料可分为透明体（可透光、透视）、半透明体（透光，但不透视）、不透明体（不透光、不透视）。利用不同的透明度可调整光线的明暗，造成不同的光学效果，也可使物像清晰或朦胧。

4）质感。质感是材料的表面组织结构，是花纹图案、颜色、光泽、透明性等给人的一种综合感觉，组成相同的材料可以有不同的质感，如普通玻璃与压花玻璃、镜面花岗石板材与剁斧石。相同的表面处理形式往往具有相同或类似的质感，但有时并不完全相同，如人造花岗石、仿木纹制品，一般均没有天然的花岗石和木材亲切、真实，而略显得单调呆板。

5) 形状与尺寸。对于板材、块材和卷材等装饰材料的形状和尺寸，以及表面的天然花纹、纹理及人造花纹或图案等都有特定的要求和尺寸规格，保证按需裁剪或拼装，获得不同图案或花纹。

6) 耐久性。外部装饰材料经常经受风吹、日晒、雨淋、冰冻、霜雪等侵蚀，内部装饰材料经受摩擦、冲击、洗刷、沾污等作用。因此，装饰材料在满足装饰功能的同时还要满足强度、耐热、抗冻、耐磨、耐侵蚀等耐久性要求。

12.5.2 装饰材料的选用原则

装饰材料用于不同环境、不同部位时，对它的要求也不同。在选用装饰材料时，首先要从建筑物的实用出发，不仅要求表面的美观，而且要求装饰材料具有多种功能，能长期保持它的特征，并能有效地保护主体结构材料。

选用装饰材料时，应结合建筑物的特点，使之与环境相协调，使材料颜色的深浅合适，色调柔和美观。应运用装饰材料的花纹、图案及材料表面结构特征，拼装成所需要的质感和色彩效果的饰面。一般来讲，装饰材料的选择可从以下几方面来考虑：

1) 外观。装饰材料的外观主要是指形体、质感、色彩和纹理等。块状材料有稳定感，而板状材料则有轻盈的视觉效果。不同的材料质感给人的尺度和冷暖感是不同的，毛面材料有粗犷豪迈的感觉，镜面材料则有细腻的效果。色彩对人的心理作用更为明显，各种色彩都使人产生不同的感觉。因此，建筑内部色彩的选择不仅要从美学的角度考虑，还要考虑到色彩功能的重要性，力求合理运用色彩，以对人们的心理和生理均能产生良好的效果。

2) 功能性。装饰材料的功能应与使用环境结合考虑。对于室外装饰材料，不仅要满足装饰效果，也要考虑其抗风化、绝热、防火、防辐射等性能，以保护墙体和改善建筑物的功能。对于室内装饰材料，要把它的耐磨性、易清洁、隔热保温、吸声、隔声等性能一并考虑。

3) 经济性。装饰材料的价格较高，在装饰投资时，应从长远性、经济性的角度出发，充分利用有限的资金取得最佳的装饰和使用效果，做到既满足了目前的要求，又能有利于以后的装饰变化。

12.5.3 建筑陶瓷

凡以黏土、长石、石英石为基本原料，经配料、制坯、干燥、焙烧而制得的成品，统称为陶瓷制品。陶瓷自古以来就是主要的建筑装饰材料之一。用于建筑工程中的陶瓷制品，则称为建筑陶瓷。建筑陶瓷具有强度高、性能稳定、耐蚀性好、耐磨、防水、防火、易清洗及装饰性好等优点。在建筑工程及装饰工程中应用较多的建筑陶瓷制品有外墙釉面砖、内墙面砖、地面砖、陶瓷锦砖、琉璃制品等。

1. 釉面砖

釉面砖又称瓷砖或内墙砖，它是以黏土、石英、长石、助溶剂、颜料及其他矿物原料，经破碎、研磨、筛分、配料等工序加工成含一定水分的生料，再经模具压制成型、烘干、素烧、施釉和釉烧而成，或坯体施釉一次烧成。

釉面砖正面有釉（釉是一种以玻璃体为主的物质，主要成分为二氧化硅和氧化钙），背面有凹凸纹，便于与基体黏结牢固，主要品种有白色釉面砖、彩色釉面砖、印花釉面砖和图案釉面砖等。所施釉料有白色釉、彩色釉、光亮釉、珠光釉和结晶釉等。釉面砖形状有正方形、长方形和异形配件砖等。

釉面砖色泽柔和典雅，朴实大方，热稳定性好，防潮、防火、耐酸碱，表面光滑易清洗，主要用于厨房、卫生间、浴室、墙裙等室内墙面、台面等。但不宜用于室外，因其多孔坯体层和表面釉层的吸水率、膨胀率相差较大，在室外受到日晒、雨淋及温度变化时，易开裂或剥落。釉面砖的技术指标应符合《陶瓷砖》规定。

2. 墙地砖

墙地砖包括陶瓷外墙面砖和室内外陶瓷地面砖。其生产工艺类似于釉面砖，也可不施釉一次烧成无釉墙地砖。该类砖颜色繁多，表面质感多样，通过配料和制作工艺的变化，可制成平面、麻面、毛面、抛光面、纹点面、防滑面、耐磨面、仿花岗石表面、压光浮雕面等多种制品。

（1）劈裂砖　劈裂砖又称劈离砖或双合砖，兼有普通机制黏土砖和彩釉砖的特性，密度大，强度高，吸水率小，耐磨抗冻。由于其表面施加了彩釉，因而具有良好的装饰性和可清洗性。平面砖，踏步砖，阳、阴角砖，彩色釉面砖及表面压花砖等。劈裂砖有各种颜色，外形美观，可按需要拼砌成多种图案以适应建筑物和环境的需要。因其表面不反光、无亮点、外观质感好，用于外场面时，质朴、大方，具有石材的装饰效果；因其表面具有黏土质的粗糙感，不易打滑，也多用于室内外地面、台面、踏步、广场及游泳池、浴池等处。

（2）麻面砖　麻面砖是采用仿天然岩石的色彩配料，压制成表面凸凹不平的麻面坯体后经焙烧而成。砖的表面酷似经人工修凿过的天然岩石，纹理自然，有白、黄等多种色调。该类砖的抗折强度大于20MPa，吸水率小于1%，防滑耐磨。薄型砖适用于外墙饰面，厚型砖适用于广场、停车场、人行道等地面铺设。

（3）彩胎砖　彩胎砖是一种本色无釉瓷质饰面砖，富有天然花岗石的纹点，纹点细腻，色调柔和莹润，质朴高雅。彩胎砖表面有平面和浮雕两种，又有无光、磨光、抛光之分，吸水率小于1%，抗折强度大于27MPa，耐磨性和耐久性好，可用于住宅厅堂的墙、地面装饰，特别适用于人流量大的商场、剧院、宾馆等公共场所的地面铺贴。

墙地砖具有强度高、耐磨、化学稳定性好、易清洗、吸水率低、不燃、耐久等特点，其技术指标应符合《陶瓷砖》规定。

3. 卫生陶瓷

卫生陶瓷制品主要是指用于浴室、洗漱间、厕所等处的卫生洁具，如洗面器、大小便器、水槽、水箱等。有瓷质和陶质两类，瓷质卫生陶瓷是由黏土或其他无机物质经混炼、成型、高温烧制而成的吸水率不大于0.5%的有釉陶瓷制品；陶质卫生陶瓷是由黏土或其他无机物质经混炼、成型、高温烧制而成的吸水率小于15.0%且大于或等于8.0%的有釉陶瓷制品。卫生陶瓷颜色多样、表面光洁、易于清洗、耐化学腐蚀，其技术指标应符合《卫生陶瓷》规定。

4. 陶瓷马赛克

陶瓷马赛克又称陶瓷锦砖，是用于装饰和保护建筑物地面及墙面的由多块小砖（表面积不大于$55cm^2$）拼粘成联的陶瓷砖。分有釉和无釉两种，按砖联分为单色、混色和拼花三种。为方便铺贴，常把小块砖粘贴在衬材（如牛皮纸）上，形成色彩丰富、图案繁多的装饰砖成联使用。

陶瓷马赛克质地坚实，经久耐用，色泽图案多样，耐酸、耐碱、耐火、耐磨，吸水率小，不渗水，易清洗，热稳定性好。

陶瓷马赛克主要用于室内地面装饰，如浴室、厨房、餐厅等地面，也可用作内、外墙饰面，并可镶拼成风景名胜和花鸟动物图案的壁画，形成别具风格的陶瓷马赛克壁画艺术，其技术指标应符合《陶瓷马赛克》规定。

5. 琉璃制品

琉璃属于高级建筑装饰材料，是用难熔黏土制坯，经干燥、上釉后焙烧而成，颜色有绿、黄、蓝、青等。品种可分为三类：瓦类（板瓦、滴水瓦、筒瓦、沟头）、脊类和饰件类（吻、博古、兽）。

琉璃制品色彩绚丽，造型古朴，质地致密，表面光滑，坚实耐久，主要用于具有民族色彩的宫殿式房屋和园林中的亭、台、楼阁等，其技术指标应符合《建筑琉璃制品》规定。

12.5.4 建筑玻璃

玻璃是用石英、纯碱、长石和石灰石等原料于1550~1600℃高温下烧至熔融，成型后冷却而制成的固体材料。玻璃除了透光、透视、隔声、绝热外，还有很好的装饰作用。按其功能一般分为：平板玻璃、安全玻璃、绝热玻璃、装饰玻璃（花纹玻璃、磨砂玻璃、印刷玻璃等）及玻璃砖等。

1. 平板玻璃

（1）普通平板玻璃　普通平板玻璃是未经加工的钠钙玻璃类平板，其透光率为85%~90%。它是平板玻璃中产量最大、使用最多的一种，也是进一步加工成其他玻璃及玻璃制品的基础材料。它主要用于门、窗，起透光、保温、隔声、挡风雨等作用。

（2）磨砂玻璃　磨砂玻璃又称毛玻璃，是指经研磨、喷砂或氢氟酸溶蚀等加工，使表面（单面或双面）成为均匀粗糙的平板玻璃。用硅砂、金刚砂、石榴石粉等作研磨材料，加水研磨制成磨砂玻璃；用压缩空气将细砂喷射到玻璃表面而制成喷砂玻璃；用酸溶蚀制成酸蚀玻璃。磨砂玻璃透光而不透视，且光线不眩目、不刺眼，一般用于需要隐蔽的卫生间、浴室、办公室等的门窗及隔断。

（3）花纹玻璃　花纹玻璃按加工方法可分为压花玻璃和喷花玻璃两种。压花玻璃又称滚花玻璃，是用带花纹图案的滚筒压制处于可塑状态的玻璃料坯而制成。喷花玻璃又称胶花玻璃，是在平板玻璃表面贴上花纹图案，抹以保护层，再经喷砂处理而成。花纹玻璃表面有花纹图案，有很好的装饰效果，且透光，可遮挡视线，常用于办公室、会议室、浴室以及公共场所的门窗和各种室内隔断。

2. 安全玻璃

安全玻璃的主要功能是力学强度较高，抗冲击性能较好，被击碎时，其碎块不会飞溅伤人并兼有防火功能和装饰效果。常用的有钢化玻璃、夹丝玻璃、夹层玻璃。

（1）钢化玻璃　钢化玻璃也称强化玻璃。它是将平板玻璃经物理（淬火）钢化或化学钢化处理的玻璃。钢化处理可使玻璃中形成可缓解外力作用的均匀预应力，因而其产品的强度、抗冲击性、热稳定性大幅度提高。钢化玻璃主要用于高层建筑的门窗、隔墙和幕墙等。

（2）夹丝玻璃　将编织好的钢丝网压入已软化的红热玻璃中即成夹丝玻璃。这种玻璃的抗折强度、抗冲击能力和耐温度剧变的性能都比普通玻璃好，破碎时其碎片仍附着在钢丝上而不致飞出伤人，适用于公共建筑的走廊、防火门、楼梯间、厂房天窗及各种采光屋顶等。

（3）夹层玻璃　夹层玻璃是由两片或多片平板玻璃之间嵌夹透明塑料薄衬片，经加热、加压、黏合而成的平面或曲面的复合玻璃制品。这种玻璃被击碎后，由于中间有塑料衬片的黏合作用，所以仅产生辐射状的裂纹而不致伤人。夹层玻璃主要用作汽车和飞机的挡风玻璃、防弹玻璃，以及有特殊安全要求的建筑门窗、隔墙、工业厂房的天窗和某些水下工程等。

3. 绝热玻璃

（1）吸热玻璃　吸热玻璃是在玻璃中引入有着色作用的氧化物（如氧化铁、氧化镍、氧化钴等），或在玻璃表面喷涂着色氧化物薄膜（如氧化锡、氧化锑等）而成。它既能吸收全部或部分热射线（红外线），又能保持良好的透光率。吸热玻璃已广泛用于建筑工程门窗或外墙，以及用作车、船挡风玻璃等，起到采光、隔热、防眩等作用。在外部围护结构中用它配制彩色玻璃窗。在室内装饰中，用它镶嵌玻璃隔断，装饰家具，以增加美感。

（2）热反射玻璃　热反射玻璃，又称遮阳镀膜玻璃或镜面玻璃，是在玻璃表面用热解、蒸发、化学处理等方法喷涂金、银、铝、铁等金属及金属氧化物或粘贴有机物的薄膜而制成。

热反射玻璃对太阳辐射热有较高的反射能力，具有良好的隔热性能，又保持良好的透光性能。主要用于避免由于太阳辐射而增热及设置空调的建筑，适用于各种建筑物的门窗、汽车和轮船的玻璃窗、玻璃幕墙以及各种艺术装饰。

（3）中空玻璃　中空玻璃是由两片或多片平板玻璃构成的，中间用边框隔开，四周边部用胶接、焊接或熔接的办法密封，中间充入干燥气体，主要用于需要供暖、空调、防止噪声等的建筑。

4. 玻璃空心砖

玻璃空心砖一般是由两块压铸成的凹形玻璃，经熔接或胶结成的四周封闭的空心砖。砖的内腔可以是空气，也可以填充玻璃棉等。常用于需要透光的墙体，具有绝热、隔声、光线柔和等优点。

12.5.5　建筑装饰板

1. 金属类装饰板材

金属装饰材料的主要形式为各种板材。金属饰面板是建筑装饰中的中高档装饰材料，主要用于墙面的点缀，柱面的装饰。由于金属装饰板易于成型，能满足造型方面的要求，同时具有防火、耐磨、耐腐蚀等一系列优点，因而金属装饰板应用广泛。

（1）铝合金装饰板　铝合金装饰板价格便宜，易于成型，表面经阳极氧化和喷漆处理，可以获得不同色彩的氧化膜或漆膜。铝合金装饰板具有质量轻、经久耐用、刚度好、耐大气腐蚀等特点，常用的铝合金装饰板材主要有如下几种：

1）铝合金花纹板。铝合金花纹板是采用防锈铝合金坯料，用特殊的花纹轧辊轧制而成，具有不易磨损，防腐蚀性能强，便于冲洗的特点，通过表面处理可以得到各种美丽的色彩。花纹板板材平整，裁剪尺寸精确，便于安装，广泛用于墙面装饰以及楼梯踏板等处。

2）铝合金压型板。铝合金压型板质量轻，外形美，耐腐蚀，经久耐用，安装容易，施工快速，经表面处理可得各种优美的色彩，主要用作墙面和屋面。该板也可用于工业与民用建筑的非承重外挂板。

3）铝合金穿孔板。铝合金穿孔板是采用多种铝合金平板经机械穿孔而成，其特点是轻质、防腐、防水、防火，且具有良好的消声效果。

（2）不锈钢装饰板　装饰用不锈钢板主要是厚度小于4mm的薄板，用量最多的是厚度小于2mm的板材。不锈钢装饰板材有平面钢板和凹凸钢板两类。前者通常是经研磨、抛光等工序制成，后者是在正常的研磨、抛光之后再经辊压、雕刻、特殊研磨等工序而制成。平面钢板又分为镜面板（板面反射率>90%）、有光板（反射率>70%）、亚光板（反射率<50%）三类。凹凸板也有浮雕花纹板、浅浮雕花纹板和网纹板三类。

不锈钢装饰板主要用在柱面、栏杆、扶手等处装饰，通过表面着色处理后，增强了装饰效果，可用于厅堂墙板、顶棚、外墙饰面等。

（3）铝塑板　铝塑板是由面板、核心、底板三部分组成。面板是在0.2mm铝片上，以聚酯作双重涂层结构（底漆加面漆）经烤焗程序而成；核心是2.6mm无毒低密度聚乙烯材料；底板同样是涂透明保护漆的0.2mm铝片。通过对芯材进行特殊工艺处理的铝塑板可达到难燃材料等级。

铝塑板具备强度高、隔声、隔热、易成型、美观等诸多优点，适用于高档室内及店面装修、大楼外墙帷幕墙板、顶棚及隔间、电梯、阳台包柱、柜台、广告招牌等。

2. 有机类装饰板材

（1）塑料装饰板

1）聚氯乙烯塑料装饰板。聚氯乙烯塑料装饰板是以聚氯乙烯树脂为基料，加入稳定剂、增塑剂、填料、着色剂及润滑剂等，经捏和、混炼、拉片、切粒、挤压或压铸而成。聚氯乙烯塑料装饰板适用于室内墙面、柱面、吊顶、家具台面的装饰和铺设，主要作为装饰和防腐蚀之用。

2）塑料贴面板。它是以酚醛树脂的纸质压层为基胎，表面用三聚氰胺树脂浸渍过的花纹纸为面层，经热压制成的一种装饰贴面材料，有镜面型和柔光型两种。塑料贴面板耐磨、耐湿、耐烫、不易燃，平滑光亮、易清洗，装饰效果好，并可代替装饰木材，适用于室内及家具等的表面装饰。

3）卡普隆板。卡普隆板材又称阳光板、PC板，它的主要原料是高分子工程塑料——聚碳酸酯，主要产品有中空板、实心板、波纹板三大系列。它具有轻质、透光、耐冲击、绝热、防红外线和紫外线等优点。卡普隆板适用于车站、机场、通道及商业建筑的顶棚，也可用于工业采光顶，温室、车库等各种透光场合。

（2）有机玻璃板　有机玻璃板是以甲基丙烯酸甲酯为主要材料，加入引发剂、增塑剂等聚合而成。有机玻璃的透光性极好（可透过光线的99%，并能透过紫外线的73.5%），强度较高，耐热性、抗寒性及耐候性都较好。有机玻璃主要用作室内高级装饰材料及特殊的吸顶灯具或室内隔断及透明防护材料等。

（3）玻璃钢装饰板　玻璃钢装饰板是以玻璃布为增强材料，以不饱和聚酯树脂为胶黏剂，在固化剂、催化剂的作用下加工而成。硬度高、耐磨、耐酸碱、耐高温，适用于粘贴在各种基层、板材表面，作建筑装修和家具饰面。

3. 无机类装饰板材

无机类装饰板材主要有天然石材饰面板和装饰石膏板。天然石材饰面板主要有花岗石饰面板及大理石饰面板。装饰石膏板是以建筑石膏为主要原料，掺入适量纤维增强材料和外加剂，与水一起搅拌成均匀的料浆，注入带有花纹的硬质模具内成型，再经硬化干燥而成的无护面纸的装饰板材。

装饰石膏板具有轻质、有一定强度、绝热、防火、吸声、阻燃、抗振、耐老化、变形小、能调节室内湿度等特点，同时加工性能好；可进行锯、刨、钉、粘贴等加工，施工方便，是较理想的顶棚饰面材料和墙面装饰材料，被广泛用于各种建筑物室内的吊顶、墙面等。

12.5.6 建筑用轻钢龙骨

龙骨是指固定装饰板材的骨架材料，起着支撑、承重、固定面层的作用。龙骨的材料有轻钢、铝合金、塑料等。

龙骨按用途分为隔墙龙骨及吊顶龙骨。隔墙龙骨（代号 Q）一般作为室内隔断墙骨架，两面覆以石膏板或塑料板、纤维板、金属板等为墙面，表面用塑料壁纸或贴墙布装饰，内墙用涂料等进行装饰，以组成新型完整的隔断墙。吊顶龙骨（代号 D）用作室内吊顶骨架，面层采用各种吸声材料，以形成新颖美观的室内吊顶。

建筑用轻钢龙骨是以冷轧钢板、镀锌钢板、彩色喷塑钢板或铝合金板材做原料，采用冷加工工艺生产的薄壁型材，经组合装配而成的一种金属骨架。它具有自重轻、刚度大、防火、抗震性能好、加工安装简便等特点，适用于工业与民用建筑等室内隔墙和吊顶所用的骨架。特别适用于防火要求高的室内装饰和隔断面积大的室内墙。

12.5.7 卷材类装饰材料

1. 地面装饰卷材

（1）卷材塑料地板　卷材塑料地板为软质塑料地板材料，一般用压延法加工制成。产品可进行压花、印花、发泡等。该卷材的配料特点是少加填料，而增加增塑剂的成分，因而卷材质地柔软、有弹性、脚感好，易清洗；耐磨性较好，但耐热性和耐燃性较差。主要应用于住宅、办公室、实验室、饭店等的地面装饰，也可用于台面装饰。

（2）地毯　地毯作为地面装饰材料，具有绝热、吸声、缓冲（减轻碰撞）、防止滑倒、使人脚感舒适等优点。

1）纯毛地毯。纯毛地毯分手工编织和机织两种。手工编织纯毛地毯具有图案优美、色泽鲜艳、富丽堂皇、质地厚实、富有弹性、柔软舒适、经久耐用等特点，常用于国际性、国家级的大会堂、迎宾馆、高级饭店和高级住宅、会客厅等。机织纯毛地毯具有毯面平整、光泽好、富有弹性、脚感柔软、抗磨耐用等特点，其性能与纯毛手工地毯相似，但价格远低于手工地毯，适用于宾馆、饭店的客房、楼梯、楼道、宴会厅、会客室，以及体育馆、家庭等满铺使用。

2）化纤地毯（合成纤维地毯）。它是以化学合成纤维为原料，经机织或簇绒等方法加工成面层织物后，再与防松层；背衬进行复合处理而成。化纤地毯具有质轻、耐磨性好、富有弹性、脚感舒适、步履轻便、价格低廉、铺设简便、不易被虫蛀和霉变等特点，适用于宾馆、饭店、接待室、餐厅、住宅居室、活动室及船舶、车辆、飞机等的地面装饰。化纤地毯可用于摊铺，也可粘贴在木地板、马赛克、水磨石及水泥混凝土地面上。

3）塑料地毯。塑料地毯是用 PVC 树脂或 PP（聚丙烯）树脂、增塑剂等多种辅助材料，经混炼、塑制而成，是一种新型的软质材料，可代替纯毛地毯或化纤地毯使用。塑料地毯具有质地柔软、色彩鲜艳、自熄、不燃、污染后可用水刷洗等特点，适用于宾馆、商店、舞台、浴室等公共建筑和住宅地面的装饰。

2. 墙面装饰卷材

（1）墙布与壁纸　墙布与壁纸实际属同一类型材料，壁纸也称墙纸，它们是通过胶黏剂粘贴在平整基层（如水泥砂浆基层、胶合板基层、石膏板基层）等上的薄型饰面材料。

1）棉纺墙布。它是由纯棉平布经过处理、印花、涂层制作而成。该墙布强度大、蠕变性小、静电小、无光、无气味、无毒、吸声、花型繁多、色泽美观大方，适用于基层为砂浆、混凝土、白灰浆墙面以及石膏板、胶合板、纤维板和水泥板等墙面粘贴或浮挂。

2）无纺墙布。无纺墙布是采用棉、麻等天然纤维或涤纶、腈纶等合成纤维，经过无纺成型、涂树脂、印制彩色花纹而成的一种新型贴墙材料。

这种墙布的特点是富有弹性、不易折断、纤维不易老化、不散失、对皮肤无刺激作用，色彩鲜艳，图案雅致，粘贴方便，具有一定的透气性和防潮性，能擦洗而不褪色，适用于各种建筑物室内墙面装饰。

3）化纤装饰墙布。化纤装饰墙布是以人造化学纤维织成的单纶（或多纶）布为基材，经一定处理后印花而成。化纤装饰贴墙布具有无毒、无气味、透气、防潮、耐磨、无分层等优点，适用于各级宾馆、旅店、办公室、会议室和居民住宅等室内墙面装饰。

4）麻草壁纸。麻草壁纸是以纸为底层，以编织的麻草为面层，经复合加工而成的一种新型室内装饰材料。麻草壁纸具有阻燃、吸声、不变形等待点，适用于会议室、接待室、影剧院、舞厅以及饭店、宾馆的客房和商店的橱窗设计等。

5）金属壁纸。金属壁纸是以纸为基材，再粘贴一层电化铝箔，经压合、印花而成。金属壁纸有光亮的金属质感和反光性，无毒、无气味、无静电、耐湿、耐晒、可擦洗、不褪色，多用于高级宾馆、饭店、舞厅的墙面、柱面、顶棚面等处。

（2）艺术壁毯　艺术壁毯又称壁毯或挂毯，是室内墙挂艺术品。图案、花色精美，常用纯羊毛或蚕丝等高级材料精心制作而成。画面多为名家所绘的动物花鸟、山水风光等，显现华贵、典雅、古朴或富有民族艺术特色，给人以美的享受。

思考题与习题

12-1　防水卷材主要分为几类？说出它们各自的优缺点。

12-2　防水涂料有何优点？

12-3　简述建筑密封材料的分类和主要用途。

12-4　绝热材料分为几类？试各举几例说明。

12-5　为什么绝热材料在使用时要注意防水防潮？

12-6　何谓吸声材料？吸声材料和绝热材料内部结构有何异同？

12-7　吸声材料能作为隔声材料用吗？为什么？

12-8　建筑材料的防火性能有哪些指标？分别解释其含义。

12-9　常用防火材料有哪几类？试举例说明。

12-10　对装饰材料有哪些要求？选用装饰材料应注意些什么？

12-11 常用的建筑装饰材料有哪几类？试举例说明。

12-12 用于室内和室外的建筑装饰材料在性能要求上有什么不同？

12-13 高层建筑的玻璃幕墙应该选用吸热玻璃，还是选用热反射玻璃？为什么？

12-14 建筑工程绝热材料性能要求不包括（　　）。（2007年一级建造师试题）

A. 较小的导热系数　　　　　　　　　B. 较好的防火性和耐蚀性

C. 较小的膨胀系数　　　　　　　　　D. 较低的吸湿性

12-15 作为天然饰面石材，花岗石与大理石相比（　　）。（2010年注册造价工程师试题）

A. 色泽可选性多　　　　　　　　　　B. 抗侵蚀性强

C. 耐火性强　　　　　　　　　　　　D. 抗风化性差

12-16 建筑装饰用地面涂料宜选用（　　）。（2010年注册造价工程师试题）

A. 醋酸乙烯—丙烯酸酯乳液涂料　　　B. 聚醋酸乙烯乳液涂料

C. 聚氨酯涂料　　　　　　　　　　　D. 聚乙烯醇水玻璃涂料

12-17 高温车间的防潮卷材宜选用（　　）。（2010年注册造价工程师试题）

A. 氯化聚乙烯—橡胶共混型防水卷材　B. 沥青复合胎柔性防水卷材

C. 三元乙丙橡胶防水卷材　　　　　　D. APP改性沥青防水卷材

12-18 Ⅳ级防水等级的屋面宜选用的防水涂料是（　　）。（2010年注册造价工程师试题）

A. 再生橡胶改性防水涂料　　　　　　B. 聚氨酯防水涂料

C. 丙烯酸酯防水涂料　　　　　　　　D. 环氧树脂防水涂料

12-19 常用的隔热材料中，除硅藻土、矿渣棉、石棉以及其制品外，还有（　　）。（2010年注册造价工程师试题）

A. 铸石　　　　　　　　　　　　　　B. 蛭石

C. 石墨　　　　　　　　　　　　　　D. 玻璃

12-20 沥青防水卷材是传统的建筑防水材料，成本较低，但存在（　　）等缺点。（2010年一级建造师试题）

A. 拉伸强度和延伸率低　　　　　　　B. 温度稳定性较差

C. 低温易流淌　　　　　　　　　　　D. 高温易脆裂

E. 耐老化性较差

12-21 在5~10℃气温条件下仍可用于施工的耐火材料有（　　）。（2010年一级建造师试题）

A. 黏土结合耐火浇注料　　　　　　　B. 水泥耐火浇注料

C. 水玻璃耐火浇注料　　　　　　　　D. 耐火泥浆

E. 耐火喷涂料

12-22 常用于寒冷地区和结构变形较为频繁部位且适宜热熔法施工的聚合物改性沥青防水卷材是（　　）。（2011年注册造价工程师试题）

A. SBS改性沥青防水卷材　　　　　　B. APP改性沥青防水卷材

C. 沥青复合胎柔性防水卷材　　　　　D. 聚氯乙烯防水卷材

12-23 下列材料中，主要用作室内装饰的材料是（　　）。（2012年注册造价工程师试题）

A. 花岗石　　　　　　　　　　　　　B. 陶瓷马赛克

C. 瓷质砖　　　　　　　　　　　　　D. 合成石面板

12-24 关于对建筑涂料基本要求的说法，正确的是（　　）。（2012年注册造价工程师试题）

A. 外墙、地面、内墙涂料均要求耐水性好

B. 外墙涂料要求色彩细腻、耐碱性好

C. 内墙涂料要求抗冲击性好

D. 地面涂料要求耐候性好

12-25 APP改性沥青防水卷材,其突出的优点是（　　）。（2012年注册造价工程师试题）

A. 用于寒冷地区铺贴
B. 适宜于结构变形频繁部位防水
C. 适宜于强烈太阳辐射部位防水
D. 可用热熔法施工

12-26 下列装修材料中,属于功能材料的是（　　）。（2012年一级建造师试题）

A. 壁纸
B. 木龙骨
C. 防水涂料
D. 水泥

12-27 天然大理石饰面板材不宜用于室内（　　）。（2012年一级建造师试题）

A. 墙面
B. 大堂地面
C. 柱面
D. 服务台面

12-28 弹性和耐久性较高的防水涂料是（　　）。（2013年注册造价工程师试题）

A. 氯丁橡胶改性沥青防水涂料
B. 聚氨酯防水涂料
C. SBS橡胶改性沥青防水涂料
D. 聚氯乙烯改性沥青防水涂料

12-29 抗老化能力强的刚性防水材料为（　　）。（2013年注册造价工程师试题）

A. 金属屋面
B. 混凝土屋面瓦
C. 聚氯乙烯瓦
D. 铝合金防水卷材

12-30 系列防水卷材中,温度稳定性最差的是（　　）。（2013年一级建造师试题）

A. 沥青防水卷材
B. 聚氯乙烯防水卷材
C. 高聚物防水卷材
D. 高分子防水卷材

12-31 防火涂料应具备的基本功能有（　　）。（2013年一级建造师试题）

A. 隔热
B. 耐污
C. 耐火
D. 阻燃
E. 耐水

12-32 下列耐火材料中,属于中性耐火材料的是（　　）。（2014年二级建造师试题）

A. 高铝砖
B. 镁铝砖
C. 硅砖
D. 白云石砖

12-33 关于高聚物改性沥青防水卷材的说法,错误的是（　　）。（2014年一级建造师试题）

A. SBS卷材尤其适用于较低气温环境的建筑防水
B. APP卷材尤其适用与较高气温环境的建筑防水
C. 采用冷粘法铺贴时,施工环境温度不应低于0℃
D. 采用热熔法铺贴时,施工环境温度不应低于-10℃

12-34 下列绝热材料中,宜做保冷绝热又能防火的绝热材料是（　　）。（2014年一级建造师试题）

A. 岩棉
B. 矿渣棉
C. 玻璃棉
D. 泡沫玻璃

12-35 隔热、隔声效果最好的材料是（　　）。（2015年注册造价工程师试题）

A. 岩棉
B. 石棉
C. 玻璃棉
D. 膨胀蛭石

12-36 下列防水材料中,属于刚性防水材料的有（　　）。（2015年二级建造师试题）

A. JS聚合物水泥基防水涂料
B. 聚氨酯防水涂料
C. 水泥基渗透结晶型防水涂料
D. 防水混凝土
E. 防水砂浆

12-37 燃烧性能等级为B级的装修材料其燃烧性为（　　）。（2015年一级建造师试题）

A. 不燃
B. 难燃
C. 可燃
D. 易燃

12-38 关于钢化玻璃特性的说法,正确的有( )。(2015 年一级建造师试题)
A. 使用时可以切割
B. 可能发生自爆
C. 碎后易伤人
D. 热稳定性差
E. 机械强度高

12-39 关于有机防火封堵材料特点的说法,正确的有( )。(2015 年一级建造师试题)
A. 不能重复使用
B. 遇火时发泡膨胀
C. 优异的水密性能
D. 优异的气密性能
E. 可塑性好

12-40 常用建筑很少使用的保温隔热材料是( )。(2016 年注册造价工程师试题)
A. 岩棉
B. 矿渣棉
C. 石棉
D. 玻璃棉

第13章 土木工程材料试验

本章提要

本章主要介绍了土木工程材料的基本性质试验、水泥试验、建筑钢筋试验、混凝土用集料试验、普通混凝土试验、沥青及沥青混合料试验。依据国家现行有效的相关标准规范，详细阐述了各个试验的试验目的、试验步骤、仪器操作方法、试验数据处理、结果计算及质量评定。

本章重点是水泥试验（如标准稠度用水量、凝结时间测定、安定性检验及水泥胶砂强度检验等）、建筑钢筋试验（屈服强度、抗拉强度及断后伸长率测定、冷弯试验等）、混凝土用集料试验（如砂、石的筛分析试验、含水率试验、含泥量试验等）、普通混凝土试验（如混凝土拌合物和易性测定、表观密度测定、抗压强度试验等）。难点是钢筋屈服强度测定；混凝土拌合物和易性测定与调整；混凝土试拌配合比、设计配合比及施工配合比的确定。

通过本章学习，应掌握主要建筑材料的基本性能试验技术；熟悉常用试验仪器的操作方法，常用建筑材料的技术要求及质量评定方法；巩固理论知识，培养动手能力。

13.1 土木工程材料的基本性质试验

13.1.1 密度的测定

1. 试验目的

测定材料密度，用来计算材料的孔隙率和密实度。材料的吸水性、强度、耐久性等都与其孔隙的多少及孔隙特征有关。

2. 仪器设备

李氏比重瓶（见图13-1）、筛子（孔径0.20mm或900孔/cm^2）、烘箱、干燥器、天平（称量500g，感量0.01g）、温度计、漏斗、小勺等。

3. 试验步骤

1）将试样粉碎、研磨、过筛后放入烘箱中，以（100±5）℃的温度烘干至恒重。烘干后的粉料储放在干燥器中冷却至室温，以待取用。

2) 在李氏比重瓶中注入煤油或其他对试样不起反应的液体至突颈下部，将李氏比重瓶放恒温水槽内（水温必须控制在李氏比重瓶标定刻度时的温度，一般为 20℃），使刻度部分浸入水中，恒温 0.5h。记下李氏比重瓶第一次读数 V_1（准确到 0.05mL，下同）。

3) 用感量为 0.01g 的天平准确称取 60~90g 试样 m_1。用小勺和漏斗将试样徐徐送入李氏比重瓶内（不能大量倾倒，会妨碍李氏比重瓶中的空气排出，或在咽喉部位堵塞，妨碍粉末的继续下落），使液面上升至 20mL 左右的刻度为止。注意勿使试样黏附于液面以上的瓶颈内壁上（可用瓶内的液体将黏附在瓶颈内壁上的试样洗入瓶内的液体中）。摇动李氏比重瓶，排出其中空气，至液体不再发生气泡为止。

4) 将李氏比重瓶再放入恒温水槽中，在相同温度下恒温 0.5h，记下李氏瓶第二次读数 V_2，准确称取剩下的试样质量 m_2。

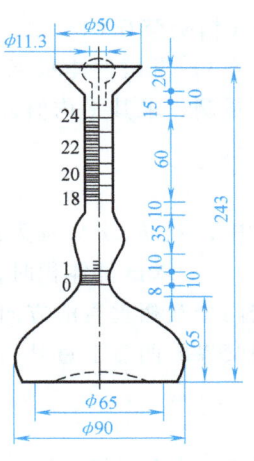

图 13-1　李氏比重瓶

4. 结果计算

1) 试样密度 ρ 按下式计算，精确至 0.01g/cm^3

$$\rho = \frac{m_1 - m_2}{V_2 - V_1} \tag{13-1}$$

式中，m_1 为试样总质量（g）；m_2 为剩余的试样质量（g）；V_1 为李氏比重瓶注入液体后的第一次读数（cm^3）；V_2 为李氏比重瓶加入试样后的第二次读数（cm^3）。

2) 以两次试验结果的算术平均值作为测定值，如两次试验结果相差大于 0.02g/cm^3 时，应重新取样进行试验。

密度试验记录表见表 13-1。

表 13-1　密度试验记录表

次数	试样总质量 m_1/g	剩余试样质量 m_2/g	初始液面读数 V_1/mL	加入试样后液面读数 V_2/mL	密度 $\rho/(\text{g/m}^3)$	密度平均值 $\bar{\rho}/(\text{g/m}^3)$

13.1.2　表观密度的测定

1. 试验目的

表观密度是计算材料孔隙率，确定构件自重及材料体积的必要数据。

2. 仪器设备

天平（称量 1000g、感量 0.1g）、游标卡尺（精度 0.1mm）、烘箱等。

3. 试验步骤

1) 将材料加工成几何形状规则的试件（5 个）后放入烘箱内，以 (100±5)℃ 的温度烘干至恒重，取出放入干燥器内，冷却至室温待用。

2) 用游标卡尺量其尺寸（精确至 0.01cm），并计算其体积 V_0。然后再用天平称其质量

m（精确至 0.01g）。

3）求试件体积 V_0 时，如试件为立方体或长方体，则每边应在上、中、下三个位置分别量测，求其平均值，然后再按下式计算体积

$$V_0 = \frac{a_1+a_2+a_3}{3} \cdot \frac{b_1+b_2+b_3}{3} \cdot \frac{c_1+c_2+c_3}{3} \tag{13-2}$$

式中，a、b、c 分别为试件的长、宽、高（cm）。

4）求试件体积时，如试件为圆柱体，则在圆柱体上、下两个平行切面上及试件腰部，按两个互相垂直的方向量其直径，求 6 次量测的直径平均值 d，再在互相垂直的两直径与圆周交界的四点上量其高度，求四次量测的平均值 h，最后按下式求其体积

$$V_0 = \frac{\pi d^2}{4} \cdot h \tag{13-3}$$

式中，d 为直径平均值（cm）；h 为高度平均值（cm）。

4. 结果计算

1）按下式计算其表观密度 ρ_0，精确至 10kg/m^3

$$\rho_0 = \frac{1000m}{V_0} \tag{13-4}$$

式中，m 为试样质量（g）；V_0 为试样体积（cm^3）。

2）以 5 个试件测得结果的平均值为最后结果。

表观密度试验记录表见表 13-2。

表 13-2　表观密度试验记录表

次数	质量 m/g	试件长度 a/cm			试件宽度 b/cm			试件高度 c/cm			试件体积 V_0/cm^3	表观密度 ρ_0/（kg/m^3）	表观密度平均值 $\bar{\rho}_0$/（kg/m^3）
		a_1	a_2	a_3	b_1	b_2	b_3	c_1	c_2	c_3			

13.1.3　堆积密度的测定

1. 试验目的

测定堆积密度可以用来估算散粒材料的堆积体积及质量，考虑运输工具，估计材料级配情况。

2. 仪器设备

标准容器（金属容量筒）、天平（感量 0.1g）、烘箱、干燥器、漏斗、钢尺等。

3. 试验步骤

1）将试样放在（100±5）℃的烘箱中，烘至恒量，再放入干燥器中冷却至室温待用。

2）称量标准容器的质量 m_1，将其放在不受振动的桌上浅盘中，用料斗将试样徐徐装入标准容器内（漏斗出料口距容器口约为 50mm），直至试样装满并超出容器口。

3）用钢尺将多余的试样沿容器口中心线向两边刮平，称容器和试样总质量 m_2。

4. 结果计算

按下式计算其堆积密度 ρ_0',精确至 10kg/m^3。

$$\rho_0' = \frac{m_2 - m_1}{V_0'} \tag{13-5}$$

式中,m_1 为标准容器质量(kg);m_2 为标准容器和试样总质量(kg);V_0' 为标准容器体积(m^3)。

堆积密度试验记录表见表 13-3。

表 13-3 堆积密度试验记录表

次数	标准容器质量 m_1/kg	标准容器和试样总质量 m_2/kg	标准容器体积 V_0'/m^3	堆积密度 ρ_0'/(kg/m³)	堆积密度平均值 $\overline{\rho_0'}$/(kg/m³)

13.1.4 吸水率的测定

1. 试验目的

测定吸水率可计算出材料内部开口孔隙的体积,进而判定材料隔热保温、抗渗、抗冻等性能。

2. 仪器设备

天平(称量 1000g,感量 0.01g)、水槽、烘箱等。

3. 试验步骤

1)将试件置于烘箱中,在 (100±5)℃ 的温度下烘至恒重,称其质量 m_g。

2)将试件放在水槽中,水槽底部可放些垫条(如玻璃棒),使试件底面与槽底不致紧贴,使水能够自由进入。

3)加水至试件高度的 1/3 处;过 2h 后,加入至高度的 2/3 处;再过 2h 加满水并高出试样顶面 20mm 以上,放置 24h。这样逐次加水能使试件孔隙中的空气逐渐逸出。

4)取出试件,用拧干的湿布擦去表面水分,称其质量 m_b。

5)为了检查试件吸水是否饱和,将试件再次浸入水中,放置 24h 重新称之,如此反复将试件浸水和称量,直至试件浸水至恒重(质量之差不超过 0.05g)。

4. 结果计算

1)按下列公式计算吸水率,精确到 0.01%。

质量吸水率 W_m

$$W_m = \frac{m_b - m_g}{m_g} \times 100\% \tag{13-6}$$

体积吸水率 W_v

$$W_v = \frac{V_1}{V_0} \times 100\% = \frac{m_b - m_g}{m_g} \cdot \frac{\rho_0}{\rho_水} \times 100\% = W_m \rho_0 \tag{13-7}$$

式中,m_b 为试件吸水饱和时质量(g);m_g 为试件干燥时质量(g);V_1 为试件吸水饱和时水的体积(cm^3);V_0 为干燥试件自然状态时的体积(cm^3);ρ_0 为试件的表观密度(g/cm^3);$\rho_水$ 为水的密度,常温时 $\rho_水 = 1\text{g/cm}^3$。

2)以三个试件吸水率平均值作为测定结果。吸水率试验记录表见表 13-4。

表 13-4 吸水率试验记录表

次数	试件干燥时质量 m_g/g	试件吸水饱和时质量 m_b/g	吸水率（%）	吸水率平均值（%）

13.1.5 软化系数的测定

1. 试验目的

测定软化系数可判定材料的耐水性能，软化系数越大，材料的耐水性越好。

2. 仪器设备

压力试验机（1000kN）、游标卡尺、烘箱等。

3. 试验步骤

1）将材料加工成规则形状的试样（2组试样，共10块），一组（5块）试样放置在烘箱中，在（100±5）℃的温度下烘干；另一组（5块）试样浸水至饱和（检查试样是否吸水饱和可参照吸水率试验部分）。

2）用游标卡尺量取各试样尺寸（量取尺寸的方法可参照表观密度试验部分），计算出各试样受压面积 A。

3）将2组试样分别在压力机上压至破坏，记录各试样的破坏荷载 P。

4. 结果计算

1）计算各试样抗压强度 f，精确至 0.1MPa。

$$f = \frac{P}{A} \tag{13-8}$$

2）计算软化系数 K_R，精确到 0.01。

$$K_R = \frac{\overline{f_b}}{\overline{f_g}} \tag{13-9}$$

式中，P 为破坏荷载（N）；A 为受压面积（mm²）；$\overline{f_b}$ 为吸水饱和试样抗压强度平均值（MPa）；$\overline{f_g}$ 为干燥试样抗压强度平均值（MPa）。

软化系数试验记录表见表 13-5。

表 13-5 软化系数试验记录表

试样状态	试验次数	破坏荷载/kN	受压面积/mm²	抗压强度/MPa	抗压强度平均值/MPa	软化系数
吸水饱和状态						
干燥状态						

13.2 水泥试验

13.2.1 水泥试验的一般规定

1）以同一水泥厂、同品种、同强度等级、同一批号且连续进场的水泥为一个取样单位。袋装水泥不超过 200t 为一批，散装水泥不超过 500t 为一批。取样应有代表性，可连续取，也可从 20 个以上不同部位取等量样品，总量至少 12kg。

2）试样应充分拌匀，并通过 0.9mm 方孔筛，记录筛余百分数及筛余物情况。

3）实验室温度为（20±2）℃，相对湿度大于 50%；养护箱温度为（20±1）℃，相对湿度大于 90%；养护池水温为（20±1）℃。

4）水泥试样、标准砂、拌和用水及仪器用具的温度应与实验室温度相同。

13.2.2 水泥细度的测定（筛析法）

测定水泥细度的筛析法有负压筛法、水筛法和手工干筛法，当测定的结果发生争议时，以负压筛法为准。

1. 试验目的

水泥细度直接影响水泥的水化、凝结硬化、水化热、强度、干缩等性质，通过测定水泥的细度，作为评定水泥品质指标之一。

2. 仪器设备

（1）负压筛法　负压筛析仪的筛座如图 13-2 所示；负压筛（方孔边长 0.08mm 或 0.045mm）如图 13-3 所示；天平的称量 100g，分度值不大于 0.05g。

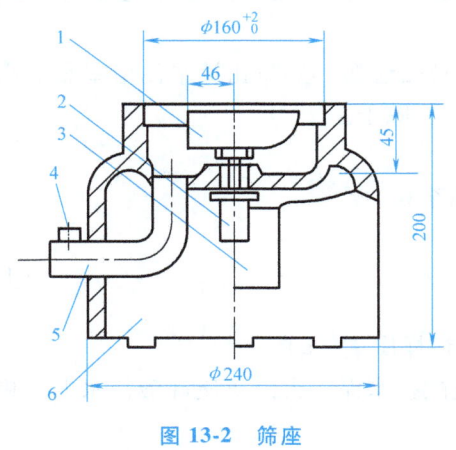

图 13-2　筛座
1—喷气嘴　2—微电机　3—控制板开口　4—负压表接口
5—负压源及吸尘器接口　6—壳体

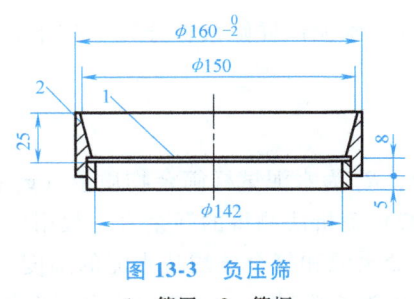

图 13-3　负压筛
1—筛网　2—筛框

（2）水筛法　筛子（方孔边长 0.08mm，筛框有效直径 φ125mm，高 80mm）、筛座（用于支承筛子，并能带动筛子转动，转速为 50r/min）、喷头（直径 φ55mm，面上均匀分布 90 个孔，孔径 0.5~0.7mm）、天平（同负压筛法）。

（3）手工干筛法　筛子（方孔边长 0.08mm，筛框有效直径 φ150mm，高 50mm）、天平（同负压筛法）。

3. 试验步骤

（1）负压筛法

1）筛析试验前，把负压筛放在筛座上，盖上筛盖，接通电源，检查控制系统，调节负压至 4000~6000Pa 范围内。

2）称取试样 25g（0.08mm 负压筛）或 10g（0.045mm 负压筛），置于洁净的负压筛中，盖上筛盖，放在筛座上，开动筛析仪连续筛析 2min，在此期间，如有试样附在筛盖上，可轻轻敲击，使试样落下。筛毕，用天平称量筛余物。

3）当工作负压小于 4000Pa 时，应清理吸尘器内水泥，使负压恢复正常。

（2）水筛法

1）调整好水压（0.05MPa±0.02MPa）及水筛架的位置（喷头底面和筛网之间距离为 35~75mm），使其能正常运转。

2）称取试样 50g，置于洁净的水筛中，立即用清水冲洗至大部分细粉通过后（冲洗时要将筛子倾斜摆动，既要避免放水过大，将水泥溅出筛外，又要防止水泥铺满筛网，使水通不过筛子）放在水筛架上，用水压为（0.05±0.02）MPa 的喷头连续冲洗 3min。

3）筛毕，用少量水把筛余物冲至蒸发皿（或烘样盘）中，等水泥颗粒全部沉淀后，小心倒出清水，烘干并用天平称量筛余物。

（3）手工干筛法

1）称取试样 50g 倒入手工干筛内，盖上筛盖。

2）用一只手执筛往复摇动，另一只手轻轻拍打，拍打速度每分钟约 120 次，每 40 次向同一方向转动 60 度，使试样均匀分布在筛网上，直至每分钟通过试样量不超过 0.05g 为止。

3）筛毕，用天平称量筛余物。

（4）试验筛的清洗　试验筛必须保持洁净，筛孔通畅，如筛孔被水泥堵塞影响筛余量时，可用弱酸浸泡，用毛刷轻轻刷洗，用淡水冲净，晾干。

4. 结果计算

1）水泥试样筛余百分数 F 按下式计算，精确至 0.1%。

$$F = \frac{R_s}{W} \times 100\% \tag{13-10}$$

式中，R_s 为水泥试样筛余物质量（g）；W 为水泥试样质量（g）。

2）筛析法测得的筛余百分数用以表示矿渣硅酸盐水泥、火山灰质硅酸盐水泥、粉煤灰硅酸盐水泥和复合硅酸盐水泥的细度。

水泥细度试验记录表（负压筛法）见表 13-6。

表 13-6　水泥细度试验记录表（负压筛法）

次数	试样质量/g	筛余量/g	筛余百分数(%)	备注

13.2.3 水泥标准稠度用水量的测定

标准稠度用水量的测定方法有标准法和代用法两种，如结果有矛盾时，以标准法为准。

1. 试验目的

水泥的凝结时间和体积安定性都与用水量有关，为消除试验条件带来的差异，测定凝结时间和体积安定性时，必须采用具有标准稠度的净浆。本试验的目的就是为测定水泥凝结时间及安定性时制备标准稠度的水泥净浆确定加水量。

2. 仪器设备

（1）标准法　水泥净浆搅拌机、标准法维卡仪（见图13-4）、标准稠度测定用试杆（见图13-4c）、试模（见图13-4a）、天平（称量1000g，分度值不大于1g）、量水器（最小刻度0.1mL）等。

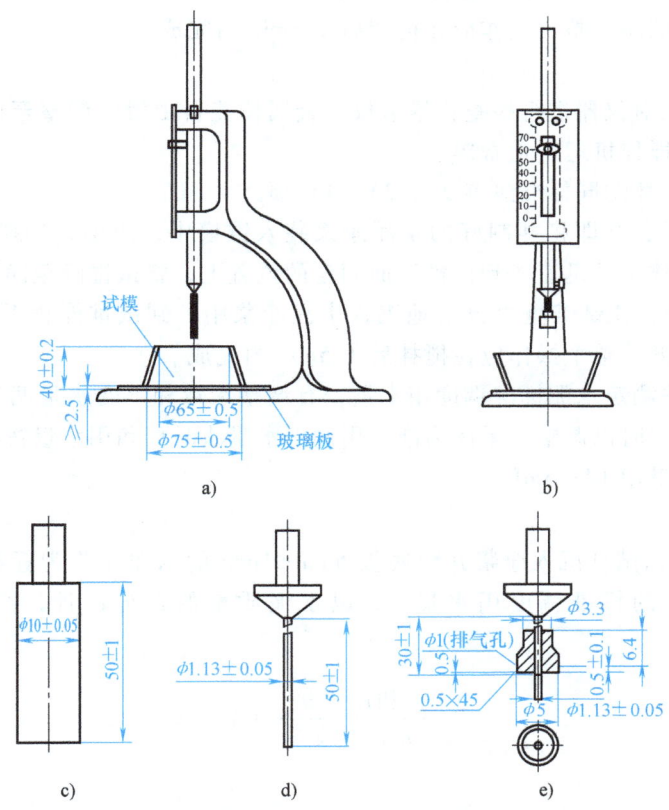

图13-4　测定水泥标准稠度和凝结时间用的维卡仪（标准法）
a) 初凝时间测定用试模的侧视图　b) 终凝时间测定用反转试模的前视图
c) 标准稠度试杆　d) 初凝用试针　e) 终凝用试针

（2）代用法　水泥净浆搅拌机、代用法维卡仪、天平（称量1000g，分度值不大于1g）、量水器（最小刻度0.1mL）。

3. 试验步骤

（1）标准法

1）试验前，须对仪器进行检查：维卡仪的金属棒能自由滑动；调整至试杆接触玻璃板时指针对准零点；搅拌机运行正常等。

2）称取水泥试样 500g。

3）用水泥净浆搅拌机搅拌，搅拌锅和搅拌叶片先用湿布擦过，将拌和用水（按经验找水）倒入搅拌锅内，然后在 5~10s 内小心将称好的 500g 水泥加入水中，防止水和水泥溅出。

4）拌和时，先将锅放在搅拌机的锅座上，升至搅拌位置，启动搅拌机，低速搅拌 120s，停 15s，同时将叶片和锅壁上的水泥浆刮入锅中间，接着高速搅拌 120s 停机。

5）拌和结束后，立即将拌制好的水泥净浆装入已置于玻璃板上的试模中，用小刀插捣，轻轻振动数次，刮去多余的净浆，抹平后迅速将试模和底板移到维卡仪上，并将其中心定在试杆下，降低试杆直至与水泥净浆表面接触，拧紧螺钉 1~2s 后，突然放松，使试杆垂直自由地沉入水泥净浆中。在试杆停止沉入或释放试杆 30s 时记录试杆距底板之间的距离，升起试杆后，立即擦净；整个操作应在搅拌后 1.5min 内完成。

（2）代用法

1）试验前，须对仪器进行检查：维卡仪的金属棒能自由滑、调整至试锥接触锥模顶面时指针对准零点、搅拌机运行正常等。

2）水泥净浆的拌制同标准法第 2）、3）、4）项。

3）拌和结束后，立即将拌制好的水泥净浆装入锥模中，用小刀插捣，轻轻振动数次，刮去多余的净浆；抹平后迅速放到试锥下面固定的位置上，将试锥降至净浆表面，拧紧螺钉 1~2s 后，突然放松，让试锥垂直自由地沉入水泥净浆中。到试锥停止下沉或释放试锥 30s 时记录试锥下沉深度。整个操作应在搅拌后 1.5min 内完成。

4）采用代用法测定水泥标准稠度用水量，有调整水量和不变水量两种方法，任选一种方法测定，如有争议时以调整水量法为准。用调整水量法时拌和用水量按经验找水，用不变水量法时拌和用水量用 142.5mL。

4. 结果计算

（1）标准法　以试杆沉入净浆并距底板 6mm±1mm 的水泥净浆为标准稠度净浆。其拌和用水量为该水泥的标准稠度用水量 P，以水泥质量的百分比计，按下式计算，精确到 0.1%。

$$P=\frac{拌和用水量}{水泥质量}\times100\% \qquad (13\text{-}11)$$

（2）代用法

1）调整水量法。以试锥下沉深度 28mm±2mm 时的净浆为标准稠度净浆。其拌和用水量为该水泥的标准稠度用水量 P，按水泥质量的百分比计，计算公式同标准法。

如下沉深度超出范围需另称试样，调整水量，重新试验，直至达到 28mm±2mm 为止。

2）不变水量法。根据测得的试锥下沉深度 S（mm），可从仪器上对应标尺读出标准稠度用水量，也可按下式计算得到标准稠度用水量 P（%），精确到 0.1%。

$$P=33.4-0.185S \qquad (13\text{-}12)$$

当试锥下沉深度小于 13mm 时，应改用调整水量法测定。

标准稠度用水量试验记录表（标准法）见表 13-7。

表 13-7 标准稠度用水量试验记录表（标准法）

次数	水泥质量/g	加水量/g	试杆沉入净浆并距底板距离/mm	结论	备注
1	500				
2	500				
3	500			该水泥的标准稠度用水量为 $P=\dfrac{用水量}{500}\times 100\%$	标准稠度是指试杆沉入净浆并距底板距离为 6mm±1mm
4	500				
5	500				
6	500				
7	500				

13.2.4 水泥凝结时间的测定

1. 试验目的

通过测定水泥的凝结时间，判断水泥的品质是否达到标准要求。

2. 仪器设备

凝结时间测定仪（即标准法维卡仪，见图 13-4）、水泥净浆搅拌机、湿气养护箱（温度为 20℃±1℃，相对湿度不低于 95%）、天平和量水器等。

3. 试验步骤

1）测定前的准备工作。将圆模放在玻璃板上，调整凝结时间测定仪的试针，使接触玻璃板时指针对准标尺零点。

2）试件的制备。以标准稠度用水量加水，按测定标准稠度用水量时制备净浆的方法制成标准稠度净浆，一次装满试模，振动数次刮平，立即放入湿气养护箱内。记录水泥全部加入水中的时间作为凝结时间的起始时间。

3）初凝时间的测定。试件在湿气养护箱中养护至加水后 30min 时进行第一次测定。测定时，从湿气养护箱内取出试模放到初凝用试针（见图 13-4d）下，降低试针与水泥净浆表面接触，拧紧螺钉 1~2s 后，突然放松，试针垂直自由地沉入净浆，观察试针停止下沉或释放试针 30s 时指针的读数。当试针沉至距底板 4mm±1mm 时，为水泥达到初凝状态，由水泥全部加入水中至初凝状态的时间为水泥的初凝时间，用"min"表示。

4）终凝时间的测定。在完成初凝时间测定后，立即将试模连同浆体以平移的方式从玻璃板取下，翻转 180°，直径大端向上、小端向下放在玻璃板上，再放入湿气养护箱中继续养护。

5）取下测初凝时间用的试针，换上测终凝时间用的试针，见图 13-4e。

6）临近终凝时间时，每隔 15min 测定一次，当试针沉入试体 0.5mm 时，即环形附件开始不能在试体上留下痕迹时，为水泥达到终凝状态，由水泥全部加入水中至终凝状态的时间为水泥的终凝时间，用"min"表示。

7）测定时应注意，在最初测定的操作时，应轻轻扶持金属柱，使其徐徐下降，以防试针撞弯，但结果以自由下落为准；在整个测试过程中，试针深入的位置至少要距试模内壁 10mm。临近初凝时，每隔 5min 测定一次；临近终凝时，每隔 15min 测定一次，每次测定，不能让试针落入原针孔，每次测试完毕后，须将试针擦净并将试模放回湿气养护箱内，整个测试过程中要防止试模受振。

4. 结果评定

1) 当初凝用试针沉至距底板 4mm±1mm 时，为水泥达到初凝状态，由水泥全部加入水中至初凝状态的时间为水泥的初凝时间，用"min"表示。

2) 当试针沉入试体 0.5mm 时，即环形附件开始不能在试体上留下痕迹时，为水泥达到终凝状态，由水泥全部加入水中至终凝状态的时间为水泥的终凝时间，用"min"表示。

3) 到达初凝或终凝时应立即重复测一次，当两次结论相同时，才能定为到达初凝状态或终凝状态。

凝结时间试验记录表见表 13-8。

表 13-8　凝结时间试验记录表　　试验开始时间：＿＿＿时＿＿＿分

次数	初凝时间测定		终凝时间测定	
	测定时间：＿＿＿时＿＿＿分	距底板距离/mm	测定时间：＿＿＿时＿＿＿分	沉入深度/mm
结论	该水泥初凝时间为：		该水泥终凝时间为：	

13.2.5　水泥安定性的测定

水泥安定性测定方法有雷氏法和试饼法，雷氏法是标准法，试饼法是代用法，两者结果有矛盾时，以雷氏法（标准法）为准。

1. 试验目的

通过测定安定性，以评定水泥的质量是否符合要求。

2. 仪器设备

沸煮箱、雷氏夹膨胀值测定仪（见图 13-5）、雷氏夹（见图 13-6）、天平、量水器和湿气养护箱（同水泥凝结时间的测定）。

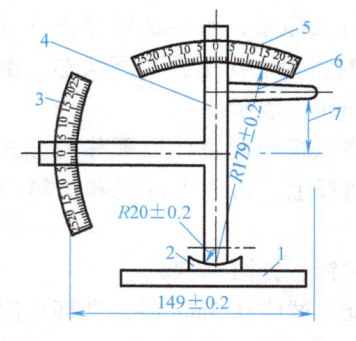

图 13-5　雷氏夹膨胀值测定仪
1—底座　2—模子座　3—测弹性标尺　4—立柱
5—测膨胀值标尺　6—悬臂　7—悬丝

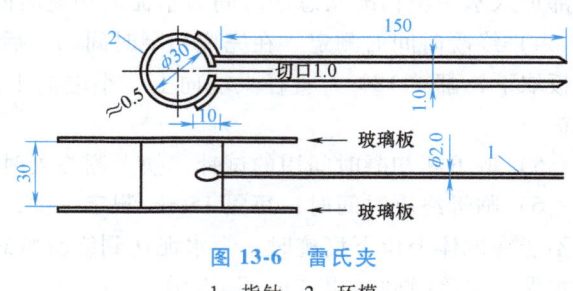

图 13-6　雷氏夹
1—指针　2—环模

3. 试验步骤

1) 测定前的准备工作。若采用雷氏法，每个雷氏夹需配备质量 75~85g 的玻璃板两块，若采用试饼法，一个样品需准备两块约 100mm×100mm 的玻璃板。每种方法每个试样需成型两个试件。凡与水泥净浆接触的玻璃板和雷氏夹表面都要稍稍涂上一层油。

2）水泥标准稠度净浆的制备。以标准稠度用水量加水，按测定标准稠度用水量时制备水泥净浆的操作方法制成水泥标准稠度净浆。

3）试饼的成型方法。将制定好的净浆取出一部分，分成两等份，使之呈球形，放在预先准备好的玻璃板上，轻轻振动玻璃板并用湿布擦过的小刀由边缘向中央抹动，做成直径70～80mm、中心厚约10mm、边缘渐薄、表面光滑的试饼，接着将试饼放入湿汽养护箱内养护24h±2h。

4）雷氏夹试件的制备方法。将预先准备好的雷氏夹放在已稍擦油的玻璃板上，并立刻将已制好的标准稠度净浆装满雷氏夹试模，装模时，一只手轻轻扶持试模，另一只手用宽约10mm的小刀插捣数次，然后抹平，盖上稍涂油的玻璃板，接着立刻将试件移至湿汽养护箱内养护24h±2h。

5）沸煮。a. 调整好沸煮箱内的水位，使能保证在整个过程中都没过试件，不需中途添补试验用水，同时又保证能在30min±5min内升至沸腾。b. 脱去玻璃板，取下试件。当采用试饼法时，先检查试饼是否完整（如已开裂翘曲，要检查原因，确证无外因时，该试饼已属不合格，不必沸煮），在试饼无缺陷的情况下，将试饼放在沸煮箱的水中箅子板上，然后在30min±5min内加热至沸，并恒沸3h±5min。

当用雷氏法时，先测量试件指针尖端间的距离 A，精确到0.5mm，接着将试件放入水中箅子板上，指针朝上，试件之间互不交叉，然后在30min±5min内加热至沸，并恒沸3h±5min。

6）沸煮结束后，放掉箱中的热水，打开箱盖，待箱体冷却至室温，取出试件进行判别。

4. 结果判别

1）若为试饼，目测未发现裂缝，用钢直尺检查也没有弯曲的试饼，即认为该水泥为安定性合格，反之为不合格。当两个试饼判别结果有矛盾时，该水泥的安定性为不合格。

2）若为雷氏夹，测量试件指针尖端间的距离 C，准确至0.5mm，当两个试件煮后增加距离 $C-A$ 的平均值不大于5.0mm时，即认为该水泥安定性合格，当两个试件的 $C-A$ 平均值相差超过5.0mm时，应用同一样品立即重做一次试验。再如此，则认为该水泥为安定性不合格。

安定性试验记录表（雷氏法）见表13-9。

表13-9 安定性试验记录表（雷氏法）

试样编号	针尖距离 A/mm（沸煮前）	针尖距离 C/mm（沸煮后）	膨胀值 $C-A$ /mm	膨胀值平均值 /mm	结论
					该水泥安定性：__

13.2.6 水泥胶砂强度的测定

1. 试验目的

测定水泥各龄期的强度，从而确定或检验水泥的强度等级。

2. 仪器设备

胶砂搅拌机、振实台、水泥胶砂试模（见图13-7）、播料器及金属刮平尺（见图13-8）、抗折试验机、抗压试验机。

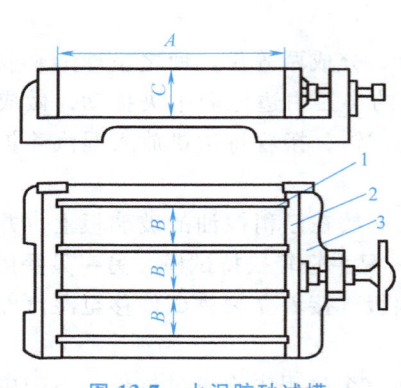

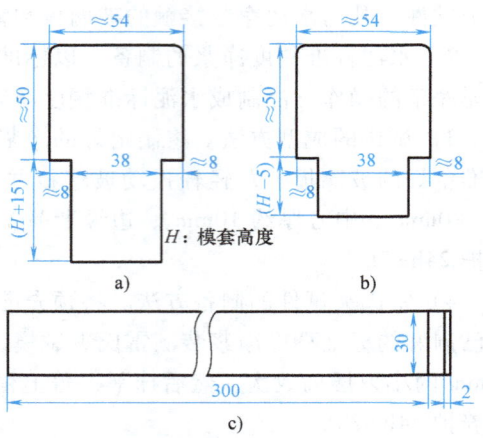

图 13-7 水泥胶砂试模
1—隔板 2—端板 3—底板
A：160mm B：40mm C：40mm

图 13-8 播料器和金属刮平尺
a) 大播料器 b) 小播料器 c) 金属刮平尺

3. 试验步骤

（1）试模的准备 将试模擦净，模板与底板接触处要涂上黄油，紧密装配，防止漏浆，试模内壁均匀刷一薄层机油，便于脱模。

（2）胶砂的组成及制备

1）标准砂。ISO 基准砂是由德国标准砂公司制备的二氧化硅含量不低于 98% 的天然圆形硅质砂组成。中国产的 ISO 标准砂符合 ISO 679 中的要求，其鉴定、质量验证与质量控制以德国标准砂公司的 ISO 标准为基准材料。

2）胶砂配合比。胶砂的质量配合比为水泥：标准砂：水 = 1：3：0.5，一锅胶砂成型三条试体。每锅材料需要量为：水泥 450g±2g；水 225mL±1mL；标准砂 1350g±5g。

3）搅拌。每锅胶砂用搅拌机进行机械搅拌。先使搅拌机处于待工作状态，操作顺序如下：a. 把水加入锅里，再加入水泥，把锅放在固定架下，上升至固定位置。b. 立即开动机器，低速搅拌 30s 后，在第二个 30s 开始的同时均匀地将砂子加入。当各级砂是分装时，从最粗粒级开始，依次将所需的每级砂量加完。把机器转至高速再拌 30。c. 停拌 90s，在第一个 15s 内用一胶皮刮具将叶片和锅壁上的胶砂刮入锅中间。在高速下继续搅拌 60s。各个搅拌阶段，时间误差应在 1s 以内。

（3）试件的制备

1）胶砂制备后，立即进行成型。将空试模和模套固定在振实台上，用一个适当勺子直接从搅拌锅里将胶砂分两层装入试模，装第一层时，每个槽里约放 300g 胶砂。

2）用大播料器（见图 13-8）垂直架在模套顶部沿每个模槽来回一次将料层播平，接着振实 60 次。再装入第二层胶砂，用小播料器播平，再振实 60 次。

3）移走模套，从振实台上取下试模，用一金属直尺（见图 13-8）以近似 90°的角度架在试模模顶的一端，然后沿试模长度方向以横向锯割动作慢慢向另一端移动，一次将超过试模部分的胶砂刮去，并用同一直尺以近平水平的情况下将试体表面抹平。

4）在试模上作标记或加字条标明试件编号和试件相对于振实台的位置。

(4) 试件的养护

1) 脱模前的处理和养护。去掉留在模子四周的胶砂。立即将做好标记的试模放入雾室或湿箱的水平架上养护,湿气应能与试模各边接触。养护时,不应将试模放在其他试模上。一直养护到规定的脱模时间取出脱模。脱模前,用防水墨汁或颜料笔对试体进行编号和做其他标记。两个龄期以上的试体,在编号时,应将同一试模中的三条试体分在两个以上龄期内。

2) 脱模。脱模应非常小心。对于24h龄期的,应在破型试验前20min内脱模。对于24h以上龄期的,应在成型后20~24h之间脱模。

已确定作为24h龄期试验(或其他不下水直接做试验)的已脱模试体,应用湿布覆盖至做试验时为止。

3) 水中养护。将做好标记的试件立即水平或竖直放在20℃±1℃水中养护,水平放置时,刮平面应朝上。

试件放在不易腐烂的算子上,并彼此间保持一定距离,以让水与试件的六个面接触。养护期间,试件之间间隔或试体上表面的水深不得小于5mm。

每个养护池只养护同类型的水泥试件。最初用自来水装满养护池(或容器)尔后随进加水保持适当的恒定水位,不允许在养护期间全部换水。除24h龄期或延迟至48h脱模的试体外,任何到龄期的试件在试验(破型)前15min从水中取出。揩去试体表面沉积物,并用湿布覆盖至试验为止。

(5) 强度试验

1) 强度试验试体的龄期。试体龄期是从水泥加水搅拌开始试验时算起。不同龄期的强度试验必须在规定的时间内进行(见表13-10)。

表13-10 各龄期强度试验时间规定

龄 期	时 间	龄 期	时 间
24h	24h±15min	7d	7d±2h
48h	48h±30min	>28d	28d±8h
72h	72h±45min		

2) 抗折强度测定。将试体一个侧面放在试验机支撑圆柱上,试体长轴垂直于支撑圆柱,通过加荷圆柱以50N/s±10N/s的速率均匀地将荷载垂直地加在棱柱体相对侧面上,直至折断。保持两个半载棱柱体处于潮湿状态直至抗压试验。

3) 抗压强度测定。抗压强度试验通过规定的仪器,在经抗折试验断后的半截棱柱体的侧面上进行。半截棱柱体中心与压力机压板受压中心差应在0.5mm内,棱柱体露在压板外的部分约有10mm。在整个加荷过程中,以2400N/s±200N/s的速率均匀地加荷直至破坏。

4. 结果计算

1) 抗折强度 R_f(MPa),按下式进行计算,精确到0.1MPa。

$$R_f = \frac{1.5 F_f L}{b^3} \tag{13-13}$$

式中,F_f 为折断时施加于棱柱体中部的荷载(N);L 为支撑圆柱之间的距离(100mm);b 为棱柱体正方形截面的边长(40mm)。

2）抗压强度 R_c（MPa），按下式进行计算，精确到 0.1MPa。

$$R_c = \frac{F_c}{A} \tag{13-14}$$

式中，F_c 破坏时的最大荷载（N）；A 为受压部分面积（mm^2）（40mm×40mm）。

5. 试验结果的确定

1）抗折强度结果。以一组 3 个棱柱体抗折结果的平均值作为试验结果。当三个强度值中有超出平均值±10%时，应剔除后再取平均值作为抗折强度试验结果。

2）抗压强度结果。以一组 3 个棱体上得到的 6 个抗压强度测定值的算术平均值作为试验结果。如 6 个测定值中有一个超出 6 个平均值的±10%，就应剔除这个结果，而以剩下 5 个测定值的平均数作为结果；如果 5 个测定值中再有超过它们平均值±10%的，则此组结果作废。

水泥胶砂强度试验记录表见表 13-11。

表 13-11 水泥胶砂强度试验记录表

龄期	抗折强度试验			抗压强度试验		
	破坏荷载/kN	抗折强度/MPa	平均强度/MPa	破坏荷载/kN	抗压强度/MPa	平均强度/MPa
3d						
28d						
结论	该水泥的强度等级为：					

13.3 建筑钢筋试验

13.3.1 验收与取样

1）钢筋应按批进行检查和验收，每批质量不大于 60t。每批应由同一牌号、同一炉罐号、同一规格、同一交货状态的钢筋组成。

2）每一验收批中取试样一组，其中拉伸试样两根，冷弯试样两根。

3）自每批钢筋中任选两根切取试样，试样应在每根钢筋距端头 50cm 处截取，每根钢筋上截取一根拉伸试样，一根冷弯试样。

4）拉伸、冷弯试样不允许进行车削加工。试验一般在室温 10~35℃ 范围内进行，对温度要求严格的试验，试验温度应控制为 23℃±5℃。

13.3.2 拉伸试验

1. 试验目的

测定钢筋在拉伸过程中应力-应变曲线,以及屈服强度、抗拉强度、断后伸长率三个重要指标,评定钢筋的质量与等级。

2. 仪器设备

万能材料试验机(示值误差不大于1%,所有测值应在试验机最大荷载的20%~80%范围内)、游标卡尺(精度0.1mm)、钢筋划线机等。

3. 试验步骤

(1) 试样制备

1) 钢筋试样的长度应合理,试验机两夹头间的钢筋自由长度应足够,钢筋拉伸试件尺寸如图13-9所示。

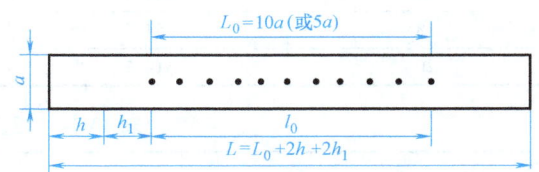

图13-9 钢筋拉伸试件尺寸

a—试样原始直径 L—试件长度 L_0—原始标距长度
h_1—取$(0.5\sim1)a$ h—夹具长度

2) 原始标距长度 $L_0 = 10a$ (或 $5a$),应用小标记、细划线或细墨线标记原始标距,但不得用引起过早断裂的缺口作标记。如果钢筋的自由长度(夹具间非夹持部分的长度)比原始标距长度长许多,可以标记一系列套叠的原始标距长度(见图13-9)。

(2) 试验方法

1) 将试样上端固定在试验机上夹具内,开动试验机,旋开加油阀,将滑塞升起10mm左右,关闭加油阀。调节试验机测力盘的主动针回零,拨动从动针,使之与主动针重合。再用下夹具固定试样下端。重新旋开加油阀进行拉伸试验,直到将钢筋拉断。

2) 屈服完成前的加荷速度应保持并恒定在表13-12规定的范围内;屈服后,试验机活动夹头在荷载下的移动速率不大于 $0.5L_c/\min$ ($L_c = L_0 + 2h_1$)。试验时,可安装描绘器,记录力-延伸曲线或力-位移曲线。

表13-12 应力速率

钢筋的弹性模量 E/MPa	应力速率/(MPa/s)	
	最小	最大
<1.5×10^5	1	10
≥1.5×10^5	3	30

4. 结果计算

(1) 强度计算

1) 从曲线图或测力盘上读取不计初始瞬时效应时屈服阶段的最小力或屈服平台的恒定力 F_s (N) 及试验过程中的最大力 F_b (N)。

2) 按下式分别计算屈服强度 σ_s (精确至5MPa)、抗拉强度 σ_b (精确至5MPa)。

$$\begin{cases} \sigma_s = \dfrac{F_s}{A} \\ \sigma_b = \dfrac{F_b}{A} \end{cases} \quad (13\text{-}15)$$

式中，A 为钢筋的公称横截面面积（mm^2，见表 13-13）。

3）强度值修约间隔按表 13-14 执行。

表 13-13　不同公称直径钢筋的公称横截面面积

公称直径/mm	公称横截面面积/mm^2	公称直径/mm	公称横截面面积/mm^2
8	50.27	22	380.1
10	78.54	25	490.9
12	113.1	28	615.8
14	153.9	32	804.2
16	201.1	36	1018
18	254.5	40	1257
20	314.2	50	1964

表 13-14　强度值修约间隔　　　　　　　　　　　　　　　（单位：MPa）

强　度	范　围	修约间隔
σ_s、σ_b	≤200	1
	>200 且 ≤1000	5
	>1000	10

（2）断后伸长率计算

1）将试样断裂的部分仔细地配接在一起，使其轴线处于同一直线上，并确保试样断裂部分适当接触后测量试样断裂后标距 L_1，精确到 0.1mm。

2）按下式计算断后伸长率 δ（精确至 1%）

$$\delta_5(或\ \delta_{10}) = \frac{L_1 - L_0}{L_0} \times 100\% \tag{13-16}$$

式中，δ_5、δ_{10} 为 $L_0 = 5a$ 和 $L_0 = 10a$ 时的断后伸长率。

3）原则只有断裂处与最接近的标距标记的距离不小于原始标距的三分之一情况方为有效。

4）为了避免因发生在第 3）项规定的范围之外的断裂而造成试样报废，可以采用移位方法测定断后伸长率，具体方法是：在长段上，从拉断处 O 点取基本等于短段格数，得 B 点，接着取等于长段所余格数（偶数见图 13-10a）之半，得 C 点；或者取所余格数（奇数见图 13-10b）减 1 与加 1 之半，得 C 与 C_1 点。移位后的 L_1 分别为 $AO+OB+2BC$ 或者 $AO+OB+BC+BC_1$。如果直接量测所得的伸长率能达到标准值要求，则可不采用移位法。

5）如试件在标距端点上或标距外断裂，则试验结果无效，应重做试验。

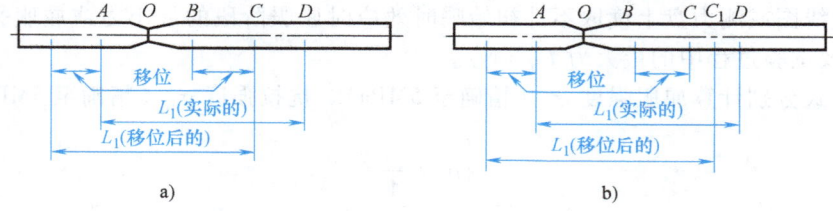

图 13-10　用移位法测量断后标距
a）$L_1 = AB + 2BC$　b）$L_1 = AB + BC + BC_1$

13.3.3 冷弯试验

1. 试验目的

检验钢筋在常温下承受规定弯曲程度（一定的弯曲角度和弯心直径）的弯曲变形能力，检查钢筋是否存在内部组织的不均匀、内应力和夹杂物等缺陷。

2. 仪器设备

万能试验机或压力机，具有两支承辊（见图 13-11），支承辊间距离可以调节。具有不同直径的弯心。

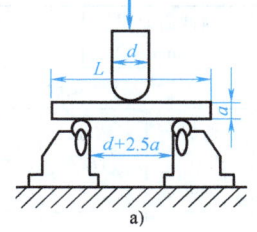 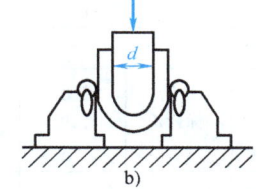 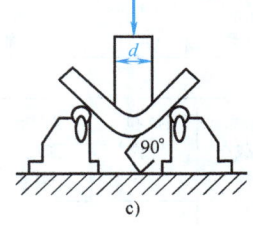

图 13-11 钢筋冷弯试验装置示意图

a) 冷弯试件和支座 b) 弯曲 180° c) 弯曲 90°

3. 试验步骤

1) 截取钢筋试样的长度 $L \approx 5a+150$（mm），其中 a 为钢筋直径。

2) 根据热轧钢筋的种类，分别按表 13-15 和表 13-16 确定弯心直径 d 和弯曲角度 α。

表 13-15 热轧光圆钢筋冷弯试验的弯心直径和弯曲角度

牌　号	钢筋直径 a/mm	弯心直径 d/mm	弯曲角度 α
HPB300	6~14	a	180°

表 13-16 热轧带肋钢筋冷弯的弯心直径和弯曲角度

钢筋牌号	钢筋直径 a/mm	弯心直径 d/mm	弯曲角度 α
HRB400	6~25	$4a$	180°
	28~50	$5a$	
	>40~50	$6a$	
HRB500	6~25	$6a$	
	28~40	$7a$	
	>40~50	$8a$	

3) 调节支辊间距为 $L=(d+2.5a)\pm 0.5a$，此间距在试验期间应保持不变。

4) 将钢筋试样放于两支辊上，试样轴线应与弯曲压头轴线垂直，弯曲压头在两支座之间的中点处对试样连续缓慢地施加压力使其弯曲到规定的角度。如不能直接达到180°，应将试样置于两平行压板之间，连续施加力，压其两端使其进一步弯曲，直至达到180°（见图 13-12）。

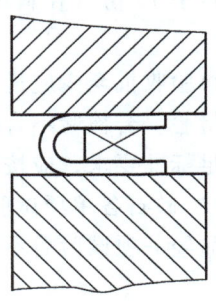

图 13-12 连续弯曲至 180°

4. 结果评定

检查试样弯曲处外面和侧面，无裂缝、断裂或起层，即评定为冷弯合格。

13.3.4 钢筋力学性能评定

1) 屈服强度、抗拉强度、伸长率均符合各自标准规定,则可判定为符合该级别钢筋。

2) 如拉伸、冷弯试验中某一项试验结果不合格,可从同一批钢筋中取双倍数量的试样(四根钢筋),进行该不合格项目的复检。如全部合格,则该批钢筋评定为合格;即使有一个指标不合格,则该批钢筋评定为不合格。

钢筋力学性能试验记录见表 13-17。

表 13-17 钢筋力学性能试验记录

试样编号	钢筋种类	钢筋牌号	钢筋直径 /mm		横截面面积 /mm²					
			拉伸试验					冷弯试验		
	屈服荷载/kN	抗拉荷载/kN	屈服强度/MPa	抗拉强度/MPa	原始标距/mm	断后标距/mm	断后伸长率(%)	弯心直径/mm	弯曲角度/°	冷弯结果
平均值					—	—				
结论	该钢筋力学性能为_____									

13.4 混凝土用集料试验

13.4.1 取样与缩分

1. 取样

1) 集料应按同产地、同规格分批取样和检验。用大型工具(如火车、货船、汽车)运输的,以 400m³ 或 600t 为一验收批。用小型工具(如马车等)运输的,以 200m³ 或 300t 为一验收批。不足上述数量者,以一批论。

2) 在料堆上取样时,取样部位应均匀分布,取样前,先将取样部位表层铲除。以砂样时,由各部位抽取大致相等的砂共 8 份,组成一组样品;取石子样时,由各部位抽取大致相等的石子 15 份(在料堆的顶部、中部和底部各由均匀分布的五个不同部位取得)组成一组样品。

每验收批至少应进行颗粒级配、含泥量、泥块含量检验,对石子还应进行针、片状颗粒含量检验。若检验不合格时,应重新取样。对不合格项,进行加倍复验,若仍有一个试样不能满足标准要求,应按不合格品处理。

3) 砂石各单项试验的取样数量分别见表 13-18 和表 13-19;须做几项试验时,如确能保证样品经一项试验后不致影响另一项试验的结果。可用同组样品进行几项不同的试验。

表 13-18 各单项砂试验的最少取样量

试验项目	筛分析	表观密度	堆积密度	含水率	含泥量	泥块含量
最少取样量/kg	4.4	2.6	5.0	1.0	4.4	10.0

表 13-19　各单项石子试验的最少取样量　　　　　　　　　　（单位：kg）

试验项目	石子最大粒径/mm							
	9.5	16.0	19.0	26.5	31.5	37.5	63.0	75.0
筛分析	9.5	16.0	19.0	25.0	31.5	37.5	63.0	80.0
表观密度	8	8	8	8	12	16	24	24
含水率	2	2	2	2	3	3	4	6
堆积密度	40	40	40	40	80	80	120	120
含泥量	8	8	24	24	40	40	80	80
泥块含量	8	8	24	24	40	40	80	80
针片状含量	1.2	4	8	12	20	40	40	40

2. 缩分

1）砂样缩分。a. 用分料器缩分：将样品在天然状态下拌和均匀，然后将其通过分料器，并将两个接料斗中的一份再次通过分料器。重复上述过程，直至把样品缩分至试验所需数量为止。b. 人工四分法缩分：将样品放在平整洁净的平板上，在潮湿状态下拌和均匀，摊成厚度约20mm的圆饼，在饼上划两条正交直径将其分成大致相等的四份，取其对角的两份按上述方法继续缩分，直至缩分后的样品数量略多于进行试验所需量为止。

2）石子缩分采用四分法进行。首先将样品倒在平整洁净的平板上，在自然状态下拌和均匀，堆成圆锥体；然后沿相互垂直的两条直径把圆锥体分成大致相等的四份，取其对角的两份重新拌匀，再堆成圆锥体。重复上述过程，直至把样品缩分至略多于试验所需量为止。

13.4.2　砂的筛分析试验

1. 试验目的

测定砂在不同孔径筛上的筛余量，用于评定砂的颗粒级配；计算砂的细度模数，评定砂的粗细程度。

2. 仪器设备

1）标准筛。包括孔径为 4.75mm、2.36mm、1.18mm、0.60mm、0.30mm、0.15mm 的方孔筛，以及筛的底盘和盖各一只。

2）天平，称量1000g，感量1g。

3）摇筛机。

4）烘箱，能使温度控制在105℃±5℃。

5）浅盘和硬、软毛刷等。

3. 试样制备

按规定取样，并将砂试样缩分至约1100g，放在烘箱中于105℃±5℃的温度下烘干到恒重。待冷却至室温后，筛除大于9.50mm的颗粒（并算出筛余百分率，若试样含泥量超过5%，则应先用水洗）。分成大致相等的两份备用。

恒重是指试样在烘干1~3h的情况下，其前后两次称量之差不大于该项试验所要求的称量精度。

4. 试验步骤

1）准确称取烘干试样500g。

2）将孔径为 4.75mm、2.36mm、1.18mm、0.60mm、0.30mm、0.15mm 的筛子按筛孔大小顺序（大孔在上，小孔在下）叠置（若试样为特细砂，应增加0.080mm方孔筛一只），加底盘后，将试样倒入最上层 4.75mm 筛内，加盖后，置于摇筛机上摇筛约 10min（如无摇筛机，可改用手筛）。

3）将整套筛自摇筛机上取下，按孔径从大至小逐个用手在洁净浅盘上进行筛分，直至每分钟的筛出量不超过试样总量的 0.1%时为止，通过的颗粒并入下一个筛，并和下一个筛中试样一起过筛，按这样的顺序进行，直到每个筛全部筛完为止。

4）称出各号筛的筛余量，精确至 1g，在生产控制检验时，各号筛上的筛余量不得超过按下式计算出的量。

$$G = \frac{A\sqrt{d}}{200} \tag{13-17}$$

式中，G 为在一个筛上的剩余量（g）；A 为筛面面积（mm^2）；d 为筛孔尺寸（mm）。

超过时按下列方法之一处理：一是将该筛余试样分成两份，使其少于按式（13-17）计算出的量，再次分别进行筛分，并以其筛余量之和作为该筛余量；二是将该粒级及以下各粒级筛余的试样混合均匀，称出质量，精确到 1g，继续筛分，计算该粒级及以下各粒级的分计筛余量时应根据缩分比例进行修正。

5）所有各筛的分计筛余量和底盘中剩余量的总和与筛分前的试样总量相比，其相差不得超过 1%，若超过 1%须重新试验。

5. 结果计算

1）计算分计筛余量百分率：各号筛上的筛余量除以试样总质量的百分率，精确至 0.1%。

2）累计筛余百分率：该号筛上分计筛余百分率与大于该号筛的各号筛上分计筛余百分率的总和，精确至 0.1%。

3）根据累计筛余百分率的计算结果，绘制筛分曲线，并评定该试样的颗粒级配分布情况。

4）按下式计算砂的细度模数 M_x，精确至 0.01。

$$M_x = \frac{(A_2 + A_3 + A_4 + A_5 + A_6) - 5A_1}{100 - A_1} \tag{13-18}$$

式中，A_1、A_2、A_3、A_4、A_5、A_6 分别为 4.75mm、2.36mm、1.18mm、0.60mm、0.30mm、0.15mm 筛上的累计筛余百分率。

5）筛分析试验应采用两个试样平行试验，并以其试验结果的算术平均值作为测定值，精确到 0.1。如两次试验所得的细度模数之差大于 0.20 时，应重新取样进行试验。

砂的筛分析试验记录表和级配曲线分别见表 13-20 和图 13-13。

表 13-20　砂的筛分析试验记录表

次数	筛孔尺寸/mm	4.75	2.36	1.18	0.60	0.30	0.15	筛底
1	筛余量/g	m_1	m_2	m_3	m_4	m_5	m_6	$m_底$
	筛分后总质量/g	$M = m_1 + m_2 + m_3 + m_4 + m_5 + m_6 + m_底$						
	分计筛余百分率(%)	a_1	a_2	a_3	a_4	a_5	a_6	—
	累计筛余百分率(%)	A_1	A_2	A_3	A_4	A_5	A_6	—
	细度模数 M_{x1}	$M_{x1} = \dfrac{(A_2 + A_3 + A_4 + A_5 + A_6) - 5A_1}{100 - A_1}$						

(续)

次数	筛孔尺寸/mm	4.75	2.36	1.18	0.60	0.30	0.15	筛底
2	筛余量/g	m_1	m_2	m_3	m_4	m_5	m_6	$m_底$
	筛分后总质量/g	$M = m_1 + m_2 + m_3 + m_4 + m_5 + m_6 + m_底$						
	分计筛余百分率(%)	a_1	a_2	a_3	a_4	a_5	a_6	—
	累计筛余百分率(%)	A_1	A_2	A_3	A_4	A_5	A_6	—
	细度模数 M_{x2}	$M_{x2} = \dfrac{(A_2 + A_3 + A_4 + A_5 + A_6) - 5A_1}{100 - A_1}$						
	细度模数平均值	$M_x = \dfrac{M_{x1} + M_{x2}}{2}$						
	结论	粗细程度			级配			

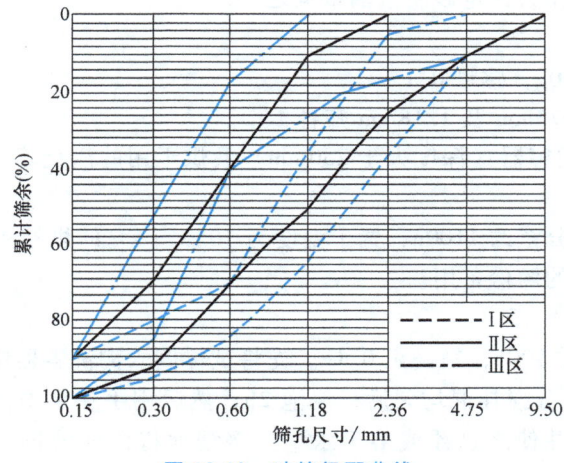

图 13-13 砂的级配曲线

13.4.3 砂的含水率测定

1. 试验目的

测定砂的含水率,用于修正混凝土施工配合比中水和砂的用量。

2. 仪器设备

天平(称量1kg,感量0.1g)、烘箱、干燥器、容器(如浅盘、烧杯)等。

3. 试验步骤

1)将自然状态下的试样用四分法缩分至约1100g,拌匀后分成大致相等的两份备用。

2)称取一份试样的质量,精确至0.1g,将试样倒入已知质量为 m_1 (g)的干燥容器中称量(精确至0.1g),记下试样与容器的总质量 m_2 (g),将容器连同试样放入温度为 105℃±5℃ 的烘箱中烘干至恒重,取出置干燥器中冷却至室温。

3)称量烘干后的试样与容器的总质量 m_3 (g),精确至0.1g。

4. 结果计算

试样的含水率 ω_{wc} 应按下式计算,精确至0.1%。

$$\omega_{wc} = \frac{m_2 - m_3}{m_3 - m_1} \times 100\% \qquad (13-19)$$

以两次试验结果的算术平均值作为测定值。

砂的含水率试验记录表见表 13-21。

表 13-21　砂的含水率试验记录表

次数	干燥容器质量 m_1/g	烘干前试样与容器总质量 m_2/g	烘干后试样与容器总质量 m_3/g	含水率（%）	含水率平均值（%）

13.4.4　砂的含泥量测定

1. 试验目的

测定砂的含泥量，作为评定砂质量的依据之一。

2. 仪器设备

1）天平。称量 1000g，感量 0.1g。

2）筛。孔径为 0.075mm 及 1.18mm 筛各 1 个。

3）烘箱、洗砂用的容器（深度大于 250mm）及烘干用的浅盘等。

3. 试样制备

将样品用四分法缩分至约 1100g，置于温度为 105℃±5℃ 的烘箱中烘干至恒重，冷却至室温后，分成大致相等的两份备用。

4. 试验步骤

1）称取已烘干试样 500g，精确至 0.1g。先将试样倒入淘洗容器中，注入饮用水，使水面高出砂面约 150mm 充分搅拌混均匀后，浸泡 2h；然后用手在水中淘洗试样，使尘屑、淤泥和黏土与砂粒分离，并使之悬浮或溶于水中。缓缓地将浑浊液倒入 1.18mm 及 0.075mm 的套筛（1.18mm 筛放在上面）中，滤去小于 0.075mm 的颗粒。试验前筛子的两面应先用水润湿，在整个试验过程中，应注意避免砂粒丢失。

2）再次加水于容器中，重复上述过程，直到筒内洗出的水清澈为止。

3）用水冲洗剩留在筛上的细粒，并将 0.075mm 筛放在水中（使水面略高出筛中砂粒的上表面）来回摇动，以充分洗除小于 0.075mm 的颗粒。将两只筛上剩留的颗粒和容器中已经洗净的试样一并装入浅盘，置于温度为 105℃±5℃ 的烘箱中烘干至恒重。取出来冷却至室温后，称试样的质量，精确至 0.1g。

5. 结果计算

砂的含泥量 ω_c 按下式计算，精确至 0.1%。

$$\omega_c = \frac{m_0 - m_1}{m_0} \times 100\% \qquad (13-20)$$

式中，m_0 为试验前烘干试样质量（g）；m_1 为试验后烘干试样质量（g）。

以两个试样试验结果的算术平均值作为测定值。两次结果的差值超过 0.5% 时，应重新取样进行试验。

砂的含泥量试验记录表见表 13-22。

表 13-22　砂的含泥量试验记录表

次　数	试验前烘干试样质量 m_0/g	试验后烘干试样质量 m_1/g	含泥量(%)	含泥量平均值(%)

13.4.5　碎石或卵石的筛分析试验

1. 试验目的

测定石子在不同孔径筛上的筛余量，评定石子的颗粒级配。

2. 仪器设备

1）筛孔径为 2.36mm、4.75mm、9.50mm、16.0mm、19.0mm、26.5mm、31.5mm、37.5mm、53.0mm、63.0mm、75.0mm 及 90.0mm 的方孔筛各一只，并附有筛底和筛盖（筛框内径均为 300mm）。

2）天平或台秤。称量 10kg，感量 1g。

3）摇筛机、烘箱、容器、浅盘等。

3. 试样制备

从取回试样中用四分法将样品缩分至略多于表 13-23 所规定的试样数量，烘干或风干后备用。

表 13-23　筛分析所需试样的最少用量

最大粒径/mm	9.5	16.0	19.0	26.5	31.5	37.5	63.0	≥75.0
最少试样质量/kg	1.9	3.2	3.8	5.0	6.3	7.5	12.6	16.0

4. 试验步骤

1）按表 13-23 规定称取试样一份，精确到 1g。

2）将试样倒入按孔径大小从上到下组合的套筛（附筛底）上，进行筛分。

3）将套筛置于摇筛机上，摇 10min，取下套筛，按孔径大小顺序逐个在清洁的浅盘上用手筛筛至每分钟通过量小于试样总量 0.1% 为止。通过的颗粒并入下一号筛中，并和下一号筛中的试样一起过筛，这样顺序进行，直至各号筛全部筛完为止，当筛余颗粒的粒径大于 19.0mm 时，在筛分过程中允许用手指拨动颗粒。

4）称取各筛筛余的质量，精确至 1g。各筛上的所有分计筛余量和筛底剩余量之和与筛分前的试样的总量相差不得超过 1%，若超差需重新试验。

5. 结果计算

1）计算分计筛余百分率和累计筛余百分率（计算方法同砂的筛分析），分别精确至 0.1% 和 1%。

2）根据各筛的累计筛余百分率评定该试样的颗粒级配。

石子的筛分析试验记录表见表 13-24。

表 13-24　石子的筛分析试验记录表

筛孔尺寸/mm	分计筛余量/kg	分计筛余百分率(%)	累计筛余百分率(%)
90.0			
75.0			

（续）

筛孔尺寸/mm	分计筛余量/kg	分计筛余百分率(%)	累计筛余百分率(%)
63.0			
53.0			
37.5			
31.5			
26.5			
19.0			
16.0			
9.50			
4.75			
2.36			
筛底		—	—
结论	该石子的颗粒级配为：①_____连续级配；或②_____间断级配		
备注	各筛上所有分计筛余量和筛底剩余量之和为：_____kg		

13.4.6 碎石和卵石的含水率测定

1. 试验目的

测定石子的含水率，用于修正混凝土施工配合比中水和石子的用量。

2. 仪器设备

1）天平。称量10kg，感量1g。

2）烘箱、浅盘、小铲等。

3. 试验步骤

1）按规定取样，将试样缩分至约4kg，拌匀后分成大致相等的两份备用。

2）将一份试样装入干净的容器中，称取试样和容器的总质量，精确至1g，放在105℃±5℃的烘箱中烘干至恒重。

3）取出试样，冷却至室温后称取试样与容器的总质量，精确至1g。

4. 结果计算

试样的含水率 ω_{wc} 按下式计算，精确至0.1%。

$$\omega_{wc} = \frac{m_1 - m_2}{m_2 - m_3} \times 100\% \tag{13-21}$$

式中，m_1 为烘干前试样与容器总质量（g）；m_2 为烘干后试样与容器总质量（g）；m_3 为容器质量（g）。

以两次试验结果的算术平均值作为测定值。

石子含水率试验记录见表13-25。

表13-25 石子的含水率试验记录表

次数	烘干前试样与容器总质量 m_1/g	烘干后试样与容器总质量 m_2/g	干燥容器质量 m_3/g	含水率(%)	含水率平均值(%)

13.4.7 碎石或卵石的含泥量试验

1. 试验目的
测定石子的含泥量,作为评定石子质量的依据之一。

2. 仪器设备
1)台秤。称量 10kg,感量 1g。
2)方孔筛。孔径为 0.075mm 及 1.18mm 筛各一个。
3)淘洗容器。容积约 10L 的瓷盘或金属盒。
4)烘箱、浅盘。

3. 试样制备
试验前,将试样用四分法缩分至略大于表 13-26 规定的二倍数量,置于温度为 105℃±5℃ 的烘箱内烘干至恒重,冷却至室温后分成大致相等的两份备用。

表 13-26 含泥量试验所需的试样量

最大粒径/mm	9.5	16.0	19.0	26.5	31.5	37.5	≥63.0
最少试样质量/kg	2.0	2.0	6.0	6.0	10.0	10.0	20.0

4. 试验步骤
1)根据试样最大粒径,准确称取按表 13-26 规定数量试样一份(约 6kg),精确至 1g,将试样装入淘洗容器中摊平,并注入饮用水,使水面高出石子表面 150mm;充分搅拌均匀后,浸泡 2h 用手在水中淘洗颗粒,使尘屑、淤泥和黏土与较粗颗粒分离,并使之悬浮或溶解于水。缓缓地将浑浊液倒入 1.18mm 及 0.075mm 的套筛(1.18mm 筛放置上面)上,滤去小于 0.075mm 的颗粒。试验前筛子的两面应先用水润湿,在整个试验过程中应注意避免大于 0.075mm 颗粒的丢失。

2)再次加水于容器中,重复上述过程,直至洗出的水清澈为止。

3)先用水冲洗剩留在筛上的细粒,并将 0.075mm 筛放在水中(使水面略高出筛内颗粒)来回摇动,以充分洗除小于 0.075mm 的颗粒;然后将两只筛上剩留的颗粒和容器中已洗净的试样一并装入浅盘,置于温度为 105℃±5℃ 的烘箱烘干至恒重,取出冷却至室温后称其质量,精确至 1g。

5. 结果计算
碎石或卵石的含泥量 Q_a 应按下式计算,精确至 0.1%。

$$Q_a = \frac{G_0 - G_1}{G_0} \times 100\% \tag{13-22}$$

式中,G_0 为试验前烘干试样的质量(g);G_1 为试验后烘干试样的质量(g)。

以两个试样试验结果的算术平均值作为测定值。如两次结果的差值超过 0.2%,应重新取样进行试验。

石子含泥量试验记录表见表 13-27。

表 13-27 石子含泥量试验记录表

次数	试验前烘干试样质量 G_0/g	试验后烘干试样质量 G_1/g	含泥量(%)	含泥量平均值(%)

13.5 普通混凝土试验

13.5.1 混凝土拌合物取样和制备

1. 混凝土拌合物取样

1）混凝土施工过程中取样进行混凝土试验时，应从同一盘或同一车混凝土中取样。取样量应多于试验所需量的 1.5 倍，且不宜小于 20L。

2）取样应具有代表性，一般在同一盘或同一车混凝土中的约 1/4 处、1/2 处和 3/4 处之间分别取样，从第一次取样到最后一次取样不宜超过 15min，然后人工拌和均匀。从取样完毕到开始做各项性能试验不宜超过 5min。

2. 混凝土拌合物制备

（1）一般规定

1）若在实验室制备混凝土拌合物时，所用原材料和实验室的温度应保持在 20℃±5℃，使用原材料应与实际工程使用的材料相同。

2）材料用量以质量计。称量的精确度：砂、石集料为±1%，水、水泥、外加剂及混合材料均为±0.5%。

3）人工搅拌时，当集料最大粒径≤31.5mm 时，最小搅拌量为 15L；当集料最大粒径为 40mm 时，最小搅拌量为 25L。

4）机械搅拌时，搅拌量不应小于搅拌机额定搅拌量的 1/4。

（2）仪器设备

1）混凝土搅拌机。容量 50~100L，转速为 18~22r/min。

2）磅秤。称量 50kg 或 100kg，感量 50g。

3）台秤。称量 10kg，感量 5g。

4）天平（称量 1kg，感量 0.5g）、量筒（200mL，1000mL）、拌板（1.5m×2m 左右）、拌铲、盛料容器等。

（3）拌和方法

1）人工拌和。a. 按配合比称量各材料。b. 将拌板和拌铲用湿布润湿后，将砂、水泥倒在拌板上，用铲自拌板一端翻拌至另一端，如此重复直至颜色均匀，再加一石子，翻拌至混合均匀为止。c. 将干混合物堆成堆，在中间做一凹槽，倒入部分拌和用水，然后仔细翻拌，逐步加入全部用水，继续翻拌，直到拌和均匀为止。d. 拌和时，力求动作敏捷，拌和时间从加水时算起，在 10min 内完毕。

2）机械搅拌。a. 按配合比称量各材料。b. 按配合比先预拌适量混凝土进行挂浆，以免正式拌和时浆体的损失。c. 开动搅拌机，向搅拌机内依次加入石子、水泥和掺合料、砂，干拌均匀，再将水徐徐加入（外加剂一般先溶于水），全部加料时间不超过 2min，水全部加入后，继续拌和 2min。d. 将拌合物自搅拌机中卸出，倾倒在拌板上，再经人工拌和 1~2min，使其均匀。

13.5.2 稠度试验

1. 坍落度与坍落扩展度法

（1）试验目的　测定混凝土坍落度或坍落扩展度，评定混凝土拌合物的流动性。本方法适用于集料最大粒径不大于40mm、坍落度不小于10mm的混凝土拌合物的稠度测定。

(2) 仪器设备

1) 坍落度筒。由金属制成的圆台形筒，内壁光滑。在筒外上端有手把，下端有踏板。筒的内部尺寸为：底部直径200mm、顶部直径100mm、高度300mm（见图13-14）。

2) 捣棒：直径16mm、长650mm的圆钢棒，端部磨圆（见图13-14）。

3) 小铲、木尺、钢尺、拌板、镘刀等。

(3) 试验步骤

1) 润湿坍落度筒及底板，坍落度筒内壁和底板上应无明显水。先将底板放置在坚实的平面上，并把筒放在底板中心，然后用脚踩住两边的踏板，使坍落度筒在装料时保持固定的位置。

2) 把取样或实验室制备的混凝土拌合物试样用小铲分三层均匀地装入筒内，使捣实后每层高度为筒高的1/3左右。每层用捣棒插捣25次，插捣应沿螺旋方向由外向中心进行，各次插捣应在截面上均匀分布。插捣筒边混凝土时，捣棒可以稍稍倾斜。插捣底层时，捣棒应贯穿整个深度，插

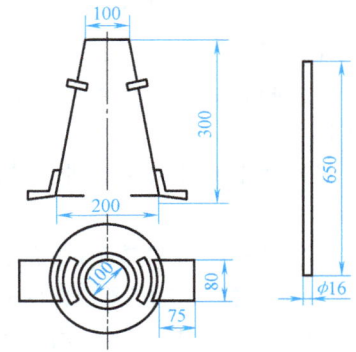

图 13-14 坍落度筒及捣棒

捣第二层和顶层时，捣棒应插透本层达下一层的表面。浇灌顶层时，混凝土应灌到高出筒口。插捣过程中，如混凝土沉落到低于筒口，则应随时添加。顶层插捣完后，刮去多余的混凝土并用抹刀抹平。

3) 清除筒边底板上的混凝土后，垂直平稳地提起坍落度筒。提离过程应在5~10s内完成。从开始装料到提起坍落度筒的整个进程应不间断地进行，并应在150s内完成。

4) 提起坍落度筒后，量测筒高与坍落后混凝土试体最高点之间的高度差即为该混凝土拌合物的坍落度值（见图5-4）。

坍落度筒提离后，如试件发生崩坍或一边剪坏现象，则应重新取样进行测定。如第二次仍出现这种现象，则表示该拌合物和易性不好，应予记录备查。

5) 观察坍落后的混凝土试体的黏聚性及保水性。a. 黏聚性的检查。用捣棒在已坍落的混凝土锥体侧面轻轻敲打，如果锥体逐渐下沉，则表示黏聚性良好，如果锥体倒塌、部分崩裂或出现离析现象，则表示黏聚性不好。b. 保水性的检查。坍落度筒提起后，如有较多的稀浆从底部析出，锥体部分的混凝土也因失浆而集料外露，则表明此混凝土拌合物的保水性能不好；如坍落度筒提起后无稀浆或仅有少量稀浆自底部析出，则表明混凝土拌合物保水性良好。

6) 当混凝土拌合物的坍落度大于220mm时，用钢尺测量混凝土扩展后最终的最大和最小直径，在两者之差小于50mm的条件下，用其算术平均值作为坍落扩展度值；否则，此次试验无效。

7) 坍落度、坍落扩展度以mm为单位，测量精确至1mm，结果修约至5mm。

2. 维勃稠度法

(1) 试验目的　测定混凝土的维勃稠度，评定混凝土的流动性。本方法适用于集料最大粒径不大于40mm、维勃稠度在5~30s的混凝土拌合物的稠度测定。

(2) 仪器设备

1）维勃稠度仪：由振动台、容器、旋转架、透明圆盘、无踏板的坍落度筒等部分组成（见图 5-5）。

2）秒表，其他用具与坍落度试验相同。

（3）试验步骤

1）把维勃稠度仪放置在坚实水平的地面上，用湿布将容器、坍落度筒、喂料斗内壁及其他用具润湿。将喂料斗提到坍落筒上方扣紧，校正容器位置，使其中心与喂料中心重合，拧紧固定螺钉。

2）将拌合物用小铲分三层经喂料斗均匀装入坍落度筒，装料及插捣方法与坍落度试验相同。

3）将喂料斗转离，垂直提起坍落度筒，此时应注意不使用混凝土试体产生横向的扭动。

4）把透明圆盘转到混凝土圆台体顶面，放松测杆螺钉，降下圆盘，使其轻轻接触到混凝土顶面。拧紧定位螺钉，同时开启振动台和秒表，当透明圆盘的底面被水泥浆布满的瞬间停止计时，关闭振动台。由秒表读出的时间即为该混凝土拌合物的维勃稠度值，精确至 1s。

13.5.3 拌合物表观密度试验

1. 试验目的

测定混凝土拌合物的表观密度，用于校正混凝土配合比中各材料的用量。

2. 仪器设备

1）容量筒。金属制圆筒，两旁装有手把。集料最大粒径不大于 40mm 时，容量筒的容积为 5L（内径与内高均为 186mm±2mm，筒壁厚 3mm）；集料最大粒径大于 40mm 时，容量筒的内径与内高均应大于集料最大粒径的 4 倍。

2）台秤（称量 50kg，感量 50g）、振动台、捣棒。

3. 试验步骤

1）用湿布将容量筒内外擦干净，称出筒重，精确至 50g。

2）将混凝土拌合物装入容量筒。装料和捣实方法根据其稠度而定。a. 坍落度>70mm 时，宜用捣棒捣实。采用捣棒捣实时，应根据容量筒的大小决定分层与捣实的次数。若用 5L 的容量筒，混凝土拌合物应分两层装入，每层的插捣次数应为 25 次。若用大于 5L 的容量筒，每层混凝土的高度不应大于 100mm，每层插捣次数应按每 10000mm^2 截面不小于 12 次计算。各层均应由边缘向中心均匀地插捣，插捣底层时，捣棒应贯穿整个深度，插捣第二层时，捣棒应插透本层至下一层的表面。每一层捣完后，用橡皮锤轻轻沿容器外壁敲打 5~10 次，直至拌合物表面插捣孔消失且不见大气泡为止。b. 坍落度≤70mm 时，用振动台振实。一次将混凝土拌合物灌到高出容量筒口，装料时，用捣棒稍加插捣，振动过程中，如混凝土低于筒口，应随时添加混凝土，振动至表面出浆为止。

3）用刮尺或镘刀齐筒口将多余的混凝土拌合物刮去，表面如有凹陷，应予填平。将容量筒外壁擦净，称出混凝土与容量筒总质量。精确至 50g。

4. 结果计算

混凝土拌合物表观密度 γ_h 按下式计算，精确至 10kg/m^3。

$$\gamma_h = \frac{W_2 - W_1}{V} \times 1000 \tag{13-23}$$

式中，W_1 为容量筒的质量（kg）；W_2 为容量筒及试样的总质量（kg）；V 为容量筒的容积（L）。

13.5.4 立方体抗压强度试验

1. 试验目的

测定混凝土立方体抗压强度，作为评定混凝土强度等级的依据，检验混凝土的强度能否满足设计要求。

2. 仪器设备

1）压力试验机。测量精度为1%，试件的预期破坏荷载值应大于全量程的20%，且小于全量程的80%，应具有加荷指示装置。

2）试模。由铸铁或钢制成，应有足够的刚度，组装后内部尺寸的误差不应大于公称尺寸的0.2%，且不应大于1mm。组装后各相邻面的不垂直度应不超过0.5°。

3）振动台、捣棒、小铁铲、金属直尺、镘刀等。

3. 试件的制作

1）混凝土抗压强度以三个试件为一组，每一组试件应从同一盘搅拌或同一车运送的混凝土拌合物中取样，或为实验室同一次制备的混凝土拌合物，并同样养护。

2）应在拌和后最短的时间内成型，一般不宜超过15min。

3）150mm×150mm×150mm 的试件为标准试件。试件尺寸应根据集料最大粒径按表13-28选定，当混凝土强度等级≥C60时，宜采用标准试件。制作前，应将试模洗干净并在试模的内表面涂一薄层矿物油。

表 13-28　试件尺寸及抗压强度换算系数

试件尺寸	集料最大粒径/mm	每层插捣次数/次	抗压强度换算系数
100mm×100mm×100mm	31.5	12	0.95
150mm×150mm×150mm	40	25	1.00
200mm×200mm×200mm	63	50	1.05

4）混凝土试件的成型方法应根据拌合物稠度确定。a. 坍落度不大于70mm 的混凝土宜用振动台振实。将拌合物一次装入试模，装料时，应用抹刀沿试模内壁插捣并使混凝土拌合物高出试模上口。振动时，试模不得有任何自由跳动。振动应持续到拌合物表面出浆为止，应避免过度振动。振动结束后，刮去多余的混凝土，并用镘刀抹平。b. 坍落度大于70mm 的混凝土宜用捣棒人工捣实。首先将混凝土拌合物分两层装入试模，每层厚度大致相等。插捣应按螺旋方面从边缘向中心均匀进行。插捣底层时，捣棒应达到试模底面；插捣上层时，捣棒应穿入下层20~30mm。插捣时，捣棒应保持垂直，不得倾斜。然后用抹刀沿试模内壁插拔数次。每层的插捣次数见表13-28。插捣后，应用橡皮锤轻轻敲击试模四周，直至捣棒留下的孔洞消失为止，刮除多余的混凝土，并用镘刀抹平。

4. 试件的养护

1）试件成型后应立即用不透水的薄膜覆盖表面，以防水分蒸发。采用标准养护的试件应在温度为 20℃±5℃ 环境下静置 1~2 昼夜，然后编号拆模。

2）拆模后的试件应立即放在温度为 20℃±2℃、相对湿度为 95% 以上的标准养护室中养护，在标准养护室内，试件应放在架上，彼此间隔为 10~20mm，试件表面应保持潮湿，并应避免用水直接冲淋试件。无标准养护室时，试件可在温度为 20℃±2℃ 的不流动的水中养护，水的 pH 值不应小于 7。标准养护龄期为 28d（从搅拌加水时开始计时）。

3）与结构构件同条件养护的试件，其拆模时间可与实际构件的拆模时间相同。拆模后，试件仍需保持与构件同条件养护。

5. 抗压强度试验

1）试件自养护地点取出后，应及时进行试验，用干毛巾将试件表面和上下承压板面擦干净，并测量其尺寸，精确至 1mm，据此计算试件的承压面面积。若试件实测尺寸与公称尺寸之差不超过 1mm，可按公称尺寸计算承压面面积。

2）将试件安放在压力机的下承压板上，试件的承压面应与成型时的顶面垂直。试件的中心应与试验机下压板中心对准。开动试验机，当上压板与试件接近时，调整球座，使接触面均衡受压。

3）在试验过程中，应持续均匀地加荷，加荷速度为：混凝土强度等级小于 C30 时，取 0.3~0.5MPa/s；混凝土强度等级大于或等于 C30 且小于 C60 时，取 0.5~0.8MPa/s；混凝土强度等级大于或等于 C60 时，取 0.8~1.0MPa/s。

4）当试件接近破坏开始急速变形时，应停止调整试验机油门，直至试件破坏。记录破坏荷载。

6. 结果计算

1）按下式计算试件的抗压强度 f_{ce}，精确至 0.1MPa。

$$f_{ce}=\frac{F}{A} \tag{13-24}$$

式中，F 为试件破坏荷载（N）；A 为试件承压面面积（mm^2）。

2）抗压强度值的确定应符合下列规定。a. 以三个试件测值的算术平均值作为该组试件的抗压强度值；b. 三个测值中的最大值或最小值中，如有一个与中间值的差超过中间值的 15% 时，则将最大值及最小值一并舍去，取中间值作为该组试件的抗压强度值；c. 如最大值和最小值与中间值的差值均超过中间值的 15%，则该组试验无效。

3）混凝土的抗压强度值以 150mm×150mm×150mm 试件的抗压强度值为标准值，其他尺寸试件的测定结果应进行换算，换算时，乘以表 13-28 中的换算系数。当混凝土强度等级大于等于 C60 时，宜采用标准试件；若使用非标准试件，其尺寸换算系数应由试验确定。

混凝土试验记录表见表 13-29~表 13-31。

表 13-29 混凝土试拌与稠度、表观密度试验记录表

试拌调整次数	各材料用量/(kg/10L)				和易性			混凝土表观密度 r_h/(kg/m³)			
	水泥	水	砂子	石子	坍落度/mm	黏聚性	保水性	容量筒容积 V/L	容量筒质量 W_1/kg	容量筒及试样总质量 W_2/kg	表观密度
1											
2											

（续）

试拌调整次数	各材料用量/(kg/10L)				和易性			混凝土表观密度 r_h/(kg/m³)			
	水泥	水	砂子	石子	坍落度/mm	黏聚性	保水性	容量筒容积 V/L	容量筒质量 W_1/kg	容量筒及试样总质量 W_2/kg	表观密度
3											
4											
备注	1. 要求坍落度为：35~50mm，黏聚性和保水性良好，若不能满足此要求，则必须调整配合比，并重新试拌、检测，直至和易性良好，得出试拌配合比。 2. 对于和易性良好的混凝土拌合物，需测定其表观密度，为计算1m³混凝土各材料用量提供必要的数据。										

表 13-30　混凝土配合比确定（1m³ 混凝土各材料用量）

—	混凝土各组成材料用量/(kg/m³)				砂子含水率	石子含水率	备　注
	水泥	水	砂子	石子			
实验室配合比（设计配合比）							以和易性良好的试拌配合比作为实验室（设计）配合比
施工配合比							
相关计算过程	实验室（设计）配合比的计算（1m³ 混凝土各材料用量）： 施工配合比的计算（1m³ 混凝土各材料用量）：						

表 13-31　混凝土抗压强度试验记录

试样编号	承压面面积/mm²	破坏荷载/kN	抗压强度/MPa		备　注
			单块值	代表值	
					1. 标准养护 2. 龄期为_____d

13.6　沥青及沥青混合料试验

13.6.1　沥青试验

1. 沥青取样方法与取样数量

（1）半固体或未破碎固体沥青的取样

1）从桶、袋、箱中取样应在样品表面以下及容器侧面以内至少75mm处采取。若沥青是能够打碎的,则用干净的适当工具打碎后取样;若沥青是软的,则用干净的适当工具切割取样。

2) 当能确认是同一批生产的产品时,应随机取出一件按上述取样方法取 4kg 供检验用;当不能确认是同一批生产的产品或按同批产品要求取出的样品经检验不符合规范要求时,则应按随机取样原则选出若干件,再按上述规定取样,其件数等于总件数的立方根。当取样件数超过一件,每个样品质量应不少于 0.1kg,这样取出的样品,经充分混合均匀后取出 4kg 供检验用。

(2) 块或粉末状沥青的取样

1) 散装储存的碎块或粉末状固体沥青取样,应按《从散装不溶性固体石油产品中采取试样的方法》操作。总样品质量不少于 25kg,再从中取出 1~2kg 供检验用。

2) 装在桶、袋、箱中的碎块或粉末状固体沥青,首先按 1)、2) 项所述随机取样原则选出若干件,从每一件接近中心处取至少 5kg 样品,这样采集的总样品质量应不少于 25kg,然后按《从散装不溶性固体石油产品中采取试样的方法》执行四分法操作,从中取出 1~2kg 供检验用。

(3) 流体状沥青取样

对于流体状沥青的取样,按《沥青取样法》的相关规定操作。

2. 针入度测定

(1) 试验目的

测定针入度,用以评定沥青的黏滞性和沥青牌号。

(2) 仪器设备

1) 针入度仪(见图 9-2a)。针连杆的质量为 (47.5±0.05) g,针和针连杆总质量为 (50±0.05) g,另外仪器附有 (50±0.05) g 和 (100±0.05) g 的砝码各一个,可以组成 (100±0.05) g 和 (200±0.05) g 的载荷以满足试验所需的载荷条件。

2) 标准针。由硬化回火的不锈钢制造,针长约 50mm,针的直径为 1.00~1.02mm。

3) 试样皿。金属或玻璃的圆柱形平底容器。针入度小于 40 时,其内径为 33~55mm,深度为 8~16mm;针入度为 40~200 时,其内径为 55mm,深度为 35mm;针入度为 200~350 时,其内径为 55~75mm,深度为 45~70mm;针入度为 350~500 时,其内径为 55mm,深度为 70mm。

4) 恒温水浴。容量不小于 10L,能保持温度在试验温度的 ±0.1℃ 范围内。

5) 平底玻璃皿。容量不小于 350mL,深度要没过最大的样品皿。内设一个不锈钢支架,能使试样皿稳定。

6) 秒表(精度 0.1s)、温度计(分度 0.1℃,范围 0~50℃)。

(3) 试样制备

1) 小心加热样品,不断搅拌以防局部过热,加热到试样能够易于流动。焦油沥青的加热温度不超过软化点的 60℃,石油沥青的加热温度不超过软化点的 90℃。在保证样品充分流动的基础上加热时间尽量少。加热、搅拌过程中避免试样中进入气泡。

2) 将试样倒入预先选好的试样皿中,其深度至少是预计针入深度的 120%。如果试样皿的直径小于 65mm,而预期针入度大于 200mm,每个试验条件都要倒三个样品,如果样品足够,浇注的样品要达到试样皿边缘。

3）轻轻盖住试样皿以防灰尘落入。在 15～30℃ 的室温下，小的试样皿（φ33mm×16mm）中的样品冷却 45min～1.5h，中等试样皿（φ55mm×35mm）中的样品冷却 1～1.5h，较大的试样皿中的样品冷却 1.5～2.0h，冷却结束后将试样皿和平底玻璃皿一起放入测试温度下的水浴中，水面应没过试样表面 10mm 以上，在规定的温度下恒温，小的试样皿恒温 45min～1.5h，中等试样皿恒温 1～1.5h，更大试样皿恒温 1.5～2.0h。

（4）试验步骤

1）调节针入度仪的水平，检查连杆和导轨，确保水面没水和其他物质。如果预测针入度超过 350 应选择长针，否则用标准针。首先用合适的溶剂把针擦净，再用干净的布把针擦干，然后将针插入针连杆中固定。按试验条件（标准针、针连杆与附加砝码的总质量为 100g±0.05g，温度为 25℃±0.1℃，时间为 5s）选择合适的砝码并放好砝码。

2）将已恒温到试验温度的试样皿从恒温水浴中取出，放在平底玻璃皿中的三脚架上，用与水浴相同温度的水完全覆盖样品，将平底玻璃皿放在针入度仪的平台上，慢慢放下针连杆，使针尖与试样表面恰好接触。必要时用放置在合适位置的光源观察针头位置，使针尖与水中针头的投影刚刚接触为止。轻轻拉下活杆，使其与针连杆顶端接触，调节针入度仪上的刻度盘指针为零。

3）用手紧压按钮，释放针连杆，同时开动秒表，使标准针自由地穿入沥青试样中，到规定的时间（5s），停压按钮，使标准针停止下沉。

4）拉下活杆，与针连杆顶部接触，此时刻度盘指针读数即为试样针入度，用 1/10mm 表示。

5）同一试样至少重复测定 3 次，每次穿入点相互距离及与试样皿边缘距离都不得小于 10mm。在每次测定前，都应将试样皿和平底玻璃皿放入恒温水浴中，每次测定都要用干净的针。当针入度小于 200 时，可将针取下用合适的溶剂擦净后继续使用；当针入度超过 200 时，每个试样皿中扎一针，三个试样皿得到三个数据，或者每个试样至少用三根针，每次试验用的针留在试样中，直至三根针扎完时再将针取出。但这样测得的针入度最高值和最低值之差不得超过平均值的 4%。

（5）结果评定　取三次测定针入度的平均值作为试验结果，取至整数。三次测定的针入度值相差不应大于表 13-32 中的数值，如果误差超过表中的数值，则利用第 3 条第 2）项中的第二个样品重复试验。如果结果再次超过允许值，则取消所有的试验结果，重新进行试验。

表 13-32　针入度测定最大允许差值　　　　　　　　（单位：1/10mm）

针入度	0～49	50～149	150～249	250～349	350～500
最大差值	2	4	6	8	20

3. 延度测定

（1）试验目的　测得沥青延度，用以评定沥青的塑性，延度也是评定沥青牌号的依据之一。

（2）仪器设备

1）沥青延度仪（见图 13-15），是一个带标尺的长方形水槽，内装有移动速度为（5±0.25）cm/min 的拉伸滑板。

2)延度仪试模。它用黄铜制造,由两个端模和两个侧模组成,其形状和尺寸如图 13-16 所示。

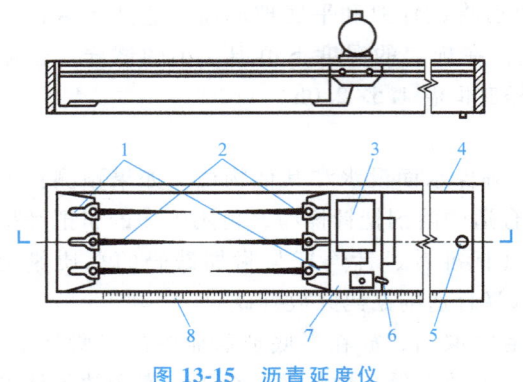

图 13-15 沥青延度仪

1—试模 2—试样 3—电动机 4—水槽
5—泻水孔 6—开关 7—指针 8—标尺

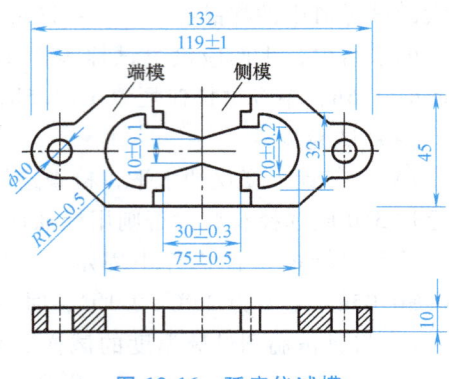

图 13-16 延度仪试模

3)恒温水浴。能保持试验温度变化不大于 0.1℃,容量不小于 10L,试件浸水深度不得小于 10cm。

4)温度计。0~50℃,分度为 0.1℃ 和 0.5℃ 各一支。

5)隔离剂。隔离剂由两份甘油和一份滑石粉调制而成(以质量计)。

6)支撑板。支撑板采用黄铜板,一面应磨光。

(3)试样制备

1)将模具组装在支撑板上,将隔离剂涂于支撑板表面及侧模内表面以防沥青沾在模具上。

2)与针入度测定相同的方法加热沥青试样,将熔化后的样品充分搅拌后倒入模具,在倒样时使试样呈细流状,自模的一端至另一端往返多次倒入试样,使试样略高出模具。

3)浇注好的试件先在空气中冷却 30~40min,然后放在规定温度(25℃±0.5℃)的水浴中保持 30min 取出,用热刀将高出模具部分的沥青刮去,使试样与模具齐平。

4)恒温。先将支撑板、模具和试件一起放入恒温水浴中,在试验温度(25℃±0.5℃)下保持 85~95min,然后从支撑板上取下试件,拆掉侧模,立即进行拉伸试验。

(4)试验步骤

1)首先检查延度仪拉伸速度是否满足要求,一般为(5±0.25)cm/min,然后移动滑板使其指针正对标尺的零点,向延度仪的水槽中注水,并保持水温达到试验温度(25℃±0.5℃)。

2)先将试件移至延度仪水槽中,然后将模具两端的孔分别套在滑板及槽端的金属柱上,试件距水面和水底的距离不小于 25mm。

3)测得水槽中的水温满足试验温度(25℃±0.5℃)时,开动延度仪,此时,仪器不得有振动,观察沥青的拉伸情况。在测定时,如发现沥青浮于水面或沉于槽底,则试验不正常,应使用乙醇或氯化钠调整水的密度,使沥青材料既不浮于水面,又不沉入槽低。

4)试件拉断时指针所指标尺上的读数即为试样的延度(以 cm 表示),正常的试验应将试样拉成锥形或线形或柱形,直至在断裂时实际横截面面积接近于零或一均匀断面。如果三次试验得不到正常结果，则报告在该条件下延度无法测定。

（5）结果评定

1）若三个试件测定值在其平均值的5%以内，取平行测定的三个结果的平均值作为测定结果。

2）若三个试件测定值不在其平均值的5%以内，但其中两个较高值在平均值的5%之内，则弃去最低测定值，取两个较高值的平均值作为测定结果，否则重新测定。

4. 软化点测定

（1）试验目的　测定沥青软化点，评定沥青的温度稳定性，软化点也是评定沥青牌号的依据之一。

（2）仪器设备

1）沥青软化点测定仪器（见图13-17）包括温度计（测温范围为30~180℃，分度值为0.5℃）、浴槽（可加热的玻璃容器，内径不小于85mm，离加热底部的深度不小于120mm）、环支撑架和支架、黄铜环（两只黄铜肩或锥环）、球（两只直径为9.5mm的钢球，每只质量为3.50g±0.05g）、钢球定位器等。

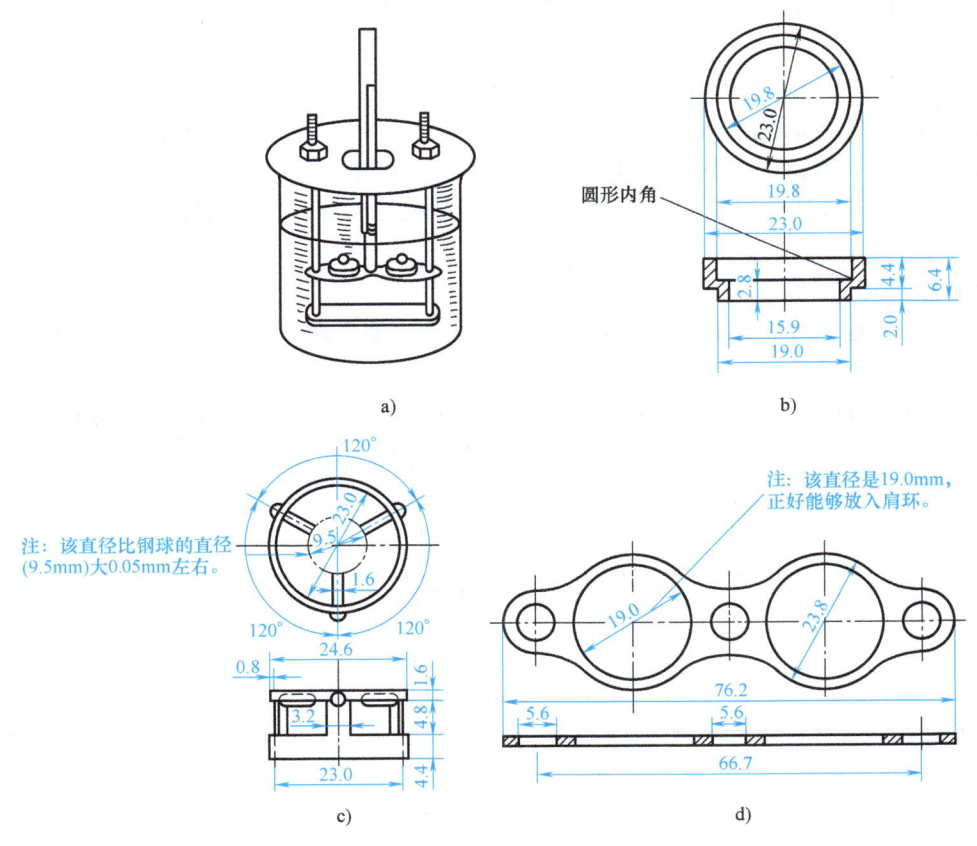

图13-17　沥青软化点测定仪
a）组合装置　b）肩环　c）钢球定位器　d）支架

2）电炉或其他加热器、隔离剂（同延度测定）。

（3）试样制备

1）将黄铜环置于涂有隔离剂的支撑板上（如估计软化点在120℃以上时，应将黄铜环与支撑板预热至80~100℃），将熔化后的沥青样品（准备方法同针入度测定）注入黄铜环内至略高于环面为止。

2）将浇注好的试件在室温下至少冷却30min，对于在室温下较软的样品，应将试件在低于预计软化点10℃以上的环境中冷却30min，从开始倒试样时起至完成试验的时间不得超过240min。

3）试样冷却后，用热刀刮去高出环面的沥青，使得每一个圆片饱满且和环的顶面齐平。

（4）试验步骤

1）选择加热介质。软化点不高于80℃的沥青在水浴中测定，高于80℃的沥青在甘油中测定。

2）把软化点测定仪放在通风橱内并配置两个样品环、钢球定位器，将温度计插入合适的位置，浴槽装满加热介质（水或甘油），用镊子将钢球置于浴槽底部，使其同支架的其他部位达到相同的起始温度（如有必要，将浴槽置于冰水中，或小心加热并维持适当的起始浴温达15min）。

3）再次用镊子将浴槽中的钢球夹住并置于定位器中。

4）从浴槽底部加热使温度以恒定的速率（5℃/min）上升。3min后升温速度应达到(5±0.5)℃/min，若温度上升速率超过此限定范围，则此次试验失败。

5）当两个试样环的球刚触及下支撑板时，分别记录温度计所显示的温度，即为试样的软化点。

（5）结果评定

1）取平行测定两个结果的平均值作为测定结果。如果两个温度的差值超过1℃，则重新试验。

2）如果水浴中两次测定的平均值大于或等于85.0℃，则应在甘油浴中重复试验。

3）无论是水浴，还是甘油浴，重复测定两次结果的差值都不得大于1.2℃。

沥青试验记录表见表13-33。

表 13-33 沥青试验记录

次数	针入度/(1/10mm)	延度/cm	软化点/℃	结论
				该沥青牌号为：
平均值				

13.6.2 沥青混合料试验

1. 沥青混合料的制备和试件成型（击实法）

（1）试验目的 制备沥青混合料及成型试件，供测定其物理力学性能用。

（2）仪器设备

1）实验室用沥青混合料拌和机（见图13-18）。

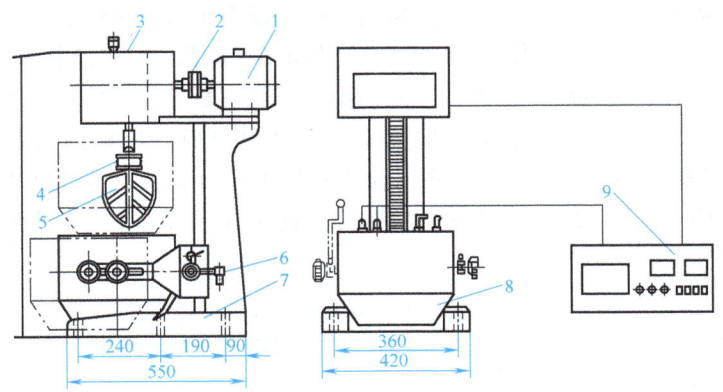

图 13-18 实验室用沥青混合料拌和机
1—电动机 2—联轴器 3—变速箱 4—弹簧 5—拌和叶片
6—升降手柄 7—底座 8—加热拌和锅 9—温度时间控制仪

2）标准击实仪。由击实锤、ϕ98.5mm±0.5mm 平圆形压实头及带手柄的导向棒组成。用机械将压实锤提升，至 457.2mm±1.5mm 高度沿导向棒自由落下连续击实，标准击实锤质量 4536g±9g。

3）试模。由高碳钢或工具钢制成，试模内径为 101.6mm±0.2mm，圆柱形金属筒高 87mm，底座直径约 120.6mm，套筒内径 104.8mm，高 70mm。

4）脱模器。电动或手动，应能无破损地推出圆柱体试件，备有标准试件尺寸的推出环。

5）天平或电子秤。用于称量沥青时，感量不大于 0.1g；用于称量矿料时，感量不大于 0.5g。

6）布洛克菲尔德黏度计，如图 13-19 所示。

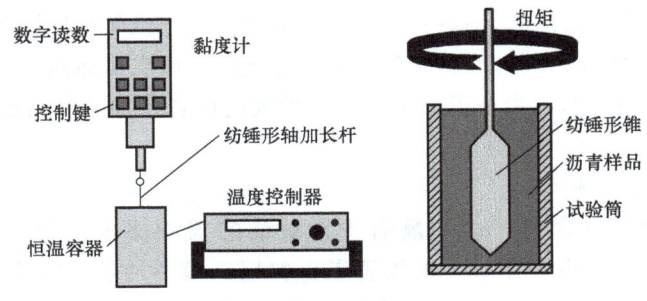

图 13-19 布洛克菲尔德黏度计

7）温度计。分度值 1℃，宜采用有金属插杆的插入式数显温度计，金属插杆的长度不小于 150mm，量程为 0~300℃。

8）其他：烘箱、插刀或大螺钉旋具、电炉或煤气炉、沥青熔化锅、拌和铲、标准筛、滤纸（或普通纸）、胶布、卡尺、秒表、粉笔、棉纱等。

（3）准备工作

1）确定制作沥青混合料试件的拌和温度与压实温度。a. 按《公路工程沥青及沥青混合料试验规程》要求测定沥青的黏度，绘制黏温曲线。按表 13-34 的要求确定适宜于沥青混合料拌和及压实的等黏温度。b. 当缺乏沥青黏度测定条件时，试件的拌和与压实温度可按表 13-35 选用，并根据沥青品种和标号作适当调整。针入度小、稠度大的沥青取高限；针入度大、稠度小的沥青取低限；一般取中值。c. 对于改性沥青，应根据实践经验、改性剂的品种和用量，适当提高混合料的拌和与压实温度；对大部分聚合物改性沥青，通常在普通沥青的基础上提高 10~20℃；掺加纤维时，尚需再提高 10℃ 左右。d. 常温沥青混合料的拌和与压实在常温下进行。

表 13-34　沥青混合料拌和及压实的沥青等黏温度

沥青混合料种类	黏度与测定方法	适宜于拌和的沥青结合料黏度	适宜于压实的沥青结合料黏度
石油沥青	表观黏度，《公路工程沥青及沥青混合料试验规程》测定	$0.17Pa·s±0.02Pa·s$	$0.28Pa·s±0.03Pa·s$

注：液体沥青混合料的压实成型温度按石油沥青要求执行。

表 13-35　沥青混合料拌和及压实温度参考表

沥青种类	拌和温度/℃	压实温度/℃
石油沥青	140~160	120~150
改性沥青	160~175	140~170

2）沥青混合料试件的制作条件。a. 在拌和厂或施工现场采取沥青混合料制作试样时，按《公路工程沥青及沥青混合料试验规程》的方法取样，将试样置于烘箱中加热或保温，在混合料中插入温度计测量温度，待混合料温度符合要求后成型。需要拌和时可倒入已加热的室内沥青混合料拌和机中适当拌和，时间不超过 1min。不得在电炉或明火上加热炒拌。b. 在实验室人工配制沥青混合料时，试件的制作按下列步骤进行：将各种规格的矿料置于 (105±5)℃ 的烘箱中烘干至恒重（一般不少于 4~6h）；将烘干分级的粗细集料，按每个试件设计级配要求称其质量，在一金属盘中混合均匀，矿粉单独放入小盆里，然后置烘箱中加热至沥青拌和温度以上约 15℃（采用石油沥青时通常为 163℃，采用改性沥青时通常需 180℃）备用。一般按一组试件（每组 4~6 个）备料，但进行配合比设计时宜对每个试件分别备料。常温沥青混合料的矿料不应加热；将沥青试样，用烘箱加热至规定的沥青混合料拌和温度，但不得超过 175℃。当不得已采用燃气炉或电炉直接加热进行脱水时，必须使用石棉垫隔开。

（4）拌制沥青混合料

1）黏稠石油沥青混合料。a. 用蘸有少许黄油的棉纱擦净试模、套筒及击实座，至 100℃ 左右的烘箱中加热 1h 备用。常温沥青混合料用试模不加热。b. 将沥青混合料拌和机提前预热至拌和温度 10℃ 左右备用。c. 将加热的粗细集料置于拌和机中，用小铲适当混合，然后再加入需要数量的已加热至拌和温度的沥青（如沥青已称量在一个专用容器内时，可在倒掉沥青后用一部分热矿粉将黏在容器壁上的沥青擦拭掉并一起倒入拌和锅中），开动拌和机，一边搅拌，一边使拌和叶片插入混合料中拌和 1~1.5min，然后暂停拌和，加入加热的矿粉，继续拌和至均匀为止，并使沥青混合料保持要求的拌和温度范围内。标准的总拌和时间为 3min。

2）液体石油沥青混合料。将每组（或每个）试件的矿料置于已加热至 55~100℃ 的沥青混合料拌和机中，注入要求数量的液体沥青，并将混合料边加热边拌和，使液体沥青中的溶剂挥发至50%以下。拌和时间应事先试拌确定。

3）乳化沥青混合料。将每个试件的粗细集料，置于沥青混合料拌和机（不加热，也可用人工炒拌）中，注入计算的用水量（阴离子乳化沥青不加水）后，拌和均匀并使矿料表面完全湿润；再注入设计的沥青乳液用量，在1min内使混合料拌匀；然后加入矿粉，迅速拌和，拌至成褐色为止。

（5）试件成型（击实法）

1）将拌好的沥青混合料，用小铲适当拌和均匀，称取一个试件所需的用量（标准马歇尔试件约1200g）。当已知沥青混合料密度时，可根据试件的标准尺寸计算并乘以1.03得到要求的混合料数量。当一次拌和几个试件时，宜将其倒入经预热的金属盘中，用小铲适当拌和均匀分成几份，分别取用。在试件制作过程中，为防止混合料温度下降，应连盘放在烘箱中保温。

2）从烘箱中取出预热的试模及套筒，用沾有少许黄油的棉纱擦拭套筒、底座及击实锤底面。将试模装在底座上，放一张圆形的吸油性小的纸，用小铲将混合料铲入试模中，用插刀或大螺钉旋具沿周边插捣15次，中间10次。插捣后将沥青混合料表面整平。

3）插入温度计至混合料中心附近，检查混合料温度。

4）待混合料温度符合要求的压实温度后，将试模连同底座一起放在击实台上固定，在装好的混合料上面垫一张吸油性小的圆纸，再将装有击实锤及导向棒的压实头放入试模中。然后开启电动机（或人工击实），使击实锤在457mm的高度自由落下到击实规定的次数（75次或50次）。

5）试件击实一面后，取下套筒，将试模翻面，装上套筒，然后以同样的方式和次数击实另一面。乳化沥青混合料试件在两面击实后，将一组试件在室温下横向放置24h，另一组试件置于温度为（105±5）℃的烘箱中养生24h。将养生试件取出后再立即两面锤击25次。

6）试件击实结束后，立即用镊子取掉上下面垫的纸，用卡尺量取试件离试模上口的高度，并由此计算试件高度。高度不符合要求时，试件应作废，并按式（13-25）调整试件的混合料质量，以保证高度符合63.5mm±1.3mm（标准试件）的要求。

$$调整后混合料质量 = \frac{要求试件高度 \times 原始混合料质量}{所得试件的高度} \qquad (13-25)$$

7）卸去套筒和底座，将装有试件的试模横向放置冷却至室温后（不少于12h），置脱模机上脱出试件。用于现场马歇尔指标检验的试件，在施工质量检验时如急需试验，允许采用电风扇吹冷1h或浸水冷却3min以上的方法脱模。但浸水脱模法不能用于测量密度、空隙率等物理指标。

8）将试件仔细置于干燥洁净的平面上，供试验用。

2. 沥青混合料马歇尔稳定度试验

（1）试验目的　测定沥青混合料马歇尔稳定度，用于沥青混合料的配合比设计及沥青路面施工质量检验（标准马歇尔稳定度试验）；或用于检验沥青混合料受水损害时抵抗剥落的能力，通过测试其水稳定性检验配合比设计的可行性（浸水马歇尔稳定度试验）。本方法适用于标准马歇尔稳定度试验和浸水马歇尔稳定度试验。

（2）仪器设备

1）沥青混合料马歇尔试验仪。分为自动式和手动式。自动马歇尔试验仪应具备控制装置、记录荷载-位移曲线、自动测定荷载与试件的垂直变形，能自动显示和存储或打印试验结果等功能。手动式由人工操作，试验数据通过操作者目测后读取数据。对用于高速公路和一级公路的沥青混合料宜采用自动马歇尔试验仪。

当集料公称最大粒径小于或等于 26.5mm 时，宜采用中 ϕ101.6mm×63.5mm 的标准马歇尔试件，试验仪最大荷载不得小于 25kN，读数准确至 0.1kN，加载速率应能保持 50mm/min±5mm/min。钢球直径 16mm±0.05mm，上下压头曲率半径为 50.8mm±0.08mm。

当集料公称最大粒径大于 26.5mm 时，宜采用 ϕ152.4mm×95.3mm 大型马歇尔试件，试验仪最大荷载不得小于 50kN，读数准确至 0.1kN。上下压头的曲率内径为 ϕ152.4mm±0.2mm，上下压头间距 19.05mm±0.1mm。

2）恒温水槽，控温准确至 0.1℃，深度不小于 150mm。

3）真空饱水容器，包括真空泵及真空干燥器。

4）烘箱、天平（感量不大于 0.1g）、温度计（分度值 1℃）、卡尺、棉纱、黄油等。

（3）标准马歇尔试验方法

1）准备工作。a. 按《公路工程沥青及沥青混合料试验规程》击实法成型马歇尔试件，标准马歇尔试件尺寸应符合直径 101.6mm±0.2mm、高 63.5mm±1.3mm 的要求。对大型马歇尔试件，尺寸应符合直径 152.4mm±0.2mm、高 95.3mm±2.5mm 的要求。一组试件的数量不得少于 4 个，并符合《公路工程沥青及沥青混合料试验规程》的规定。b. 量测试件的直径及高度。用卡尺测量试件中部的直径，用马歇尔试件高度测定器或用卡尺在十字对称的 4 个方向量测离试件边缘 10mm 处的高度，准确至 0.1mm，并以其平均值作为试件的高度。如果试件高度不符合 63.5mm±1.3mm 或 95.3mm±2.5mm 要求或两侧高度差大于 2mm，此试件应作废。c. 按《公路工程沥青及沥青混合料试验规程》规定的方法测定试件的密度，并计算空隙率、沥青体积百分率、沥青饱和度、矿料间隙率等体积指标。d. 将恒温水槽调节至要求的试验温度，对黏稠石油沥青或烘箱养生过的乳化沥青混合料为 60℃±1℃，对煤沥青混合料为 33.8℃±1℃，对空气养生的乳化沥青或液体沥青混合料为 25℃±1℃。

2）试验步骤。a. 将试件置于已达规定温度的恒温水槽中保温，保温时间对标准马歇尔试件需 30~40min，对大型马歇尔试件需 45~60min。试件之间应有间隔，底下应垫起，距水槽底部不小于 5cm。b. 将马歇尔试验仪的上下压头放入水槽或烘箱中达到同样温度。将上下压头从水槽或烘箱中取出擦拭干净内面。为使上下压头滑动自如，可在下压头的导棒上涂少量黄油。再将试件取出置于下压头上，盖上上压头，然后装在加载设备上。c. 在上压头的球座上放妥钢球，并对准荷载测定装置的压头。d. 当采用自动马歇尔试验仪时，将自动马歇尔试验仪的压力传感器、位移传感器与计算机或 X-Y 记录仪正确连接，调整好适宜的放大比例，压力和位移传感器调零。e. 当采用压力环和流值计时，将流值计安装在导棒上，使导向套管轻轻地压住上压头，同时将流值计读数调零。调整压力环中百分表，对零。f. 启动加载设备，使试件承受荷载，加载速度为 50mm/min±5mm/min。计算机或 X-Y 记录仪自动记录传感器压力和试件变形曲线并将数据自动存入计算机。g. 当试验荷载达到最大值的瞬间，取下流值计，同时读取压力环中百分表读数及流值计的流值读数。h. 从恒温水槽中取出试件至测出最大荷载值的时间，不得超过 30s。

（4）浸水马歇尔试验方法　浸水马歇尔试验方法与标准马歇尔试验方法的不同之处在于，试件在已达规定温度恒温水槽中的保温时间为 48h，其余步骤均与标准马歇尔试验方法相同。

(5) 真空饱水马歇尔试验方法　试件先放入真空干燥器中，关闭进水胶管，开动真空泵，使干燥器的真空度达到 97.3kPa（730mmHg）以上，维持 15min；然后打开进水胶管，靠负压进入冷水流使试件全部浸入水中，浸水 15min 后恢复常压，取出试件再放入已达规定温度的恒温水槽中保温 48h。其余均与标准马歇尔试验方法相同。

(6) 结果计算

1) 稳定度及流值。a. 当采用自动马歇尔试验仪时，将计算机采集的数据绘制成压力和试件变形曲线，或由 X-Y 记录仪自动记录的荷载一变形曲线，按图 13-20 所示的方法在切线方向延长曲线与横坐标相交于 O_1，将 O_1 作为修正原点，从 O_1 起量取相应于荷载最大值时的变形作为流值 FL，以 mm 计，准确至 0.1mm。最大荷载即为稳定度 MS，以 kN 计，准确至 0.01kN。b. 采用压力环和流值计测定时，根据

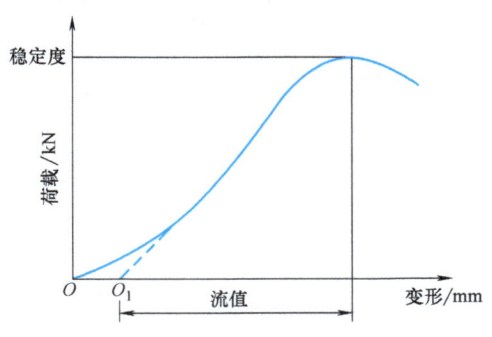

图 13-20　马歇尔试验结果的修正方法

压力环标定曲线，将压力环中百分表的读数换算为荷载值，或者由荷载测定装置读取的最大值即为试样的稳定度 MS，以 kN 计，准确至 0.01kN。由流值计及位移传感器测定装置读取的试件垂直变形，即为试件的流值 FL，以 mm 计，准确至 0.1mm。

2) 马歇尔模数。试件的马歇尔模数按下式计算

$$T=\frac{MS}{FL} \tag{13-26}$$

式中，T 为试件的马歇尔模数（kN/mm）；MS 为试件的稳定度（kN）；FL 为试件的流值（mm）。

3) 试件的浸水残留稳定度按下式计算

$$MS_0=\frac{MS_1}{MS}\times 100 \tag{13-27}$$

式中，MS_0 为试件的浸水残留稳定度（%）；MS_1 为试件浸水 48h 后的稳定度（kN）。

4) 试件的真空饱水残留稳定度按下式计算

$$MS'_0=\frac{MS_2}{MS}\times 100 \tag{13-28}$$

式中，MS'_0 为试件的真空饱水残留稳定度（%）；MS_2 为试件真空饱水后浸水 48h 后的稳定度（kN）。

(7) 试验报告

1) 当一组测定值中某值与平均值之差大于标准差 k 倍时，该测定值应舍弃，并以其余测定值的平均值作为试验结果。当试验项目 n 为 3、4、5、6 个时，k 值分别为 1.15、1.46、1.67、1.82。

2) 试验报告中需列出马歇尔稳定度、流值、马歇尔模数，以及试件尺寸、试件的密度、空隙率、沥青用量、沥青体积百分率、沥青饱和度、矿料间隙率等各项物理指标。当采用自动马歇尔试验时，试验结果应附上荷载-变形曲线原件或自动打印结果。

沥青混合料马歇尔稳定度试验记录表见表 13-36。

表 13-36　沥青混合料马歇尔稳定度试验记录表

试件编号	稳定度			流值 FL/0.01mm	马歇尔模数 T	浸水稳定度 MS_1/kN	残留稳定度 MS_0(%)
	测力环百分表读数/0.01mm	测力环折算系数/(kN/0.01mm)	稳定度值 MS/kN				

拌和温度/℃	
击实温度/℃	
击实次数	

参 考 文 献

[1] 白宪臣. 土木工程材料 [M]. 2 版. 北京：中国建筑工业出版社，2019.
[2] 刘正武. 土木工程材料 [M]. 上海：同济大学出版社，2005.
[3] 杜红秀，周梅. 土木工程材料 [M]. 2 版. 北京：机械工业出版社，2020.
[4] 苏达根. 土木工程材料 [M]. 3 版. 北京：高等教育出版社，2015.
[5] 陈德鹏，阎利，邓初首，等. 土木工程材料 [M]. 2 版. 北京：清华大学出版社，2020.
[6] 严捍东. 土木工程材料 [M]. 2 版. 上海：同济大学出版社，2014.
[7] 孙道胜，王爱国，胡普华. 地聚合物的研究与应用发展前景 [J]. 材料导报，2009，23（4）：61-65.
[8] 倪文，王恩，周佳. 地聚合物：21 世纪的绿色胶凝材料 [J]. 新材料产业，2003（6）：24-28.
[9] 杨南如. 一类新的胶凝材料 [J]. 水泥技术，2004（3）：11-17.
[10] 殷和平，倪修全，陈德鹏. 土木工程材料 [M]. 2 版. 武汉：武汉大学出版社，2019.
[11] 张志国，姚运，曾光廷. 土木工程材料 [M]. 武汉：武汉大学出版社，2019.
[12] 李宏斌，任淑霞. 土木工程材料 [M]. 北京：中国水利水电出版社，2010.
[13] 王璐，王邵臻. 土木工程材料 [M]. 杭州：浙江大学出版社，2013.
[14] 肖力光，张学建. 土木工程材料 [M]. 北京：化学工业出版社，2013.
[15] 董梦臣. 土木工程材料 [M]. 北京：中国电力出版社，2008.
[16] 湖南大学，等. 土木工程材料 [M]. 2 版. 北京：中国建筑工业出版社，2011.
[17] 孙凌. 土木工程材料 [M]. 北京：人民交通出版社，2014.
[18] 张爱勤. 土木工程材料 [M]. 2 版. 北京：人民交通出版社，2019.
[19] 黄晓明，赵永利，高英. 土木工程材料 [M]. 3 版. 南京：东南大学出版社，2013.
[20] 李战慧，何志勇. 改性沥青及其乳化技术 [M]. 北京：人民交通出版社，2009.
[21] 李立寒，孙大权，宋兴一，等. 道路工程材料 [M]. 6 版. 北京：人民交通出版社，2018.
[22] 周爱军，张玫. 土木工程材料 [M]. 2 版. 北京：机械工业出版社，2022.
[23] 王元纲，李洁，周文娟. 土木工程材料 [M]. 2 版. 北京：人民交通出版社，2018.
[24] 伍勇华，高琼英. 土木工程材料 [M]. 武汉：武汉理工大学出版社，2016.
[25] 朱诗鳌. 土工合成材料的应用 [M]. 北京：北京科学技术出版社，1994.
[26] 高琼英. 建筑材料 [M]. 4 版. 武汉：武汉理工大学出版社，2012.
[27] 刘斌. 土木工程材料 [M]. 2 版. 武汉：武汉理工大学出版社，2012.
[28] 柳俊哲. 土木工程材料 [M]. 2 版. 北京：科学出版社，2009.
[29] 林祖宏. 建筑材料 [M]. 2 版. 北京：北京大学出版社，2014.
[30] 张雄，张永娟. 现代建筑功能材料 [M]. 北京：化学工业出版社，2009.
[31] 马保国，刘军. 建筑功能材料 [M]. 武汉：武汉理工大学出版社，2004.